U0462786

公共外交研究

（第一辑）

PUBLIC DIPLOMACY STUDIES

Issue 1

刘德斌　主编

社会科学文献出版社
SOCIAL SCIENCES ACADEMIC PRESS (CHINA)

编者按

随着中国共产党第十九次代表大会的召开，中国特色社会主义进入了新时代。报告明确宣示“中国共产党是为中国人民谋幸福的政党，也是为人类进步事业而奋斗的政党。中国共产党始终把为人类做出新的更大的贡献作为自己的使命”，从而把中国的发展进步与世界的前途命运直接联系在一起了。实际上，中共十八大以来，中国外交就一直在向世人昭示，中国共产党人不仅能够建设好自己的国家，而且能够与其他国家求同存异，共同发展，并为解决人类问题贡献中国智慧和中国方案，为发展中国家走向现代化开辟新的路径。可以说，在当前这个“不确定”的世界上，中国是对自己的前途最有自信、对世界的未来最有方略的国家。

中共十九大报告明确把推动构建新型国际关系和构建人类命运共同体作为新时代中国特色大国外交的总目标，也向世界亮明了中国希望与各国共同努力的大方向，立即在全世界引起强烈反响，同时也把中国自身置于一个更高的道德制高点上。中国所展示的一个新兴大国的情怀和方略，正好与特朗普总统领导下的美国形成鲜明对照。当世界第一强国企图通过“美国优先”而“使美国再次伟大”的时候，刚刚“富起来”的中国却把自己的命运与人类的命运拴在一起，愿意带领世界走出一条共同发展和进步的道路，这在大国兴衰的历史上是前所未有的“奇观”。中美关系也由此进入了一个新的时期：中美之争已经不再仅仅是两个大国之间所谓的综合国力之争，而是与世界的前途日益密切地联系在一起了。自然，中国的“美意”也引来了质疑和攻击。这种质疑和攻击不仅来自西方国家，也来自某些发展中国家。实际上，随着近年来中国的崛起，“中国威胁论”已经变种，发展成“中国统治论”甚至“中国阴谋论”了。一些西方学者认为中国正在有计划地布局当今世界的每一个领域，为最终取代美国，统治这个世界而有条不紊地努力着。“中国威胁论”、“中国统治论”和“中国阴谋论”的影响都不容低估，因为世界舆论的话语权迄今为止很大程度上依然操控在西方主流媒体手里，中国依然面对新的“妖魔化”的挑战。

无疑，为了实现新时代中国特色大国外交的总体目标，中国公共外交的任务更为艰巨了！实际上，中共十八大提出“要扎实推进公共外交和人文交流”之后，中国的公共外交事业已经蓬勃发展起来，中国高校也都积极主动地投身到公共外交的学术研究、人才培养和学科建设中来。为了直面新时代中国公共外交所面临的挑战，推动公共外交理论研究的创新，梳理中国和他国拓展公共外交的经验，追踪与公共外交直接联系在一起的重大国际问题，我们编辑了《公共外交研究》（第一辑），期待能够为新时代中国公共外交的研究和拓展提供有益的思考。《公共外交研究》（第一辑）的作者既有享誉学界的精英，也有初出茅庐的才俊；既有中国的国际关系学者，也有他国软实力研究的领军者，观点不一，角度各异，但融汇在一起，为读者献上了有关公共外交研究最新的思考，期待学界和广大读者的批评指正。

刘德斌

2017 年 12 月

目录 Contents

第一部分 公共外交的理论探索

第二部分 公共外交的多方实践

第三部分　他山之石：大国与周边国家的公共外交

第四部分　公共外交与国际前沿问题

第一部分

公共外交的理论探索

中国叙事、公共外交与时代博弈*

刘德斌**

摘要：中共十九大的召开，“习近平新时代”的开始和“构建新型国际关系”、“人类命运共同体”新理念的提出，标志着中国以一种新的充满自信的领袖国家身份伫立在世界舞台上，中国的公共外交也承担起了更为重大的责任。这就是在直面西方中国政治叙事的同时，加快构建中国的中国叙事体系，并在中国特色大国外交与“不确定的世界”之间，在“构建新型国际关系”、“人类命运共同体”新理念与“冷战思维”的两种时代博弈中占据上风。归根结底，中国的公共外交需要向世界说明中国是一个什么样的国家。中国的改革性、开放性、全球化、超大规模和社会主义特性决定了中国从“独善其身”到“兼济天下”的必然发展，也决定了中国引导世界走出“不确定”状态的责任和动力。

关键词：中国叙事　公共外交　时代博弈

世界局势正在经历一种历史性的变化。这种变化的突出标志是西方学界和媒体所说的“他者的崛起”（the rise of the rest），即非西方大国乃至整个非西方的崛起。① 与此同时，美国的“主导”地位正在下降，“西方”作为一个阵营也正在“消解”之中。特朗普打着“美国优先”（America First）的旗号当选为美国总统，并且其把美国的利益置于其与盟国共同利益之上的做法，进一步加剧了西方的凝聚力的丧失。面对全球化进程所遭遇的“阻滞”，面对越来越多的全球性问题，美国领导的西方正在失去“领导”世界的意愿和动力，而中国则越来越表现出大国的担当和胸怀。中共十八大之后，中国政府积极参与全球治理，提出了一系列新的理念、方案和举

---

* 该文发表于《探索与争鸣》杂志 2017 年第 12 期。经征得该杂志同意，收入本刊。

** 刘德斌，法学博士，吉林大学历史学与国际关系学双聘教授，博士生导师。

① 扎卡利亚：《后美国世界：大国崛起的经济新秩序时代》，赵广成、林民旺译，中信出版社，2009。

措，承办了2014年北京亚太经合组织（APEC）第二十二次领导人非正式会议、2016年二十国集团（G20）领导人杭州峰会、2017年首届“一带一路”国际合作高峰论坛和2017年金砖国家领导人第九次会晤等主场外交活动，并发起成立了亚洲基础设施投资银行（简称亚投行，The Asian Intrastructure Investment Bank，AIIB），启动了“一带一路”建设项目，在世界上引起强烈反响，第71届联合国大会决议首次将中国提出的“共商共建共享”的观念纳入全球经济治理理念，“一带一路”倡议至今已获得100多个国家和国际组织的积极支持和参与，中国为这个纷乱和焦躁世界的和平发展，注入了新的活力。中共十九大的召开，中国“习近平新时代”的开始、“构建新型国际关系”和“人类命运共同体”等新理念提出，更使中国以一种新的领袖国家的面貌伫立在世界舞台上。中国的变化与世界的变化似乎形成了一个鲜明的对比：中国对自己道路、理论、制度、文化更加自信，中国对这个世界的发展也更有主见，而这个世界则变得越来越“迷茫”，似乎失去方向。如果说过去中国以改革开放之后的迅速发展和崛起而成为引人注目的新兴大国，那么现在则更以对自己的未来最有方向感的大国而成为世界关注的焦点。

作为一个在经济全球化的进程中迅速和平崛起的世界大国，作为一个几乎与全世界每一个角落都形成了依存关系的全球性经济体，中国的命运已经和这个世界的命运更为紧密地联系在一起了，中国已经“逃脱”不了作为一个“领袖”国家的责任。但中国是否已经在“独善其身”的同时可以“兼济天下”？中国能否给这个“不确定的世界”引领方向？中国在这个世界上能够发挥什么样的“领袖”作用？中国对这个世界抱有什么样的“企图”？[①] 这些问题一直是人们观察的焦点，也是西方学界和新闻界“曲解”和“抹黑”中国的重点，影响着不同国家包括非西方国家与中国的关系，对中国的发展造成强大的压力和阻力。中共十九大的召开，中国有关新型国际关系和人类命运共同体等一系列新的理念、计划和倡议的提出，在赢得人们广泛认同的时候也给“中国威胁论”、“中国统治论”或“中国阴谋论”的鼓吹者们提供了新的“口实”。逐步改变中国在国际社会中的“负面”形象，化解和消除中国崛起所面临的压力和阻力，是中国在崛起为

---

① ①据“全球语言监测机构”（Global Language Monitor）统计，“中国的崛起”是21世纪以来纸质和电子媒体报道最密集的新闻，参见Global Language Monitor，Rise of China Still Tops all Stories，2011.5，http：//www.languagemonitor.com/top-news/bin-ladens-death-one-of-top-news-stories-of-21th-century/。

世界大国和强国过程中所不得不面对的挑战。这个挑战的核心任务，就是如何让世界各国人民更好地了解和理解中国。笔者认为，这也是党的十八大明确提出“要扎实推进公共外交和人文交流”的原因所在，也是十八大之后习近平同志多次强调要“讲好中国故事”的原因所在，更是十九大之后中国步入“习近平新时代”的一项战略任务。在这其中，直面西方的中国政治叙事、构建中国的中国叙事体系和赢得与“冷战思维”的时代博弈，是最为重要的三个方面。

一 直面西方的“中国政治叙事”

中国公共外交最基本的任务就是“讲好中国故事”。随着经济全球化与社会信息化的进程的不断深入，国际关系的形态正在发生历史性变化，不同社会、宗教和族群之间的关系越来越深入地介入到国家之间的关系中，甚至能够对一国的对外政策产生至关重要的影响。由此，赢得他国人民的了解、理解和认同也就成了一国外交特别是大国外交的重要任务，国际关系进入了公共外交时代。① 对于中国这样迅速崛起的非西方大国，公共外交尤其任务艰巨。因为迄今为止，整个非西方世界的叙事体系，一直掌控在西方学界、媒体和智库的手中。本质上讲，所谓的“非西方”都是西方文化想象和构建出来的，是一个与真实存在不尽相同的非西方。西方的非西方想象体现了西方对他者的控制和重构，是西方表达自我优越意识的一种霸权话语。② 可以说，“讲好中国故事”的基本前提，就是破解一直在世界上占据主导地位的西方的“中国叙事”体系。

但是，破解西方的中国叙事并不是一件容易的事。首先，西方的中国叙事体系在国际学术界和新闻界的优势地位由来已久，这是与近代以来西方在世界上的综合优势联系在一起的。实际上，许多在一战和二战后获得民族独立的非西方国家都是借助于西方的话语体系来构建自己的叙事体系的。当今世界的一流大学和研究机构大多集中于西方（特别是美国的大学），它们塑造和演绎了亚洲叙事、非洲叙事、中东叙事和拉美叙事并传播到全世界。举例来说，在西方的世界一流大学里，有关中国的历史教科书，很难发现是由中国人编写的。更有趣的例子是，许多中国的莘莘学子到西

① 刘德斌：《公共外交时代》，《吉林大学社会科学学报》2015 年第 3 期。

② 张旭鹏：《想象他者：西方文化视野中的非西方》，《史学理论研究》2005 年第 3 期。

方国家大学深造，所学专业就是与自己国家相关的国别或区域研究。西方的影视产业特别是美国的好莱坞，更是演绎不同国家故事的高手。更为重要的是，西方的媒体在国际舆论和国家形象的塑造上呼风唤雨，使得包括中国在内的非西方国家在国际话语权上处于弱势地位。其次，西方的中国叙事是一个非常庞大的体系，涵盖中国政治、经济、文化、宗教和社会的方方面面，从历史到现实，西方学界都有多年学术积淀，中国学界要想构建一个能够与其竞争的叙事体系尚需时日。再次，不可否认，西方的中国叙事体系中不乏严谨和严肃的学术作品，它们为中国学界提供了不同的视角和有益的参考。改革开放以来，中国学界在努力构建具有中国特色的人文社会科学体系的同时，一直在学习和借鉴西方学术界的先进成果。“海外中国学研究丛书”（其中多为西方学者的作品）能够畅销中国几十年，实际上就说明了这样一个道理。

但西方中国叙事体系中的政治叙事对当今中国构成了直接的挑战。实际上，西方在政治上对“什么是中国”的探究从未停滞，一个“不真实”的中国也如影随形。随着改革开放以来中国的迅速“崛起”，世界大国之间力量对比的改变，西方学界关于中国的种种定义和预判也越来越多。从“中国崩解论”、“中国威胁论”到“中国机遇论”、“中国阴谋论”和“中国统治论”，此类观点越来越多，也越来越精细，成为西方中国叙事体系中最有炒作价值的一部分。“中国崩溃论”以章家敦的《即将崩溃的中国》为代表。[①] 新的中国崩溃论的代表人物是沈大伟。2014 年，沈大伟在《中国权力的幻想》一文中承认中国是崛起的大国，但同时指出中国在文化、军事、外交等指标方面的影响力远远不够，中国是“21 世纪的纸老虎”，“不应盲目认为中国未来将展出过去三十年的活力”。[②] 2015 年，沈大伟发表《即将到来的中国崩溃》，声称中国的政治体制将是中国崩溃的根源，中国的最后阶段已经开始。[③] 很多人把米尔斯海默、伯恩斯坦和芒罗视为“中国威胁论”的代表。他们认为新兴大国与守成大国之间的竞争必然导致冲突的

---

① Gordon G. Cha，*The Coming Collapse of China*，New York：Random House，2001.

② David Shambaugh，“The Illusion of Chinese Power”，http：//nationalinterest. org/feature/the-illusion-chinese-power-10739.

③ David Shambaugh，“The Coming Chinese Crackup”，http：//www. wsj. com/articles/the-coming-chinese-crack-up-1425659198.

“悲剧”，中美之间也不会例外。[①] 但实际上，“中国威胁论”已经升级换代，或者说已经演变成了一种可以称之为“中国统治论”的“新观点”。斯蒂芬·哈尔波可以被视为这一“理论”代表人物。此公曾经在尼克松、福特和里根等几位美国总统的白宫任职，现在是剑桥大学美国研究中心主任。他 2010 年出版的《北京共识：中国的威权模式将如何主导 21 世纪》成了畅销书。他认为中美之间是模式之争，美国“和平演变”中国的幻想已经不复存在，不存在 G2 中美共治可能性，中国的优势在于中国的“国家资本主义”，中美之间最后将是“孔夫子和杰斐逊”的对决。[②] 实际上，即使像马丁·雅克这种对中国的崛起持比较赞赏态度的人，也认为中国有可能成为将自己的价值观和偏好强加给世界的霸主。[③]

中国学界对“中国阴谋论”关注不多。近年来有西方学者和媒体人发表长篇大论，认为崛起的中国有着征服和支配全世界的“预谋”或“阴谋”，其中最具代表性的是美国新闻记者卡德诺和阿罗鸠 2013 年发表的《中国悄悄占领世界》。他们认为中国人正在按照北京的意愿扩张势力范围，最终目的是征服全球。[④] 西方的“中国机遇论”着重从经济、政治和国际三个层面展开，我们可以将之分解为“经济机遇论”、“政治机遇论”和“国际机遇论”。“经济机遇论”认为中国已经成为世界经济增长的发动机和巨大的消费市场，这是一种面向现实的描述。“政治机遇论”认为中国终将走向西方式的民主化，布鲁斯·吉雷在《中国民主的未来》中更是做出了中国“异教徒”最终会皈依西方的判断。[⑤]“国际机遇论”认为中国将成为国际体系中“负责任的利益攸关方”，中国不仅应该被纳入西方主导的国际体系，而且还应该承担起更大的国际责任。[⑥]

“西方的中国政治叙事”在世界上建构了一种极为负面的中国形象。随

---

① 约翰·米尔斯海默：《大国政治的悲剧》，王义桅、唐小松译，上海人民出版社，2003；Richard Bernstein，Ross H. Munro，*The Coming Conflict with China*，New York：Vintage，1998.

② Stefan Halper，*The Beijing Consensus：How China's Authoritarian Model Will Dominate the Twenty-First Century*，New York：Basic Books，2010.

③ 马丁·雅克：《当中国统治世界：中国的崛起和西方世界的衰落》，张莉、刘曲译，中信出版社，2010。

④ Juan Pablo Cardenal，Heriberto Araújo，*China's Slient Army：The Pioneers，Traders，Fixers And Workers Who Are Remaking In Beijing's Image*，London：Allen Lane，2013.

⑤ Bruce Gilley，*China's Democratic Future*，New York：Columbia University Press，2004.

⑥ Robert B. Zoellick，“Whither China：From Membership to Responsibility?” https：//2001 - 2009. state. gov/s/d/former/zoellick/rem/53682. htm.

着中国近年来的发展变化，“中国崩溃论”逐渐失去了市场，但“中国威胁论”、“中国统治论”和“中国阴谋论”一直存在，并且在不断发展。“中国威胁论”的叙事认为中国的崛起必然会威胁和侵害他国利益，离间中国与他国的关系，制造对正在和平崛起的中国的不信任感。“中国统治论”和“中国阴谋论”比“中国威胁论”更为极端，核心观点是认为中国正在通过精心谋划，静悄悄地把全世界各个领域揽入怀中，取美国而代之，成为世界的新主人。西方的中国政治叙事所暗含的逻辑是：“西方是现存国际秩序的维护者和安全提供者”，而崛起的中国是一个居心叵测的“外来者”，中国对世界的领导也就成了“僭越”。“中国机遇论”看似对中国的解读较为积极，但从本质上来说，其仍然是以“西方为中心”对中国的解读，是西方对中国的想象，与真实中国存在着偏差。“中国机遇论”话语背后隐含的是西方在经济和政治方面具有“超前性”和“优越性”，因此有能力影响中国，把中国纳入西方的轨道，变得更像“我们”。①

“讲好中国故事”的首要目标是破解西方中国政治叙事的影响，超越西方故步自封的道德优势，让习近平主席所倡导的“新型国际关系”和“人类命运共同体”的理念得以在全世界传播开来。为此，中国学界首先要与西方的中国政治叙事展开学术辩论，把中国和平崛起的原因阐释清楚并传递出去。同时还要利用中国崛起作为世纪变局的有利时机，为海外研究中国的学者深入研究和体会中国的发展变化创造更为有利的条件。有学者认为，从事当代中国学研究的海外学者们的角色正在转变，即从纯粹的“观察中国”（China watching）到“体验中国”（China experiencing/China practicing）。② 这些海外的中国学者也亲身体验和参与着中国的发展，而非仅仅作为旁观者。这经历无疑对所在机构的中国教学和研究有直接的帮助。在破解西方的中国叙事、构建中国的中国叙事体系的过程中，中国学界应该积极寻求与他国中国研究机构的交流与合作。当然，实现对西方中国叙事的超越最终还是取决于中国学界自己的努力。

二 建构中国的“中国叙事”体系：探索与问题

随着中国的崛起、中国与世界关系的历史性变化，“讲好中国故事”，

① 潘成鑫：《国际政治中的知识、欲望与权力：中国崛起的西方叙事》，张旗译，社会科学文献出版社，2016。

② 刘宏：《当代海外中国学研究的特征和转型》，《中国社会科学报》2011 年 1 月 6 日。

让世界各国人民了解和认识一个真实的中国，已经成为中国必须完成的一项战略任务。为此，不仅需要破解西方的中国叙事体系，而且还要构建中国的叙事体系，为讲好中国故事提供更为坚强的理论基础和学术资源。实际上，中国的发展进步也已经抵达了这样一种时刻，这就是重新梳理中国历史的发展脉络，将其与中国的现实追求和探索有机地联系在一起，为世人塑造一个完整、统一和生动的中国形象，不仅有助于中国人向世界解说自己，也有助于中国人在融入世界的过程中形成更为坚定和自信的身份认同，让中国人的精神世界随着中国的崛起而在这个世界上更加发扬光大。

习近平多次强调要“讲好中国故事”，并且身体力行，在许多重要场合亲自向海外听众讲解中国。习近平2014年在比利时布鲁日欧洲学院发表的演讲尤为重要，为“讲好中国故事”构建了一个基本的框架。演讲集中阐释了“中国故事”的五个显著特点，这五个特点实际上决定了当今的中国是一个什么样的国家：中国是有着悠久文明的国家，所以具有独特的价值体系、精神世界和民族自信心；中国是经历了深重苦难的国家，所以中国人民希望和平、反对战争，奉行独立自主的和平外交政策；中国是实行中国特色社会主义的国家，社会主义是近代以来中国人民反复探索和尝试的结果，并且取得了成功；中国是世界上最大的发展中国家，所以经济建设依然是中心任务；中国是正在发生深刻变革的国家，所以不仅将为中国现代化建设提供强大推动力量，而且将为世界带来新的发展机遇。① 这五个方面向世界回答了当今中国“从何处来，向何处去”的问题，为建构“中国叙事”体系和“讲好中国故事”提供了基本的逻辑起点。

努力“讲好中国故事”已经成为中国外交、媒体和学界思考和探索的课题。实际上，“讲好中国故事”不仅针对西方学界、媒体和智库对中国的误读，同时也包括对西方学界中国叙事影响力的梳理。就学界的探讨而言，“讲好中国故事”首先需要确立中国的主体性，也就是从中国的历史经验出发来构建中国的叙事体系，从而破解西方中国叙事的话语霸权。随着中国一步步地崛起，中国正在告别近代帝国主义“受害者心态”，满怀信心地宣布了一个敢与西方大国比肩的“新时代”的到来。中国新时代所显示的新的历史定位和身份认同，为中国学界超越西方的中国叙事，提供了新的时代背景和强大的精神动力。

中国本身是一个多元、复杂、庞大、传统性与现代性交织的国家，拥

① 习近平：《习近平在布鲁日欧洲学院的演讲》，《人民日报》2014年4月2日。

有许多特质和传统，成为一个不同力量介入的场域。以往的革命叙事、现代化叙事只是提供了解说多样中国不同的角度和切面，还不能够展现中国故事的全景。例如，从传统和现代的因果关系来看，中国社会完成了从传统向现代转型的剧变，在中国迅速崛起之际，如何解释、理解和传承这种崛起的“历史文化根基”，从而在理论上完成传统与现代之间的衔接，是中国学界一直未能解决的重要课题。只有构建整体的中国叙事体系（包括中国的革命叙事和现代化叙事），才能解释“何以中国”、“中国为何崛起”等国际关注的问题，才能“讲好中国故事”。事实上，“讲好中国故事”的过程，既是对改革开放以来有关“中国”研究和反思的系统梳理，也是通过传统与现代的贯通实现对中国软实力资源的挖掘和整合，无疑需要学术界付出更为艰辛的努力。

事实上，自中国被迫卷入西方主导的现代国际体系以来，中国作为天下中心的观念破灭了。一代又一代先进中国知识分子对“中国”的反思和追问便从未停止过。但是，随着中国的崛起和世界局势的发展变化，对于中国的解说具有了新的意义。近年来，华人学术圈不断地就如何解说“中国”问题进行思考和探索。赵汀阳通过研究古代东亚区域秩序和中国人的“天下观”，提出了具有中国特色的世界秩序观念。[①] 葛兆光提出“从周边看中国”，强调对中国的认知不仅要走出“以中国为天下中心自我想象的时代”，还要走出“仅仅依靠西方一面镜子来观察中国的时代”，是研究视角的更新和拓展。[②] 汪晖着重考察中国思想界与社会变迁之间的关系、知识与制度的互构，通过分析中国思想界的“科学主义”观念来阐释中国的现代转型。[③] 许倬云从源头入手，细数中国的历史变迁，认为当代中国人的自我认同是错综复杂的，从传统中国到当代中国已经经历了数次大变迁。[④] 许纪霖从国家认同的角度入手，研究近代中国人国家认知的变迁及其背后的历史布景，阐释了超越民族主义和传统天下主义的“新天下主义”；[⑤] 等等。这些学者对“中国”的反思和追问为“讲好中国故事”扩充了新的视角，

① 赵汀阳：《天下体系：世界制度哲学导论》，江苏教育出版社，2005；赵汀阳：《以天下重新定义政治概念：问题、条件和方法》，《世界经济与政治》2015 年第 6 期。

② 葛兆光：《宅兹中国：重建有关“中国”的历史论述》，中华书局，2011。

③ 汪晖：《现代中国思想的兴起》，三联书店，2015。

④ 许倬云：《说中国：一个不断变化的复杂共同体》，广西师范大学出版社，2015；许倬云：《我者与他者：中国历史上的内外分际》，三联书店，2015。

⑤ 许纪霖：《家国天下：现代中国的个人、国家与世界认同》，上海人民出版社，2017；许纪霖、刘擎：《何谓现代，谁之中国：现代中国的再阐述》，上海人民出版社，2014。

也为定义“中国故事”提供了新的思考和创见。

学界在思考这些问题时，可能还没有与构建中国人的中国叙事体系和“讲好中国故事”的战略需求联系起来，与中国公共外交的实际需求结合起来。笔者所在的学术团队曾经在2013年推出10卷本《解说中国》系列丛书,[①] 力图构建一个多侧面解说中国的体系，但这些努力都还是初步的。中国叙事体系构建的进一步拓展和深入需要解决创新中国本土化的理论、搭建中国学的大数据平台、实现从单一学科到跨学科再到“后学科”时代的转型等多维度的问题，特别是要考虑全球化语境下中国与世界的关系。这不仅要考虑中国在全球格局中的经济崛起，同时还有中国的理念和世界的关联；不仅要说明中国的独特性，也要展示出中国可以和世界对话和共享的理念与价值观。因为任何一种知识体系只有能够和其他知识体系对话和沟通才有生命力，只有处理好中国与世界的关系，才能避免中国叙事成为自说自话的体系。

无疑，“讲好中国故事”需要构建中国的中国叙事体系，需要雄厚的学术基础，需要对西方中国叙事体系深入的研讨和批判，需要中国人文社会科学不同学科的协同作战，需要纳入国家文化战略，而目前学界的建构还是分散的，零碎的，还没有有机地组织起来，还难以满足中国新时代的需求。

三　公共外交的时代博弈

中国进入了“习近平新时代”，并在世界上发挥着越来越大的领袖作用，而世界依然处于“不确定”的状态之中。大国之间的力量正在处于一种新的平衡之中，国家之间、种族之间，宗教和教派之间、贫富之间的种种矛盾交织在一起，世界秩序风雨飘摇，前途未卜。如何解读中国的“新时代”与世界这个“X”时代之间的关系，成了中国公共外交不可逾越的课题，实际上也是解读何以中国有信心有能力成为“稳定之锚”，在这个纷乱的世界上发挥领导作用的出发点。

中国“习近平新时代”的提出不仅着眼于中国改革开放以来的发展变化，而且着眼于近年来中国与世界关系的历史性变化，着眼于当今世界所面临的诸多问题和中国作为一个冷战后世界新兴大国的担当。中国所提出

---

① 刘德斌、杨军：《解说中国系列丛书》，世界知识出版社，2013。

来的“构建新型国际关系”和“人类命运共同体”，既着眼于当前世界所面临的诸种问题，又兼顾了世界不同国家、不同地区、不同社会制度国家的价值追求。中国与美国正在形成鲜明的对照。特朗普总统领导的美国正在践行“美国优先”的外交原则，把美国的利益置于其他国家包括美国盟国的利益之上。而中国则提出“亲、诚、惠、容”的外交理念，强调在与他国交往中的“共商共建共享”。实际上，环顾当今世界，能够把东、西、南、北不同国家的利益和价值追求结合起来，明确提出构建“新型国际关系”和“人类命运共同体”的国家，或许只有中国。中国多次表示并不想推翻现有的国际秩序，但要推动这个国际秩序向着更为合理的方向发展。在美国把头“转向国内”，欧洲自顾不暇，中东区域秩序解体，非洲、东亚和拉丁美洲的经济发展面临困难局面的情况下，中国的主张应该给世界带来了希望，指明了方向。

中国的“大公无私”和“高风亮节”引来无数喝彩，但也招致疑虑和误读。印度前任驻华大使就认为中共十八大以来的五年体现出中国通过经济、军事、政治外交等全方位的利益诉求，逐渐体现出扩张与单边主义的特点，并且认为当今世界正处于中国谋求大国雄心的第三个阶段。尽管中共十九大提到了多边，“但我们怀疑中国在亚太乃至全球恢复等级制的体系”。[①] 还有西方评论家认为中国正在成为席卷世界的威权主义新潮流的主要行为体和倡导者，未来会长期成为西方自由主义价值观的主要挑战者。[②] 不难看出，世界上许多人还在以“冷战思维”，甚至以19世纪大国权力政治的思维方式来看待中国的崛起和中国外交新理念的产生。中国的“新时代”与这些人的思维方式明显存在着“落差”。这些人的观点与“中国威胁论”、“中国统治论”的观点如出一辙。中国公共外交的重要任务就是让中国“新时代”的理念在这一个有形与无形的“时代博弈”中占据上风，引领世界脱离“零和”世界，向着一个“合作、包容、共享”的方向发展。

要想在这样一个“时代博弈”中胜出，除了耐心地向全世界解说中国特色大国外交新理念之外，归根结底还是要让世界了解和理解中国是一个怎样的国家，中国为什么与那些先前崛起的大国有本质的不同。首先，中

---

① Ashok K. Kantha, “China Congress: A Multipolar World Goes out of the Window,” http://www.scmp.com/week-asia/opinion/article/2117368/opinion-china-congress-multipolar-world-goes-out-window.

② Richard Bernstein, “China and the Rise of the New ‘Authoritarian International’”, http://www.realclearinvestigations.com/articles/2017/11/12/china_and_the_authoritarian_international.html.

国是一个开放型的国家，并且通过深度融入全球化而与世界上绝大多数国家逐步形成了广泛的互利关系和依赖关系，乃至形成了“利益共同体”和“命运共同体”。与近代以来世界上相继崛起的新兴大国不同，中国并不是通过战争赢得今天的国际地位，而是通过在新一轮的全球化进程中发挥比较优势，实现了经济上的跨越式发展。作为在全球化进程中崛起的“新兴大国”，中国尤其善于与“守成大国”美国通过不断地创造、巩固和扩大共同利益来消除矛盾，化解分歧，从而一次又一次地避免了中美关系滑向“修昔底德陷阱”，实现了两个大国关系的稳定发展和互利共赢。中国与俄罗斯实现了历史性的和解，并且通过在能源、安全、区域和全球议题上积极配合，构建起全面战略协作伙伴关系，使中俄关系成为大国伙伴关系的典范。中国还通过愈益深入的经贸关系与周边国家构建起利益共同体，与广大发展中国家形成了越来越密切的利益关系，同时通过积极参与 G20 峰会和 APEC 峰会多边合作机制参与全球治理，通过提出“一带一路”倡议推动欧亚大陆、东南亚和非洲的资源整合，通过倡议建立亚投行为亚洲国家基础建设筹措资金等一系列行动，实现与周边国家的协同发展。中日关系和中韩关系时有波折甚至倒退，但经济上的依存关系一直发挥着“压舱石”的作用。作为“全球化最大的获益国”，推动经济全球化的持续发展是中国的利益所在。中国没有也不会有武力征服他国和世界的计划或“阴谋”。

其次，中国是一个改革型国家，不仅通过改革实现了与时俱进，而且还为世界经济的发展不断注入新活力。中国的改革开放始于 1978 年党的十一届三中全会，要比冷战结束后的“转型”国家至少提前了十年时间，这为中国赢得了先机。随着冷战的结束，经济全球化蔓延到世界的每一个角落，越来越多的国家进入到全球化进程中来，世界经济和政治形势发生历史性变化。中国共产党不断地解放思想，摒弃了社会主义与市场经济势不两立的教条主义，不断改革不适应市场经济发展的治理结构和治理方式，努力探索出一条既符合中国国情，又顺应时代要求的发展道路，使中国经济保持了几十年两位数的增长速度，创造了“中国奇迹”。中国治理改革的重要内容是协调国内国际两个大局，这是由中国国家形态的逐渐变化决定的。改革开放四十年来，中国已经从一个“闭关锁国”的国家演变成一个全球性国家，中国的国家利益已经全球化了。中国在不断改革国家治理结构和治理方式的同时，也对世界经济和政治的发展提出建议方案，并承担起越来越多的国际责任。多年来，中国一直呼吁建立新的国际经济和政治新秩序。随着中国与世界的关系愈加密切地依存在一起，中国不断以实际行动推进国际经济和政治秩序的改革。中国与俄罗斯等国发起成立上海合作组织，中国与巴西、俄罗斯、印度、南非等国家发起成立的金砖五国合作机制，中国提出来的“一带一路”倡议，中国发起成立的亚投行，中国提出来的一系列为发展中国家和地区设立发展基金的建议（例如丝路基金、非洲共同增长基金、中国气候变化南南合作基金），都是推进国际经济和政治秩序改革的有利步骤。中国提出来的“不冲突，不对抗，相互尊重，合作共赢”新型大国关系原则，更是为冷战之后大国关系的改善和发展注入了新的活力。实际上，中国是在冷战结束之后就改革现有国际秩序提出理念、方案和与他国共同采取行动最多的国家。中国提出来的理念、方案和采取的行动，不仅表达了中国改革现有国际秩序的愿望，也反映广大发展中国家的利益，同时也弥补了现有国际秩序的不足。在世界陷入“后真相、后西方、后秩序”的“不确定时代”，在作为世界头号强国的美国率先强调“美国优先”的形势面前，中国表现出来的改革精神，不断推出的改革方案和采取的实际行动，为这个“不确定”的世界带来了新的希望，越来越多的国家，包括西方发达国家，加入到中国倡导的改革方案中来，这为中国赢得了越来越多的朋友，也赢得了越来越大的国际发言权和影响力。

再次，中国是一个规模庞大的发展型国家，不仅在开放和改革中实现自身经济与社会的发展，而且也为世界其他国家不断地创造新的机遇。改革开放以来，中国的经济与社会发展日新月异，但中国的潜力依然没有充分释放出来。这不仅是因为中国人口规模最大，拥有庞大、优质的劳动力资源，而且是因为中国已经在改革开放的进程中形成了日益强大的制造能力，日益发展的全球经济合作网络和日益增长的庞大消费市场。中国被认为是“经济全球化最大的获益者”，实际上也是最主要的贡献者之一，是世界经济发展的稳定器和发动机。中国是全球最大的石油、天然气、矿石和农产品消费国，最大的留学生和游客来源国，最大的奢侈品消费国。中国的经济的发展必然与他国形成不同层次和领域的竞争关系，但更为不同产业取向的国家提供了投资来源和消费市场。中国是一个规模庞大的发展型国家，中国经济的起飞必然产生许多人们预想不到的影响，其中包括物美价廉的中国产品畅销全世界，“南腔北调”的中国游客漫步在各国首都的街头，中产之家的子女涌向世界各大名校，也包括中国遍及全世界的能源、矿产和粮食采购，中国与日本在高铁建设项目上的激烈竞争，中国不时与“空客”和“波音”签下的巨额订单，中国对发展中国家的大笔投资和慷慨援助，等等。2016 年中国经济增长对世界经济增长的贡献率达到了 33.2%，居于世界首位。[①] 作为世界上规模最大的发展型国家，中国实际上给其他国家提供了一种协作发展，共同起飞的历史性的机遇。中国市场的放缩对世界经济具有不可估量的影响。中国愿意在全球治理中发挥领军作用，不仅事关中国利益，也与他国人民的福祉直接联系在一起。

最后，还必须指出的是，中国还是当今世界上唯一高举社会主义旗帜的大国，公开声言建设中国特色社会主义的国家。这在东欧剧变，俄罗斯和东欧国家转向资本主义，历史进入“后冷战时代”的世界上，是绝无仅有的。中国为什么依然坚持社会主义道路？因为中国的社会主义道路是中国人经过百余年前仆后继的探索与奋斗得出来的结论，因为中国共产党人与时俱进，不断改革，没有陷入教条主义泥潭，因为改革开放使中国的社会主义焕发了新的生机，不仅摆脱了贫穷落后的面貌，而且成功地实现了和平崛起，让这个曾经四分五裂、任人宰割的文明古国，再一次站在了世界舞台的中央。当全球化的深入发展对几乎所有国家的经济、政治和社会构成猛烈冲击，当愈益广泛和深入的资本、技术、商品、人才和信息的流动让几乎所有的国家治理模式都疲于应付的时候，中国却能够处惊不乱，通过持续的改革开放，优化国家治理，创造和发挥中国全球经济发展中的比较优势，有效地协调内政和外交两个大局，不断地发展进步，不断地化险为夷。实践证明，在全球化对所有的国家形态都造成前所未有的冲击的时候，中国特色社会主义的国家治理模式表现出特有的效率和优势，如青藏铁路、南水北调、西气东输和西电东送等重大工程。即使那些戴着有色眼镜观察中国的西方的媒体、学者和政治家，也不得不对中国的成就表示钦佩。

中国特色社会主义还表现为中国作为一个大国的强烈的国际责任感。1997 年金融危机对亚洲各国造成重创，正是中国在这场危机中坚持人民币不贬值，成为挽救亚洲经济的中流砥柱，赢得了亚洲邻国和整个世界的广泛赞誉。2008 年美国的金融危机和欧洲债务危机带来了全球经济危机，中国更是通过加大国内基本建设投资的方式维持经济增长，表现出一个世界大国的责任感，而不是像有些国家那样以邻为壑，千方百计转嫁危机。中国提出的“一带一路”倡议，倡议成立的亚投行，中国对发展中国家不断扩大的经济援助，中国提出来的“新型大国关系”、“和谐世界”和“人类

---

① 陆娅楠：《2016 年我国 GDP 同比增长 6.7%》，《人民日报》2017 年 1 月 20 日。

命运共同体”等观念和主张，不仅包涵着中国传统文化“穷则独善其身，达则兼济天下”的精神追求，而且也是中国特色社会主义价值观的真实写照。对比特朗普“美国优先”旗帜下的美利坚合众国，中国无疑表现出更为强烈的责任感和牺牲精神。

中国并不是当今世界首屈一指的强国，但中国正是与这个世界的绝大多数国家有着强烈优势互补关系的国家；中国在改革开放的过程中融入了这个世界，同时也给这个世界注入了新的活力和动力；就科学技术而言，中国并不是这个世界上最先进的国家，但中国却能够为这个世界不同国家的合作与发展提出了最为先进和最为可行的理念，这种理念根植于中国千百年来的历史发展，也根植于中国作为一个文明古国的现代蜕变。中国在呼唤一个新的时代和新的世界。

四　结语

中共十九大的召开，“习近平新时代”的开始和“构建新型国际关系”、“人类命运共同体”等新理念的提出，标志着中国以一种新的充满自信的领袖国家身份伫立在世界舞台上，中国的公共外交也承担起了更为重大的责任。中国公共外交的一个基本任务是“讲好中国故事”，而“讲好中国故事”的基础在于构建一种能够赢得他国人民理解的中国叙事体系。中国虽然崛起了，但西方中国叙事体系依然在世界高等教育和国际媒体中占据优势地位。中国首先必须应对西方学界、媒体和智库有关中国政治叙事的挑战，特别是“中国威胁论”、“中国统治论”和“中国阴谋论”的蔓延，同时加快构建中国的中国叙事体系，并在中国新理念与西方冷战思维的时代博弈中占据上风。新时代的中国迫切需要中国的公共外交向世界说明中国是一个什么样的国家。中国叙事、公共外交和中国的新时代之间有着必然的逻辑联系。中国的改革性、开放性、全球化、超大规模和社会主义特性决定了中国从“独善其身”到“兼济天下”的必然发展，也决定了中国引导世界走出“不确定”状态的责任和动力。

探索外交理论的中国路径

赵可金[*]

摘要： 构建中国特色的外交理论是中国学界的一个奋斗目标。自从近代以来，面对来自西方列强的压力，中国学界就寻求建立独立的外交理论体系，并先后受到欧洲、苏联、美国等外交理论的深刻影响，尤其是改革开放以来，在全球化浪潮推动下，中国外交理论界与欧美同行进行了日益频繁和深入的交流，外交理论研究在中国发展迅速，并形成了传统派、特色派和非传统等流派。然而，在开展国际外交理论交流的同时，也产生了一个本土化和学术自主性不强的问题，面对欧美丰富的外交理论成果，中国外交理论一直被笼罩在西方外交理论的阴影之中，在西方外交理论的框架中，中国外交研究长期存在着理论与实践脱节的“两张皮”问题，在理论上无法解释中国外交的行为规律。随着中国与世界关系的历史性变化，探寻外交理论的中国路径，将各方外交理论与中国外交实际结合起来，努力推进外交理论的本土化和自主化，是今后中国外交学发展的方向。

关键词： 外交理论　本土化　中国路径

一　问题的提出：外交学中国化

外交学是一个古老而又年轻的学科。说其古老，是指几乎从人类社会诞生之日起，就存在着外交雏形，两千多年前的四大文明古国就产生了大量的外交思想。说其年轻，是指直到18世纪，外交才逐渐成为一门科学而受到学界的重视，据萨道义考证，外交一词在英文中始于1787年。[①] 尽管

---

* 赵可金，法学博士，清华大学社会科学院副院长，全球共同发展研究院副院长、长聘教授。

① Ernest Satow, *A Guide to Diplomatic Practice*, 4th ed. By Sir Neville Bland, London: Longmans, 1957, p. 3.

在此之前已经有格劳秀斯、黎塞留、卡利埃尔、威克福等外交大家，但直到 18 世纪晚期外交才被视作一门学科。相比之下，中国外交学的学科化就更晚了，直到 19 世纪末 20 世纪初，为应对来自西方列强的强大外交压力，外交学才逐步被视为一种学问，“中国最早关于国际问题的专刊《外交报》于 1902 年提出宜设‘外交学’专科，周鲠生先生在《近时国际政治小史》、《国际政治概论》中提出国际政治研究的对象、目的、范围和发展趋势，认为其在 20 世纪 30 年代成为一门新学科”。[①] 的确，直到 1930 年，中央政治大学才设立外交学系，并设立了“当时独一无二的”外交学专业。[②] 北京大学的张清敏教授认为，这是外交学在中国诞生的标志之一。

从历史上来看，一个大国在世界舞台上的崛起不仅是国家实力的崛起，更是学术思想的崛起。自 20 世纪以来，中国的外交学已经走过了百年的历程。最初，中国受欧洲外交理论影响，逐步确立了具有欧洲特色的外交学科基础。新中国成立以后，中国外交学的发展受苏联影响较大，带有浓厚的意识形态和革命色彩，尽管外交部一些主管业务司、处编写了外交实务性读物，也翻译出版了两三本苏联关于外交学和外交术语的小册子以及萨道义、尼科尔森等欧洲外交学者的著作，但总体上并没有形成周恩来总理所期待的“新外交学”，中国外交理论带有强烈的意识形态和革命倾向，从严格意义上讲并非是外交研究（diplomatic studies），而是对外政策或对外关系研究（foreign policy analysis）。改革开放以来，中国外交理论又受到美国国际关系理论的巨大影响，重视实力与战略，尤其是重视经济利益。回首中国外交学的百年发展历史，一条主线索是推进外交学研究的中国化，尤其值得深入思考的问题是，外交学理论和中国化之间的结合点是什么？显然，这里强调的外交学理论是一种普遍的宏大理论，是一种具有科学性的普遍理论指导（而且仅仅是作为指导的理论）。“中国化”主要强调要把中国外交的实践经验加以科学化系统化而成为一门学问[③]，是指外交学理论必须适应中国的实际和需要，并为中国的国家利益服务。显然，实现外交学理论的中国化需要将理论与实践相结合，在方法论上的启示是将抽象宏大

---

① 卫琛、伍雪骏、刘通：《百年炮火中的未竟之学：对民国时期国际关系研究与教学的回溯》，《世界经济与政治》2011 年第 11 期，第 43~44 页。

② 参阅“国立”政治大学网站，http：//www. ocia. nccu. edu/tw/dep/pagesphp？ ID = dep1，访问日期：2014 年 2 月 24 日。

③ 参见中华人民共和国外交部、中共中央文献研究室编《周恩来外交文选》，中央文献出版社，1990，第 2 页。

的理论研究和零打碎敲的经验研究结合起来，拉近两者之间存在的学术鸿沟，弥合宏观与微观的研究裂痕，这是外交理论中国化的重要学术路径，也是今后中国外交学研究的努力方向。

二　曲折发展的中国外交学

按照影响中国外交研究的理论源流划分，可以将近代以来的中国外交研究划分为三个阶段。

（一）欧洲国际法和外交理论影响下的中国外交研究（1842~1949 年）

在中国学界，外交学是一门长期被冷落的学问。尽管不少学者自豪地宣称中国外交可以追溯到上古的三皇五帝时代，但在古典时代的中国学人眼中根本没有现代意义上的外交观念，有的只是天下、理藩、戍边之类治国方略。[①] 然而，鸦片战争及其后一系列中外交往事件的爆发，迫使中国学人不得不重新审视中国与世界的关系，外交学也越来越从“洋务”转变为“外交”或“外务”。

在近代中国外交学研究向西方学习的过程中，作为外交学研究重镇的欧洲成为学习的对象，尽管有的学习是通过日本来实现的。比如留日研究政法问题的学者从日文翻译有《外交精义》一书，为我国外交学译著最早的一本。在民国时期，以欧洲外交学和国际法为蓝本，出版了一系列有影响的外交著作，并创立了《外交报》、《国民外交》、《外交评论》、《外交研究》、《外交季刊》等报刊，发表了大量外交类论文。受欧洲学者重视外交学的影响，民国时期的国际研究以外交学最为发达，一些学者撰写的教科书影响很大。比如廖德珍先生的《外交学》（1921 年）、杨熙时先生的《现代外交学》（1931 年）、杨振先先生的《外交学原理》（1936 年）、王卓然和刘达人先生主编的《外交大辞典》（1937 年）、刘达人先生的《外交科学概论》（1941 年）等。[②] 这些外交学著作基本上以英国萨道义的《外交实践指南》和美国约翰·福斯特的《外交实践》等为蓝本，涵盖了外交史、外

---

① 参阅陈尚胜《闭关与开放——中国封建晚期对外关系研究》，山东人民出版社，1993。

② 廖德珍：《外交学》，大东书局，1921；杨熙时：《现代外交学》，民智书局，1931；杨振先：《外交学原理》，商务印书馆，1936；王卓然、刘达人主编《外交大辞典》，中华书局，1937。

交部、外交特权与豁免、外交礼仪、领事、国际会议、国际组织和条约等内容。刘达人先生的《外交科学概论》建立了一套完整的“外交科学”体系，涵盖了纵向的外交历史沿革、横向的外交结构与功能以及规范性的国际化和外交游戏规则，奠定了中国外交学的学科基础。①

直到新中国成立之前，受欧洲外交学影响，中国外交学研究已经初步确立了学科体系，实现了从华夷等级外交观向主权国家外交观的转变，强调国际法和普遍国际规则，尽管存在着学术自主性不足甚至学术殖民化的问题，但对于贯通中西和在国际舞台上运用国际规则开展外交无疑具有十分重要的意义。

（二）苏联科学社会主义理论影响下的中国外交研究（1949~1979年）

新中国成立后，中国外交学发展步入新的发展轨道。在特殊的国际环境下，苏联外交学成为影响中国外交研究和实践的首要因素，比如强调外交的阶级性、革命性和意识形态性，在外交思想上强调以阶级划分敌友，强调外交要服务于革命需要，坚持以社会制度和意识形态为标准处理国家外交关系。因此，这一阶段的外交理论是在苏联科学社会主义理论影响下的外交理论，其特点是将外交作为社会主义革命的工具，中国外交的核心是讨论三个世界、统一战略和革命战略问题。

作为新中国外交的参照，翻译出版他国外交著作成为中国外交研究的重要任务。新中国成立后，在翻译介绍苏联、印度、英国、美国等外交思想著作方面十分积极。比如科尔查诺夫斯基的《现代外交的组织形式》（1949年）、塔尔列的《资产阶级外交方式》（1950年）、维辛斯基等主编的《苏联外交简史》（1952年）和《外交辞典》、英国外交学家尼科尔森的《外交学》（1957年）、萨道义的《外交实践指南》（1959年）、艾奇逊的《实力与外交》（1959年）、基辛格的《选择的必要：美国外交政策的前景》（1972年）、费尔萨姆的《外交手册》（1979年）、维戈兹基等编的《外交史》（1979年）等。②

---

① 刘达人：《外交科学概论》，中华书局，1941。

② 科尔查诺夫斯基：《现代外交的组织形式》，梁达、郝立译，新华书店，1949；塔尔列：《资产阶级外交方式》，葆煦、吴祖烈译，新华书店，1950；维辛斯基等主编《苏联外交简史》，世界知识出版社，1952；哈罗德·尼科尔森：《外交学》，眺伟译，世界知识出版社，1957；萨道义：《外交实践指南》，中国人民外交学会编译室译，世界知识出版社，1959；艾奇逊：《实力与外交》，熊友榛译，世界知识出版社，1959； （转下页注）

这些作品尽管并非中国外交研究的原创，但作为社会主义国家处理对外关系的参考，对于新中国外交学的初创无疑具有十分重要的意义。

同时，以外交学院的鲁毅教授为代表的一批学者开始从国际关系宏观理论研究入手，编写了《马列主义国际关系基本理论》、《毛泽东关于国际问题的论述》、《东方各国外交史》、《中华人民共和国对外关系史》、《中国近代外交史》、《中国外交史资料选编》等讲义，但均未公开发表。当时，尽管也有一些报纸杂志，比如《人民日报》、《光明日报》、《世界知识》、《红旗》等，但政治性都比较强，很难发表外交研究的学术观点。尤其是“文化大革命”期间，为数不多的涉外研究机构停止运转，在外交学院、北京大学、复旦大学等专门性院校系也没有开设有关外交学方面的课程。[①] 显然，意识形态挂帅的时代，使得外交研究十分敏感，除了翻译几部苏联和西方的外交学著作和工具书外，中国学者几乎未进行自己的外交学独创性研究。即便是在外交学院这样的专门院校，也没有单独开始外交学理论的课程。相比之下，同时期的中国台湾地区外交学界，以政治大学外交学系为代表，沿袭了新中国成立之前的外交学术传统，受到欧洲特别是英国外交学的影响，局限于对外交法律和制度形态的研究。[②]

（三）美国国际关系理论影响下的中国外交研究（1979 年至今）

在革命范式的笼罩下，中国外交学研究陷入了一种徘徊不前的尴尬境地：在理论指导上长期局限于似是而非的宏大理论阐释层面而不能自拔，深陷于“革命范式”的治学泥潭中而只能对阶级、革命、外交斗争、帝国主义等做概念阐释和现象描述研究；在经验性研究方面因为就事论事的历史研究和外交个案研究缺乏足够的社会学想象力而最多只能做琐碎的反思研究。改革开放以来，传统的“革命范式”开始首先在学术界隐退，这一潮流最后渗透到外交学研究领域，中国外交研究开始自觉不自觉地将目光转向美国，中国外交研究开始被打上了美国国际关系理论的烙印。同时，中国学者在受到美国理论冲击的同时，也开始重视探索中国特色的外交理

（接上页注②）基辛格：《核武器与对外政策》，世界知识出版社，1959；基辛格：《选择的必要：美国外交政策的前景》，商务印书馆，1972；费尔萨姆：《外交手册》，胡其安译，中国社会科学出版社，1979；维戈兹基等编《外交史》，三联书店，1979；等等。

① 参见张历历《关于新中国“外交学学科建设与研究”的回顾、反思与建议》，“首届中国外交学学科建设科学研讨会”论文，北京外交学院，2002 年 9 月 26~27 日。

② 比如李其泰《外交学》，正中书局，1962；朱建民：《外交与外交关系》，正中书局，1977。

论。因此，改革开放以来的中国外交理论研究又可以划分为两个亚阶段。

第一个阶段：美国外交理论引进阶段（1980~1997 年）

20 世纪 80 年代以来，邓小平对“政治学、法学、社会学，以及世界政治的研究”、“赶快补课”的呼吁[①]，引发了学习西方理论的高潮，中国外交理论研究也被裹挟在这一洪流中获得了快速发展。这一时期中国外交理论研究的特点是引进理论、评介理论和融入讨论，尤其是受美国理论重视利益、实力和战略的影响，中国外交理论也充满着重视实力与战略博弈的色彩。具体来说，表现在三个方面：

一是一大批国外外交学的理论著述翻译出版。从 20 世纪 80 年代开始，中国学界翻译了一大批有影响的国外外交理论著作，比如戈尔·布思主编的《萨道义外交实践指南》（1984 年）、埃里克·克拉克的《外交官生涯》（1985 年）、马丁·梅耶的《外交官》（1988 年）、埃尔默·普利斯科的《首脑外交》（1990 年）、兹比格纽·布热津斯基的《大棋局：美国首要地位及其地缘战略》（1998 年）、巴斯顿的《现代外交》（2002 年）、亨利·基辛格的《大外交》（2001 年）等。[②] 21 世纪初，北京大学出版社收集国外外交学最新研究成果翻译出版的《外交学译丛》，包括《外交理论与实践》、《外交谈判导论》、《多轨外交》、《双边外交》、《外交理论：从马基雅弗利到基辛格》、《外交辞典》、《21 世纪的大使：从全权到首席执行》等[③]，体现了此类工作中的最新进展，逐步缩小了中西在外交理论认识上的差距。

二是中国的西方外交理论研究逐渐起步。西方外交理论的引入对中国

---

① 邓小平：《邓小平文选》（第 2 卷），人民出版社，1994，第 180~181 页。

② 戈尔·布思主编《萨道义外交实践指南》，杨立义等译，上海译文出版社，1984；埃里克·克拉克：《外交官生涯》，杨修、祖源译，世界知识出版社，1985；马丁·梅耶：《外交官》，王祖烽等译，世界知识出版社，1988；埃尔默·普利斯科：《首脑外交》，周启朋等译，世界知识出版社，1990；兹比格纽·布热津斯基：《大棋局：美国首要地位及其地缘战略》，宋以敏等译，世界知识出版社，1998；巴斯顿：《现代外交》，周启朋等译，世界知识出版社，2002；亨利·基辛格：《大外交》，顾淑馨、林添贵译，海南出版社，2001。

③ 杰夫·贝里奇：《外交理论与实践》，庞中英译，北京大学出版社，2005；布里吉特·斯塔奇等：《外交谈判导论》，陈志敏等译，北京大学出版社，2005；路易丝·戴蒙德、约翰·麦克唐纳：《多轨外交》，李永辉等译，北京大学出版社，2006；基尚·拉纳：《双边外交》，罗松涛、邱敬译，北京大学出版社，2005；杰夫·贝里奇：《外交理论：从马基雅弗利到基辛格》，陆悦璘译，北京大学出版社，2005；杰夫·贝里奇等：《外交辞典》，高飞译，北京大学出版社，2005；基尚·拉纳：《21 世纪的大使：从全权到首席执行》，肖欢容、后显慧译，北京大学出版社，2008。

外交学研究产生了深远的影响，一大批评介西方外交理论的著作也次第出现。比如外交学院周启朋教授发表的《战后西方外交学研究新动向——兼评“新外交学”有关著述》，在国内较早评介了“新外交”中的多边外交、首脑外交、经济与发展外交、公共外交等新动向，并指出了其过于偏重西方国家而忽视社会主义国家、发展中国家外交研究的片面性和阶级性，并强调应该加强中国外交理论和发展中国家外交理论的灼见。① 随后，周启朋、杨闯等编译的《国外外交学》在 1990 年出版，对各国的外交理论进行了介绍和评介，为撰写第一本外交学理论教材《外交学概论》奠定了坚实的基础。② 同时，一大批研究某一外交思想家之外交思想的论文也大量涌现，比如对马基雅维利外交思想③、俾斯麦外交思想④、威尔逊外交思想⑤、乔治·凯南外交思想⑥、基辛格外交思想的研究⑦等，吸引了包括历史学、国际政治学、外交学等众多学科学者的关注。1995 年，陈乐民先生的《西方外交思想史》更是引发了学者对西方外交思想的关注，2002 年，王福春先生的《西方外交思想史》成为各个高校广泛使用的外交思想史教材。⑧

三是中国学者融入国际外交学界的讨论。在引进和评介的过程中，中国外交理论学者也逐渐融入国际外交学界的讨论。尤其是 20 世纪 90 年代以后，随着中国对外开放的日益深入，中国学者出国开会的机会增多，开始融入国际外交学界最新的讨论。比如对预防性外交的讨论⑨、关于中国形象

---

① 周启朋：《战后西方外交学研究新动向——兼评“新外交学”有关著述》，《外交评论（外交学院学报）》1985 年第 1 期，第 16~22 页。

② 周启朋、杨闯等编译《国外外交学》，中国人民公安大学出版社，1990。

③ 彭顺生：《马基雅维里的外交思想及其对后世的影响》，《北大史学》（第 5 辑），北京大学出版社，1998，第 29~52 页；王挺之：《近代外交原则的历史思考——论马基雅维里主义》，《历史研究》1993 年第 3 期，第 112~127 页。

④ 孔庆榛：《俾斯麦均势外交探析》，《历史教学》1989 年第 1 期；邱凯淇：《俾斯麦外交再讨论》，《世界历史》1983 年第 6 期。

⑤ 王晓德：《威尔逊对华“理想主义”外交的一个事例分析》，《山西师范大学学报》1993 年第 1 期，第 100~103 页；唐济生：《威尔逊“十四点”与美国外交》，《山东师范大学学报》1989 年第 3 期，第 26~30 页。

⑥ 俞晓秋：《一个外交官的反思——读乔治·凯南的〈美国外交〉》，《世界经济与政治》1990 年第 10 期；周桂银：《乔治·凯南的外交思想》，《美国研究》1993 年第 2 期。

⑦ 金灿荣：《〈大外交〉与基辛格》，《美国研究》1997 年第 4 期；吴伟：《从〈外交〉看基辛格世界新秩序观》，《世界经济与政治》1995 年第 9 期。

⑧ 陈乐民主编《西方外交思想史》，中国社会科学出版社，1995；王福春、张学斌主编《西方外交思想史》，北京大学出版社，2002。

⑨ 周启朋：《联合国预防性外交的提出和问题》，《世界经济与政治》1994 年第 3 期，第 40~69 页。

塑造的讨论①、对文明冲突与世界新秩序的讨论②、关于主权与人权的讨论③等。围绕这些热点问题，中国学界与国际学界之间的对话日益深入，尤其是阎学通《中国国家利益分析》一书的出版，提出了一套分析国家利益的科学方法，为判断国家利益量的大小提供了一种衡量依据，在学界引发了广泛的讨论。④

然而，在学习引进西方外交理论的过程中，中国学界越来越感受到缺乏学术自主性的问题，一些学者开始呼吁建立具有中国特色的外交学，以北京大学国际关系学院梁守德教授等为代表，从 1993 年就开始强调构建中国特色外交理论体系。⑤ 作为一个文明历史悠久的国家，中国有着独特外交体系，西方外交思想在中国往往缺乏适应性而存在“水土不服”的问题，一些对于西方国家适用的理论模式，对于中国就未必适用。因此，从 1997 年开始，中国外交学在与国外外交学交流互动的同时，开始日益强调在外交学发展上“打上中国特色的印迹”的问题。⑥

第二个阶段：中国特色外交理论探索阶段（1997 年至今）

中国特色外交理论的探索历程也是一个与西方外交理论抗争的过程，甚至这一抗争过程直接催生了中国外交学理论流派中的“特色派”（后文详及）。中国特色外交理论探索成果的最明显的标志是外交学院 1997 年推出的《外交学概论》一书，该书更多吸收了尼克尔森和萨道义的外交理论体系，运用阶级分析方法，对西方的国际法、外交理论、外交实践等有比较明显的吸收和借鉴，初步确立了一个尽管不令人满意但却初具体系的外交理论框架，其学术地位不可低估。⑦ 不过，该书在外交学中国化方面还体现得不够，外交学老前辈鲁毅先生也认为，“现在看来，《外交学概论》出版后虽然得到一些学者和专家的鼓励，但无论在学科体系、内容阐述和文字

---

① 袁明：《谈中国形象的塑造》，《战略与管理》1996 年第 1 期，第 98～99 页；袁明、范士明：《“冷战”后美国对中国（安全）形象的认识》，《美国研究》1995 年第 4 期，第 7～26 页。

② 王缉思主编《文明与国际政治》，上海人民出版社，1995。

③ 徐克恩：《正确认识国家主权与人权国际保护的关系》，《中国人民大学学报》1993 年第 2 期；李林：《国际人权与国家主权》，《中国法学》1993 年第 1 期。

④ 阎学通：《中国国家利益分析》，天津人民出版社，1997。

⑤ 梁守德：《关于中国外交学的中国特色的探讨》，《外交评论（外交学院学报）》1993 年第 4 期。

⑥ 张清敏：《外交学学科定位、研究对象及近期研究议程》，《国际政治研究》2012 年第 4 期，第 3～22 页。

⑦ 鲁毅等：《外交学概论》，世界知识出版社，1997。

表达等方面都还存在不少缺陷，其中特别在外交学理论部分或在外交学中国化方面更感到不足。”[①] 尽管如此，由于有了这一教材，中国外交理论的学术主体性有了一个坚实的基础，中国特色的外交学沿着三个维度蓬勃展开。

一是中国特色的外交学教材建设。在早期杨公素先生的《外交理论和实践》与鲁毅先生带领下出版的《外交学概论》权威教科书基础上，各高校先后出版了一系列带有教材性质的著作，比如黄金祺的《概说外交》、金正昆的《现代外交学概论》、姜安的《外交谱系与外交逻辑》、李渤的《新编外交学》和杨闯主编的《外交学》以及世界知识出版社的外交外事知识丛书（包括《国际会议：策划举办参与》、《大使馆和外交官》、《实用领事知识》、《外交外事知识与技能》、《外事翻译》、《话说外交调研》、《外交谋略》、《怎样当驻外记者》、《现代国际礼仪知识》、《新中国领事实践》等都受到外交学院教材的影响，不同程度地补充和发展了外交学教材体系。[②] 2008 年，由陈志敏、肖佳灵和赵可金撰写的《当代外交学》标志着外交学教材建设有了新的发展，这一教材从认识国内外外交学学科发展的现状出发，将《外交学概论》的框架与当代西方外交学理论最新发展成果结合起来，侧重外交学基础研究和变迁研究，提出了一个涵盖外交制度、外交基本、外交发展和外交实践四个维度的较新架构，受到学界的重视。[①] 2011 年出版的《外交学原理》在《当代外交学》的基础上，从外交学的理论、制度、过程和形态几个方面构建了自己的体系，将命题式的论述、历史性的延展和各家各派的认识结合起来，提供了一幅相对简明的系统画面，是一

① 鲁毅：《与时俱进，开拓创新，进一步把中国的外交学学科建设好》，《外交评论（外交学院学报）》2002 年第 4 期。

② 黄金祺：《概说外交》，世界知识出版社，1995；金正昆：《现代外交学概论》，中国人民大学出版社，1999；姜安：《外交谱系与外交逻辑》，中国社会科学出版社，2006；李渤编著《新编外交学》，南开大学出版社，2005；杨闯主编《外交学》，世界知识出版社，2010；杨冠群：《国际会议：策划举办参与》，世界知识出版社，1998；科兰：《大使馆和外交官》，世界知识出版社，1998；梁宝山：《实用领事知识》，世界知识出版社，2001；黄金祺：《外交外事知识与技能》，世界知识出版社，1999；徐亚南、李建英：《外事翻译》，世界知识出版社，1998；金桂花：《话说外交调研》，世界知识出版社，2002；席来旺：《外交谋略》，红旗出版社，1996；颜为民：《怎样当驻外记者》，世界知识出版社，2006；李天民：《现代国际礼仪知识》，世界知识出版社，1999；新中国领事实践编写组编《新中国领事实践》，世界知识出版社，1991。

① 陈志敏、肖佳灵、赵可金：《当代外交学》，北京大学出版社，2008。

本面向研究生的教材。[①] 2004 年 1 月，中共中央发出《关于进一步繁荣发展哲学社会科学的意见》，提出实施马克思主义理论研究和建设工程，在教育部组织实施的 93 种重点编写教材中，外交学院承担了《外交学导论》的撰写，可能在不久的将来会推出中国特色外交学体系的最新成果。

二是中国外交思想和实践研究。中国是一个外交大国，不仅有丰富的外交思想，也有复杂的外交实践。近年来，关于中国古代春秋战国时期的外交思想[②]、民国外交思想[③]和新中国外交思想研究[④]蔚为大观，成为中国特色外交理论研究的一个亮点。随着中央文献出版社关于中国领导人外交著述的出版[⑤]，一些学者集中对毛泽东、周恩来、邓小平等老一辈革命家外交理论的整理与研究，比如裴坚章的《毛泽东外交思想研究》、裴默农的《周恩来外交学》、宫力的《邓小平外交思想与实践》等。[⑥] 除了学界的研究之外，许多前外交官的回忆录也纷纷面世，为研究新中国外交提供了日益丰富的素材。[①] 最近的 20 年中，随着各项有益于学术研究的客观条件改善，如外交档案解密制度的建立、外交回忆录、领导人重要外交文集、外交年鉴和外交辞典等系统出版，[②] 中国外交研究逐渐“走下神坛”，取得了

---

① 赵可金：《外交学原理》，上海教育出版社，2011。

② 叶自成：《春秋战国时期的外交思想》，香港社会科学出版集团，2003。

③ 岳谦厚：《顾维钧外交思想研究》，人民出版社，2001。

④ 典型的代表作是：谢益显：《中国外交思想史》，河南大学出版社，1999；叶自成：《新中国外交思想研究：从毛泽东到邓小平——毛泽东、周恩来、邓小平外交思想比较研究》，北京大学出版社，2004。

⑤ 毛泽东：《毛泽东外交文选》，中央文献出版社、世界知识出版社，1994；周恩来：《周恩来外交文选》，中央文献出版社、世界知识出版社，1990；本书编写组：《邓小平外交思想学习纲要》，世界知识出版社，2000；中华人民共和国外交部编著《“三个代表”重要思想外交理论学习纲要》，世界知识出版社，2004。

⑥ 国际战略研究基金会编《环球同此凉热——一代领袖们的国际战略思想》，中央文献出版社，1993；裴坚章主编《毛泽东外交思想研究》，世界知识出版社，1994；裴坚章主编《研究周恩来——外交思想与实践》，世界知识出版社，1989；裴默农：《周恩来与新中国外交》，中共中央党校出版社，2002；王锦霞、张奇：《邓小平外交思想研究》，河南人民出版社，1995；宫力主编《邓小平外交思想与实践》，黑龙江教育出版社，1996；肖娴：《刘少奇外交思想与实践研究》，中国社会科学出版社，2014；等等。

① 钱其琛：《外交十记》，世界知识出版社，2003；唐家璇：《劲风煦雨》，世界知识出版社，2009；李肇星：《说不尽的外交》，中信出版社，2013。此外，世界知识出版社出版了中国外交官回忆录《新中国外交风云》丛书和《外交官》丛书，四川人民出版社启动了《外交官看世界》丛书，加上其他零散的外交官回忆录，这些大大丰富了新中国外交实践的第一手资料。

② 外交部主编《中国外交》（1983~2013 年各卷），世界知识出版社，1984~2013；上海国际问题研究所主编《国际形势年鉴》（各卷），中国大百科全书上海分社、上海教育出版社；唐家璇主编《中国外交辞典》，世界知识出版社，2000。

一些突破性的成就，尤其是在冷战史、中国外交决策过程、中国外交案例等领域的研究，牛军、沈志华等学者做出了令人瞩目的贡献。[①]

三是不断拓展新外交领域研究。随着中国全方位外交的拓展，中国外交研究领域也在向纵深挺进。近年来，学者们陆续推进了经济外交、多边外交、文化外交、公共外交、二轨外交、网络外交、媒体外交、城市外交等一系列外交理论新课题的研究，[②] 所有这些研究都充分表明，中国外交学理论研究正在向纵深发展。在开辟外交新领域研究中，一个突出的特点是开始从研究欧美日等其他国家的外交实践转向对中国自身外交实践的研究，在理论路径上将西方外交理论与中国外交案例相结合，努力探求解释中国自身外交的理论成果，已经呈现出一定的中国特色。当然，诚如张清敏所批评的那样，中国外交理论研究仍然存在描述性多而理论化程度不高；对别国研究的深入客观，对自己的研究则政策性强、学术性弱，或者只研究其他国家，不研究自己；功利性太强，一旦某一方式成为热点，便蜂拥而上，缺乏理性、全面和深入的研究等问题。[③] 不过，这些问题有待于逐步解决。

综上所述，我国外交学研究的发展已经取得了可喜的进展，尤其是随着更多的年轻研究者进入这一领域，研究生培养规模的进一步扩大，外交学的研究在未来应有较快的发展。当然，这种乐观的看法是基于将外交学的现状与过去进行比较，如果我们从中国面临的外交需要和国内外交学研究与国际水平的差距出发，中国外交学还存在许多的问题和空白点，发展真正具有中国特色的外交学研究依然任重而道远。

---

① 牛军：《从延安走向世界：中国共产党对外关系的起源》，福建人民出版社，1992；牛军：《冷战与新中国外交的缘起 1949－1955》（修订版），社会科学文献出版社，2013；牛军主编《中国对外政策分析：理论、历史与前景》，世界知识出版社，2013；沈志华：《毛泽东、斯大林与朝鲜战争》，广东人民出版社，2003。

② 王之佳：《中国环境外交》，中国环境科学出版社，1999；陈志敏：《次国家政府与对外事务》，长征出版社，2001；周琪主编《人权与外交》，时事出版社，2002；张学斌：《经济外交》，北京大学出版社，2003；周永生：《经济外交》，中国青年出版社，2004；吴兴唐：《政党外交和国际关系》，当代世界出版社，2004；李智：《文化外交》，北京大学出版社，2005；黄德明：《现代外交特权与豁免问题研究》，武汉大学出版社，2005；赵可金：《公共外交的理论与实践》，上海辞书出版社，2007；郑华：《首脑外交：中美领导人谈判的话语分析（1969－1972）》，上海人民出版社，2008；王鸣鸣：《外交政策分析：理论与方法》，中国社会科学出版社，2008；吴建民：《外交案例》，中国人民大学出版社，2008；张历历：《外交决策》，世界知识出版社，2007；等等。

③ 张清敏：《外交学学科定位、研究对象及近期研究议程》，《国际政治研究》2012 年第 4 期，第 21 页。

三　外交学的中国路径：学派与理论

作为一门独立的学问，外交研究在中国经历了一段曲折的发展历程后，在 20 世纪 90 年代渐成蓬勃发展之势，在欧美外交理论的影响下，初步形成了中国特色的外交理论体系。特别是 2004 年中共中央下发《中共中央关于进一步繁荣发展哲学社会科学的意见》，强调指出，“繁荣发展哲学社会科学的总体目标是努力建设面向现代化、面向世界、面向未来，具有中国特色的哲学社会科学”，推动中国外交理论与方法研究进入了一个自主创新的新阶段，并形成了独特的理论流派和研究方法。按照哲学基础、核心问题和研究重点划分，可以将当前国内外交学研究划分为三个学派（见表 1）。

表 1　中国外交学的学派划分

	传统派	特色派	非传统派
外部环境	无政府状态　力量平衡	国际体系　文化认同	全球化　命运共同体
哲学基础	现实主义　新现实主义	马克思主义　建构主义	自由主义　后现代主义
核心问题	国家间政治 （Politics among Nations）	中国与世界间政治 （Politics Between China and the World）	跨网络政治 （Politics among Networks）
外交行为体	外交部、驻外使馆	外交部、驻外使馆	国家　非国家行为体
主要概念	实力　战略　博弈	时代　秩序　特色	对话　网络　合法性
研究重点	强制性外交　战略对弈 结盟	中国特色　关系本位　过程建构	民主化　社会化 公共外交　非传统外交
代表人物	阎学通　叶自成	梁守德　秦亚青	王逸舟　赵启正

（一）传统派

受欧美现实主义国际关系理论影响，在外交学领域存在着一种主导性的外交理论流派：传统派。传统派的哲学基础是国际关系理论中的现实主义和新现实主义，在传统派看来，一国外交面临的环境是无政府状态，国家间政治（Politics among Nations）是外交面临的核心问题①，国家实力是决定外交战略和行为的决定性因素。一个国家要想实现国家利益的最大化，

① 在西方国际关系理论中，现实主义的核心假定就是国际社会是一个无政府状态，国家间关系是一个权力角逐的关系，无论是古典现实主义、新现实主义和进攻现实主义都持此种基本看法。参阅汉斯·摩根索著《国家间政治：权力斗争与和平》，徐昕、郝望、李保平译，北京大学出版社，2005。

必须重视积累实力，而外交谈判和沟通对于解决一国面临的外交问题是无足轻重的。一个国家为实现自己的利益最主要的是依靠国家实力，特别是硬实力、军事实力和强制性权力，相比之下，软实力、外交和劝说是次要的。对传统派学者而言，他们更关注大战略的问题，强调通过正确的战略设计比如强制性外交、战略博弈和结盟等来实现外交目的。

清华大学的阎学通教授是传统派外交理论的典型代表。从 20 世纪 90 年代开始，阎学通就致力于中国国家利益和中国崛起的研究，他在《中国崛起及其战略》、《软实力的核心是政治实力》、《王霸天下》、《历史的惯性》等著述中认为，中国外交应该重视发展国家实力，尤其是军事实力，在崛起冲刺阶段，要准备承担更多的国际责任，采取更透明的对外政策，更注重与周边国家及欧洲国家的关系，注重提升国家的战略信誉，在战略信誉与经济利益发生冲突时，采取经济利益服从于战略信誉的原则，中国在日渐强大的同时应该有两个选择：中国可以变成西方“王制”的一部分，但这意味着必须改变政治制度，成为民主国家。另一个选择是中国建立自己的系统，这是中国对外战略的方向。[①] 显然，在阎学通教授看来，国家实力和战略信誉是一国外交最应该重视的方面，而在战略信誉问题上，它在《道义现实主义的国际关系理论》问题中，进一步强调政治领导力决定大国实力对比转变，当一国实力达到主导国或崛起国水平时，道义的有无与水平高低对国家战略的效果，特别是建立国际规范的效果，具有重大影响，政治领导力强于其他国家的国家将会成为国际体系的主导国。因此，阎学通强调随着中国的崛起，中国应以“公平”、“正义”、“文明”的价值观指导建立国际新秩序。[②]

北京大学的叶自成对地缘政治的研究也强调了现实主义的外交观。在 1998 年出版的《地缘政治与中国外交》一书中，全面考察古今中外地缘政治思想的基础，对中国稳定西北和拓展东南的地缘战略做出了富有启发性的研究。[③] 随后，叶自成教授出版了《新中国外交思想》、《春秋战国时期的中国外交思想》，并与中国国际战略研究相结合，出版了《中国大战略》、《中国的和平发展：陆权的回归与发展》等具有现实战略关怀的外交理论著作，强调中国外交要以陆权为中心，提升国家战略影响力，叶氏成为传统

---

① 阎学通、孙学峰：《中国崛起及其战略》，北京大学出版社，2005；阎学通：《软实力的核心是政治实力》，《环球时报》2007 年 5 月 22 日。阎学通、徐进等：《王霸天下》，世界知识出版社，2009。

② 阎学通：《道义现实主义的国际关系理论》，《国际问题研究》2014 年第 5 期。

③ 叶自成等：《地缘政治与中国外交》，北京出版社，1997。

外交派的代表性人物。[①] 此外，上海社会科学院副院长黄仁伟认为，中国必须积极参与世界经济和全球化的大循环，并制定中国主导的对外战略，才能实现中国与世界的双赢。[②] 其实，所有争论核心是如何回应中国外交面临的挑战和压力，特别是如何处理外交与发展的关系，外交不仅要服务发展、促进发展，更要依靠发展、赢得信誉。

在研究方法上，传统派强调扎实的历史考证、档案文献、当事人走访等。从选题来看，传统派重视两类选题：一类是具有重大战略意义的现实问题研究，并将此种现实性的战略问题与历史考察结合起来，着力从历史解释未来。另一类是对某一具体外交问题的实证研究，是一种“管中窥豹”的小题大做研究，比如北京大学的牛军教授和张清敏教授，他们两人都十分重视实证研究，牛军教授的《从延安走向世界：中国共产党对外关系的起源》、《冷战与新中国外交的缘起 1949-1955》等著述关注中国共产党领导中国外交实践的研究，其研究成果具有宝贵的历史学价值。[③] 张清敏教授则重视对外交学学科历史研究和当代中国外交问题的实证研究，尤其是运用对外政策分析理论考察中国外交问题的研究也具有很高的学术价值，[④] 开创了一种类似于中国外交“局内人”研究视角的学术流派。

（二）特色派

与传统派更多受现实主义国际关系理论影响不同，特色派更多受到马克思主义理论和建构主义国际关系理论的深刻影响。对特色派而言，中国外交理论研究应该突出中国特色，强调中国人做外交的国别特色，构建中国特色的外交理论，其核心理论问题是处理中国与世界的政治关系（politics between China and the World）。在早期，以鲁毅先生为代表，外交学院由于承担着向外交部输送外交人才的使命，在教学科研上更强调马列理论、国际关系理论和历史、帝国主义侵华史、中国对外政策和对外关系等研究，

---

① 叶自成等：《中国大外交》，当代世界出版社，2009；叶自成等：《中国和平发展的国际环境分析》，经济科学出版社，2009；叶自成：《陆权发展与大国兴衰》，新星出版社，2007；叶自成：《中国大战略》，中国社会科学出版社，2003；叶自成：《春秋战国时期的中国外交思想》，香港社会科学出版集团，2003；叶自成：《新中国外交思想》，北京大学出版社，2001。

② 黄仁伟：《中国崛起的时间和空间》，上海社会科学院出版社，2002；黄仁伟等：《中国和平发展道路的历史选择》，上海人民出版社，2008。

③ 牛军：《从延安走向世界，中国共产党对外关系起源》，福建人民出版社，1992；牛军：《冷战与新中国外交的缘起 1949-1955》，社会科学文献出版社，2012。

④ 张清敏：《外交学学科定位、研究对象及近期研究议程》，《国际政治研究》2012 年第4 期。

并没有重视马克思主义理论中国化的问题。从20世纪90年代开始，北京大学的梁守德提出了外交学的“中国特色”问题，认为中国外交学必须以中国特色社会主义理论为指导，正确确定中国在国际社会中的地位，为中国国家权益服务，以及继承和发扬中国传统文化，引发了学界的热议。[①] 外交学院傅耀祖先生也认为，建设当代中国外交学要以毛泽东、周恩来外交思想，特别是邓小平外交思想为理论基础，新中国外交始终把马克思主义的基本原理同当今世界的总体形势和中国外交实践相结合，形成了富有时代精神和中国特色的外交理论和思想。[②] 进入新世纪以来，中国外交学界在坚持马克思主义指导的同时，更强调用马克思主义中国化的理论成果指导外交研究，比如杨燕怡认为，中国化的外交学的核心，就是总结提炼中国的外交实践，将中国的外交实践经验深化为理论。[③] 因此，关于强调中国特色外交理论的研究往往强调从不同角度总结毛泽东、周恩来、邓小平、江泽民、胡锦涛等领导人的外交思想和资深外交家的外交风格和艺术。

2008年，复旦大学外交学系的肖佳灵副教授发表了一篇相当有分量的论文，力主推进外交研究的“中国化”。她认为，当前国内外交学界对在问题意识、研究方法、研究资料、议题设置、话语体系、研究队伍、成果评判等方面都存在着向“洋”看齐的现象，忽视了当代中国外交研究的逻辑起点“应该是”对当代中国政治的研究。因此，她建议不应只盲目、机械、教条地照搬、运用既有的西方国际关系理论来解释中国外交，而应从马列主义关于国际关系的经典论述、从近现代以来的西方国际关系理论、从中国自古至今的经典外交文献这三大理论源泉中，均衡地吸取营养，并用现代中国人的问题意识、人文关怀、思维立场和话语体系，对1949年以来中国独特而成功的外交实践，进行系统的知识化、学科化和理论化建设。[④] 与肖佳灵类似，同济大学的夏立平认为，中国特色外交理论有四个主要来源：马克思主义国际关系经典理论、中国特色社会主义理论、中国传统文化精华、现当代西方国际关系与外交理论精华。其中，前两者对中国特色外交

---

① 梁守德：《关于中国外交学的中国特色的探讨》，《外交评论（外交学院学报）》1993年第4期，第51~55页。

② 傅耀祖：《关于中国外交学中的若干理论问题》，《外交评论（外交学院学报）》2000年第3期，第25~29页。

③ 杨燕怡：《关于加强中国外交学学科建设的看法和建议》，《外交评论（外交学院学报）》2002年第4期，第19~24页。

④ 肖佳灵：《当代中国外交研究“中国化”：问题与思考》，《国际观察》2008年第2期，第1~15页。

理论的形成和发展提供方向性和基础性的理论指导；后两者则为中国特色外交理论的形成和发展提供思维方式、研究方法等方面的借鉴。为此，夏立平认为如何使这些重大思想和价值观在当代中国外交学中形成共同的知识平台，已是中国特色外交理论研究中亟待解决的问题。[①]

与肖佳灵和夏立平不同，北京大学的朱锋则更看重中国的外交理论在“科学范畴”和“政治范畴”中进行创新形成一整套有“中国视角”的知识体系和解释系统，以此为新兴大国中国的对外政策和主张提供理论支持。[②] 上海国际问题研究院的杨洁勉则更看重中国外交的总体思想、战略思想和政策思想为基本框架，分析和建构中国特色外交理论体系。他认为，中国特色外交理论体系的主要框架由总体思想、战略思想和政策思想组成，今后的建设和创新重点将是确立与国际兼容的核心指导思想、充实和发展和谐世界理念、增强具有应用意义的理论指导等。[③] 中央党校的王红续教授则扩展了此种认识，提出了落实中国特色外交理论的基本路径，包括中国化、系统化、科学化和指导性，从外交本体、外交认识和外交过程来构建中国特色外交理论。[④]

外交学院的秦亚青更看重中国特色外交理论的“行动导向”与“知识导向”功能，构建中国特色外交理论，不是为了构建理论而构建理论，而是为了指导中国外交实践，解决中国在当今时代面临的重大问题，它应该是中国特色社会主义理论体系的重要组成部分，至少包括三个重要的前提，这就是时代观、秩序观和中国在国际体系中的定位。[⑤] 秦亚青强调理论的核心问题，也就使理论在某种意义上具有合目的性的特征，中国和平融入国际社会是中国外交理论研究的一个核心问题。[⑥] 随后，他从国际关系理论切

① 夏立平：《论构建中国特色外交理论体系》，《和平与发展》2009 年第 4 期，第 1~3 页。

② 朱锋：《中国特色的国际关系与外交理论创新研究：新议程、新框架、新挑战》，《国际政治研究》2009 年第 2 期，第 1~14 页。

③ 杨洁勉：《杨洁勉：中国特色外交理论体系精髓和创新发展》，《毛泽东邓小平理论研究》2012 年第 7 期。

④ 王红续：《关于中国特色外交理论的若干思考》，《当代世界》2011 年第 6 期，第 25~32 页。

⑤ 秦亚青：《关于构建中国特色外交理论的若干思考》，《外交评论（外交学院学报）》2008 年第 1 期，第 9~17 页。

⑥ 秦亚青教授认为，理论的核心问题是社会事实作用于人的意识并通过特定社会文化的表象系统产生的独特抽象问题。抽象问题引出一般意义上的假设，导致理论硬核的形成。它是在特定的社会文化中由时间和空间两个维度确定的，经表象系统形成学理意义，并具有不可通约的性质。参阅秦亚青《国际关系理论的核心问题与中国学派的生成》，《中国社会科学》2005 年第 3 期。

入，立足几千年中国社会的历史和经验，将关系置于核心位置，提出以过程本体、关系本体和方法论/认识论为基本内容的“过程建构主义”理论，[①] 标志着中国特色的外交理论有了具体的理论结果。随着《关系与过程——中国国际关系理论的文化建构》一书的出版，提出了“关系本位”和“过程建构”的思路，被视为国际关系理论和外交理论中国化的代表性成果，秦亚青也成为外交理论研究特色派的代表性学者。

（三）非传统派

与现实主义主导的传统派，马克思主义和建构主义指导下的特色派不同，非传统外交理论是一个松散的学术社群，甚至在严格意义上并不是一个学派，而是一群关注“新外交”的学者。对非传统派而言，随着全球化和信息技术革命的发展，外交关系不仅是国家间关系（international relations），也涵盖国际社会间关系（inter-social relations），国际社会日益成为一荣俱荣、一损俱损的命运共同体，外交理论的主要问题已经从国家间政治（Politic among Nations）日益转变为跨网络政治（Politics among Networks）。在这一跨网络政治中，尽管国家和职业外交机构仍然扮演着重要角色，但已经失去了对外交事务的垄断地位，大量非国家行为体走上外交舞台，包括跨国公司、媒体、智库、NGO 甚至普通民众都成为新的外交行为体，出现了“外交民主化”、“外交社会化”、“公共外交”、“非传统外交”等趋势，基于对这些问题进行研究的学者日益增多，认为各种新外交行为体围绕的理论核心是角逐“话语权”，[②] 是外交转型后的新外交范式，是“非传统外交的实现形式”。[③] 尤其是在“第一夫人公共外交”上引起了学界和社会舆论的广泛关注。[④]

王逸舟是非传统派的代表人物。早在 2000 年就开始致力于研究市民社会与中国外交的问题，他认为市民社会的发展将推动中国外交社会化转

① 秦亚青：《关系本位与过程建构：将中国理念植入国际关系理论》，《中国社会科学》2009 年第 3 期，第 69~86 页；秦亚青：《关系与过程——中国国际关系理论的文化建构》，上海人民出版社，2012。

② 张志洲：《话语质量：提升国际话语权的关键》，《红旗文稿》2010 年第 14 期。

③ 赵可金：《非传统外交：当代外交理论的新维度》，《国际观察》2012 年第 5 期，第 7~14 页；赵可金：《非传统外交：外交社会化及其后果》，《世界经济与政治》2013 年第 2 期，第 99~117 页。

④ 赵可金：《女性角色与国家使命：第一夫人的外交角色研究》，《国际观察》2013 年第 6 期。

型。[①] 在对非传统外交研究的潮流中，最为强劲的是关于公共外交的研究。中国综合国力的迅速提升，全世界对中国的关注也在与日俱增，直接刺激了国内外学界对中国公共外交的高度关注，特别是自2009年胡锦涛提出加强公共外交和人文交流之后，一大批论文和著作开始关注中国公共外交的问题，公共外交学正在蓬勃发展。特别是随着《公共外交季刊》的创刊以及一系列公共外交研究中心成立和公共外交研讨会的召开，使中国公共外交研究步入了快速发展的轨道。

在关于公共外交的讨论中，从一开始就面临着传统派、特色派和非传统三种观点的争论。一种看法是以外交部为代表的传统派观点，认为公共外交是政府主导的公众外交，是外交部对本国公众开展的外交沟通活动。公共外交作为对传统外交的继承和发展，通常由一国政府主导，借助各种传播和交流手段，向国外公众介绍本国国情和政策理念，向国内公众介绍本国外交方针政策及相关举措，旨在获取国内外公众的理解、认同和支持，争取民心民意，树立国家和政府的良好形象，营造有利的舆论环境，维护和促进国家根本利益。[②] 第二种看法是以中国人民对外友好协会的陈昊苏会长为代表的特色派观点，认为公共外交就是人民外交或民间外交，民间外交开启了公共外交的先河，因为民间外交的目的就是代表中国人民到国际舞台上广泛交友，这种交友的活动也需要说明中国的形象，也需要向世界各国的朋友传递友谊、表达善意，在这样的历史条件下，它成为中国外交的一种延伸，而中国的民间外交也是要向这个方向发展。[③] 第三种看法是以全国政协外事委员会主任赵启正先生为代表的非传统派观点，认为公共外交的实质是公众参与的信息和观点的流通，公共外交的行为主体包括政府、社会精英和普通公众三个方面，其中政府是主导，社会精英是中坚，普通公众是基础。简言之，中国公共外交的基本任务是向世界说明中国，帮助国外公众理解真实的中国。[④] 如何统一思想，对研究对象进行明确界定，将是公共外交学科发展的首要挑战。不同范式的学科基础不同，研究方法各异，分析工具多样，如何推动多学科有机互动，实现基础理论的创新和体系化，是公共外交学科化发展面临的重大挑战。

---

① 王逸舟：《市民社会与中国外交》，《中国社会科学》2000年第3期，第28~38页。

② 杨洁篪：《努力开拓中国特色公共外交新局面》，《求是》2011年第4期。

③ 陈昊苏：《民间友好起先河　公共外交创益多》，来源：新华网，http://news.xinhuanet.com/politics/2011lh/2011-03/05/c_121152560.htm。

④ 赵启正：《公共外交与跨文化交流》，中国人民大学出版社，2011。

随着公共外交在中国学界的兴起，一些学者提出了一些新外交的议题，在国际外交学界称为“新外交”，比如政党外交[①]、经济外交[②]、能源外交、环境外交[③]、科技外交、网络外交、宗教外交、智库外交、NGO 外交、世博外交和非传统外交等。在这些研究之中，近年来开始沿着几个具体的领域向前推进。

一是侨务公共外交研究。中国侨联副主席朱奕龙在《加强研究，拓展侨务公共外交》一文中认为，侨务公共外交面临起步较晚、经验不足等问题，加强侨务公共外交研究十分迫切。[④] 金正昆和臧红岩探讨了侨务公共外交的概念，将其定位为一种非传统的外交形式，本质上是国家营销行为，并对中国族群外交面临的若干制约因素进行了初步研究。[⑤] 王伟男在比较了侨务和公共外交基础上，对中国侨务公共外交的主要优势与障碍进行了有意义的研究。[⑥] 赵可金、刘思如认为，中国应在加强侨务公共外交概念界定和理论研究的基础上，探索鼓励华侨华人参与的新思路和新机制，制定相关政策在侨务公共外交的过程中维护华侨华人的合法权益，构建官民并举、统筹协调的侨务外交大格局。[⑦] 迄今为止，关于侨务公共外交的理论研究仍然落后于实践的发展和需要，国务院侨办大力推动侨务公共外交研究，通过设立课题、组织研讨会等形式带动侨务公共外交的研究。

二是跨国公司公共外交研究。《公共外交季刊》2013 年夏季号发表了一组讨论企业公共外交的文章，将跨国企业间接或者直接参与的公共外交活动，可以笼统地称为企业公共外交。[⑧] 然而，从这些文章的理论立场来看，

---

① 许月梅：《建国后中国共产党政党外交理论研究》，中国社会科学出版社，2003。

② 周永生：《经济外交》，中国青年出版社，2004，第 1~28 页。

③ 丁金光：《国际环境外交》，中国社会科学出版社，2007，第 3 页（前言）；张海滨：《论中国的环境外交》，北京大学博士论文，1997，第 5 页。

④ 朱奕龙：《加强研究，拓展侨务公共外交》，《公共外交季刊》2012 年春季号，总第 9 期，详见 http://www.china.com.cn/international/txt/2012-02/27/content_24741377.htm。

⑤ 金正昆、臧红岩：《当代中国侨务公共外交探析》，《广西社会科学》2012 年第 5 期，第 2 页。

⑥ 王伟男：《侨务公共外交：理论建构的尝试》，《国际展望》2012 年第 5 期，第 29~39 页。

⑦ 赵可金、刘思如：《中国侨务公共外交的兴起》，《东北亚论坛》2013 年第 5 期。

⑧ 李永辉、周鑫宇：《企业公共外交：宏观战略与微观管理》，《公共外交季刊》2013 年夏季号；梁婷婷：《企业践行公共外交的基础》，《公共外交季刊》2013 年夏季号；莫盛凯：《公共外交的跨国公司载体：热话题与冷思考》，《公共外交季刊》2013 年夏季号；程虹、吴鹍：《公共外交中的商业力量——中国企业家俱乐部国际访问实践》，《公共外交季刊》2013 年夏季号。

仍然对企业外交或公司外交的提法十分谨慎，并不倾向于将企业看作是外交的主体，而是将其视作公共外交的载体。“外交载体论”成为当下中国学界对企业外交主流的看法，有学者据此认为跨国公司具有政治动员、议程塑造和信息沟通三大功能。[①] 赵启正在 2013 年出版了《跨国经营公共外交》，对跨国公司的公共外交研究迈出了重要一步。

三是城市外交研究。城市外交是中国公共外交研究的新发展。最初，该主题的研究是由复旦大学的陈志敏教授和苏长和教授启动的，他们更强调城市外交的地方性，并提出地方外交的概念，认为应基于对外交的广义定义，将地方政府在中央政府政策指导下所从事的对外交往活动视为中国外交的一部分，此即为“地方外交”。[②] 熊炜和王婕不同意使用“地方外交”一词，而是强调使用“城市外交”更准确，认为城市外交是指城市配合国家总体外交，在中央政府的授权和政策指导下参与国际交往的活动。[③] 杨勇的界定与之类似，认为城市外交是国家外交的延伸，具有宪政上的非主权性、战略上的补充性、权力上的有限性、行为上的中介性、职能上的社会性等特征。[④]《公共外交季刊》2013 年春季号还刊发了一组文章，强调城市外交对于公共外交具有重大意义。[⑤] 作为一种外交形态，如何定位和评估城市外交的潜力，特别是如何处理城市外交与国家外交的关系，成为学界热烈争论的话题。[⑥] 熊炜认为，城市外交正在慢慢变成一种国际习惯，城市外交与国家总体外交之间是多样性的统一关系。因此，主张以多元、多层和多形式的视角看待城市外交，从不同的层次建立起对城市外交的分析框架，使之具有丰富的内涵。[⑦] 赵可金、陈维认为城市外交既是世界城市发展的需要，也是外交社会化的必然产物。城市外交研究的主要任务是如何推动外交制度转型，特别是如何在总体外交体系中为城市外交确定一个合

---

① 余万里：《跨国公司公共外交的三大功能》，《公共外交季刊》2011 年夏季号。

② 陈志敏：《中国的地方外交》，《国际观察》2010 年第 1 期，第 18~19 页；苏长和：《国内-国际相互转型的政治经济学》，《世界经济与政治》2007 年第 11 期，第 12 页；苏长和：《国际化与地方的全球联系——中国地方的国际化研究（1978-2008 年）》，《世界经济与政治》2008 年第 11 期，第 24~32 页；苏长和：《中国地方政府与次区域合作：动力、行为及机制》，《世界经济与政治》2010 年第 5 期，第 11 页。

③ 熊炜、王婕：《城市外交：理论争辩与实践特点》，《公共外交季刊》2013 年春季号。

④ 杨勇：《全球化时代的中国城市外交——以广州为个案的研究》，暨南大学博士论文，2007，第 38~42 页。

⑤ 熊炜、王婕：《城市外交：理论争辩与实践特点》，《公共外交季刊》2013 年春季号。

⑥ 陈志敏：《次国家政府与对外事务》，长征出版社，2001，第 172 页。

⑦ 熊炜、王婕：《城市外交：理论争辩与实践特点》，《公共外交季刊》2013 年春季号。

适的位置。[①] 显然，中国学界更能接受城市外交作为一种外交形态，并试图将其纳入总体外交的轨道之中。

四是人文交流和人文外交研究。在公共外交中，人文交流占据很大的分量，但对人文外交的理解还存在许多争议，关于人文外交的内涵和特征还莫衷一是。[②] 在学界，传统上，人们研究人文交流现象时更倾向于使用"文化外交"概念。如胡文涛认为，"文化外交是政府或者非政府组织通过教育文化项目交流、人员往来、艺术表演与展示以及文化产品贸易等手段为促进国家与国家之间、人民与人民之间相互理解与信任，构建和提升本国国际形象与软实力的一种有效外交形式，是外交领域中继政治、经济之后的第三支柱"。[③] 这一概念在学界虽然界定不一，但基本上大同小异，都是强调外交中人的重要性和文化的重要性。[④]

当然，上述对中国外交理论学派的划分，是为了理解中国外交理论研究特点而做的区分，事实上中国的外交学理论研究还没有形成成熟的学派，很多学者在研究取向上的划分也并非壁垒分明。不过，由于对外交的理解不同，中国外交理论研究学者的确正在沿着三个方向发生分化组合，其最核心的差异在于如何认识理解当下正在发生的外交变革，传统派一般不认为全球化的外交发生了根本的变化，特色派则更强调与中国文化和文明体系的对接，非传统派则认定一种新的外交形态正在产生。由于路径的差异，三个学派的差异可能在不久的将来会更加鲜明。

四　中国路径及其可能性

（一）中国外交理论总体评价

回顾中国外交学三十年的发展历程，历代外交学人在夹缝中艰难前行，既面临着海外的各种思想观点、理论学说和学术流派的冲击而被裹挟前进，也面临着中国外交实践中的诸多挑战而无法抑制报效国家的家

① 赵可金、陈维：《城市外交：探寻全球都市的外交角色》，《外交评论（外交学院学报）》2013 年第 6 期。

② 金正昆、唐妮娜：《当代中国外交的新路径："人文外交"初探》，《教学与研究》2009 年第 8 期，第 33~38 页。

③ 胡文涛：《解读文化外交：一种学理分析》，《外交评论（外交学院学报）》2007 年第 3 期，第 55 页。

④ 李智：《文化外交：一种传播学的解读》，北京大学出版社，2005，第 3~15 页。

国情怀。此种夹缝中求发展的学科生存状况，决定了外交学在中国命运多舛。在新中国成立之前，中国外交学更多受到欧洲学派的影响，注重国际法、外交机构和谈判等“法国体系”（French System）的研究。[①] 新中国成立后，受苏联科学社会主义理论影响，注重革命、统一战线和三个世界理论研究，带有极强的意识形态色彩。改革开放以来，受美国国际关系理论影响，越来越重视国家利益、综合国力和战略设计，超越意识形态和社会制度，融入西方国际体系。在这一过程中，中国学者结合中国外交政策和实践需要，努力探索构建具有中国特色的外交理论，取得了积极进展。

然而，随着中国与世界关系互动的日益深入，在检讨中国外交学学术史的时候，一个令人担忧的问题呈现在人们面前：中国外交学界在引进、评介和发展欧洲、苏联和美国外交理论时，很难看到扎根中国历史—文化—社会土壤的真正中国外交理论成果，中国外交学的学术自主性程度较弱。这一问题如不解决，不仅外交理论不能满足中国外交实践的需要，百年后中国外交学术史除了西学东渐之外，几乎没有笔墨可及其他。早在新中国成立之初，周恩来总理就明确提出了建立新中国外交学的任务，认为新中国外交与以往的旧中国外交以及其他国家的外交存在着明显的区别。“我们虽然可以翻译几本兄弟国家如苏联的外交学，或者翻译一套资产阶级国家的外交学，但前者只能作为借鉴，而后者从马克思列宁主义观点来看，是不科学的。唯有经过按照马克思列宁主义观点整理的，才算是科学。从前者我们可以采用一部分，从后者我们只能取得一些技术上的参考，我们应当把外交学中国化，但是现在还做不到。”[②] 显然，六十年后的今天，这一任务仍然还不能说已经完成。改革开放三十年的外交学术史表明，学者在研究中国外交时，不免会援引国外国际关系和外交理论的分析框架，但对中国外交政策和外交实践却出现解释不通和预测失灵的问题，那种撇开中国社会历史文化生态而机械套用西方理论的做法，对中国外交理论研究没有太大意义。尽管早就有老一辈学者提出对国外理论采取取其所长、避其所短的态度，[③] 但在具体研究实践中，却十分艰难，尽管很多学者都相信

① Harold Nicolson, *The Evolution of Diplomatic Method*, London: Constable, 1954.

② 周恩来在外交部成立大会上的讲话，参见中华人民共和国外交部、中共中央文献研究室编《周恩来外交文选》，中央文献出版社，1990，第1~7页。

③ 何方：《世界格局的重大变化和中国的国际关系理论》，袁明主编《跨世纪的挑战：中国国际关系学科的发展》，重庆出版社，1993，第18页。

经过努力最终能够构建一套中国特色的外交理论体系,[①] 但迄今为止仍然没有实现外交学理论中国化的使命。

尽管实现外交学理论的中国化是贯穿始终中国外交学发展的主线，但在学界也还是有着不同看法的。一些学者质疑是否有必要将外交理论中国化作为一个学术目标，因为理论是对特定社会现象的解释，根本不存在某一国家的独特理论。也有学者认为外交本身是一种科学和艺术，是否构建中国化的外交理论没有多大必要。事实上，无论是支持中国特色的外交理论，还是持反对意见的学者，核心是对外交理论的理解不同，有学者区分了中国人对理论的两种不同理解，即解释性的理论和指导性的理论，在西方语境下的外交理论更多是解释性的理论，而中国语境下的外交理论则更多是指导外交实践的理论。[②] 因此，张清敏建议将西方外交理论、思想和中国自古代以来的外交理论、思想结合起来，从文化和哲学的高度抽象出理论化的体系和框架。[③] 不过，问题的核心是如何才能将两者结合起来，张清敏并没有做出明确的回答。

无论是否把推进外交理论中国化作为一个目标，回应国际社会对中国外交的各种解释是一个无法回避的问题。随着中国在世界舞台上的崛起，不仅欧美发达国家对中国外交提出了种种解释，比如“中国威胁论”、“中国责任论”、“中国新殖民主义论”、中国过于自信论等,[④] 而且周边国家和发展中国家也对中国外交行为提出了种种不同的解释。[⑤] 如果中国外交学界不能在外交基础理论层次对中国外交实践做出明确回答，就会失去外交理论乃至对中国外交实践的话语权。从这一意义上来说，推进外交理论中国化即便不是一个提升理论解释力的学术目标，也是一项增强实践指导性的外交事业。

---

① 秦亚青:《关于构建中国特色外交理论的若干思考》,《外交评论（外交学院学报）》2008年第1期，第9~17页。

② 王缉思:《国际政治的理性思考》，北京大学出版社，第17~19页；Qin Yaqing, “Why Is There No Chinese International Relations Theory?” *International Relations of the Asia-Pacific*, Volume 7, 2007, pp. 313-315。

③ 张清敏:《外交学学科定位、研究对象及近期研究议程》,《国际政治研究》2012年第4期，第3~22页。

④ John Ikenberry, “The Rise of China and the Future of the West,” *Foreign Affairs*, Vol. 87, No. 1, January/February, 2008, pp. 23 - 37; Condoleezza Rice, “Rethinking the National Interest,” *Foreign Affairs*, Vol. 87, No. 4, July/August, 2008, p. 3.

⑤ 〔印度〕阿嘎瓦拉（Ramgopal Agarwala):《中国的崛起：威胁还是机遇》，陶治国等译，山西经济出版社，2004。

（二）外交理论中国化

然而，推进外交理论中国化并不是为特色而特色，而是借鉴解释性理论的做法，将解释整个世界范围内的外交现象作为基础，在把握一般外交规律的基础上推进外交理论中国化，从整个中华文明的深厚土层出发，将中国外交实践与世界外交理论相结合，为解释外交现象贡献中国智慧，提供中国方案。具体来说，要坚持两个基本方向。

一是外交学中国化必须坚持以世界外交发展的普遍规律为前提，不可能违背世界外交的一般规律。相反，外交学的中国化，首先必须以主动接受和适应现代外交学的一般规律，在超越“西方中心论”和“中国中心论”两种理论倾向基础上，构建中国外交学理论体系。

就学科性质而言，外交学应被视为一门兼具理论性与实践性的学科，以外交行为及其规律作为研究对象。现代外交学虽然产生于西方，以西方外交实践为研究重点，但西方外交学的研究并不仅限于西方，随着欧洲国际体系在全球范围内的扩散而传播，现代外交学致力于研究制约世界各国外交一般规律，外交学的基本概念、基本原则和相关理论也并非仅仅锁定西方外交实践。同样，要推动外交学中国化，必然会强调以中国外交实践为主要研究对象，但又要避免仅仅研究中国外交实践。作为当今全球外交体系整体中的重要组成部分，外交学中国化首先要以研究全球外交体系的普遍规律为基础，借鉴和吸取西方外交学的有益成果，不能搞另起炉灶，中国不可能违背为整个国际社会所约定俗成的一般外交规律。

当然，学习和借鉴西方外交规律并非是不加分析地照搬照抄，而是要以科学的态度进行分析，吸取西方外交学中一些教训。比如欧洲外交学中根深蒂固的“欧洲中心主义”思想，将欧洲的国际法、国际制度和外交规范作为普世价值向全世界推广，甚至推行殖民主义、帝国主义，就是应该扬弃的。再比如美国外交学中强调仅仅依靠实力来办外交，在国际外交实践中推行霸权战略，搞结盟对抗、双重标准、分而治之等外交，产生了很多的教训。对于这些方面，中国外交研究必须敢于批评，善于批评，为世界外交理论贡献中国智慧和中国经验，中国完全可以对世界外交理论做出较大贡献。同时，须知西方外交理论并不等于世界外交理论，除西方外交理论外，还有伊斯兰世界、印度、拉美、非洲等众多国家和文明的外交理论，对这些非西方的外交理论都要虚心学习和借鉴，使之融入中国外交理论之中。

在推进外交学中国化中，要竭力避免两种错误的理论倾向，既要避免以西方外交理论为指导，深陷“西方中心论”、“美国例外论”而不能自拔，也不可过分强调中国特色和中国中心，迷失在“中国中心论”的丛林中。正确的路径是将世界外交规律与中华文明结合起来，以全球视野和开放心态研究和评价外交，不以任何一个国家和地区的外交经验为学习和效仿的中心，[①] 对欧美外交经验、发展中国家外交经验、新兴经济体外交经验和中国外交经验平等看待，将中国外交放在全球外交的时空背景下，把中国作为一个普通的对象进行客观的研究，唯有如此，才能真正产生中国的外交理论。

二是外交学中国化，必须坚持立足中国国情和发展阶段，从中国国家需要出发，努力探索中国视角、中国风格和中国气派的外交理论。

恩格斯说过，“理论在一个国家的实现程度，取决于理论满足这个国家的需要的程度。”[②] 中国的外交学发展，必须明确中国国家的需要，并努力满足此种国家需要。从这个意义上来说，中国是一个有着五千年文明历史的大国，在全球化时代背景下，一个持续快速发展，并且拥有 13 亿人口的大国，将在全球事务中扮演什么样的角色，对外奉行什么样的政策，对世界产生什么样的影响？对这些问题，世界在关注，中国外交理论也需要思考和探索。2012 年 11 月 29 日，新当选的中共中央总书记习近平带领新一届中央领导集体参观中国国家博物馆“复兴之路”展览现场，明确提出，“实现伟大复兴就是中华民族近代以来最伟大梦想”，而且满怀信心地表示这个梦想“一定能实现”，引发了各方面的热烈讨论。[③] 2013 年 3 月 17 日，习近平在第十二届全国人民代表大会第一次会议当选国家主席后的讲话中对“中国梦”做出了进一步的解释：“实现中华民族伟大复兴的中国梦，就是要实现国家富强、民族振兴、人民幸福。”[④] 同时，习近平认为，实现“中国梦”必须走中国道路，弘扬中国精神，凝聚中国力量，将“中国梦”提升到国家发展战略全局的高度，与两个一百年的奋斗目标结合在一起，

① 张清敏：《外交学学科定位、研究对象及近期研究议程》，《国际政治研究》2012 年第 4 期，第 3~22 页。

② 中共中央马恩列斯著作编译局：《马克思恩格斯选集》（第一卷），人民出版社，1995，第 11 页。

③ 李斌：《习近平在参观〈复兴之路〉展览时强调，承前启后，继往开来，继续朝着中华民族伟大复兴目标奋勇前进》，新华网，北京，2012 年 11 月 29 日电。

④ 习近平：《在第十二届全国人民代表大会第一次会议上的讲话》，《人民日报》2013 年 3 月 18 日。

成为新时期中国治国方略的核心理念。显然，“中国梦”已经成为中国外交理论必须围绕的中心，它不仅决定着中国外交理论的方向，更决定着中国外交道路的方向。

实现中华民族伟大复兴的“中国梦”，是新时期中国的最大的国家需要，反映着中国外交实践的顶层设计，也意味着可能会形成系统的外交理论。在中国古代漫长的历史发展进程中，中华文明保持了历史的连续性和一贯性，形成了独特的“天下观”，[①] 在外交上积累了丰富的王霸天下经验。[②] 中原华夏始终保持强大和繁荣，此种泱泱大国心态基础上的中国与世界关系主导了中国古典外交文化。然而，近代以来，随着西方的兴起和扩张，中国经历了“千古未有之大变局”，中国与世界关系发生了颠倒性的变化，周遭列强虎视中华，中原华夏几无招架之力，中国近代经历了一个“被全球化”和“被国际化”的困难历程。[③] 在这一历程中，“弱国无外交”、“落后就要挨打”、“中华民族到了最危险的时刻”等逐渐汇入中国近代外交文化，成为刺激革命外交的文化诱因。改革开放以来，中国停止“以阶级斗争为纲”，把全党工作重心转移到社会主义现代化建设上来，确立了改革开放的基本国策，强调“现代世界是一个开放的世界”，“要学习、吸收世界上一切先进技术”等观点，[④] 形成了中国特色社会主义道路，它最鲜明的特征是科学发展、自主发展、开放发展、合作发展、共同发展。[⑤] 中国和平发展的总体目标是对内求发展、求和谐，对外求合作、求和平。随着“中国梦”的提出，要求将中国外交深深扎根在博大精深的中华文明土层之中，与中国传统结合起来，把根扎在中国，为解决复杂的国际国内问题提供中国智慧和中国方案，探索一种具有中华民族个性的外交理论。2014年11月11日，习近平在会见来访的美国总统奥巴马时指出，“了解中国近代以来的历史对理解中国人民今天的理想和前进道路很重要”，“要了解今

① 赵汀阳：《天下体系：世界制度哲学导论》，江苏教育出版社，2005，第16~17页。

② 阎学通、徐进等：《王霸天下思想及启迪》，世界知识出版社，2009，第261~291页；陈向阳：《务实王道睦邻外交——21世纪中国和平崛起的民族传统战略文化资源》，《江南社会学报》2004年第4期，第24~27页。

③ 吴晓春、陈崎：《近代中国与中国近代社会的全球化》，《求索》2006年第5期，第140~142页；陈谦平：《国际化：认识近代中国新视角》，《中国社会科学报》2011年4月28日。

④ 冷溶、汪作玲主编《邓小平年谱：1975—1997》（上），中央文献出版社，2004，第31、86页。

⑤ 国务院新闻办：《中国的和平发展》（白皮书），人民出版社，2011，第2~5页。

天的中国、预测明天的中国，必须了解中国的过去，了解中国的文化。”①这一判断指出了中国外交理论发展的方向，中国是一个具有五千年文明历史的大国，具有相对独立和成熟的文明体系，中国学习和接受现代外交学不可能彻底丢掉老祖宗，不可能抛弃中国传统外交实践所积累起来的处理对外事务的民族之根。在全球化时代，中国外交理论需要牢牢扎根中华文明土壤，沿着外交转型的主线索，积极开展创新性研究，不断把中国外交理论建设成为具有中国特色、中国风格和中国气派的外交理论体系，为世界外交学的发展做出自己的贡献。

展望未来，随着中国与世界关系的历史性变动，中国正在探索一条中国特色的大国外交之路。因此，中国外交学要把理论研究和实践研究结合起来，从大量的对外关系研究和对外政策研究的误区中走出来，从事中国外交的政治、经济、文化、社会和制度运作的研究，进一步拓展外交研究的领域和覆盖面，逐渐积累起一整套体现中国国家利益需要和促进世界和平与发展的战略和政策，亦即形成处理国际关系事务的中国路径。也只有形成中国外交理论的中国路径，才能在国际学术界真正建立中国的外交学理论。

① 新华社，北京，2014 年 11 月 11 日电，http：//news. xinhuanet. com/2014－11/12/c_ 1113206992. htm。

公共外交工作应转换新思路

姚　遥*

摘要： 当前，公共外交工作面临新形势。一些工作误区值得关注：在宗旨上，存在“重求同、轻释异”的误区；在对象上，存在“重美欧日、轻亚非拉”的误区；在内容上，存在“重文化、轻政治”的误区；在方式上，存在“重回应、轻引导”的误区。有鉴于此，我们必须与时俱进完善公共外交工作，主要对策是：以“和而不同”的中国理念阐释宗旨；以宏观包容的全球视野设计对象；以直指核心的政治价值充实内容；以主动精准的议程设置改进方式。

关键词： 公共外交　国家形象　中国特色　大国外交

2015 年是中国特色大国外交深入发展的关键之年，以习近平同志为总书记的党中央提出一系列外交新理念和新举措，既展示了中国与世界关系的新发展和新动向，也凸显了新形势下公共外交在总体外交工作中的重要作用。下阶段，公共外交工作能否与时俱进、转换思路，将深刻影响中国的国际形象与全球对华认知的发展趋向。

一　新情况

当前，随着中国日益走近世界舞台的中央，角色转化引发的新问题已经涌现：一些大国对于中国的发展和强大并不欢迎；一些发展中国家亦充满疑虑，质疑中国是否会重蹈霸权的覆辙。这已成为中国公共外交工作的关键背景。

* 姚遥，外交学院国家软实力研究中心主任、中国公共外交协会研究室主任。

（一）在政治方面，中国倡导的新型国际关系广受欢迎，但也存在个别杂音

近年来，中国积极倡导合作共赢的新型国际关系，拒绝“国强必霸”的传统大国路径，坚定站在发展中国家立场，推动世界和平与共同发展。与此同时，中国提出与美国共建“不冲突、不对抗，相互尊重，合作共赢”的新型大国关系，获得国际舆论普遍肯定。

然而，西方一些学者提出中国并非“新型大国”，不应接受“新型大国关系”概念。2015 年 10 月，美国著名知华派学者、前副助理国务卿柯庆生（Thomas J. Christensen）撰文，认为奥巴马政府对华政策的最大失误，恰在于“公共外交和外交辞令的不当使用”。① 柯庆生对中美之间“相互尊重”的表述提出质疑，认为中美对于彼此“核心利益”的认知存在偏差，比如，中国认定的核心利益中包含政治体制、领土主权等，事实上与美国推进政治自由化、维护盟国安全等目标存在分歧。

与此同时，“中国将成为下一个超级大国”，也已成为一些发展中国家的舆论常态。比如，由于非洲国家曾长期遭受不同大国的掠夺与压制，严重的心理阴影使很多民众对中国的强大心存疑虑。2015 年底，中国海军拟在吉布提为执行国际维和任务的军舰设立后勤保障设施，一些非洲媒体密集报道并将其表述为“中国开始在非洲建立军事基地”，“中国将走西方大国扩张老路”的声音也随之出现。

实际上，对中国所提“新型国际关系”和“新型大国关系”的否定，本质上是对“中国特色国情与道路”的否定，也即认定中国与西方国家一样仍为“老式大国”。“老式大国”之间何来新型关系？又如何给世界带来新型国际关系？这是中国开展公共外交工作的第一个难点。

（二）在经济方面，中国全面深化改革获得国际理解和支持，但也存在一些隐忧

当前，国际金融危机的阴霾仍未散去，主要经济体走势和政策取向继续分化，经济环境的不确定性依然突出。中国面临着经济下行压力的新常态，力图通过全面深化改革和全面依法治国，解决经济发展中存在的不平

---

① Thomas J. Christensen, “Obama and Asia: Confronting the China Challenge,” *Foreign Affairs*, September/October, 2015.

衡、不协调、不可持续问题。美国是国际金融危机的发源地，但凭借多轮量化宽松政策及既有国际优势率先实现“复苏”，并开始通过美元升息等手段推动国际资本回流美国市场。

党的十八大以来，中国新一届领导人提出了“全面建成小康社会、全面深化改革、全面依法治国、全面从严治党”的战略布局，力图推进国家治理体系和治理能力现代化。2013 年以来，中国依法对包括美国 IDC、高通、微软等在内的一些大型跨国企业展开反垄断调查，对一些大型外资药企展开反商业贿赂调查。对此，西方一些工商界人士存在不满、误解和妄议。2015 年 6 月，美国《外交事务》杂志刊载题为《中国改革的终结》一文，对中国无意推进“私有化”等有利于外商的“改革”表示失望。[①]

回顾历史，自 1979 年《中外合资企业法》颁布实施以来，外商在中国投资长期享有“超国民”待遇，是中国改革开放的受益者。近年来，随着中国日益进入“以法治国”、“以法治市”的新常态，不论是外企还是内企，都是同等待遇。[②] 说到底，中国新一轮改革是全面改革，必然会触及一些人的既得利益，当然也会包括某些外企的既得利益。

实际上，关于中国经济改革的舆论争锋，反映了国际舆论能否摒弃“零和游戏”等国际关系旧思维、西方工商界能否以公平理念尊重中国“依法治国”和“依法治市”的实质问题。这是公共外交工作引导全球对华认知的第二个难点。

（三）在舆论方面，中外人民相互交流日益频繁，但也存在某种误解

近年来，中国与世界各国关系日益紧密，人文交流与合作的广度和深度均创历史之最，与政治互信、经贸合作共同构成中国与世界关系的三大支柱。然而，尽管中外各阶层、各领域社会交流日益频繁，针对中国的政治体制、发展模式等核心议题，国际舆论仍戴着有色眼镜。

2015 年以来，西方一些学术精英和舆论领袖掀起了一阵对华政策的“反思潮”。在此背景下，乱花渐欲迷人眼。

3 月，过去被视为温和友华的美国学者、乔治·华盛顿大学教授沈大伟

---

① Youwei，“The End of Reform in China：Authoritarian Adaptation Hits a Wall，” May/June，2015.

② 《商务部负责人：外企“超国民”待遇已基本取消》，人民网，2013 年 6 月 5 日，http：//politics. people. com. cn/n/2013/0605/c1001-21743721. html。

(David Shambaugh) 在《华尔街日报》撰文，公然妄言“中国即将崩溃”(crackup)，鼓吹“政治体制已成为中国亟须的社会和经济改革的主要障碍”。[①] 这一论调与其他长期唱衰中国的西方学者并无区别，不过是以西方所谓“普世价值”妄断中国道路的前途。

6月，美国皮尤研究中心（Pew Research Center）公布一项民意调查，在39个受访国家中，45%的受访者认为“中国政府不尊重本国公民的个人自由”。这种舆论认知在欧盟和北美的公众中尤其明显，在受访的8个欧美国家中，80%以上的受访者认为“中国不尊重个人自由”，其中包括法国(93%)、德国（92%)、西班牙（88%)、加拿大（86%)、美国(84%）等。[②]

从总体上看，在西方主导的国际舆论影响下，塑造中国形象存在着一些至今仍未解、短期也无解的难题，只能寄希望于更具长远意义的公共外交与人文交流，在更具代表性的广大人民中阐释真相、消除分歧、争取支持。这是公共外交工作引导国际舆论的第三个难点。

二　新问题

当前，根据中共中央的新要求，公共外交工作在塑造中国形象时面临着新问题，其所存在的一些误区值得反思。

（一）在宗旨上，存在“重求同、轻释异”的误区

二十年前，中国公共外交实践的早期奠基人之一、中国外文局原局长段连城一针见血地提出：“由于我们在改革中吸收西方的各种长处（这是必要的），宣传上曾有过一些对西方过分‘认同’的现象。有些西方朋友说：‘如果你们总是讲些同西方社会一样的事，你们就失去了吸引力。’”[③]即便在今天，上述问题依然存在。

过去一段时期，一些人乐于将某种“与西方相似的中国形象”传播给国际社会，并未引来预期中的正面回应。究其原因，上述误区源于对公共

① David Shambaugh, “The Coming Chinese Crackup,” *The Wall Street Journal*, March 6, 2015.

② Pew Research Center, “Global Public Opinion about the U. S., China, and the International Balance of Power,” http://www.pewglobal.org/files/2015/06/Balance-of-Power-Report-FINAL-June-23-20151.pdf.

③ 段连城：《对外传播学初探》，五洲传播出版社，2004，第69页。

外交性质的理解不深，忽视了其本质功能是在核心问题上回应关切、解疑释惑，而非单纯地“结交朋友”。

2011 年 1 月，首部中国形象宣传片在纽约时报广场的 6 块电子屏上同时滚动播放，中国各界精英人物在片中依次登场，引来西方舆论的广泛关注，但也掺杂一些质疑。美国《周刊报道》杂志以“中国入侵时报广场——公关攻势能否赢得美国人心”为题，认为片中身着西服或盛大晚礼服的中国名人无法增加美国人对中国的好感，并存在“一种引发更多误解和疑问的风险”：“如果影片想要表达的是当年西方人工业化了，今天中国人也一样工业化了；那么，当年西方人下一步即将对外扩张，今天中国人是否也将对外扩张？”① 诚如北京大学教授戴锦华所言，即使中国人心悦诚服地、一厢情愿地去分享西方主导的社会政治经济结构，西方人也不乐见，他们所需要的仍是“在差异性的前提下获得自我确认”。②

一个与西方过分求同的中国形象，既与事实不符，也将引发连环误解。2015 年 7 月，芝加哥大学教授米尔斯海默（John J. Mearsheimer）在接受英国《外交官》杂志访谈时直言：“我认为中国人正在模仿美国，创建符合他们利益的国际秩序，和美国人 1945 年之后的作为很相似。他们创建的机构和美国人创建的机构并没有本质上的差别。”③

如果我们对外塑造的中国形象，永远只是对西方形象的求同甚至模仿，那么，中国的国家形象注定已经输在了起跑线上。面对诸如米尔斯海默、沈大伟等美国学者对于中国政治体制、发展模式等核心价值的根本否定，我们应再次清醒：中西之间的理念差异客观存在、无法回避，公共外交不是简单地结交朋友，不可能不包含一些必要的争鸣，绝不能以模糊自身价值观为代价，去取悦“想象中的朋友”，营造“表面相同”的假象。

（二）在对象上，存在“重美欧日、轻亚非拉”的误区

2015 年 3 月，沈大伟在《华尔街日报》撰文，提及自己在 2014 年 6 月

---

① The Week Staff, “China Invades Times Square: Can a PR Offensive Woo Americans?” *The Week Magazine*, January 20, 2011, http://theweek.com/articles/487926/china-invades-times-square-pr-offensive-woo-americans.

② 戴锦华：《中国电影暴露中国文化中空问题》，《上海采风》2015 年第 8 期。

③ Bill Callahan, “John Mearsheimer and Joseph S. Nye Jr. on the Rise of China and America's Engagement Policy,” *The Diplomat*, July 8, 2015, http://thediplomat.com/2015/07/mearsheimer-vs-nye-on-the-rise-of-china/.

受邀赴中国参加一个有关解读“中国梦”的会议：“我们连续两天不间断地观看了由 20 多个官方学者带来的令人头脑麻木的演讲，这些学者的脸很僵硬，他们的身体语言非常呆板，他们的无聊之情溢于言表，假装奉迎最新的政治口头禅。”[①] 由于沈大伟此前的“友华派”面貌，一些国内单位乐于邀请包括其在内的西方学者来华参会和走访。加强交流的本意是好的，可是一味盯着西方学者，忽视其内心深处的本质观点，不分场合地邀请其参加活动，甚至是一些内部活动，最终效果并不成功。

过去一段时期，公共外交工作在设置重点对象时存在一定的误区。在全球层面，按照不同国家的经济总量高低，公共外交资源的投放呈现“重美欧日、轻亚非拉”的格局；在国家层面，按照不同民众的社会地位高低，公共外交资源的投放呈现“重精英，轻草根”的格局。究其原因，上述误区源于对中国外交的本质理念与总体布局理解不深，也未能深刻领会中央关于推进“一带一路”建设、打造人类命运共同体等新形势下拓展外交战略布局的新要求。

长久以来，在传播中国形象时，中国哲学中的整体性思维并未充分彰显。在中国传统的围棋博弈中，如果一直被对方的棋路牵着走，或者只在对方引领的范围内投棋布子，必定意味着失败。新中国成立后，面对以美国为首的西方封锁和禁运，老一辈领导人以宏阔的国际视野，善于在第二和第三世界国家中争取人心，重视在外交表态和实践中维护亚非拉国家和世界各国人民的整体利益，从而在道义层面获得广泛支持，反过来给西方国家政府以巨大舆论压力。

当前，中央领导人高瞻远瞩，在美国“重返亚太”背景下，提出了向西看的“一带一路”倡议。与之相比，公共外交工作仍欠缺相应的宏阔眼光，未能在“人类命运共同体”的框架下精心筹谋，未能将工作重点置于全球视野中的广大发展中国家，找寻于我有利的舆论空间。

（三）在内容上，存在“重文化、轻政治”的误区

2009 年 9 月，全国人大代表团访问美国，笔者作为外委会政策研究人员随团访问。其间，有关部门在华盛顿举办了一场中国文物展览，一位美国观众对一件唐代陶器赞不绝口，当笔者对他的赞赏表示感谢时，他却说出了令人意外的评论：“你误会了，我喜欢唐代文化，但是我并不喜欢

① David Shambaugh, “The Coming Chinese Crackup,” *The Wall Street Journal*, March 6, 2015.

中国。”

过去一个时期，低政治领域的“文化”成为公共外交活动的主要内容。究其原因，上述误区源于未能对公共外交和人文交流的区别予以准确把握。党的十八大报告明确提出“扎实推进公共外交和人文交流”的要求，也即点明了“公共外交”和“人文交流”并非可以相互置换的同义词。人文交流的意识形态色彩不是很浓，以教育、科技、文化、卫生、体育、妇女、青年等为主要内容，具有润物细无声的独特作用。然而，倘若公共外交也仅限于上述范畴，势将有损其在核心问题上解疑释惑的根本职能。

2015 年 8 月，美国《外交事务》杂志发表了沈大伟的长文——《中国强推软实力》，抨击“中国在经济上的强劲表现令世界上大多数人印象深刻，与此同时，其压迫性的政治体制和重商主义的商业实践玷污了自己的名声”。[①] 本质上，西方舆论对中国的核心质疑仍聚焦于政治体制和发展模式，实际上是以西方价值观的有色眼镜歪曲中国的国情与道路。

上述情况是中国在西方主导的国际舆论环境中所面临的不可回避的根本挑战。这再次提醒我们：公共外交工作绝非请客吃饭，无法绕开高级政治领域的意识形态斗争，传播中国外交理念与政治价值观才是其终极使命。

（四）在方式上，存在“重回应、轻引导”的误区

冷战结束后，受西方国际关系理论影响，“国家利益”逐渐成为中国外交辞令中的常见用语。诚如台湾大学石之瑜教授所言，我国根据西方“以实力为导向”的话语逻辑翻译并阐释重要立场，外界据此认为“中国必定根据自己的利益崛起”，“建立势力范围，驱逐美国，独占南海，也不足为奇”。[②]

过去一个时期，涉华舆论热点存在着被西方媒体牵着走的趋势，往往呈现“西方主动抛出议题，中国被动回应质疑”的不利态势。究其原因，由于缺乏能够触碰核心价值观的对外话语体系，我们很多时候“理不屈而词穷”，无法主动展示中国外交传统中所蕴含的“以群体为导向”的独特魅力。

比如，当前一些西方机构频频展开针对中国形象的民意调查。2015 年 7

---

① David Shambaugh, “China's Soft-Power Push: The Search for Respect,” *Foreign Affairs*, July/August, 2015.

② 石之瑜：《邻邦——当前中国公共外交的真实挑战》，《公共外交季刊》2010 年冬季号。

月，总部设在英国伦敦的波特兰咨询公司在美国 Facebook 网站资助下发表了一份“全球软实力 30 国排行榜”，根据其自创的指标体系以及访自特定对象的问卷调查，对全球 30 个主要国家的软实力进行排名：该公司所在的英国名列第一，德国、美国分列二、三位，垫底的三名皆为新兴市场国家——土耳其、墨西哥、中国。①

由于上述民调选择的受访国家和人群并不全面均衡，其所谓的“平均结果”实际上更多体现的是西方国家的舆论与观点。中国不应成为西方“民调工具”的被动参与者甚至受害者，而应以更加积极的姿态主动利用，建构体现中国智慧的话语体系。目前，中国尚无专业机构在国内外开展类似的民意调查，未能以主动出击的方式提出中国观点、引导国际舆论。

三　新思路

当前，在探索中国特色大国外交的重要背景下，公共外交工作要与时俱进，不断拓展新思路。

（一）以“和而不同”的中国理念阐释宗旨

在中国官方的英文翻译中，大国译为“major country”，不同于西方“great power”或“major power”的表述。以中国外交理念观之，“大国”并不代表任意主宰他国的“权力”，更多意味着帮助他国的“责任”。正如中国国际问题研究院研究员苏格所概括，作为新型大国，中国“对外主持公道、伸张正义、坚持和平共处五项原则、捍卫国际法和国际关系的基本准则”。②

对于上述核心差异，以往的公共外交活动着墨有限，未能在国际舆论中将中国形象的不同理念予以清晰界定，从而引发了诸如“中国将走传统大国老路”的质疑。实际上，没有新型大国，何来新型大国关系和新型国际关系？

“和而不同”，应成为公共外交工作塑造中国形象的前提和宗旨。新一届中央领导人已经明确意识到了上述问题。2013 年 12 月 30 日，习近平主

---

① Portland Communications，Facebook and ComRes，“The Soft Power 30：A Ranking of Global Soft Power，” http：//softpower30. portland-communications. com/pdfs/the_ soft_ power_ 30. pdf.

② 苏格：《国际格局变化与中国外交战略》，《国际问题研究》2015 年第 4 期。

席发表重要讲话，首次从战略高度明晰了中国国家形象的独特内涵——文明大国、东方大国、负责任大国和社会主义大国，向社会各界传递出一个重要信息：与传统的西方大国相比，中国的国家形象具有自身的鲜明特色。①

与此同时，阐明“不同”并非为了强化差异，而恰是在承认分歧、尊重差异的基础上，实现“大同”。2015 年 9 月 22 日，与习近平主席访美同步，纽约时报广场播出了一部以《不同，但并非遥远》（Different，but not Distant）为题的中国形象宣传片，展示中美人民之间不同的文化旨趣与思维方式，强调“换位思考”与“相互尊重”的重要意义，成为“和而不同”理念在公共外交中的一次实践尝试。

（二）以宏观包容的全球视野设计对象

当前，在新形势下做好公共外交工作，必须站在更加宏观和包容的视角精心设计，不能将工作对象只局限在西方甚或范围更加狭隘的西方精英阶层。由于意识形态和思维立场差异，直接做西方民意的工作存在很大的困难。不同于西方国家，广大发展中国家与中国具有天然的共同语言，是培育国际友谊的肥沃土壤，只要耕耘，必有收获。

一些历史经验值得借鉴。据美国前总统卡特回忆，1979 年美国政府能顶住国内舆论压力最终和中国建交，与中国在发展中国家的良好声誉直接相关：“有了中国这个朋友，还会有个很有意思的潜在的好处，中国在某些发展中国家的信誉非常好，我们把同中国的合作看成促进和平和加深美国同这些国家之间相互了解的一个途径。”② 下阶段，为了突破西方对华认知的舆论困局，公共外交必须更多以围棋思维拓展空间，通过在亚非拉国家寻求国际认同，反过来在对西方国家的外交工作中赢得舆论主导权。

2015 年 9 月 28 日，习近平主席在第七十届联合国大会一般性辩论时再次郑重表态：“中国将继续同广大发展中国家站在一起，坚定支持增加发展中国家特别是非洲国家在国际治理体系中的代表性和发言权。”③ 只有立足人间正道，才能在全球舆论中拥有底气，抓牢撬动国际民意的道义杠杆。

---

① 《习近平：建设社会主义文化强国　着力提高国家文化软实力》，新华网，2013 年 12 月 31 日，http：//news. xinhuanet. com/politics/2013-12/31/c_ 118788013. htm。

② 〔美〕吉米·卡特：《保持信心》，裘克安等译，世界知识出版社，1983，第 181 页。

③ 《习近平在第七十届联合国大会一般性辩论时的讲话（全文）》，新华网，2015 年 9 月 29 日，http：//news. xinhuanet. com/politics/2015-09/29/c_ 1116703645. htm。

另外，在设计公共外交对象时，应跳出前政要、工商界、智库、媒体等“精英小圈子”，注重在中小企业、少数族裔、工会、青年、妇女等基层民间力量中争取舆论支持，以获得更具基础性的舆论效果。在此方面，美国公共外交工作给我们提供了重要借鉴。在美国战略传播与公共外交政策协调委员会所制定的“美国公共外交与战略传播战略”中，公共外交对象被设定为三个方面，既包括作为“关键影响者”的舆论精英、作为“媒体阅听人”的受众，更强调了作为“弱势群体”的青年、妇女、少数族裔和宗教少数群体。[①] 以此为鉴，中国公共外交工作在巩固传统“朋友圈”的同时，必须走进社会、深入草根，引导国内相关团体加强与各国民间力量的接触与交流，有效补充和拓展政府间的官方关系，实现舆论引导的预期目标。

（三）以直指核心的政治价值充实内容

在新形势下，中国与世界的关系已发生深刻变化。中国引导全球对华认知的核心困难在于，西方精英阶层固守其价值观念，认为只要是与西方不同的政治体制和发展模式，即“没有合法性”。对此，公共外交工作应重视内容设计，在投入资金建设对外传播硬件的同时，更加重视对历史文化、政治体制等核心价值观的阐释和传播。

如果我们不去主动阐释自身的核心价值观，一些对中国历史和政治并无深刻理解的西方学者即可能填补空白。2015 年 7 月，米尔斯海默在接受采访时便称：“中国在历史上的表现和西方列强以及日本有许多相似之处，也就是说，只要中国国力强盛并有对外扩张的机会，它必定会把握机会，与明治维新后的日本以及长期扩张的西方列强并无二致。这就是为什么我认为随着中国经济实力的增强，它会把经济力量转化为军事力量，并试图在亚洲称霸。”[②]

当前，在一些涉及中国核心价值观的根本问题上，国际舆论大多有着相同或相似的关注点：第一，中国政治体制的正当性何在？第二，中国要推动建设何种国际秩序？

---

① Strategic Communication and Public Diplomacy Policy Coordinating Committee (PCC), “U. S. National Strategy for Public Diplomacy and Strategic Communication,” June, 2007.

② Bill Callahan, “John Mearsheimer and Joseph S. Nye Jr. on the Rise of China and America's Engagement Policy,” *The Diplomat*, July 8, 2015, http://thediplomat.com/2015/07/mearsheimer-vs-nye-on-the-rise-of-china/.

上述问题直指核心，总结并解释好这些问题，我们才可能引导国际舆论找到认知当代中国的关键入口。在此方面，中央领导人已做出示范。2015年9月9日，中共中央政治局常务委员会委员王岐山在会见出席“2015中国共产党与世界对话会”的外方代表时开门见山、直入核心，提出“中国共产党的合法性源自于历史，是人心向背决定的，是人民的选择”。[①] 公共外交工作应从上述实践中汲取养分，将中国的历史传统、政治体制、发展模式等核心议题做更深层次的阐释和传播。

（四）以主动精准的议程设置改进方式

长久以来，西方国家控制国际舆论话语权的一个主要策略，就是预先设置新闻议题，然后再跟进集中炒作。对此，公共外交工作在对外传播中国形象时应避免被动回应，勇于抓住舆论主动权。

下阶段，应重视中西之间的“舆论逆差”，即西方舆论对于中国政策往往过度报道、负面解读，而中国舆论对于西方国家的内外政策却报道有限、缺乏评论。中国是负责任的发展中大国，其舆论关注点不能只局限于自身，对于世界其他地区发生的国际事件理应有自己的看法和意见。

2015年9月28日，习近平主席在会见希腊总理齐普拉斯时，对于欧洲难民问题发表了重要看法，认为“问题的根源在于发展不平衡和地区不稳定，除了对难民进行人道主义援助，更要有效解决贫困及社会稳定问题，特别是消除难民来源国的冲突根源”。[②] 上述观点既体现了中国智慧与中国方案，也引导国际舆论对传统大国在中东地区的所作所为进行反思。

未来，公共外交工作应进一步加强战略设计和政策规划，发掘、培养、扶持、宣传一批兼具中国政治立场和国际表达能力的“软实力明星”，在学术、演艺、文学、传媒领域树立典型人物，通过提出理论观点、设计电影情节、推介文学作品、发表国际时评等，在国际舆论场中以更加积极主动的姿态设置议程，唱响中国好声音。

---

① 《王岐山会见出席“2015中国共产党与世界对话会”外方代表》，人民网，2015年9月9日，http：//cpc. people. com. cn/n/2015/0910/c64094-27565064. html。

② 《习近平会见希腊总理齐普拉斯》，新华网，2015年9月28日，http：//news. xinhuanet. com/ttgg/2015-09/29/c_ 1116704576. htm。

动力、过程与效果：英文文献中的公共外交理论

吴雁飞*

摘要：本文主要对与公共外交理论相关的英文文献进行介绍。本文使用了公共外交的动力、过程与效果的框架，梳理了英文文献中的公共外交相关理论。大部分相关理论还处于初创阶段，需要学者们今后进一步发展。中国国际关系学界需要进一步加强对公共外交理论的探索，这既是全球化和社会信息化背景下全球政治、经济、社会形态发生重大转型的要求，也是中国国际关系学界实现重大理论创新的契机。

关键词：英文　文献　公共外交理论

自中共十八大报告提出要扎实推进人文交流和公共外交以来，中国学界对公共外交的研究也日益增多。不过，中国学界对公共外交的研究主要以案例为主，相关的理论探讨尚不多见，相比之下，西方学界对公共外交（及相关的）理论探讨却相对较多。本文拟对与公共外交相关的英文文献进行介绍。从现有的研究来看，即便是国外的公共外交理论，其理论化程度也比较低，尚不足以支撑公共外交的学科建构。而且，现在的公共外交理论，还是以公共关系学、传播学的研究较为活跃（比如公共关系领域的研究者将学科的理论应用到公共外交中来[①]），而国际关系领域对公共外交的理论探讨很少。曾经有作品在介绍公共外交相关理论时提到现实主义、自由主义、建构主义，但这不能算是公共外交理论，只能算是利用三大主义视角对公共外交进行分析。而几乎任何一个国际关系问题都可以套用现实主义、自由主义、建构主义视角进行分析。所以，我们很难按照三大主义

* 吴雁飞，博士，吉林大学公共外交学院讲师。

① Kathy Fitzpatrick, J. D., Jami Fullerton, Alice Kendrick, "Public Relations and Public Diplomacy: Conceptual and Practical Connections," *Public Relations Journal*, 7, 4 (2013).

的方式来有效地发展公共外交理论。

那么，我们应该从什么角度来建设公共外交的理论体系？一是要寻找可以回答公共外交的核心问题的理论资源。国际关系理论中的三大主义其实是回答国际关系的核心问题（国家间为什么会爆发战争等冲突，如何实现国家间的合作）的，而不是回答公共外交的核心问题。而如果要建构公共外交的理论体系，毫无疑问，应该寻找的是可以回答公共外交的核心问题的相关理论资源。二是注重中微观理论假说系统的建立。这里所讲的中微观理论，指的是那种可以发展出可验证假说的理论。一个学科的发展过程中，相对中微观的理论假说系统的建立非常重要。而相对中微观的理论的系统建设，需要明确理论建设回答的核心问题是什么，然后再对这个问题做出系统的解释。

鉴于与公共外交相关的理论非常分散，本文将英文文献中与公共外交关系非常密切的理论文献，按照动力、过程和效果分为三大类，分别是强调为什么要进行公共外交的相关理论、公共外交实际上是如何发生的相关理论以及什么样的公共外交才是好的公共外交的相关理论。

本文结构如下：在第一部分，对公共外交的模式进行一个相对简略的分类；在第二部分，介绍与公共外交推行动力相关的理论；在第三部分，介绍与公共外交推行过程相关的理论；在第四部分，介绍与公共外交推行效果相关的理论；在最后一部分，指出中国公共外交理论建设下一步可能的方向。

一　公共外交的模式分类

对于公共外交，学界依照不同的情形给予不同的分类。这种分类大体有两种形式：一种形式是按照公共外交的主体和内容的不同予以分类；另一种形式是按照不同时间维度对公共外交进行分类。根据公共外交的主体和内容的不同，吉尔博（Gilboa）将公共外交研究的模式分为冷战基本模式、非政府组织模式和国内公共关系模式，张巨岩（Zhang Juyan）认为应该在吉尔博的分类基础上再增加社交媒体战略性议题管理模式，杰弗里（Geoffrey）和阿瑟诺（Arsenault）则将公共外交分为独白、对话与合作三个层次。

吉尔博区分了公共外交研究的三种模式。（1）冷战基本模式（the basic

Cold War model)：这种研究模式对应的是冷战期间对公共外交的研究模式，这个时期的公共外交，主要是政府部门利用广播等手段对对象国进行宣传。(2) 非政府组织模式（the nonstate transnational model)：大量非政府组织的兴起，使得公共外交研究开始注重非政府组织在其中的角色和作用。(3) 国内公共关系模式（the domestic PR model)：与冷战基本模式相比，国内公共关系模式不再强调由国家直接出面推行公共外交，而是强调雇佣对象国本土公共关系公司来推行公共外交。①

而后张巨岩对吉尔博的分类模式进行了进一步的发展：在吉尔博的模式基础上，张巨岩指出，随着社交媒体的兴起，应该在既有的三种模式基础上，增加一种模式，即社交媒体的战略性议题管理模式（Strategic Issue Management，SIM)。② 与吉尔博公共外交三模式相比，社交媒体的战略性议题管理模式的不同主要体现在：前三种模式主要使用的媒体类型为传统的大众媒体，而后一种模式使用的媒体主要为社交媒体；前三种模式主要靠广播、新闻事件和支持型团体的建设为主要方式，而后一种模式主要利用社交媒体所特有的病毒式营销③和议题管理模式；相比前三种模式，后一种模式更容易测量实际效果（比如可以直接观测到微博某条状态的转发次数、点赞数、评论数等)。④ 这种分类方式与公共外交本身的历史演进有关系，从最早的冷战基本模式，到非政府组织大量兴起后出现的非政府组织模式，再到更隐蔽的借助对象国本土公共关系公司推行公共外交，显然是历史本身发展所导致的变化，而社交媒体战略性议题管理模式，则是更进一步地抓住了公共外交更有历史意义的新趋势，成为目前比另外三种模式更值得关注和研究的新模式。

杰弗里和阿瑟诺将公共外交分为三个层次，分别是：独白

---

① Gilboa，Eytan，"Searching for a Theory of Public Diplomacy，" *The Annals of the American Academy of Political and Social Science*，616，1 (2008)：55-77.

② Zhang Juyan，"A Strategic Issue Management (SIM) Approach to Social Media Use in Publicdiplomacy，" *American Behavioral Scientist*，51，9 (2013)，张巨岩在发展公共外交理论方面，是比较有代表性的学者，部分得益于其国际关系和新闻学的跨学科背景。张巨岩先后就读于中国人民大学国际政治系和北京大学国际关系学院，后在密苏里大学新闻学院拿到博士学位，现为得克萨斯大学圣安东尼奥分校教授。

③ 所谓病毒式营销，指的是利用社交网络和用户口碑等手段，实现信息源类似病毒自我复制模式的传播方式和效果。当然病毒式营销指的是传播方式和效果上类似病毒，并不是说传播的信息源本身是病毒。

④ Zhang，Juyan，"A Strategic Issue Management (SIM) Approach to Social Media Use in Public Diplomacy，" *American Behavioral Scientist*，51，9 (2013).

(monologue)，比如说演讲、书籍等印刷品、电影等；对话（dialogue）与合作（collaboration），认为三种手段都是公共外交中的基本手段，各有自身的优势和劣势。比如虽然独白作为一种公共外交形式缺乏即时性的反馈，但不能单纯地认为对话就一定比独白更有优势并要取代独白，有些独白起的作用也非常大，比如美国的独立宣言在公共外交中起到的作用就非常大，而且很多独白可以成为对话甚至合作的基础。除此之外，独白的最大优势则是可以每小时甚至每分钟都能持续不断地工作，释放信息。而对话则满足了人们需要被倾听的需求，虽然对话本身不一定能最终达成一致的协议，但是至少能增加相互理解，对话本身的成功举行就有重要的意义。公共外交意义上的合作，则指的是不同国家间派人参与具体的项目和活动。这种合作可以培养双方的信任，不断积累善意，从而在将来双方关系紧张时能够有效地降低冲突的可能性。①

除了按照公共外交的不同主体和内容进行分类外，还有一种比较普遍的分类方式，是按照公共外交的时间维度进行分类。约瑟夫·奈认为，公共外交具有三个维度，分别是日常沟通维度（短期日常交流，包括应付危机情况）、战略性沟通维度（与竞选活动和广告活动类似）以及长期关系的建立和维护（通过交流项目、奖学金政策、培训等措施）。② 吉尔博也按照不同公共外交行为关注的到底是短期的应对，还是长期的关系维护进行分类。在这种分类中，公共外交分为三类：被动的、短期的、即时反应的新闻管理模式，以各种倡议为代表；主动的战略性沟通模式，以公共关系维护为代表；长期的、通过关系建设建立对自己友好环境的模式，以文化外交等为代表（见表1）。

无论是按照主体和内容不同进行的分类，还是按照时间维度进行的分类，都在不同程度上加深了我们对公共外交的认知。但是对公共外交进行分类是相对基础的分析，为了加深对公共外交的认知，我们有必要进一步强化对公共外交的理论分析。接下来我们便对英文文献中与公共外交相关的理论进行梳理。

---

① Geoffrey Cowan, Amelia Arsenault, "Moving from Monologue to Dialogue to Collaboration: The Three Layers of Public Diplomacy," *The Annals of the American Academy of Political and Social Science*, 616 (2008): 10-30.

② Joseph Nye, "soft power and public diplomacy", *The Annals of the American Academy of Political and Social Science*, 616, 1 (2008): 101-103.

表1 按不同时间维度划分的公共外交

范围	短期	中期	长期
时间	小时/天	星期/月	年
目的	被动反应式（reactive）	积极主动式（proactive）	关系建设
媒体/公共意见	新闻管理	战略性沟通	建立对己友好的环境
政府间联系	密切联系	一般性联系	只有较少的联系
公共外交工具	倡导（advocacy）；国际广播；网络公共外交	公共关系；公司外交；分散的公共外交（diaspora PD）	文化外交；交流项目；品牌形象建设

资料来源：摘译自 Gilboa，Eytan，"Searching for a theory of public diplomacy," *The Annals of the American Academy of Political and Social Science*，616，1（2008）：55-77。

二 动力："为什么要进行公共外交"的相关理论

公共外交学科的理论建设，首先要回答的问题是："为什么要进行公共外交？"有的学者认为一国推行公共外交，主要是为了增强该国在其他国家的软实力，有的学者认为是为了将本国所主导或者本国所偏好的规范推广到其他国家，有的学者认为是为了应对新出现的全球传播体系，而有的学者认为是为了增加国家间的社会资本，还有的学者认为是企业自身需要履行海外社会责任。

（一）增强一国在其他国家的软实力是推行公共外交的重要动力

约瑟夫·奈认为公共外交应该成为推进软实力的重要手段。在约瑟夫·奈看来，软实力指的是"利用吸引而非强制或者利诱的手段，来获得自己想要的政策结果"。[①] 他认为软实力资源主要包括文化、政治观念和外交政策。如果一个国家的文化能够得到其他国家民众的喜爱，一国的政治观念符合国内和国外民众的预期，一国的外交政策被认为具有合法性和道德权威，那么这个国家就可以被认为是具有丰富的软实力资源。在推行公共外交以增强一国软实力的过程中，NGO、公司甚至军方都可以扮演比较重要的角色。公共外交非常重要的一点是要有可信度（credibility），如果没有

① Joseph Nye, "Soft Power and Public Diplomacy," *The Annals of the American Academy of Political and Social Science*, 616, 1 (2008): 94-109.

可信度，那么所推行的公共外交不但不会增加一个国家的软实力，反而会削弱一个国家的软实力。[①]

在很多时候，公共外交和软实力之间可以形成相互促进的关系，良好的软实力资源可以推动公共外交的进展，而良好的公共外交政策同样可以增进国家的软实力。但是，一些学者对软实力概念有不少质疑，主要在于几点：一是实力本无软硬，所谓的硬实力，有时也是软实力；二是软实力通常是相对于某个国家或者某个方面而言的，对某个国家而言是具有吸引力的软实力，对其他国家而言，可能就不是；[②] 三是如果把公共外交视为一种有道德又有效果的外交方式，那么软实力其实不太适合作为公共外交的理论基础，因为政治权力只是公共外交的副产品，而软实力则把政治权力描绘成公共外交的主要目的和产品。菲茨帕特里克（Fitzpatrick）就曾指出，“软实力理论与其说使得公共外交的基本目的更清晰，还不如说让公共外交的基本目的变得更为模糊”。

同样与公共外交有关联的有关实力（power）的理论，是巧实力（smart power）理论。巧实力理论同样强调使用公共外交等这样的软实力工具，但是又强调不能只是使用软实力，而是要将硬实力和软实力结合起来使用，形成巧实力。强调推行巧实力的学者和官员，将公共外交作为推行巧实力策略的手段之一。

（二）扩展本国偏好或主导的规范的需求推动了公共外交的发展

这里所指的规范，指的是包括观念和制度在内的一系列标准，更严格的定义是“给定身份的行为体有关行为适当性的标准”。[③] 规范研究是建构主义、英国学派等国际关系流派研究的重点之一。[④]

---

① Joseph Nye, “Soft Power and Public Diplomacy,” *The Annals of the American Academy of Political and Social Science*, 616, 1 (2008): 99.

② Gilboa, Eytan, “Searching for a Theory of Public Diplomacy,” *The Annals of the American Academy of Political and Social Science*, 616, 1 (2008): 55-77.

③ Martha Finnemore and Kathryn Sikkink, “International Norm Dynamics and Political Change,” *International Organization*, 52, 4 (1998): 891.

④ 有学者从英国学派的研究视角指出，对于推行公共外交的国家而言，公共外交有助于他们将自己国家的规范扩展到对象国国内，与此同时，越是具有更多社会性权力的国家，相对而言越能有效地扩展自身的规范，越能有效地推行公共外交。所谓的社会性权力，指的是“在不诉诸强制力和奖惩的情况下，生产被认为是合法的、符合需求的（desirable）标准、规范和价值观的能力”。参见 Antônio Ferreira de Lima Júnior, “A English School Approach to Public Diplomacy: Social Power and Norm Creation,” *Conjunctural Internacional*, 12, 1 (2015): 11。

在建构主义研究中，国际规范的生命周期（生成、扩展、退化等）和动力机制是学者们关注的重点。很多时候国内/地区规范会上升为国际规范，然后通过国际规范的社会化［建构主义所提到的社会化/(socialization)，指的是“国家被引导接受国际规范的机制，是一个国家通过改变自身的行为，接受由国家所组成的国际社会所偏好的规范的机制”］，[①] 使得其他国家接受该规范。比如说，近代以来欧洲国际社会向全球国际社会的扩展，就是这样一种历程，在这个过程中，欧洲国家内部和欧洲国家之间的规范，上升为全球性的规范，为绝大多数国家所接受。只不过，这种规范的扩展在之前几个世纪利用的是坚船利炮。而在当今国际社会，相比坚船利炮，公共外交则成为扩展这种规范的更为有效的手段。

公共外交有助于对方国家接受自己国家主导或偏好的规范。公共外交能够借助对方的社会力量，使得对方接受本国的规范，尤其是在对方国家政体类型接近于法团主义和自由主义时。杰弗瑞·切克尔分析规范接受时，将规范接受国按照不同的国家与社会关系（国内结构）的差异区分为四种类型，国家在其中的强弱地位由高到低分别是国家压倒社会、国家主义、法团主义、自由主义。其中前两种情况下，国家对规范的接受更多依赖于精英的学习（尤其是国家压倒社会的政体），是一种自上而下的接受路径，而后两种国家类型中，国家对规范的接受，更多依赖于社会层面的压力（尤其是拥有自由主义传统的政体），是一种自下而上的接受路径。[②] 在后两种政体中，公共外交能够通过作用于对象国社会层面，使得其自下而上地接受本国主导/偏好的规范。

公共外交有助于推行国参与国际规范的塑造。公共外交能够借助“双向社会化”的机制，让一国参与到国际规范的塑造中去。以往以温特为代表的体系建构主义所倡导的规范研究，过于重视国际规范的扩散和国家对国际规范的内化（即将国家视为拟人化的主体，探讨国家在国际体系中的社会化），而忽视了国际规范是如何生成的以及国家对国际规范的塑造作用。而后来规范研究中的“双向社会化”研究路径，则重视了国家对国际规范的塑造作用。公共外交，则是一国通过双向社会化扩展塑造国际规范、

① 参见 Martha Finnemore and Kathryn Sikkink, “International Norm Dynamics and Political Change,” *International Organization*, 52, 4 (1998): 902。

② Jeffrey T. Checke, “International Norms and Domestic Politics: Bridging the Rationalist-Constructivist Divide,” *European Journal of International Relations*, 13, 14 (1997): 473-495.

扩展自身理念和制度的重要手段。[①]

（三）全球新公共领域的产生增加了对公共外交的需求

哈贝马斯曾经详细阐述过公共领域的概念，意在表示介于国家与社会之间、公民参与公共事务的空间，比如说能够为公众提供娱乐和对话空间的文化沙龙、宗教社团等。南加州大学传播学教授曼努埃尔·卡斯特（Manuel Castells）提出了新公共领域的概念。他将公共领域定义为源自社会中的思想和项目（projects）交流的空间，是介于政府和社会之间的领域，是对公共事务进行讨论的领域，而这种领域则逐渐从国家内部的公共领域变为全球公共领域，并日益构建出一种全球传播体系。而建立在民族国家基础上的旧的国际体系，因为无法处理和应对新产生的世界性问题，导致意图利用超越国家力量来解决这些问题的新领域——全球公民社会——的出现。全球公民社会中的国际非政府组织的作用越来越大，各种国际运动对世界形势的影响也越来越大，国际信息舆论运动也日益成为影响民族国家的重要因素，在这种情势下，国际社会日益展现出一种没有全球政府的全球治理态势。

这种新的全球公共领域，不再是建立在传统的以领土为界限的基础上，而是建立在现代传媒体系基础上的。传媒和通信技术的不断发展，使得这种公共领域在某种程度上脱离了政府/国家的掌控。这种公共领域很大程度上是一种全球传播体系。而作为与传统的政府间外交所不同的公共外交，在应对新出现的全球公域方面，能表现出比以往的政府间外交更大的灵活性，沟通方式更为有效。

（四）增加国家间的社会资本也是推行公共外交的一大动力

社会资本论的核心，是指国家间/内、社会间/内可以通过合作项目、关系网络等来建构社会间信任、培养共同的互惠规范、积累善意，在双方关系出现危机时，这些积累起来的信任、善意和互惠规范能发挥很大的积极作用。社会资本理论最早由利达·汉尼范（Lyda Hanifan）提出，他指出当他提到社会资本（social capital）时，并不是指经济或商业意义上的

---

① Pu, Xiaoyu, "Socialisation as a Two-way Process: Emerging Powers and the Diffusion of International Norms," *Chinese Journal of International Politics*, 5, 4 (2012): 341-367.

诸如房地产、个人财产这样的资本，而是指人们之间的善意、同理心（mutual sympathy）、社会交往等所产生的社会纽带[①]。而后简·雅各布斯（Jane Jacobs）在分析美国大城市的兴衰时，引入社会资本的概念，并将城市中“街区邻里之间的社会网络”视为社会资本中最核心的要素。之后经过罗伯特·普特南（Robert D. Putnam）和弗朗西斯·福山（Francis Fukuyama）等政治学家的进一步发展，社会资本理论成为利用共享的规范和社会信任等社会资本分析制度绩效和经济社会发展的重要视角。[②] 而且后来的实证研究指出，合作项目的展开并不必然需要合作双方事先的信任作为基础，而一旦双方合作推进某些项目并在项目中形成信任，那么这种信任能进一步扩展双方的合作，进而实现某种形式的良性循环。相关实证研究也表明，社会资本的增加，有助于降低种族间的冲突。而开展公共外交，就是在某种形式上增加国家间的社会资本，从而有效地增强信任和理解、培养共同的互惠规范、不断积累善意，从而在双方关系紧张时，能够利用以往公共外交所形成的社会资本，有效地化解冲突或者降低冲突的强度和烈度。

（五）对于企业公共外交来说，履行海外社会责任是推行公共外交的重要动力

在公共外交研究中，对企业公共外交的关注越来越多，而企业公共外交，很大程度上就是指企业海外社会责任。对于在海外投资的企业为什么要履行海外社会责任，既有的理论包括企业公民论、长远利益论、利益相关者论等。企业公民理论（corporate citizenship）是针对长期以来在工商界一直占主导的企业利润最大化理论提出的，企业公民理论认为，企业也同自然人一样，既然具备了法律赋予的权利，受社会委托而管理一部分社会资源，那么企业也应该承担相应的社会责任和义务，比如环保的责任等。企业公民理论是在公民理论的蓬勃发展时，由研究公民（社会）理论的相关研究者提出的。企业公民强调的是企业的“公民身份”，强调的是“公民身份”所带来的特定权利和相应的义务的统一。这些义务包括遵纪守法，

① L. J. Hanifan, “The Rural School Community Center,” *The Annals of the American Academy of Political and Social Science*, Vol. 67, New Possibilities in Education (1916): 130.

② 比如普特南在《使民主运转起来》一书中考察了意大利在法西斯的统治终结之后，如何通过既有的社会资本重新建立强大、有效且对民意反应迅速的代议制政府。福山在《信任》一书中指出了不同社会中社会信任度的高低对经济发展绩效的影响。

使得自己所在的社区甚至整个社会变得更加美好等义务。

长远利益论延续了强调企业的天职是追求利润的传统观念，但是区分了短期经济利益和长期经济利益，并指出企业履行（海外）社会责任，尽管可能会对企业的短期盈利产生一定的负面作用，但是从长期来看，会因为良好的企业形象而增进企业的利益。当然，既有的实证研究，对于企业履行社会责任，到底会增加企业的总体价值还是会降低企业的总体价值尚存在一定的争议。

利益相关者论则认为，企业不仅仅是对股东负责，而是对所有相关方都存在某种程度上的责任。比如，企业不能只对股东负责，而是要对企业的员工负责，要对企业的债权人负责，要对消费者负责，要对政府负责，要对企业所在地本身环境负责等。

三 过程："现实中的公共外交是如何发生"的相关理论

构建公共外交学科的理论体系，除了要解释"为什么要进行公共外交"外，还需要解释公共外交的实践过程，即"现实中的公共外交是如何发生"的问题。这方面的解释主要包括国家形象建构和公共外交过程中的心理机制。就国家形象建构而言，有从战略层面讨论国家品牌建设的，有讨论在国家形象受损后如何进行修复的，有讨论国家之间在建构形象方面如何进行互动的。而在分析公共外交过程中心理机制的分析，有强调不同群体间接触可以降低冲突的，有分析情感机制如何在公共外交中发挥作用的，有分析心理学中的框定效应可以如何运用到公共外交中的。

（一）一国如何从战略高度构建国家形象

对于一国如何从战略高度构建国家形象，既有的理论回应之一是构建国家品牌。良好的国家形象不仅可以降低自己国家受到攻击的可能性，而且可以成为增强国家经济竞争力和政治话语权的重要手段。而要从战略高度来建构国家形象，其中一个途径是打造国家品牌。安豪尔特（Anholt）提出了国家品牌指标应该包括六个维度：旅游、出口、文化传承、投资与移民、民众、治理状况。①

① Nation Brands Index，http：//nation-brands. gfk. com/.

纳迪亚（Nadia）则指出，国家品牌（nation branding）研究有好几种路径，主要是技术—经济路径、政治路径、文化路径。[①] 从技术—经济路径进行分析的研究者通常假定国家品牌形象的建构与其他商品的品牌形象的建构没有本质上的区别，都是用来提升国家/商品竞争力的工具。这类型研究认可三大假设："一是认为存在全球市场霸权和国家间竞争；二是认为这种竞争很大程度上体现为维护国家经济的比较优势，而国家品牌可以吸引外资、游客、人力资本和贸易，进而有助于增强国家竞争力；三是进而认为在国家与品牌间建立联系是可行的、有必要的。"[②] 而从政治路径来探讨国家品牌形象的多是从公共外交的视角来讨论。有的学者认为公共外交是以往政治宣传的另一个版本，而另一些学者则认为，国家品牌形象构建，可以代替民族主义作为构建集体认同的一种重要手段。[③] 与技术-经济路径和政治路径不同的是，文化路径更多是从批判的角度来分析国家品牌形象，比如说探寻国家在实行品牌战略过程中的权力运作等。怀尔德（Wilder）就指出国家品牌形象战略的开展，在很多国家，反而限制了本国公民的参与，强化了已有的刻板印象。[④]

总的而言，对于国家品牌这一概念，学界已有的观点大体可以分为四类。

从图 1 可以看出，对国家品牌战略，现在学界主要有四种观点：两种对国家品牌比较乐观，但一种乐观的原因是认为它反映了现实，另一种乐观的原因是认为这个可以促进对现实的改进。另外两种观点则是对国家品牌比较悲观，一种认为这个概念对现实有太多扭曲，而另一种认为国家品牌战略会对国家将来造成不利的后果。而很多国家希望推行公共外交，很大程度上则是对国家品牌比较乐观，要么认为这种国家品牌策略可以反映本国的现实，促进其他国家对本国的了解，要么认为这种国家品牌策略在吸引其他国家的认同的同时，能够反过来推动国家自身的改进。

---

① Kaneva, Nadia, "Nation branding: Toward an agenda for critical research," *International Journal of Communication*, 5 (2011): 119-120.

② Kaneva, Nadia, "Nation branding: Toward an agenda for critical research," *International Journal of Communication*, 5 (2011): 122.

③ Van Ham, Peter, "The Rise of the Brand State," *Foreign Affairs*, 80, 5 (2001): 2-6.

④ Widler, Janine, "Nation Branding: With Pride Against Prejudice," *Place Branding and Public Diplomacy*, 3, 2 (2007): 144-150.

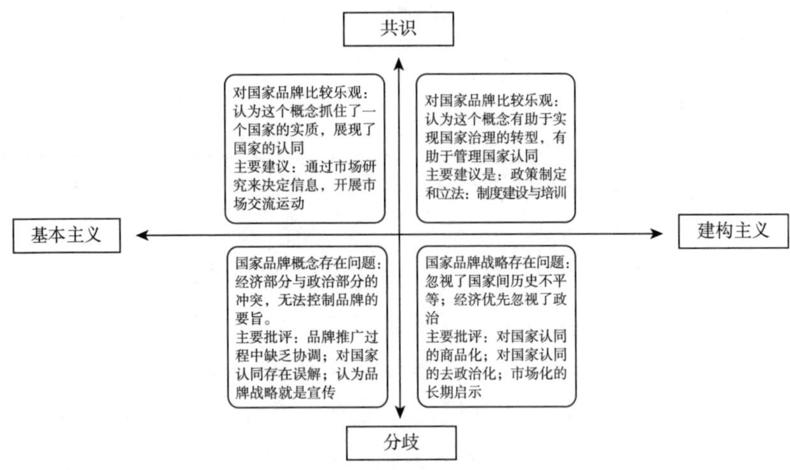

图 1　国家品牌战略的概念图谱

资料来源：摘自 Kaneva，Nadia，"Nation branding：Toward an agenda for critical research，" *International Journal of Communication*，5（2011）：25。

（二）在国家形象受损时应该如何进行公共外交来修复形象

围绕这个问题，张巨岩借鉴了既有的形象修复理论来解释相关的公共外交行为。贝努瓦（Benoit）提出了形象修复理论（Image restoration theory），这个理论主要强调两点：一是声誉是一个组织或个人的最重要资产，需要从战略高度去维护它；二是强调恢复毁损的声誉主要有五种途径，即否认（denial）、规避责任（evading responsibility）、降低敌意（reducing offensiveness）、补救行为（corrective action）、自责（mortification）。贝努瓦用一系列案例说明了在商业活动中，形象修复手段是如何被使用的（见表 2）。这些案例包括：泰诺毒胶囊事件（1982 年因为有顾客服用治疗头痛的泰诺胶囊而引发的集体恐慌的事件），埃克森漏油事件（1989 年埃克森石油的巨型油轮在阿拉斯加港湾触礁事件），西尔斯自动修复欺诈事件（1992 年西尔斯公司因为给客户提供不必要的修复和服务而被曝光），1993 年美国电话电报公司在纽约市长途通信中断事件，等等。[①]

① 对这些事件的解释，参见 Benoit，William L.，"Image Repair Discourse and Crisis Communication，" *Public Relations Review*，23，2（1997）：177-186。

表 2　贝努瓦提出的形象修复理论

战略	主要特征	案例
否认： 简单地否认 转移责备	强调己方并未做此事 强调是其他人做的	泰诺：没有制作毒胶囊 泰诺：是一个“疯子”做的毒胶囊
规避责任： 积极主动 可废除性 意外 好的意图	回应其他的事情 强调缺乏信息/能力 强调运气不好（mishap） 强调意图是好的	（搬迁了的公司会说）是因为新的税收政策 （缺席会议者会说）管理人员没有通知会议改换地方了 因为树倒在铁轨上导致火车损坏 西尔斯公司（Sears）本意是希望提供好的自动修复服务
降低敌意： 支持 最小化 差异化 超越（transcendence） 攻击指控者 补救	强调好的特征 强调行为并不严重 强调行为不那么有攻击性 强调更重要的价值 降低指控者的信誉 赔偿受害者	埃克森公司清理干净了漏油 埃克森公司：因漏油事件而死亡的动物很少 西尔斯公司：所做的非必要修复只是一种预防措施，而不是诈骗 在动物身上做实验，只是为了更好地帮助人类 库克：百事拥有餐馆，是竞争者 某影院在被曝光拒绝残疾人进入后给残疾人观众免费通行的待遇
补救行为	制订解决问题的计划/防止问题再次发生	美国电话电报公司（AT&T）远距离升级；承诺进一步投入数百万美元来提升服务
自责	道歉	美国电话电报公司为服务中断而道歉

资料来源：译自 Zhang，Juyan，William L. Benoit，“*Message Strategies of Saudi Arabia's Image Restoration Campaign after* 9/11，” *Public Relations Review*，30，2（2004）：161-67。

虽然贝努瓦总结的主要是商业上的形象修复举措，并非专门针对国家形象，但是这里提到的否认、规避责任、降低敌意、补救和自责等行为具有很大的普遍意义，可以运用到一国为恢复自身形象而做的努力的分析中来。后来，张巨岩与贝努瓦将这种分析模式运用到对国家形象修复的分析中来，他们利用“9·11”事件后沙特阿拉伯为恢复自身国际形象的努力检验了该理论在公共外交中的运用。①

① Zhang，Juyan，and William L. Benoit，“Message Strategies of Saudi Arabia's Image Restoration Campaign After 9/11，” *Public Relations Review*，30，2（2004）：161-167.

表 3　沙特阿拉伯“9·11”事件后恢复自身国际形象的努力

1	沙特反对的观点：沙特支持了恐怖袭击，或至少没有积极打击恐怖主义	2	沙特反对的观点：沙特没有支持美国攻打伊拉克
否认	通过接受福克斯新闻、时代杂志访问等方式，一再坚决否认沙特支持了恐怖袭击	可废除性	沙特说未支持是因为美国打伊拉克没有联合国的授权，而且美国也并没有拿出一个明确的计划
好的意图	“9·11”事件后沙特王子向纽约捐款 1000 万美元的同时表示希望美国反思其中东政策，纽约市长因该表态涉嫌为恐怖袭击正名而拒绝了该捐款，沙特王子解释自己意图是好的，只不过指出如美国能反思其中东政策，更易消除滋生本·拉登的土壤	好的意图	沙特说攻打伊拉克其实并不符合美国的利益
差异化	沙特被发现对巴勒斯坦自杀式爆炸袭击者家庭给予过资助，沙特方面宣称只是给缺少食物和医疗的巴勒斯坦人提供食物和医疗，并未专门支持自杀式爆炸人员	支撑	表达对 9/11 袭击的震惊和难过；并向遇难者提供了很多援助；为阿富汗等其他地区募集援助；强调美沙之间几十年的友谊；最终支持美国攻打伊拉克了
攻击指控者	沙特方面通过各种方式指出西方媒体对穆斯林的大部分描述都是有偏见的；而兰德公司的研究报告也说明攻击沙特的人得到的反击也最多		

资料来源：Zhang, Juyan, and William L. Benoit, “Message strategies of Saudi Arabia's image restoration campaign after 9/11,” *Public Relations Review*, 30, 2 (2004): 161-167。该表格由笔者根据该文内容整理。

从表 3 中可以看出来，沙特政府采用了很多策略，恰恰是贝努瓦之前所提到的主要由商业组织所采取的策略。而这种策略越来越多地被国家/政府用来修复自身的形象。这一方面是因为商业组织与政府部门在形象修复方面确实存在非常多的共性，另一方面则是因为政府越来越多地聘用公关公司为自己修复形象提供服务，而这种公关公司则充分地利用自己在商业组织形象修复中的经验，将其应用到国家形象修复上。

（三）一国与其他国家之间在构建国家形象方面如何互动

其中一种解释视角是符号互动的视角。符号互动理论（symbolic interactions）是 20 世纪初由美国社会心理学家们发展出来的理论，也被称为符号交互作用理论、象征互动论。该理论的核心主张是“社会心理学研究的核心问题是个体在社会群体中的互动过程，包括有符号参与的互动和非符号互动，符号是传递某种意义的动作……符号互动凸显人对意义的理解”①。该理论认为事物所具有的重要意义，并不在于事情本身所具有的功能或者作用，而在于事物本身对于行为体的象征意义，而这种象征意义来源于个体与他人的互动。张巨岩借用符号互动理论来分析公共外交实践，他用各大国在亚洲海啸事件中的援助行为，展示了符号互动是如何在公共外交中体现出来的。

表 4　亚洲海啸救援中的符号互动

符号互动理论	亚洲海啸救援中与符号互动理论相关的核心问题	亚洲海啸救援中各国的表现
认同	对于大国来说，国家形象如何成为关注点的？	美国方面直白地说救援可以提升美国的形象；印度和日本为了争取安理会常任理事国席位，而宣布提供大量援助
符号	大国为了维持国际形象，传递了何种符号？这些符号又是如何被理解、沟通和传递的？	主要体现在各国承诺的捐款额度上，“救援行为越来越像各国之间的竞价比赛”
互动	大国之间是如何理解相互行为的？	以大国之间捐款互动为例：当海啸刚开始的时候，美国方面承诺会捐款 1500 万美元，在被媒体批评太小气后，美国把捐款增加到了 3500 万美元，在中国承诺捐款 8500 万美元后，美国在第二天就宣布将捐款增加到 3.5 亿美元。随后，德国、日本、澳大利亚分别将自己捐款额度提升到 6.8 亿美元、5 亿美元、7.6 亿美元。而后中国方面宣布自己仍然是发展中国家，未再增加捐款，但是强调中国承诺捐多少就会实际捐多少，不会像某些国家那样开空头支票
权力关系	救援行动中各国为维持形象所做的努力，显示出了怎样的大国关系？	中美之间的竞争；美欧之间的分歧；印度尝试成为地区大国的努力

资料来源：Zhang, Juyan, “Public Diplomacy as Symbolic Interactions: A Case Study of Asian Tsunami Relief Campaigns,” *Public Relations Review*, 32, 1 (2006): 26-32. 该表格由笔者根据该文内容整理成表格形式。

① 车文博主编《当代西方心理学新词典》，吉林人民出版社，2001，第 94 页。

从表 4 中可以看出来，在很多公共外交行为中（比如在亚洲海啸救援活动中），各国为了获得其他国家和国际社会的认同，在公共外交行为中展开了很多的竞争。这种竞争以一种传递符号（传递象征意义）的形式表现出来。比如说，通过宣布向受灾国捐款的方式，向受援国和国际社会传递出一种信号。但是，这种符号（象征意义）传递的过程，又是一种相互竞争的过程。一国传递何种象征意义，又会受到其他国家传递出的象征意义的影响，很多时候甚至体现出一种符号竞赛/公共外交竞赛的特点。而这种竞赛的背后，是各公共外交推行国之间对于权力和影响力的竞争。

国家形象的建设、修复、国家在形象建设方面的互动，构成了公共外交的重要内容，但是，有关公共外交过程方面的理论，除了国家形象之外，还有一个非常重要的视角，便是分析公共外交的心理学作用机制。这些机制分别强调或分析了不同群体之间在特定条件下的接触有助于降低敌意、情感在公共外交中的作用机制、心理学的框定效应在公共外交中的运用。

（四）一国如何通过公共外交来降低不同群体间的偏见

不同国家/群体间的偏见是阻碍这些国家/群体之间理解和沟通的重大障碍，能够降低不同群体偏见的方法通常是推行公共外交最有效的方法之一，但是如何降低不同群体间的偏见？心理学大量的研究认为特定条件下不同群体之间的接触可以降低冲突。围绕该主题的研究有力地推动了大量意在增加不同群体间接触的项目，这也使得意在推动群际接触的项目成为公共外交的重要内容。哈佛大学心理学教授奥尔波特（Allport）首先提出在特定条件下的接触，可以减少群体间偏见的“接触假说”。当然，这种接触要在“一定条件下”才能有效地减少偏见，这些条件包括：双方地位比较平等、双方存在共同的目标、存在群体间的合作、存在制度性（权威、习俗或法律）的支持、要包含个人层次的互动。后来诸多实证研究支持了奥尔波特的“接触假说”。虽然在到底是接触降低了偏见（接触效应）还是较少偏见的人更愿意接触（偏见效应）上曾存在一定的争论，但是最近的实证研究已经指出，接触效应和偏见效应虽然都存在，但是偏见效应的存在并没有降低接触效应的解释力。[①]

---

① Binder, Jens, et al., “Does contact reduce prejudice or does prejudice reduce contact? A longitudinal test of the contact hypothesis among majority and minority groups in three European countries,” *Journal of Personality and Social Psychology*, 96, 4 (2009): 843.

那么特定条件下的接触，为什么能够降低群体间的偏见，减少群体间的冲突呢？这主要依赖于四种机制：首先是对外群体认知的加深（learning about the outgroup），其次是自身行为改变所带来的认知上的相应调整（changed behavior），再次是通过对情感性联结的影响（affective ties），最后是对内群体的重新认知（ingroup reappraisal）。[①]

接触假说/群际接触理论被誉为“心理学领域最有效的改善群际关系的策略之一”，该理论推动了大量的相关政策实践。在一定条件下的相互接触，可以降低双方的冲突，已经成为个人和国家很多时候默认的观念。虽然很多国家在推动公共外交时并没有提及接触假说/群际接触理论，但是该理论长期以来深入人心（乃至成为很多人认为的常识），使得许多意在增加不同群体间接触的人员交流项目，成为公共外交中的重要内容。

（五）一国在进行公共外交时如何更好地对对象国民众进行引导[②]

其中一种方式是重视情感在公共外交中的引导作用。情感是公共外交能够发挥作用的重要因素。

一是因为情感对实现有效的公共外交所需要的说服能力，有着重要的影响。这种影响主要是通过情感机制对人们类比推理能力的影响来实现的。情感会影响判断，判断是推理的基础，判断能力会影响人的类比推理能力，而目标受众的类比推理能力则影响到对目标受众的说服能力，被某种观念所说服的目标受众，会有意识或无意识地排除与该情感和判断所对立的情感和判断。“如果 A 让 B 相信 B 现在的情形是某种‘类型’的话，那么 B 很有可能受到诱导，而真的做出一系列 A 所说的那种‘类型’的行为。A

---

① Pettigrew, Thomas F., “Intergroup contact theory,” *Annual Review of Psychology*, 49, 1 (1998): 65-85.

② 在早期进行的跟公共外交研究相关或类似的研究中（当时主要是对“宣传”的研究），对情感的关注比较多，比如说在 20 世纪 20 年代对宣传的研究中，情感在其中起何种作用就比较受当时研究者的关注。但是后来对公共外交的研究者们对情感在公共外交中起到的作用不够重视。然而，无论是推理、争论还是说服，情感都在其中起到了非常重要的作用。有的研究者认为，以往的研究因为过于重视理性的作用，过于重视采用理性选择路径进行该研究，使得研究者普遍忽视了情感在决策过程中的正面作用，不仅是忽视情感的作用，而且将情感视为理性决策的障碍。后来的国际关系研究（主要集中在国际关系中有关政治心理学的研究中）开始重视情感在决策中正面作用。将情感视为高质量决策的正面甚至基本因素。

诱导 B 的能力，在很大程度上取决于 B 相对于 A 的情感倾向（dispositons）以及 A 与 B 之间的情感环境（emotion climate）……正向的情感倾向使得目标受众 B‘更依赖于经过简化了的知识结构’，比如说刻板印象和类比推理，而相对中立或者负面的情感倾向则使得目标受众 B 做推理时，更为警觉和更有批判意识。”[①]

二是因为情感在构建集体认同方面起到了很重要的作用。[②] 情感在这方面起作用的主要机制，是人们的自我刻板化（self stereotype）。刻板印象（stereotype）指的是“对某人、某一社会群体或某事的一种笼统、概括和固定的看法。如商人滑，黑人懒，犹太人贪婪等”[③]。而自我刻板化，指的是个人自认为属于某个群体时，把属于这个群体的刻板印象也投射到自己身上的过程。在自我刻板化的过程中，其实就是构建集体认同的过程，情感在这个过程中起到的作用非常大。在维持群体情感方面，语言起到的作用又非常大，因为情感要得以表达，最重要的工具就是语言，语言在很大程度上规定了情感表达的方式。所以，本国语言的海外推广是建构不同国家民众间情感的重要方式。

一国在进行公共外交时对对象国民众进行引导的另一种方式，是充分利用心理学中的框定效应（Framing Effect）。框定效应最早来自社会学和心理学，后来扩展到新闻传播学，某些国际关系学者也曾用这个理论来解释一些国际关系现象（比如说人道主义干预规范的演变）。那么什么是框定呢？简单地说，框定指的是“通过选择和强调特定的某些方面的情形，生成人们某种特定的理解”。框定效应的提出与心理学的一个著名实验有关，在该实验中，特维尔斯基（Tversky）和卡尼曼（Kahneman）指出，对于实质上一样的状况，如果在让被试者做选择时，采用不同的表述方式，最后被试者会做出不同的选择，强调“收益”的表述会让被试者更容易采取风险偏好的行为，而强调“损失”的表述会让被试者更容易采取风险规避行为。[④] 这种对实质相同的问题采用不同框架进行描述，进而导致对象不同选

① Graham, Sarah Ellen, “Emotion and Public Diplomacy: Dispositions in International Communications, Dialogue, and Persuasion,” *International Studies Review*, 16, 4 (2014): 530.

② Graham, Sarah Ellen, “Emotion and Public Diplomacy: Dispositions in International Communications, Dialogue, and Persuasion,” *International Studies Review*, 16, 4 (2014): 522-539.

③ 车文博主编《当代西方心理学新词典》，吉林人民出版社，2001，第 177 页。

④ Tversky, Amos, and Daniel Kahneman, “The framing of decisions and the psychology of choice,” *Science*, 211, 4481 (1981): 453-458.

择的效应，被界定为“框定效应”。

迈克尔·恩格纳（Michael Egner）则借用框架这个概念提出了公共外交的框架生产系统（见图2）。①

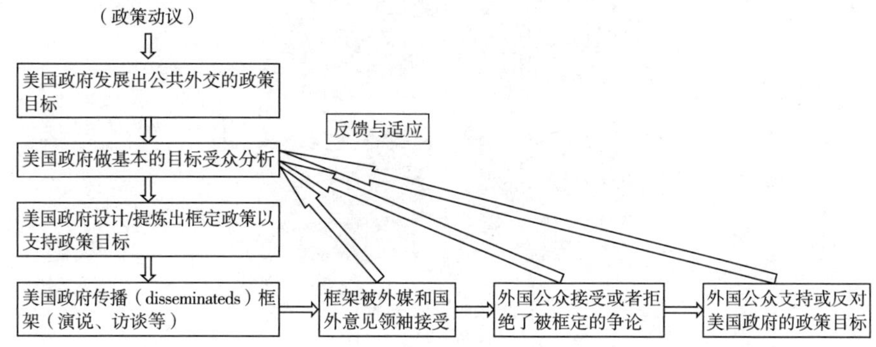

图2　作为框架生产系统的公共外交

资料来源：Michael Egner，“Between slogan and solutions：A frame-based assessment methodology for public diplomacy，” Ph. D. dissertation，Pardee Rand Graduate School ，p. 7。

这种框架生产系统理论的实质是制造框架→传播框架→评估框架→根据目标受众的反应适时地修改框架。比如在迈克尔·恩格纳给出的这个框架生产系统中，美国政府会提出公共外交的政策目标，然后对目标做受众分析，提炼出框定政策并传播这个框架，这个框架有可能被外媒接受，进而被外国公众接受，但是也有可能为外媒接受，但是不被外国公众接受。无论最后框架是否被接受，都要反馈到美国政府，以有利于美国方面做出更进一步的目标受众分析。

公共外交中应该如何使用框架策略？迈克尔·恩格纳依照框架的一致性（是否支持美国政府）和重要性（在寻求对政策的支持过程中该框架是否重要）提出了一种使用框架策略的方式（见图3）。

迈克尔·恩格纳想表示的主要意思是：如果美国政府与对象国在框架的一致性上契合度比较高、在框架的重要性也被认为是比较高的情况下，说明这个框架已经是一个比较令人满意的框架了，无须多花时间在这个上面；而如果这个框架在一致性程度比较低且双方也认为这个框架的重要性

① Michael Egner，“Between Slogan and Solutions：A Frame-based Assessment Methodology for Public Diplomacy，” Ph. D. diss.，Pardee Rand Graduate School，p. 7.

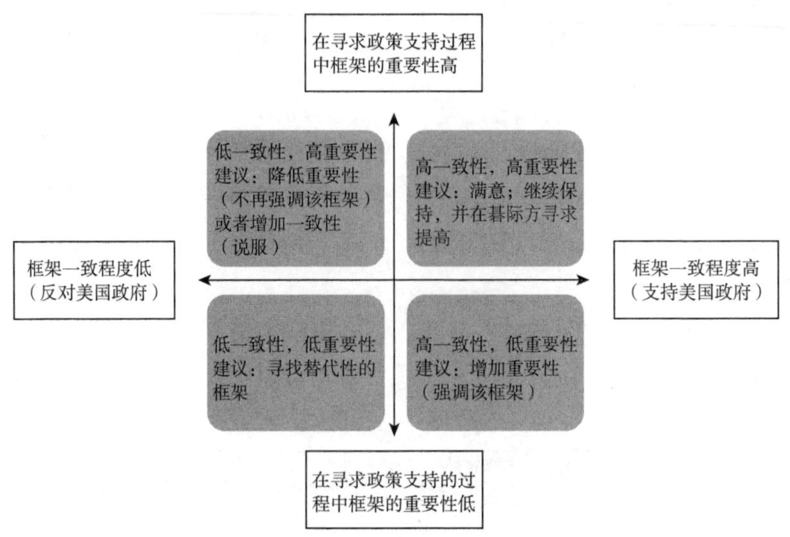

图 3　框架重要性、框架一致性与框架使用策略

资料来源：Michael Egner，“Between slogan and solutions：A frame-based assessment methodology for public diplomacy，” Ph. D. dissertation，Pardee Rand Graduate School，p. 7。

比较低时，这种框架就应该被直接抛弃，而采用新的框架。如果是框架的一致性低而重要性高，则需要加强一致性或者降低重要性；反之，如果框架的一致性高而重要性低，需要加强这个框架的重要性。

在有关公共外交的过程理论中，我们主要就国家形象（一国如何从战略高度构建国家形象、一国在国家形象受损时如何进行形象修复、不同国家之间在形象建构方面是如何互动的）和公共外交中的心理学机制（如何降低不同国家/群体间的偏见、如何对对象国民众进行更好地引导）方面进行了分析。下面我们将介绍对公共外交效果进行讨论的相关理论。

四　效果：与“什么样的公共外交才是好的公共外交”相关的理论

除了回答“为什么要进行公共外交”、“现实中的公共外交是如何发生的”之外，还有一个核心问题，即“什么样的公共外交才是好的公共外交”的问题。对于这个问题，公共关系学和传播学关注的比较多。

（一）好的公共外交实践应该是什么样的

公共外交在很大程度上就是跨国公共关系，要讨论好的公共外交实践是什么样的，需要讨论好的跨国公共关系实践是什么样的。那么，什么样的公共关系实践才是好的公共关系实践呢？美国公共关系学的领军人物格鲁尼格（Grunig）第一次提出双向沟通的四模式（见表 5），就是为了说明什么样的实践才是最理想的公共关系实践。这四个模式分别是：新闻代理模式（press agentry）、公共信息模式（public information）、双向非对称模式（two-way asymmetrical）、双向对称模式（two-way symmetrical）。在格鲁尼格提出该模式后，很多人开始发展这一模式，也有很多人将这一模式运用到对公共外交的解释中去，分析不同的沟通模式对沟通效果的影响。

表 5　格鲁尼格的公共关系行为四模式理论

模式种类	沟通方式	模式特征
新闻代理模式	单向沟通	媒介炒作，信息宣传，经常是以故意误导的方式进行
公共信息模式	单向沟通	传播真实信息，但只披露好的一方面，不披露坏的一方面，其实也是不对称的
双向非对称模式	双向沟通	劝服模式：只要求改变别人——战略性沟通
双向对称模式	双向沟通	通过对话沟通，实现双方态度和行为的变化

格鲁尼格认为，相比前三种公共关系模式，最后一种模式——双向对称模式——是最有效也最值得推广的模式。前三种模式在道德上是有瑕疵的，要么是具有误导性，要么是仅仅希望对方发生变化而自己不愿改变，只有最后一种模式才是在道德上和效果上都可接受的。具体到公共外交领域，在回答什么样的公共外交才是好的公共外交方面，也是涉及道德和效果两个层面，也许只有符合双向对称模式原则的公共外交，才称得上好的公共外交。

（二）卓越的公共外交管理需要具备哪些要素

这同样需要先探讨卓越的公共关系管理需要具备哪些要素。格鲁尼格在提出他的公共关系四模式理论框架后，又提出了卓越的公共关系管理理论。该理论指出卓越的公共关系管理主要服从十个原则，这十个原则包括：将公共关系置于战略性管理之中；公共关系部门拥有一定的权利或者向高层报告的权力；整合的公共关系功能；公共关系作为一种管理性功能独立于其他管理部门；等等。卓越公共关系理论在之后的多次有关公共关系的大规模相关调查中得到了验证。与此同时，还有研究者（格鲁尼格的博士生 Seong-Hun Yun）对这个理论在公共外交中的有效性进行了检验。Yun 访谈了在华盛顿特区的 113 个大使馆成员，就卓越公共关系理论做出检验。因为样本数量有限，所以 Yun 从卓越公共关系管理十原则中，提出最核心的五个原则（采用双向对称模式的公关，将公共关系置于战略性管理之中，整合了的公共关系功能，具有担任管理角色和展开对称公关的知识，组织内部传播沟通也要对称），她提出的主要问题是："这五个因素模型在多大程度上可以用来描述和解释华盛顿特区大使馆工作人员的公共外交行为？这种度量模型是否能够描述和概括大使馆的公共外交管理？" Yun 最后的结论是，卓越公共关系理论的分析框架可以很好地应用到对公共外交的概念化和测量中来。

（三）在什么情况下一国使用媒体进行公共外交能够最大可能地带来支持该国外交政策的效果

特曼（Entman）用传媒公共外交理论分析了在什么情况下美国在媒体沟通方面的公共外交举措能够在国外给美国的外交政策提供支持。这里所提到传媒公共外交（mediated public diplomacy），既不完全是公共外交，也不完全是媒体外交，而是"在较短时期内，用大众传媒（包括互联网）增加国外民众对某国某种特定外交政策的支持度"。

在这个理论化的努力中，特曼指出，对象国与美国在某些方面的文化同质程度，会对美国的媒介公共外交效果造成很大影响。作者以欧洲对美国两次伊拉克战争的反应为例：在 1991 年美国打击伊拉克，得到了欧洲的支持，而在 2003 年美国对伊拉克的打击，却没有得到欧洲的支持，作者认为主要原因在于 1991 年萨达姆入侵科威特让欧洲人联想到二战时期的法西斯，从而使得欧洲对美国打击伊拉克的行为产生支持（在该事件上具有较高的文化同质程度），而在 2003 年的行动中，美国打击伊拉克的行动，并没有直接引起欧洲人类似的联想（在该事件上文化同质程度较低），笔者认为这是欧洲在两次美国打击伊拉克行动中态度差别很大的重要原因之一。

除此之外，对象国传媒体系是相对自主多元化还是被政府部门牢固控制，也会影响公共外交的效果。特曼的分析框架如表 6 所示。

表 6　媒介公共外交理论中影响一国公共外交效果的因素分析

	传媒体系多元化并相对独立于中央控制	传媒体系是政府控制或者是中央控制
对美国以及美国外交政策相对友好或中立的政治文化	A. 较佳状态	B. 最佳状态
对美国以及美国外交政策相对中性或敌视的政治文化	C. 不太好的状态	D. 最差状态（某些中东伊斯兰国家）

资料来源：摘自 Entman，Robert M.，"Theorizing mediated public diplomacy：The US case，" *The International Journal of Press/Politics*，13，2（2008）：87-102。

美国媒介公共外交政策的几种类型中，A、C 是媒介公共外交最有发展前景的国家。而在 B 类国家中，无须美国多烦心，而在 D 类国家中，美国通过媒介公共外交所能做的有限。[①] 这样一种分析框架，可以为一国开展公共外交提供很好的指向作用，一国可以通过这种分类，将有限的公共外交资源投入最有可能产生效用的国家。

五　公共外交理论进一步探索的方向

过去二十多年的经济全球化和社会信息化使得全球政治、经济、社会形态发生了重大变化，传统的政府间互动越来越被不同国家社会和文化间互动所左右。技术的飞速发展使得信息传递几乎消除了空间上的所有障碍，新闻也因此在一定程度上失去了以往的"国际"与"国内"之分。随着全球范围内民众政治权利意识的高涨，以及国家间互动为主的"国际政治"向国家、非国家行为体和个人都参与互动的"世界政治"、"全球政治"的转变，人们对主权 、权力的认知发生了巨大的变化。[②] 遗憾的是，传统的国际关系理论并没有敏锐地应对这种现象并发展出相应的解释理论，表现之一是既有的国际关系学忽视了对公共外交的理论建构。国际关系学科的主流理论主要是回答国家间为什么爆发战争，后期的建构主义对规范的研究，以及国际政治经济学的理论，也在很大程度上忽视了非国家行为体的作用，使得围绕非国家行为体构建的理论非常少，而这其中与外交（公共外交）相关的理论就更少了。其实，国际关系学在诞生之初，实践远远领先于学

① Entman，Robert M.，"Theorizing Mediated Public Diplomacy：The US Case，" *The International Journal of Press/Politics*，13，2（2008）：87-102.

② 刘德斌：《公共外交时代》，《吉林大学社会科学学报》2015 年第 3 期，第 1~10 页。

术研究，缺乏理论，具有很多跨学科特性，初期的研究人员大多来自历史学、政治学、法学等学科领域。直到六十年前，英国国际关系学者马丁·怀特还在追问“为什么没有国际关系理论”。随着国际关系学术研究的深入，以及国际关系学作为一个学科的自觉性，这个学科日益发展出严格的、成体系的理论，在推进国际关系研究深入的同时，也使得国际关系学科作为一门独立的学科被广泛认同。公共外交学科，很有可能也会经历类似的变化。

对公共外交进行理论创新是中国国际关系理论创新的一大契机。改革开放以来，中国学界不少学者一直对只能学习西方既有的国际关系理论、接受西方话语霸权不满，呼吁创建有中国特色的国际关系理论。经过多年的努力，也有一些初步的成果，比如秦亚青将具有中国传统元素的关系理念植入国际关系理论的努力，唐世平的“国际关系的演化理论”，阎学通的“道义现实主义”等。将中国特色融入国际关系理论引起了中国国际关系学界的足够重视，理论创新的另外一个重要途径——对世界政治新出现的重大转折的理论解释——却没有引起中国国际关系学界的足够重视。

理论创新的重要途径之一，便是对重大历史转折的理论性解释。20 世纪 70 年代新自由主义之所以能对新现实主义提出强有力的挑战，正是因为当时国际政治经济发生了重大转变，布雷顿森林体系的解体、石油危机、美国力量的衰落等，使得国际关系学界开始反思现实主义解释的乏力，进而通过对自由主义理论的重新建构，对现实主义理论进行了强有力的挑战。而其中理论化程度最高的以基欧汉为代表的新自由制度主义，正是对当时美国力量衰落后国际秩序前景的理论回应。而冷战的结束则对建构主义的兴起起到了重要作用。新现实主义和新自由主义对物质力量的过度重视和对观念力量的轻视，使得他们既没有预测到冷战的结束（尤其是新现实主义），也不能很好地解释冷战结束后的世界政治。在这种情况下，重视观念和文化作用的建构主义则迅速兴起并壮大。在这几次重要的国际关系理论创新中，因为中国国际关系学界那时对西方国际关系理论的前沿尚不了解，自然很难在反思既有国际关系理论不足的前提下做出重大理论创新。而现在中国与西方国际关系学界在理论普及程度上差别已经不太大，而国际政治经济现实又面临重大转型，中国学者能否敏锐地观察到这种转型并给出自己的理论解释，是中国国际关系学界能否实现重大理论创新的重要机会。

如果中国学界能够实现这种理论创新，不仅有助于增加中国学界在全球国际关系学界的话语权，也有助于弥补传统国际关系理论与外交政策实践之间的鸿沟。传统的国际关系理论经常被诟病的一点是，国际关系理论的发展与外交政策实践之间虽然在理论发展的早期关联性比较大，但是在后期二者之间却变得越来越不相关。与之相比，公共外交理论与外交政策实践之间的紧密关系，有助于缩小国际关系理论与外交政策之间的鸿沟。

在现有的公共外交理论建设基础上，我们应该如何进一步发展公共外交理论？

首先，要厘清公共外交理论建构的核心问题。今后的学者应该通过对公共外交的核心问题的解答来建构公共外交理论体系，超越以往简单地“借用”其他学科理论的方式。“借用”其他学科的理论并非不可以，而且在某种程度上是必需的（尤其在学科初创期），但是这种“借用”，必须要经过一定的转化，而不能直接将用来解释其他学科的问题原封不动地“搬到”公共外交学科，应该围绕公共外交学科的核心问题，借鉴其他学科的成果，建立起回答公共外交学科核心问题的理论才有意义。

公共外交理论的核心问题是什么？

要回答这个问题，必须理解经济全球化和社会信息化对国际关系造成了何种影响。经济全球化和社会信息化对国际关系的主要影响有以下三点：一是国际与国内界限的日益模糊，一国政府和民众介入另一国“内政”兴趣越来越浓。二是国家相对于社会在信息获取方面巨大优势的减弱甚至消失，民众在信息获取和自主性方面，拥有越来越多的优势。三是硬实力在世界政治经济中的作用相对下降，软实力的作用相对上升，以往有关“高级政治”和“低级政治”的区分意义明显下降。与建立庞大的军事力量相比，很多时候获得其他国家民众的认同更能保护本国的利益（正如“9·11”事件所显示的那样）。从以上三点来看，今后一个国家，无论是其经济发展还是政治合法性的获得，越来越依靠其他国家民众的认同。而在如何获得其他国家民众的认同方面，国际关系理论还没有很好的解释。所以，思考在经济全球化、社会信息化背景下，一国政府、社会精英和普通民众如何赢得其他国家民众的理解和认同，应该成为公共外交理论的核心问题。

其次，我们应该进一步发展出来具有可检验假说的公共外交理论。在前文介绍的诸多与公共外交相关的理论中，由国际关系学者提出的且具有重大影响的是软实力理论。软实力理论可以说是国际关系中比较贴近公共外交的理论，但是毕竟还不是公共外交理论，只能说是公共外交的理论基础/理论渊源之一。而且，软实力理论容易被人诟病的一个地方，就是至今尚未发展出具有可操作性的检验方式，从而使得软实力理论更像是一种阐释视角，而不是社会科学理论。阐释性的视角，可以通过某些方式，变成可以检验的理论，就如同建构主义刚刚兴起时，更像是阐释视角，而不像是社会科学理论，这也是为什么很多国际关系学者在建构主义刚刚兴起时，认为建构主义不是社会科学理论的重要原因。但是，随着时间的推移，建构主义已经发展出一套可以检验的理论假说（最典型的就是对规范的研究），从而变成真正的社会科学理论了。公共外交理论如果想要得到更广泛的认可，也需要往这方面努力。

再次，应该将文化外交、城市外交、企业公共外交、NGO 外交等整合起来，将这些领域视为公共外交的细分领域，提出一些可以解释大部分细分领域的具有较为广泛解释力的公共外交理论。同时，按照公共外交的动力、过程和效果进一步发展公共外交理论，完善公共外交学科体系。

总之，无论是全球政治、经济、社会形态的重大转折，还是中国国际关系学者对做出重大理论创新贡献的愿望，都需要我们进一步加强对公共外交相关理论的探索。

公共外交视域下中国传统思想的价值与启示

王文奇*

摘要： 公共外交理念的提升将主权国家建立以来长期聚焦于官方互动的外交重新回放到社会层面和个体层面进行考量。伴随着世界诸大国争相开展公共外交，塑造良好国家形象，思考公共外交的主体培养、共识建构、策略选择等也成为各国公共外交研究的重要内容之一。中国是一个有着悠久历史文化传统的大国，在中国传统思想中，家国天下的理念从人际关系入手跨越到国际关系，表现出个体能动性对国家外交的意义；王道乐土，强调了国家内部的政治治理对于树立国家外部威望的重要作用；天道观念则是公共外交互动中实现共识取向的良好视角；推己及人的思维方式和行事原则有助于指导具体的公共外交实践，使公共外交收到更好的效果。综合来看，中国传统思想对我国公共外交的理论建构与具体实践均具有重要的价值和启示。

关键词： 公共外交　传统思想　中国

在全球联系广泛而深入的背景下，公共外交受到了各国重视。实际上，跨越国界针对他国公众的外交实践形式伴随着政治行为体的互动生成已经出现。只是这种外交实践形式在主权国家生成后，长期被官方的外交互动、职业外交人员的外交实践遮掩了光芒。作为一门新兴的研究课题，在20世纪60年代公共外交才由美国学者最先重视起来。他们由探讨公共外交概念的内涵和外延入手，进而关注各国的外交实践，如成立于2003年的美国南加州大学公共外交研究中心，目前按年度发表全球公共外交的评估。作为延续千年的文明古国和正在崛起的新兴大国，公共外交对于中国赢取世界理解和认同具有更为重要的意义。中国传统思想中的一些积极因素对于推动当下的中国公共外交具有一定的积极意义。

---

* 王文奇，历史学博士，吉林大学公共外交学院副教授。

一　公共外交的个体动员

目前学术界对于公共外交的定义并没有完全达成一致。学界争论的焦点集中在公共外交是一国官方主导和介入的行为还是将纯粹由民间形成的自发性的、随机性的民间外交或文化外交也纳入公共外交的范畴。但“简单地说，公共外交就是争得他国民意理解和支持的活动”[①]。

实际上，以目标来定义公共外交可以避免在概念上的过多纠缠。无论公共外交的实践主体是以官方为主、民间为主，还是官民并举，其实践的目标指向都是其他国家的公众，实践的预期结果都是塑造本国良好的国际形象。从这个意义上来讲，最终的效果也就是要形成美国学者约瑟夫·奈所说的软实力，按照中国传统的说法是“不战而屈人之兵，善之善者也”（《孙子兵法·谋攻》）。

从参与的主体、客体和目标中，我们发现公共外交将个体行动和国家外交紧密关联在了一起，关注的焦点从国家重新回归到个人。按照层次来看，是国家将塑造国家形象的具体诉求下放到本国公众，由本国公众通过公共外交实现对他国民众的积极影响，之后由他国民众的集合效应反馈到公共外交目标国的官方层面，从而实现国与国官方层面的良性互动，也就是将“国家 A—国家 B”的互动模式转变为“国家 A—公众 A—公众 B—国家 B”的层次循环。从这种意义来看，个人的力量或者说个人展现出的品质与文化成为国家品质与文化的展现。使个体或团体的对外交往行为符合官方的外交需求，这是公共外交诉求的核心，但在这一过程中需要实现对本国公众的个体动员。

对个体对于国家作用的关注，是中国传统思想的精华部分之一。个体动员的实现不是从物质激励的角度说的，而是直接要从个体内生出家国天下的情怀，从而希望以持久恒定的方式建构起个人对国家的责任感。

中国儒学经典讲求修身、齐家、治国、平天下，即“物格而后知至，知至而后意诚，意诚而后心正，心正而后身修，身修而后家齐，家齐而后国治，国治而后天下平”（《大学》）。同样，在被称为杂家的代表作《吕氏春秋》中也有类似阐述，“以身为家，以家为国，以国为天下。此四者，异位同本”（《吕氏春秋·审分览》）。而天下按照中国传统思想来讲，是超

① 刘德斌：《公共外交时代》，《吉林大学社会科学学报》2015 年第 3 期，第 18 页。

越于国家界限的，在地理范围上属于全球视野，天下包含了“天之所覆，地之所载，日月所照，霜露所坠”的自然地域范畴（《中庸》）。

这种论述强调以无数个体通过自身的修身齐家使国家强大起来，之后将国家的影响力波及天下。国家的强大以内部民众的个体自修和自省为前提，即通过个体动员形成了集体效应。换言之，这是以一种文化的力量，形成了政治性效果。这种文化力量是通过塑造个人观念实现的，“观念能够形成议程，这些议程能深远地塑造结果”。①

中国传统思想将家国天下关联在一起，个体在齐家之外则要走向治国，这是家国情怀。实际上，中国的传统思想中对于国家互动的关注，很少强调国与国之间是如何竞争、博弈，尽管也曾出现过以苏秦、张仪为代表的合纵连横派，但他们具体指向的是诸侯国之间的互动实践，在思想上仍是从个体的角度考虑诸侯国治理，这一个体既包括君王、臣属，也包括大众。人在国家间互动中的作用和影响，正是今天我们研究公共外交的重要内容之一。

此外，中国传统思想的个体动员对我们的启示意义还包括衡量国家的差异化。我们当下的国际关系分析、外交分析，经常将国家假定为同质化的、理性的行为体，之后在这样的根基上诞生国际关系理论、外交学模式。这样，国家作为行为体的异质化被遮盖了。中国传统思想中讲求家国同构，对于家国同构可以从文化心理方面来理解。家国的构成以个人为基本单位，而人作为个体是存在差异的。虽然传统思想中将个人的追求目标设定为治国、平天下是同一的，但对个体如何达至这一目标则有不同的路径阐释。如孔子针对不同弟子谈仁义、宽恕等问题时没有采取整齐划一的概念分析，而是进行了因材施教的个体指导。由此类比，个人是差异化的，家庭是差异化的，国家自然也是差异化的。在具体的公共外交行为实践中，只有考虑到具体的差异化情况，根据不同国家内部个体的知识背景、行事作风、权威产生等的差异，才能够因时因势而动从而收到更好的效果。

二　公共外交的内在根基

开展公共外交的过程，不同于冷战期间的宣传战。宣传战是在信息不

---

① 〔美〕朱迪斯·戈尔茨坦、〔美〕罗伯特·基欧汉编《观念与外交政策：信息、制度与政治变迁》，刘东国、于军译，北京大学出版社，2005，第12页。

畅的情况下，以或真或假的信息来增强受众国公众对本国的好感。但伴随着冷战后全球化的迅速推进，伴随着传媒互动平台的日益开放，信息会以多元、多渠道的方式覆盖公众，宣传式手段在信息通畅的情况下已经难以奏效。在当今的时代背景下，公共外交更多的是展示性的。一个国家本身的内部状况是展示的重要内容，也是公共外交的内在根基，“政府能以榜样的作用吸引或者排斥他人”。[①] 中国传统思想中的王道乐土思想正是强调国家内政修好对于外部软实力形成的连带效应。

中国传统中有对于王道和霸道的争论，王道是依靠自身的软实力吸引他国，霸道是依靠自身的硬实力威慑他国。王道在中国古代的传统思想中被认为是超越霸道的。王道乐土的向心力的形成，在于内政的修好，内政的修好重在强调以德治国，以仁理政，二者在核心价值观上是一致的。

孔子的看法是：“导之以政，齐之以刑，民免而无耻。导之以德，齐之以礼，有耻且格”（《论语·为政》）。儒家并不否认法家式治国的重要性，但是儒家注意到了法家式治国多是在问题出现后才采用救济式或惩罚式的手段来处理问题，其作用不可低估，但对于王道乐土的实现不是根本性的，只有让民众自发地接受道德和礼仪，才能够从根源上减少甚至避免问题的产生，从而实现社会和谐，实现王道乐土。

经济发展，生产力的提升固然是社会进步、国家富强的重要支柱，但中国传统思想认为，人际关系不能按照逐利原则进行，国家间的关系同样不能如此。孟子就曾提出：“上下交征利，则国危矣”（《孟子·梁惠王上》）。所以我们的社会主义核心价值观明确提出了“诚信”和“友善”，以社会道德上的个人自觉推动国家的良性发展。从政府层面来讲，则要认识到以民为本，实行仁政，以仁政塑造民众对政府的向心力，也就是孟子所说的“民为贵，社稷次之，君为轻”（《孟子·尽心章句下》）。以德治国、以仁理政，二者是合二为一的，是实现王道乐土的基础。

当国家内部的治理出现良性发展，或者是达至古代先贤所说的王道乐土时，那么这个国家在世界的影响力也就自然形成了。这就是孔子所说的“为政以德，譬如北辰，居其所而众星拱之”（《论语·为政》）。当然，要在世界上形成积极的影响力，得到其他国家的“众星拱之”，单单做好内政还是不够的，还要在国际关系的互动中践行王道。在国际关系中践行王道，

① 〔美〕约瑟夫·奈：《软力量：世界政坛成功之道》，吴晓辉、钱程译，东方出版社，2005，第 14 页。

大体上可以区分为两个方面：首先是坚持国家平等，不搞以大欺小，在这方面墨子进行了很好的阐释，“今天下无大小国，皆天下之邑也”（《墨子·法仪》），“天之意，不欲大国之攻小国也”（《墨子·天志》）。其次是大国要以自己的能力帮助或者惠及其他国家，即《管子》中所说的“丰国之谓霸，兼正之国之谓王”（《管子·霸言》），只是注重发展自己的国家只可能是践行霸道的国家，只有兼及或惠及其他国家的国家才可能是践行王道的国家。

中国传统思想认为，一个践行王道的国家，不会认同霸权主义、强权政治，是不会搞对外侵略的，但不搞对外侵略不代表不能参与战争。墨子主张非攻，“大不攻小也，强不侮弱也，众不贼寡也”（《墨子·天志下》），但并未主张非战。当自身遭到侵略，或者是为了维护其他国家或民众的合法生存利益的时候，参与战争，打击霸权主义、强权政治也是王道的重要组成部分。

当一个国家在内政和外交方面都能够践行王道的时候，自然会对其他国家形成影响力，该国在开展公共外交的时候，就有了重要依凭和展示的内容，从而对于形成良性的、可持续的公共外交具有重要的积极意义。

三　公共外交的共识取向

公共外交从国家互动回落到了社会互动、公众互动。但是全球划分为不同的国家和地区，差异性十分明显，在这种差异性中如何寻找共识取向就成为重中之重。只有在达成共识取向前提下的互动，才能够获得他国公众的认可，从而塑造自身积极影响力。在中国的先秦时期，诸侯之间已经建立了不同的统属范围，中国的区域文化之间也是存在差异的，在这种情况下先秦思想家对于共识取向也进行了深入思考。总体来说，就是以天道统领最基本的价值判断。古代先贤所确定的天道观对我们今天的公共外交具有一定的启示意义。

2016 年 1 月 21 日，中国国家主席习近平在埃及开罗阿拉伯国家联盟总部发表题为《共同开创中阿关系的美好未来》的重要演讲，其中援引了孟子的名言“立天下之正位，行天下之大道”。[①] 在中国的传统思想中，天道

① 习近平：《共同创造中阿关系的美好未来——在阿拉伯国家联盟总部的演讲》（2016 年 1 月 21 日），人民网，http：//politics. people. com. cn/n1/2016/0122/c1024-28077393. html。

是社会道德标准和政治治理合法性的来源，是社会所依从的最高行为准则。关于天道对于人类社会的重要性，不同思想家有大体趋同的阐释，譬如“天命之谓性，率性之谓道，修道之谓教”（《中庸》）；“得天之道，其事若自然；失天之道，虽立不安”；“万事之生也，异趣而同归，古今一也”（《管子·形势》）；“得道以持之，则大安也，大荣也，积美之源也”（《荀子·王霸》）。

当然，对于道究竟是什么，如果只从思想家们的字面来分析，似乎难以找到明确而清晰的内涵和外延界定，就譬如老子的含混式处理，“道可道，非常道”（《道德经》）。但如果避免字面上的歧见，寻求本质性认知，我们会发现对于道的认知在古代思想传统里达成了较为一致的共识，这是基于对于自然和生命的体认后达成的一种共识。如果说西方思想的起源——古希腊时代的苏格拉底、柏拉图等讲的是概念性思辨，那么中国思想起源春秋战国时代的先贤们讲的是生命性体认。

“有子曰：礼之用，和为贵，先王之道，斯为美，小大由之”（《论语·学而》）。这里将天道的概念落实到了“礼”，落实到了“和为贵”上。按照朱熹在《四书章句集注》中的解释：“礼者，天理之节文，人事之仪则也。和者，从容不迫之意。盖礼之为体虽严，然皆出于自然之理，故其为用，必从容不迫，乃为可贵。”由此可见，儒学基本上将道的含义落实到了师法自然式的从容不迫上。这种从容不迫的认识来源于自然法则，来源于对和谐的认识。

在具体的社会行为中，什么才算是天道式的共识呢？明代大儒王阳明在其致良知的学问中为我们举了一个很好的例子：“见孺子入井自然知恻隐，此便是良知，不假外求”（《传习录》）。“不假外求”的良知便是天道的具体而微的表现。

恰恰因为天道是一种对于自然、对于生命的体认式认知，才更有助于作为公共外交中的共识取向。在生活方式、宗教信仰、权威生成等方面，不同的国家和不同的地区存在着非常大的差别，不可能产生条文式、律令式的共识。恰恰是明确成文的一些所谓价值观，充满了因为文化差异而产生的众说纷纭的解读。这可能源于西方国家将社会问题不断科学化、规范化的倾向，就如梁漱溟所批评的，西方“一切要根据科学——用一种方法把许多零碎的经验，不完全的知识，经营成学问，往前探讨”。[1] 而在具体

① 梁漱溟：《东西文化及其哲学》，上海人民出版社，2006，第33页。

的实践中，即便联合国所颁布的《世界人权宣言》，看似通过细致的条款对人权进行了具象解读，但实际上在不同国家对于人权宣言的具体条款仍有不同的解读。如果执拗于这种条文解读中的差异，显然容易造成公共外交中互动双方的隔阂。

我们所说的体认式的天道观，其在具体的生活中显现，譬如王阳明所说的恻隐之心，虽然不能够用精致的学术词语加以总结，却是全人类基本共存的情感与共识，对于暴力犯罪、政府腐化的反感，对于正义、奉献的尊重，在不同的社会文化背景中都是能够达成共识的。基于共存的情感与共识进行公共外交，能够比基于所谓的民主、自由理念进行公共外交获得更好的效果。天道思想为我们寻求公共外交中的共识取向提供了有意义的参考。

四 公共外交的行为规范

确定了公共外交实践中的共识取向后，如何确定公共外交中的行为规范呢？中国传统思想仍然为我们打开了一扇门，那就是推己及人。推己及人作为一种行为规范有助于在公共外交的实践中最大限度地对目标国家的公众和个体构成吸引力，也能够最大限度地减少受众的抵制情绪。

公共外交中的推己及人可以区分为三个方面。其一，“君子成人之美，不成人之恶”（《论语·颜渊》）。这即强调从受众需求出发，确定公共外交的针对性。每个人都希望自己的需求能够得到满足，自己能够不断完成自我提升，而这正是公共外交得以开展的重要因素之一，目前世界上开展公共外交卓有成效的国家一般注重了这个层面。对外援助也是公共外交的重要组成部分，中国在对外援助中，于 1964 年就确定了对外援助的八项原则，包括：平等互利；尊重受援国主权，绝不附带任何条件，绝不要求任何特权；中国以无息或低息贷款方式提供援助；帮助受援国走自力更生、经济上独立发展的道路；力求投资少，收效快；提供中国最好的设备和物资；帮助受援国掌握技术；专家待遇一律平等。这就是强调要注重受援国的需求，除了实在的经济需求外，也要注意受援国百姓与公众对平等地位的需求。再如，美国驻外大使馆在开展公共外交的过程中，也时刻注意所在国的受众需求。美国驻韩国大使馆就经常组织美国公共外交工作人员、大使馆官员与韩国各年龄段的学生进行座谈，也通过大使馆网站或社交媒体平台回答学生最为关心的经贸、留学、移民等问题，满足受众不同层面的需求。

其二，“老吾老，以及人之老；幼吾幼，以及人之幼”（《孟子·梁惠王上》）。此即通过对受众的援助式关怀，实现公共外交的扩展。每个人都对自己的亲人充满了关怀，将这种关怀、帮助的情感推己及人到公共外交领域，就形成了对其他国家受众的基本关怀。最基本的对于生命的关怀，对于社会弱势群体的重视，既是一个国家治理内政、获得合法性的方式之一，也是一国在公共外交中需要重视的方面之一。在目前美国、英国等国的公共外交中，往往将青年群体——尤其是青年精英群体作为公共外交的首要目标，认为青年精英将是未来该国社会的领导者，他们对某个国家的好感将决定未来整个国家对某个国家的好感。但需要注意的是，在当下全球的政治背景下，无论是哪一国家的精英，要想成为国家的领导者，都需要占总人口数量更多的非精英公众的投票选择，并且精英们为了成为国家领导者，也要考虑到公众对其他国家的好恶。因而，公共外交中对其他国家精英群体的重视是必要的，但也应关注其他更多的非精英公众甚至弱势群体。在公共外交中，如果能够秉承“老吾老”、“幼吾幼”的思维处事，能够将心比心地关怀其他国家民众，能够收到更好的公共外交效果。

其三，“己所不欲，勿施于人”（《论语·颜渊》）。此即注重跨文化差异，不强加价值观标准，不将自我凌驾于受众之上。美国虽然在全球诸大国中在公共外交方面投入最大，收到的效果也较好，但仍然有很多非议和批评之声，包括和平队在后冷战时代的援助行动中也引起了诸多不满，“和平队志愿者在一些国家，如索马里、马拉维等国不尊重当地的风俗习惯，过分热衷于推广美式生活方式和文化，遭到这些国家的反感”。[①] 之所以出现这种情况，就在于和平队没有注重跨文化差异，没有做到己所不欲、勿施于人。与“己所不欲，勿施于人”相对的，论语中还有“己欲立而立人，己欲达而达人”（《论语·雍也》），这也不是简单地要求将自己喜好的东西施加于他人，“立”和“达”都是宏观叙事，类似于如果有助他者自立自强、丰盈通达的事情就要去做，而不是在具体的行为细节上将个人的偏好强加于他人。总而言之，“己所不欲，勿施于人”可以作为公共外交中的重要行为准则，有助于减少公共外交受众的反感与不满。

综上所述，中国传统思想中蕴藏了处理人际关系与政治体互动的思想

① 李文刚：《和平队与美国在非洲的软实力及对中国的启示》，《当代世界》2015 年第 4 期，第 69~70 页。

精华，而公共外交正是融汇了人际关系和国际关系两方面内容。中国传统思想中的人际互动既有对个体行为的要求，也有对国家行为的要求，在社会文化视角下审视中国传统的家国同构思想，对于指导当前具体的公共外交实践具有借鉴意义，对于构建有中国特色的公共外交理论也具有启示意义。

第二部分

公共外交的多方实践

中国对非洲国家公共外交的战略与举措*

刘鸿武**

摘要： 中非关系要保持长期可持续发展，有赖于中非双方通过共同努力，逐渐在民间层面建构起一种以共同发展为目标的“公众交往与民间对话的公共伙伴关系”。这种扎根于中非双方人民心中的伙伴关系，可以为中非在政治领域、经济领域、安全领域的长期合作提供坚实的民意基础与文化支撑。为此，中非双方需以有效的公共外交政策平台与工具，推进双方民众更好地认识自我，认识对方，认识变化中的彼此关系，逐渐建构起开放、客观、理性的“非洲人的中国观”和“中国人的非洲观”。

关键词： 中国　非洲　公共外交

一　非洲国家日益重视思想自立与文化振兴

非洲发展问题并不只是实现经济增长，而是漫长的现代性思想成长、国家文化体系建构、社会生活变迁、国家自主发展理念探寻的过程，是一个非洲传统文明与文化在当代如何重建与发展的问题。非洲发展的困境，往往与缺乏自己的当代思想家群体及其本土化的发展理论有很大关系。今天在非洲大陆流行的是种种来自外部世界特别是来自西方国家的五光十色的理论、主义和知识。这些外来的理论与主义，往往带着“普世真理”的光环，披着文明世界的外衣，并且习惯自居于道德之高地，形成对于非洲本土知识与思想的绝对支配优势，让非洲人不仅在经济上、政治上，而且在精神上、思想上、文化上，也从属于外部世界，这从根本上瓦解着非洲

* 国家社科基金重大项目“中国对非洲关系的国际战略研究”（项目编号：15ZDA066）研究成果。

** 刘鸿武，教育部长江学者特聘教授，浙江师范大学非洲研究院院长，云南大学非洲研究中心教授。

人民的自主创造精神与自主发展意愿，让非洲大陆始终为外部他者的力量所左右，并产生日益严重的对外部世界的物质与精神上的依赖性。长远来看，非洲大陆如不改变这种精神依附的状态，就不会有真正意义上的经济社会的复兴与发展。

非洲本土思想的自觉与成长是我们观察非洲大陆变化的一个重要窗口。近年来，非洲思想领域日趋活跃，本土思想成长引起世人关注，作为思想自立窗口之一的非洲智库数量也呈现增长较快趋势。根据相关统计，2013年非洲各种类型的智库已达758家，主要分布在南非、肯尼亚、埃及和尼日利亚等国家。其中，大部分非洲智库属民间机构，时间不长，但影响力迅速提升，研究领域日益拓展，专业化、综合化、网络化和国际化趋势明显，在非洲政治经济生活中发挥了越来越大的作用，并以多种方式参与到中非关系之中。但总体而言，非洲的智库受西方影响比较大，许多研究人员有西方教育背景，在语言和思维模式上受西方影响较深，与西方研究人员的交流也比较频繁。

进入21世纪以来，非洲各国和国际组织对于教育及人才资源开发重要性的认识不断提升，非洲高等教育得到了快速发展，高等教育入学率稳定增长，高等教育机会逐步扩大。2012年，撒哈拉以南非洲的高等教育入学人数达634万人，到2015年增至1800万~2000万人。而2011年非洲高等教育毛入学率约为7.7%，远低于全球平均水平和世界其他区域的入学率。非洲知识精英人才流失严重。根据国际移民组织的数据，1990年至2004年，非洲每年流失2万名专业人才。2010年撒哈拉以南非洲受过高等教育学生的移民率是12.6%。这给非洲大陆造成了巨大的经济损失。

近年来，非洲传媒事业发展快速并呈现新特点：（1）广播电视播出向数字化转换明显加速，非洲进入广播电视数字化播出冲刺阶段；（2）非洲媒体并购加快，传媒集团化、多元化、跨国化经营趋势明显；（3）社交媒体日趋活跃，本土社交媒体崛起。但非洲的传媒通信事业目前还处在全球低水平线上，近年来，中非在传媒通信领域合作快速推进，帮助非洲国家越过数字鸿沟实现跨越式发展，成为中国可以有所作为的重要领域。

二　中国日益成为推进非洲发展的外部力量

（一）中国逐渐成为推进非洲加速发展的外部关键因素

近年来，中非关系快速发展，特别是2013年中共十八大以后，中非关系进入了转型提升、打造升级版的重要阶段。新一届中国领导人习近平、李克强先后访问非洲，一系列战略性的合作举措再次将中非关系推向历史的新高度。2014 年 5 月 4~11 日，中国国务院总理李克强对非洲四国和非盟总部进行了访问，并在非盟会议中心发表了题为《开创中非合作更加美好的未来》的演讲，称今天的非洲在世界政治经济格局中举足轻重，是推动世界政治、经济和文化发展的“三个一极”。这是对非洲战略地位及其对世界历史所做贡献的高度提炼，表明中国对非洲具有清晰而独特的认知。事实上，中非关系过去 60 年之所以有着持续稳定的发展，就在于中国对于非洲有独特的认知，有着中国独特的“非洲观”。中国独特的“非洲观”不仅推动着中非合作向前发展，而且对全球对非合作都具有引领示范作用和推动作用。

2013 年李克强访非期间表示，中国将继续加大对非援助，并把对外援助的一半以上放在非洲，且中国不会附加任何条件。他在非盟总部的演讲中形象地提出了中非合作坚持平等相待、团结互信、包容发展、创新合作四项基本原则，推进产业合作、金融合作、减贫合作、生态环保合作、人文交流合作、和平安全合作六大工程，努力帮助非洲国家打造高速铁路、高速公路、支线航空“三大网络”，全方位打造中非合作升级版。

经过 60 年的交往合作，今天中非发展合作正处于“特殊的战略机遇期”，中国与非洲的经贸合作也正驶向提速增质的“高铁”时代。今天中国已经成为世界制造业的中心，而非洲处于工业化初期阶段，中国产业化、工业化需要向高端领域推进，因而中国与非洲在产业化、工业化、现代化领域，可以形成比较好的梯度合作。中国可以拉动非洲进入补位的位置，使得中非形成结构性的深度互补。随着全球发展动力越来越倚重于南方国家，中非已经形成了一种“梯度结构”——中国的发展可为非洲提供其工业化所需的大量资金、技术及人才，而随着非洲由相对贫困状态向中等收入国家迈进，一个逾 10 亿人口的庞大市场又将为中国提供新一波增长动力。在非洲的基础设施建设方面，未来中国会在规划和引导设计方面扮演更重要的角色。在经济合作方面，中国更加强调对非洲的投资，推动中国工业生产制造业要素向非洲的转移，推动非洲新型工业化。对中国而言，作为全球新经济增长点的非洲大陆无疑是“机遇之地”。

总之，中国在非洲未来发展进程中可扮演多方面的重要角色。第一，中国是非洲未来经济可持续的、长期发展的、最重要的外部动力；第二，中国 30 年发展道路为未来非洲探寻一条适合于非洲发展的非洲道路、非洲模式提供了外部参考；第三，中非合作提升了非洲的国际地位，使非洲由全球经济的边缘不断向全球经济的中心靠拢；第四，中非合作也带动非洲大陆摆脱因为过去一百年来始终处在世界经济边缘地位而找不到发展信心的状况。

（二）中非合作日益具有治理与制度合作的新属性

长远来看，中非之间的合作必然不会只限于经济领域的合作，还必将随着经济合作的推进逐渐深入到彼此文明的对话、知识的重建、思想的提升等层面，还将拓展到中非双方国家治理模式、社会管理制度等领域，双方将日益参与到合作进程中来，进而影响到普通百姓的生活。

今后，中非应继续扩大在“软”领域方面的合作，如治国理念的交流，人文、教育以及各文化领域的交往等。这种往来推动的深度交融，对彼此文明乃至全球多元化文明的丰富都有增益作用。中非合作现在已经拓展到全方位的合作，越来越变成发展模式、发展道路方面的合作。在“软”领域，中非会在治国理政经验的交流、国家治理能力的提升，以及知识和思想的传播与共享方面进一步向前推进。

从长远来看，只有非洲各国的国家治理能力以及经济治理能力和管理能力得到提升，才能使中非经济合作的发展拥有长期稳固的支撑条件。而这一目标的实现，离不开中非双方的民间交流、人文交流、公众对接的推进与提升。中非双方需要将民间、人文、媒体、智库、思想、文化、教育、科技、生活方式等领域的交流与合作，作为未来合作的新的重点领域。比如，非洲对教育资源的需求很大，而中国有庞大的教育体系，可以在联合国教科文组织的框架下帮助非洲培训中小学教师，援助教材和教学参考读物，这有利于夯实中非关系发展的民意基础，在中国对非洲国家开展公共外交的特殊而重要的领域，需要采取有力举措并加以推进。

近年来中国对非洲国家的公共外交继续向前推进，“中非文化聚焦”、“欢乐春节”活动、“感知中国”活动等受到了非洲民众的热烈欢迎。2013 年 10 月，浙江师范大学主办的中非智库论坛第三届会议暨“中非智库 10+10 合作伙伴计划”启动仪式在北京举办。中国和 40 多个非洲、欧美国家及国际组织的 260 多位智库领袖、著名学者、政府官员、媒体代表出席，正式发布了中非双方智库代表共同起草的《中非智库 10+10 合作伙伴计划倡议书》，提出未来中非思想对话、知识创新的新理念、新路径。这为中非学术界交流合作搭建了一个新的平台，提升了中非双方智库交流与合作水平。

升级版的中非合作必须更多地考虑中非双方民众的诉求与利益。2014年李克强访问非洲期间，首次在非洲主持召开了“中国海外公民民生座谈会”，表明中国政府已经意识到中非关系必须更多立足于双方普通百姓的需要与诉求。近年来，中非双方民间交往日益频繁，双方利益互动日益复杂。相关资料表明，中国公民在非所面临的五大安全风险分别为：恐怖袭击，因大选、政变、罢工等导致的局势混乱，流行性疾病，抢劫、盗窃、绑架等严重的治安问题，中国公民自身违法违规行为所带来的安全风险。

在未来几年，中国新移民在非洲的数量不会有显著增长，甚至有下降的可能，中国新移民在非洲的处境将面临新挑战。2013 年全国外国人入境 2629.02 万人次，同比下降 3.31%，但非洲入境人数却逆势增长，达到 55.27 万人次，同比增长 5.29%。其中，2013 年仅浙江义乌来自非洲的出入境人数达到 7.8 万人次。2013 年，非洲来华留学生数量增长显著，同比增长 23.31%，仅义乌工商职业技术学院 2013 年就招收了非洲籍学生 275 名，可见中非教育与学生交流呈现快速增长趋势。这些在华非洲人对中非关系的影响日益显现。

三　中国对非洲国家公共外交面临的问题

（一）中非民间相互认知滞后影响双方关系的持久提升

全球对非合作相互竞争的态势，总体上提升了非洲在全球发展中的地位，使非洲由过去的边缘逐渐向全球政治经济发展的中心靠拢。在这点上，中国对非洲的作用是多方面的。但是，从对非洲国家公共外交的角度上看，目前中非关系面临许多挑战。第一，经济交流与合作全方位的迅速发展与不断升级带来了相应的问题。第二，相对于中非政治交流与交往的不断深入发展，中国对非公共外交与人文交流缺乏顶层设计，缺乏完整系统的话语权建设。第三，中非文化交流仍主要停留在“武术太极”加“中餐美食”的层面，缺乏历史文化的深度，缺乏精神内核的升华。第四，中非文化交流缺乏理论总结与理论建构，也没有转化成优势话语。第五，近年来，西方重返非洲已成大趋势，西方与非洲的传统关系依然具有强大的基础与能量，有许多天然的优势，如政治体制、教育与文化、语言文字、地缘结构与地理方位、种族融合程度、技术信赖性等，西方绝不愿意中国在各方面取代西方而成为主角。

（二）中非交往官方主导强势与民间参与弱势特点突出

在过去较长的一段时期内，中非合作的重心较多地放到了政治、经济领域以及政府外交和“精英外交”层面。自 2000 年 10 月“中非合作论坛”启动以来，每隔 3 年就举办一届的论坛会议已成为中非合作与发展的一个重要舞台和强有力的推手。中非政治和经贸关系依托这一强劲的机制化平台，在高层互访、贸易、投资、承包合作、发展援助等各个领域均取得了骄人的成绩。如在政治层面，中非双边高层互访频繁。胡锦涛在执政的 10 年里 6 次访问非洲，中国新一届领导人在上任的头两年里也分别访问了非洲。习近平主席在 2013 年 3 月中国“两会”结束即出访坦桑尼亚、南非和刚果（布）非洲三国。李克强总理也在 2014 年 5 月访问了埃塞俄比亚、尼日利亚、安哥拉、肯尼亚和非盟总部。他们均在访非期间宣布了中国对非政策并签署了很多新的重大商贸协定与备忘录。在经济层面，中非贸易额在近十多年里更是以年均 35%的速度飞速增长，从 2000 年的 100 亿美元上升到 2014 年的 2200 多亿美元，是 1960 年的 2000 多倍。中国自 2009 年以来超过美国，连续 6 年保持非洲第一大贸易伙伴地位。另外，非洲还是中国第三大海外投资市场和第二大海外工程承包市场。目前中国在非洲直接投资的存量也已达到 300 多亿美元，在非投资的中国企业则超过了 2500 家。

每届“中非合作论坛”的相关政策文件虽然在人力资源培训和增加非洲来华留学生数量方面不断提高资源投入，但明确提出“加强中非民间交往”（民间交往是公共外交的一项重要内容——编者注）则是 2012 年第五届论坛文件中才有的表述。事实上，在过去十多年来，中非之间人员往来越发频密（保守估计，在非洲的中国人总数已逾百万，有非洲学者认为，过去 10 年间来到非洲的中国人比过去 400 年间来到非洲的欧洲人还要多），一些“负面”消息（如中国人在加纳“非法采金”）和“问题”的产生已经将中国人在非洲的形象问题与中国在非洲的国家形象问题紧密结合在一起。再加上，感到中国人动了自己在非洲的“奶酪”的一些西方政客、媒体和非政府组织不断地把聚光灯对准中国政府、公司（特别是中小私企）乃至个体户在非洲的一举一动，用放大镜观察中国人在非洲可能产生的任何瑕疵。一些负面的公司个案乃至个人行为被渲染成带普遍意义的国家行为，正常的资源开发合作被描绘成“资源掠夺”和“新殖民主义”。中国公司参与全球化竞争，以高效低价竞标成功的项目被指是搞了暗箱操作或者政府的幕后支持等。

近年来，仅在广州生活的非洲人保守估计约 20 万，并以每年 30%～40%的速度在递增。2013 年，非洲在华留学生总数约 3.3 万人。在这样庞大的非洲在华人群中，也存在非法滞留、贩卖毒品等违法行为。而且，在对这些行为（甚至包括一些普通的交通纠纷）依法处置的过程中，中国有关方面也不得不加倍小心以防被一些西方媒体贴上“种族歧视”的标签。

（三）中国声音在非洲的传播途径与影响力依然有限

西方媒体往往持双重标准、戴着有色眼镜看待中国在非洲的经济活动，出现了大量失实甚至歪曲报道，给中国在非洲地区的形象造成了极大的负面影响。近些年来，国内外媒体及研究机构对中非经贸关系的发展都给予了极大关注。然而在当下的传播环境中，西方大国掌握了舆论的话语权，中国在塑造自身非洲形象时受到极大限制，且处于被动局面。

虽然近年来中国在非洲的媒体和资讯投入较以往有很大的加强，如新华社和《人民日报》驻非记者站的人数和规模都在扩大，中国中央电视台（CCTV）英语频道在肯尼亚内罗毕设立了非洲分台（每天有 1 小时的非洲报道节目），但相对于历史悠久并处于强势地位的 CNN 和 BBC，甚至近十年来异军突起的卡塔尔“半岛电视台”（特别在北非阿拉伯国家有广泛的覆盖），中国媒体在非洲的存在及影响仍处于初期阶段。

（四）中国与非洲在知识与观念上相互认知远为不够

迄今为止，在对中非关系的大判断上，来自非洲政府和主要媒体的主流声音仍然是正面和积极的，但在多党民主和言论、新闻自由的大环境下，非洲一些媒体、博客网站及非政府组织和工会领导人，因受西方媒体的误导或因局部和小集团利益的驱使，也开始附和西方的“中国威胁论”和“中国新殖民主义论”等论调，给健康发展的中非关系制造了令人不悦的“不和谐音”。如笔者 2014 年 5 月在走访津巴布韦最大的日报、由津政府拥有的《先驱报》位于首都哈拉雷的总部时，该报主编 Caesar Zvayi 先生以及国际版资深编辑 Tendai 女士（来华参加过中国民间组织国际交流促进会举办的短期培训班）均认为，中津关系十分友好，《先驱报》（1980 年创立，日发行量为 10 万份）刊发了大量正面和积极报道中津关系的文章及评论，还有意与包括笔者在内的中方学者一起在该报开辟中津以及中非关系的专栏。他们同时指出，虽然官方媒体的报道大多是正面和积极的，但津巴布韦的私营报纸（如2011年刚刚创立的*Newsday*，日发行量为5万份），工会及反对派操控的媒体则以负面报道为多。

四　推进对非洲国家公共外交的政策举措

（一）借援助非洲抗击埃博拉的努力，在加快实施“中非治国理政经验交流与制度合作工程”，实质性地推进中非人文交流合作跃上制度与思想的历史新高度

2014年西非数国暴发的埃博拉疫情，夺去大量当地民众生命，对全球公共卫生构成威胁。各类疫情反复肆虐非洲，实际上暴露出非洲国家面临的治理困境。我国除采取紧急人道主义措施、援助非洲国家抗击疫情并做好自身防范外，着眼于非洲国家能力建设与发展的根本需要，倡导标本兼治，充分发挥我国的制度优势，以积极主动举措切实推进中非治国理政经验交流与建设合作，完善政府危机管控机制，推进基层政权组织建设。这有助我国扬长避短，发挥优势，破解西方在非对我国的战略遏制，实质性地推进中非合作关系实现转型升级。

（二）以契合非洲需要，以适当方式向非洲介绍我国在“抗击‘非典’”、“汶川大地震救助”中得到检验的国家动员体制和应急机制，展示我国的制度优势

有针对性地帮助非洲国家改进政权组织，完善治理体制，提升治理能力，推进非洲国家更加重视有效能的、本土化的国家制度和基层政权建设，以此提升中国制度模式和治理经验在非洲的影响力。

（三）从顶层设计高度，调整我国传统对非政策与援助方式，规划实施“中国治理思想与治理制度‘走出去’战略”

积极稳妥推进中国文化、中国思想、中国治理经验走进非洲，切实推进中非治国理政经验的交流与合作。可考虑单列我国对非援助专项经费，设立诸如“国家社科基金发展中国家思想合作专项”的平台，针对性地资助非洲国家的学术团体、思想智库、非政府组织和网络新媒体建设。设立专门面向非洲国家的学术与思想建设专项资金，支持非洲国家的智库建设，

支持非洲知识精英研究中国，探讨中非制度合作新途径，逐渐提升“中国思想”、“中国智慧”、“中国制度”在非影响力。

（四）预研筹建“中非大学”可行性并做前期尝试，从而逐渐建构起可持续发展的中非人文交流战略平台

推动创立“中非大学”（University of China-Africa Cooperation），将其作为中非合作论坛框架下的一个高级人才培养基地和学术研究基地，推进中国与非洲学者相互认识对方、研究对方、理解对方，更好地促进中非文明的对话与沟通。浙江师范大学于 2007 年创立了非洲研究院，目前已经形成集学术研究、人才培养、国际交流、政策咨询为一体的综合化功能。在此基础上，又成立了中非商学院、非洲博物馆、非洲翻译馆，建立了教育部对外援助基地、商务部基础教育援助研修基地，创办了“中非智库论坛”，举办了“中非智库研修班”，在非洲喀麦隆、莫桑比克、坦桑尼亚建立了 3 所孔子学院，是国家非洲区域与国别研究基地，中非智库 10+10 合作伙伴计划中方智库、中非大学 20+20 合作伙伴计划中方大学。经多年努力，目前浙江师范大学已经形成了较完整的开展非洲基础理论研究、高等教育人才培养、中非全方位人文交流合作的基础条件和师资科研队伍，为创办一所“中非联合大学”创造了基础条件。以中非联合大学聚集中非双方学术力量，通过联合培养人才、互派留学生、开展合作研究、召开学术会议、接待访问学者、出版研究成果等方式，形成一个开放的、国际性的办学和研究机构，实质性地推进中非人文交流与合作，加深中非民众的相互认知与了解，从而为中非合作关系的长期稳定发展建构更为坚实的社会基础与民意支持。

（五）积极筹建“中国国家非洲博物馆”和“中国国家非洲图书资料中心”，并支持部分条件成熟的非洲国家设立“中国研究院”与“中国博物馆”

中国可建立开放服务型的“中国国家非洲博物馆”和“中国国家非洲图书资料中心”。浙江师范大学已于 2010 年建成国内高校首个系统介绍和传播非洲文明的非洲博物馆，拥有 1000 平方米用房，收藏有 1000 多件非洲精品文物、文献作品，并在全国各地举办过系列“非洲典藏艺术展”和“中非音乐歌舞展演”等活动，接待国内参观者超过 10 万人次，受到非洲国家的高度赞誉。但目前该博物馆基本上是由浙江师范大学非洲研究院以

民间的方式维护和建设，长远来看，应该将其提升为国家支持下的中非人文交流国家级基地，给予长期的支持，保证其可持续发展和层次提升。同时，浙江师范大学非洲研究院目前已建有一个专业性的非洲图书资料中心，拥有 500 多平方米的阅览区、藏书区，有非洲领域专业图书 2 万多种，外文专业期刊近 40 种，有专职助理馆员 1 名，有专业设备与管理条件，开通了“非洲研究专题数据库”和“中非联合研究交流计划网”，对推进中国与非洲国家的学术交流起到重要的支撑作用。建议对其功能与服务对象进一步提升与拓展，列为国家重点支持的中非人文交流基础性资料信息支撑平台。同时，按照中非人文交流的互换机制，推进在条件相对成熟的非洲国家建立“中国研究院”或“中国博物馆”。

（六）设立中非人文交流专项基金、中非人文交流贡献奖，实施“非洲通人才建设工程”，推进“中国非洲学”与“非洲中国学”的形成与发展

目前中方与非洲合作，已经启动了“中非智库 10+10 合作伙伴计划”和“中非大学 20+20 合作伙伴计划”，在进一步完善其机制、提升层次与水平的同时，建议在教育部支持下，联合外交部、科技部、文化部、中国扶贫办（中国国际扶贫中心）等部门，统筹考虑设立“中非友好奖学金”、“中非友好贡献奖”、“中非科技交流奖”、“中非学术与艺术交流奖”、“中非扶贫贡献奖”等，对在不同领域对中非合作做出贡献的人给予奖励和表彰。目前国内对非洲研究青年人才培养的工作还相对滞后，支持力度不够。为此，一是应该采取有力措施，完善国家留学基金委员会实施的“与非洲有关国家互换奖学金项目”，调动地方高校的积极性，扩大国内大学涉非专业硕士博士研究生赴非公派留学的规模，改善派遣方式，提高派出待遇，吸引更多优秀青年学子投身非洲研究事业，逐步形成我国高校中非洲研究的人才库；二是建议鼓励中国的大学及学术研究机构与非洲学者的合作研究工作，在非洲召开学术会议；三是鼓励中非学者联合发表学术成果；四是可考虑资助非洲学者从事中非关系的研究，发表成果，对我有利；五是推进孔子学院在非洲的发展；六是支持我国在非侨民办国际学校，讲授汉语，传授中国文化，鼓励侨民融入当地社会，加大中非基础教育文化的相互认知。未来三年，建议把非洲文化作为我国中小学校本课程进行开发与建设。在非洲建立孔子学院的基础上，拓展其基础教育方面的文化交流功能，把孔子课堂延伸到中小学生。

（七）充分发挥好中国在非企业、商会在对非公共外交中的桥头堡作用

在中国经济发展和走向世界的过程中，企业作为中国参与经济全球化和国际竞争的主力军，一方面为中国与外部世界的互动与融合发挥了桥梁乃至桥头堡的作用，但另一方面，一些对中国国家形象的负面报道和诋毁也往往来自一些企业在海外的不规范经营甚至是非法从业活动。据商务部发布的官方统计数据，目前中国在非企业已有2500多家。非洲已经成为中国最大的对外劳务工程承包市场以及第三大投资目的地。毫无疑问，企业已经成为并将继续作为中非关系快速发展的重要推手，在中非经贸合作以及中国对非外交中将发挥着越来越重要的中坚作用。和政府外交工作特性有所不同的是，企业在非洲的经营活动每天面对的都是具体的业务，每天打交道的都是最基层的普普通通的非洲人。在所从业的非洲国家，非洲人对中国的看法不是从大使馆西服笔挺的外交官身上来获得，而是从他所就业的中资企业的管理和企业文化、从他所购买的每一件中国商品中所获得的。从正面看，中国企业敏锐的市场洞察能力、敢于接受挑战和抗击风险的能力、勤劳肯干的企业文化和吃苦精神，这一切让非洲朋友理解了中国经济之所以能够在一代人的时间里出现飞跃性发展的重要动力源泉。但从负面看，一些企业不遵守当地法律，环保意识差，承建项目以及所售产品的质量不佳等做法不仅恶化了自身企业的生存环境，而且对中国的国家形象和中非关系均构成了损害。因此，履行好企业社会责任，用实际行动传播先进企业文化理念是企业担当公共外交桥头堡作用的必要条件和前提。企业社会责任的履行与否、履行好坏不仅直接关系到企业自身在非洲的形象和可持续发展，而且是当今中国形象以及中国对非政策的最有效传播载体和舞台。一个企业要想在当地长期立足，绝不能只顾自己赚钱，必须关注当地人民的疾苦，关注他们的利益，多做社会公益事情，与当地人融为一体，实现企业的本土化，最后实现双赢。事实上，从长远看，履行好企业社会责任与实现企业的经济利益并不矛盾，而是一种良性互动的关系。本地化做得好，当地人就会像爱护自己的孩子一样爱护企业的成长，与企业共沉浮、共患难。据说，在利比亚内战期间，就有当地员工自发义务保护中资企业在利的设备等资产。可以肯定，能“享受”到这一“殊荣和待遇”的企业一定是具有优秀企业文化和充分履行企业社会责任的佼佼者。

（八）加强和提升中国政府、中国学术界在国际外交事务和思想竞争领域的议程设置能力、话语引导能力

在全球化迅速发展和世界形势风云激荡的今天，被动跟着西方设置的议事日程、话语、舆论定调走，或总是与“西方接轨”而放弃自己的独立思考能力，就难以走出被动式的反应性外交和解释性外交的困境。因此，从长远看，被动应对西方花样翻新的指责，极力解释“我们不是什么”（如“新殖民主义”和“威胁”等），还不如加强外交的主动性和对非宣传的“主体性”，主动设置国际对话议程和大力自主宣传“我们是什么”（如帮助非洲减贫、南南合作和共同发展等），明确和突出中国对非政策的特点和与西方的不同之处。近年来我国陆续提出了“和平发展观”、“和谐世界观”、“中国梦牵手非洲梦”等理念，“中非命运共同体”和“中非利益共同体”等新的概念和理论视角，以及“一带一路”和打造非洲发展的“六大工程”、“三大网”建设等“顶层设计”的发展路线图框架，为全球价值体系的丰富和完善以及非洲未来发展的远景规划做出了我们的贡献。为进一步夯实这些理念的基础和全球影响力，我们也应推动“减贫发展”、“南南合作”等议程设置，召开有关“国际扶贫合作”、“南南发展合作”以及“绿色发展和社会和谐”（仍要强调“发展”）、“非洲基础设施建设与经济发展”等议程的大型国际研讨会议，并推出相关研究成果，引导国际舆论关注发展中国家的“减贫”和“发展”关切。又由于中国在上述相关领域内的行业比较优势以及在非洲建设中所发挥的领军作用，可以有效地提升中国在非洲事务中以及中非关系中的话语权。

五　努力对非洲和世界讲好中国故事

在推进对非洲国家公共外交过程中，努力向非洲国家和世界各国“讲好中国故事”是一个需要重新学习的新课题，值得用心去研究，去做好。要把这一工作做扎实，取得我们期待的成效，我们应在理念、方法与目标上，把握好几个基本问题。

一是要分对象讲，对象不同，听者不同，讲中国故事的方式方法要有所不同，选择的中国故事可能也要有所不同。比如，对发达国家讲、对西方国家讲可能是一种讲法，而对发展中国家讲、对比中国落后的非洲国家讲时又应该是另一种讲法。

二是要研究对方、懂得对方，有针对性地讲中国的经验与问题，知道人家希望听什么样的中国故事。这个世界很复杂，各国情况十分不同，特别是发展中国家当代发展问题的复杂性和它们所付出的努力，我们要有足够的理解与尊重。在中国好的故事，在对方国家未必合适，未必管用，中国故事可能有特殊的环境与水土，有其特定的时空局限性，我们不能讲过头。

三是讲中国好故事时要多一点自省，多一点谦卑，所谓“三人行，必有我师”，即便是对发展中国家，对比我们落后的那些亚非拉国家，在展示我们的进步、发展时，也要考虑人家的自尊心，也要知道即便是非洲国家也有许多值得中国学习的东西，非洲国家也有自己的好故事可以讲给世界，值得中国倾听。

四是讲中国的故事与听世界的故事要有机结合，讲述与倾听需要同步推进，同等重视。事实上，今天的中国还特别需要听一听其他发展中国家人民的心声，尊重发展中国家、落后国家人民的意愿，站在别人的角度来感受别人的希望与期待，这样中国才会有更多的好朋友。

五是讲中国好故事时，要特别重视讲“中国与世界合作的好故事”，讲“中国与世界一起发展的好故事”，讲“中国与世界共同利益结合的好故事”，也就是说，我们要努力把中国的故事与别人的故事更好地结合起来，多讲中国如何与世界一起发展、一起合作、一起创造未来的新世界，从而让世人觉得中国的故事对他们是有益的，也能给他们带来希望，带来机会，让他们相信中国故事不是一个中国“独步”世界甚至“独占”世界的故事。

中国与中东地区的人文交流*

肖　宪**

摘要：60多年来，尤其是十余年来，中国对中东地区开展了大量的公共外交和人文交流，取得了较好的效果，加深了中东国家和人民对中国的了解，也有助于提升中国的软实力。在中东普通民众心目中，中国的整体形象一直较好，美誉度也较高，超过了美国、俄罗斯和印度等国。但是，与世界其他地区相比，中国与中东地区的人文交流仍是比较少的，双方对彼此的认识和了解也很不够，尤其是中东青年一代对中国的印象往往是抽象和模糊的，甚至有不少错误认识。中国与中东之间仍存在着很大的"人文交流赤字"。中国的"一带一路"将汇集于中东，中东对中国的重要性在迅速上升，因此有必要加强对中东国家的公共外交和人文交流。文章最后对如何加强中国—中东人文交流进行了讨论，并提出了五点建议。

关键词：中国　中东　人文交流　"一带一路"

中东地区也称西亚北非，共包括22个国家，除了埃及、沙特阿拉伯、叙利亚、伊拉克、利比亚等17个阿拉伯国家外，还包括阿富汗、伊朗、土耳其、以色列、塞浦路斯5个非阿拉伯国家。中华人民共和国成立60多年来，中国与中东地区的关系大致可以分为三个时期。

20世纪90年代以前，中国与中东关系是政治主导时期。当时中国外交的重点是联合亚非国家和第三世界，反对美、苏两霸。中东各国都属于第三世界，但在美、苏激烈争夺的格局下，中国实力有限，不可能同美、苏竞争，向中东国家提供大量军事、经济援助，只能在政治上保持与这些国家的正常关系，同时争取与尚未建交的中东国家建立外交关系。1971年中国进入联合国的"两阿"提案表决时，多数中东国家支持中国进入联合国，

* 本文为教育部人文社科基地项目"中国与中东国家关系研究"阶段性成果。

** 肖宪，博士，云南大学国际关系研究院教授、博士生导师。

所以毛泽东说“是亚非兄弟把我们抬进联合国的”。直到改革开放后很长时间，中国与中东各国仍是以政治关系为主，经济因素的比重很小。

20 世纪 90 年代，中国与中东关系进入了经济主导时期。这一时期，中国经济高速发展，对中东石油的需求迅速增加。1993 年以后，中国成为石油净进口国。1992 年，中国从中东进口石油 400 多万吨，而到 2012 年，中国从中东进口石油达 1.3 亿吨，20 年间增长了 30 倍。中东石油长期占中国进口石油的 50%左右。2014 年，双方的贸易额已超过 3000 亿美元。在中国的贸易伙伴中，中东地区排在欧洲（5460 亿美元）、美国（4846 亿美元）、东南亚（4000 亿美元）、日本（3294 亿美元）之后，远远超过了非洲、南亚、中亚、拉美等地区。即使在近几年中东出现大面积动荡的情况下，双方的贸易额仍在继续上升。

这一时期中东在经济上对中国日益重要，在政治上亦很重要。尤其是当美国对中国压力加大时，中东地区的局势变化往往能分散美国的注意力，在一定程度上减轻中国的压力。

近年来，随着形势的发展变化，中国与中东关系进入了一个新时期，即政治、经济、文化和安全并重的时期。这里所说的新变化、新发展主要包括两个方面：一是 2011 年以来中东阿拉伯地区出现的大面积动荡，即所谓的“阿拉伯之春”、伊斯兰极端势力兴起以及近期出现的难民潮；二是中国提出“一带一路”倡议，无论是陆线的“一带”还是海线的“一路”，都将汇集于中东。中东对中国的重要性在迅速上升，中国与中东关系将进入一个新的时期，即政治、经济、文化和安全并重的时期。而中东地区的动荡也将是对中国中东战略和外交的新考验。

下面主要从公共外交和人文交流的角度，介绍和探讨中国与中东诸国的关系。

一　中国—土耳其

（一）中土关系的发展

土耳其位于“丝绸之路”西端，历史上与中国保持着长期的民间交往。但在冷战时期，土耳其政府一直追随美国，拒绝承认新中国。在朝鲜战争中，土耳其还派出军队参加所谓的“联合国军”，到朝鲜与中国志愿军作战。自 60 年代中期开始，中土关系出现松动。从 1965 年到 1971 年，两国的记者及贸易代表团进行了多次互访。1966 年土耳其发生大地震，中国通过中国红十字会向灾区捐款捐物。同年，中国国际贸易促进会派团访问土耳其，签订了贸易协定和经济技术合作协定。但这一发展态势因中国国内的“文革”而中断。

进入 20 世纪 70 年代后，中土交往重新开始升温，并于 1971 年 8 月建立了外交关系。这主要是因为：其一，中国“文革”最混乱的时期已过去，中国加快了与土改善关系的步伐；其二，土耳其也对其外交政策进行了调整，决心改善与中国的关系；其三，中美关系开始解冻，为中土关系的改善创造了重要条件。1971 年 9 月，土耳其在第二十六届联合国大会上表决恢复中国合法席位时投了赞成票。1972 年 4 月，中土两国互设大使馆，土耳其宣布断绝与中国台湾的外交关系。

建交后中土两国间的交往逐渐增多。土耳其一直奉行一个中国原则，与中国台湾只保持经贸关系和民间往来。1989 年春北京发生政治风波，土耳其采取了与美国等西方国家迥然不同的立场，认为他国无权干涉中国内政，并呼吁解除制裁。中国也在土耳其与希腊在塞浦路斯的争端、库尔德政策等问题上严守中立。但双方经贸发展较为缓慢，到建交 14 年后的 1985 年，中土双边贸易额仅为 1 亿美元，到 1988 年才增至 3.3 亿美元。

冷战结束后，两国政治关系有了较快发展。1995 年至 2010 年的 15 年间，中土领导人多次互访：土耳其总统德米雷尔（1995 年）、总理埃杰维特（1998 年）、正义与发展党主席埃尔多安（现任总统，2003 年）、总统居尔（2009 年）先后访问中国。中国国家主席江泽民（2000 年）、总理朱镕基（2002 年）、总理温家宝（2010 年）先后访问了土耳其。2012 年 2 月，中国国家副主席习近平访问土耳其。2015 年 7 月，土耳其总统埃尔多安再访中国。2010 年 10 月，双方正式将两国关系提升为战略合作关系。[①] 2013 年 4 月，土耳其成为“上海合作组织”的对话伙伴国。

自 90 年代以来，双边贸易飞速发展。1988 年中土贸易额仅为 3.3 亿美元，1999 年突破 10 亿美元大关，10 年间增长了 3 倍。从 2000 年至 2014 年，双边贸易额又从 12 亿美元猛增到 277.4 亿美元，14 年间增长了 20 多倍，中国现已成为仅次于德国的土耳其第二大贸易伙伴。两国经贸合作的重点是交通、电力、冶金、电信、新能源等领域。2014 年 1 月，由中国铁

---

① 肖宪：《构建中国与土耳其新型战略合作关系》，《西亚非洲》2011 年第 9 期，第 14～27 页。

建承建的土耳其安卡拉—伊斯坦布尔高铁二期工程竣工，这是中国企业在海外承建的首个高铁项目。

尽管近年来中国与土耳其关系发展顺利，但两国间也存在着两个主要问题。一是土耳其对中国的贸易逆差大。例如，在两国 2014 年的 277.4 亿美元贸易额中，土耳其从中国进口 248.8 亿美元，而土耳其对华出口仅为 28.6 亿美元，土方对此一直感到不满。二是"东突问题"。土耳其是中国境外"东突"分裂分子最集中、最活跃的国家之一。由于对中国新疆的真实情况缺乏了解，加上受"东突"分子宣传的影响，许多土耳其民众以及一些政党和组织均对"东突"运动持同情和支持态度。2009 年新疆发生"7·5"暴力事件后，土耳其总理埃尔多安甚至称其为"种族灭绝"，对中国横加指责，致使中土关系一度跌至低谷。[①] 但不久后，埃尔多安又派专人前来解释，表示"理解"中国的行动，双方关系才得以修复。

（二）中土人文交流

1993 年 11 月，中土签署了两国文化合作协定，交流项目涉及文化、体育、教育、新闻等领域。2001 年 12 月，两国签署了《关于中国公民组团赴土耳其旅游的谅解备忘录》，土耳其成为中国公民的旅游目的地。土耳其也在努力加深对中国的了解，先后在 15 所中小学开设了中文课，每年派 15~20 名留学生到中国学习。在中国国家汉语国际推广领导小组办公室（简称汉办）的帮助下，土耳其的中东技术大学、海峡大学和奥坎大学分别于 2008 年、2010 年和 2013 年开办了孔子学院，在佳蕾学校开办了孔子课堂。另有 5 所大学开设了汉语课程，得到了中方的协助。

2010 年 10 月，中国国务院总理温家宝访问土耳其期间，中土双方宣布正式建立和发展战略合作关系，全面提升各个领域的合作水平。中土的"战略合作关系"并非空洞的外交辞令，而是有丰富的实质性内容，其中包括具体的中国对土耳其的人文交流和公共外交。温家宝访土期间，双方宣布将于 2012 年在土耳其举办"中国文化年"，2013 年将在中国举办"土耳其文化年"，以促进两国人民的相互了解，夯实"中土战略合作关系"的社会文化基础。

主题为"丝路之源魅力中国"的"2012 年土耳其中国文化年"于 2011 年 12 月开始。据中国驻土耳其使馆文化处统计，在文化年框架内，中国前

---

① 肖宪：《构建中国与土耳其新型战略合作关系》，《西亚非洲》2011 年第 9 期，第 23 页。

往土耳其交流的项目和团组共计 87 个，来访人员 1700 余人次，举办了近 400 场文化演出和交流活动，土耳其方面参与观众近 24 万人次。活动覆盖了安卡拉、伊斯坦布尔、伊兹密尔、安塔利亚等 40 多个城市，内容丰富多彩，形式多种多样，包括杂技、影视、教育、舞蹈、音乐、戏剧、展览、青少年、美食、图书出版、新闻媒体、宗教、智库和动漫交流等领域，成为自中土两国建交以来中国在土举办的规模最大、历时最长、项目最多、门类最全、覆盖地区最广的系列文化活动。

作为“2012 年土耳其中国文化年”组成部分，“中国伊斯兰文化展演”也于 2012 年 9 月在土耳其举行，内容包括中国伊斯兰文化展、中土伊斯兰教情况交流会、《古兰经》诵读和文艺演出四个部分。这一活动向土耳其民众全面展示了中国伊斯兰教的悠久历史，中国穆斯林的厚重信仰和多彩的社会生活。历时一年的“中国文化年”在土耳其刮起了一股热烈的“中国风”，有力地增进了两国人民之间的直接交流和相互了解。①

2013 年 3 月到 2014 年 2 月，2013 中国“土耳其文化年”在中国举办。文化年以“土耳其就在这里”为主题，来自土耳其的戏剧、电影、芭蕾、民间舞蹈、手工艺、美术、传统及古典音乐等多个领域的艺术家，为中国多个城市的观众展现了土耳其灿烂的古代文明和优秀的现代艺术作品。

表 1　2013 年中国“土耳其文化年”活动一览

时间	地点	活动名称
2013 年 3 月 3 日至 2013 年 3 月 9 日	香港	土耳其电影节
2013 年 3 月 5 日至 2013 年 3 月 5 日	香港	博斯普鲁斯图片展
2013 年 3 月 12 日至 2013 年 3 月 12 日	北京	土耳其文化年新闻发布会
2013 年 3 月 21 日至 2013 年 3 月 26 日	北京/上海	土耳其文化年开幕式
2013 年 4 月 1 日至 2013 年 5 月 30 日	深圳/广州	总统府交响音乐会
2013 年 4 月 1 日至 2013 年 4 月 10 日	北京/上海/西安	土耳其传统手工艺术展览
2013 年 5 月 1 日至 2013 年 5 月 30 日	北京	土耳其图片展
2013 年 5 月 1 日至 2013 年 5 月 5 日	北京	歌剧《后宫诱逃》
2013 年 5 月 21 日至 2013 年 5 月 26 日	深圳	深圳文博会

① 有关“2012 土耳其中国文化年”的活动，http：//gb.cri.cn/2012turkey/home.htm。

续表

时间	地点	活动名称
2013 年 6 月 15 日至 2013 年 6 月 23 日	成都	土耳其传统手工艺品展
2013 年 7 月 13 日至 2013 年 8 月 31 日	北京	儿童话剧
2013 年 7 月 21 日至 2013 年 7 月 26 日	新疆	现代芭蕾舞剧《玫瑰园》
2013 年 9 月 1 日至 2013 年 9 月 30 日	湖南张家界	EMRE 乐团
2013 年 9 月 18 日至 2013 年 9 月 30 日	北京/宜昌	安纳托利亚之声
2013 年 10 月 1 日至 2013 年 10 月 31 日	北京/上海	土耳其古典音乐
2013 年 10 月 1 日至 2013 年 10 月 31 日	江苏（南京、连云港）	歌剧《后宫诱逃》
2013 年 10 月 1 日至 2013 年 10 月 30 日	上海	土耳其现当代艺术家作品展
2013 年 10 月 1 日至 2013 年 10 月 30 日	上海	舞剧 “Barbaros”
2013 年 10 月 1 日至 2013 年 11 月 30 日	北京	土耳其中央银行油画藏品展
2013 年 10 月 1 日至 2013 年 10 月 31 日	南昌	奥斯曼军乐团演出
2013 年 11 月 1 日至 2014 年 2 月 28 日	上海	安纳托利亚文明大展
2013 年 12 月 1 日至 2013 年 12 月 31 日	北京/天津	文化年闭幕式—鲁米的呼唤

资料来源：根据土耳其旅游局官方网站“‘中国·土耳其文化年’活动一览表”整理，http://www.2013turkishculturalyear.goturkey.com.cn/#address。

2013 年 9 月，作为文化年一部分的“土耳其伊斯兰文化展演”在中国宁夏银川举行。为期 6 天的活动以“传承历史、共创未来”主题，推出了土耳其伊斯兰文化展、《古兰经》书法艺术展、《古兰经》诵读和文艺演出等。奥斯曼时代的书法作品，著名的湿拓艺术作品和细密画，具有几百年历史的《古兰经》手抄本，以及伊斯兰文物等珍贵展品，都在宁夏博物馆现身。灿烂的土耳其伊斯兰文化给中国人民留下了美好的印象。

2001 年 12 月，中国与土耳其两国签署了《关于中国公民组团赴土耳其旅游实施方案的谅解备忘录》，土耳其成为中国公民旅游目的地之一。由于有著名的伊斯坦布尔城、博斯普鲁斯海峡、卡帕多奇亚石林、德尼兹利棉花堡等世界级景点，越来越多的中国人选择前往土耳其旅游，近几年甚至呈现出井喷式的发展。目前，中国已经成为土耳其增长率最快的入境旅游客源国。据有关资料统计，2002 年到土耳其的中国游客仅为 2 万人，而到 2011 年时已达 10 万人；2012 年、2013 年前往土耳其的中国游客人数分别为 11.46 万人次、13.89 万人次，2014 年赴土中国游客达到 20 万人次，比上一年增长了 43%。2015 年达到 30 万人次。土耳其是一个旅游大国，尽管中国游客在土耳其入境游客总量中所占的比例还较小，[①] 但是增长势头迅猛且稳定。旅游业是土耳其的支柱产业，土耳其非常看重中国这个巨大的潜在游客市场。

2013 年和 2014 年，中国和土耳其还分别担任了伊斯坦布尔国际书展和北京国际图书博览会主宾国。中国新疆歌舞团连续多年参加土耳其诺鲁孜节活动。自 1989 年以来，中国与土耳其缔结了 22 对友好省市，这些友好省市之间也在文化、教育、科技、旅游等方面开展了大量交流与合作（见表 2）。

表 2　中国—土耳其友好省市一览

中方省市	土方省市	结好时间
上海市	伊斯坦布尔市	1989 年 10 月 23 日
北京市	安卡拉市	1990 年 6 月 20 日
天津市	伊兹密尔市	1991 年 9 月 23 日
辽宁鞍山市	布尔萨市	1991 年 11 月 08 日
山东日照市	特拉布松市	1991 年 12 月 23 日
辽宁盘锦市	亚洛瓦市	1993 年 7 月 24 日
陕西西安市	科尼亚市	1996 年 9 月 08 日
江苏镇江市	伊兹米特市	1996 年 11 月 14 日
广东省	伊斯坦布尔省	2001 年 6 月 18 日
福建泉州市	梅尔辛伊尼赛市	2002 年 4 月 17 日
吉林省	萨卡利亚省	2002 年 8 月 28 日
安徽安庆市	屈塔西亚市	2005 年 11 月 27 日
江苏常州市	埃斯基谢希尔市	2009 年 9 月 27 日
黑龙江哈尔滨市	埃尔祖鲁姆市	2010 年 4 月 02 日
山东济南市	马尔马里斯市	2011 年 10 月 21 日

① 土耳其为世界旅游大国之一，近年来每年接待外国游客 3000 万人左右。有关中国赴土旅游人数，可见 http：//news.cthy.com/Allnews/16689.html。

续表

中方省市	土方省市	结好时间
宁夏银川市	伊尔卡丁市	2011 年 12 月 14 日
江苏省	伊兹密尔省	2012 年 4 月 30 日
广东广州市	伊斯坦布尔市	2012 年 7 月 18 日
四川遂宁市	克尔克拉雷利市	2013 年 3 月 22 日
云南昆明市	安塔利亚市	2013 年 5 月 10 日
湖北武汉市	伊兹密尔市	2013 年 6 月 06 日
广西桂林市	穆拉特帕夏市	2013 年 10 月 23 日

资料来源：中国国际友好城市联合会网站，http：//www.cifca.org.cn/Web/Index.aspx。

（三）加强公共外交，减少偏见误解

在过去很长时间里，中国和土耳其都不是彼此的外交重点，排在双方外交前列的都是大国和周边国家。然而，作为新兴经济体的代表性国家以及“一带一路”重要的沿线国家之一，土耳其现在对中国已变得越来越重要了；同样，中国在土耳其外交中的重要性也在日益上升。2015 年 7 月，土耳其前总理埃尔多安就任总统后，第一个出访的国家就是中国，中国国家主席习近平给予隆重接待；两人共同出席在北京举办的中国—土耳其经贸论坛并致辞，表明了两国对双边关系的高度重视。

尽管中土关系近年发展很快，官方和民间交往也日趋频繁，但两国关系也存在着一些问题，其中最突出的是涉及“东突”的新疆问题。

2015 年 6~7 月，土耳其各地发生了一系列“反华”游行示威活动。一些在土耳其的中国游客受到袭扰，游行者还打砸当地的中餐馆。中国驻土使领馆发布安全提示，提醒中国游客注意安全，减少单独外出。引起“反华”示威游行的原因，主要是有的土耳其媒体关于一些新疆维吾尔族人从中国南部非法偷渡到泰国、老挝等东南亚国家，然后再前往中东、土耳其的歪曲性报道。这些报道往往捕风捉影、捏造事实，但在右翼势力的挑拨煽动下，导致土耳其国内反华情绪迅速上升。一些示威者还打砸泰国驻伊斯坦布尔总领事馆，“抗议”泰国将近百名维吾尔族偷渡者遣返中国。

当然，多数土耳其人对中国并无恶意，也没有受到“反华”宣传太多

影响。土耳其总统埃尔多安在一次讲话中表示，近来土耳其媒体和社交网络上关于中国的报道要么夸大事实，要么捏造证据。“我想指出的是，很多照片是夸张和虚假的。……虚假报道导致的抗议游行中发生了袭击东亚客人的事情，我们对此表示强烈反对，我呼吁全体同胞不要被某些恶意的挑衅所愚弄。”[①] 但是，土耳其民众整体上对中国缺乏了解却是事实，一些政治家、学者和商人对中国的情况也知之甚少，这对中土关系的健康发展是很不利的。

人民之间的认知都是双向的，中国民众由于对土耳其的了解有限，对土耳其的喜爱程度也不高。据中国社会科学院联合环球网 2012 年 3 月进行的一项关于“您对土耳其有好感吗?”的调查显示，在做出反馈的 2357 名中国民众中，对土耳其这个国家“没有好感”和“非常没好感”的比例分别为 45.5%和 22%，而表示“非常有好感”和“比较有好感”的分别只有 3.1%和 14.6%，另有 14.8%的表示“不了解，说不清”。至于不喜欢土耳其的原因，主要是因为“民间一直或明或暗地支持‘东突’分裂势力”(29.2%) 和“不良好的历史记忆，土在历史上曾向新疆渗透‘泛突厥主义’，冷战中分属不同阵营且在朝鲜战场上交火，是美帝的‘帮凶’”(26%)。[②]

中土关系要健康发展，需要加强两国间的公共外交和文化交流，促进两国民众间的相互理解。如 2012 年和 2013 年的土耳其“中国文化年”和中国“土耳其文化年”就起到非常好的交流作用，两国许多民众正是通过这样的活动才真切、具体地认识了对方。教育也是非常有效的沟通和交流渠道，双方都应尽量增加对方的留学生和交流学者的人数，鼓励学习对方的语言和文化。目前中国开设土耳其语专业的高等院校有 5 所[③]。

两国都应鼓励本国公民到对方国家旅游，近年来，赴土耳其旅游的中国游客数量在不断增加，而土耳其前来中国旅游的人数还比较少。事实上，两国旅游业界的合作，不仅有助于两国人民的相互了解，也有助于消除贸易逆差。两国的媒体也应加强交流与合作，向对方提供更多关于自己国家

---

① 《土耳其反思国内“反华”事件》，《国际先驱导报》2015 年 7 月 20 日，http://news.163.com/15/0720/16/AUVSGUK900014AED.html。

② 〔土〕库塔·卡拉卡:《土耳其与中国间的认知分析》，《阿拉伯世界研究》2014 年第 2 期，第 101~110 页，http://opinion.huanqiu.com/1152/2012-03/2523747.html。

③ 这 5 所院校是：北京外国语大学、上海外国语大学、西安外国语大学、中国传媒大学和洛阳解放军外国语学院。

的信息，从而增进双方民众的相互了解。双方媒体应能直接到对方采编新闻，这样可避免受有偏见的第三方的影响。此外，双方的学者也应加强对对方国家情况的研究，并客观、公正地向公众介绍对方的情况。

二　中国—伊朗

（一）中伊关系的发展

中国和伊朗是世界两大文明古国，20 世纪初两国都曾沦为半殖民地。新中国成立后，由于伊朗国王巴列维采取追随美国的政策，中伊一直未建立外交关系。直到中美关系解冻，中国与伊朗才于 1971 年 8 月建立了外交关系。两国建交后，政治关系迅速升温，经济关系也有所发展。1972 年 9 月，伊朗法拉赫·巴列维王后在首相胡韦达陪同下访问中国，周恩来总理亲自到机场迎接，并几乎全程陪同王后和首相的在华活动。

1978 年，伊朗爆发了伊斯兰革命。当年 8 月，当时的中国国家领导人访问罗马尼亚等国结束，回国途中访问了伊朗。但几个月后，巴列维政权垮台，伊朗伊斯兰共和国诞生。这次访问被认为是“对巴列维政权的支持”，因此伊朗新政权对中国持批评态度，双边关系一度受挫。1980 年两伊战争爆发，在国际社会多数国家偏向伊拉克时，中国始终保持中立立场，之后因伊斯兰革命受影响的中伊关系逐渐回暖。①

1991 年苏联解体后，中国面临更加复杂的国际环境，而伊朗此时也在国际上受到西方的制裁和孤立，两国在“反对国际霸权主义”斗争中相互同情、相互支持。1991 年，中国国务院总理李鹏和国家主席杨尚昆先后访问伊朗；1992 年，伊朗总统拉夫桑贾尼到访中国，受到隆重接待。伊朗还在人权、台湾等问题上给予了中国宝贵的支持，双方政治关系再度升温。2000 年、2002 年，伊朗总统哈塔米和中国国家主席江泽民先后实现了互访，2006 年伊朗总统内贾德也到访中国。

与良好的政治关系相比，两国经贸关系一度严重滞后，80 ~ 90 年代双边贸易额一直徘徊在 1 亿 ~ 2 亿美元。进入 21 世纪后，中国经济高速发展，对能源需求猛增，从伊朗进口的石油也迅速上升。2000 年、2001 年中国进口的伊朗石油分别为 700 万吨和 1085 万吨，伊朗成为中国第三大能源供应

---

① 有关内容见杨兴礼、冀开运等《现代中国与伊朗关系》，时事出版社，2013，第 20 ~ 27 页。

国。2014 年，中国从伊朗进口的石油达到 2750 万吨（54.925 万桶/天），比 2013 年大幅增加 28.3%。近些年来，来自伊朗的石油占到中国进口石油的 10%~15%。伊朗是中国重要的能源进口国之一。2014 年，两国之间的贸易额为 520 亿美元，比上一年增长了 35%。其中，伊朗对中国出口额为 280 亿美元。目前，中国是伊朗最大的贸易伙伴，伊朗非常需要中国的资金与技术支持。

中伊关系的发展一直受到美国因素的影响。伊美结盟、中美敌对、伊美敌对或中美关系正常化都对中伊关系产生过重大影响。在近年伊朗与美国和西方国家旷日持久的核问题谈判中，中国发挥了独特而重要的作用。中国既与美国有密切的联系，也同伊朗保持着良好的关系，并始终秉持客观公正立场。每当谈判出现难以解决的问题时，美国和伊朗双方都会来找中国，中国实际上起到了劝和促谈、化解分歧的关键斡旋者作用，使伊核问题终于在 2015 年 7 月达成协议。

虽然中国和伊朗的政治制度和价值观迥然相异，但是两国都奉行独立自主的外交，反对强权政治和霸权主义。中伊两国在不少国际问题上持相似立场，双方在遭遇西方大国压力、干涉时也需要相互支持。处在东西南北交会之地的伊朗，是中国推进“一带一路”的天然合作伙伴。近几年，中国国家主席习近平与伊朗总统鲁哈尼数次会晤，中伊在各领域的务实合作发展迅速、成果丰硕，为两国在“一带一路”框架下开展合作奠定了坚实的政治基础、经济基础和民意基础。

（二）中伊人文交流

中国和伊朗是古代“丝绸之路”上的重要国家。丝绸之路见证了两国人民绵延千年、源远流长的友好情谊。伊朗的葡萄、蚕豆、石榴、菠菜、洋葱、黄瓜等特产，中国的茶叶、生姜及桑树、桃树、杏树、柑橘等的种植都是通过丝绸之路传到对方。伊朗也是中国丝绸、瓷器的重要市场和集散要道，而产自伊朗的各种熏香、珠宝在古代中国也备受欢迎。早在汉唐时期，就有波斯人来到中国定居并融入当地生活。可以说，古丝绸之路对繁荣中伊经济、促进文化交流发挥了重要作用。

中伊 1971 年建交以来，双方人文交流生机勃勃，民间交往不绝于途。1984 年，中伊两国签署了文化协议书，之后两国又陆续签订了七个文化交流协议书。这表明双方都非常重视两国间的文化交流。按照这些协议，两国经常派出文化、教育、艺术、体育和宗教代表团进行交流互访。1997 年以后，中国和伊朗还以对等的形式举办了多次文化周活动。如 2013 年 6 月，由伊朗文化与伊斯兰联络组织主办的“伊朗文化周文化艺术展”在北京首都图书馆举行，数千名中国观众欣赏了有 7000 年历史传承的手工地毯、细密画、珐琅器等艺术品为代表的波斯文化精品，同时还领略了伊朗民族音乐和传统民间体操的独特魅力。而 2014 年 9 月在伊朗举办的“中国电影周”，则放映了《警察日记》、《转山》、《中国合伙人》、《龙门飞甲》、《大闹天宫》5 部影片以及《守望梯田》等 13 部短片，向伊朗人民展示了当代中国社会文化生活的多姿多彩。

2008 年 12 月，中伊友好协会在北京成立，文化部原部长王蒙担任名誉会长，中国人民对外友好协会会长陈昊苏兼任中伊友好协会会长。而伊朗方面则在 2000 年就成立了伊中友好协会。中伊友好协会成立后举办了多次中伊关系研讨会、学术成果推介会等活动。2011 年 6 月，在北京举行的“中国伊朗关系研讨会暨 2011 年两国友协年会”以庆祝中伊建交 40 周年为主题，就“经济与贸易”、“文化与媒体”、“宗教”和“医药科技”四个专题进行了深入的学术研讨。来自中伊双方的各界代表约 150 人，其中包括中伊友好协会会长陈昊苏、伊中友好协会主席阿哈德·穆罕默迪、伊朗驻华大使萨法里等参加了研讨会。两国友好协会还在闭幕会上签署了《中伊民间友好合作宣言》，双方同意以“中伊关系研讨会”为平台，加强两国间各领域的友好交流。①

两国的多所高等院校以及中国社会科学院也共同举办过多次学术研讨会，对一些历史问题和现实问题进行研讨。在伊朗驻华使馆的协助下，近年来中国的北京大学、上海外国语大学、云南大学、西南大学、西北大学、山西师范大学先后成立了伊朗研究中心。中国有上海外国语大学、北京外国语大学、北京大学、中国传媒大学、西安外国语大学、对外经济贸易大学 6 所高校开设了波斯语专业。相比之下，伊朗只有位于德黑兰的比赫什提大学于 1997 年开办了中文系。2009 年 1 月，伊朗德黑兰大学与中国云南大学联合创办了伊朗的第一所孔子学院。据不完全统计，近几年来，每年在伊朗的中国留学生约 300 人，而在中国的伊朗留学生约 200 人。相对于两国人口而言，双方留学生的人数还是显得较少。

自 1989 年以来，中国与伊朗缔结了 10 对友好省市，友好省市之间开展了许多交流活动（见表 3）。

① 中国对外友协网站，http：//www.cpaffc.org.cn/content/details20-23366.html。

表 3 中国—伊朗友好省市一览

中方省/城市	伊方城市	结好时间
陕西西安市	伊斯法罕市	1989 年 5 月 6 日
重庆市	设拉子市	2005 年 10 月 19 日
新疆维吾尔自治区	霍拉桑·拉扎维省	2008 年 10 月 27 日
山东省	胡泽斯坦省	2008 年 11 月 1 日
甘肃省	库姆省	2011 年 11 月 12 日
宁夏回族自治区	加兹温省	2012 年 6 月 24 日
新疆乌鲁木齐市	马什哈德市	2012 年 11 月 15 日
北京市	德黑兰	2014 年 2 月 27 日
湖北省	东阿塞拜疆省	2014 年 7 月 8 日
甘肃临夏回族自治州	库姆市	2014 年 12 月 8 日

资料来源：中国国际友好城市联合会网站，http：//www. cifca. org. cn/Web/Index. aspx。

随着两国民间交往日益增多，前往伊朗的中国游客迅速增长。自从2011 年伊朗正式成为中国公民出境旅游目的地后，当年就有 2 万名中国游客去伊朗旅游。2013 年赴伊朗旅游的中国人超过了 3 万人。中国南方航空、伊朗航空和马汉航空均已开通了连接中伊两国的航线。近年来，伊朗每年接待外国游客 450 万人，但中国游客还不算多。在“2015 中国出境旅游交易会”上，伊朗代表团负责人伊斯拉米-马斯鲁在接受伊通社专访时表示，伊朗计划在未来每年吸引超过 100 万名中国游客。①

伊斯兰教是中国与伊朗友好交往的一个重要渠道。中国伊斯兰教受伊朗的影响很大，不少宗教礼仪和宗教用语来自波斯（伊朗），如中国穆斯林中常用的胡达（真主）、乃玛孜（礼拜）、阿訇（经师）、多斯提（教友）等词都是波斯语，所以中国穆斯林对伊朗怀有特殊的友好感情。1979 年伊朗伊斯兰共和国建立后，中国伊斯兰教协会即与伊朗有关机构建立了联系，双方经常交流互访。早在 1980 年 1 月，中国伊斯兰教协会副主任张杰和马贤就应邀前往参加伊朗伊斯兰革命一周年庆祝活动，受到伊朗宗教领袖、伊玛目霍梅尼的接见。伊朗领导人访问中国时，往往也要到中国伊斯兰教

① 新华社：《伊朗成为我国出境游新热点》，http：//news. xinhuanet. com/fortune/2013-10/21/c_ 117805414. htm。

协会来参观座谈。如 2000 年 6 月，伊朗总统哈塔米访华时，就专门抽时间与中国伊斯兰教协会会长陈广元等人见面座谈。中国伊斯兰教协会也常派团访问伊朗，参加诸如伊斯兰文化展、《古兰经》诵读比赛等各种活动。

三　中国—以色列

（一）中以关系的发展

以色列是中东地区最早承认中华人民共和国的国家。新中国成立后 100 天，即 1950 年 1 月 9 日，以色列就决定承认新中国。中国当时也表示希望尽快与以色列建立外交关系。然而，由于随后朝鲜战争的爆发，以及以色列国内亲美派的反对，以色列当局在同中国建交的问题上犹豫拖延，从而使中以两国失去了在 50 年代早期建交的机会。

虽然以色列在 1971 年 10 月第二十六届联合国大会关于驱逐台湾、恢复中国合法席位的表决中投了赞成票，但中国并没有改变亲阿反以的政策。然而，当 1977 年 10 月埃及总统萨达特主动访问以色列、寻求和平解决中东问题时，中国却给予了肯定和支持。80 年代初，中国开始实行改革开放，在对外政策方面也做了较大的调整，与越来越多的国家建立了正常的外交关系。在这样的形势下，中以关系逐渐开始解冻。

自 20 世纪 80 年代中期开始，中国和以色列之间的民间往来逐渐增多，双方通过民间交往在经济和技术方面开展合作。中国从 1982 年起就开始允许以色列学者以个人身份来华访问。1985 年 6 月，一个以色列经济界人士代表团访问了北京，一个中国农业专家代表团也访问了以色列。在民间交往日益增多的情况下，中以之间具备了建立官方联系的条件。1987 年，中以官员在巴黎进行了多次接触。根据双方达成的协议，1990 年初，中国国际旅行社在特拉维夫建立了办事处，以色列也在北京开设了以色列科学及人文学院联络处。由于这两个机构均享有外交权，中以之间建立了事实上的领事关系。

1991 年马德里中东和平会议召开后，中以建交已水到渠成。1992 年 1 月，以色列副总理兼外交部部长戴维・利维访问中国，24 日在北京同中国外长钱其琛签署了两国建交公报，宣布中以建立大使级外交关系，揭开了中犹两个民族和中以两个国家关系的新篇章。由于中以早在 1950 年就已相互承认，因此有人说，中以建交是“一个推迟了 42 年的行动”。

中以建交后，两国关系发展迅速。在政治上，双方高层经常互访。以色列总统赫尔佐克（1994 年）、魏茨曼（1999 年）、卡察夫（2003 年）和佩雷斯（2008 年、2014 年），以及总理拉宾（1995 年）、内塔尼亚胡（1998 年、2013 年）、奥尔默特（2007 年）先后访华。中国人民代表大会的常务委员会前委员长李鹏、前国家主席江泽民分别于 1999 年和 2000 年访问了以色列。

由于经济上有很强的互补性，20 多年来，两国间的贸易额增长迅速。两国签署了多个经贸协议与合同。据中国海关统计，1992 年中以建交时贸易额仅为 5000 万美元，1996 年为 4 亿美元，2005 年达到 30 亿美元，而到 2014 年时双方的贸易额已超过了 100 亿美元，其中中国出口 77 亿美元，进口 31 亿美元。从贸易结构来看，以色列向中国出口的主要是高科技产品和技术，如农业技术与设备、通信系统、医疗仪器、电子产品和军工产品等；中国向以色列的出口则以纺织品、轻工产品、机械设备和消费品为主。现在，中国已成为以色列在亚洲的第一大贸易伙伴和仅次于欧盟的全球第二大贸易伙伴。

（二）中以人文交流

以色列农业科技很发达，农业是两国最早开展的合作领域之一。两国进行了一系列农业科技合作，包括建立培训中心、举行研讨会、建立示范项目、组团互访等形式。早在 1993 年以色列就协助中国在北京农业大学成立了中以农业培训中心，在北京郊区建立了示范农场，在山东、陕西、云南及新疆等地，建立了农业培植、花卉种植、奶牛养殖、节水旱作农业示范基地。中国借鉴和依托以色列技术，在节水灌溉领域开发了适合中国国情的低成本、高效率的节水灌溉产品；在栽培技术方面研发了适合中国的低成本、高产出的蔬菜和花卉设施栽培综合技术；在奶牛养殖技术方面，开发了适合本地奶牛特点的养殖技术，极大地节约了成本并提高了奶品的质量和产量。以色列的海水淡化技术在中国一些沿海城市得到较广泛应用，缓解了这些城市的淡水供应问题。

教育也是中以人文合作的一个重点领域。从 1993 年起两国政府就开始互换留学生。2000 年，两国教育部签署了《中国—以色列教育合作协议》，涉及互派留学生、学术交流、语言教学、互认学历学位等方面。以色列的七所大学都具有较高的教育和科研水平，而且都用英语教学，是中国学生出国留学的热门选择之一。近年来，在以色列学习的中国留学生一直保持在300多人；而以色列在中国学习的留学生也有100多人，其中绝大部分为自费来华学习者。随着以色列人对中国兴趣的增加，2010年以色列教育部决定将中文列入大学和中小学课程。以色列一些高校纷纷建立中文系、东亚系和中国研究机构。2007年和2014年，特拉维夫大学和耶路撒冷希伯来大学在中国帮助下先后开办了孔子学院。在中国，北京大学、上海外国语大学两所高校开设希伯来语专业。

随着1993年以色列航空公司开通特拉维夫至北京的国际航线以及1994年中以两国签署旅游合作协定，到中国旅游的以色列人络绎不绝。2005年6月，中方宣布将以色列列为中国公民出境旅游目的地国，2013年6月，以方宣布接受办理非旅行社代理的个人旅游签证，越来越多的中国人开始走向以色列。2014年中国赴以色列人数已超过3万人，比2013年增长了30%。[①] 中国人民希望更多地了解犹太民族、文化、宗教以及以色列国的情况，因此中国国内对犹太人和以色列的研究也逐渐深入，有关以色列的出版物越来越多。

1993年中以两国签署了《文化合作协定》，后又6次签署年度执行计划，有力地推动了双方在文化、艺术、文物、电影、电视、文学等领域的交流与合作。以色列的音乐、艺术在国际上有很高的知名度，以色列芭蕾舞团、基布兹现代舞团、爱乐乐团、室内乐团、青年爱乐乐团等先后来华演出。以色列还首次以自建馆形式参加了2010年上海世博会。2007年在以色列举行了“中国文化节”，2009年举行了“感知中国·以色列行”大型文化交流活动，近年来在以举办的“欢乐春节”主题文化交流活动，受到以色列民众的广泛欢迎。

截至2014年，中以两国间共有19对省市结成友好省市（见表4）。

表4 中以两国间19对友好省市

中方城市	以方城市	结好时间
上海市	海法市	1993年6月21日
河南信阳市浉河区	阿什凯隆市	1995年6月28日
河南南阳市	加特市	1995年11月1日
青海格尔木市	卡尔雅特市	1997年6月25日
山东青岛市	耐斯茨奥纳市	1997年12月2日

① http：//travel. people. com. cn/n/2014/1226/c41570-26282777. html.

续表

中方城市	以方城市	结好时间
黑龙江哈尔滨市	吉夫阿塔伊姆市	1999 年 9 月 23 日
浙江杭州市	贝特谢梅什市	2000 年 3 月 12 日
北京市	特拉维夫-雅法市	2006 年 11 月 21 日
山东济南市	卡法萨巴市	2009 年 5 月 11 日
西藏拉萨市	贝特谢梅什市	2009 年 5 月 24 日
上海虹口区	海法市海姆区	2009 年 11 月 26 日
浙江奉化市	塔玛市	2011 年 4 月 6 日
湖南益阳市	佩塔蒂科瓦市	2011 年 9 月 10 日
湖北武汉市	阿什杜德市	2011 年 11 月 8 日
黑龙江省	希弗谷区	2012 年 5 月 28 日
宁夏银川市	埃拉特市	2012 年 7 月 26 日
广东深圳市	海法市	2012 年 9 月 10 日
云南保山市	塔玛市	2012 年 9 月 13 日
河南开封市	克扬特·莫茨金市	2014 年 10 月 16 日

中华民族和犹太民族都有悠久的历史和灿烂的文化，都对世界文明的发展做出过巨大的贡献。更值得一提的是，古代曾有一些犹太人沿丝绸之路来到中国，长期生活在开封等地，并最终同化于中华民族。近代以来，又有一些犹太人从英国殖民地或者俄国来到中国，生活在上海、哈尔滨、沈阳、天津等城市里，人数多达上万人。在二战期间，又有近 3 万名犹太难民为逃避纳粹的迫害，从欧洲来到中国上海，直到战后才陆续离去。①

这些犹太人有的在中国生活了几年，有的长达数十年。他们中的一些人后来去了美国和欧洲，也有很多人回到了以色列。因此，包括以色列在内的世界各地犹太人对中国——尤其对上海怀有特殊的感情。担任以色列总理多年的奥尔默特，其父母都出生在哈尔滨，其祖父的墓地也在哈尔滨。以色列还成立了一个“前中国犹太人协会”，成员既有当年在中国的犹太人，也有他们的子女和后代。中国改革开放后，他们纷纷前来上海参观当年犹太人生活的原址。上海市也将虹口区提篮桥地区列为“犹太历史风貌保护区”，

① 潘光、王健著《犹太人与中国》，时事出版社，2010，第 16~34 页。

修建了纪念碑，并把原来的一个犹太会堂建成“上海犹太难民纪念馆”。到中国来访问的以色列客人一般会到上海参观犹太难民旧址，其中包括总统魏兹曼以及总理拉宾、佩雷斯、内塔尼亚胡、奥尔默特等以色列领导人。

“犹太人在上海”成了中以友好的一个象征和品牌，不仅出版了许多图书、画册，而且拍摄了一些影视作品，并在中国、以色列和其他国家举办过多次展览。2015 年 8 月，在中国人民抗战胜利暨世界反法西斯战争胜利 70 周年之际，以色列驻上海总领馆制作了一部宣传短片《谢谢上海》，以表达以色列人民对中国人民最真挚的感谢。在宣传片的最后，以色列总理内塔尼亚胡亲自向中国人民表达感激之情：“我们永远感谢你们，永远不会忘记这段历史。谢谢！”

四　中国—阿拉伯国家

（一）中阿关系的发展

阿拉伯国家是指以阿拉伯民族为主的国家，阿拉伯国家联盟共有 22 个成员，本文讨论的是西亚和北非地区的 17 个阿拉伯国家。历史上，中国与阿拉伯地区通过陆海“丝绸之路”保持着较密切的商贸和文化交往。产生于阿拉伯半岛的伊斯兰教于 7 世纪中叶传入中国，现中国信仰伊斯兰教的总人数达 2200 多万。

新中国成立后，原属英法殖民地的阿拉伯国家仍继续与台湾地区保持着关系，拒绝承认中华人民共和国。1955 年 4 月，中国等 29 个亚非国家召开了万隆会议，其中有 12 个当时已取得独立的阿拉伯国家。在会议上，周恩来总理会晤了埃及总统纳赛尔等阿拉伯领导人，看到了正在崛起的阿拉伯国家的力量。多数阿拉伯国家也通过万隆会议改变了对中国的看法。1956 年，埃及、叙利亚、也门三国与中国建立了外交关系，成为最早与中国建交的阿拉伯国家。20 世纪 70～80 年代，又有一批阿拉伯国家先后与中国建立了外交关系。到 1990 年 7 月中国与沙特阿拉伯建交后，中国同所有 22 个阿拉伯国家都建立了外交关系。

60 年来，中阿双方在许多问题上相互同情、相互支持，算得上是患难之交。以中国和埃及关系为例，在 1956 年埃及收回苏伊士运河主权的斗争中，中国除了在政治上和物质上给予埃及支持外，还提供了 2000 万瑞士法郎的赠款。1967 年中东战争后，中国又向埃及提供了 1000 万美元援助。几十年来，中国向阿拉伯国家提供了大量援助，援建项目包括公路、桥梁、港口、体育馆、国际会议中心、水坝、工厂、学校、医院等，累计为阿拉伯国家培训了约 14000 名政府官员及各类技术人员。同时，阿拉伯国家也给予了中国巨大的支持。1989 年中国发生政治风波，欧美西方国家对中国进行制裁，但同年 12 月，埃及、阿联酋等四个阿拉伯国家即邀请中国领导人访问，打破了西方孤立中国的企图。在台湾、人权、西藏等问题上，阿拉伯国家也一贯坚定地支持中国。

2004 年 1 月，中阿关系中具有里程碑意义的“中阿合作论坛”成立，双方在政治、经贸、科技、文化、教育、卫生等各领域的互利合作进一步拓展。2009 年以来，伴随着国际金融和经济危机逐步蔓延，特别是 2010 年底阿拉伯世界发生大面积动荡以来，国际和地区形势发生了深刻的变化；同时，中国的国际地位和国内情况也发生了较大变化，但中阿之间的政治和经贸等关系总体仍维持在一个较好的水平。[①]

中国提出“一带一路”倡议后，阿拉伯国家反应积极，普遍持欢迎态度。中国也对在“一带一路”框架下推进中国—阿拉伯关系抱有很高的期望。2014 年 6 月，中国国家主席习近平在“中阿合作论坛”第六届部长级会议上，特别总结了“和平、合作、开放包容、互学互鉴、互利共赢”的丝路精神，提出以共商共建共享原则打造中阿利益共同体和命运共同体，并且提出了“1+2+3”的合作内容。[②]

从 2003 年至 2014 年，中国对阿拉伯国家的进出口商品总额从 255 亿美元增至 2510 亿美元，年均增幅达 25%；主要的贸易伙伴是沙特阿拉伯、阿拉伯联合酋长国、阿曼、伊拉克等产油国家，中国进口最主要的货物就是石油，出口的主要是服装、电子和轻工产品。同期中国从阿拉伯国家进口原油从 4058 万吨增至 1.46 亿吨（占中国原油进口总量的 47.3%，金额达 1104 亿美元），年均增幅 12.6%。到 2014 年底，中国在阿拉伯国家的直接投资存量已超过 100 亿美元，在阿拉伯国家累计签订承包工程合同额 2550 亿美元，项目涉及住房、通信、交通、石油、化工、电力、港口、建材等诸多领域。

中阿关系当前面临的主要问题是，2011 年“阿拉伯之春”以来，多个

---

① 陈晓东等：《阿拉伯世界与中国》，《国际问题研究》2013 年第 7 期，第 5~12 页。

② 《弘扬丝路精神　深化中阿合作——习近平在中阿合作论坛第六届部长级会议开幕式上讲话》，中国政府网，http://www.gov.cn/xinwen/2014-06/05/content_ 2694830.htm。

阿拉伯国家处于动荡后的转型期，还有一些阿拉伯国家（如叙利亚、也门等）至今仍处于内战之中，这对中国与阿拉伯国家开展合作造成了很大的影响。此外，阿拉伯国家内部长期以来就不团结，而近年来阿拉伯世界内部的分歧扩大化、公开化，阿盟作为一个整体的作用也在下降，这也给中国与阿拉伯国家发展关系增加了困难。但是，从长远的战略角度来看，阿拉伯世界仍将是中国未来重要的政治伙伴和经济伙伴。

（二）中阿人文交流

民间交流在早期中阿关系中发挥了重要作用。20 世纪 50 年代前期，新中国同阿拉伯国家都未建交，双方民众彼此了解很少，而中国最早出访中东地区的就是伊斯兰教协会代表团。1955 年 7 月由达浦生大阿訇率领的 19 人伊斯兰教协会代表团赴沙特阿拉伯麦加朝觐，随后访问了埃及等 4 个阿拉伯国家，不仅给这些国家官方更是给当地民众留下了深刻印象。而 1955 年 5 月来访的埃及宗教部部长巴库里也是由中国伊斯兰教协会接待的。随着这种交往的增多，双方增进了相互了解，彼此间的贸易也得以顺利开展。正是有了这些前期的民间交往，1956 年 5 月中国与埃及才顺理成章地建立了外交关系，进而带动了其他阿拉伯国家相继与中国建交。

从 1963 年起，中国先后向多个阿拉伯国家（主要是医疗条件较落后的阿尔及利亚、也门、阿曼、埃及、苏丹等国）派出医疗队。每个医疗队少则十余人，最多的达 200 人，既为当地人民防病治病，也为当地培训培养医护人员。中国医疗队中既有西医，也有中医，中医有时采用针灸等中医技术治疗疑难顽症，深受阿拉伯人欢迎，被传为佳话。中国医生认真的工作态度、优良的医疗技术，赢得了各阿拉伯国家民众的广泛赞誉，成为中国良好国际形象的一张名片。到 2013 年，中国在阿尔及利亚等阿拉伯国家的医疗队仍有 400 多人。

在大众传媒领域，中国国际广播电台阿语广播早在 1957 年 11 月就开始对阿广播，由于接收成本低、覆盖范围广，曾经是阿拉伯人了解中国的一个重要渠道，只是近年因电视和网络的普及，广播的影响才逐渐下降。阿文版《今日中国》杂志也有很长的历史，从 1964 年 6 月开始在阿拉伯国家发行，在一些上层人士和知识分子中较有影响。中国中央电视台阿语频道于 2009 年 7 月通过卫星向阿拉伯国家放送，在中国与阿拉伯民众之间架起了一座沟通的桥梁，对于加强中国对阿公共外交、塑造中国形象具有重要意义。2002 年 11 月，在埃及的“开罗中国文化中心”启用，这既是中国在阿拉伯世界设立的第一个中国文化中心，也是中国在海外设立的第一个大型文化中心。中心是一座地上五层、地下一层的建筑，有阅览室、放映厅、教室、会议室等设施。文化中心启动以来，举办了多次中国文化展、中国电影周、新春音乐会、歌舞表演、茶艺表演、报告会等活动，向埃及民众传播中国文化，介绍中国情况，成了尼罗河畔一道亮丽的风景线。①

1991～1999 年，中国先后成立了中国—埃及、中国—叙利亚、中国—苏丹和中国—沙特等友好协会。2001 年 12 月，进而又成立了中国—阿拉伯友好协会，由全国人民代表大会常务会副委员长铁木尔·达瓦买提任会长。这些非官方友好组织的建立，加深了中国和阿拉伯国家人民的相互了解，也增加了双方在政府外交渠道外交往交流的途径。到 2015 年，中国与阿拉伯国家共缔结了 32 对友好省市，其中埃及 14 对（见表 5），摩洛哥 7 对，突尼斯 4 对，约旦 2 对，叙利亚 2 对，阿尔及利亚 1 对，阿联酋 1 对，卡塔尔 1 对。

表 5　中国—埃及友好省市一览

中方省市	埃方省市	结好时间
北京市	开罗市	1990 年 10 月 28 日
上海市	亚历山大省	1992 年 5 月 15 日
辽宁省	伊斯梅利亚省	1995 年 11 月 28 日
苏州市	伊斯梅利亚市	1998 年 3 月 3 日
海南省	南西奈省	2002 年 8 月 3 日
安徽省	达卡利亚省	2003 年 9 月 2 日
甘肃省	吉萨省	2004 年 7 月 21 日
重庆市	阿斯旺省	2005 年 10 月 19 日
深圳市	卢克索市	2007 年 9 月 6 日
河南省	法尤姆省	2007 年 11 月 29 日
陕西省	开罗省	2008 年 4 月 17 日
宁夏回族自治区	法尤姆省	2008 年 11 月 8 日
广东省	亚历山大省	2010 年 10 月 21 日
江西省	卢克索省	2015 年 6 月 8 日

到 2009 年，22 个阿拉伯国家已有 11 个成为中国公民的旅游目的地国家，当年中阿游客总数超过 60 万人，其中中国赴阿拉伯国家游客 34.3 万，

① 李舫：《让世界感知中国——记海外中国文化中心》，《人民日报》2011 年 10 月 9 日。

阿拉伯国家前来中国的旅游人数 26.4 万。[①] 阿拉伯国家一些著名景点——尤其是埃及的金字塔、海湾地区的迪拜等地——都很受中国游客青睐。但是，由于近年来整个中东地区频繁出现的动乱，中国前往阿拉伯国家旅游的人数趋于减少，同样，来华的阿拉伯游客数量也在下降。

教育合作和互派留学生是重要的公共外交渠道。早在建交之前的 1955 年底，中国就选派了一批留学生前往埃及学习，临行前，周恩来总理亲自与这批学生谈话。多年来，中阿双方一直互派留学生，20 世纪 80 年代在中国的阿拉伯留学生有 400 多人。近年来，双方的留学生人数都有很大增长。2014 年，在中国的长短期阿拉伯国家留学生人数达到 1.4 万人，同比增长 11.7%；在阿拉伯各国学习的中国留学生人数 3500 人，同比增长 33%。[②] 但目前双方的留学生主要是政府间教育协议框架下的公费留学生和进修生，自费的留学生还比较少。从 2007 年至今，中国一共在阿拉伯国家设立了 10 所孔子学院，以满足阿拉伯民众学习汉语的需求（见表 6）。但与其他地区相比，中国在阿拉伯国家的孔子学院仍较少，影响力也不高。

表 6　阿拉伯国家的孔子学院

阿拉伯国家	孔子学院所在大学	设立时间
埃　及	开罗大学	2007 年 11 月
	苏伊士运河大学	2008 年 4 月
约　旦	安曼 TAG	2009 年 4 月
	费城大学	2011 年 9 月
阿联酋	迪拜大学	2010 年 1 月
	扎耶德大学	2010 年 7 月
黎巴嫩	约瑟夫大学	2007 年 2 月
摩洛哥	穆罕默德五世大学	2009 年 12 月
	哈桑二世大学	2012 年 5 月
苏　丹	喀土穆大学	2008 年 10 月

资料来源：截至 2014 年，在中国政府的协助下，全世界已开办了 485 所孔子学院。见中国国家汉办网站资料，http：//www.hanban.edu.cn/confuciousinstitutes/node_ 10961.htm。

---

① 《中阿将通过旅游推动人文交流》，新华网，http：//news.xinhuanet.com/politics/2010-05/14/c_ 12102783.htm。

② 《中阿互派留学生超 1.7 万人增速迅猛》，中国政府网，http：//www.gov.cn/xinwen/2015-09/12/content_ 2930110.htm。

2004 年 1 月成立的“中阿合作论坛”虽然是一个双方政府间的合作平台，但在论坛的框架下有多个人文交流机制，如中阿文明对话研讨会、文化交流、高教与科研研讨会、新闻合作论坛、环保合作、人力资源培训、中阿博览会、民间交流（“中阿友好大会”）等。这些机制有力地推动了中阿之间的人文交流，使“中阿合作论坛”成为促进中阿友好关系发展的一个重要品牌。

“中阿文明对话研讨会”交流机制为中国对阿公共外交提供了一个有效的平台。从 2005 年至今已举办了 6 次，其中在中国 3 次（2005 年和 2008 年在北京、2013 年在乌鲁木齐），在阿拉伯国家 3 次（2007 年在沙特利雅得、2009 年在突尼斯城、2011 年在阿联酋阿布扎比），出席人员包括中阿专家学者和官员。每届会议围绕一定的主题进行深入对话和讨论，并在此基础上达成共识，以《最终报告》形式总结对话成果，并提出下一阶段行动的具体建议，如互办艺术节、典籍互译、智库交流、青年和民间交流等。

在“中阿合作论坛”框架下的文化交流活动丰富多彩，中阿双方已互办了 4 届文化节，多个文艺团体互访表演；另外还启动了中阿典籍互译出版工程，将互译出版文化典籍 50 种（中、阿各 25 种）。2009 年 11 月，首届“中阿高教与科研研讨会”在苏丹首都喀土穆举办，随后又在中国江苏扬州、宁夏银川举办了 3 届“中阿大学校长论坛”，推动了双方高校的合作交流。“新闻合作论坛”也已举行过 3 次。“中阿友好大会”是“中阿合作论坛”框架下一项重要的民间交流活动，由中阿友协和阿盟每两年主办 1 次，自 2006 年以来已召开了 4 次，前 3 次分别在苏丹喀土穆、叙利亚大马士革、利比亚的黎波里，2012 年 9 月第四届大会在中国宁夏银川举行。

落户宁夏银川的“中阿博览会”在 2010～2012 年被称为“中阿经贸论坛”，自 2013 年后经国务院批准升格为博览会，也使该活动从以经贸交流为主向经贸、能源、文化、体育、人才、教育等多个领域交流合作转变。中阿博览会由商务部、中国贸促会、宁夏回族自治区政府每年在银川举办，逐渐从 22 个阿拉伯国家扩展到以所有伊斯兰国家为合作对象。

（三）中国穆斯林麦加朝觐

中国与中东阿拉伯地区的民间交往，具特色且有影响的活动就是一年一度的伊斯兰教麦加朝觐活动。

朝觐是伊斯兰教规定的五大功修之一，凡是有经济能力和身体健康的成年穆斯林，无论男女，一生中都有至少前往圣地麦加朝觐一次的宗教义务。中国有 2200 多万名穆斯林，包括回族、维吾尔族、哈萨克族等 10 个少数民族，主要分布在新疆、青海、甘肃、云南、宁夏等省区。虽然说朝觐是一项与政治无关的宗教活动，但由于朝觐涉及不同的国家和国际组织，中国政府为中国穆斯林能顺利履行这一宗教义务做了很多工作。而且事实上，朝觐对于中外穆斯林之间的交流和沟通，乃至对中国与其他伊斯兰国家的交往也起到了非常重要的作用。

新中国成立之初，由于沙特阿拉伯未与中国建交，中国大陆的穆斯林因此也不能前往麦加朝觐。在 1955 年 4 月的万隆亚非会议期间，经周恩来总理与沙特首相费萨尔亲王当面沟通，沙特方面同意给予中国穆斯林朝觐团入境签证。当年 7 月，由达浦生大阿訇任团长、19 位团员组成的新中国第一个朝觐团经中国香港、巴基斯坦前往麦加朝觐。朝觐期间，中国朝觐团受到了沙特国王的专门接见，应邀参加了沙特阅兵典礼，还接受了沙特和埃及记者的采访。朝觐结束后，朝觐团又访问了埃及、巴基斯坦、印度等国家，受到埃及总理纳赛尔等各国政要的接待，并到各国著名清真寺参加宗教活动，与各界人士对话交流，宣传了新中国的民族宗教政策。

1956 年的中国穆斯林朝觐团由 37 人组成，由中国伊斯兰教协会主席包尔汉任团长。朝觐团在沙特期间三次受到沙特国王接见，团长包尔汉还应邀参加了各国元首和宗教部部长参加的洗天房典礼活动，这是宗教上的最高礼遇。朝觐结束后，中国朝觐团还访问了埃及、叙利亚、约旦、黎巴嫩、利比亚、突尼斯和阿富汗等国家。此后，从 1955 年到 1964 年，中国伊斯兰教协会每年都会组织 10~20 人的朝觐团去麦加。但 1965 年以后，随着中国国内“文革”开始，中国伊斯兰教协会的朝觐活动中断了，直到 1979 年改革开放之后才重新恢复。①

1979 年 10 月，当以安士伟教长为团长的中国朝觐团一行 16 人到达沙特后，却遭到了沙特当局的怀疑，不仅受到严格检查，还被迫在吉达滞留了 5 天，行动也受到限制，后经交涉才被允许前往麦加参加朝觐。据说当时沙特当局怀疑朝觐团带有政治宣传任务，但 1980 年以后就再未发生此类情况。随着中国对外开放的扩大和穆斯林生活水平的提高，80~90 年代出现了大批穆斯林自费前往麦加朝觐的情况，使中国朝觐穆斯林人数迅速上升。1984 年，中国朝觐人数为 800 余人，1986 年沙特公布的中国朝觐人数为

① 马晓霖：《伊斯兰圣地朝觐面面观》，时延春编《丝路盛开友谊花》，世界知识出版社，2008，第 164 页。

2267 人，到 1993 年增加到了 5435 人。①

原先中国朝觐的穆斯林都是乘机经巴基斯坦中转前往沙特，绕道给朝觐者带来很多不便。经中国伊斯兰教协会和中国民航局与沙特阿拉伯协商后，从 1989 年起中国朝觐穆斯林开始乘中国民航包机直接进入沙特吉达，后来沙特又同意中国朝觐包机可直接飞抵麦地那。1990 年 7 月中国和沙特阿拉伯正式建交，双方都在对方首都设立了使领馆。中国朝觐穆斯林可以在北京办理签证，在沙特遇到问题也可得到中国使领馆的帮助，履行朝觐义务更加方便。

到 2007 年中国朝觐穆斯林就突破 1 万人，2014 年、2015 年已达到 1.4 万多人，另外还有一些零散朝觐人员和从第三国前往麦加的朝觐者未能统计（见表 7）。由于中国经济的快速发展，穆斯林民众的经济能力大大提升，还有大量穆斯林希望能到麦加朝觐。如果沙特当局增加中国的朝觐名额，中国的朝觐人数还会上升。

表 7　2006~2015 年中国穆斯林朝觐人数

年份	中国穆斯林朝觐人数	世界穆斯林朝觐人数
2006	9600	2378636
2007	10500	2454325
2008	12800	2526000
2009	12730	2521000
2010	13100	2854345
2011	13833	2917717
2012	13960	3161573
2013	11800	2061573
2014	14460	2089053
2015	14500	

资料来源：根据中国伊协网站相关资料整理而成。

尽管朝觐是穆斯林个人履行其宗教义务，但如果没有本国政府的支持和协助，要完成朝觐活动是非常困难的。中国政府颁布的《宗教事务管理

① 马云福、李平：《新中国穆斯林朝觐活动纪实》，《中国穆斯林（精选本）》，2009，http：//www.xjmzw.gov.cn/nsjg/cjglbgs/jtxx/1819.htm。

条例》规定，信仰伊斯兰教的中国公民前往国外朝觐，由中国伊斯兰教协会负责组织。2006年，中国伊斯兰教协会设立了朝觐工作办公室，专门为中国穆斯林赴沙特朝觐提供服务，如与沙特有关方面联系对接、争取朝觐名额，与民航部门联系安排包机、与外汇管理部门协商换汇等。每年朝觐人员离境时，中国政府主管部门的有关领导还到机场送行，体现了政府对朝觐活动的关心。

朝觐作为一项大型的涉外民间宗教交流活动，超过中国所派出的任何一种涉外团队的规模，而且包括10个信仰伊斯兰教的少数民族，涵盖中国20多个省、自治区、直辖市。通过朝觐，一方面使参加朝觐的穆斯林由于完成自己的主命功课而高兴和满足，而且通过与国外比较，他们能更清楚地看到中国的发展和强大，社会的繁荣稳定，能够感受到祖国的关怀和温暖，从而提高他们的爱国主义感情。据了解，凡参加过朝觐的人回来之后，普遍都更加爱国爱教，成为社会稳定、民族团结和谐的一支重要力量。另一方面，中国朝觐者能通过自己的言行举止，现身说法，向世界各国穆斯林展示中国穆斯林的精神风貌，宣传中国的民族宗教政策，宣传中国的对外开放政策，使一些对中国政府的误解误会乃至恶意的批评攻击都不攻自破。同时，朝觐期间中国穆斯林同各国穆斯林交流交往，互学互鉴，建立联系，增进友谊，真正做到“民心相通”。

五　对中国—中东人文交流的思考

（一）中国—中东的人文交流赤字

伊斯兰教中有这样一条圣训：“学问虽远在中国，亦当求之。”[①] 在中东，这一圣训千年相传，家喻户晓。这条圣训一方面强调了学习与求知的重要性，指明了中国是学问之邦、文明之邦，但另一方面反映了中国离中东之遥远和中东人对中国之陌生。在古代如此，在今天仍然如此。

冷战时期，中东是美、苏两个超级大国争夺的热点地区，而当时中国实力有限，很难与美苏竞争，便另辟蹊径，在一些中东国家中实施了一些援助性项目，如派遣医疗队、工程技术队、农业专家组、体育教练组等，与当地底层民众有大量的接触和交往，在他们心目中留下了对中国的美好

① 《圣训》是伊斯兰教先知穆罕默德的言行录，同《古兰经》一样，也是伊斯兰教最重要的经典。

印象。改革开放以后，中国经济迅速发展、社会和谐稳定，所以在一般的中东普通民众中，中国的形象一直比较好，美誉度也较高，是一个和平友善、值得尊敬的国家。2006 年 10 月，世界著名民意调查机构美国佐格比国际民意调查公司，在 6 个阿拉伯国家（阿联酋、埃及、沙特、约旦、黎巴嫩和摩洛哥）进行了一项民意调查。结果显示，在阿拉伯人心目中，中国的整体形象最佳，超过了美国、俄罗斯和印度。①

然而，今天的中东人对中国并不了解，他们对中国的印象是抽象和模糊的。尽管前面谈到很多中国与中东的来往，相比中国与世界其他地区，中国与中东的人文交流是比较少的，双方对彼此的认识和了解是很不够的。今天在中国，如果谈起欧美的情况，许多人能如数家珍，讲得头头是道；谈到周边的日本、韩国、东南亚、印度、俄罗斯，一般的中国人也了解不少；然而如果说到中东，多数中国人会感到比较陌生，而且往往会有很多偏见。同样，一般中东人对中国的了解也很有限，也有不少错误的认识。

说到人文交流，通常会从留学生、旅游者、侨民人数等一些指标来考察。从以下几组数字，可以看出中国—中东之间的人文交流是严重不足的。

一是在双方留学的人数少。据不完全统计，目前中东 20 多个国家在中国的留学生人数加在一起只有 1 万余人，而中国在中东各国的留学生一共也只有 3000 人左右。留学生是重要的“民间大使”，是人民之间相互了解的窗口和桥梁。双方的留学生数量少，也就意味着对彼此认知的程度低。而相比之下，其他一些国家和地区与中国互派的留学生人数就多得多。例如，2014 年在华留学生人数为：韩国 6.3 万人，泰国 2.2 万人，美国 2.4 万人，俄罗斯 1.7 万人，日本 1.5 万人；而在这些国家的中国留学生人数：美国 27 万人，日本 10 万人，韩国 5.4 万人，俄罗斯 2.5 万人。

二是到双方旅游的人数少。近几年每年中国前往中东国家的游客人数大约是 30 万人次，中东国家到中国来的人数也差不多是 30 万人次。看起来，30 万人也不算少了，但与其他国家和地区相比，这一数字就显得太少。近年来每年中国前往欧洲、美国、韩国、日本的游客人数分别是 300 万人次、220 万人次、425 万人次、210 万人次，这些国家或地区来华旅游的人数分别为 500 万人次、200 万人次、400 万人次、280 万人次。即使只有 300 万人口的小国——蒙古国，2014 年来华人数都超过了 100 万人次，前往蒙

① 转引自王健《中国须加强中东外交的软实力建设》，http：//news. sina. com. cn/c/2013-08-29/095928078280. shtml。

古国的中国游客也达 23.6 万。中国出境、入境游排在前 30 位的国家中，没有一个是中东国家。

三是在中东地区生活的华人华侨数量很少。华人华侨也是沟通居住国与祖国的重要桥梁，中国人素以吃苦耐劳、适应性强著称，很容易在海外落地生根。东南亚有 2000 多万华人华侨，欧洲和北美各有数百万，俄罗斯有 10 多万，日本也有 7 万。即使在非洲，现在也有近 30 万华人华侨。然而中国人难以在中东落地生根。现在中东各国的华人华侨总数不过 5 万~6 万人，其中在沙特和海湾地区有 1 万多名回族华人，在土耳其有 3 万~4 万维吾尔族华人。同样，长期生活在中国的中东人也不多，有 3 万~4 万人，其中在浙江义乌就有 1 万多名来自中东地区的商人。[①]

四是双方学习和懂得对方语言的人少。在中东，学习中文和能讲汉语的人不多，同样，在中国学习和懂得中东国家语言的人也很少。中国现已在全世界开办了 480 多所孔子学院，但整个中东地区只有 15 所孔子学院，而在美国一国就有 100 所，英国有 25 所，韩国 20 所，俄罗斯 18 所。而中国开设中东语言的高校也屈指可数，开设阿拉伯语的高校有 17 所，土耳其语 5 所，波斯语 6 所、希伯来语 2 所，往往还是每隔几年才招一次生。

中国有 13 亿多人口，中东地区有 3 亿多人口，双方本来应该有更多的来往和交流。但从上面的数字来看，中国与中东的民间和人文交往严重不足，存在着巨大的“人文交流赤字”。之所以出现这样的情况，有多方面的原因，如双方在文化上存在着较大的差异，中东社会具有浓厚的宗教氛围，而中国社会却呈现较强的世俗色彩；中国和中东国家都是发展中国家，经济条件也在一定程度上限制了双方民众的交往；再加上多年来中东地区一直处于冲突频发、动荡不稳的状态，使得双方的交流和往来处于一种较低的水平。

（二）对加强中国—中东人文交流的思考

今天，随着时代的发展，情况的变化，阿拉伯公众对中国的认知也在发生着微妙的变化，一些因素正在影响着中国经过长期努力树立起的良好形象。在也门、埃及、阿尔及利亚等国家，过去提起中国人，当地人都会竖起大拇指，而当今一些中国企业一味追求经济利益已经造成了对中国形

① 《环球时报》，2015 年 2 月 16 日，http://world.huanqiu.com/exclusive/2015-02/5700137.html。

象的损害，年青一代对中国的看法与老一代人已有了显著的不同。人文交流的缺失会更进一步误导双方对彼此的认知，从而影响未来中国—中东关系的发展。关于加强中国与中东地区的人文交流，笔者提出以下几点看法：

1. 应充分发挥伊斯兰教在同中东交往中的桥梁和纽带作用

中东是伊斯兰世界的核心地区，除以色列外，所有中东国家都是伊斯兰国家，有的还是政教合一的国家。中东地区生活着3亿多名穆斯林，而中国也有2200多万名穆斯林，这是双方加强交往的天然桥梁和纽带。50年代中国发展与阿拉伯国家关系，就是从宗教交流开始才取得突破的。世界各地很多穆斯林民众听过“学问虽远在中国，亦当求之”的圣训，对中国怀有非常友好的感情。如前文所述，近年来中国穆斯林通过参加麦加朝觐，参加中阿、中土、中伊之间的伊斯兰学术研讨会、伊斯兰文化展、诵读《古兰经》比赛等宗教文化活动，取得了很好的交流效果。在今后中国同中东国家的交往中，宗教交流的门还可以开得更大一些，尤其是可以通过爱国爱教的伊斯兰教界代表人士，加强与中东各国官方和民间的关系。

近年中国在同东南亚、日本和印度的交往中发挥了佛教的资源优势，为什么在同中东的交往中不能发挥国内伊斯兰教的资源优势呢？有人担心在同国外开展伊斯兰教交往时会受极端主义的影响，其实极端主义分子只是十多亿穆斯林中的极少数人，在伊斯兰世界也是人人喊打的“过街老鼠”。伊斯兰文明的主流也是崇尚和平、倡导宽容的。中国对外交往要有“道路自信、理论自信和制度自信”，也要有包括宗教在内的文化自信。

2. 要突出民间特色，减少官方色彩

前面谈到，20世纪60~70年代，中国曾以“人民外交”的形式在一些阿拉伯国家民间开展活动，在阿拉伯民众中树立了中国的良好形象。而这些年来，随着国家间政治层面和经济层面交往增多，反而忽视了同阿拉伯国家民间的交往。近年来中国在中东的外交工作中存在着明显的重官方、轻民间，重经济、轻人文的倾向。正如有专家指出的那样：这是因为长期以来“中国更擅长与外国的政府打交道，但是跟媒体和公众打交道则既缺乏经验，也缺乏传统和习惯”。[①]

突出民间特色，减少官方色彩，其实包含两个方面。一是中国在做中东国家工作时，中国政府应更多地隐身幕后，让中国人民对外友好协会、

---

① 傅莹：《当前公交外交薄弱之因及如何加强公交外交》，中国网，2010年9月11日，http：//www.china.com.cn/news/2010-09/11/content_ 20909743.html。

中国伊斯兰教协会、商会、高校等非政府机构走到前台。中国的孔子学院项目在一些中东国家推不开，在一定程度上就是因为官方色彩太浓。二是即使是中国政府出面，也要把目光更多地移到当地政府和官方之外，加强同当地社会和民间的来往。现在，中东正处于社会转型期，社会民间力量在逐渐壮大。中国要切实改变以往影响力仅限于政府官方层面的状态，建立与当地非政府组织的联系，加强与当地宗教界、媒体、智库、高校的往来。同时，还要引导和鼓励当地中资企业积极支持当地的社会公益事业，注重开展人文交流，摒弃利益至上的做法。

3. 针对中东国家的特点，有的放矢地开展交流活动

中东国家有很多与世界其他地区国家不同的特点，在开展公共外交和人文外交时，除了常规性地做好媒体、学者、青年的工作之外，还应有针对性地选择对象、选择话题、选择切入点，才能收到较好的效果。例如，由于伊斯兰国家禁止偶像崇拜，而且对女性的服饰和活动也有一些限制，所以表演、影视等艺术门类很不发达，开展此类交流可能较困难。但中东国家男性普遍喜爱体育运动，中国可以大力与之开展包括足球、田径、武术等体育项目的合作和交流。前面提到，土耳其民众对新疆较关注，常发出一些噪声，其实他们对新疆的情况并不了解。这种状况也要靠民间交流来消除，可以选派一些新疆当地的维吾尔族人士同土耳其民众直接开展交流。近年中国派出一些西藏代表团出访西方国家，现身说法使一些传言和噪声不攻自破。以色列是个小国家，但其实力强、影响大，是中国应加强交流的一个重点国家。中以人文交流一个很好的话题就是当年在上海的犹太人，以色列民众对中国的亲近感多来自此，这个“中国故事”可以一直讲下去。

4. 媒体合作仍需深化

媒体在当今世界扮演着重要角色，中国同中东之间彼此的认知尤其如此。在西方强大的话语体系下，中国和中东国家媒体对对方的报道材料往往来自西方国家，一些真相和事实常常被歪曲。因此，中国和中东国家媒体间的交流与合作对于双方客观、真实地认识对方尤为重要。另外，中国在向中东国家讲“中国故事”时，讲什么内容很重要。有学者指出，在对阿拉伯国家宣传时，不应一味地展示所谓中国的“强大”，这很容易导致中国的发展被过度放大，加剧“责任论”对中国的压力。同时，也不宜过多地宣传中国的传统文化，因为传统文化只能告诉别人中国的过去，却不能让别人知道中国的现在。阿拉伯公众最关心的是当代中国的发展经验、中国的外交政策、今天中国人的生活和伊斯兰教在中国的发展等。[①] 在加强在中东地区传播力时，既要利用好电视、电台、平面媒体和书籍等传统的传播手段，更要注意发挥网络、电信等新媒体的作用。

5. 中国对中东地区的研究有待加强

长期以来，中国的国际问题研究比较注重对大国和周边国家的研究，而对中东等其他地区国家的研究较为薄弱，这就造成了国内普遍对中东国家情况的不了解乃至错误。因此，我们既要加强对中东国家政治、经济情况的研究，也要加强对中东地区的民族、宗教和社会问题的研究，加强我国对中东问题的研究基础。

① 刘欣路：《中国对阿拉伯国家的公共外交：使命与挑战》，《当代世界》2013 年第 3 期，第 58~61 页。

中国对澳大利亚公共外交

李　梅　〔澳〕奈仁·奇蒂*

摘要： 2014年11月起，中国和澳大利亚的外交关系上升为全面战略伙伴关系，而公共外交在两国关系发展过程中扮演着重要作用。本文参照扎哈娜（RS Zaharna）的关系型公共外交理论（relational public diplomacy）对中澳公共外交进行分类：第一层次，交流项目及个体活动；第二层次，关系构建倡议（Relationship Building Initiatives）；第三层次，政策对接战略与协作构建（Policy Networking Strategy and Coalition Building）。在此基础上，本文梳理和分析了第一层次下的首脑访问和教育交流活动，第二层次中的孔子学院、悉尼中国文化中心和两国间的友好城市项目及第三层次框架下的中澳自贸协定。通过分析，文章认为中国在澳大利亚的公共外交活动在构建两国关系方面已经打下了坚实的基础，有助于提升中国的软实力。

关键词： 公共外交　关系构建　中澳关系

中国与澳大利亚自1972年建立外交关系以来，双边关系经历起伏变化，逐渐迈向紧密合作的战略型伙伴关系。根据最新的统计数据，澳大利亚目前是中国第八大贸易伙伴、第九大出口市场和第七大原材料进口市场。双边贸易额在建交后的四十多年间增长了1000多倍。2014年，中国成为澳大利亚最大的游客来源国。此外，中国还是澳大利亚最大的国际学生来源国。截至2014年底，在澳中国留学生达24.17万人。作为移民国家，目前澳大利亚华人约有80多万，加上留学生，华人占澳洲总人口的5%。作为正在崛起中的大国，中国和澳大利亚这一亚太地区中等强国有着紧密的

* 李梅，澳大利亚麦考瑞大学媒介、音乐、传播与文化研究系博士研究生；〔澳〕奈仁·奇蒂（Naren Chitty），澳大利亚勋章获得者，澳大利亚麦考瑞大学国际传播专业创始教授，软实力分析与资源中心创始主任，《国际传播学刊》（*The Journal of International Communication*）创刊主编。

相互依存。[①] 对中国来说，要赢得世界的支持，不仅要处理好与大国之间的关系，也要赢得中小国家的青睐。在新的历史时期，公共外交被认为是维持国与国关系的不可或缺的手段。

公共外交是传统外交在新的历史时期的发展和延伸。尽管随着新的传播技术的应用，有研究者认为政府的作用在减弱。但大部分学者仍然认为政府的力量不应被忽视。如奈仁·奇蒂认为，在当今社会，公共外交的参与者更加复杂，政府、私营机构都可能进行政策的输出，因此在讨论公共外交的时候，政府、私营机构甚至个人都不应被排除在外。[②] 中国官方话语中，也把政府作为公共外交的主导。

要评价公共外交的质量和成效，对公共外交活动的理解是关键。高英丽（Ingrid d'Hooghe）认为大多数公共外交活动是以政府为中心，以关系网为根本的混合模式。扎哈娜在认同政府即政治力量为公共外交的主导力量的基础上，根据传播学研究的不同视角将公共外交活动分为两类：一类是信息框架下的公共外交活动，另一类是关系框架下的公共外交活动。限于篇幅，本文主要探讨关系框架下的中国在澳大利亚的公共外交活动。在此框架下，公共外交活动的核心是关系，着眼于关系的识别和建立。活动通过识别公众中存在的共同利益来建立直接的人际交流连接这些公众。[③] 参与层次、合作程度、范围、持续时间和政策目的决定了公共外交活动分类的复杂性。扎哈娜根据关系构建策略的复杂程度把关系型公共外交活动分为三个层次。第一个层次包含文化和教育交流项目及元首访问。这一层次上的公共外交活动属于传统意义上的公共外交范畴，从时间和合作参与层次方面看，属于基础层次的活动。这一层次的公共外交活动的局限性在于其聚焦于个人层面，因此活动的成败往往取决于参与者个人的个性特征。第二个层次包括驻外文化和语言机构、友好城市联盟等。这一层面的活动参与者是机构和团体，时间上具有开放性。第三个层次为以达成某种政策目的而进行的关系构建活动。该层面需要更为集中的外交沟通技巧。在另一篇

---

① Yu Sen Yu & Jory Xiong, "The Dilemma of Interdependence: Current Features and Trends in Sino-Australian Relations," *Australian Journal of International Affairs*, 66 (2012): 579-591。

② 奈仁·奇蒂:《软权力与公共外交》,《吉林大学社会科学学报》2015 年第 3 期，第 20~27 页。

③ R. S. Zaharna, "Mapping out a Spectrum of Public Diplomacy Initiatives," in N. Snow and P. M. Taylor, eds., *Routledge Handbook of Public Diplomacy*, New York: Routledge, 2009: 91-97.

分析孔子学院的文章中，扎哈娜进一步指出，关系构建型公共外交活动有三个维度：关系网的建构、关系网的协同和关系网策略。关系网络的联结点越多，网络密度越大，网络也就越牢固。关系网协同有三个相互关联的关系过程：内部关系的建构、外部联盟的建立和对多样性的吸纳。关系网策略指共同创造宏观叙事和身份。[①] 本文以扎哈娜对公共外交活动的划分为基础，把中国在澳大利亚的关系构建型公共外交活动置于三个层次的框架下进行梳理，并尝试从三个维度对这些活动加以分析。

一　个体层面的公共外交活动

第一层次的公共外交策略因其时间框架和参与者等因素的限制，在数量和持续时间上有限。在中澳两国关系的框架下，比较有影响力的文化和教育交流项目包括政府奖学金项目、中澳科研基金项目等。

（一）首脑访问

首脑访问通常被认为是战略性的公共外交手段，访问可以通过一国首脑直接或间接地与到访国民众接触，促成大量媒体报道，影响公共舆论，进而影响访问国民众对一国的认知。[②] 在新的时代背景下，推动建立以合作共赢为核心的国际关系成为中国外交的新方向。新的领导集体执政以来，习近平的多次出访使全方位、多层次、平衡性的中国总体外交新格局得以呈现。“重点突出，多层次推进”的公共外交行动蓝图也得以呈现。[③]

在 2014 年习近平访问澳大利亚期间，两国政治、经济、文化领域的合作对话取得一系列进展，确定了将中澳两国关系提升为全面战略合作伙伴关系，共同宣布中澳自贸协定谈判实质性阶段的结束。除此之外，习近平还出席了中澳工商界首席执行官圆桌会议、悉尼中国文化中心、堪培拉“北京花园”、悉尼科技大学“中国馆”等机构的揭牌活动。从这次访问的

---

① R. S. Zaharna, “China's Confucius Institutes: Understanding the Relational Structure & Relational Dynamics of Network Collaboration,” in Wang, J. ed., *Confucious Institutes and the Globalization of China's Soft Power*, Los Angeles: Figueroa Press, 2014: 9-31.

② Jian. Wang and Tsan. - Kuo. Chang, “Strategic public diplomacy and local press: how a high-profile ‘head-of-state’ visit was covered in America's heartland,” *Public Relations Review*, 30 (2004): 11-24.

③ 欧亚：《国家领导人公共外交》，赵启正、雷蔚真主编《中国公共外交发展报告（2015）》，社会科学文献出版社，2015，第 10~25 页。

行程可以看出，政治、经济合作仍然是首脑访问的外交重点，而人文交流活动也得以充分体现。值得一提的是，陪同出访的习近平夫人彭丽媛于访问期间在塔斯玛尼亚会见了当地的学生，并在悉尼参观了当地的学校。2015年5月塔斯玛尼亚斯科特—欧克伯恩学校的学生应习近平及夫人的邀请访问了中国，交流互动的形式使领导人出访的影响力得到了纵向延伸。

以习近平访问为契机，各种民间文化交流活动也达到一个高潮。当地华人及中国的艺术团体举办了艺术表演、茶艺展示、音乐会等活动，为传播中国文化提供了平台。[①] 虽然首脑访问活动时间有限，议程相对确定，关系网结构相对简单，但其规格之高，一方面为两国的关系奠定基调；另一方面，访问本身带动的民间交流的高潮为两国民众的深入了解提供了平台，使关系网络得到了延展，对更具体化的民间关系网的构建起到了推动作用。

（二）政府奖学金

政府奖学金项目分为两部分：一是资助中国学者和学生到澳大利亚学习和访问；二是资助澳大利亚学生到中国学习和交流。国家留学基金委员会作为教育部直属的非营利性事业法人，负责中国公民出国留学和外国公民来华留学的组织、资助和管理。留学基金委员会与澳大利亚多个高校直接签署了合作协议以便为中国学生提供更便捷的留学平台。据中国驻悉尼总领馆教育组的统计数据，截至2014年底，仅在新南威尔士州的留学基金委员会公派留学人员数量就达530人，这些学生和学者分布在新州各个高校和科研院所，博士研究生及以上层次占99%。[②]

相比到澳大利亚留学访学，吸引澳大利亚学生、学者来华留学、访学还有很大提升空间。根据留学基金委员会披露的数据，2014年澳大利亚在华留学生的人数仅有5000人，位列全球所有国家第19位。[③] 中国政府吸引来华留学主要通过“中国政府奖学金”项目。目前中国方面没有相关数据披露，但从目前澳大利亚方面的相关数据来看，澳大利亚资助的生源数量

---

① 《中国领导人习近平访澳行程紧密》，ABC Radio Australia，2014年11月14日，http://www.radioaustralia.net.au/chinese/2014-11-14。

② 数据来源于中华人民共和国驻悉尼总领馆教育组。

③ 田路路：《促进国际学生双向流动 提高来华留学教育质量——在“中澳跨境教育与学生流动论坛”上的发言》，澳大利亚教育部网站，2015年3月28日，https://internationaleducation.gov.au/International-network/china/PolicyUpdatesChina/Documents/Chinese%20verson%20of%20MOE%20Director%20Tian%20Lulu's%20speech%20on%20Student%20Mobility.pdf。

不大。澳大利亚政府推动的旨在资助本国在读本科生海外留学的“新科伦坡计划”，2014 年资助的来华人数仅 500 人左右。从个别大学的申请情况看，申请人数不足资助计划的一半，且短期培训及实习项目占比很大，申请热度远不及新加坡及菲律宾等亚洲国家。而根据相关调查，发达国家学生更偏重语言学习，来华攻读学位的学生相对较少。① 中国方面近些年积极采取措施以吸引更多的学生来华留学。例如，2015 年 4 月国家留学基金委员会牵头组织包括北京大学、清华大学、中国人民大学在内的 16 所国内高校在澳大利亚举办了“中澳大学校长合作论坛”，并在澳大利亚昆士兰大学举办了中国教育展，全方位介绍和展示了参与高校招收留学生的项目和奖学金情况，探讨了两国高等教育合作中的问题。② 各高校也积极走出去展示自身的教育及科研优势。

教育是民间交流的重要组成部分，设立奖学金是各国普遍采取的公共外交的手段，资助本国学生到别国，吸引别国学生到本国学习、生活无疑会推动双向了解、交流。根据留学基金委员会的资助原则，公派留学项目要服务于中国长远发展的需要，这决定了国家公派学者和留学生从事的科研项目有利于中国的长远发展。在关系构建层面，通过留学基金委员会与澳高校间、中国与澳高校间、学生与澳高校间形成了多层次的结构和关系网络协同点；在此背景下，中国政府奖学金的品牌认可度会逐渐得到加强。

二　长期项目型公共外交活动

扎哈娜将文化和语言中心、发展援助项目、友好城市等归为第二层次公共外交活动。本部分将重点介绍孔子学院、悉尼中国文化中心、中澳友好城市。

（一）孔子学院

孔子学院是一个比较重要的中国文化传播项目。从 2005 年西澳大利亚大学揭牌成立第一个孔子学院开始，截至 2015 年 12 月，全澳已建成 14 个

① 中华人民共和国教育部：《来华留学，哪些信号值得注意?》，中国共产党新闻网，2015 年 4 月 7 日，http：//cpc. people. com. cn/n/2015/0407/c83083-26805907. html。

② 《中澳、中新大学合作交流活动成功举办》，国家留学网，2015 年 4 月 22 日，http：//www. csc. edu. cn/News/33f212c78da5457d8c6fd11b77689f91. shtml。

孔子学院，5 个孔子课堂。① 与大多数孔子学院一样，设在澳大利亚各高校的孔子学院以当地合作高校为基地，提供日常中文语言教学和中国文化培训等。在运作上，各孔子学院有很大的自主权，再加上在像悉尼、墨尔本和布里斯班等城市，同时有多家孔子学院，为了避免竞争，各孔子学院都试图找到独特的运营方式。如在昆士兰大学，作为对基础汉语教学活动的补充，该校孔子学院利用学校优势，把重心放在推动该校与中国在科技、工程方面的合作上。而同一个城市的昆士兰科技大学则着重培养汉语教师。澳大利亚有着庞大的华人群体，这使得语言教学在有些孔子学院的重要性不那么突出，所以一些孔子学院将为进行中国研究的院系提供支持作为工作重心。② 作为特色，一些孔子学院还引入了中医、社区合作、商务合作等项目。如阿德莱德大学孔子学院除了传统的语言文化项目外，还将经营范围向社会扩展，将中国文化课程面向大学和社区的文化活动，与当地教育局机构、社区公共机构合作举办文化艺术活动；支持并参与本地华人社区和南澳中国学生学者联谊会的活动；多次组织中小学校长、当地教育官员和议员访华；根据当地与中国的商务合作需要举行系列商业活动，为南澳各级政府和中澳贸易委员会进行商业培训。通过这些方式使当地社会和政治力量更客观地了解中国，从而对孔子学院的工作有了更深的认识，以便提供更多支持。③

孔子学院近些年在一些国家遭到一些质疑。2011 年新南威尔士州议会也曾因孔子学院的官方资助身份，对在当地小学开设孔子课堂的潜在问题进行辩论。近年来，澳大利亚公共舆论没有特别针对孔子学院的抵制情况。2014 年 9 月时任联邦教育部长佩恩在北京大学发表的关于中澳教育合作的演讲中，专门提到了孔子学院，他说："中国政府通过汉办与澳大利亚高校合作建立了 13 所孔子学院，35 所孔子课堂，我们欢迎这种以友好、便利、有教育意义的方式推广中国的语言和文化。"该州议会网站的一篇文章对部长的讲话进行了分析，在梳理了孔子学院在其他国家遭受质疑的情况后，

---

① 《关于孔子学院/孔子课堂》，国家汉办网站，2015 年 12 月 1 日。

② Falk Hartig, "Cultural Diplomacy with Chinese Characteristics: The Case of Confucius Institutes in Australia," *Communication*, *Politics & Culture*, 45 (2012): 256-276.

③ 《澳大利亚阿德莱德大学孔子学院简介》，山东大学孔子学院工作办公室网站，2014 年 10 月 13 日，http://www.cie.sdu.edu.cn/getNewsDetail3.site?newsId=3cc01bc3-4674-45d3-a16a-addde31d9515。

提出要对孔子学院的发展目的和管理有足够的警惕。①

（二）悉尼中国文化中心

中国文化中心项目开始于20世纪80年代。近年来，随着公共外交上升为国家战略，海外文化中心的建设得到快速发展。中国文化中心的宗旨是优质、普及、友好、合作，即以专业的水准和精心组织的高质量文化活动增进海外各界对中国文化的理解，以巩固和发展友谊，并通过与当地机构的伙伴建立合作，促进两国文化交流、交融。截至2015年2月，已在全球五大洲建立了20个海外中国文化中心。②

悉尼中国文化中心注册于2012年12月，于2014年11月习近平访澳期间正式揭牌运营，是目前大洋洲唯一一个海外中国文化中心。悉尼中国文化中心主要通过图书馆提供信息服务；通过展厅提供文化作品展览和文化体验活动；通过培训课程提供中国文化教学。自2014年11月正式运营以来，形成相对固定的活动项目，如主题展览、中国电影日、中国文化讲座、中国国画培训和太极培训等。每月举办一次的主题展览和讲座，内容涵盖中国历史、中国传统文化、现代动漫及当代中国文化等，从多个角度展现中国的古今相关主题和中国与世界的互动。中国文化体验课邀请当地民众亲身体验中国语言、学习制作中国传统节日食物等，试图以此吸引更多的当地人了解中国文化。

除展示功能外，悉尼中国文化中心尝试把中心发展为中国文化推广的策划者，通过与当地和国内相关机构合作策划、赞助相关主题活动。如与当地学校合作，举办中国文化日，进行中国文化宣讲，以期激发当地年轻一代对中国文化的兴趣。2015年，作为智囊合作伙伴，中国文化中心赞助了中澳千禧计划，并组织了“中国文化在中澳合作中的影响”等论坛。

中国文化中心和孔子学院都是中国打造文化软实力的重要手段。它们的存在，为当地民众了解中国文化提供了平台。两者更深远的影响在于通过与国内和当地机构、个人的交流形成多层次的关系网和网络协同效应，从而促进文化传播品牌的发展。与第一层次的活动不同的是，孔子学院和

---

① Geoff Wade, “Confucius Institutes and Chinese soft power in Australia,” *Flagpost*, 2014, http://www.aph.gov.au/About_Parliament/Parliamentary_Departments/Parliamentary_Library/FlagPost/2014/November/Confucius_Institutes_and_Chinese_soft_power_in_Australia.

② 《中国文化中心介绍》，中国文化中心网站，2015年2月10日，http://cn.cccweb.org/portal/pubinfo/001002011/20150210/0c793f933c364d4c90f8fffb54771d00.html。

中国文化中心在时间和参与者等方面是开放的，这可能增加关系网建立的不确定性，如何更好、更有效地识别关系节点是值得进一步研究的问题。另外两者的文化传播项目也有众多重合部分，因此可能会存在内部网络的冲突问题，这在国家战略层面需要更好地谋划和调控。

（三）友好城市

友好城市关系一般建立在双方共同的发展目标和资源互补的基础上，悉尼大学亚太研究院在一份报告归纳了友好城市的共性：文化和经济目标并重、精心定义和共享的目标、重要的人际交往、长期的关系视角、友好城市发展和代表团访问及其他协议制定的场合，高层次官员的参与、高规格的贸易参与、当地社区的支持、定期联系等。①

根据最新统计数据，截至 2015 年 3 月，两国共有 95 对省/州、城市、结成了友好城市关系。② 友好城市关系在经济、文化、教育等方面推动两地合作。首先，通过这种特殊的关系，贸易合作能够更快捷达成。在白云机场建设时期，广东和新南威尔士州的友好城市关系就推动了新南威尔士州的公司参与机场建设。③ 其次，在友好城市关系框架下，双方的对话机制能提供更多的交流机会，形成合作契机。如广州和新南威尔士州建立了经济会议制度，每两年一次，轮流在两地举行。2015 年 5 月在悉尼举行的中国（广东）—澳大利亚经贸合作交流会期间，广东省与澳大利亚企业共签订了 157 个总价值达 94.1 亿美元的合作项目。再次，通过友好城市关系，双方可以更深入地了解各自的优势与需求，进而促成更广泛的合作点。2014 年建立友好城市关系的青岛和阿德莱德，合作范围就更加宽泛，科技、海洋生物技术、时尚产业、教育、旅游等相关领域的项目都在合作范畴。

在扎哈娜看来，各种友好城市的建立，促进不同国家城市间在经贸、旅游、教育、科技等各个领域的合作和交流，推动不同文化间的接触和理

---

① Research Institute for Asia and the Pacific, University of Sydney, "Final Report on Parramatta City Council's Sister Cities Program," Oct. 2005.

② 《中国澳大利亚友好城市》，中国国际友好城市联合会网站，2015 年 9 月 15 日，http://www.cifca.org.cn/Web/SearchByZhou.aspx? guojia=%b0%c4%b4%f3%c0%fb%d1%c7。

③ L. Pitts, "Collaborators, Business Partners and Friends: Australia-China Subnational Government Relations," in N. Thomas, ed., *Re-Orienting Australia-China Relations, 1972 to the Present*, Aldershot, England: Ashgate, 2004: 451-467.

解，更重要的是促进了关系建立过程的制度化。[①] 在这一过程中，关系网的建立更规范和快捷，也更利于拓展。

三　政策对接与协作构建型公共外交活动

在扎哈娜的定义里，第三层次的关系构建活动是指一国与别国政府或非政府组织为达成特定的政策目的而发起的策略性政策协作活动。这类活动政治性强，但政治参与者对事态的发展控制能力相对较弱。本部分以中澳自贸协定为例进行分析。

从 2005 年开始，中澳自贸协定经历了 10 年、21 轮次谈判，于 2015 年 6 月正式签署。虽然有澳大利亚媒体称其为“妥协的胜利”，但协定实施后，无疑会为两国政治、经贸、民众交流等方面产生重要影响。自贸协定“在内容上涵盖货物、服务、投资等十几个领域，是与其他国家迄今已签署的贸易投资自由化整体水平最高的自贸协定之一”。[②] 从表面上看，中澳自贸协定生效之后，最显著的变化在于货物进出口方面的关税减少，但在服务贸易、投资及自然人移动等方面的条款将会促进关系网的构建、巩固和强化。如根据协议，中方投资的工程和技术人员将享有专门的入境便利机制，为中国企业“走出去”创造了便利条件。而针对中医、中文教师等特色职业的签证优待服务及在农业、旅游等方面的合作将会对两国的普通民众的生活产生深远影响，也为人与人之间的交流拓宽了渠道。

中澳自贸协定以双方政治谈判为基础，以经贸合作为主线，内容惠及企业和普通民众，由此产生的关系网将会是巨大的。而通过这些网络无疑为更深层次的民间交流提供了保障，更多的网络和协同效应将会随之产生。

四　结语

本文采用扎哈娜的三层次分类法，对中国在澳大利亚的公共外交活动进行了分类分析。第一层次讨论了以政府奖学金为代表的教育交流活动和

---

① R. S. Zaharha, “Mapping out a Spectrum of Public Diplomacy Initiatives,” in N. Snow and P. M. Taylor, eds., *Routledge Handbook of Public Diplomacy*, New York: Routledge, 2009: 95.

② 《中国与澳大利亚正式签署自由贸易协定》，中华人民共和国商务部网站，2015 年 6 月 17 日，http://www.mofcom.gov.cn/article/ae/ai/201506/20150601015183.shtml。

首脑访问。这些活动的意义深远：外交访问吸引了包括当地华侨华人在内的公众，进而产生的多层次效应会进一步影响更多的公众；教育项目在建立人与人之间的交流方面意义重大，这种人与人之间的交流本身在贸易、文化和公众认知等方面有着多重潜在影响。在第二层次，文章讨论了孔子学院、中国文化中心和友好城市项目。这些活动，特别是联系到当地广大的华人华侨关系网络，可以成为传播中国软实力的渠道。这也在一定程度上是中国节日在澳大利亚这种多元文化国家越来越受瞩目的原因。文章以中澳自贸协定为例讨论了第三层次公共外交活动。此类活动通过新的贸易关系的确立，有望激发更多软实力网络的形成。通过梳理，我们可以看到，中国在澳大利亚三个层次公共外交活动已经形成牢固的基础。尽管没有证据直接证明公共外交活动促进了澳大利亚民众对中国的认知，但 2010 年以来澳大利亚著名洛伊国际政策研究所（Lowy Institute for International Policy）的年度民调显示，认为中国是澳大利亚经济伙伴的受访者一直维持在 70%以上。这从侧面证明了中澳关系的良性发展。

建设新型大国关系主题下的中国对美公共外交

吴雁飞[*]

摘要： 近些年中国为了加强中美互信，减少中美之间的战略互疑，在“建设中美新型大国关系”的背景下展开了一系列对美公共外交实践。在首脑外交方面，习近平访美、庄园外交、第一夫人外交成为亮点；在人文交流方面，中美人文交流高层磋商机制得到进一步拓展，中美智库交流也在内容和形式上有了新的发展；在经济领域，在中国领导人展开对美工商界公共外交的同时，中国也在努力推动经济领域的“二轨对话”，在既有的中美官方经济对话机制基础上增加非官方角色的参与度；在孔子学院建设方面，中国在本土化、增进透明度、提升教学质量等方面采取了一系列措施。这些公共外交实践取得了一定的成就，本文就如何进一步增强中国对美公共外交效果提出了相应的建议。

关键词： 对美公共外交　新型大国关系　中国　美国

近些年来中美之间的“战略互疑”越来越严重。① 在这种情况下，如何重新寻找重大共识，避免“大国政治的悲剧”，成为中国对美关系的重要基调。中国因此提出了“构建中美新型大国关系”这一说法，意在打破有些人认为的大国崛起过程中崛起国与守成国之间冲突不可避免的历史循环。在落实“中美新型大国关系”方面，中国对美国的公共外交扮演了越来越

---

* 吴雁飞，博士，吉林大学公共外交学院讲师。

① 王缉思、李侃如：《中美战略互疑：解析与应对》，北京大学国际战略研究中心报告。该报告认为中美之间的“战略互疑”指的是中美“双方在长远意图方面的互不信任”，这种战略互疑主要来源于“不同的政治传统、价值体系和文化；对彼此的决策过程以及政府和其他实体之间关系的理解和认识不够；对中美之间实力差距日益缩小的认识”，参见该报告内容摘要。

重要的角色，为中美关系的良性发展提供了有力的支撑。自中方提出建设“中美新型大国关系”以来，中国对美公共外交的主要实践包括首脑外交的延续和创新、推动建立人文交流的铺路石角色、夯实中美经贸关系的压舱石角色、巩固孔子学院的建设等。这些举措扩大了中国对美交流的层面，增加了美国民众对中国文化、政治、经济、社会发展模式的理解。

一　首脑外交：延续与创新

近些年来中国对美首脑外交中的重点是提出中美共同建设新型大国关系。中国在推动对美公共外交的具体方式上，一方面延续了之前中国领导人邓小平、江泽民、胡锦涛对美国的首脑公共外交思路；另一方面有所创新，尤其是在中美双方首脑的庄园外交、第一夫人外交、增强首脑外交的文化意蕴等方面。

中国延续了之前领导人进行首脑公共外交的许多思路和方式。早在1979年访美时，邓小平就利用他的个人魅力对美国展开了公共外交，引起美国方面的热烈反应。后来江泽民接受美国《60分钟》节目主持人华莱士的采访、胡锦涛对美国访问时的公共外交行为，都充分体现了中国国家领导人的个人魅力对于开展对美公共外交的作用。习近平上任后在一定程度上延续了这种方式。

2015年9月，习近平第一次以国家主席的身份对美国进行国事访问。访美期间，习近平在西雅图访问期间出席了中美企业家座谈会并发表演讲。此外，习近平还访问了美国塔科玛市林肯中学，参观了该中学的橄榄球队，接受球队赠衣，现场听政治学课程。在与学生交流的过程中，习主席回顾自己年轻时在山上放羊也不忘读书的事情，鼓励他们好好学习，并且当场邀请林肯中学的100名同学2016年访问中国。习近平主席访美期间，中美双方在互派留学生、加强中美智库交流合作、推动中美青年创业合作与交流、推动电影产业合作、加大旅游合作并借助旅游宣传的方式增强对对方的理解等方面达成了协议。①

除了这些具体进展之外，首脑外交的手段也有所创新。创新之一是建立“庄园外交”的方式。2013年6月7~8日，习近平与奥巴马在美国加州

① 新华社：《习近平访美中方成果清单发布》，人民网，2015年9月26日，http://politics.people.com.cn/n/2015/0926/c1001-27637282.html。

安纳伯格庄园会面，双方不打领带，以散步交谈的形式，共处 8 小时，此次会面被媒体称为习奥庄园会。这次会面没有以正式国事访问的形式展开，带有非常强的公共外交性质。中美双方首次就构建“不冲突、不对抗、相互尊重、合作共赢”新型大国关系达成了共识。2014 年奥巴马在北京参加 APEC 会议之后，赴中南海与习近平会面，双方在一起共处 5 个小时，这是另外一次重要的对美公共外交。2017 年 4 月，习近平和特朗普在美国佛罗里达州海湖庄园进行了会晤。通过这种“不打领带”的交流活动，中美两大国领导人可以就诸多双方关心的或者棘手的话题进行坦诚交流，减少常规外交磋商的成本，并就一些议题迅速达成共识，比如习近平和奥巴马举行首脑会晤之后，两国在减排议题上达成了共识，也推动了巴黎气候大会的成功举办。

手段创新之二是重视和发挥了第一夫人外交的影响。作为国家主席夫人的彭丽媛，充分发挥了第一夫人外交的作用。中国作为一个崛起中的大国，需要用一些亲善、包容的形象来化解外界对日益强大的中国所抱有的警惕和不安，而作为第一夫人的彭丽媛所拥有的女性特质，正好可以在这些方面发挥重要作用。彭丽媛在习近平成为国家副主席后，就开始淡出演出舞台，致力于慈善公益事业。2013 年 3 月，习近平对俄罗斯等四国进行国事访问，彭丽媛第一次以第一夫人的身份亮相，引起国内外舆论高度关注，反应非常积极。2015 年 9 月习近平访美时，彭丽媛访问了育英小学并与小学生们一起看了大熊猫，访问了林肯中学并听学生们用中文演唱《在希望的田野上》，还在弗雷德哈钦森癌症研究中心发表了演讲。最后彭丽媛在访问联合国总部时，全程用英文发表演讲，用自己父亲的故事，讲述了中国教育扫盲事业的发展。彭丽媛的第一夫人外交，围绕着儿童、爱心、慈善、教育等主题，有助于提升中国国家形象。正如中国外交部礼宾司前司长鲁培新所评论的：“女性温婉端庄的形象，给生硬的政治公式化活动带来了活力和生机，起到四两拨千斤的效果。”①

创新之三是充分发挥首脑外交的文化意蕴。2017 年 11 月特朗普访华，中国将故宫作为接待特朗普访华的第一站。习近平夫妇同特朗普夫妇在故宫看京剧，在故宫博物院宝蕴楼茶叙，观看文物修复技艺展示（“观故宫、

---

① 外媒：《彭丽媛展现中国“第一夫人外交”魅力》，中华人民共和国国务院新闻办公室网站，2015 年 9 月 25 日，http：//www. scio. gov. cn/zhzc/2/32764/Document/1450403/1450403. htm。

赏文物、品香茗、听京剧”[①]），将中国文化和中国传统融入特朗普访华的议程之中。[②]

总的来说，这段时间中国对美国的首脑公共外交，既利用了传统的首脑公共外交方式，同时也使用了“庄园外交”、第一夫人外交、增强首脑外交的文化意蕴等新方式，以推动中美新型大国关系的建设。

二　探路者和铺路石：强化人文交流的作用

近几年来，人文交流越来越受到中美双方的共同重视。刘延东副总理曾提出，“人文交流与政治互信和经贸合作相互促进，共同构成中美关系的三大支柱”，而中美之间的人文交流，是中美关系的铺路石。为什么中美之间的人文交流越来越受到双方的重视？对中国来讲，二三十年前中国对美国还不是威胁，东欧剧变前中美之间在某种程度上还是共同对抗苏联的盟友，在东欧剧变后二十年里，中国也尚未构成对美国的实质性威胁，彼时，单纯用经济利益来吸引美国的工商界，已经足以保持较为稳定的中美关系。但现在随着中国国力的进一步增强，中美之间确实在某些方面存在一些结构性矛盾，中国方面想单纯靠经济或美国工商界的亲华派来稳定中美关系，已经远远不够了。中美之间的民间交流与认同就成为夯实两国友好关系的重要基石。中国方面认为，为了构建新型大国关系，有必要让美国民众意识到不同文化和价值观之间“求同存异”、“和而不同”的重要性。

中美人文交流高层磋商机制得到进一步的拓展。自从2010年中美双方建立起中美人文交流高层磋商机制以来，中美之间的人文交流得到了很大的推进。而在中共十八大提出“要扎实推进公共外交和人文交流”以来，中美之间的人文交流得到了推进。中美人文交流高层磋商机制整合了教育、科技、文化、妇女、青年、体育、卫生等方面的内容，迄今为止进行了七轮磋商（2013年、2014年、2015年、2016年分别进行了第四、五、六、七轮的磋商），双方达成的成果数量在十八大后明显上升，从第三轮的53项，上升到第四、五、六、七轮的75项、104项、119项、158项。新推进的项

---

① 《元首外交的文化意蕴》，新华网，http://news.xinhuanet.com/world/2017-11/08/c_1121926030.htm。

② 金佳绪：《习近平特朗普北京会晤，“国事访问+”这样体现》，http://www.china.com.cn/news/world/2017-11/10/content_41873233.htm。

目包括“中美百所高校一万名学生学者交流项目”、“中美文化论坛”、“中美人文交流基金”，以及国家留学基金委员会与美国高校合作开设奖学金项目等，而之前既有的项目也得到很好的推进。中方的“三个一万”项目和美方的“十万强”（“十万人留学中国计划”）项目都得到顺利推进和落实。而且在这个基础上，中美双方在协商后，将原来的“十万强”计划拓展成了“百万强”计划，美方计划在 2030 年前实现 100 万美国学生学习汉语的目标。

中美智库交流更加频繁，也更加机制化和常态化。一方面，传统的智库对话方式仍在继续。比如 2015 年 3 月 28~29 日，北京大学中美人文交流研究基地和美国智库全美亚洲研究所联合举办了“构建中美新型大国关系”研讨会，来自中美双方诸多顶尖智库和学术研究机构的学者，围绕建设中美新型大国关系的主题，就双方的人文交流、网络安全、核安全等一系列问题进行了探讨，并最终汇集成政策报告和中英文论文集。2015 年 4 月 21 日，清华大学与布鲁金斯学会合办了“中美智库高端论坛”，双方主要围绕中国智库的建设和国际合作展开了交流。2015 年习近平主席访美之前，由国务院新闻办和彭博新闻社合办的“中国智库美国行”，组织了中国社会科学院、国务院发展研究中心、北京大学等单位的智库赴美访问交流，就中美建设新型大国关系等问题与美方智库机构专家、前政要和工商界领袖进行了交流，为习主席访美做调研准备并营造相关气氛，取得了较好的效果。2016 年 2 月中国国际问题研究院与布鲁金斯学会桑顿中国中心就 2015 年中美关系的成就和不足进行了交流和探讨。这些智库交流延续了以往的对话方式。另一方面，中国方面越来越重视中美智库交流的机制化和常态化。2015 年 12 月 10 日时任中共中央政治局委员、中宣部部长的刘奇葆在接见美方赴华访问的智库代表时，提出要将两国智库的交流机制化、常态化。2015 年教育部也宣布，自 2016 年起每年举办中美大学智库论坛，主要围绕如何更好地建设中美新型大国关系等议题进行讨论。很多这类智库交流，开始变成每年定期举行的活动，更加机制化和常态化。

中国对美智库交流在形式和内容上也有所创新。一是比以往更重视中美间智库青年学者的交流。2014 年 7 月北京大学中美人文交流基地和布鲁金斯学会举办了“中美智库青年学者对话”，该对话主题为“以更加积极的中美人文交流塑造未来”，会议讨论了中美青年学者在促进中美两国理解方面能起到的作用，会后双方青年学者还推出了中美人文交流政策备忘录。中国还同美方合作，推出中美青年创客大赛，在鼓励中美青年创新创业的同时，也借此增进了中美青年之间的理解和交流。之后中美双方商定每年举办一次中美青年创客大赛。二是推出专门针对青年学生的双边模拟谈判形式。比如2014年7月北京大学与布鲁金斯学会举办的“中国智库青年学者对话”中，中美双方各自安排了6名青年学生模拟中美在非洲的合作谈判，并由中美双方的资深学者和外交官在旁加以指导。三是比以往更重视在虚拟世界推进中美新型大国关系的建设。2015年9月中美双方举行中美智库网络安全对话，这是中美国家级安全智库首次就网络安全进行公开的对话。

中美人文交流给中美关系注入了很多积极因素，但是也有值得忧虑的地方。一方面，中国赴美留学生数量在绝对数量和相对比例上都在不断增长。据美国国际教育研究所的统计，2016~2017年度中国赴美留学生数量相比2010~2011年（15.8万人次）增长了两倍多，达35.1万人次，而中国留学生占美国国外留学生比例，也从2010~2011年度的21.8%[①]上升到2016~2017年度的32.5%。[②] 另一方面，美国赴中国留学的学生数量最近几年数量有下降趋势。中国虽然自2006~2007年度就成为美国学生海外留学除欧洲外的首选地，并且2006~2007年度到2011~2012年度赴中国留学的美国学生人数连年保持增长。然而自2012~2013年度至2015~2016年度，美国赴中国留学的学生人数开始连续下降。[③] 这是一个值得关注和分析的趋势。

三 重建中美经贸关系“压舱石”的地位：经济方面的对美公共外交

长期以来，中美之间的经贸关系，在稳定中美关系方面，发挥了巨大的作用。中美之间过去多次因政治原因而引发的摩擦和冲突，都在中美经贸关系这个稳定器和压舱石的影响下得到化解，中美经贸关系成为以经稳政、以经促政的典型。

近些年中美经贸关系的变化，也使得这个过去的中美关系压舱石角色发生了一定程度的调整：（1）中国营商环境的变化。中国开始逐渐取消外

① https：//www.iie.org/Research-and-Insights/Open-Doors/Data/International-Students/Places-of-Origin/Leading-Places-of-Origin/2010-11.

② https：//www.iie.org/Research-and-Insights/Open-Doors/Data/International-Students/Places-of-Origin.

③ https：//www.iie.org/Research-and-Insights/Open-Doors/Data/US-Study-Abroad/Destinations/Leading-Destinations/2011-13.

资的超国民待遇，很多外企在中国的利润越来越低；中国的劳动力成本越来越高，使得外资企业开始（或考虑）从中国撤离到东南亚，或者是回流到美国等国家；中国从资本匮乏型国家变为资本充裕型国家，对美国等外国资本的依赖程度下降；中国的许多产业开始成熟起来，与美国在高精尖产业的竞争态势更为明显，比如通信设备、互联网、新能源、人工智能产业等；中国经济中国有企业越来越强大，中国政府也加大了反垄断的力度，这使得美国企业有所抱怨。（2）美国自身经济政策的变化。2007 年爆发金融危机以后，新上台的奥巴马政府开始在美国推行“再工业化”政策，使得一部分制造业回流到美国。随着中国加入 WTO 的时间越来越长，美国开始觉得 WTO 成了对中国有利而对美国不利的制度，所以奥巴马政府时期美国想要另起炉灶，按照自己制定的新规则设立一个将中国排除在外的自贸区，就是跨太平洋伙伴关系协定（TPP），迫使中国要么远离这个经济圈，要么接受美国制定的新规则以加入这个新圈子。特朗普成为美国总统后，更是推行具有浓厚保护主义和孤立主义色彩的贸易政策。总的来说，这个阶段的中美经贸关系，其压舱石的作用开始有所减退。这个时期中美围绕人民币国际化、IMF 和世行投票权、一带一路、亚投行等议题的竞争与较量，充分体现了中美在经济关系上的紧张程度。

习近平在美国访问期间或是在中国国内接见访中的美国商界代表时，强调中国会在经济方面继续对外开放，继续进行经济制度改革，中国经济依然有很大的潜力，鼓励他们继续在中国投资。2015 年 9 月 23 日，习近平在西雅图会见中美企业家的座谈会上，就提到中国会继续推进市场化的经济改革，不会降低人民币汇率，并欢迎美国大公司在中国开设地区总部和研发中心，同时指出中国的开放“就像阿里巴巴的芝麻开门，开开了就关不上了”。[①] 同时，2015 年习近平在多个场合（比如在 2015 年 3 月参加博鳌亚洲论坛并与出席论坛的中外企业家进行座谈时，在 2015 年 9 月赴美访问并接受《华尔街日报》书面采访时，在 2015 年出席 APEC 工商领导人峰会上进行主旨演讲时）重申了中国吸引外资政策的“三个不会变”：“中国利用外资的政策不会变，对外商投资企业合法权益的保障不会变，为各国企业在华投资兴业提供更好服务的方向不会变”。[②] 2017 年 11 月美国总统特朗

① 习近平：《中国开放像芝麻开门，开了就关不上》，澎湃新闻，2015 年 9 月 24 日，http：//news. qq. com/a/20150924/013929. htm。

② 王珂、许志峰：《“三个不会变”：中国开放的大门永远不会关上》，《人民日报》2015 年 12 月 5 日，第 1 版。

普访华时，习近平同特朗普一起出席了中美企业家对话会并发表演讲，指出“中国坚持改革开放的前景是明确的……中国开放的大门不会关闭，只会越开越大……包括美国企业在内的外资企业在华经营环境也将更加开放、透明和规范”。[①] 习近平主席这类公共外交活动，给美国工商界吃了一颗“定心丸”。

中方还努力完善经济方面的“二轨对话”，推进经济领域的对美公共外交。中国国际经济交流中心和美国全国商会自 2011 年举办第一轮中美工商业领袖和前高官对话以来，到 2017 年 6 月已经举行了 9 轮。该对话主要是为了促进中美企业家之间的了解和沟通。习近平曾在第七轮、李克强曾在第九轮会见了来访的中美工商业领袖和前高管对话的美方代表。

中方还试图改进既有的官方经济对话机制，增加非官方角色的参与度。这方面的一个代表性案例是中方对中美商贸联委会的改进。中美商贸联委会是中美之间有关经贸问题进行磋商的重要对话机制，被誉为中美关系的“灭火器”。尤其是在 2003 年前总理温家宝访美时中美双方确定将该对话机制上升到副总理级别后（中方由一位副总理担任主席，美方由商务部长和贸易特别代表共同担任主席），该机制显得更为重要，在推动中美双方的贸易和投资合作方面发挥了非常大的作用。2014 年，汪洋副总理出席在芝加哥举办的第 25 届中美商贸联委会时，指出在中美双方的商议下，2014 年是中美商贸联委会的改革年，改革的重点是吸纳更多企业家的参与。汪洋表示要把中美商贸联委会，由双方主席的三重唱（中方副总理、美方商务部长和美方贸易代表三位主席）变成众多企业家参与的大合唱。据此，这届中美商贸联委会开始纳入了一系列有大量工商界人士参与的相关活动，比如中美投资圆桌会议（这次会议中美双方有 40 多位企业家参与）、中美商业关系论坛、中美旅游合作论坛、中美城市间经贸合作主题午餐会等，大大提高了中美双方工商业人士的参与度，有力地推动了中国对美国商界的公共外交。

四　进一步巩固孔子学院建设

改革开放以来，中国在文化进出口方面存在着赤字。一方面，从通俗

---

① 孙奕、谭晶晶：《中美元首共同出席中美企业家对话会闭幕式》，http://us.xinhuanet.com/2017-11/09/c_ 1121930262.htm。

文化来说，美剧在中国非常流行，而中国的影视文化产品很难在美国获得大的成功。另一方面，从语言学习和使用来看，中国学习英语的人数，远远超过美国学习中文的人数。无论是好莱坞的通俗文化，还是英语国家的学术界，相对中国文化和学术而言都存在极大优势。中国设立孔子学院在一定程度上也是意图改变这种状况。

中国为推进孔子学院的发展采取了一系列积极举措。（1）更注重孔子学院的本土化。国家汉办加大了本土化教材的研发力度，截止到 2016 年底，全球孔子学院编写的本土化教材，已经达到 2603 册；大幅增加了汉语教师在当地招聘的比例；进一步推动孔子学院课程纳入当地大学学分体系。（2）进一步增加孔子学院的透明度。比如对运行 3 年以上的孔子学院推行财务审计和事业审计。（3）采用各种方式提高办学质量。孔子学院院长学院在 2014 年揭牌；继续通过评选示范孔子学院的方式，推动孔子学院办学质量的提升。（4）进一步扩大孔子学院影响力。2012 年底，国家汉办开始正式启动“新汉学计划”，用高额奖学金吸引海外学生到中国攻读博士学位，致力于培养新一代的汉学家，提升海外中国研究的话语权，截止到 2016 年底有超过 200 名博士研究生受该计划资助来中国学习。同时，2014 年 9 月 27 日，国家汉办举办了全球首个孔子学院日，持续提升孔子学院的海外影响力。

截至 2016 年底，中国海外孔子学院的数量已经达到 513 所，孔子课堂数量达到 1073 所。从美国方面来看，虽然这期间发生了一些有关孔子学院的风波，但中国在美孔子学院在数量上没有受到太大影响，不仅没有减少，而且延续了增长的势头。国家汉办历年发展报告显示，2012 年底中国在美国的孔子学院数量为 90 所，孔子课堂数量为 315 所，合计 405 所。而截止到 2016 年底，国家汉办已经在美国开设了 611 所孔子学院或孔子学堂，其中孔子学院 110 所，孔子课堂 501 所。①

五　中国对美公共外交的评估与建议

中美两国构建新型大国关系的落实，不但需要两国首脑以及外交官的沟通与磋商，也需要公共外交来夯实两国友好的民间基石。在中国今后的对美公共外交中，应进一步增强对美国年轻一代的公共外交；充分发挥商

---

① 该部分主要数据来源于孔子学院历年发展报告，http://www.hanban.edu.cn/report/index.html。

界、教育界，甚至军方等多种行为体的作用；进一步利用新媒体技术和新通信技术；在建立和完善对美公共外交评估机制的基础上进一步改进对美公共外交政策。

（一）评估

自从中国提出建设中美新型大国关系以来，中国对美公共外交在很大程度上就是围绕着如何利用公共外交助推中美新型大国关系的建设而展开的。而这些公共外交举措，在一定程度上缓解了守成大国与崛起大国之间的紧张关系。虽然中国在这段时期国力继续增强，影响力继续扩大，一带一路、亚投行等项目不断实行，中美双方依然保持了有效的沟通和理解，不能不说围绕中美新型大国关系的相关建设确实起到了一定作用。通过在美国孔子学院的建设和其他人文交流机制的建设，中方在美国人文领域的存在进一步增强；重新稳固了中美经贸关系的“压舱石”地位。通过“二轨对话”，加强了高层对美国工商界的公共外交，减少了美国工商界对中国改革开放政策的疑虑。

在今后构建中美新型大国关系的过程中，需要进一步拓宽与提升公共外交的领域和水平。公共外交意味着多元主体的参与，商界、教育界、智库、民间团体甚至军方都可以参与到公共外交中来，比如中国军方参与到香格里拉对话会之中。在人文交流方面，还存在项目的政府主导色彩较浓、项目的草根性和民间性不够的情况，有些项目对美国方面的需求把握还不够到位，有时我们所提供的东西不一定是对方所迫切需要的。[①] 中国虽然高度重视对美国商界的公共外交，但是，中国企业赴美投资还是面临诸多障碍，无论对于政府还是企业来说，了解美国的法律法规，以及市场规范，并且通过恰当合理的公关手段，才能够比较顺利地打开美国的市场大门。

（二）政策建议

进一步重视社交媒体在公共外交中的作用。社交媒体时代的来临，大大降低了人与人交流的成本，甚至在重新定义着外交的含义。借助互联网的平台，政治家们可以低成本甚至无成本地表达自己的主张。习近平主席访美期间在知名社交网站 Facebook 上开设了账户，在很短时间里就聚集了上百万粉丝，借助这样的平台可以在一定程度上弥补其他交流手段的缺陷。

---

① 潘亚玲：《中美人文交流：成就与展望》，《教学与研究》2015 年第 12 期，第 23 页。

在这样的公共平台中，讲述中国的故事，可能效果要好于在海外放映国家形象宣传片。值得关注的是，依靠社交媒体与国内外公众进行交流互动，也成为越来越多国家政要的选择。“互联网+”不但影响着世界经济的发展，也在重新定义和塑造着外交，“互联网+”外交的时代已经来临。

高度重视对美国年轻一代的公共外交。年轻人之间的交流是公共外交的关键领域，美国年轻一代对中国的认知和理解关系到未来中美关系的发展。在美国大选中也能看到，年轻人在崛起，因此对美公共外交的重点要放在青年身上，要着力建设培养青年领袖的交流项目，让美国青年对中国有更加全面的了解，至少能够减少对中国的偏见。鉴于最近几年赴中国留学的美国学生数量减少的趋势，我们需要加大对美国年轻人的公共外交。

充分发挥商界、教育界甚至其他国家组织在公共外交中的作用。在商界方面，中国商界可以同美国商界共同建设慈善项目，鼓励中美双方商界出资支持各种有助于增进双方理解和好感度的项目，鼓励中方在美企业完善自身的海外企业社会责任建设。在教育界方面，重视并持续推进中美教师之间的交流项目，因为教师对下一代的观念有直接影响。对美公共外交主体方面还可以引入中国和美国之外的第三方国家和组织，从而给中美双方提供新的更为中立和客观的视角。①

最后，建立和完善效果评估机制。只有通过设定相对客观的评估体系和绩效管理机制，不断对既有的公共外交机制进行修正，才能使之日益得到完善。在建设评估机制的具体手段上，一方面，可以建设公共外交的大数据，比如定期进行有关美国民众对华认知的数据调查，形成长期的、系统的数据资源，为相关的实证研究建立数据基础；另一方面，可以在一定实证研究结论的基础上，对中国对美公共外交的某些政策进行一些调整，并利用相关调查来检验这种调整的效果，以这种“实验”的方法寻找更有效的推进公共外交的方式。

---

① U. S. -China Bi-Nation Commission,“Building U. S. -China Trust through Next Generation People, Platforms and Programs,” pp. 28-34, http://www. cuppe. pku. edu. cn/pages/document. aspx?id=3ee25892-dc14-46e6-8252-18ef5a794bee.

中国对俄罗斯公共外交

乔　蕊*

摘要： 国之交在民之亲，在中俄两国关系的发展中，中国政府历来重视发展同俄罗斯的人文交流，夯实民意基础。两国在中俄战略协作伙伴关系框架下建立了人文交流机制。近年来，国家级活动成为中国对俄罗斯公共外交的新模式，为促进两国民众了解和往来发挥了积极的作用。当前，中国对俄罗斯公共外交在文化、教育等领域取得了一定的成就，但也面临一些障碍和困难。未来，需要加强人才培养，拓宽公共外交渠道，使中俄人文交流在青年、媒体、旅游等领域取得新成就。

关键词： 公共外交　中俄关系　人文交流

在中国的对外关系和周边外交中，中俄关系占据重要的地位。习近平主席上任后出访的首个国家就是俄罗斯，俄罗斯也是习近平到访最多的国家。中俄关系处于历史最好时期，两国全面战略协作伙伴关系也不断深化。

作为中俄战略协作伙伴关系的重要组成部分，人文交流与政治互信、经贸合作共同构成中俄关系的三大支柱。① 中国政府高度重视开展同俄罗斯的人文交流。中俄关系的发展互惠两国人民，良好的社会基础也是继续深入推进两国关系发展的重要保障。

一　中俄战略协作伙伴关系下的人文交流

自 2001 年中俄两国元首签署《中俄睦邻友好合作条约》，奠定了中俄两国深入发展的基础，中俄战略协作伙伴关系的合作领域不断拓展。在政

* 乔蕊，法学博士，吉林大学公共外交学院讲师。

① 《国务委员刘延东在圣彼得堡国立大学发表演讲》，http：//news.xinhuanet.com/politics/2014-03/29/c_ 1110002920.htm。

治层面，中俄首脑互访频繁，保持了高水平和高层次的政治对话，建立了各领域机制性交往和其他高级别接触；在经贸合作方面，在全球经济环境堪忧的情况下，“两国经贸规模和质量逆势增长，反映出双边务实合作的巨大潜力和空间”；[①] 在人文层面，中俄两国建立了人文交流合作机制，在教育、文化、卫生、体育等领域开展交流合作。2006 年以来，举办国家级活动成为中国对俄罗斯公共外交的新模式。

（一）中俄人文交流机制

中国和俄罗斯较早建立了人文交流机制，除俄罗斯外，中国仅同美国、英国、欧盟建立了人文交流机制。中俄人文交流机制的前身是中俄教文卫体合作委员会，其于 2000 年 12 月在总理定期会晤机制框架内成立，统筹规划在教育、文化、卫生、体育领域的合作。随着合作的深入和拓展，原有名称已经不能涵盖两国人文合作的全部内容，2006 年，中俄教文卫体合作委员会第七次会议决定将该委员会更名为中俄人文合作委员会，[②] 两国的人文交流也从最初的四个领域拓展到教育、文化、卫生、体育、旅游、媒体、电影、档案、青年九大领域，形成了包括俄罗斯中小学生来华冬令营、中国中学生赴俄罗斯夏令营、中俄大学生艺术联欢节、中俄大学校长论坛等在内的一系列机制化项目，同时，每年的中俄人文合作委员会会议也会确定当年的人文合作重点。2015 年 10 月在西安举行的第十六次会议上确定扎实推进中俄 2020 年 10 万人留学项目、语言教学、中共六大会址修复、传统医学、冬季体育项目、文化旅游、科技创新等重点项目。[③]

中俄人文交流机制主要包含以下一些项目。

1. 俄罗斯中小学生来华冬令营

此项目自 2001 年开始，迄今为止已成功举办了十三届，俄罗斯中小学生的足迹遍布中国的北京、上海、苏州、大连、哈尔滨、牡丹江、佳木斯、长春、吉林、昆明、大理、丽江、西双版纳、海口、三亚、琼海等城市。俄代表团每年访华人数约为 60 人，成员主要由俄罗斯各城市的中学生代表

① 外交部：《俄罗斯总统普京会见王毅》，http://www.fmprc.gov.cn/web/gjhdq_676201/gj_676203/oz_678770/1206_679110/xgxw_679116/t1347203.shtml。

② 中华人民共和国教育部：《对外合作与交流》，http://www.moe.edu.cn/moe_879/moe_175/moe_364/moe_2489/moe_2521/tnull_41123.html。

③《中俄人文合作委员会第十六次会议在西安举行》，新华网，http://news.xinhuanet.com/local/2015-10/09/c_1116773102.htm。

及领队教师组成。他们参观中国的城市，游览当地的历史文化名胜，访问有关院校，与中国学生举行文艺表演和联谊，进行体育竞赛等交流活动。[①]

2. 中国中学生赴俄罗斯夏令营

自2001年以来，已经在国家和地方层面上组织两国中小学生双向夏令营、冬令营活动。每年中国中学生赴俄代表团访问人数为50~60人，团员主要由中国各城市的中小学生代表及领队教师组成。他们与俄罗斯学生开展交流活动，并参观和游览莫斯科红场、卫国战争纪念碑、克里姆林宫、列宁墓、冬宫等俄罗斯历史名胜古迹。[②]

3. 中俄大学生艺术联欢节

中俄大学生艺术联欢节是中俄人文领域机制化项目之一，也是2014中俄青年友好交流年重要组成部分，自2003年至今，已成功举办十一届。联欢节旨在推动两国青少年的培养和交往工作，展示两国民族文化艺术瑰宝和当代大学生的青春活力，彰显两国文化艺术的价值与特色，搭建中俄民间国际交流平台，让更多的中俄两国年轻人相互欣赏和了解彼此国家的璀璨文化艺术魅力。[③]

4. 中俄大学校长论坛

2014年，以“适应中俄全面战略协作需要的精英人才培养”为主题的中俄大学校长论坛在哈尔滨举行，来自黑龙江大学、哈尔滨工业大学、吉林大学、西安交通大学等国内13所高校与圣彼得堡国立大学、鲍曼莫斯科国立技术大学、新西伯利亚国立技术大学、国立普希金俄语学院等18所俄罗斯高水平大学的近80名代表参加了此次论坛。中俄大学校长论坛为两国教育领域合作搭建了交流平台，也促成一系列校际合作项目。

（二）“国家年”活动

2005年，中国和俄罗斯元首达成共识，就互办国家年签署协议。2006年中国“俄罗斯年”启动，2007年举办俄罗斯“中国年”，在国家年框架内，两国举办了数百场活动，取得了巨大的成功，自此也开启了中俄两国举办大型国家级交流活动的序幕。这种新模式为促进两国关系的发展，特别是民众的相互了解和认知发挥了重要的作用。而后，两国又成功

① 《中俄人文交流机制简介》，http://www.ceaie.edu.cn/zhongourenwenjiaoliu/1273.html。

② 《中俄人文交流机制简介》，http://www.ceaie.edu.cn/zhongourenwenjiaoliu/1273.html。

③ 《中俄人文交流机制简介》，http://www.ceaie.edu.cn/zhongourenwenjiaoliu/1273.html。

举办了语言年、旅游年、青年友好交流年，2016 年中俄媒体交流年也成功举办。

1. 中俄国家年

2006 年的中国“俄罗斯年”和 2007 年的俄罗斯“中国年”是中俄两国人文交流领域全新的模式，在国家年框架内，两国举办了 500 多场交流活动，取得了巨大的成功和良好的社会反响，不仅巩固了两国人民传统友谊，增进彼此了解，而且在一定程度上改变了两国民众对彼此的陈旧观念。随着中俄两国《战略协作伙伴关系联合声明》、《中俄睦邻友好条约》等的签订，两国在政治和国家层面关系发展非常迅速，而民众层面的了解和沟通有限。国家年的举办正是在这个意义上填补双方民众对彼此了解的空白，扭转偏见，提高对发展中俄关系重要性的认识，为两国关系发展营造良好的社会基础。

2. 中俄语言年

语言是文化的载体和交流工具，不同国家和民族的交流离不开语言这一沟通桥梁。继两国国家年之后，中国和俄罗斯分别于 2009 年和 2010 年举办了“俄语年”和“汉语年”，其间举办了文艺演出、语言大赛、歌曲大赛等丰富多彩的交流活动，上亿人次直接或间接参与。同时，俄罗斯在中国开设了俄语中心，一批孔子学院在俄罗斯建立，中国中央电视台正式开通俄语国际频道。语言年的举办及后续活动使得两国“俄语热”和“汉语热”持续升温，也为文化教育领域深入合作奠定了基础。

3. 中俄旅游年

2012~2013 年的中俄两国旅游年丰富了中俄人文合作的内涵，不仅取得了良好的社会反响，而且产生了巨大的经济效益。旅游年期间，中国记者到访俄罗斯 20 多个城市，制作旅游电视短片，中方也邀请俄罗斯媒体来华进行“美丽中国之旅”采风活动，双方旅游机构代表考察旅游资源和旅游线路，开发旅游产品。一系列活动激发了两国民众的旅游热情，中国赴俄罗斯游客和俄罗斯到中国旅游的游客都大幅增加，中国更成为俄罗斯入境游第一大客源国，旅游年结束后双方民众的旅游热情不减：2015 年中国游客占所有赴俄游客的 10%。2015 年的前 9 个月内，共有 111.7 万名中国公民入境俄罗斯，其中有 58.3 万名游客。2015 年中国游客在莫斯科共消费 8 亿到 10 亿美元。

4. 中俄青年友好交流年

同以往大型国家活动相比，青年友好交流年聚焦青年群体。这是中俄人文交流不断深化细化的体现。青年是中俄民间交往最积极、最活跃的力量，青年的未来也是两国的未来。青年友好交流年旨在加强两国青年在教育、文化、科技、体育等领域的交流，培养青年一代的友好情感。

5. 中俄媒体交流年

尽管中俄两国通过数年的努力，在人文交流领域取得了一定的成果，两国民众的交流日益密切，但同两国高水平的政治关系、日益紧密的经济联系相比，中俄关系的社会基础还相对薄弱，近年随着中国经济实力的增强、国际地位的提高，俄罗斯社会对中国的观感也有新的变化，加强中俄媒体合作，促进彼此了解是适应两国关系发展的重要举措。中俄媒体合作不仅有官方媒体也有地方媒体，2015 年底，人民网与俄罗斯主流纸媒《真理报》就长期在《真理报》上刊登人民网专栏文章达成协议，2016 年 1 月 29 日，《真理报》开辟了带有人民网显著标识的专栏页面，醒目地刊登了人民网署名文章。[①] 这是中俄媒体交流年在新年伊始取得的良好成果。2017 年 11 月，中俄媒体交流年闭幕，两年间双方共举办了 250 多场丰富多彩的活动，增进了解，体现了两国人民的友好程度。

十年来，国家级活动日益成为中俄人文交流的新模式。其涉及领域之多、参与人群之广有别于中国同其他任何国家开展的公共外交。国家级活动越来越呈现以下特点：文艺演出、媒体宣传、举办各种艺术展览等文化介绍展示的同时推进民众参与、跨境旅游等真实体验，民众体验更为直观和感同身受；青年群体日益成为中俄两国人文交流的重点，成为继教育、文化、卫生、体育、旅游、媒体、电影、档案之后的第九大合作领域；越来越重视发挥媒体影响公众认知和塑造国家形象的作用，两国共同举办媒体交流年，搭建平台，促进信息流通，以实现中俄关系从国家层面向民众层面推进，通过夯实民意基础促进两国战略协作伙伴关系的深入。

二　中国对俄罗斯公共外交的多维主体及其交流活动

从中国对俄罗斯公共外交实践来看，中央和地方政府发挥了积极的主导作用，中俄人文合作在国家层面确立主题鲜明的国家年活动，在地方层

---

① 《“中俄媒体交流年”重磅开启　人民网大篇幅落地俄罗斯〈真理报〉》，http：//world.people.com.cn/n1/2016/0129/c1002-28097380.html。

面通过友好城市建设促进各领域合作，莫斯科中国文化中心和在俄孔子学院成为展示中国文化、促进文化交流的平台和窗口，外交部、文化部、教育部等政府机构、中俄友好和平与发展委员会等民间团体，以及国内高校都为此做出了贡献。友好城市和教育合作是中俄人文交流的传统项目，同时，伴随新媒体和网络技术的发展，媒体、电商和旅游深入普通民众的生活，其能发挥的影响越来越大，这些也拓宽了公共外交的实现途径。

（一）政府机构及政府支持的民间团体是中国对俄公共外交的中坚力量

中国对俄罗斯公共外交的一大特点是发挥政府的主导作用，成立相关委员会和理事会统筹各领域合作，如中俄人文合作委员会、中俄友好和平与发展委员会等。

1. 中俄友好和平与发展委员会

该委员会成立于 1997 年 4 月，旨在加强两国人民的相互理解和传统友谊，促进睦邻友好合作，巩固和扩大中俄战略协作伙伴关系的社会基础。目前，委员会下设地方合作、智库、文化、实业家、妇女、青年、专家、媒体、生态、医学、科学与创新、宗教事务、健康生活方式、残疾人事务等 14 个理事会。自成立以来，委员会开展了大量活动，包括中俄“国家年”、“语言年”、“旅游年”等，加强友好交流，促进两国经贸、地区、人文、科技等领域交往与合作。委员会网站采用中文、俄文两种语言，报道与中俄关系密切相关的重大事件和新闻，同时以图片和视频形式介绍中国历史、国情、风景名胜及中国特色文化。①

2. 中国俄罗斯友好协会（简称中俄友协）

中俄友协是中国人民对外友好协会下设的地区国别友协之一，其前身是中国苏联友好协会，成立于 1949 年 10 月 5 日，是新中国最早开展活动的群众性民间外交团体，旨在发展同苏联民众的友好往来。1992 年 2 月，中国苏联友好协会更名为中国俄罗斯友好协会。中俄友协同俄罗斯对华友好组织、社会团体和各界人士发展友好关系，促进两国经贸合作和文化交流。

---

① 参见网站信息，http://www.sinorussian21st.org/cn/。

（二）莫斯科中国文化中心和在俄孔子学院是中国对俄文化推广的基地

1. 莫斯科中国文化中心

2012 年 5 月，莫斯科中国文化中心正式揭牌。这是中国政府在俄罗斯成立的官方文化机构，也是我国在独联体国家和东欧地区设立的第一家多功能文化中心。文化中心围绕“文化交流、教学培训、思想对话、信息服务”等开展常规工作，成为展示中国文化和发展成就的重要窗口，也是促进双边文化交流的稳固平台。2015 年，莫斯科中国文化中心组织了汉语、太极拳、健身气功、剪纸等多项中国文化教学培训，举办了“2015 莫斯科·多彩贵州文化节暨贵州非物质文化遗产展演”系列活动，展示了刺绣、银饰、蜡染、剪纸、木雕等极具特色的非物质文化遗产和侗族大歌、侗族琵琶歌等传统歌舞，同时以讲座和互动参与的方式向俄罗斯民众介绍中国传统文化。莫斯科中国文化中心 2016 年“欢乐春节”活动丰富多彩，受到当地民众的欢迎。

2. 在俄孔子学院

2006 年，俄罗斯首家孔子学院在圣彼得堡国立大学成立，至今，在俄罗斯已经有 17 所孔子学院、4 个孔子课堂。[①] 这些孔子学院是中国在俄罗斯开展公共外交的重要阵地，其工作包括语言教学、教师培训、认证考试、文化推广、文化研究等。教学和培训方面，在孔子学院成立以前，俄罗斯高校和中小学开设汉语课程非常有限，缺乏汉语教师和汉语学习条件，这样的情况非常普遍。孔子学院的成立为俄罗斯学校开设汉语课程提供了重要的支撑和保障。一方面，俄罗斯孔子学院积极培训本土汉语教师，如圣彼得堡国立大学孔子学院、远东联邦大学孔子学院等开展内容丰富、形式多样的汉语教师培训；另一方面，开展华人汉语教师培训，扩大汉语教师队伍，如圣彼得堡独立孔子课堂举办了两届“华人汉语教师培训班”，得到孔子学院总部和当地政府的大力支持。同时，孔子学院也是当地汉语水平考试的中心和基地。推广中国文化和促进文化交流方面，俄罗斯孔子学院通过开展有关中国的图片展、图书展、电影节、音乐课、书法作品展等形式向俄罗斯民众介绍当代中国。如 2013 年 12 月 21 日，为庆祝新中国成立和中俄建交 60 周年，俄罗斯莫斯科大学孔子学院举行“新中国成就图片

---

① 汉办官网，http：//www. hanban. edu. cn/confuciousinstitutes/node_ 10961. htm。

展"。远东联邦大学孔子学院长期举办"我眼中的中国"摄影展。2015 年 9 月，梁赞大学孔子学院举办中国电影周活动，放映中国电影。2015 年 12 月，新西伯利亚国立大学孔子学堂与大连外国语大学联合举办传统文化演出活动等。俄罗斯孔子学院也举办各种学术会议、国际研讨会促进汉学研究和校际交流。

（三）友好城市和教育合作是中俄人文交流的传统项目

1. 友好城市

自 1988 年 12 月上海市与圣彼得堡市建立友好城市关系以来，我国已同俄罗斯的 25 个省州、93 个城市建立了友城关系。[①] 俄罗斯同中国建立友好城市伙伴关系的省市数量仅次于美国、日本和韩国，位列第四位。在友城框架下，两国地方政府代表团多次互访，建立对话机制，共同举办会议等，促进了地方经济、文化、基础设施建设等领域的合作。中国国际友好城市联合会也做了大量的工作支持中国企业在俄罗斯开展贸易以及在中国推广俄罗斯产品。

2. 教育合作

首先是扩大招收留学生。目前，我国在俄罗斯留学生 2.5 万多人，俄罗斯在华留学生 1.5 万多人，双方争取 2020 年将留学人员总数增加到 10 万人。其次是联合培养学生。2014 年 12 月，中国中央戏剧学院与俄罗斯圣彼得堡国立戏剧学院签署合作协议，约定双方于 2015 年 9 月起正式实施表演专业本科 2+2 双学位项目。招收的 25 名学生将在圣彼得堡国立戏剧学院学习两年，而后回国学习两年，成绩合格者将分别获得两校颁发的毕业（学位）证书。这是两校首次在本科专业领域开展校际交流项目，也是中国戏剧艺术学历教育国际合作的首例。[②] 再次是联合办学。2015 年，中俄大学正式落户深圳，校名为深圳北理莫斯科大学，这是中俄两国第一个在高等教育领域具有独立法人资格的合作项目，也标志着两国教育合作形式的全新转变。学校以汉语、俄语、英语三种语言进行教学，学生毕业可以拿到莫斯科大学和深圳北理莫斯科大学颁发的两个文凭。中俄大学于 2017 年 9 月正式开学。

---

① http://www.cifca.org.cn/Web/SearchByZhou.aspx? guojia=%B6%ED%C2%DE%CB%B9.

② 《中央戏剧学院与俄罗斯圣彼得堡国立戏剧学院表演专业交流项目》，中国新闻网，2014 年 12 月 16 日，http://www.3773.com.cn/msgk/byzy/1464341.shtml。

（四）媒体、电商和旅游是中国对俄罗斯开展公共外交的新渠道

2009 年 9 月 10 日，中国中央电视台俄语国际频道正式开播，面向俄罗斯及独联体国家民众报道中国和国际社会重大新闻事件，独联体国家、东欧地区和波罗的海国家的观众可以 24 小时不间断地收看来自中国的俄语节目，同时，也可以通过央视网的网络电视俄语频道收看。这是中国媒体走向国际化的一步，也是中国在俄罗斯公共外交手段的拓展。2015 年，为共同纪念二战胜利 70 周年，中国国际广播电台和《今日俄罗斯》通讯社卫星广播电台共同策划了《难忘的声音》系列报道，联合制作供网站和广播使用的特别节目。这些节目充分利用了广播的传播特色，从那些在战争亲历者记忆中最难忘的声音元素入手，挖掘背后鲜为人知的感人故事，受到了听众和专家的一致好评。①

近年来，电商在中国发展迅猛，中国政府也推出互联网+行动，引导互联网企业开拓国际市场。以阿里巴巴、京东商城等为主的互联网企业纷纷开拓俄罗斯市场，取得了惊人的业绩，电商外交也越来越显示出其巨大的潜力和影响力。

据俄罗斯电子商务协会统计：2013 年，俄罗斯网购中国商品的订单数，在跨境网购总单数中占 40%；2016 年，俄罗斯跨境网购的海外订单量增加到约 2.45 亿件，其中 90%来自中国，平均每天有超过 50 万件包裹从中国发到俄罗斯。中国电商企业在俄罗斯取得的成就不只是销售商品，也带动中国中小企业走向国际市场，树立中国品牌形象。马云在俄罗斯的知名度颇高，多次受邀出席圣彼得堡经济论坛、开放创新论坛等，2017 年瓦尔代辩论俱乐部年会上，马云作为受邀的唯一企业家，和俄罗斯普京总统同台演讲。

旅游是中俄两国人文交流合作的重要领域。尽管中国已经成为俄罗斯入境游第一大客源国，但无论从游客人数还是消费能力看，中俄旅游合作还有很大的潜力可以挖掘。俄罗斯也意识到中国公民的旅游需求和旅游消费能力旺盛，对此可采取包括增设旅游办事处、出版针对中国游客的中文旅游手册、提高旅游服务等措施吸引中国游客。

---

① 《中俄两国启动媒体交流年活动》，http：//news.ifeng.com/a/20160107/46979269_0.shtml。

三　中国对俄罗斯公共外交存在的问题

第一，对俄公共外交机构繁杂，缺乏统筹规划，造成资源浪费。目前，中国对俄罗斯公共外交和人文交流还是以政府主导为主，在开展国家年期间外交部、文化部、教育部、中俄友好协会等多家机构共同举办各类活动，但形式和内容大同小异，既是资源的浪费，也难免有文化匮乏之嫌。

第二，人才不足。在中俄人文交流领域，缺乏懂俄语的专业人才、翻译、汉语和俄语教师，特别是当前中俄两国在涉及商务领域、跨国企业经营中，懂外语又懂经济、法律方面的复合型青年人才更为不足，甚至短缺。[①] 这一方面不利于中俄两国深入广泛的人文合作的开展，另一方面不利于中国在俄罗斯的语言文化推广。尽管汉语热和俄语热持续升温，两国学习俄语和汉语的人数增加，但绝对数值和比重还是十分有限，2010 年，中国境内的俄语学习者为 700 万，仅占中国总人口的 0.05%，[②] 远远没有达到俄罗斯世界基金会希望的目标人数。英语是中国学生普遍学习的第二语言，开设俄语的中小学越来越少。学习俄语很大程度上依靠高等教育，很多中国人是进入大学以后才开始学习俄语的，他们把俄语作为自己的专业，毕业后成为翻译、语言学家或从事同俄罗斯有关的贸易往来。[③] 俄语更多地成为专业和研究对象，而不是作为交流工具广泛使用。从孔子学院的发展看，英语作为外语的对外汉语教师和学生非常多，而以俄语为外语或俄语为专业的学生非常少，这也导致俄语对外教师资源不足。俄罗斯政府从 2016 年起试行将汉语列入国家统一考试的外语考试科目，为中国在俄罗斯语言文化推广提供了契机，同时也对人才储备提出挑战。

第三，部分活动流于形式，声势浩大而后力不足。中俄两国成功举办了一些文艺演出、文化节、艺术节、摄影展等，这些活动往往取得了很好的宣传展示效果，但在发挥持续影响方面欠缺。如，走马观花地展示中国

---

① 赵淑芳：《中俄青年人文交流与合作探究》，《黑河学院学报》2015 年第 6 期，第 15 页。

② 《Арефьев. А. Л. 2012. Русскии ˇ языкнарубежеXX – XXIвеков》，М.：Центрсоциально-гопрогнозированияимаркетинга. 转引自顾炜《俄语在俄罗斯的公共外交中的地位和作用》，《东北亚外语研究》2014 年第 2 期，第 94 页。

③ 《Арефьев. А. Л. 2012. Русскии ˇ языкнарубежеXX – XXIвеков》，М.：Центрсоциально-гопрогнозированияимаркетинга. 转引自顾炜《俄语在俄罗斯的公共外交中的地位和作用》，《东北亚外语研究》2014 年第 2 期，第 94 页。

文化的代表性符号书法、功夫、剪纸、戏剧等传统文化，满足俄罗斯民众的好奇心，对中国文化产生浓厚的兴趣，但在将文化吸引力转化为文化影响力上还有很多工作可以做。必要的宣传展示当然不可少，但俄罗斯“中国年”已过去近10年，中俄在文化交流方面采用的形式并没有太多改观。一方面，国家级活动尽管已经大大拓宽了民众参与的渠道，但主要群体还是集中在高校、青年人群，另一方面，在中国国内媒体大肆报道相关活动的同时，俄罗斯媒体和民众的反应并不对等，许多俄罗斯人知道和看过相关活动，但更多人表示并未见闻，甚至猜想这可能仅存在于莫斯科和北京。① 在俄孔子学院的教学还面临这样的问题，尽管通过文化展示吸引了俄罗斯学生学习汉语和中国文化的热情，但能够开设专门课程教授武术、中国功夫、戏剧等特色课程的汉语教师稀缺，这种情况不利于持续深入地开展汉语教学和文化推广。

四　中国对俄罗斯公共外交的前景

人文交流是中俄战略协作伙伴关系最重要的民意基础，青年是中俄人文交流的主力军，青年交流承载中俄关系发展的未来。需要重视青年人才的培养，拓展对俄罗斯公共外交的实现形式和渠道。

1. 扩大留学规模，培养复合型人才

2015年的“中俄青年友好交流年”为两国青年提供了广阔的交流空间与平台。目前，俄罗斯在华各类留学人员总数1.7万余人，中国在俄各类留学人员总数达2.5万人。② 两国政府也鼓励本国学生到对方国家留学，扩大互换留学生规模，实现到2020年向对方国家输送10万人的留学计划。2015年，深圳北理莫斯科大学的成立也标志着中俄在高等教育领域从校际合作走向联合办学、共同招生培养的新模式。为培养复合型人才，中国政府在政策上予以扶持，并设立了专门的项目支持学生、青年学者到俄罗斯访学。从2015年开始，国家留学基金委员会实施的国际区域问题研究和外语高层次人才培养项目，重点选派从事外语非通用语种专业和国际区域问题特别是“一带一路”相关国家研究人员出国研修。在原有的俄罗斯政府奖学金、

① 刘萧翔：《俄罗斯“中国年”的公共外交成效评估》，《公共外交季刊》2011年秋季号，第37页。

② 《李辉大使出席俄罗斯留华毕业生2016年新春联欢会》，http：//ru.china-embassy.org/chn/jyhz/zejyhz/t1334561.htm。

互换奖学金基础上拓宽了留学渠道。

2. 继续推进在俄罗斯建立文化中心和孔子学院

2013 年以来俄罗斯境内没有新增的孔子学院，无论是比较世界其他国家文化推广机构在俄罗斯开展的工作，还是比较中国在其他国家和地区开设的孔子学院，中国在俄罗斯的孔子学院在数量和质量上远远不能满足当地的语言学习需求，而且同中俄战略协作伙伴关系在其他领域的发展相比，孔子学院发挥的公共外交作用也相对有限，未来，应该引导更多的青年人才充实到对俄罗斯汉语教学和语言推广工作中来。

3. 利用新媒体和电商平台在俄罗斯塑造良好的中国形象

2015 年，中国电商企业京东商城进入俄罗斯市场，中俄网络贸易如火如荼，发展至今，俄罗斯已成为中国跨境电商出口金额最大的国家，也是购买力最强的国家。中国商品与服务正真切地走进俄罗斯百姓的家中，中国企业和国家形象也紧随其后。电商在俄罗斯的发展并不是一帆风顺的，曾因俄罗斯国内邮政系统处理能力有限而引发“邮政门事件”，同时中国企业在俄罗斯发展也面临法律法规、本地保护等问题。一方面，中国政府要加强监管和规范企业海外销售行为，为中国产品和中国品牌把关；另一方面，随着中国电商企业在俄罗斯获利，同俄罗斯本土企业产生竞争，俄罗斯政府将可能提高对中国企业的增税或制定相应法规，应积极展开政府间谈判保护中国中小企业利益，同时促进两国经贸合作健康有序发展。

当前中日关系的困境与中国对日公共外交

任　慕*

摘要： 20世纪90年代以来，中日之间矛盾纠葛不断，政治关系呈降温趋势。2012年下半年钓鱼岛问题引发的摩擦使两国关系跌至建交以来的最低点，无论官方外交还是民间交往都一度停滞。三年来，两国关系虽然显出缓和迹象，但是仍存在诸多问题与不易逾越之困境。在中日关系陷入低谷的情势下，中国仍然展开了对日本的公共外交活动，主要包括利用媒体表达中国声音和提供中国信息、通过文化传播媒介增进相互了解、利用公共外交平台建立互动关系。虽然中国在对日公共外交上做出了诸多努力，但是无论公共外交的实施抑或中日关系的发展都面临诸多难以回避的问题和挑战。

关键词： 中国　日本　公共外交

20世纪90年代以来，中日间问题频发，纠葛不断，外交关系时有起伏并呈降温趋势。两国政府曾试图修补双边关系，虽然有所成效，但由于2012年日本政府"购买"钓鱼岛及其附近岛屿、实现所谓的钓鱼岛"国有化"，使两国关系跌入低谷。该事件触发了中国国内大规模的反日游行活动以及中国政府的一系列反制措施。三年来，中日关系虽有回暖迹象，但是领土纠纷和历史认识等问题反复出现，两国外交关系的形势不容乐观。然而，正如我国一直强调的，中日乃一衣带水的邻国，经贸关系密切，是战略互惠的关系；在日本的认知中，中日两国不仅是搬不走还是切不断的邻国。两国间政治紧张关系的持续和两国民众之间敌意的增长对于两国的未来甚至对于整个地区的稳定都是不利的。因此，处理好中日关系是两国面临的重要的外交问题。因此，在了解中日两国关系现状、把握两国关系走向的基础上来考察中国对日公共外交运作以及所面临的问题十分必要。

---

* 任慕，吉林大学公共外交学院讲师。

一　中日外交关系的问题与困境

2012年后半年中日外交关系陷入僵局。安倍晋三再度执政后的右翼主义行为加剧了两国间的紧张情势。直到2014年中期局势才稍有缓和，领土摩擦的相关报道在两国媒体上出现的次数有所减少、民间交流活动开始恢复。同年11月，中日政府就正确对待和妥善处理两国问题达成了四点原则共识，并在亚太经济合作组织非正式领导人会议期间实现了两国元首的正式会晤。两国首脑会晤之后，中日落实四点原则共识，在改善两国关系方面取得了一些进展，官方对话陆续恢复，民间交流逐渐增多，双边关系有回暖迹象。然而，中日间现存诸多难以解决的问题和难以逾越的困境，如果既存问题未能得到有效管控将会触发两国关系的进一步恶化，处于困境中的双边关系在短时期内很难得到大幅度的改善。

（一）现存问题与变数

1. 领土与海上争端风险仍存

中日之间领土和海上争端是两国关系中的一大变数，其中既包括钓鱼岛及其附属岛屿的领土主权争议，又有东海专属经济区的大陆架划界以及东海防空识别区部分重叠问题。虽然钓鱼岛争端暂时得到管控，两国对钓鱼岛和南海的危机管控问题所达成的统一意见写入了中日政府四点原则共识之中，但是两国并未“切实建立起危机管理机制”。[①] 对于主权争议，双方立场存在严重对立。日本否认钓鱼岛及其附属岛屿存在领土争议，并且拒绝就该问题进行对话。中日两国在领土和海上主权争端问题上仍旧存在发生冲突的风险。

2. 历史问题不断发酵

在中国看来，当前中日关系的最大问题在于日本政府对历史的认识。[②] 历史的认识问题涉及的具体议题包括两国在教科书、慰安妇以及参拜靖国神社等问题上存在着争议和分歧。在教科书问题上，中日在对方历史教科

---

① 张沱生：《走出危机、重启对话与合作——中日关系的现状与前景》，《东北亚论坛》2015年第5期，第7页。

② 《李克强：日本领导人应担负起前任罪行带来的历史责任》，中国新闻网，2015年3月15日，http：//www. chinanews. com/gn/2015/03-15/7129828. shtml。外交部部长王毅在2016年3月8日的第十二届全国人大四次会议的外交部答记者问上也表明了同样的观点。

书中关于日本侵华战争的内容的记述角度和程度上有严重分歧。中国对于日本右翼学者编撰的有意篡改日本侵华史实的教科书的采用表示不满。[①] 日本认为中国的历史教科书着重抗日战争部分，对日本的侵略行为描述过细。两国在慰安妇问题上主要分歧在于慰安妇来源的定性，即是否强迫年轻女子从事卖淫活动，以及慰安妇的待遇问题。日本学者和某些政府官员称慰安妇非强征，且待遇优厚。[②] 日本首相和高级官员参拜靖国神社问题是两国关系良性发展的主要障碍因素之一。2013 年末安倍晋三参拜靖国神社事件引发了两国在国际舆论上的较量。

这些历史问题归根结底在于两国政府所持历史观的分歧以及业已形成的两国民众历史认知的鸿沟。安倍政府认同日本右翼保守势力的历史观，一再试图摆脱历史问题对日本外交的限制。安倍曾表示日本应放弃“自虐史观”，让民众对日本的历史和文化传统抱有自豪感，他还对日本发动的战争定性为“侵略”表示质疑，辩称“侵略”无明确定义。日本社会对待战争的态度多强调日本受害的一面，而较少提及日本在侵略战争中给受害国带来的灾难，从而导致日本未亲历过战争的民众对中国的被害者在日本侵华战争中受到的迫害少有实感和同理心。日本近代史教育的问题导致日本民众对侵华战争的历史记忆十分淡薄。[③] 相对而言，作为受害者的中国，无论是政府还是普通民众都难以忘记日本侵华的残酷历史和中国人民所受到的惨绝人寰的遭遇。两国民众的历史记忆反差鲜明，对历史的认知的隔阂逐渐加大。在涉及相关历史问题时，中日双方极易产生矛盾是影响两国关系良性发展的主要变数。

（二）困境

1. 战略目标冲突

中国综合实力的上升改变了东亚地区原有的权力格局，中日之间战略

---

① 由日本右翼学者组织的“新历史教科书编撰会”所编、扶桑社出版的历史教科书有意篡改历史，淡化日本侵略行为。虽然该历史教科书在日本中学中采用率不高，但是其能通过日本文部省的审查表明了日本政府对右翼势力的纵容。

② 伊藤哲夫：《朝日慰安婦検証記事・これで幕引きは許されない》，2014 年 8 月 19 日，http：//www. seisaku-center. net/node/784。

③ 由于日本中学历史教学的课程设置问题，偏重古代史，对近代史特别是日本侵略战争的历史讲授比重较低，且从日本人身为被害者的角度进行历史教育，导致很多日本民众对日本侵略行为并不了解。石田護：《日中関係修復から東アジアの安定へ》，日本証券経済倶楽部資料，No. 571，http：//japanchina-mirai. com/wp-content/uploads/2013/06/0cfa7b71bbe3aa2eda6e50e1727ca3dc1. pdf。

目标冲突凸显，两国在东亚甚至全球的国际体系中业已形成竞争关系。日本追求“正常化国家”的战略目标在其战后的政治和安全的政策和实施中贯彻始终。20 世纪 90 年代以来，日本公开明确此战略目标并有步骤地解除宪法对实现其战略目标的限制。日本试图协调其在国际社会中不平衡的经济和政治地位，1994 年日本明确了成为联合国安全理事会常任理事国的目标，其后不断重申其入常诉求，通过积极参与国际组织的活动，特别是对联合国事业贡献财力和人力显示其可发挥的政治角色。在军事方面，日本致力于恢复其“安全主权”，不仅要“发展与其国家力量和利益诉求相符合的军事能力”，还要获得运用该军事能力的“权限与空间”，逃避其发动侵略战争的战争责任，解除其以战败国身份接受的和平宪法对其扩大军事能力的限制。[①] 这一系列的目标体现出日本摆脱“战后体制”，成为真正的经济、军事和政治大国的目的。

在东亚体系权力格局调整和利益再分配的过程中，中日强弱态势的逆转使两国陷入国际关系中的“安全困境”。自 20 世纪 90 年代以来，日本就针对中国进行战略部署，就中国台海问题、核试验、军费以及西藏等问题向中国发难。2012 年中日矛盾再度激化后安倍晋三再度执政，该政府得以利用“中国威胁”的论调为解禁集体自卫权以及修改宪法获取日本民众的支持。举例而言，安倍把中国军力的发展以及中国在有争议海域的正当活动作为解禁集体自卫权的合法化的借口，夸大中国对日本的威胁以增强日本的军事实力，继而实现日本“军事正常化”的目标。除此之外，日本为确立其在东亚的主导权，利用中国与其他南海领土声索国的矛盾，积极发展与东南亚诸国的关系，推行“价值观外交”，在东亚地区构筑围绕中国的“安保圈”来遏制和打压中国。不仅如此，安倍政府推行“俯瞰地球仪外交”，将外交布局扩展到整个国际社会，安倍一再将南海问题作为主要议题在国际组织和国际会议中进行讨论，推行其东亚战略，试图利用东亚外国家对中国进行孤立和打击。因此，当前中日两国战略目标的冲突使双方难以摆脱竞争对手的意识，成为构筑双边关系良性发展的困境。

2. 日美同盟的加强

安倍政府对中国的竞争对手的认识和定位促使其利用日美同盟对中国

① 卢昊：《战后日本安全政策：“军事正常化”的发展》，《日本学刊》2015 年第 6 期，第 28 页。

进行打压和遏制。美国亚太再平衡战略的实施需要盟国分担更多责任，作为美国亚太同盟体系的关键国家，日本借此机会追求自身的战略利益——试图修改和平宪法、摆脱战后体制。安倍执政后将强化日美同盟作为主要的施政方案。2015 年 4 月日美签订《日美防卫合作指针》，安倍以此为由向国会施压，同年 9 月国会正式通过新《安保法》，其中包括《和平安全法制整备法》和《国际和平支援法》。安倍政府推行“积极和平主义”积极介入国际事务，以加强同美国协同合作为理由一步步解除本国法律对自卫队行动的限制，为未来“军事正常化”打下基础。而中国自然地成为日美协同作战的假想敌之一。日本政府不仅积极回应美国对于中国在南海行动的指责，还针对中国的海上行动加强其在日美同盟中的作用，计划在东海和南海与美国共同实施海洋安全保障或岛屿防卫。[①] 当前日本政府利用美国的亚太战略加强日美联盟以制衡中国，是在亚太体系结构下日本对华的战略选择，也是发展良好的中日关系无可逃避的困境。

当前中日政治外交关系存在的诸多问题使两国关系的未来走向充满变数。两国在亚太地区甚至全球业已形成的战略竞争关系也决定了双边关系在短时期内恢复“友好”和健康的发展模式不易实现。两国良性关系的建构除了受“中日力量对比的变化”的影响以外，还取决于“双方主观愿望”和对对方的战略定位。[②] 在传统外交关系无法取得突破的情势下，中国对日公共外交承担着改善日本民众对中国的认知，从而影响日本决策层对中国的定位，实现中国通过对日政策实现本国利益的艰巨任务。

二　2012 年以来中国对日公共外交

中国对日本的公共外交遵循了整体公共外交的模式，采取了相似的路径。大体上来说，对日公共外交有三个途径：第一，利用媒体提供中国资讯、发出中国声音；第二，通过文化传播推广本国文化；第三，促进专门领域的沟通交流以加深两国民众的相互理解。2012 年 9 月中日关系开始恶化，两国的民间交往也随之停滞。原计划访华的日本政府机构青年干部访中团行程被推迟，为纪念中日邦交正常化 40 周年的日本超党派大型访华团

---

① 张瑞婷、吴怀中：《论日本对美国“亚太再平衡”的战略利用》，《日本研究》2015 年第 4 期，第 23 页。

② 吴怀中：《战后中日关系的轨迹、特征与走向》，《日本学刊》2015 年第 6 期，第 26 页。

取消了行程，官方主导下的两国交流活动几乎完全中止。但是，中国并没有因两国关系的恶化完全停止公共外交活动，中国利用媒体向日本民众传递信息，通过孔子学院的平台推广汉语使日本民众加深对中国的了解。2014年中，中日关系稍有缓和，对日公共外交的专门领域的沟通渠道打开，中日民间交流逐渐增多。

（一）利用国内外媒体发出中国声音

为快速有效地传播中国的资讯，中国媒体加强自身建设和不断完善。目前面向日本民众的媒体主要有以中国国际广播电台日语广播为代表的广电媒体、人民网日语版和中国网日语版为代表的网络媒体以及《中国新闻周刊》的日文版《月刊中国 NEWS》等纸质媒体。广电媒体和网络媒体都是以中国媒体为施动主体，向日本民众介绍中国内政、外交、文化、经济等信息。而《月刊中国 NEWS》则是通过中日媒体合作，将《中国新闻周刊》的内容翻译成日文，刊载的内容是略有深度的、民众普遍关心的报道，目标群体为受过高等教育、对中国有浓厚兴趣的日本读者。① 中国还利用新兴媒体平台投递对日公共外交产品，如《人民日报》以及新华社先后建立了 Twitter 和 Facebook 账号，发布中国相关的新闻和信息。针对日本年轻人利用 Line 进行沟通的习惯，2014 年 6 月人民网日文版还推出了 Line 官方账号，是中国第一家注册 Line 的日文新闻网站。②

除此之外，外交部门和驻外使馆向电视、报纸等媒体发出政治资讯。对于中日关系相关问题，中国政府善于利用国内外媒体来表达中方的主张。中国驻日本使馆定期召开记者发布会和记者招待会，利用当地媒体发布中国的相关信息。特别是在中日关系出现问题时，中国驻日大使会在当地媒体上发声。例如，针对安倍晋三首相 2013 年末参拜靖国神社问题，中国驻日大使程永华在日本的《每日新闻》上发表了题为《发表“不战宣言”找错了地方》的文章，批驳了安倍的行为和主张。2015 年 8 月，安倍晋三首相发表二战结束七十周年讲话，虽然迫于各方压力，安倍讲话中提及了过去日本内阁对亚洲受害国人民的态度以及慰安妇等重要问题，但是他在道

---

① 赵新利：《中日传播与公共外交》，社会科学文献出版社，2012，第 48~49 页；龙小农、马葳：《2014 年中国对日公共外交综述》，赵启正、雷蔚真编著《中国公共外交发展报告（2015）》，社会科学文献出版社，2015，第 364~365 页。

② 龙小农、马葳：《2014 年中国对日公共外交综述》，赵启正、雷蔚真编著《中国公共外交发展报告（2015）》，社会科学文献出版社，2015，第 363 页。

歉的词语选择上避重就轻，并且暗示未来的日本人民不应该再继续道歉。针对这样的讲话基调和内容，中国政府予以回击，并希望日本政府认真对待和铭记历史，对军国主义发动的侵略战争的性质和责任做出明确的交代，向受害国人民做出诚挚道歉。① 在外交部答记者问时外交部发言人强调日本军国主义是发动侵略战争的罪魁祸首，希望日本政府要干净彻底地与军国主义的侵略历史切割。

（二）通过文化传播介绍中国语言和文化

在两国关系僵化的三年里，孔子学院是中国对日公共外交的重要媒介。截至 2015 年 12 月，日本国内共开设了 14 所孔子学院、8 个孔子课堂。2005 年，日本第一家孔子学院由立命馆大学与北京大学合作，在立命馆大学京都衣笠校区成立。其后的 2006～2008 年三年间，在日本各地先后成立了 10 所孔子学院。2008 年后脚步有所放慢，仅有 3 所孔子学院成立，在 2010 年关西外国语大学的孔子学院建立以后仅有 1 所孔子学院在兵库医科大学成立，属于专业性和针对性较强的有中医特色的孔子学院，成为传播和促进中医交流的合作平台。而武藏野大学孔子学院于 2015 年 10 月揭牌，尚未正式运行。日本的孔子课堂与其他国家所设立的以中小学生为主要对象的孔子课堂有所区别，是孔子学院的特设机构，辅助所在大学的孔子学院的工作，多数孔子课堂的职能以汉语教学为主。而不以合作大学的孔子学院为依托的孔子课堂则以中小学学生为对象，加强中日青年人的文化交流。长野县日中友好协会广播孔子课堂与中国国际广播电台合作，旨在教授汉语以及传播中国文化。2014 年成立的立命馆孔子学院 BKC 学堂除了承担立命馆孔子学院汉语言教学以外，主要工作集中于食品研究以及食品文化交流。近年来在日本开设的孔子学院和孔子课堂形成了具有特色的、满足各方需求的交流合作平台。②

日本孔子学院的主要任务是通过面向日本学生以及社会公众开展的汉语教学活动来推广汉语。目前主要形式是提供语言培训，根据所在院校的

---

① 《外交部发言人就日本首相安倍晋三发表战后 70 周年首相谈话答记者问》，新华网，2015 年 8 月 15 日，http://news.xinhuanet.com/world/2015-08/15/c_1116261957.htm。

② 日本人对于汉语学习的需求非常大。据统计，日本的汉语学习者超过 200 万，占日本人口总数的 1.58%（日本人口总数以 2015 年 11 月的数据为基准，-1.2689 亿）。随着中国经济的发展以及中日经贸文化的交流愈加频繁，日本人学习汉语的热情也不断上升，中文是日本人第二外国语的首选。《拡大する中国語学習者》，HSK，http://www.hskj.jp/student/。

实际情况和实施计划，各个孔子学院采取的形式有所区别。依学员需求，孔子学院开设了各个层次、各种类型的班级，举办克服汉语学习的弱点及针对汉语水平考试的讲座。而有些孔子学院则同所在大学合作，面向在校学生开设汉语课程或者承担该校的汉语教学任务。例如早稻田大学孔子学院向研究生开设学术汉语课，关西外国语大学孔子学院承担了该大学中文专业一年级和二年级的常规课教学。日本孔子学院以推广汉语为宗旨的另外一个重要的工作是对本土汉语教师的专业培训。以日本各学校的汉语教师为对象，对教师的语言知识、教学方法等进行培训，邀请中国国内的汉语专家和学者授课。除此之外，日本孔子学院组织 HSK 考试、编写汉语教材、举办“汉语桥”世界中学生和大学生汉语比赛等活动。除了积极推广汉语之外，日本孔子学院还承担了部分中日交流的工作。如向孔子学院的年轻学员提供奖学金，学员可以利用这个奖学金根据自己的意愿选择中国的大学研修或者学习。日本的每一所孔子学院都实施了海外研修和夏令营等项目，组织日本青少年到中国参观访问。孔子学院组织学员在日本以及赴中国进行文艺表演，如樱美林大学孔子学院的学生们在上海表演京剧，成为日本外务省的指定项目，受到了中日媒体的关注。

（三）搭建交流平台建立稳定联系

经济往来和文化交往是中日两国“民间外交”的传统，中国政府一直鼓励由政府主导、国内的非营利组织运作的文化交流以及其他的学术交流。文化交流和青年活动是中国对日公共外交的主推项目。此外，由中国日报社和北京大学联合主办的北京—东京论坛是研究两国间存在的问题，以促进两国交往为目标的事务性与学术性并举的交流平台。除此之外，一些非常态的公共外交也促进了两国人民的交流，有利于中国在日本的形象塑造，如日本关东大地震之际中国对日本的援助外交。2016 年 4 月熊本大地震后，侵华日军南京大屠杀遇难同胞纪念馆从人道主义以及民间交流而产生的友谊出发在其微博上表达了对日中友好协会日方友人的关心。这一微博短时间内得到广泛关注和转发，中国网友们也借此表达了理性爱国的观点，对于展开中日民间交流和对日公共外交起到正面的积极作用。

2012 年下半年到 2013 年中日官方高级官员互访和官方主导下的民间交流几乎全部中断。2014 年中，中国日本友好协会会长唐家璇访日，开启了中日民间交流的回暖之旅。中国人民对外友好协会会长李小林于同年 10 月访问日本。同年 9 月，第十四届中日友好交流会议在日本大阪举行，发表了

《第十四次中日友好交流会议大阪宣言》，与会中日各界代表均希望推动中日关系回到健康稳定发展的轨道。2014 年下半年，中国驻日本使领馆也同日中友协举办了多次中日友好交流大会。2015 年 5 月，日本自民党总务会长二阶俊博率领的 3000 人“日中观光文化交流团”访问中国，参加第十五届中日友好交流会议。习近平主席参加了这次会议并做主题发言，他提到了阿倍仲麻吕、田中角荣、大平正芳等开拓中日关系的前人/前辈，也让现场的日本人有深刻的共鸣。同时习主席还强调中日友好在民间，鼓励中日青少年交流，为推动中日发展良好的关系做出贡献。据二阶先生回忆，他与习主席在同年 3 月的博鳌论坛上有过交流，并对于开展中日“民间交流”的重要性取得了共识。①

第十五届中日友好交流会议后，中日之间积极地展开了民间交流，举办了多项文化交流活动。如 2015 年 6 月，由中国宋庆龄基金会主办、日本农业协同组和京都中央会协办的大型中日民间文化交流活动在北京举行。② 同年 10 月，中日文化交流座谈会在北京举办，该座谈会由中国人民对外友好协会作为支持单位，中友国际艺术交流院、日本徽商协会、东京新画派联合主办，上海迈锡尼艺术品有限公司承办。③ 2016 年 1 月 16 日，由中国驻福冈总领馆、九州日中和平友好会共同举办了“第七届中日文化交流会”。④ 除此之外，第十届和第十一届北京—东京论坛分别于 2014 年 9 月和 2015 年 12 月举行。第十届和第十一届的主题分别是“构筑东北亚和平与中日两国的责任：通过对话克服困难”和“困难与举措：如何发展长期健康稳定的中日关系”。⑤ 围绕这两个主题，参会人员从政治、经济、文化等各个方面发表演讲，就发展中日关系和扩大交流合作方面交换了经验和提出了建议。中日双方与会的官员、学者们都强调中日交流的必要性和公共外交的重要性。

---

① 沈靓：《对话日本自民党总务会长：习近平关于中日关系的讲话令人感动》，澎湃网，http://www.thepaper.cn/newsDetail_forward_1391814。

② 《中国宋庆龄基金会举办中日民间文化交流活动》，凤凰网，2015 年 6 月 22 日，http://news.ifeng.com/a/20150622/44018041_0.shtml。

③ 《中日文化交流座谈会在京举行》，中国青年网，2015 年 10 月 21 日，http://d.youth.cn/shrgch/201510/t20151021_7229032.htm。

④ 《“第七届中日文化交流会”在驻福冈总领馆举行》，中国驻福冈总领事馆，2016 年 1 月 16 日，http://www.fmprc.gov.cn/ce/cgfuk/chn/zlgdt/t1332265.htm。

⑤ 《北京—东京论坛各场讨论成果丰硕代表切磋观点碰撞智慧》，新华网，2015 年 10 月 26 日，http://news.china.com.cn/txt/2015-10/26/content_36887132.htm。

三　中国对日公共外交的挑战

公共外交在中日两国关系发展过程中扮演了重要的角色，助推了中日邦交的恢复，是“以官促民”和“以民促官”典型的案例。当前中日关系情势与20世纪五六十年代不能同日而语，尤其在两国民众对对方的认知层面上差别较大。历经战争的日本人对中国人抱有愧疚之心，有赎罪意识，无论是在政府内部还是社会群体中均有一定的话语权，两国建交部分得益于这一代日本人所做出的努力。然而当今日本社会的主流群体是战后出生的几代人，他们对中国的认知已不再从历史上的加害者与被害者的关系出发，而是从正常国家间关系的角度认识中国，从当前两国交往的现实来思考中日关系，容易受到所接收的负面信息的影响。因此，当前中国对日公共外交面临着非常严峻的挑战。

（一）民众相互认同感极低

虽然中日民间交流得以恢复，但是恢复后的民间交流活动展开时间较短，数量有限，两国民众的直接交流不足。虽然2015年中国赴日游客创下历史最高纪录，达到499万余人次，但是游客的主要目的在于观光和购物，与日本民众的直接交流较少。而日本赴中国游客数量并没有显著增长，舆论调查也显示日本民众赴中国旅行观光的意愿没有明显升高。对中国印象不佳的日本民众中有70%以上不认识中国人，同中国人没有过任何交流。民众之间缺乏直接交流导致日本民众对中国信息接收渠道狭窄，易受到负面信息解读的影响而对中国产生误解和负面的印象。

受中日间纷繁复杂的问题的影响，中日民众间的认同感不断降低。根据日本内阁府2015年的舆论调查，2001年对中国抱有亲切感的日本人比例约为47.1%，2015年降至14.8%，对中国没有亲近感的日本人比例从2001年的48.5%上升至2013年的83.2%（见图1）。

日本言论NPO发布的第11次中日关系舆论调查也显示：2015年，对中国抱有好感的日本民众比例为10.6%，无好感的民众比例为88.8%；对日本抱有好感的中国民众比例为21.4%，无好感的民众比例为78.3%。日本民众对中国无好感的主要理由集中于“中国对日本的历史认识的批判”、“中国不遵守国际规范的行为”、“两国在钓鱼岛问题上的持续对立”、“中国

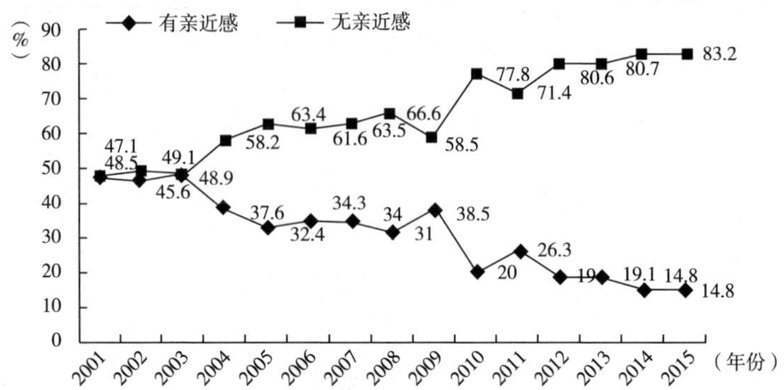

图 1　日本民众对中国亲近感之舆论调查（2001~2015 年）

数据来源：2015 年日本内阁府舆论调查资料，《「外交に関する世論調查」の概要》，日本内阁府政府广报室，2015 年 12 月，http：//survey. gov-online. go. jp/h27/h27-gaiko/2-1. html。

媒体反复播放反日报道”以及“中国军事实力的增强”。中国民众对日本印象不好的原因集中于“领土争端”、“历史认识问题”以及“日美同盟在军事、经济和意识形态层面包围中国”等。[①] 从日本对中国好感淡化的理由上可以看出，中日之间现存的问题由于日本政府的政策话语塑造了日本民众对中国的认知，造成民众对中国的诸多误解，导致了两国民众持续的心理对立。

（二）日本社会对中国的负面报道和诠释

2015 年中日关系的舆论调查显示日本民众对中国印象不佳的最主要理由在于“中国对日本的历史认识的批判”。由此可以看出，中国所释放出的信息并没有正确且有效地传达给日本民众。在历史认识问题上，中日两国虽存在分歧，然而中国仅批判日本政府的修正主义的历史观以及历史认识有所偏差的右翼分子。“中国对日本的历史认识的批判”是不完全、容易产生误解的表述方式，会屏蔽中国对日本普通民众所发出的善意的信号。2014 年 9 月，在抗日战争胜利纪念座谈会上，习近平主席指出：“日本发动侵华战争给中国人民带来的灾难是日本军国主义造成的，中国政府和人民从来

① 《第 11 回日中共同世論調査（2015 年）》，言論 NPO，2015 年 10 月 22 日，http：//www. genron-npo. net/pdf/2015forum. pdf。

没有把那场战争的罪责归咎于日本人民。"[①] 同年12月13日，南京大屠杀公祭仪式中，习主席将日本军国主义的罪行与民众区分开来。这些都表明中国对日本普通民众的友好态度，有意愿在两国关系发展中打下良好的民众基础。然而，中国释放出的善意信息并不被多数日本民众了解，日本主流媒体并未对此做任何报道。[②] 因此，受日本主流媒体的影响，日本普通民众很难接收到中国政府对他们释放的友好信息。

主流媒体报道的导向性对中国提供的信息的有效传达造成了一定的负面效应。以孔子学院为例，主流媒体对孔子学院的介绍甚少，但是对于极个别美欧孔子学院与汉办解约的问题进行了报道。虽然新闻报道力图客观介绍孔子学院在西方社会发展中遇到的问题，但多数日本媒体将孔子学院定位为中国政府的宣传机构和中国增强软实力的媒介，也表达了对日本孔子学院的担忧。然而，相关报道并未涉及日本孔子学院的组织形式和具体运作。可见日本媒体人对于日本的孔子学院并不了解。不仅媒体，即使孔子学院所在的大学也存在不了解孔子学院情况的现象，个别孔子学院受到所在大学教职员工的质疑。2010年大阪产业大学事务长批判孔子学院就是一个典型的例子。而日本普通公众对于孔子学院相关报道的反应也表明多数日本民众对孔子学院仅限于有所耳闻。据日本网民对日本媒体关于孔子学院相关报道的评论显示，部分民众希望了解日本孔子学院的配置、规模、具体的运作模式，没有盲目地对孔子学院进行评论。而某些民众认为孔子学院仅仅是讲授孔子学说的机构。一些日本人自满于本国学者对于孔子的研究以及儒家文化在日本的发展，因此主张不需要中国人讲授孔子学说；另外一种声音是对于孔子的思想和精神与当代主流政治价值的契合有所质疑。[③] 一部分民众甚至将孔子学院同教会组织相类比。由此可见，由于孔子学院的正确信息并未通过主流媒体有效地传达给日本民众，由于对孔子学院了解不足使日本民众对其产生了一些误解。

中国对日公共外交政策及中国的信息通过日本社会中的信息解读者诠释给日本民众，信息解读者涵盖了政治人物、媒体、企业团体、政策研究

---

① 《在纪念中国人民抗日战争暨世界反法西斯战争胜利69周年座谈会上的讲话（2014年9月3日）》，《人民日报》2014年9月4日，第2版。

② 日本著名中国研究专家东京大学法学院高原明生教授在很多场合都指出中日媒体对于中国政府对日外交姿态的调整、促进民间交流、开展公共外交的面向都没有很好地进行报道。

③ 《日本にもある中国政府肝いりの「孔子学院」北米で次々閉鎖、「スパイ機関」の疑い濃厚》，J-Cast，http：//www.j-cast.com/2014/10/03217606.html？p=all。

机构等。他们对中国的信息的诠释对中国的形象和公共外交行为会产生两个结果：一个是造成压制的负面效应；另一个是起到提升的正面效应。通过两国在公共外交平台上的互动与民间的交流，某些信息向读者传递了中国的正确信息，正面效应稍有体现。但是，日本社会中仍存在一些信息解读者对中国的信息做负面的诠释，产生压缩中国对日公共外交空间、丑化中国国家形象的负面效应。该负面效应主要体现为日本政府、媒体以及一些政策研究机构的研究者对中国的行为进行负面的诠释。以中国在南海的海上活动为例，安倍政府对"中国威胁"的渲染得到一些学者的回应，同时影响了日本民众对中国的认知。日本政策研究中心所长冈田邦宏在该中心网站上发表了《今日之南海即是明日之东海》的文章，声称中国在南海的无人岛礁设防违反国际法。[①] 2016 年 2 月，日本非营利组织"言论 NPO"以受过高等教育的日本人为对象，进行了以"东北亚的和平与未来"为主题的小范围舆论调查。结果显示，在有关东北亚和平问题中日本人最关心的议题是中国军事力量的增强和中国在东海和南海的活动，甚至超过舆论调查期间的国际热点——朝鲜核问题。[②] 日本政府、媒体和一些日本学者将这些中国主权范围内的正当行动解读为违反国际秩序的行为并告知日本民众，导致日本民众认为中国的某些正当的行为不遵守国际规范。

该负面诠释还体现在日本右翼分子积极进行社会活动，特别是利用传统媒体和社交网站发布反华言论，丑化了中国在日本民众心目中的形象。孔子学院是一个十分典型的例子。对孔子学院不甚了解的日本民众因受到日本右翼言论的影响以及个别媒体对孔子学院在西方国家受到抵制的报道而对孔子学院产生误解。

（三）两国外交关系的影响

如前所述，日本普通民众对于中国的信息多来自主流媒体。利用媒体发声来表达政治立场这一途径的公共外交所产生的反馈效应呈现出及时、快速的特点。而一国提供的解释政府政策或介绍该国社会等信息的反馈效应相对迟缓。因此，中国政府在中日之间产生矛盾的问题上通过媒体进行态度和政策表述所产生的效应比较迅速，而在短时期内中国对日公共外交

① 岡田邦宏：《南シナ海の今は明日の東シナ海》，日本政策研究中心，2015 年 8 月 10 日，http：//www. seisaku-center. net/node/864。

② 《有識者 103 人が見た「北東アジアの平和」の現状と将来像》，言論 NPO，2016 年 2 月 2 日，http：//www. genron-npo. net/world/archives/6145. html。

政策中所释放的善意信号容易被日本右翼势力的声音所掩盖。而通过文化传播提供一国的生活形态的信息、创造民众相互了解的氛围以及建立长期稳定的联系这一公共外交途径是国家的长期目标的重点，因此该途径产生的反馈效应最为缓慢。中国对日公共外交的三个途径的反馈效应在短时期内难以协调，国家传统的外交对抗对民众认知的影响最为深刻，因此，中国在日本的正面国家形象构建存在诸多困难。正如日本中国研究专家立命馆大学教授中川凉司所指出的："一国在另一个国家民众心目中的形象在很大程度上是两国间的政治和经济关系的反映，将公共外交的要素进行单独地做效果评估是十分困难的。"[①] 也就是说，日本民众对中国的认知是基于当前两国整体关系的判断，而在两国关系无法良性互动的情势下，公共外交较难体现出正面效应。因此，中日政治外交关系的僵化在一定程度上限制了中国对日公共外交可能取得的成效。

四　结论

在 2012 年 9 月以来中日传统外交停滞，民间外交也一度受阻。虽然 2014 年中日关系出现了转折，呈现出回暖迹象。然而，改善两国关系存在诸多挑战，中日间存在的问题繁杂，这些问题不仅源于双方利益冲突，而且来自双方对一些问题的认知分歧。特别是由于了解不足和误解产生的分歧导致了两国民众间的好感度降低，敌对情绪上升。因此，为降低两国人民之间的敌对情绪，改善两国外交状态，开展对日公共外交十分必要。日本政府"购岛"事件以来，中国通过三种途径展开对日外交：利用媒体提供中国资讯、表达中国声音；通过孔子学院推广汉语和介绍中国文化；促进专门领域的沟通交流以加深两国民众的相互理解。

在中日两国政治外交关系不甚乐观、中日两国民众互相好感淡化的背景下展开对日公共外交充满挑战。当前日本民众对中国认同感较低，中国在日本民众心目中的国家形象比较负面。从影响日本民众的中国印象的因素来看，日本民众对中国的认知存在着误解，对中国民众的观感不甚良好，

---

① 中川凉司：《中国のソフト・パワーとパブリック・ディプロマシー Wang, Jian ed. Soft Power in China: Public Diplomacy through Communicationの検討を中心に》，《立命館国際地域研究》2012 年总第 35 期，第 91 页。

两国民众在很多问题上的分歧源于沟通不足。因此，中国对日公共外交需要承担起提供正确资讯、增进相互了解、建立两国民众长期互动关系的任务。为树立良好的国家形象，中国公民需要承担起作为公共外交参与者的义务。在对日公共外交的实施过程中，中国公民不仅需要树立起参与者的意识，还要提高身为参与者的能力和素质，同时理性地看待中日关系和开展民间交流活动。

虽然舆论调查显示日本民众对中国的印象不佳，仍旧有部分日本民众对中国抱有好感。[①] 受访者普遍认为中日关系十分重要，对民间交流的愿望有所增强。[②] 根据日本外务省 2015 年末所做的舆论调查显示，80.4%的受访者认为需要扩大中日人文交流以推进两国人民的互相理解，78.6%的受访者表示希望中日两国能够在地区和全球问题上合作。[③] 日本民众普遍承认中日关系的重要性，多数民众认为虽然中日间存在诸多问题，但是两国关系的改善十分必要。由此可见，中国对日公共外交有展开的空间以及运作的基础。

中国对日公共外交充满挑战，也有很大的施展空间。继续鼓励两国民众的直接交往是对日公共外交的主要任务。正如习近平主席所指出的，“中日友好的根基在民间，中日关系前途掌握在两国人民手里”。[④] 虽然公共外交是改善两国外交关系必要的方式，但是中国对日公共外交很难在短时间内得到显著的、正面的反馈效应。在挑战面前，对日公共外交更应该迎难而上，针对存在的问题调整政策实施的方式，寻找解决问题的最适宜的方法，为实现国家利益发挥效用。

---

① 《第 11 回日共同世論調査（2015 年）》，言論 NPO，2015 年 10 月 22 日，http：//www.genron-npo.net/pdf/2015forum.pdf。

② 《2015 年中日舆论调查结果发布两国对对方印象改善》，新锐军事，http：//news.china.com.cn/world/2015-10/22/content_ 36866462.htm。

③ 《平成 27 年度外交に関する国内世論調査（結果）》，2015 年 12 月 18 日，http：//www.mofa.go.jp/mofaj/press/release/press4_ 002795.html。

④ 《习近平在中日友好交流大会上的讲话》，新华网，2015 年 5 月 23 日，http：//news.xinhuanet.com/politics/2015-05/23/c_ 1115384379.htm。

中国在印度尼西亚的国家形象塑造：经济与文化路径*

孙丽萍**

摘要： 在中国的周边外交中，以印度尼西亚为代表的中等强国具有重大的战略意义 。如何通过经济与文化路径，提升中国在印度尼西亚的软实力与国家形象是一个有学理意义与现实关怀的问题。对外援助、中国企业的海外公共外交、公民出境旅游是主要的经济路径，而孔子学院、留学生教育构成了主要的文化路径。考察中国在印度尼西亚的国家形象塑造路径及成效，有助于进一步改善中国在印度尼西亚的软实力与推动中国与印度尼西亚关系的良好发展。

关键词： 中国　印度尼西亚　国家形象　公共外交

国家形象是一个国家综合实力和国际地位的反映，是国家软实力的重要组成部分。公共外交则是塑造国家形象的一个重要途径，作为一个崛起中的新兴大国，公共外交已经融入了中国外交的制度设计和实践中，成为推动中国与世界消除分歧、加强理解乃至构建相互信任的重要渠道。印度尼西亚是东南亚的区域大国，也是近年来兴起的新兴经济体国家，在中国的周边外交中占有重要的战略地位。中国对印度尼西亚的公共外交，有助于推动中国与东盟关系发展，以及中国“21 世纪海上丝绸之路经济带”的构建。

一　中国在印度尼西亚的国家形象塑造：经济路径

根据中国外文局对外传播研究中心发布的《中国国家形象全球调查报

---

* 本文为吉林大学哲学社会科学研究项目“中东强国印度尼西亚的崛起及其对中国周边外交影响研究”的阶段性成果，项目编号为 2016Qy034。

** 孙丽萍，历史学博士，吉林大学公共外交学院教授，主要研究方向印度尼西亚问题研究与东南亚国际关系。

告 2014》，在“中国经济发展推动了全球经济发展”、“本国从中国经济发展中获得了利益”以及“中国乐于在经贸方面与本国开展合作，共享中国经济发展成果”三项评价中（总分为 7 分），中国分别得分为 5.12 分、4.77 分、4.61 分，这表明国际社会普遍认可中国经济的国际影响力，而发展中国家对中国经济影响力的认可度高于发达国家。[①] 印度尼西亚是东盟最大的经济体，是 20 国集团中唯一的东盟国家，伴随着中国与印度尼西亚两国之间的经济联系日益广泛，印度尼西亚社会和人民对中国的关注度大幅度提升。总体而言，中国对印度尼西亚公共外交的经济路径可以从政府、企业和普通民众三个层面的经济活动进行分析。

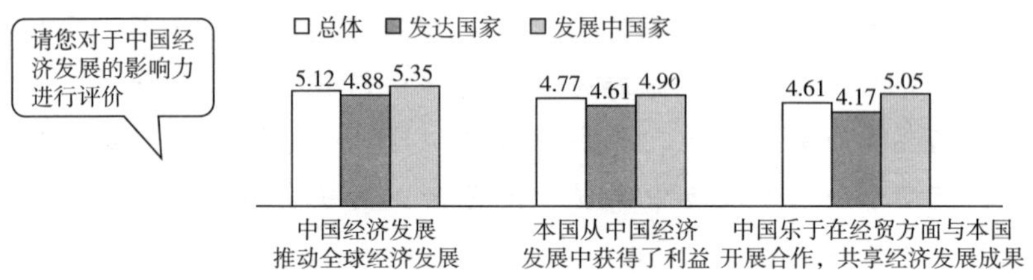

图 1　国际社会认可中国经济的国际影响力

资料来源：《中国国家形象全球调查报告 2014》，第 11 页，中国外文局对外传播研究中心，http：//www. chinacics. org/achievement/201511/P020151126544791521392. pdf。

（一）中国对印度尼西亚援助的现状与效果

对外援助是沟通不同国家与社会的重要方式，是一个国家开展公共外交的重要手段之一。国内学者总结概括了对外援助的三种外交目的：（1）追求救援国的既得利益，包括短期的经济和贸易利益，但更重要的是长期的战略和安全利益；（2）谋求救援国广义的国家利益，包括塑造民族形象、提高国家声望、宣扬社会价值（如民主、法制、人权和社会团结）以及传播生活方式等；（3）关注人类共同的利益，包括环境的保护、缓解贫困和减灾救灾等，并通过这些活动营造救援国的国家形象。[②] 可以说，对外援助发挥着提升一个国家软硬实力的重要作用，而对软实力和国家形象的塑造作用尤为突出。由于对外援助活动可以涉及国计民生的各个方面，因此，

① 中国外文局对外传播研究中心：《中国国家形象全球调查报告 2014》，第 11 页，2016 年 1 月 20 日，http：//www. chinacics. org/achievement/201511/P020151126544791521392. pdf。

② 周弘主编《对外援助与国际关系》，中国社会科学出版社，2002，第 20~21 页。

援助国通过与受援国社会各个阶层的合作，其影响力可以渗透到受援国社会的各个角落。

近年来，伴随着中国经济的快速发展，中国对外援助的规模持续增长。中国自 2003 年与东盟建立战略伙伴关系后，积极与东盟国家在各个领域展开合作。印度尼西亚是东盟最大的经济体，中国对印度尼西亚援助数量也不断增长。2004 年印度洋海啸地震后，中国政府通过多边和双边途径向包括印度尼西亚在内的受灾国提供了 6.87 亿元人民币的救灾援助，并组织国家救援队赶赴海啸灾区。此外，中国红十字会还募集民间捐助 4.43 亿元人民币向受灾国提供救灾款物，并在印度尼西亚、斯里兰卡、马尔代夫、泰国和缅甸共建造了 9 个友谊村来安置灾民。[①] 2010~2012 年，中国对外援助总金额为 893.4 亿元人民币，而包括印度尼西亚在内的亚洲国家占中国对外援助份额的 30.5%，总计约 278.487 亿元人民币，仅次于中国对非洲 51.8%的援助份额。[②] 中国对印度尼西亚的援助，主要集中在基础设施建设、能源开发、农业技术推广以及人道主义援助、医疗、教育等方面，风港电站、泗马大桥、加蒂格迪大坝等都是中国政府提供优惠贷款并帮助建设的大型基础设施。

对外援助是一种对受援国施加影响的外交手段，其作用在于争取受援国的人心。中国对印度尼西亚的大规模援助是否收到了良好的效果？印度尼西亚精英人物、普通民众和媒体对此的反应不尽相同。根据国内学者所做的田野调查，印度尼西亚精英阶层大多数的反应是良好的。但印度尼西亚普通民众对此认知不多，其原因一是中国的对外援助项目大多集中在大城市，偏僻地区较少，更为重要的是，基础设施项目还会引发环境保护、拆迁等涉及老百姓自身利益的民生问题；另外印度尼西亚文和英文媒体对中国援助情况的报道较少，因此印度尼西亚普通民众获取信息的渠道有限。[③] 印度尼西亚新闻媒体对中国援助的反应较为复杂，这可以从中国在印度尼西亚的经济形象调查中管窥一豹。《罗盘报》是印度尼西亚最为权威的新闻媒体之一，根据该报涉及的中国经济报道，中国在印度尼西亚的经济形象有正负两面，正面是中国是印度尼西亚经济贸易的重要合作者，把中国定义为“领导者”、“机会”，负面则是“威胁”或“不公平竞争”，由此可

---

① 《以无私援助，求共同发展——新中国援外工作六十年纪实》，中华人民共和国商务部对外援助司，2016 年 1 月 2 日，http：//search.mofcom.gov.cn/swb/searchList.jsp#。

② 《中国对外援助白皮书（2014）》，新华网，2014 年 7 月 10 日，http：//news.xinhuanet.com/politics/2014-07/10/c_ 1111546676.htm。

③ 陈莹：《中国对印度尼西亚的援助及策略取向》，《暨南学报》2012 年第 12 期，第 135~136 页。

见，在经济方面，中国国家形象的定义较为复杂，有着正负两方面的内涵。[①]

（二）中国企业在印度尼西亚的形象

企业在公共外交中有着巨大的潜力，企业在海外的运营活动与公共外交有着契合之处，企业的品牌形象与国家形象之间存在着密切的关系。近年来，中国和印度尼西亚之间的贸易和投资迅速增长，中国已成为印度尼西亚第二大贸易伙伴和第一大非油气产品进口来源地。以 2011 年至 2014 年中国对印度尼西亚的经济合作为例，2011 年中国在印度尼西亚工作人数为 6677 人，到 2014 年增长为 15468 人；完成营业额从 345935 万美元增长到 2014 年的 458443 万美元；直接投资净额从 59219 万美元增长到 127198 万美元。[②] 2015 年 3 月，中国和印度尼西亚签署了《关于加强两国全面战略伙伴关系的联合声明》，未来双方将重点加强包括贸易、投资和经济发展等在内的诸多领域合作。从 2014 年 6 月到 2015 年 6 月，中国企业计划在印度尼西亚投资劳动密集型产业 7.5 亿美元、基础设施 24.5 亿美元、其他产业 14 亿美元。[③] 中国与印度尼西亚之间日益密切的经济交往必然会加深中国企业与印度尼西亚政府、社会之间的互动，企业已经成为中国对印度尼西亚公共外交的生力军。

中国石油是中国企业在海外的著名品牌企业，在《中国国家形象全球调查报告 2014》海外民众熟悉最高的中国品牌中，中石油位列第 27 位。[④] 在《2015 年中国企业海外形象 20 强》中，中石油也榜上有名，位列第 15 位。[⑤] 2002 年，中国石油通过收购美国戴文能源公司在印度尼西亚的油气资产而正式进军印度尼西亚，此后又进一步扩大在印度尼西亚的投资，到 2010 年中石油在印度尼西亚拥有 8 个油气勘探项目。中石油 2011 年发布了《中国石油在印度尼西亚》国别报告，介绍了中石油如何与印度尼西

---

① 尤思佳：《印尼罗盘报之中国国家形象》，《新闻传播》2015 年第 5 期，第 14 页。

② 数据来源于中国国家统计局，2016 年 1 月 15 日，http：//data.stats.gov.cn/easyquery.htm?cn1。

③ 《亚洲投资者看好东盟经济共同体，印尼成投资热点》，中国驻印度尼西亚使馆经商参赞处，2016 年 1 月 22 日，http：//id.mofcom.gov.cn/article/ztdy/waimao/201506/20150601022235.shtml。

④ 《中国国家形象全球调查报告 2014》，第 11 页，2016 年 1 月 20 日，http：//www.chinacics.org/achievement/201511/P020151126544791521392.pdf。

⑤ 《2015 年中国企业海外形象 20 强》，搜狐首页，http：//mt.sohu.com/20150926/n422158478.shtml。

亚民众、社会互动的成功经验，是中国企业对印度尼西亚公共外交的一个有代表性的案例。

首先，中石油积极参与印度尼西亚当地社区建设，与当地政府和社区进行了良好的沟通与融合。中石油项目所在地大多为偏僻的热带雨林地区，交通和基础设施不完备。为此，中石油不仅修筑道路，而且为当地农民修筑农田基础设施，提高当地农业应对自然灾害的能力。此外，中石油还积极支持印度尼西亚当地医疗卫生和教育事业的发展。全面兼顾当地社区的经济、环境和社会效益，是中石油在印度尼西亚树立良好企业形象的重要原因。

其次，在中石油对印度尼西亚的公共外交中，非常重视对印度尼西亚的环境保护。印度尼西亚自然资源丰富，森林覆盖率达到 67.8%。中石油在印度尼西亚的生产过程中高度重视环保，积极采用节能和减排技术，努力实现清洁生产。

再次，加强企业员工的本土化，尊重当地的文化与宗教习俗，重视对当地慈善事业的支持。中油国际（印尼）公司员工的本土化程度已经达到 98%，公司尊重印度尼西亚员工的宗教信仰，在饮食、生活习惯等方面为员工创造便利，并在每个作业点和固定办公场所为穆斯林员工提供祈祷室。在印度尼西亚发生海啸地震和火山爆发等重大自然灾害后，中石油积极参与赈灾，累计向印度尼西亚捐助 83 万美元。2005 年 1 月，中国石油通过中国红十字会转交公司员工为印度洋海啸灾区的捐款，累计 1250 万元人民币。①

以中石油为代表的中国企业在印度尼西亚塑造了良好的企业形象。随着经济全球化和信息社会化的深入发展，在可预计的未来，会有更多的中国企业和商品进入印度尼西亚，企业在中国对印度尼西亚公共外交中的作用会日益突出。截止到 2011 年 9 月，在印度尼西亚的中资企业就有近 900 家，分布在能源、电力、农业、通信、金融等多个领域②，如何进一步提升中国企业的海外品牌形象？学者王逸舟在接受《南风窗》记者采访时指出，只有“内外兼修”才能塑造出新的中国国家形象和影响力，这同样适用于中国企业。中国企业的发展和海外形象的提升，在某种意义上与中国社会发

① 《解读〈中国石油在印度尼西亚〉国别报告》，中国石油新闻中心，2011 年 4 月 19 日，http：//news. cnpc. com. cn/system/2011/04/19/001330963. shtml。

② 《章启月大使向中国石油天然气集团公司首次发布〈中国石油在印度尼西亚〉报告寄语》，中国驻印度尼西亚使馆，2011 年 6 月 26 日，http：//id. china-embassy. org/chn/gdxw/t833882. htm。

展和改革实践同步。我们期待中国企业在助推中国经济与社会健康发展，赢得包括印度尼西亚在内的外部世界理解、认同与支持方面发挥出自己的独特作用。

（三）中国公民赴印度尼西亚旅游与公民海外形象

公民形象是国家形象的重要组成部分，旅游是各国公民之间直接互动的重要方式之一。全球五大市场研究公司之一、德国 GFK 集团的最新市场调查数据表示，2015 年全年，中国为全世界输出 1.09 亿游客，购物开销高达 2290 亿美元，从游客数量和消费支出来看，都稳居世界游客首位。① 每个出国旅游的公民都代表着中国的国家形象，在某种意义上，中国已经进入了全民公共外交时代。

中国公民赴印度尼西亚旅游近年来也持续高温。2013 年《中国—印度尼西亚旅游合作谅解备忘录》的签署促进了中国与印度尼西亚间旅游业的发展，2014 年 1~4 月间中国赴印度尼西亚旅游人数达 32 万人，同比增长 30%，2014 年中国超过澳大利亚，成为印度尼西亚最大的旅游来源国。根据联合国世界旅游组织公布，2015 年 1~8 月份，印度尼西亚的国际游客人数增长 2.87%，而印度尼西亚的国际游客中，中国游客人数增长 20.74%为最高。印度尼西亚旅游部长阿里夫透露，2015 年首 8 个月来访印度尼西亚的中国游客人数达 779348 人次。② 从 2015 年 6 月起，印度尼西亚将对中国游客实行免签，这将进一步推进中国公民赴印度尼西亚旅游。此外，2014 年印度尼西亚政府邀请成龙作为印度尼西亚旅游大使在杭州等中国六个城市推广奇妙旅游计划，2015 年 3 月中国和印度尼西亚政府在印度尼西亚巴淡组织了“郑和下西洋”旅游线启动等活动，中国公民赴印度尼西亚旅游在未来会出现持续增长的态势。

随着中国公民海外旅游人数持续增长，中国游客的海外形象问题日益凸显出来。虽然还没有针对中国赴印度尼西亚游客进行的海外形象调查，但 2015 年 3~8 月，中国旅游研究院联合中国国际广播电台开展的《中国游客海外形象调查》却可以反映出中国游客的普遍性问题。该调查涉及 23 个

---

① 《泰国报告称中国人旅游行为发生巨变》，中国—东盟中心网站，2016 年 1 月 23 日，http：//www.asean-china-center.org/2016-01/22/c_ 135034771.htm。

② 《印尼前 8 个月国际游客增长 2.87%中国游客居首》，中国驻印度尼西亚大使馆，2015 年 10 月 7 日，http：//id.china-embassy.org/chn/indonesia_ abc/t1303898.htm。

国家和地区，亚、非、欧、美、大洋洲均有选样，主要针对外国人对中国游客海外不文明行为的认知进行调查，共获得 1264 份有效问卷。从总体样本情况看，外国人对中国游客持积极欢迎态度，但不同地区受访者的态度有所差异，中国周边的亚洲国家表现出对中国游客的不欢迎态度较明显。从外国人在对中国游客海外不文明行为的整体认知调查中，可以看出乱扔垃圾、闯红灯、围观起哄是最主要的不文明行为，中国游客文明意识差和文化差异是导致中国游客海外不文明行为的主要因素（见图 2、图 3）。可以说，中国的国家形象是和中国人的形象联系在一起的，而中国人在外人眼中的诸多不文明行为短期内很难改变，可以说，中国公民在海外的良好形象塑造是一项任重而道远的任务。

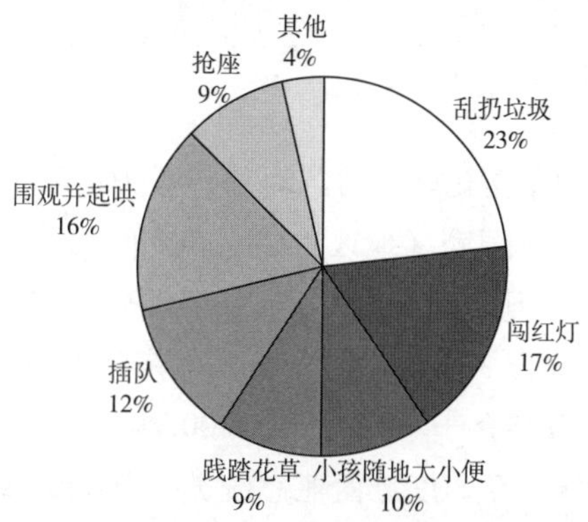

图 2　外国人对中国游客海外不文明行为的整体认知

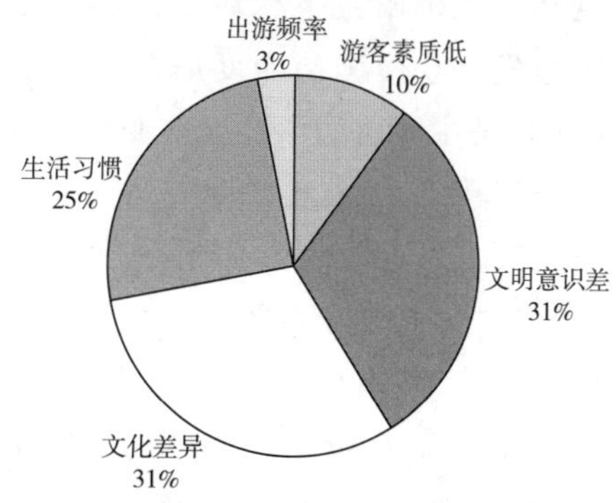

图 3　外国人对中国游客海外不文明行为影响因素的认知

资料来源：《中国旅游研究院：中国游客海外形象全球调查》，http：//www. pinchain. com/。

二　中国在印度尼西亚的国家形象塑造：文化路径

在新时期中国的公共外交事业中，经济和文化交流是公共外交的两大支柱，特别是文化交流在沟通两国民众、化解误会与偏见、塑造中国良好国际形象方面发挥了重要的作用。根据中国外文局对外传播研究中心发布的《中国国家形象全球调查报告 2013》数据表明，中国文化历史悠久，载体丰富，具有国际吸引力，61%的海外民众乐于了解中国文化，1/3 表示对学习汉语有兴趣。[①] 总体而言，中国在印度尼西亚国家形象塑造的文化路径，主要体现在孔子学院与华文教育推广、留学生与教育交流、中印尼双边文化交流三个方面。

（一）孔子学院与华文教育推广

孔子学院是推广中华文化软实力与海外传播力的重要举措。截至 2015 年 12 月 1 日，中国在 134 个国家（地区）建立 500 所孔子学院和 1000 个孔子课堂。其中，亚洲 32 国（地区）110 所，非洲 32 国 46 所，欧洲 40 国 169 所，美洲 18 国 157 所，大洋洲 3 国 18 所。[②] 与其他东南亚国家相比，印度尼西亚华人众多，各种统计数字介于 1000 万至 2000 万人，在全球华侨华人人口数量中稳居第一。[③] 此外，在印度尼西亚总统苏哈托当政期间，印度尼西亚政府推行华人同化政策，在长达 32 年的时间里，华文被禁止使用，因此出现严重的华文教育断代现象。在苏哈托下台后，特别是苏西洛执政后印度尼西亚社会稳定，经济快速发展，中国与印度尼西亚关系也保持良好的发展势头，2013 年 10 月，习近平主席访问印度尼西亚宣布两国将双边关系提升为全面战略伙伴关系。2014 年佐科执政印度尼西亚后，中国与印度尼西亚之间的经贸和投资迅速发展，这直接推动了两国之间的文化交流。

截止到 2014 年底，中国孔子学院总部在印度尼西亚批准设立了 6 所孔子学院。这六所孔子学院是在 2010 年 11 月至 2011 年 11 月期间陆续成立

---

① 《中国国家形象全球调查报告 2013》，第 6 页，中国外文局对外研究中心，2016 年 1 月 23 日，http://www.chinacics.org/achievement/201402/P020140226149220811151.pdf。

② 《孔子学院简介》，国家汉办官网，2016 年 1 月 28 日，http://www.hanban.edu.cn/confuciousinstitutes/node_10961.htm。

③ 庄国土：《东南亚华侨华人数量的新估算》，《厦门大学学报》（哲学社会科学版）2003 年第 3 期，第 64~65 页。

的，这六所孔子学院的主要情况可以参见表 1。从表 1 中可以看出，六所孔子学院中，国立大学有四所，私立大学只有两所，其中四所大学集中在印度尼西亚的政治与经济中心爪哇岛，只有两所建立在加里曼丹和苏拉威西等外岛上。

表 1　孔子学院在印度尼西亚的分布情况

孔子学院名称	中方合作院校	主办学校性质	揭牌时间	所在城市	学校网址
阿拉扎大学孔子学院	福建师范大学	私立大学	2010 年 11 月 9 日	雅加达	http：//www. uai. ac. id/
玛拉拿达基督教大学孔子学院	河北师范大学	私立大学	2011 年 2 月 9 日	西爪哇省万隆	http：//www. maranatha. edu
哈山努丁大学孔子学院	南昌大学	国立大学	2011 年 2 月 22 日	南苏拉威西省望加锡	http：//www. unhas. ac. id/
玛琅国立大学孔子学院	广西师范大学	国立大学	2011 年 3 月 14 日	东爪哇省玛琅	http：//www. um. ac. id/
泗水国立大学孔子学院	华中师范大学	国立大学	2011 年 5 月 19 日	东爪哇省泗水	http：//www. unesa. ac. id/
丹戎布拉大学孔子学院	广西民族大学	国立大学	2011 年 11 月 26 日	西加里曼丹省坤甸	http：//www. untan. ac. id/

资料来源：国家汉办，http：//www. hanban. edu. cn/confuciousinstitutes/node_ 10961. htm。

总体而言，孔子学院与课堂在印度尼西亚的汉语与中华文化推广中发挥了一定的作用。6 所大学均开设有本科或专科层次的中文专业，而孔子学院的教学课程也纳入了所在大学的学分体系。各所孔子学院还积极面向印度尼西亚政府官员、汉语教师、中小学学生和社会大众开办各种汉语或中华文化课程。以 2012 年为例，各所孔子学院全年注册学员数为 241 ~ 731 人。此外，孔子学院还举办了一系列汉语桥比赛、中国文化周、孔子学院日、汉语日、中国传统节日庆祝等活动，累计参与人数达到 2000 ~ 7000 人。① 但是，与其他国家的孔子学院和汉语推广相比较，印度尼西亚孔子学院存在着办学规模小、学生来源单一的特点，同时也需要在扩大资金来源、加强汉语教师培养等方面加强工作。

---

① 李启辉、姜兴山：《印尼孔子学院现状与发展探析》，《福建师范大学学报》2013 年第 3 期，第 162 ~ 163 页。

（二）印度尼西亚来华留学生

公共外交的主要目标是让外国民众了解中国，以一种“润物细无声”的方式消除隔阂、促进沟通、建立友谊，而留学是一种面对面的跨文化交流，来华留学生是我们了解他国民众心目中的中国国家形象的特殊群体，是一个国家发展公共外交与构建国家文化软实力的有效途径之一。近年来来华留学生数量迅速增长，截止到 2014 年，来华留学人数达到了 37.7 万人，同比 2013 年增长了 5.77%，创下了历史纪录。[①] 全国政协外事委员会副主任韩方明在《南方日报》发表文章，强调要重视外国留学生工作，通过公共外交的手段大力培养“知华派”，希望留学生喜爱中国文化，使他们成为中国国家形象的宣传员、中国公共外交的民间大使。

伴随着中国与印度尼西亚之间经济和文化交流的升温，印度尼西亚来华留学生的数量在迅速增加。2014 年，印度尼西亚来华留学生人数为 13689 人，位列来华留学生源国第六。相比 2005 年，2014 年印度尼西亚来华求学人数增加 3 倍，10 年间印度尼西亚来华留学生平均增速为 14.08%。[②] 因为目前还没有针对印度尼西亚来华留学生眼中的中国国家形象的调查，所以根据《两广地区东南亚留学生眼中的中国国家形象》的研究成果，在其总数为 1189 份的有效问卷中，印度尼西亚留学生 250 名，占总数的 20.1%，因此其研究成果有一定的代表性。总体而言，在经济发展前景、军事实力、科技发展水平等硬实力方面的评分，留学生来华后的分值增加，但是在政府廉洁、行政效率、国民素质、产品质量、企业家精神、贫富差距、环境保护等软实力问题上，印度尼西亚留学生给出的分值低于美国和日本，但是高于印度。这说明中国欲构建良好的国家形象，还有待于促进国内经济社会的协调发展，公共外交或软实力的关键要素不在“外”而在“内”。

（三）双边文化领域积极互动

近年来，在文学、艺术、电影、电视、中医、中华武术等多个领域，中国与印度尼西亚间的双边文化交流广泛。电影可以沟通不同国家和民族之间的感情，增进彼此之间的了解和友谊，也是促进两国关系发展的有效

---

① 《2014 年度来华留学调查报告》，中国教育在线，2016 年 1 月 23 日，http://www.eol.cn/html/lhlx/content.html。

② 《2014 年度来华留学调查报告》，中国教育在线，2016 年 1 月 23 日，http://www.eol.cn/html/lhlx/content.html。

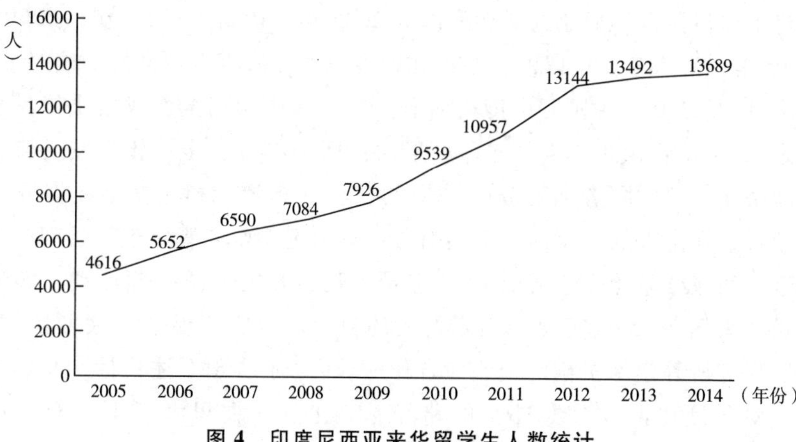

图 4　印度尼西亚来华留学生人数统计

资料来源：《2014 年度来华留学调查报告》，中国教育在线，http：//www.eol.cn/html/lhlx/content.html。

渠道。2014 年中国在印度尼西亚举办了中国电影周，为印度尼西亚的广大观众和青年学生放映《一代宗师》、《山楂树之恋》、《泰囧》、《花木兰》、《致我们终将逝去的青春》五部影片，受到了印度尼西亚观众的热烈欢迎。2014 年 10 月，“2014 中国文化海外行—印度尼西亚营”开营，中国教师赴印度尼西亚授课，传播中华文化。2014 年 3 月，印度尼西亚医生团开赴广州研修口腔医疗技术。2015 年 11 月，由广东省广州市美术家协会和印度尼西亚教育文化部共同主办、印度尼西亚旅游部协办的“印度尼西亚宝鹰中国书画展”在雅加达开幕。总体而言，中国与印度尼西亚之间的文化交流日益广泛，但是《中国国家形象全球调查报告 2013》数据表明，虽然中华文化载体非常丰富，但是国际民众认为最能代表中华文化的前三位是中华武术、饮食和中医，[①] 在文学、影视作品、音乐舞蹈、孔子及儒家思想、高等学府等多个领域的建设亟待加强。

三　中国在印度尼西亚国家形象塑造的思考

总体而言，中国通过经济和文化路径，在印度尼西亚塑造了良好的国

① 《中国国家形象全球调查报告 2013》，第 6 页，中国外文局对外传播研究中心，2016 年 1 月 20 日，http：//www.chinacics.org/achievement/201402/P020140226149220811151.pdf。

家形象。根据美国皮尤中心的调查数据，从 2005 年到 2015 年，印度尼西亚民众对中国保持良好形象的比例最高为 2005 年，达到 73%，最低为 2008 年和 2010 年，为 58%。可以说，中国在印度尼西亚一直保持良好的国家形象。2013 年 10 月 3 日，中国和印度尼西亚公布了《中印尼全面战略伙伴关系未来规划》，明确提出未来中国与印度尼西亚两国将进一步深化人文交流，扩大民间来往，双方同意加强公共外交的合作。具体计划包括继续展开青年交流项目，在未来的五年内每年向对方国家派遣 100 名青年进行访问；中国与印度尼西亚续签旅游合作谅解备忘录，联合开展旅游推荐活动，实现两国人员往来到 2015 年实现 200 万人次的目标。双方将继续扩大两国智库、高校、研究所等学术机构的交流与合作等。① 为了实现上述目标，我们在总结中国对印度尼西亚公共外交的路径基础上，需要思考以下三个方面的问题。

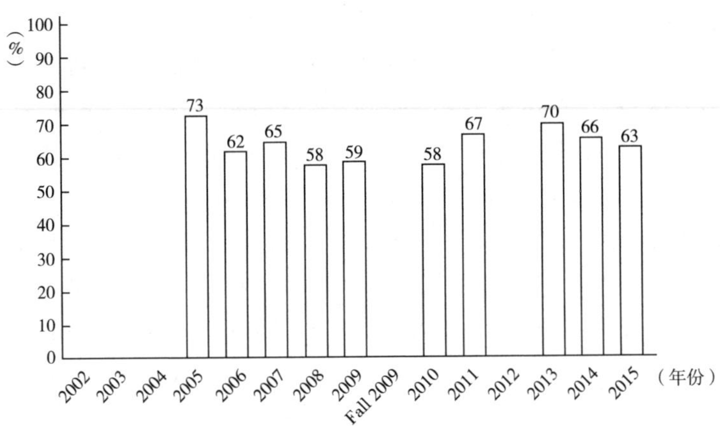

图 5　中国在印度尼西亚的国家形象

资料来源：皮尤研究中心，http://www.pewglobal.org/database/indicator/24/country/101/。

其一，重视民间力量与青年在国家形象塑造中的作用。

中国在印度尼西亚国家形象的塑造中，政府一直发挥着主导作用，但与此同时，我们应该重视民间力量在国家形象塑造中的作用，民间力

① 《中印尼全面战略伙伴关系未来规划》，新华网，2013 年 10 月 3 日，http://news.xinhuanet.com/world/2013-10/04/c_ 117592330.htm。

量可以弥补政府公共外交的缺憾和不足。印度尼西亚是海外华侨人数最多的国家，印度尼西亚华侨与中国社会、民众之间存在密切的经济与人文交往，是民间外交的重要资源。同时，我们也应重视青年在中国对印度尼西亚公共外交中的作用。根据相关的调查，外国青年人对中国形象的看法更为积极，无论发达国家还是发展中国家，18~24岁青年人都是认为中国有吸引力、看好中国将会成为世界第一大国、计划到中国旅游比例最高的人群。[①] 如何争取青年一代，是未来中国公共外交事业需要思考的问题。

其二，思考塑造中国国家形象的价值理念。

在经济全球化和社会信息化条件下，每一个国家都以更为鲜明的形象展现在世人面前，而每一个世界大国国际形象的成功塑造，都内含着本国的历史文化资源和现代民族国家成功治理经验的总结与升华。中国作为一个正在成长中的非西方世界的大国，一方面需要将自己深厚的历史文化资源加以现代整合，另一方面面临着如何将中国改革开放三十年的经验升华为被世界所接受的价值体系与理念这一难题，这是影响中国国家形象地位与传播的重大问题。

其三，加强包括印度尼西亚在内的“一路一带”沿线国家语言、文化等相关研究与人才培养。

加强印度尼西亚语言、文化等相关研究与人才培养，为中国对印度尼西亚公共外交事业打下坚实基础。中国的公共外交事业，需要一大批通晓对象国语言与文化，有能力讲好中国故事的青年人才，他（她）们是未来中国软实力与国家形象成功塑造的关键所在，特别是包括印度尼西亚在内的“一路一带”沿线国家语言、文化等相关研究与人才培养，是未来中国公共外交工作重点所在。

---

① 《中国国家形象全球调查报告2013》，第6页，中国外文局对外传播研究中心，2016年1月20日，http：//www.chinacics.org/achievement/201402/P020140226149220811151.pdf。

中国对韩国的公共外交：进展、挑战与前景

崔　悦*

摘要：韩国是中国重要的周边国家之一，两国既在地理上毗邻，也在文化上相近，中国对韩国开展公共外交具有非常重要的意义。两国建交以来，中国对韩国的公共外交取得了不少进展，但仍面临诸多挑战，具体表现为美国因素的存在、媒体报道的不良影响、文化产品输入不对称、中国综合国力提升导致韩国民众心态变化，因此，短时期内中国对韩公共外交会面临不少阻力。尽管如此，中国对韩国的公共外交前景仍然是乐观的，文化交往可以作为中国对韩国深入开展公共外交的纽带。

关键词：中国　韩国　公共外交

自1992年建交以来，中国与韩国保持着密切的交往，两国关系在政治、经济、文化等领域都取得了长足进步，其中，中国对韩开展的公共外交主要以人文交流为主。但值得注意的是，中国目前对韩开展的公共外交活动仍然存在诸多问题，本文试图分析当前中国对韩开展公共外交存在的困境及其成因，并对其前景进行展望，以期提升中国对韩公共外交水平。

一　中国对韩国公共外交取得的进展

自1992年建立外交关系以来，中韩两国的人文交流活动频繁，且取得了不少进展，主要体现在以下几个方面。

（一）两国政府签署了一系列文化交流协议

1994年，韩国与中国签署了文化合作协定；2000年，两国在互设文化中心方面达成共识，随后双方开设了中国文化中心和韩国文化院，作为中

*　崔悦，吉林大学公共外交学院讲师。

国在亚洲设立的首个文化中心，首尔中国文化中心已经举行了形式多样的文化活动，并定期开设汉语、美术等课程，另外组织很多的展览、演出、演讲等，接待了数以万计的韩国民众，使中韩两国人民之间交流越来越频繁；中国前总理朱镕基于2000年访问韩国时与韩国总统商定将2002年作为“中韩国民交流年”，其活动的开展进一步促进两国文化等领域的交流合作，成为两国人民互相了解的重要契机，促进了两国人民的相互了解与信任，推动了中韩关系进一步的发展。而在最近这些年，中韩两国关系从友好合作关系到中韩战略合作伙伴关系，实现了跨越式的发展。①

（二）中国驻韩使领馆举办大量传播中国文化的活动

中国驻韩使领馆扮演着两国文化交流纽带的角色，举办了大量宣扬中国文化的活动，为中国对韩公共外交做出了巨大贡献。比如，2015年9月18日，中国驻韩国使馆举办“韩国青年走进中国大使馆”主题公众开放日活动，大使及使馆相关部门人员出席，来自韩国外国语大学、汉荣外国语高中、龙仁新葛高中等院校的50多名师生来馆参观交流，体验中国文化，感受中国和中韩关系发展脉动。此系中国驻韩使馆首次面向韩大学、高中师生举办开放日活动。② 2015年11月4日，中国驻韩国使馆为延世大学未来教育院“经典世界文化体验课程”举办体验中国文化主题开放日活动，中国驻韩大使、延世大学副校长朴珍培、未来教育院院长李元斗及使馆相关部门人员、“经典世界文化体验课程”学员等近40人参加。中国驻韩大使和使馆部分外交官与韩方学员互动交流。中国驻韩大使介绍了中国历史文化和经济社会发展相关情况，深刻解读中韩关系特别是李克强总理访韩重要意义和成果，鼓励韩方学员争当中韩经济文化交流使者，助推中韩关系更上一层楼。学员们还观看了中国形象宣传片，欣赏了中国传统乐器古筝、二胡演奏。③ 2015年12月15日，由国家旅游局驻首尔办事处和驻釜山总领馆联合举办的“美丽中国——2016丝路之旅”中国旅游宣传主题启动仪式在釜山乐园酒店举行。驻釜山总领事、国家旅游局驻首尔办事处主任、

---

① 陈明政、周义红：《中国对韩公共外交的制约因素分析》，《品牌（下半月）》2015年第3期，第55页。

② 《中国驻韩国使馆举办“韩国青年走进中国大使馆”主题公众开放日活动》，中国驻韩国大使馆官网，http：//kr. china-embassy. org/chn/sgxx/t1300396. htm。

③ 《中国驻韩国使馆举办体验中国文化主题开放日活动》，中国驻韩国大使馆官网，http：//kr. china-embassy. org/chn/sgxx/t1313463. htm。

釜山市文化观光局长、釜山观光公社社长出席并致辞，釜山旅游、媒体界人士等 100 多人参加。[①]

（三）地方政府的人文交流——友好城市

中韩两国地方政府之间也不断加强合作和交流。目前已有北京市—首尔市、上海市—釜山市、山东省—庆尚南道、辽宁省—京畿道等 198 对中国的省、自治区、直辖市与韩国的特别市、广域市、道、区、郡缔结了友好关系（截止到 2013 年）。两国地方政府之间不断加强友好交往与合作交流，利用友好城市这一平台，进行相互借鉴，取长补短，同时也为两国人民带来了切实的利益，两国人民增进了相互了解和友谊，对进一步增进和发展两国的友好关系起到了积极推动作用。

（四）孔子学院——人文交流的纽带

2004 年 11 月，全球首家孔子学院——首尔孔子学院正式挂牌成立。2008 年 11 月，韩国泰成中高等学校孔子课堂正式挂牌成立，是国家汉办设在韩国的第一所孔子课堂，此后又相继成立了很多孔子学院，截止到 2017 年，韩国已经拥有 23 家孔子学院和 13 家孔子课堂。[②] 在孔子学院总部的领导和指导下，在驻韩使馆教育处的积极关心、支持和协助下，各地孔子学院充分利用自身优势，开展丰富多彩的教学和文化活动，逐步形成了各具特色的办学模式，通过开展各种符合当地民众需要和城市特色的汉语教学活动，为增进中韩两国关系发展和民间文化的交流发挥了重要作用，为汉语国际推广及中韩教育、文化交流等方面做出了巨大贡献。

（五）依托中韩两国留学生和旅韩华侨作为沟通桥梁

中国教育部发布的数据显示，2016 年共有来自 205 个国家和地区的 442773 名各类外国留学人员在 31 个省、自治区、直辖市的 829 所高等学校、科研院所和其他教学机构中学习，比 2015 年增加 45138 人，增长比例为 11.33%（以上数据均不含港、澳、台地区）。其中韩国是来华留学人数

---

① 《驻釜山总领事阎凤兰出席“美丽中国——2016 丝路之旅”中国旅游宣传主题启动仪式》，中国驻釜山总领事馆官网，http：//busan. china-consulate. org/chn/xw/t1325205. htm。

② http：//www. hanban. edu. cn/confuciousinstitutes/node_ 10961. htm.

最多的国家，达到 70540 人，占来华留学总人数的 15.9%。[①] 事实上，自 2000 年以来，这已经是韩国第十七个年头位居首位了。在中国学习的韩国留学生数量庞大，高校和科研院所已经成为开展中国对韩国公共外交的重要舞台，留学生群体是中国对韩公共外交的重要使者。与此相对，据韩国法务部出入境与外国人政策本部 2017 年 10 月 11 日发布的数据，以 8 月末为基准，在韩外国留学生共 13.6234 万人（包含语言生）。其中，中国留学生 7.0533 万人。[②] 我国赴韩留学生既懂中国文化、了解中国发展实情，又深处韩国、了解其政治、文化和社会环境。他们可以发挥“贯通中外”的巨大优势，直接向韩国国民传递真实的中国形象。[③] 此外，旅韩华侨长年扎根海外，既心系祖国，又与韩国民众结下深厚情谊，中国驻韩使领馆长期以来致力于向旅韩侨胞展示中国近年来的发展情况，依托他们向韩国民众弘扬中国文化，为中国对韩公共外交事业做出了不小贡献。

（六）文化传媒产业方面的交流与合作

中国中央电视台和韩国 KBS 电视台自 1999 年起，联合推出大型跨国流行音乐盛会。每年在中韩两国轮流举办一次，目的是通过音乐增进两国友情、加深文化交流合作等。历届的中韩歌会，双方均派出各自顶级歌手出场，阵容强大，体现了两国流行音乐的最高水准和歌手发展的最高水平。他们用歌声来祝福中韩两国人民友谊长青，精彩演出受到了观众的热烈欢迎。

近年来，中韩两国演员合作的电影、电视剧数量大幅增加。电影方面，如《神话》（2005 年）、《剑雨》（2010 年）、《晚秋》（2012 年）和《第三种爱情》（2015 年）等。电视剧方面，早期的有《北京，我的爱》、《飞天舞》，近期的有《李家大院》和《克拉恋人》等。2015 年，中韩两国开始合作制作综艺节目，比如《中韩梦之队》和《中韩时尚王·秘密的箱子》。

---

① 《教育部：2014 年来华留学生近 38 万人，韩国居首》，中国新闻网，2015 年 3 月 18 日，http：//www.chinanews.com/edu/2015/03-18/7139916.shtml。

② 《中国学生赴韩留学热情未受萨德影响　留学生人数小幅增加》，2017 年 10 月 12 日，http：//www.icnkr.com/portal.php？aid=170601&mod=view。

③ 赵新利：《日韩留学生公共外交政策及启示》，《公共外交季刊》2012 年夏季号（总第 10 期），第 30 页。

二　中国对韩国公共外交存在的挑战

（一）美国因素影响中国对韩公共外交的进展

美国因素对中韩两国关系的影响不可忽视，中韩关系因美国因素的介入而颇具变数。李明博执政期间，提出了“亲美疏华”的外交政策，宣称要修复和巩固韩美同盟，酝酿恢复美韩日三国安全协调机制，将朝核问题上的中韩密切合作模式转变为“美主韩辅”的路线，为中韩两国关系发展投下阴影。① 朴槿惠上任以后，对中国的外交政策发生了变化。2015 年 9 月，朴槿惠出席了中国抗战胜利 70 周年阅兵式就是一个标志。韩国《京乡新闻》报道，朴槿惠出席中国抗战阅兵活动是韩国外交的新尝试。在中美竞争的架构中，韩国在试图寻找一个新的平衡点。② 韩国媒体评论，朴槿惠外交奉行“安美经中”（安保问题与美国携手，经济上重视中国）路线。但是，对于美国要在韩国部署可拦截弹道导弹的末段高空区域防御系统（“萨德”导弹防御系统）的举措，中国表示强烈反对，“安美经中”路线走入了死胡同。在安保问题上已不能无视中国意见的现实正变得越来越清晰。于是朴槿惠政府决定力排众议出席中国此次阅兵式。外交人士指出，按照以往在美韩同盟框架内考虑对华政策的方式，是不会做出上述选择的。③ 然而，“萨德”问题远没有结束。2016 年 3 月 4 日，韩美两国正式成立在韩部署萨德反导系统联合工作组，并举行首次会议，全面启动萨德系统部署的协商日程。④ 韩国为了防范朝鲜的核武器威胁，再次选择与美国合作，此举当然会引起中国的不满，中韩两国关系又面临严峻挑战，中国对韩国的公共外交工作也将受阻。

“萨德”入韩使中韩关系经历了建交以来的重大挑战。2017 年 APEC 峰

---

① 朴钟锦：《中韩两国公共外交的深层障碍及应对之策》，《学理论》2013 年第 36 期，第 10 页。

② 《韩媒：朴槿惠访华象征意义大 中韩关系将更上层楼》，参考消息网，http：//china.cankaoxiaoxi.com/bd/20150903/928126.shtml.

③ 《转向“美中平衡”朴槿惠中国行开辟韩外交新格局》，参考消息网，http：//column.cankaoxiaoxi.com/2015/0907/930762.shtml.

④ 《韩美正式启动萨德系统在韩部署协商日程》，新华社，2016 年 3 月 4 日，http：//xinhuanet.com/word/2016-3/04/c-1118239576.lotm。

会期间，中国国家主席习近平与韩国总统文在寅会面，双方力促双边关系回归正轨，习近平指出，当前中韩关系正处于关键时期，双方要尊重彼此核心利益和重大关切，维护政治互信，加强沟通和协调。文在寅用韩国俗语“雨后土地更结实”和中国诗句“梅花香自苦寒来”表达希望通过加倍努力挽回两国之间“失去的时间”的强烈愿望。[①] 2017 年 12 月 13 日，文在寅访华，中韩关系有所改善。

（二）文化产品输入不对称

自中韩建交以来，两国文化的交流非常宽泛，从音乐、影视、综艺等各方面都不断深入。但是随着交流增加而出现的文化交流的贸易逆差，对中韩公共外交造成了负面影响。一部韩剧《来自星星的你》风靡了整个中国，成为全国的热议话题，但是中国的影视作品在韩国基本上无法流行，与韩剧差距甚远。原因何在？我国影视作品存在不足是其中一个原因，韩国政府规定苛刻也是重要原因，使得中国的汉文化难以输入韩国。这种文化贸易逆差严重影响了中国对韩公共外交的开展。近年来，中国内地各电视台纷纷引进韩国综艺节目版权，比如《爸爸去哪儿》、《奔跑吧兄弟》、《我是歌手》、《我们结婚了》、《花样姐姐》、《非首脑会谈》、《两天一夜》等，而中国的综艺节目在韩国却没有任何影响力。此外，虽然近年来中韩合拍电影、电视剧的数量持续增加，但多为中国制作团队邀请韩国知名演员加盟，而韩剧制作团队邀请中国演员加盟的情况却寥寥无几。

（三）中国综合国力的迅速提升导致韩国民众心态变化

1992 年中韩建交时，中国的经济水平远不如韩国，韩国民众对此深感自豪。然而随着中国改革开放的不断深化，经济发展取得了巨大成就，短短几十年内一跃成为世界第二大经济体。与此形成鲜明对比的是，韩国对中国的经济依赖程度越来越深，很多韩国人都对此感到忧虑。

从历史的角度来看，韩国人对古代朝鲜对中国的朝贡体系难以忘怀，同时，中国在亚洲地区的影响力不断扩大，韩国人对此非常敏感。从经济

---

① 《习近平岘港“APEC 时间”：44 小时 17 场活动的三重深意》，中国新闻网，2017 年 11 月 13 日，http：//www. chinanews. com/gn/2017/11-13/8375081. shtml。

的角度来看，韩国一方面欢迎中国经济的崛起，[①] 并希望借助中国经济的发展使自己受益；另一方面，韩国担心中国经济崛起所导致的投资、贸易等方面竞争力的提升，特别是对中国在全球金融与贸易体系上对韩国所形成的冲击心存忧虑。[②] 从政治的角度来看，中国的崛起已经逐渐打破地区的均势格局，中国在国际事务上的话语权逐渐增强，以致韩国担心中国未来与美国在地区事务上产生竞争和冲突，而韩国作为中等强国（middle power）将被夹在中美两国之间进退维谷。[③]

三 中国对韩国公共外交的前景展望

中韩两国关系当前面临着建交以来的最大挑战，中国对韩公共外交活动短时期内将阻力重重。但从长远来看，两国的双边关系终将慢慢回暖，走上正轨，中国对韩公共外交的前景依然是乐观的。首先，文化是国家间关系的润滑剂，民众的广泛参与交往构成了两国关系的强劲社会基础。坚持文化交流平等，既“韩流”滚滚，也要“汉风”习习，推动文化的双向交流。加强公共外交和人文外交，开展各种形式的对韩文化交流活动，展现文化上的亲和力、影响力和吸引力，创造便利条件吸引更多的韩国人来华旅游、访学和工作，让更多的韩国人认识与理解中国。[④] 加强韩中两国人文纽带的政府间努力还处于起始阶段，很难期待显著的效果。但为了在长期战略目标下推进人文纽带，还需要两国政府的政策意志并在政策方向上达成协议。[⑤] 其次，中韩两国同属儒学文化圈，儒学可以作为促进两国沟通的桥梁。一方面，中国目前正处在社会转型过程之中，社会出现了各种价

---

① 韩国对中国贸易依存度或韩国对外交易总额中中国所占比重（1985~2009 年）：1985 年为 1.9%，1990 年为 2.8%，1995 年为 6.4%，2000 年为 9.4%，2003 年为 15.3%，2007 年为 19.8%，2009 年为 20.5%。〔韩〕郑载浩：《中国的崛起与韩半岛的未来》（2012 年），转引自王星星、〔韩〕殷棋洙《当前韩国民众对中国和中韩关系认识的实证研究》，《东北亚论坛》2014 年第 2 期，第 84 页。

② 〔韩〕郑德龟：《中国人看韩国的本心》（2011 年），转引自王星星、〔韩〕殷棋洙《当前韩国民众对中国和中韩关系认识的实证研究》，《东北亚论坛》2014 年第 2 期，第84 页。

③ 〔韩〕金兴圭：《21 世纪变化中的中美关系与朝核问题》（2011 年），转引自王星星、〔韩〕殷棋洙《当前韩国民众对中国和中韩关系认识的实证研究》，《东北亚论坛》2014 年第 2 期，第 84 页。

④ 戴维来：《韩国中等强国外交战略及其对中国的影响》，《当代亚太》2016 年第 2 期，第 154 页。

⑤ 李熙玉：《韩中公共外交与人文纽带》，《吉林大学社会科学学报》2015 年第 3 期，第 32 页。

值观并存且冲突的局面。因此，为当代中国人重塑价值观是一个严峻的任务。习近平主席自上任以来，曾在一年内三次亲近儒家文化。2014 年 9 月 24 日，他在参加纪念孔子诞辰 2565 周年国际学术研讨会时，在讲话中强调“中国共产党人始终是中国优秀传统文化的忠实继承者和弘扬者。从孔子到孙中山，我们都注意汲取其中积极的养分。中国优秀传统文化的丰富哲学思想、人文精神、教化思想、道德理念等，可以为人们认识和改造世界提供有益启迪，可以为治国理政提供有益启示，也可以为道德建设提供有益启发”。可见，中国领导人和政府已经认识到中华民族传统文化的重要性，而儒家文化恰恰是传统文化的重要组成部分，继承并发扬中华民族传统文化有助于增强中国人民的民族凝聚力，是实现中华民族复兴的强大动力。另一方面，韩国社会同样面临着种种问题，比如贫富差距大、失业率高、自杀率上升等，韩国也亟须重塑本国人民价值观，而这种价值观也应以韩国的传统文化——儒家文化为基础。2010 年 11 月，由韩国成均馆大学和国际儒联主办的“2010 儒学思想国际学术会议”在韩国首尔举行。成均馆大学名誉教授李东俊在会议期间接受《光明日报》采访时表示，1945 年以后，西方文化大量涌入韩国，很多人都信了基督教。科学和民主在现代生活中很重要，但是没有“人”的科学和民主是不行的，而儒学正是以人为本的。现在，韩国社会在重新思考儒学兴起的必要性。这两年已经慢慢地出现了一些势头。其中的一个表现就是韩国儒学书院的日渐复兴。[①] 中韩两国当前都处于社会转型期，均在进行现代国家构建，采用相似的经济发展模式，正在向现代文化转变，但两国当前面临的种种社会问题表明，现代文化难以使两国人民摆脱价值观困境。而两国共同的传统文化——儒学以人为本，对重塑两国人民价值观具有非常重要的作用。因此，将儒家文化作为中国对韩国公共外交的纽带既是必要的，也是可行的。

---

① 《韩国儒学正从历史走来》，光明网，2011 年 2 月 21 日，http：//epaper. gmw. cn/gmrb/html/2011-02/21/nw. D110000gmrb_ 20110221_ 3-15. htm。

中国对阿富汗公共外交

富育红*

摘要： 近来中国对在阿富汗及周边地区的软实力建设愈发重视，但仍未形成独立的对阿富汗公共外交政策。增加对阿富汗公共外交的投入，不仅有助于推动“一带一路”倡议的顺利实施，遏制极端意识形态的蔓延，而且还能够深化中阿关系的信任基础。中国的经济与文化对阿富汗具有一定吸引力，其介入阿富汗的方式也相对易于接受，同时阿富汗官方层面也对中国十分重视，加之一些地区多边合作机制的建立等，都有利于中国对阿富汗开展公共外交活动。然而，缺乏对阿富汗的了解，阿富汗安全局势的影响，以及中国在阿富汗活动经验不足等，也为中国对阿富汗开展公共外交带来了一定困难。

关键词： 中国　阿富汗　公共外交

阿富汗位于东亚、中亚、西亚和南亚的交叉口，占据重要的地缘战略位置。它曾是历史上古丝绸之路的沿线地区，各族人民的迁徙之途，也是大国争雄与角逐的必争之地。近几十年来，阿富汗相继经历了苏联入侵、军阀混战、塔利班统治以及美国—阿富汗战争，其国内始终战乱不止，统一的国家秩序也未能建立。近年，在西方大规模撤军阿富汗的背景下，中国在未来阿富汗事务中扮演何种角色在国内外引起了很多争论与探讨。随着局势的变化，阿富汗在中国对外战略中的地位不断提升，中国也表现出在阿富汗国家重建中发挥更多积极作用的意愿。帮助推动解决阿富汗问题是中国维护周边安全的需要，是中亚及周边地区经贸上互联互通的重要环节，也是中国树立负责任大国形象的考验。目前，中国对阿富汗的政策主要采取经济与政治手段，中国在阿富汗及周边地区实施公共外交的操作能力相对处于弱势。然而，积极推进中国对阿富汗公共外交不仅有助于增进

* 富育红，法学博士，吉林大学公共外交学院讲师。

中阿双方彼此了解，形成两国公民社会的良性互动，深化两国的信任基础，而且在打造“丝绸之路经济带”的背景下，还有助于使相关项目在当地深入人心，为各国经济与政治合作创造良好环境。

在当今国际社会，公共外交的作用普遍受到各国重视。中国的公共外交机制也处于不断建设与磨合中，中国学界关于公共外交的研究也已取得比较丰硕的成果，公共外交的研究主题日趋多元化。但对于中国在某具体区域开展公共外交存在的问题与对策方面，仍需做进一步的深化和细化研究。基于此，本文围绕着中国对阿富汗开展公共外交这一主题，首先归纳中国对阿富汗外交政策的总体特点，总结中国对阿开展公共外交的必要性，继而介绍中国对阿富汗公共外交的方式，分析并归纳其中存在的优势与困难，最后试提出开展对阿富汗公共外交的启示与建议。

一　中国对阿富汗政策的特点

归纳起来，近年来中国对阿富汗外交政策的特点主要体现在以下几个方面。

第一，中国在阿富汗的主要关切在于安全方面。在阿富汗边境地区藏匿和受训的“东突厥斯坦伊斯兰运动”（ETIM）分裂分子是中国西部安全的最大威胁，也是中国政府在这一地区的主要关切。一直以来，“东突”组织与阿富汗、巴基斯坦地区部分极端暴力组织保持着联系，并在近期参与了阿富汗境内“伊斯兰国”极端组织的一些恐怖活动。[①]在西方部队大规模撤军阿富汗的背景下，阿富汗、巴基斯坦地区各种极端暴力组织也更趋活跃，中国国家安全以及在阿富汗中国企业也或将面临更大风险。

第二，中国对阿富汗的介入主要使用经济与政治手段。在经济方面，中国是阿富汗最大的投资国之一，总投资额约为59.5亿欧元，主要投入到矿产和自然资源领域。[②] 如中国中铝集团投资开采阿富汗艾娜克铜矿项目，中国企业竞标姆达利亚盆地油田等能矿资源项目。在政治方面，自2012年

---

① “Xi, Putin to discuss Islamic State in Afghanistan at Eurasian security,” July 6, 2015, http://www.scmp.com/news/china/diplomacy-defence/article/1833339/xi-putin-discuss-islamic-state-afghanistan-eurasian.

② 付碧莲：《阿富汗上了“中国车”》，《国际金融报》2014年11月10日，http://paper.people.com.cn/gjjrb/html/2014-11/10/content_1496839.htm。

中阿关系升级为战略合作伙伴关系，阿富汗在中国对外战略中的地位不断上升。近年来，中国外交部就阿富汗事务设立特使，大力支持、参与和推动建立解决阿富汗问题的多边合作机制等，表明中国十分关注阿富汗局势，以及在阿富汗事务中发挥更多积极作用的意愿。

第三，中国重视以多边方式推动阿富汗问题的解决。十多年来，中国政府代表参加了许多有关阿富汗问题的国际会议，并大力推动形成阿富汗问题的多边解决方式。如自 2012 年以来，中国推动建立并多次举行了中国、阿富汗、巴基斯坦之间的三方对话机制与会议；2014 年 8 月，“伊斯坦布尔进程”阿富汗问题外长会议在中国举办；2015 年 7 月，中国参与推动阿富汗政府与塔利班代表的直接对话；同年 9 月，中国、阿富汗和美国在纽约共同举办了“阿富汗和平重建与地区合作”高级别会议；2016 年 1 月，巴基斯坦、阿富汗、中国、美国首次举行了关于阿富汗问题的四方机制会议。另外，中国还在上海合作组织框架下大力推动阿富汗周边国家开展多边合作，以维护阿富汗及地区的稳定。

第四，近年来中国为阿富汗提供的援助有所增加。自 2001 年以来，较之其他一些西方国家（和印度等），中国对阿援助规模相对较小。近年，中国逐渐加大了对阿富汗的援助规模。2014 年 10 月，中国政府向阿方提供 5 亿元人民币无偿援助，承诺未来三年内向阿富汗提供总额 15 亿元人民币的无偿援助。[①] 另外，随着地区安全形势的变化，中国逐渐加大了对阿富汗安全重建的支持与援助。近期中国还承诺将为阿举办反恐、禁毒等领域培训班，以及根据各自法律法规加强双方在非传统安全领域的合作等。

一直以来，中国对阿富汗的政策始终被视为低调而有限，但随着形势的变化，近年来中国日益重视与阿富汗的关系，且表现出更多帮助推动解决阿富汗问题的意愿。

二 中国对阿富汗开展公共外交的必要性

根据上述中国对阿富汗政策的特点，可以发现中国在阿富汗发挥作用的杠杆主要是经济和政治手段，中国在阿富汗的公共外交活动能力与经验

① 《中国援助阿富汗 20 亿元，阿方坚定支持中方打击“东突”》，澎湃新闻网，2014 年 10 月 29 日，http://www.thepaper.cn/newsDetail_ forward_ 1273965。

依然十分薄弱。鉴于中国在阿富汗存在某种程度的负面形象，推动“一带一路”倡议的实施，遏制极端意识形态的蔓延以及阿富汗民众的需要等，使得中国加大对阿富汗公共外交的投入成为必要。

（一）提升国家形象的需要

中国在阿富汗安全领域的低水平介入和经济领域的大规模投资，及其在阿富汗投资项目的维持部分依赖于驻阿富汗西方部队的安全保障，使一些西方国家感到不满，[①] 在某种程度上加剧了外部世界对中国的防范效应。如有西方学者认为，中国是关注于获得财富和资源的实用主义者。[②] 颇有影响力的美国外交政策评论家罗伯特·卡普兰（Robert Kaplan）也曾在《纽约时报》上刊文称，“（在阿富汗）牺牲的是美国的血和财富，好处却被中国收割”。[③] 还有学者提到，中国企业在阿富汗搭了美国的“便车”，它们的国企身份使之具有相对优势。[④] 简言之，他们认为中国在阿富汗是善于获得权利，但不愿承担责任的国家。

但更为重要的是，阿富汗人对中国的印象也不尽如人意。根据 2012 年亚洲基金（Asia Foundation）展开的民意调查结果显示，只有 2%的阿富汗人认为中国对阿提供了大量援助，而日本在该地区的影响力要比中国更大。可见，中国在阿富汗的国家形象建设具有很大的改进空间。[⑤] 在笔者看来，阿富汗人对中国的疑虑大致源于三个方面。一是中国对阿富汗的介入主要落实在经济方面，加之当地企业的社会责任与宣传工作做得不足，使得当地人认为中国在阿富汗的目的是从当地自然资源中获得商业利益。二是阿富汗与中国的人文交流相对较少，阿富汗普通民众对中国的实际情况缺乏了解。三是中国对阿富汗并未形成明确而连贯的政策，从而加剧了阿富汗及外界对中国的警惕和疑虑。

---

① Monika Chansoria, “China is expanding its footprint in Afghanistan,” http: //www. sunday-guardian. com/analysis/china-is-expanding-its-footprint-in-afghanistan.

② Jeffrey W. Hornung, “Why China Should Do More In Afghanistan,” August 1, 2012, http: //thediplomat. com/2012/08/why-china-should-do-more-in-afghanistan/.

③ 张翃：《后美军时代的中国阿富汗战略》，财新网，2014 年 6 月 3 日，http: //opinion. caixin. com/2014-06-03/100685285. html。

④ Erica Downs, “China buys into Afghanistan,” *SAIS Review*, Vol. XXXII, No. 2, Summer-Fall, 2012, 32 (2012).

⑤ Serafettin Yilmaz, “Afghanistan: China’s New Frontier?” December 19, 2012, http: //www. e-ir. info/2012/12/19/afghanistan-chinas-new-frontier/.

（二）推动“一带一路”倡议的需要

一直以来，对于阿富汗是否属于中国“一带一路”倡议的组成部分，国内外学界与政策界存在着疑问。中国常驻联合国副代表王民指出，阿富汗作为古丝绸之路沿线重要国家之一，以及连接中亚、南亚和西亚的交通枢纽，拥有巨大的发展潜力。中方提出的“一带一路”倡议，着眼于推动阿富汗等沿线国家互联互通，推动沿线各国发展战略对接，实现各国多元、自主、平衡和可持续发展。① 可见，阿富汗关键的位置，使其成为连接中亚、南亚和西亚地区的地缘中心，以及潜在油气管道网络和贸易路线的关键节点。中国不仅欢迎阿富汗参与到“一带一路”倡议中，而且还视阿富汗为地区战略的主要环节。中国对阿富汗公共外交的投入不仅能够使“一带一路”倡议下各种具体项目的实施深入人心，更具可持续性，而且还有助于抑制阿富汗的不稳定向周边地区外溢和蔓延。

（三）遏制极端意识形态蔓延的需要

在利益交错与信息盘绕的全球化进程中，军事手段在维系各国安全方面已越发困难且代价高昂。在这种背景下，文化、信息和通信成为安全领域的战略资产，而通过公共外交推进国家间对话，亦可降低捍卫国家安全的成本。② 中国在阿富汗的主要关切是安全，阻止恐怖主义，特别是极端暴力思想的蔓延，防止阿富汗成为“东突”分裂分子的基地，是中国在阿富汗的关键利益。与此同时，“伊斯兰国”极端组织和基地组织等都曾表示对“东突”武装分子极端意识形态的支持。③ 另外，西方部队在阿富汗发动的十多年的战争表明，军事手段难以遏制恐怖主义和极端主义的发展，经济和政治手段在打击极端意识形态方面也存在局限性。有学者指出，意识形态的传播渗透能力构成了基地组织等极端暴力武装的核心影响力，而在西方的反恐策略中，有效打击这些组织的意识形态却是个薄弱环节。④ 因此，有效的公共外交活动为遏制极端意识形态的传播，推动地区年轻人的去

---

① 《中国代表呼吁国际社会持续向阿富汗提供建设性支持和帮助》，中国新闻新华网，2015 年 12 月 1 日，http：//news. cntv. cn/2015/12/01/ARTI1448934332343461. shtml。

② 吴泽林：《中国公共外交发展研究综述》，《江南社会学院学报》2012 年第 9 期，第 34 页。

③ “China's Afghanistan policy：Testing the limits of diplomacy，” October 24，2014，http：//www. lowyinterpreter. org/post/2014/10/24/China-Afghanistan-policy-limits-diplomacy. aspx.

④ 刘中民：《中东变局以来中东恐怖主义的新发展及其根源》，《西亚非洲》2014 年 6 月，第 4~18 页。

"激进化"和"极端化"提供了更为广阔的空间，且有利于把伊斯兰教这一本质上主张和平的宗教，从极端意识形态话语的绑架下解放出来。

（四）阿富汗民众的需要

阿富汗自然资源与能源丰富，但长年战乱与国家重建的缓慢，使得该国至今仍未能实现经济独立与自给自足。作为世界上最不发达的国家之一，阿富汗经济发展、政权稳定以及安全力量的维持仍然严重依赖外援。[①] 然而，在西方部队大规模撤军的背景下，国际社会对阿富汗的援助却在逐渐减少，这对阿富汗经济带来一定冲击。可以说，阿富汗国家的正常运行离不开国际社会的援助，这也是阿富汗总统加尼上任后立即与美国签署《双边安全协议》，以及十分重视与中国等国家发展关系的一个重要背景。另外，阿富汗的落后使其相对游离于国际社会之外，阿富汗的发展及其各种难题的解决，使之需要外界的参与。而且也有越来越多的阿富汗人需要外界对他们了解和倾听。同时，中国等外部国家对阿富汗事务的介入以及推动阿富汗问题的解决，也同样离不开对阿富汗实际情况的了解。

三　中国对阿富汗的公共外交：优势与困难

总体而言，中国对阿富汗的公共外交主要体现在援助外交、文化外交以及留学与培训外交等方面。

第一，援助外交。对外援助是国家在国际关系中对外施加影响，谋求自身利益的重要方式，也是公共外交的重要组成部分。随着中阿关系的不断发展，以及中国推动解决阿富汗问题的意愿不断加强，近年来中国加大了对阿富汗的援助力度。比如上面提到，2014 年 10 月阿富汗总统加尼访华期间，中国政府同意向阿方提供 5 亿元人民币无偿援助，以及承诺在未来三年内向阿富汗提供总额 15 亿元人民币的无偿援助。除了无偿援助外，中国也及时向阿富汗提供了灾难援助。比如 2015 年 10 月阿富汗发生强烈地震后，中国红十字会向阿富汗和巴基斯坦分别提供了 10 万美元的紧急

---

① 阿富汗 36%的人口仍处于绝对贫困线以下，文盲率高，适龄儿童入学率不到 50%，就医人口比例仅占 58%，90%的农村地区未通电，失业率高达 40%，现仍有 300 多万阿富汗难民滞留在巴基斯坦和伊朗。参见《对外投资合作国别（地区）指南（阿富汗 2013）》，中华人民共和国商务部网站，http：//fec. mofcom. gov. cn/gbzn/gobiezhinan. shtml。

现汇援助。[①] 中国政府还向阿提供了一批价值 1000 万元人民币的紧急人道主义物资援助。[②] 另外，中国还表示将大力参与援建阿国内基础设施建设。比如中国承诺帮助阿方在库纳尔河上修建水电大坝，修筑连接阿富汗和巴基斯坦的公路和铁路等。

第二，文化外交。近年来，中国政府注重并增加了对阿文化外交的投入。比如 2008 年 1 月，在中国支持下，阿富汗喀布尔大学成立了第一家孔子学院，并成为中阿文化交流合作的重要平台。此后，中国还向喀布尔大学捐赠了教学设备和图书等物资，进一步改善孔子学院的办公和教学条件。[③] 2015 年 4 月，中国援阿科教中心正式落成和移交，体现了中国对阿富汗战后重建，特别是科教事业的大力支持。[④] 而且，中阿还以 2015 年两国建交 60 周年作为“中阿友好合作年”，并以此为契机举行了一系列纪念活动，进一步增进两国人民之间的了解和友谊。比如中国邀请阿方派团来华出席第十四届亚洲艺术节，支持在阿富汗开展汉语教学，推动两国媒体加强互动，为阿富汗妇女和儿童提供力所能及的帮助，以及互免持外交护照人员签证，并采取措施便利两国人员往来等。[⑤] 同时，中阿两国学术界也展开了交流。2014 年 11 月 10 日，中国驻阿富汗使馆与中国国际问题研究院、阿富汗战略研究所在阿首都喀布尔共同举办了“中国—阿富汗未来关系发展”研讨会。[⑥] 表明中阿对彼此关系日益重视。

另外，在公民社会层面，公共外交的民间交流方式有助于提升两国人民的友谊，增加阿富汗人对中国的好感。值得一提的是，2015 年来自中国的张昕宇和梁红夫妇及其团队，利用先进的建筑投影技术，对曾被塔利班

---

① 《中国红十字会向阿富汗和巴基斯坦提供紧急人道主义援助》，中央政府门户网站，2015 年 10 月 29 日，http：//www. gov. cn/xinwen/2015-10/29/content_ 2955856. htm。

② 《商务部援外司负责人就中国政府向阿富汗政府提供地震救灾紧急人道主义物资援助情况发表谈话》，商务部新闻办公室，2015 年 11 月 3 日，http：//www. mofcom. gov. cn/article/ae/ag/201511/20151101153734. shtml。

③ 《驻阿富汗大使邓锡军在喀布尔大学孔子学院捐赠仪式上的讲话》，2015 年 4 月 16 日，http：//af. china-embassy. org/chn/zagx/sbwl/t1255402. htm。

④ 《驻阿富汗大使邓锡军出席我援 阿国家科教中心项目移交仪式》，2014 年 4 月 15 日，http：//af. china-embassy. org/chn/zagx/sbwl/t1147384. htm。

⑤ 《中国与阿富汗关于深化战略合作伙伴关系的联合声明》，中国新闻网，2014 年 10 月 29 日，http：//www. chinanews. com/gn/2014/10-29/6728643. shtml。

⑥ 《驻阿富汗使馆与中国国际问题研究院、阿富汗战略研究所共同举办“中国—阿富汗未来关系发展”研讨会》，2014 年 11 月 13 日，http：//af. china-embassy. org/chn/zagx/sbwl/t1210418. htm。

炸毁的世界著名古迹巴米扬大佛成功地进行了光影还原，并将整套光影设备赠送给当地政府，使得当地民众十分感动。①

第三，留学与培训外交。当前，中阿各领域合作蓬勃发展，需要更多汉语人才，中国也开始重视对阿富汗加大留学与培训外交的投入。2014 年阿总统加尼访华期间，中方承诺未来五年将向阿方再提供五百个政府奖学金名额，并支持在阿开展汉语教学。截至 2015 年 4 月，阿富汗喀布尔大学孔子学院累计招收 268 名学生，约有一百人到中国学习深造，推动了两国青年人的交流与理解。很多在中国留学的阿富汗学生毕业后返回祖国，为促进中阿经贸、教育、文化等领域的交流与合作发挥了积极作用。② 同时，中美联合培训阿富汗外交官项目也发挥了积极作用。外交官在公共外交“垂直化模式”中扮演着上传下达，直面他国公众的重要角色。③ 进而使接受培训的阿富汗青年外交官有助于帮助阿富汗政府提高能力建设，以及加深他们对于中国文化与社会的了解。④ 另外，2014 年中国还承诺未来五年内为阿富汗培训三千名各领域的专业人员。⑤

实际上，在中国对阿富汗的公共外交活动中，中国方面既存在一定的优势，也面临着一些实际困难，并主要表现在如下几个方面。

（一）中国对阿富汗开展公共外交的优势

第一，中国经济与文化的吸引力。改革开放以来，中国经济持续快速发展，且在国际事务中的地位、作用和影响力不断提高。同时，在各国不断探索自身发展模式之际，中国经济的快速发展也给包括阿富汗在内的其他国家带来一定的吸引力。阿富汗前总统卡尔扎伊在卸任前接受中国中央电视台采访谈及国家发展模式时提到，中国在短短四十年时间里成长为世界上第二大经济体，让很多人走出贫困，还促进了教育的普及和基础设施

---

① 《中国团队光影还原被炸毁的阿富汗巴米扬大佛》，新华国际，2015 年 6 月 12 日，http://news.mydrivers.com/1/434/434433.htm。

② 《驻阿富汗大使邓锡军在喀布尔大学孔子学院捐赠仪式上的讲话》，2015 年 4 月 16 日，http://af.china-embassy.org/chn/zagx/sbwl/t1255402.htm。

③ 郑华：《中国公共外交发展进程中的困惑及其应对》，《国际观察》2012 年第 2 期，第 70 页。

④ 《中美联合培养阿富汗外交官合作模式受肯定》，人民网，2014 年 10 月 21 日，http://news.sohu.com/20141021/n405312229.shtm。

⑤ 《中国援助阿富汗 20 亿元，阿方坚定支持中方打击“东突”》，澎湃新闻网，2014 年 10 月 29 日，http://www.thepaper.cn/newsDetail_forward_1273965。

的建设，对于任何像阿富汗这样渴望发展、扩大教育和建设基础设施的落后国家，这是最好的发展模式。他还表示，如果阿富汗有机会从头开始，一定会选择中国的发展模式，因为“这是一种快速、坚定、以结果为导向的模式”，为所有人带来了积极的结果。① 而且，随着越来越多的中资公司和中国商品出现在阿富汗，也使很多阿富汗人看到了发展机会，这也是一些阿富汗年轻人报考喀布尔大学中文系的原因。② 同时，中国的经济援助也加强了自身在阿富汗政治精英中的影响力。③ 另外，部分阿富汗年轻人对中国文化也有着浓厚兴趣，并对中国电影和中国功夫十分着迷。④

第二，中国介入阿富汗的方式相对易于接受。历史上中国从未入侵过阿富汗，且始终秉持“不干涉内政原则”，使得中国在阿富汗事务中具有比其他一些国家更少的历史负担。⑤ 阿富汗喀布尔大学教授赛义德·易卜拉欣表示，中国通过无偿援助、依法开展联合行动、加强技术和人员交流等，在“和平共处五项原则”基础上给予阿富汗安全援助，致力于达到“帮助不干预，推动不操纵”的合作效果。⑥ 同样，阿富汗需要国际社会的帮助，但加尼总统也强调阿富汗不乞求“国际社会的施舍”。换言之，就是要求外部国家尊重阿富汗人民的尊严和利益，而不是利用所谓的帮助或援助将阿富汗再次卷入地缘政治和大国竞争的漩涡。⑦ 而坚持“和平共处五项原则”的中国，在这方面可能较少引起阿富汗的担心。不过，在这一进程中，也应当善于统筹不干涉内政原则与公共外交活动的融合空间。

第三，阿富汗官方层面对中国的重视。阿富汗加尼总统曾在多种场合表示，希望中国在阿富汗和平进程中发挥积极作用。加尼就任总统后

---

① 《卡尔扎伊：如果从头开始 阿富汗一定选择中国的发展模式》，观察者网，2014 年 5 月 27 日，http：//www. guancha. cn/Neighbors/2014_ 05_ 27_ 233021. shtml。

② 《在中国太原留学的阿富汗人》，2013 年 7 月 2 日，http：//www. mandarinhouse. com. cn/waiguoren/201307022495. html。

③ Lemar Alexander Farhad，“Promises and Pitfalls：Sino-Afghan Relations，” October 20，2015，http：//smallwarsjournal. com/jrnl/art/promises-and-pitfalls-sino-afghan-relations.

④ 《在中国太原留学的阿富汗人》，2013 年 7 月 2 日，http：//www. mandarinhouse. com. cn/waiguoren/201307022495. html。

⑤ Shaun Breslin，“Afghan overtures show China getting comfortable with life as a US deputy，” February 12，2015，http：//theconversation. com/afghan-overtures-show-china-getting-comfortable-with- life-as-a-us-deputy-37426.

⑥ 《时评：中国与阿富汗关系发展面临新机遇》，新华网，2014 年 10 月 31 日，http：//www. chinanews. com/gj/2014/10-31/6738786. shtml。

⑦ 《阿富汗为何坚定选择中国：让阿富汗人告诉你答案》，西陆网，2014 年 11 月 8 日，http：//j. news. 163. com/docs/10/2014110821/AAJFBM3K00964KO2. html。

选择中国作为出访首站也具有象征意义，表明在西方部队大规模撤军的背景下，阿富汗政府希望与中国发展更紧密的伙伴关系，以及从中国获得政治支持与更为重要的经济援助。特别是经历了三十多年的战乱与衰败，如今阿富汗迫切希望重建自身作为跨区陆地桥梁的地位，并加强与地区国家的合作关系。进而，阿富汗还希望借助于中国推进的“丝绸之路经济带”计划发展本国经济，同时保持外部经济与政治支持的多元化。

第四，多边合作机制发挥了积极作用。国际机制与国际组织的发展及其解决问题的能力能够成为软实力的来源之一，并为相关国家开展公共外交提供有利环境。围绕着阿富汗及周边地区安全问题，中国大力推动建立和参与了多个地区合作机制与活动。鉴于地区及域外相关国家在阿富汗具有较深的利益，阿富汗问题的解决亦离不开地区国家的支持，各国在阿富汗问题上达成一致有利于该地区的安全与稳定。如上海合作组织作为地区反恐合作的重要平台，各方在组织联合反恐行动、反恐演习、人员培训以及情报交流等方面通过了一系列合作协定，建立了多项开展反恐合作的行动机制。[①] 此外，中阿两国在地理上的毗邻，以及历史上的商业与文化交往，也有利于中国在阿富汗进一步开展公共外交活动。

（二）中国对阿富汗开展公共外交的困难

第一，中国缺乏对阿富汗地方实际的了解。阿富汗地方民族、部落、宗教与文化十分复杂，在对阿富汗开展的公共外交活动中，如果忽视对阿富汗民族构成、传统政治以及社会文化与习俗的了解，则很有可能会在该国产生摩擦与冲突，而且也难以获得地方民众的支持和参与。相对而言，中国对阿富汗实际情况的了解还比较少，从而成为对阿富汗公共外交难以发挥预期成效的一个阻碍。特别是中阿在民族、宗教、语言和文化上的差异，可能在某种程度上成为两国人民深入了解和交往的制约因素。

第二，阿富汗安全局势的影响。阿富汗动荡的安全局势也为中国对阿开展公共外交带来了困难。阿富汗国内频繁的恐怖袭击及其产生的恐怖氛围，致使很多想了解、接触阿富汗的中国人对前往阿富汗实地调研感到担

---

① 《专访：上合组织加强反恐合作有助于维护地区安全》，新华网，2015 年 7 月 6 日，http：//news. ifeng. com/a/20150706/44111094_ 0. shtml。

忧，从而阻碍了中国对阿富汗实际的感知，以及两国人民的深入交流。另外，在不安全的环境中，中国在阿富汗当地开展的项目也存在很大脆弱性。阿富汗反叛分子就曾袭击过中国在阿富汗的能源项目。[①] 近期阿富汗塔利班在全国逐渐扩大攻势，阿富汗北部多个地区持续受到安全威胁，同时“伊斯兰国”极端组织也在阿富汗境内渗透，这些情况将许多（潜在的）地区发展项目置于安全威胁中。2015 年上半年，阿富汗援助人员中约 26 名遇难，17 人受伤，40 人被绑架。[②]

此外，中国在阿富汗开展公共外交的经验不足。目前，中国对阿富汗公共外交活动的水平依然很低。尽管中阿在地理位置上相邻，然而不仅中国缺乏对阿富汗的了解，阿富汗人同样也对中国的实际情况较为陌生。特别是由于中国一直没有深度介入过阿富汗问题，因此可能会缺乏相关经验，并招致国内外更多的质疑。另外，中国自身在向海外表达中国文化、树立良好国家形象的经验方面，也有很多的提升空间。

四　开展对阿富汗公共外交的启示与建议

（一）加强对阿富汗了解，尊重当地文化

在阿富汗民族、教派、部落、地区和城乡等各种矛盾相互交织的环境下，与当地实际情况不适应的公共外交方式可能进一步加剧阿富汗社会的分裂与矛盾。这意味着，开展公共外交的方式需要考量对象国的政治与文化现实，以适应不断变化的环境。相应的，在对阿富汗的公共外交活动中，还应当尊重当地文化传统与风俗习惯。比如就普什图族文化而言，我们需要了解尊严与自豪感对于阿富汗人的重要性。阿富汗加尼总统当选前不久就提到，“我们必须要建成一个令人尊敬的国家，而不是被人看管的废墟”。[③] 同时，在阿富汗（等伊斯兰国家）的中企人员更应当了解和尊重当地的法律法规与风俗习惯，以避免增加对阿富汗公共外交任务的复杂性。

---

① “China's Afghanistan policy: Testing the limits of diplomacy,” October 24, 2014, http: //www.lowyinterpreter. org/post/2014/10/24/China-Afghanistan-policy-limits-diplomacy. aspx.

② Masoud Popalzai, Laura Smith-Spark, “Afghanistan: Militants kill 9 aid workers in attack on house,” June 2, 2015, http: //edition. cnn. com/2015/06/02/asia/afghanistan'violence/.

③《中国和阿富汗走近的秘密：前常委曾突访 4 小时》，大公网，2014 年 10 月 30 日，http: //news. takungpao. com/world/exclusive/2014-10/2806680. html。

（二）增强在阿富汗中国企业的社会责任

多年来，“走出去”的中国企业在海外所取得的成绩有目共睹，但在实现有效的跨文化管理方面，中国企业还需要做出更多的努力。中国在商业与投资方面对阿富汗大力投入，使得阿富汗人与在阿中国企业人员的接触也逐渐增多，那么中国企业及其人员的活动，就成为阿富汗人了解中国，获得对中国感知的主要途径。同时，为避免扰乱地方政治平衡、滋生腐败、引发冲突和怨恨以及破坏地方环境等，中国政府和企业在当地的活动需努力获得地方民众的赞同和参与，这就需要中国在阿企业尽到一定的社会责任。比如中国企业须完善在阿富汗的环保等措施，以减少或避免对当地环境带来的破坏。同时，在阿富汗投资的中国企业应该为发展当地的基础设施做出更多贡献。这也意味着，实际上每个走出国门的中国人都可以也应当承担起推进公共外交，改善国家形象的使命，这也是消除国外民众对中国各种误解、偏见和不信任的重要环节。

（三）加大对阿富汗文化外交的投入

中国政府与阿富汗的交往日益密切，但政府以外的层面对阿富汗仍不甚了解，国内媒体和学界对其局势的掌握也大多来自西方国家。目前，相对于其他部分周边国家，在中国留学的阿富汗学生人数较少。为进一步加深中阿两国人民的了解，增加对中国持好感的阿富汗年轻人的数量，或应增加对阿富汗学生的奖学金名额、语言培训等交流项目，特别在阿富汗年轻人约占总人口一半以上的情况下，对该目标人群应给予更多关注。另一方面，在中国文化走出去的过程中应当挖掘自身独特性，创造更多“拿得出手的东西”。比如，一些阿富汗年轻人十分着迷中国功夫（以及功夫电影），因此或应通过这一平台的打造（可称之为“功夫外交”）为两国年轻人的交流与了解提供更多机会。当然，在打造自身文化“品牌”的同时，还应竭力挖掘双方共同利益与文化契合点，求同存异。

（四）增加对阿富汗安全援助，重视对小项目的援建

安全问题始终是中国在阿富汗问题上的主要关切。因此，除继续挖掘中阿经济合作契机，发展双边政治关系外，中国或应在安全领域加强对阿富汗政府的投入。比如中国可进一步采取帮助阿富汗政府培训军事人员、提供军事教育、物资装备、人道主义援助和灾后救援等军事援助形式，这

种援助形式不仅可以增强阿富汗国家安全力量的能力，也能够增强中国软实力的跨国网络。[①] 正如约瑟夫·奈指出，军事力量既可以用于投入战斗以赢得战争，即硬实力；也可以用于军事救援以赢得人心，即软实力。另外，相对于雄心勃勃的大项目和矿产资源领域的投资，小项目的建设与发展也能给阿富汗民众的生活带来积极变化，并使中国的形象在阿富汗人日常生活中深入人心。需注意的是，中国应结合阿富汗政府的需要与自身能力适当加大对阿援助规模。另外，需要顾及阿富汗各地方、中央与地方、国内与国外以及国外势力之间多层面的平衡，并确保对阿援助最终能惠及阿富汗民众。

（五）重视公共外交的多边方式

鉴于阿富汗问题的复杂性、牵涉行为体的跨国性和多样性，对阿开展公共外交也应重视多边协调与合作的方式，从而寻求共同利益以及提高行动效率。比如可以加强在上海合作组织框架下对阿富汗的公共外交，也可以加强与域外相关国家合作，共同推进对阿富汗公共外交活动。比如中美合作开展了培训阿富汗外交官项目，并计划把这种联合培训模式扩展至阿富汗农业和医护人员等领域。这种多边方式不仅能够增进中美阿三方的相互了解，而且还体现了国际社会支持阿富汗和平重建的共同努力。

（六）设计独立而连贯的对阿富汗公共外交战略

中国对阿富汗低调而有限的介入方式，符合阿富汗的历史与现实，也使中国不至卷入阿富汗动荡的“旋涡”而无法自拔。特别是阿富汗长年战乱，地方权力关系风云变幻，以及未来局势充满极大不确定性的情况，本身就制约着其他国家在阿富汗采取明确、清晰而连贯的政策。然而，模糊与观望的对阿政策极有可能引起外界的疑虑，也难以获得阿富汗人的信任。因此，中国可以在公共外交等“低级政治”领域尝试做出更多长期性投入，特别是国家形象的塑造是一个长期过程，需要投入大量的时间、精力、耐心和创造力。也就是说，中国在阿富汗应相对增加软实力建设，并为各种非国家行为体的具体公共外交活动提供激励或支持。总之，公共外交并非权宜之计，它应当成为独立、综合而连贯的战略，并融合到外交政策其他层面中。

---

① 〔美〕约瑟夫·奈：《权力大未来》，王吉美译，中信出版社，2012，第123页。

五　结语

目前，中国对阿富汗的公共外交主要体现在援助外交、文化外交以及留学与培训外交等方面，在这一进程中，中国的优势主要体现在其经济与文化吸引力，介入方式相对易于接受，阿富汗官方层面的重视，以及多边合作机制的积极作用等方面。同时，中国对阿富汗开展公共外交也存在一些困难，比如缺乏对阿富汗地方实际的了解，阿安全局势的影响，以及中国在阿富汗活动经验不足等。

通常认为，公共外交的目标在于积极影响和塑造他国公众对于本国的正面认知，提升国家形象与影响力，以及促进本国利益。但在公共外交活动与国家利益的实现之间，还存在着很多不确定性。这也意味着，公共外交的效用不一定都是积极的，它能否转化为亲和力和吸引力，还需要做大量具体和符合实际的工作。而且，目前我国对阿富汗公共外交活动还主要以政府主导为主，民间自发的公共外交相对较少，这也在很大程度上削弱了公共外交所具有的潜移默化、“润物细无声”的效果。基于此，在对阿富汗开展公共外交的活动中，应当加强对该国地方实际的了解，尊重当地文化，强调在阿富汗中国企业的社会责任，加大对阿富汗文化外交投入，适当增加对阿富汗援助，重视对小项目的援建，重视公共外交的多边方式，以及设计独立而连贯的对阿富汗公共外交战略等。另外，还需要注意到，尽量弱化公共外交工具性和目的性的一面，减少他国民众的警惕与反感，以及努力获得当地民众的认同，这或许应被视为我们对阿富汗开展公共外交所要追求的主要目标。

关于讲好中国故事的几点思考*

张骁虎　王　志　李东琪**

摘要： 自党的十八大提出“扎实推进公共外交和人文交流”以来，习近平同志多次强调“讲好中国故事”的重要性，“讲好中国故事”既是中国崛起面临的一项战略任务，也是新时代中国公共外交的基本内容，其目标是赢得世界各国人民对中国的了解、理解和支持，这需要整套的理论框架作为支撑。具体而言，“讲好中国故事”需要定义和反思当代中国的内在特质，解构西方中国叙事体系和构建中国自己的叙事体系，挖掘和整合器物中国、文明中国、制度中国、改革开放中国和全球性中国五类软实力资源，并在传播过程中统筹考虑内容、渠道、受众和效果四方面，以赢得国际话语权。它不是一朝一夕能够实现的，应当是一个长时期的系统工程。

关键词： 讲好中国故事　中国叙事体系　软实力资源　公共外交

中国崛起成为当今世界历史性巨变的一个重要标志，也是这种巨变的重要推力。今天的中国前所未有地接近世界舞台的中央，也前所未有地引起世界各国的关注。这种关注有惊讶、钦佩和羡慕，也有焦虑、怀疑和敌视。而目前国际话语体系中的“中国”仍是一个被动的“被讲述者”，是西方情感、欲望和权力在“中国”的投射，这种理解本身存在许多想象、误解和扭曲。世界前所未有地需要重新认识中国，需要中国人自己解说中国。以习近平同志为核心的党中央非常重视中国在当今世界上所面对的形势，习近平同志多次强调要向世界讲好中国故事，增信释疑，以赢得世界各国人民对中国道路的理解和认同，这也是党的十八大提出“扎实推进公共外

* 本文在写作过程中还得到了刘德斌、孙丽萍、范勇鹏、孙兴杰、刘鸣筝、富育红和匿名评审专家的帮助，特此感谢。文中错漏由笔者负责。

** 张骁虎，吉林大学公共外交学院博士后工作人员；王志，吉林大学公共外交学院硕士研究生；李东琪，吉林大学公共外交学院硕士研究生。

交和人文交流”，以及十三五规划一百个重大项目中列入“建设讲好中国故事队伍”所要达到的目的。党的十九大提出，“我国国际影响力、感召力、塑造力进一步提高”，“国家文化软实力和中华文化影响力大幅提升”，这既是对过去五年中国公共外交工作的积极肯定，也是对新时代公共外交的总体要求。

然而，在具体实践中“讲好中国故事”容易被看作一个纯粹的传播学问题，或者被简单地理解为对外宣传问题，实际上这两种观点都在一定程度上忽视了“中国故事”本身。它们暗示只要手段得当，“中国故事”就能够讲好，中国就能够赢得世界各国的理解和信任。但是，“讲好中国故事”的重点并不在于怎么讲，而在于讲什么，“中国故事”不是自然存在的，需要挖掘、整合、定义和建构。“中国”是什么、如何理解当代中国、如何寻找中国价值体系与西方价值体系之间的最大公约数，这些都是“讲好中国故事”必须面对的基本问题。就对外传播而言，只有在反思和定位当代中国的基础上向世界展示中国的内在特质和传统，向世界提供一个真实、可信、简练的理解当代中国的叙事体系，才能切实打消西方对中国崛起的疑虑和恐惧，避免向世界解说中国时面临的“以其昏昏使人昭昭”困境。

一　从“推进公共外交”到“讲好中国故事”

“公共外交”这一概念最早由美国塔夫兹大学弗莱彻法律外交学院院长埃德蒙·格里恩（Edmund Gullion）提出，代指当时主要由美国新闻署从事的新闻传播和教育文化交流活动。彼时，莫罗中心将公共外交定义为“影响外交政策制定和执行过程中的公共意见……包括一国政府培养他国公众的意见、跨国私立部门之间的接触、跨国的信息和思想流动”。[①] 1987 年美国国务院编撰的《国际关系词典》则将其解释为“政府资助的影响他国公众意见的项目”。[②] 这两种解释类似，均强调公共外交的主体是政府，受众是普通公众，目标是影响公众意见以间接实现自身对外政策目标。

公共外交的形式与内容顺应时代的要求，与时俱进。新中国成立伊始

---

① 转引自 Charles Wolf, Jr. Brian Rosen, *Public Diplomacy: How to Think About and Improve It*, Rand Corporation, 2004, p. 3, https://www.rand.org/pubs/occasional_ papers/OP134.html。

② U. S. Department of State, *Dictionary of International Relations Terms*, Washington, D. C., 1987, p. 85.

就设立了新闻总署，下设国际新闻局，其专门负责对外传播工作。第一个五年计划期间，全国用于广播事业建设资金的50%投入中国国际广播电台的建设之中，到1966年，该台的对外广播语种达到32种，每天的播音时间超过100小时。这一时期，公共外交更多地体现为对外宣传，即向世界宣传中国的内外政策和建设成就，支持亚非拉民族解放运动和反帝、反殖民主义斗争。[①] 21世纪以来，中国的公共外交实践已经逐渐走出“对外宣传”的藩篱，强调向世界传递中国经济社会等方面的巨大变化、中国文化、中国的内外政策和中国对世界事务的观点。目前，中国已经与美、俄、英、法、德、欧盟、印度尼西亚、南非这八个世界主要国家或国际组织建立了人文交流机制；在外交部设立了公共外交办公室，负责协调公共外交活动；截至2016年底，在全球140个国家（地区）建立了512所孔子学院和1073个孔子课堂[②]，它们成为各国学习汉语言和中华文化的重要场所。

中国的崛起为公共外交提出了新的时代命题。改革开放四十年来，中国的硬实力快速增长，但随着中国不断崛起，世界对中国的看法愈加分裂，既有对中国经济社会发展取得巨大成就的赞叹，又出现了所谓的对“另类国家”崛起的担忧。罗伯特·卡根在《历史的回归和梦想的终结》中认为，以美国为首的西方世界再次面临“修正主义”国家的挑战，将矛头直指中俄。[③] 江忆恩在《文化现实主义：中国历史上的战略文化与大战略》中基于对中国古代典籍和明代战略文化与行为的实证分析，得出中国战略文化以居安思危或极端现实主义为特征，打破了美国战略思想界过去一直保持的中国战略文化防御性与和平性的认识。[④] 以《大国政治的悲剧》闻名于世的米尔斯海默认为，新崛起的大国与守成大国之间的竞争必然导致冲突的“悲剧”，中美之间也不会例外，所以美国政府应尽早抛弃对中国“误导性的”接触战略。[⑤] 即使像马丁·雅克这种对中国的崛起持比较赞赏态度的

---

① 钟龙彪、王俊：《中国公共外交的演进：内容与形式》，《外交评论（外交学院学报）》2006年第3期，第66页。

② 孔子学院总部官网：www. hanban. edu. cn/confuciousisntitutes/node_ 10961. htm。

③ 〔美〕罗伯特·卡根：《历史的回归和梦想的终结》，陈小鼎译，社会科学文献出版社，2013。

④ 〔加〕江忆恩：《文化现实主义：中国历史上的战略文化与大战略》，朱中博、郭树勇译，人民出版社，2015。

⑤ 〔美〕约翰·米尔斯海默：《大国政治的悲剧》，王义桅、唐小松译，上海人民出版社，2008。

人，也认为中国有可能成为将自己的价值观和偏好强加给世界的霸主。[①] 近年来，更有西方媒体发表长篇大论，攻击中国的发展模式对西方的自由、民主构成了全面挑战。西班牙新闻记者卡德诺和阿罗鸠在《中国悄悄占领世界》中认为，中国人正在按照北京的意愿接管全世界。[②] 在西方政界，各种类型的“中国威胁论”更是甚嚣尘上。例如，2017 年底，澳大利亚总理恩特布尔用普通话宣称“澳大利亚人民站起来了”，意在讽刺所谓的“中国干预澳大利亚政治”；2016 年美国大选期间，争夺总统宝座的两党候选人几乎都异口同声地指责中国通过不公平竞争“抢走了”美国工人的饭碗。因此，向世界展示一个真实的中国，“讲好中国故事”，为我国赢得良好的国际舆论环境，成为新时期中国公共外交的基本任务。

2013 年 8 月，习近平在全国宣传思想工作会议上提出“讲好中国故事”这一时代命题，并具体落实到“四个讲清楚”和“三个独特”，为“讲好中国故事”提供了指导框架。习近平在多次出访活动中以讲故事的方式巧妙、平实地传递着中国对世界的理解、中国为世界所做的贡献和中国人民与世界人民之间的友谊。[③] 习近平善用典故和中国文化阐释基于中国传统的世界发展理念，为全球治理发出了中国声音、提出了中国方案、贡献了中国智慧，为“讲好中国故事”树立了典范。

“讲好中国故事”首先要定义何为“中国故事”。它可能是一个个鲜活的中国人的故事，也可能是中国经济崛起、中华民族走向伟大复兴的故事。“中国故事”的主体可能是通过读书改变了自身命运的寒门子弟、将中国商品带到世界各地的商人、勤劳致富忠厚传家的普通人，也可能是悠久的中国历史与文化传统、中国发展道路的经验总结、中国人的处世哲学和当代中国的深刻变化。它涉及中国人如何定义自己的国家认同、如何认识中国与世界的关系，它也涉及如何理解世界历史中的中国，如何看待世界过去几百年的发展。在向世界解说中国时，当代中国复杂、多元、庞大、现代性与悠久传统相互交织，我们永远不可能将中国的每一个面向都展示出来，“讲好中国故事”需要把握“中国故事”的关键特征，即对当代“中国”

---

① 〔英〕马丁·雅克：《当中国统治世界：中国的崛起和西方世界的衰落》，张莉译，中信出版社，2010。

② Juan Pablo Cardenal, Heriberto Araujo, *China's Silent Army: The Pioneers, Traders, Fixers And Workers Who Are Remaking In Beijing's Image*, Allen Lane, 2013.

③ 申亚欣、张迎雪：《习近平讲述“中国故事”诠释官方外交语言新“温度”》，http://theory.people.com.cn/n/20150422/c136457-26884138.html。

的思考和追问，没有这一条基本线索，讲“中国故事”只是对庞杂、零散的素材的堆积，“中国故事”永远是零乱的、不成体系的。

习近平在布鲁日欧洲学院演讲时，将中国阐释为一个有着悠久文明的国家、经历了深重苦难的国家、实行中国特色社会主义的国家、世界上最大的发展中国家、正在发生深刻变革的国家。所以中国具有独特的价值体系、精神世界和民族自信心；中国人民希望和平、反对战争，奉行独立自主的和平外交政策；经济建设依然是中心任务；中国的特色社会主义道路已经取得了成功；中国的变革不仅将为中国现代化建设提供强大推动力量，而且将为世界带来新的发展机遇。[①] 这五个特点既是当代中国最显著的特征，又是观察和理解中国必不可少的工具，也是中国主动解说自己，从而打消西方对中国崛起的担心与疑虑的重要实践。

二 “讲好中国故事”的深层障碍——西方的中国叙事体系

对当代中国的认知、理解和精练概括是定义“中国故事”的基本前提，“中国故事”的构建便是用具体、翔实、鲜活的材料对“中国”进行说明。而这些材料的选择、组织和呈现方式，即中国叙事体系的生成，是构建“中国故事”的关键。中国叙事体系分为两种，一种流行于西方学术界和新闻界，一种是尚在形成过程中的中国自己的中国叙事体系。西方的中国叙事体系仍占领着国际话语权的核心，但近年来其霸权地位有所衰落。“讲好中国故事”需要解构西方的中国叙事体系，构建中国自己的中国叙事体系，抢占国际话语权。

几个世纪以来，西方的“中国”经历了多种变化，从早期的“鱼米之乡”、“东亚病夫”、“睡狮”、邪恶的“傅满洲博士”、西方传教士眼中的“希望之地”、“黄祸”、“红色威胁”，到近年来不同版本的“中国机遇论”、“中国威胁论”和“中国崩溃论”。[②] 美国传教士、商人、好莱坞、汉学家和知名媒体是构建这种中国叙事体系的主体，他们人数不多但能量巨大，世界知识体系中大部分关于中国的描述和理解都或多或少地受到了这一叙事体系的影响。西方的中国叙事体系实际上并不是建立在解说中国的本意

① 习近平：《习近平在布鲁日欧洲学院的演讲》，《人民日报》2014 年 4 月 2 日。

② 〔澳〕潘成鑫：《国际政治中的知识、欲望与权力：中国崛起的西方叙事》，张旗译，社会科学文献出版社，2016，中文版前言第 2 页。

之上，只是西方将“中国”作为他者构建出来的副产品，用于区别乃至反衬西方对自我的想象和塑造。明代思想家王阳明曾说：“子欲观花，则以花为善，以草为恶。如欲用草时，复以草为善矣”，西方对中国的解说也是如此。中国是什么并不取决于中国自身，而是随着西方观察者的心态好恶而变化，受中西关系变化和西方本身政治文化发展影响。[①] 因此，近年来西方舆论中出现了多种不同版本的“中国机遇论”、“中国威胁论”、“中国崩溃论”，而这些南辕北辙的观点却能够和谐地并存。

“讲好中国故事”面临的深层次障碍是西方的中国叙事体系占据国际话语霸权地位。从全球史的视角看，西方文化是基于欧美经验的地方文化，伴随西方扩张才逐渐获得全球性优势。由于经济、军事等硬实力优势，西方文化对世界的描述，也就是西方的叙事体系，成为一种“普世”的知识体系。21 世纪，随着西方国家治理的衰败和世界经济中心的变化，西方基于硬实力而建立和维持的文化霸权也有所削弱。对于中国来讲，当前既是一个与西方文化展开竞争的战略时机，也是一个还世界观念以多元空间，为中国文化崛起奠定基础的时代。构建中国自己的叙事体系是要抽象出中华民族历史经验的普遍性，重新定义政治哲学的中心命题，摆脱西方社会科学的范式局限，建立一套新的话语体系。通过这两个方面的努力，中国话语将在根本上改变面对西方话语时的不利局面，唯其如此，“讲好中国故事”才能不流于一厢情愿的空谈。

要解构西方的叙事体系首先要解构其概念体系。西方叙事中常用概念大体可分为四类：一是西方话语核心概念；二是西方制造的伪概念；三是被偷换和扭曲的概念；四是被掩盖的概念。西方话语是一套资产阶级的意识形态，因而它的每一个核心概念背后都有着明确的阶级属性和利益指向。这些概念主要有：自由、民主、宪政、法治、程序正义、产权等。西方制造的伪概念是指西方意识形态话语中常常使用一些原本不存在、被西方意识形态有意识制造出来的概念，如极权主义、转型国家、东方专制主义等。被偷换和扭曲的概念，是指原来不属于西方意识形态的核心概念，甚至有些曾经是反西方的，但是被西方偷换、扭曲甚至再造后，这些概念在历史上大多具有进步性和正义性，所以易于人们接受，而忽略其含义的转换。这些概念包括平等、民主、人权、文明、进步等。被掩盖的概念，这一类

① 〔澳〕潘成鑫：《国际政治中的知识、欲望与权力：中国崛起的西方叙事》，张旗译，社会科学文献出版社，2016，第 5 页。

概念是西方话语所不喜欢使用，或仅在特定条件、前提下使用的。虽然在不同历史阶段，这些概念的地位不尽相同，但是总体上，资本的力量是力图限制、掩盖并使人们遗忘它们，这类概念包括国家、主权、共同体、秩序等。

当前表述中国故事、中国思想主要依赖的仍是西方的概念体系。这一现象有深远的原因，清末中国面临三千年未有之变局，部分士大夫秉持春秋公羊学的变革理念，提出“师夷长技以制夷”，开创了引用西方概念的先例。民国初年学术界更是兴起了以西方概念和逻辑来梳理中国故事的风气，如胡适等人都是先驱。这一现象本身无可厚非，因为文化的交流从来都会带来新风气，产生新思想，西方文化的进入也同样激活了中国文化。关键问题在于，中国文化的内核是否有独立的表述权利。今天，即便是官方意识形态表述的一些核心部分，都很难摆脱西方概念，更何况讲述中国故事、中国叙事，对多数普通知识分子和学术人士而言，其已经很难跳出西方话语所设定的思维和逻辑框架。

“讲好中国故事”需要在解构西方概念体系的基础上建立中国自己的叙事体系。一方面是系统地重述中国历史，通过建构和解释中国发展而建立新的历史观。另一方面是在逻辑和哲学的层次更好地实现马克思主义和中国传统文化的贯通。构建中国自己的叙事体系不是全盘否定西方的概念，而是要区分话语政治的核心领域和外围领域，在核心领域逐渐建立中国概念（或经过充分中国化的外来概念）的领导权。

三　“讲好中国故事”和构建中国叙事体系的资源

“讲好中国故事”要有充分的文化自信，因为可用于“讲好中国故事”和构建中国叙事体系的资源非常丰富。中国的传统文化、历史、中国人的精神世界、中国经历的深刻历史变迁都是可用资源的一部分，这些也就是中国的软实力“质料”。但要注意的是，这些资源较为庞杂零散，尚不能直接形成软实力所包含的吸引力、说服力、国际话语权、合作力和吸纳力，需要加以有效挖掘和利用方可加工成国际社会接受甚至认可的中国故事，才能成为软实力并达到软实力追求的效果。因此，通过对中国软实力资源库的精华进行发掘、凝练和升华，研读中国历史、贯通马克思主义和中国传统文化等尝试，笔者提炼出阐释复杂多样中国的清晰概念体系，将中国具有的软实力资源划分为五类：器物中国、文明中国、制度中国、改革开放中国和全球性中国，通过这些概念以期构建一套逻辑自洽、具有说服力的关于中国的论说，作为构建中国叙事体系的核心。

第一，器物中国。自农业革命以来，中国就一直处于全球物质文明创造的中心，中国先人创造了璀璨的物质文明，从中国发达的考古事业就能感知到古代中国的发达程度。衣食住行是人类生存的必需内容，也是物质文明的出发点。中国的饮食、服饰、建筑等，不仅是先人生活所需，也是中国故事的起点。在西方国家博物馆陈列的中国展品背后是丰富的中国故事。全球化时代，中国的变化首先表现在物质生活的变化，器物中国是外界了解和观察中国的窗口，通过现代的技术和理念，器物中国能够在全球舞台上得以传播。

第二，文明中国。古代中国曾是世界文明中心，也是唯一没有中断的古老文明。对中国古典文明的解读和重构，是建立中国文明身份的前提和基础，由此来确定“中国性”的主体地位。古代中国的话语与故事不同于西方，也难以“翻译”，因此，革新历史观，回归中国本来的传统和“事实”，才能从源头上讲好“何谓中国”、“何以中国”，古代文明是中国故事的根本，也框定了中国的特质。

第三，制度中国。中国有几千年的国家传统和历史，拥有悠久和丰富的政治思想资源，贯穿中国政治思想历史的是追求一种良善的政治秩序。在欧洲现代国际体系的扩张和挤压之下，威斯特伐利亚体系的主权国家作为一种普遍意义的国家形态借助殖民主义浪潮而在全世界推行。中国近代遭遇“千年未有之变局”，构建现代国家成为中国面临的历史性挑战，从被动模仿到主动建构，内涵于中国政治思想中的“民本主义”是中国国家故事中一以贯之的线索，贯穿于古代、现代以及当下，从而能够构建一个符合中国历史和传统的国家故事。世界政治正在回归多元权力中心的格局，西方主导的国家故事正在面临着双重的挑战：一是西方国家内在的发展陷入了矛盾和困境之中，“制度决定论”失去了解释力；二是非西方国家和地区的崛起和身份的觉醒，自身的文化与思想传统成为构建新的国家身份的资源和基础，“讲好中国故事”也是顺应和引领了“非西方”国家崛起的历史潮流。

第四，改革开放中国。改革开放的伟大事业从中国自身来说是一个传统中国的重构和崛起，也是世界现代化历史上的奇迹。改革开放的故事不仅是中国自身的故事，也是中国与世界关系历史性调整的故事，更是冷战结构性变化，甚至扭转世界历史方向的关键转折点。中国改革开放的历史经验是中国贡献于世界经济发展史上的宝贵资源和财富，对改革开放事业的研究和叙述是奠定中国在当代世界话语体系中地位的关键，也是“现代中国故事”的主要题材。“中国何以成功”已经构成当下世界关注和研究中国的主要内容，中国现代化的故事，也是世界秩序转型与重构的主要线索。习近平同志提出的“一带一路”倡议，是中国改革开放故事的2.0版。中国从融入全球治理到介入与引领全球治理，也展现了中国发展经验的世界意义。

第五，全球性中国。当今的中国已经深度参与全球化进程，与世界各国形成了紧密的相互依赖关系。中国拥有世界十大港口中的七个，中国是世界最大游客来源国、最主要的化石能源消费国、最大的奢侈品消费市场和汽车消费市场……去年，习近平在达沃斯世界经济论坛的讲话中明确将中国定义为经济全球化的受益者和贡献者，正是对这一系列关系的定论。除了经济以外，文化与生活方式层面的互动也很密切。网络上将共享单车、网购、支付宝和高铁评为新时代的四大发明，成了中国的“文化名片”；而肯德基、牛仔裤、摇滚乐等传入中国已是几十年前的事情。今天的中国是一个与世界深度交融后的经济体和文化体，是为全球性中国。

器物中国、文明中国、制度中国、改革开放中国和全球性中国的概念是在充分挖掘和利用好软实力资源的基础上提出的，以此为基础，才能生产出好的“中国故事”。这一中国自己的叙事体系下的中国故事有更加多元的历史观，而不是以西方的历史观来切割中国的历史；既充分吸收中国的文化特质，又在形式上符合世界各国不同受众的口味。这不是曲意逢迎西方，而是发现中国自己的特点，把这些特点用世界各国乐于接受的方法和形式呈现出来，其目标是让世界了解和理解中国，降低世界对中国的猜忌和疑虑，这也是公共外交的题中之意。

四　“讲好中国故事”的手段与机制革新

“讲好中国故事”需要解构西方文化霸权和话语霸权、构建中国自己的叙事体系等学术探索作为基础，但它也必须落到实践层面，通过国际传播讲好中国故事既是一个事关中国自身发展以及如何构建中国与世界新型合作共赢关系的重大战略性问题，也是当前全球化深入发展和中西文化深度互动条件下如何做好跨文化传播和国家形象管理的问题，“讲好中国故事”的传播手段和机制革新不容忽视。

目前，“讲好中国故事”相关的工作可以分为资讯传播、人文交流和文化事业产业三方面。资讯传播主要由新华社、人民日报、中国国际广播电台、中国国际电视台等官方媒体，中央外宣办、外交部新闻司等官方信息发布机构和国家网络信息化办公室三类机构主导，它们主要从事全球新闻资讯的采编、中国新闻官方发布、传播、监管和舆情反馈等工作。人文交流方面由中联部、外交部、教育部、商务部等机构主导。中联部与外交部组织中外政要、精英之间的交流活动；教育部与商务部资助和开展留学生培养、海外汉语推广、海内外学者学术交流、海外中国学研究者培养等活动；地方政府组织中外友好城市交流活动；等等。文化事业产业主要由文化部、从事文化产品进出口的企事业单位和监管机构主导。它们具体开展对外文艺演出、图书音像产品的外译和出口、优秀中国非物质文化遗产海外传播等。这些机构已经做了许多相关工作，积累了丰富经验，但整体而言，“讲好中国故事”的效果尚待加强，需要新的机制创新和内容创新。

“讲好中国故事”需要将当下分散在各个部门的资源协调起来，进行顶层设计、统筹安排，最大限度地发挥出资金和人员的聚集效应，弥补现有机制的盲点和不足，形成手段与领域的全方位覆盖，最终为“讲好中国故事”提供制度支撑。我们从国际传播技术层面探讨如何提升我国的国际传播力、讲好中国故事应用的主要模型如图 1 所示。

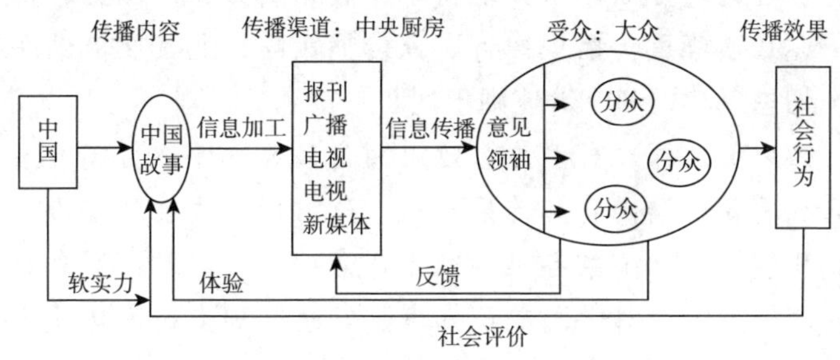

图 1　“讲好中国故事”传播模型图

具体而言，我们需要统筹考虑内容、渠道、受众和效果四个方面，即我们讲什么、公众从哪儿听、讲给谁听和效果怎么样的问题，需要一整套切实可行的制度设计方案和传播手段的革新。第一，我们讲什么。在具体制作各种不同版本的“中国故事”时应依据不同文化的特征，有针对性地定制“中国故事”，把宏观现实与微观故事相结合，坚持“中国故事”主体的多元性，保证信息的真实性、文化产品的趣味性。大众传播多以休闲的形式出现在受众的生活中，有较大影响力的传播内容必须以故事打动人，以趣味吸引人，以细节感染人，以真实取信于人，在此基础上再着力于综合反映社会现实的宏观叙事和中国深刻变迁的全貌。

第二，公众从哪儿听。应当整合现有的信息传播渠道，构建信息处理的“中央厨房”，实现传播渠道的全覆盖，重视两级传播结构，着力培育意见领袖和巧妙地利用好国际媒体。现代信息社会，公众的注意力成为稀缺资源，单个媒体的传播行为很难形成对公众的包围效应。通过构建信息处理的“中央厨房”，统一调度、协同作战，在相同选题下结合报刊、广播、电视、新媒体等渠道的各自优势，形成持续不断的信息流，从时间和空间两个维度、多条主线共同争取公众的注意力，力争通过讲好中国故事把对公众的影响最大化。

第三，讲给谁听。针对不同的受众，需要准确把握他们的心理特征，因势利导。从宣传学角度来看，使不了解中国的受众了解中国是革新宣传，使对中国有偏见的受众纠正偏见是转化宣传，都是耗时长、难度高的宣传类型。从受众心理学的角度来看，受众对信息的选择会受其既有政治倾向影响，对信息进行选择性接触，即倾向于接触与自己固有观点相近的信息和观点。公众在接触大众传播媒介时，除了获取信息之外，主要为了满足娱乐需求。在信息需求和娱乐需求之间，获取娱乐需求的时间普遍高于信息需求，平衡好这两方面需求会取得事半功倍的效果。因此，要想取得好的传播效果，必须尊重传播规律，讲究传播策略，尤其要借助一些比较中立的媒体，切忌急功近利，欲速则不达。

第四，效果怎么样。对于传播效果而言，效果评估直接关系到如何优化资源组合，更新传播内容和传播手段。这方面既需要顶层设计，建立高级别的评估机制，准确衡量各机构的工作效率；又需要传播学方面更多的理论探索，将外国民众对中国的认知度、好感度和支持度量化为可以衡量的指标，构建出一套科学完备的指标体系。主要评估方法有评估国家基本形象的多元线性回归模型、国家形象评价的认知互动模型、国际传播效果评价模型和对典型事件或典型传播行为客观效果的定性比较分析等。

“中国故事”既需要原材料、加工厂和生产工艺，也需要分销、传播和根据受众市场不断自我更新。以上四点就是以讲好中国故事为要求，按照经典传播模型，从传播内容、传播渠道、传播效果方面研究我国国际传播的整个流程，总结经验教训，参照先行国家经验，通过国际化的“传播”方式形成新的中国故事的国际舆论场，发挥国内、国际舆论场的联动效应，结合具体的受众反馈，提出改进我国国际传播的具体建议。可以说，把中国故事“讲好”的复杂性和重要意义不亚于中国故事的生成过程。

五　结语

本文旨在构建一个“讲好中国故事”的理论框架，这一框架应当包括对当代中国关键特征的认知和定义、解构西方的中国叙事体系与建立中国自己的叙事体系、革新传播手段与机制，以期在国际话语权博弈中获得有利地位，为中国崛起创造良好的舆论环境、传播中国文化、提升中国提出的“人类命运共同体”理念的感召力。

“讲好中国故事”并不是一件容易的事，实际上是一项艰巨而又复杂的系统工程，是中国崛起所面临的一项战略挑战。没有对当今世界国际话语权格局的冷静分析，没有对国际学界和新闻界占主导地位的西方的中国叙事体系的批判，没有对中国软实力资源的挖掘与整合，没有中国自己的中国叙事体系的构建，没有“讲好中国故事”手段的创新和体制改革，中国故事就是零碎的，难以形成持续的影响力和穿透力，中国就难以摆脱“被误解”甚至“被抹黑”的境地。

国之近在于民相亲，民之亲在于心相通。“讲好中国故事”是一项重大的民心相通工程，也是中国公共外交的基本内容。它不是一朝一夕能够实现的，而中国的公共外交事业也是一个长时期的系统工程，需要持续、高效的努力，需要政府机构、学术界、新闻界乃至舆论领袖和普通民众的广泛参与，也需要公共外交人才的培养。“中国故事”讲好了，中国的公共外交事业就上了一个大台阶。

第三部分

他山之石：大国与周边国家的公共外交

印度外交政策中的公共外交

〔印〕斯瓦兰·辛格*

摘要： 如今公共外交的形式不断扩充，成为国家行动计划的重要组成部分。印度公共外交首要聚焦于传播国家对外政策，在全球建构印度的品牌形象。印度政府于2006年通过结构改革加大对公共外交重视程度，建立了独立的公共外交机构，专门负责在关键政策问题上引导国内和国际舆论，改善国家形象。同时传媒与社交网络爆炸式发展使专业化的公共外交成为印度外交政策的重要先决条件，以及印度倾听与传播的强有力工具。公共外交已经扩展至印度所有部门、机构及其领导者当中。与其他大国相比，印度并未给国际社会留下深刻印象，而且容易引发外界对印度的误解，甚至会导致本可避免的过激行为。同时印度公共外交显得缺乏意愿与资金投入。印度需要在外交，尤其是公共外交领域加大投入，同时印度也具备充实自身资源的实力。

关键词： 印度　公共外交　对外政策　国家形象

随着当今世界政治经济格局的迅速变化，公共外交日益成为外交政策的重要工具。21世纪是一个信息生成和传播都异常迅速的时代，同时也是商品消费和运输的实际速率大大加快的时代，这样的时代背景推动了运输和通信的爆炸式增长。前所未有的全球“互联互通”使国家内部的发展和安全问题变得“全球化”，这种全球化不仅涉及多个民族国家，而且还涉及其结构的方方面面，甚至包括国家内部的公民。在公开、知情、赋权的原则下，国内和国际的利益相关者在反馈政策的同时也加强了对国家政策的监控。衡量政策成功或者失败的标准不再局限于一成不变的国际规范和制度，而更多地取决于日新月异的国际形势。各国紧随发展趋势，利用音视

---

* 〔印〕斯瓦兰·辛格（Swarah Singh），印度尼赫鲁大学（新德里）国际关系学院教授，昆明印度海洋经济研究所客座教授，云南财经大学印度洋地区研究中心客座教授。

频、纸质媒体、社交媒体以及网民互动等方式来解释其政策立场，并听取公民对政策的评价。因此，在被网络空间上互相替代的事实和虚假消息淹没之前，各国的官方必须站出来阐明并传播他们的版本和解释。

今天，世界主要大国力求变得无处不在，无所不能。不仅受公共外交驱使，其国家对时局做出的回应也被类似的科技革命所驱动。非政府组织、社会团体甚至恐怖分子也在同一领域建立全球网络来对抗这些强大的国家。公共外交希望给出建设性的、专业性的分析，共同应对诸如恐怖主义和气候变化等重大全球性挑战，并开展相关研究，分享资源，以缓解这些问题带来的负面影响。时至今日，17 世纪的威斯特伐利亚体系所造成的发展和安全问题仍未得到解决。即使是最强大的国家也必须以集体为单位，在该模式下，多边主义成为所有解决方案的主导。应对恐怖主义也许是印证这一趋势最恰当的例子，它使得原本对立的国家不得不放下分歧，同仇敌忾。而中国和印度等发展迅速的大国面临着更为严峻的挑战，社会经济的快速转型正在推动国家结构以前所未有的速度进行重塑。从国内到国外，这些国家经历着越来越多“不可思议”的事件，其新一代的公民已经将目光从电视转向了平板电脑和智能手机。通过这些移动设备，他们可以更快地观看、收听和阅读信息，也可以对信息做出快速的反应，并且，这些反应是实时的。国家受到可靠性和合法性约束，这意味着必须要遵循一系列的规定。因此，他们对国际事务的反应速度放缓，参与过程也有所滞后。公共外交本意在于告诉本国以外的人其国家政策，而现在公共外交的概念有所延展。与此同时，概念的变化也对诸多雄心勃勃的民族国家提出了艰巨的挑战。

正是在这样的背景下，本文试图讨论公共外交性质的变化，以及该变化如何影响 2006 年印度政府在外交部（MEA）设立单独的公共外交司的决定。虽然公共外交仍然是印度外交的组成部分之一，但是该司却在 2014 年并入外交部原有的对外宣传司。尽管与它的同侪力量相比，特别是鉴于印度与大国联合的野心，仍有许多有待改进的地方，但它坚持采用新的创新方式和手段进行公共外交。印度现任总理纳伦德拉·莫迪（Narendra Modi）的外交政策已经在频繁的外交活动中有所体现，这些政策在提高了印度的知名度的同时，也存在着如何有效提高印度利益的问题。本文将在以下部分阐述印度公共外交理念与结构，并且在相应的背景下对其做出评价。

一 概念化的公共外交

正如公共外交专家菲利普·赛博（Philip Seib）教授所言，几个世纪以来，“外交都是一个孤立的精英领域”。[①] 他引用了哈罗德·尼科尔森（Harold Nicholson）在1939年的经典著作《外交》（*Diplomacy*）中的观点：“无线的发明”形成了“一种巨大推动力来宣传其政策”，并允许阿道夫·希特勒这样的操纵者“将公众的情绪作为一种强大的武器”。[②] 在以前，对于那些受到未来职业特征制约的外交官来说，与普通民众交谈是一种粗俗的行为。而随着公众利益逐渐成为所有政策制定的最高指导原则，上述普通民众被赋予了“公众”的概念，于是参与公共事务成为对外政策和外交工作的必要组成部分。概括地说，菲利普·赛博（Philip Seib）所认为的公共外交“通过卫星电视和社交媒体等手段展开，政府不仅必须与其他政府对话，还必须着眼于解决全球性的公众问题……”[③] 因此，从17世纪由全权代表所主导的秘密外交时代至今，21世纪的外交谈判很大程度上依赖于与诸利益相关者和权力中心的实时沟通，而这些中心通常包括更广泛意义上的公众。这也使公共外交成为外交与外交政策一个专业分支。

今天，公共外交的形式仍在不断扩充，并成为一系列的国家行动计划的重要组成部分。预计它将向更多公众解释外交政策，而这些公众不仅包括本国公民，也包括合作伙伴国以及受此类政策、决定影响的国家的民众。它既教育公众也影响公众的态度，从而使公众不仅能更好地理解政策本身，还能支持本国的核心利益。当下的公共外交不同于19世纪的传统外交，它旨在让外交执行者的行为不同于政府的行为，并寻求与各种非政府组织、机构和有影响力的个人建立友好联系。众所周知，一个国家的软实力为公共外交提供了强有力的支持。采用传统外交定义的约瑟夫·奈（Joseph Nye）曾指出：

> 在国际政治中，软实力资源很大程度上体现在一个组织在文化中所传达的价值观、其对内政策与实践的案例以及处理对外关系的方式

① Philip Seib, *The Future of Diplomacy*, Cambridge, UK: Polity, 1988, p. 1.

② Philip Seib, *The Future of Diplomacy*, Cambridge, UK: Polity, 1988.

③ Philip Seib, *The Future of Diplomacy*, Cambridge, UK: Polity, 1988, p. 4.

> 上。公共外交是政府通过调动这些软实力资源与沟通并吸引他国民众的工具，其作用对象不仅仅局限于他国政府。公共外交努力通过广泛的宣传、文化出口补贴、密集的交流吸引人们对这些潜在资源的关注。但是，如果一个国家的文化、价值观和政策的内容本身不具有吸引力，那么这种‘广播’式的公共外交就无法生产软实力，甚至适得其反。①

专业化的公共外交寻求最大限度地利用本国政府的资源，通过宣传与潜在伙伴国家增进共同利益的重要性，来增强本国文化、价值观和政策的吸引力。从这个意义上说，公共外交与传统外交存在着差异，因为它不仅涉及传递信息，还包括倾听，以在本国政府与他国政府及公众间建立双向互动，从而增强本国政府在国际社会中的可信度和信誉度。同时这也增进了本国公民和其他利益攸关者对国家回应其关于制度建设相关关切的期待。尽管提供官方阐释本身就是政府职责所在，但公共外交绝不仅限于在一个给定主题或事件的持续讨论中提供多元视角下的国家观点，其主要任务仍是确保政府观点被精美包装、在适当的时机发布出去，以获得应有的关注，从而在众多相互竞争的信息中脱颖而出。公共外交必须坚守这条逻辑线，而不是沦为破坏或抨击持相反意见者观点的牺牲品。

二　印度关于公共外交问题的讨论

在印度，公共外交方兴未艾。目前尚没有大学开设培养公共外交领域专业知识与技能的课程。新德里的贾瓦哈拉尔·尼赫鲁大学是印度唯一一个在“外交与裁军”领域设立哲学硕士和博士学位的大学，而其教学与科研活动并没有对公共外交问题给予足够的关注。在印度政府内部，公共外交受到的关注也十分有限，尽管以此为名的倡议和举措层出不穷。印度政府曾于 2006 年在外交部（MEA）下成立了专业化的公共外交司（PDD），但其 2014 年 1 月被并入外交部对外宣传司（XPD）。有趣的是，合并后的新外宣与公共外交部门仍称作 XPD。尽管如此，公共外交仍被印度外交部作

① Joseph Nye cited in William A Rugh, “The Case for Soft Power,” in Philip Seib (ed.), *Towards a New Public Diplomacy: Redirecting U.S. Foreign Policy*, New York: Palgrave Macmillan, 2009, p. 14.

为一项重要的任务并被置于其网站上的重要位置。但显而易见的是，印度对公共外交问题的讨论仍鲜见于对话和媒体评论中。

可以看到，这些对印度公共外交的有限的讨论也只是在不断仪式性地强调印度文明历史的深层次根源及印度独立后的历程。一些专家指出，"印度在数字时代进军公共外交也许是新鲜事，但可以肯定的是，印度的对外战略在历史上成就斐然。在 1971 年孟加拉国建国前，印度使西方公众舆论都倒向德里一边，这就是一个辉煌的案例"。[①] 他们认为，印度公共外交是传媒、文化、教育、经济以及侨务外交多方面共同运作的有机体，尽管这其中很多行动并没有以"公共外交"命名。他们一直在强调的细微差别是，印度并非公共外交的后来者，而是"新公共外交"的后来者，而这里所说的"新公共外交"，则是指在 21 世纪初由英国外交政策中心、荷兰国际关系研究所等欧洲智库所推广的全新概念，他们将公共外交建立在基于互联网 2.0 和社交网络工具基础之上，并与传统意义上对公共外交的理解区分开来。

与此同时，另一类关于公共外交的讨论将视野回溯至南亚次大陆的古代史，去探究印度公共外交的文明传统。他们通常援引考底利耶（Kautilya）[又名商那阎（Chanakya）] 时代的案例。作为印度历史上著名的哲人政治家，考底利耶在其著作《治国安邦术》（*Arthasastra*）中指出倾听是圣主明君最重要的品质。而倾听与了解人民大众的日常生活，是 21 世纪开展公共外交十分关键的部分。同样地，印度公共外交首要聚焦于传播印度对外政策的内在逻辑，尤其是通过出品有趣的纪录片、电影、书籍以展现印度过去、现在与未来的发展轨迹，在全球建构印度的品牌形象。印度通过一系列公共外交举措试图说明他们对自身责任的理解，即他们并非将促进经济增长率和经商便利度作为推动印度成为迅速发展的新兴国家的唯一途径。此外，印度也在试图解释其自身的局限性与面临的挑战。可以看到，作为一项专业化的任务，公共外交以目标为导向寻求掌握主动权，选择受众实施行动并达到预期目标，同时定期评估其行动的有效性。公共外交所寻求的是为主要政治运动的开展创造积极的氛围，例如联合国宣布设立国际瑜伽日，这成为证明印度公共外交有效性的典型案例。因此，公共外交不仅

---

① Rajiv Bhatia, "Public diplomacy—the tasks ahead," *The Hindu*, January 10, 2011, accessed on 11 January, 2018, http://www.thehindu.com/opinion/lead/Public-diplomacy-mdash-the-tasks-ahead/article15514526.ece.

是传播，它还包括收集与反馈；它不仅要为政策的胜利而庆祝，还要检视并修正其失败之处。①

三 印度公共外交职能部门的组织架构

当前“印度外交部组织架构”② 将公共外交部分划归原对外宣传司（XPD），原对外宣传司更名为对外宣传与公共外交司。这一改革由外交部发言人（联合秘书级）牵头发起，动议报送外交部东方秘书，并由其向外交部部长报告。2006 年，政府通过结构改革加大对公共外交重视程度，建立了独立的公共外交机构，以专门负责“在关键政策问题上引导国内国际舆论，并改善国家形象”。③ 据称，印度此机构是仿照美国国务院公共外交办公室（the Public Diplomacy Office of the State Department of the United States）而设置的，不过相比之下印度这一机构保持了十分低调的姿态。首先，这一机构主要面向的对象包括国内外智库、高等学府各领域专家以及国内外报纸记者与编辑等。那维迪普·苏里（Navdeep Suri）在印度公共外交活动高峰期担任这一机构的负责人，他指出，这一成立于 2006 年的公共外交机构旨在“应对瞬息万变的国际局势带来的挑战。我们的任务包括出版印刷物与视听产品，以使我们的工作可以更有效地覆盖印度的方方面面。我们还在国内外广泛开展活动，旨在增进受众对印度及其外交政策问题的理解。为此，我们与国内外知名高校、智库与研究机构、基金会与私人组织合作，组织研讨会，并就与我们有关的课题进行专项研究。另外，我们接待世界各国与相关组织的代表并为其对印度进行广泛接触提供便利”。④

传媒与社交网络爆炸式的发展使专业化的公共外交成为印度外交政策

① Madhavi Bhasin, “Public Diplomacy: Lessons for the Conduct of Indian Foreign Policy,” India & the World, #2522, 26 March 2008, New Delhi: Institute for Peace and Conflict Studies, accessed on 11 December 2018, http://www.ipcs.org/article/india-the-world/public-diplomacy-lessons-for-the-conduct-of-indian-foreign-policy-2522.html.

② For “Organogram of the Ministry of External Affairs” accessed on 12 January 2018 see details at http://www.mea.gov.in/Images/attach/MEAOrganogram_ jan.pdf.

③ Madhavi Bhasin, “Public Diplomacy: Lessons for the Conduct of Indian Foreign Policy,” India & the World, #2522, 26 March, 2008, New Delhi: Institute for Peace and Conflict Studies, accessed on 11 December 2018, http://www.ipcs.org/article/india-the-world/public-diplomacy-lessons-for-the-conduct-of-indian-foreign-policy-2522.html.

④ Navdeep Suri, “Public Diplomacy in India's Foreign Policy,” *Strategic Analysis* (New Delhi), 35, 2 (2011): 297.

的重要先决条件，亦使之成为印度倾听与传播的强有力工具。而创新性以及与互联网和社交网络的密切程度则是这种专业化公共外交的突出特征。2010 年 7 月 8 日，印度外交部公共外交司注册了其机构的 Twitter 账号，并发出其第一条 Twitter：“这是印度外交部公共外交司的官方 Twitter 账号。”随后，其在 Facebook、YouTube、Scribd、ISSUU 和 Blogger 上也开通了账户。公共外交司积极采用社交网络发声的做法，促使印度外交部其他部门乃至所有印度团体与驻外人员相继加入社交网络平台。2005 年《知情权法案》（*Right to Information Act*）的颁布，标志着官方机密拥有广泛特权这一英国殖民时代留下的遗产彻底告别了历史舞台，分享而非隐瞒信息成为当前政府的首要任务。公共外交司于 2010 年 12 月组织了印度第一次公共外交会议；因其 2010 年在政府部门中开创性地使用社交网络，公共外交司还获得了“印度政府 2.0 奖”。

然而，2014 年 1 月 24 日，就在曼莫汉・辛格（Manmohan Singh）的团结进步联盟政府（United Progressive Alliance Government）结束其自 2004 年以来的两个任期前四个月，公共外交司并入原印度外交部对外宣传司。官方对这一举措的解释是“出于对制定统一的传播战略，以及通过诸团体保持与印度国内公众、媒体乃至海外受众联系的需要”。① 这次合并有望带来以下三个显著的优势：②

（1）统一的传播战略：能够使用各种传播工具和平台，使信息包装得到更强有力和针对性地使用，并使印度的软实力投射获得更佳效果。

（2）团体间的单点联系：优化了对外宣传司内部的沟通，避免了责任混淆，为涉及媒体/公共外交/软实力议题的所有团体的变革提供了一个参照。

（3）人力资源调配效率：这也有助于优化外交部有限的人力资源配置。此次合并共裁撤了 14 个岗位，其中包括联合秘书与副司长级别岗位各一个。

---

① Government of India, Ministry of External Affairs, Standing Committee on External Affairs (2016017), Thirteenth Report, *India's Soft Power Diplomacy Including Role of Indian Council for Cultural Relations (ICCR) and Indian Diaspora*, New Delhi: Lok Sabha Secretariat, November 2016, accessed on 12 January 2018, http://164.100.47.193/lsscommittee/External%20Affairs/16_External_Affairs_13.pdf, p. 52.

② Government of India, Ministry of External Affairs, Standing Committee on External Affairs (2016017), Thirteenth Report, *India's Soft Power Diplomacy Including Role of Indian Council for Cultural Relations (ICCR) and Indian Diaspora*, New Delhi: Lok Sabha Secretariat, November 2016, accessed on 12 January 2018, http://164.100.47.193/lsscommittee/External%20Affairs/16_External_Affairs_13.pdf, p. 52.

尽管发生了上述变化，公共外交仍是印度外交政策的主要部分。印度外交部官网主页上有一个名为“公共外交”的栏目，这一栏目下设五个分栏：(1) 电子书（E-books）：提供总理出访的详细信息；(2)“印度视角”(Indian Perspectives)：印度外交部对外宣传司的内部刊物，于20世纪80年代后期创刊，被翻译成16种语言在170个国家发行，据说拥有约75000名读者；[①]（3）系列著名讲座：包括印度诸前大使在印度各高等学府的演讲；(4) 纪录片：提供诸访问与会议的背景资料与相关信息；(5) 文章：关于各种事件与关系的官方背景说明。不过这其中大多数内容都是过时的，其中有些过于平淡无奇，有些还缺乏细节。不过其中的“电子书”部分已经成为最强有力并被广泛传播的关于印度总理出访的信息源，这是印度公共外交的一大亮点。大多数高级部长也使用Twitter和其他社交媒体，定期通过电子邮件向数百万人更新他们的进展。目前，印度外交部对外宣传与公共外交司宣称，印度外长斯瓦拉杰（Sushma Swaraj）的Twitter账户上的粉丝超过1000万，是世界上最受关注的外交部部长；[②] 总理办公室（PMO）在Twitter上有243万粉丝；在Twitter上有3940万粉丝的印度总理莫迪被认为是全球最受关注的领导人之一。因此，公共外交从某种意义上已经扩展至所有部门、机构以及他们的领导者中。

四　印度公共外交的要素

海量工具的出现从信息量上爆炸式地冲击着人们的视野，但这对公共外交及其目标和受众的概念化意味着什么仍然没有定论。这种不断扩大的“数量”加大了确保“质量”与“可靠性”的难度，而“印度公共外交追求的基本目标是什么?”，也成了时下必须思考的一个问题。那维迪普·苏里在印度公共外交司最活跃的2010~2012年任司长，其文章《印度外交政策中的公共外交》(“Public Diplomacy in India's Foreign Policy”) 中列举了印度公共外交的六大要素，其中包括：[③]

---

① For details see http://www.indiaperspectives.in/#.

② “MEA's Digital Diplomacy Footprint,” accessed on 12 December, 2018, http://www.mea.gov.in/Portal/IndiaArticleAll/636475777798559414_29120_MEAs_Digital_Diplomacy_Footprint.pdf.

③ Navdeep Suri, “Public Diplomacy in India's Foreign Policy,” *Strategic Analysis*, New Delhi, 35, 2 (2011): 298.

（1）建构正面叙事（Developing a positive narrative）：为了应对市场，私人媒体往往哗众取宠追逐爆炸性新闻与负面报道，印度公共外交努力提供信息积极的一面，以消除舆论对印度外交政策的怀疑和冷嘲热讽。数十亿美元用于建设印度发展伙伴合作关系的成果，必须惠及印度的纳税人、选民和所有其他公民。这标志着印度政府的治理文化从“需要了解”（Need to Know）到“需要分享”（Need to Share）的转变。

（2）拓展软实力（Projection of soft-power）：约瑟夫·奈对软实力的研究让人们越来越意识到，像中国和印度这样国家的古代文明，在舞蹈、音乐、电影、美术、文学、历史圣贤与史诗等领域被赋予了丰富多彩的、可以为国家实现自身目标所用的文化传统。印度宝莱坞的电影产业就是个很突出的案例。印度电影《摔跤吧！爸爸》（*Dangal*）2017 年在中国获得了高达 13 亿元人民币的收入，并获得了中国观众对印度的好感。政府的公共外交部门与政府内外的其他机构协调运行，提升印度软实力，并打造印度的国家形象。

（3）接待游客与培训（Hosting visitors and trainings）：多家印度机构经常培训海外官员与专家，并提供终身服务。例如印度经济技术合作计划（ITEC），每年为 5000 名外国公民提供此类培训。印度诸海外团体也为外国人提供赴印度考察的短期访问。公共外交司也与海内外多家智库合作，组织论坛、电影和文学节等，为更好的理解印度的政策与观念提供平台。

（4）数字外交（Digital Diplomacy）：互联网 2.0、社交网络与公共外交具有天然的默契，这不仅体现在传播方面，还体现在从海量人群中获取反馈方面。莫迪总理的月度广播讲话聚焦于公民提出的议题。印度外交部公共外交司于 2010 年 7 月率先开通 Twitter 账号，随后其又扩展至 YouTube、Facebook、BlogSpot 等网络平台。得益于其开创性地使用社交网络，公共外交司获得了“印度政府 2.0 奖”。网络工具有助于和印度青年群体及海外侨民保持联系。

（5）形象与品牌塑造（Image building and branding）：尽管国家品牌建设运动也会引起一定的怀疑，但印度在这方面的糟糕表现实在有待提高。像 2010 年在印度举行英联邦运动会这样的重大事件，相关报道却更多地聚焦于腐败、项目怠工和基础设施质量差等方面。在这种情况下，印度总理莫迪致力于加强印度的全球知名度，其活跃的外交政策开始奏效。莫迪最近出现是在 2018 年 2 月出席达沃斯世界经济论坛（Davos World Economic Forum）。与习近平主席 2017 年在达沃斯论坛上的主旨演讲相似，莫迪的演讲将会使全球将关注焦点置于新德里发展战略上。

（6）国内方面：从某种程度上讲，外交是内政的延伸。随着公民意识的觉醒和公民权利的不断扩展，政府必须经常联系群众。例如公共外交司开展外交部印度外交政策系列著名讲座，并对在国内举办的诸多论坛和会议给予支持。印度总理莫迪还开通了一档名为《用心交流》（*Man Ki Baat*）的广播讲话节目，这档节目于每个月的最后一个星期日播出，莫迪总理会在节目中回应印度公民针对上一次广播讲话内容提出的问题，在节目中也会谈及其他议题。例如在一次讲话中，莫迪谈到了印度的“东向行动政策”（Act East Policy），透露印度将隆重接待东盟所有十个国家的领导人参加印度共和国日的庆祝活动。

五　印度公共外交面临的挑战

除物联网和社交媒体的爆炸式发展改变了传播的规模、特质和速度，使官方在对公众发布信息的授权方面措手不及外，印度还面临一些新的挑战。中国前所未有的崛起及其对世界秩序的空前影响，引发了关于中国崛起的新闻与学术著作的又一次激增。与中国在各个方面比起来，印度常常处于守势并且没有给国际社会留下那样深刻的印象，因此容易引发外界对印度的误解，甚至会导致本可避免的过激行为。特别是习近平主席提出“一带一路”倡议后，中国逐渐走到世界舞台的中心，这使得中国视角在全球公共外交话语中更有影响力。中国还谨慎地投资国内各大高校和智库，举全国之力与诸如察哈尔学会这样的政策研究机构合作，并使之取得引领地位。[①] 这些政治与技术上的趋势显然在当下和可预见的未来对印度公共外交论争和决策提出了更大挑战。

虽然同为发展中国家，同印度相比，中国已在其国家组织力和资源配置方面处于领先水平。人们不满意于印度的努力，不仅因为中国和印度皆在寻找各自在全球决策中的空间，还由于后者试图复制美国公共外交的治理模式，而美国模式虽启发了印度，却并不完全与印度适配。目前关于公共外交的话语体系，很大程度上是过去百年间美国主导的结果，而彼时的印度仍是英国的殖民地。关于公共外交的全球论争，可追溯到美国总统伍

① Jan Melissen, “Introduction,” in Jan Melissen & Yul Sohn (eds.), *Understanding Public Diplomacy in East Asia: Middle Powers in Troubled Region*, New York: Palgrave Macmillan, 2015, p. 9.

德罗·威尔逊组建公共情报委员会（Committee on Public Information，or Creel Committee），该委员会在一战期间负责宣传美国的战争目标。美国早期的公共外交活动在二战对抗纳粹宣传的过程中进一步扩展，促使美国新闻署（USIA）在1953年成立并成为冷战时期重要的公共外交工具。苏联的解体导致了美国新闻署于1999年被撤销，但2001年的“9·11”恐怖袭击事件使美国的公共外交重新活跃起来，并显示出前所未有的活力。目前，美国多达14个内阁级别的部门和超过48个独立机构及委员会正在从事公共外交事宜，并由负责公共外交与公共事务的副国务卿协调。①

自2000年以来，俄罗斯的公共外交在俄罗斯总统弗拉基米尔·普京执政期间也变得极为活跃。俄罗斯首先摆脱了旧有的苏联模式，即所谓的克格勃的“积极策略”（Active Measures）（即政治战），并借鉴西方经验开通如“今日俄罗斯”（Russia Today）等英语电视网络，以及如“俄罗斯卫星网”（Sputnik）等网站。然而，普京总统的持续执政让不少学者，怀疑俄罗斯会重走苏联老路。② 也有一些专家将俄罗斯视为全球性的“失败者”：面对西方对其插手格鲁吉亚、乌克兰、叙利亚事务的攻击，俄罗斯反击各种阴谋论，加之正值超级大国竞争的回归，因此俄罗斯的公共外交具有半独裁性质，其把更多精力放在了侵蚀美国的正面形象而非发挥自身潜力上。③ 欧盟是另一个主要的全球参与者，但它深陷“多中心治理结构”（polycentric governance structures）与英国脱欧（Breixit）旋涡之中，还在公共关系中遭遇“沟通赤字”问题。④ 但对印度而言，最值得关注的还是它的近邻中国。中国一直在大力发展公共外交，意在减少外界对中国空前崛起的担忧。⑤ 中国迄今已成功地规避了一些西方话语，包括20世纪90年代的“中国威胁论”（China Threat Theory）和近些年的“修昔底德陷阱”（Thucydides Trap）、“中等收入陷阱”（Middle Income Trap）、“贫困陷阱”（Poverty Trap）、

---

① Kennon H. Nakamura and Mettew C. Weed, *U.S. Public Diplomacy: Background and Current Issues*, Washington DC: Congressional Research Service, December 18, 2009, p. 2.

② Martin Kragh and Sebastian Asberg, "Russian strategy for influence through public diplomacy and active measures: the Swedish Case," *Journal of Strategic Studies*, 40, 6 (2017): 773.

③ Ilya Yablokov, "Conspiracy Theories as a Russian Public Diplomacy Tool: The Case of Russia Today (RT)," *Politics*, 35, 4-5 (2015): 304, 311.

④ Chiara Valentini and Giorgia Nesti, "Conclusions," in Chiara Valentini and Giorgia Nesti (eds.), *Public Communication in the European Union: History, Perspectives and Challenges*, Newcastle: Cambridge Scholar Publishing, 2010, p. 390.

⑤ Ingrid d'Hooghe, *China's Public Diplomacy*, Leiden: Brill Nijhoff, 2015, p. 2.

“债务陷阱”（Debt Trap）和“成功陷阱”（Success Trap）等论说。但正如一位中国专家所言，“对中国军事力量的崛起、日益增强的国际影响力以及与中国潜在军事威胁的相关担忧，都会对公众对中国的好感度产生负面影响”。[①] 因此可以看到，中国的公共外交也面临挑战。

在公共外交的新工具层出不穷的背景下，面对印度与其他大国特别是中国比肩的雄心，印度公共外交往往显得既缺乏意愿也缺乏必要的资金投入。印度将自己定位为 21 世纪新兴经济体或奉行强硬的外交政策的努力，需要更行之有效的公共外交。看一下最近的一些评估，一位专家在分析印度对巴基斯坦接触时指出：“……谁幻想在社交媒体上开展公共外交或摆出人道主义姿态，就会改变游戏规则，谁就脱离了现实。印度的对巴政策应当建立在现实而非主观意愿的基础上。”[②] 但在分析近期印度与马尔代夫关系改善时，一些评论员认为：“……公共外交似乎在一定程度上发挥了作用”，这表明在强有力的外交政策倡议的支持下，公共外交能够发挥作用，但前者仍是后者得以发挥作用的前提。[③] 所有这一切都意味着，除了逻辑和结构上的挑战，印度还需要具备在国际关系中扮演重要角色的心态。远见和意愿的缺乏会使印度的某些优势资源——比如其多样性——成为它的局限，不同的政府部门遵循不同的方向会影响印度公共外交的效率、效能和成本效益。这就要求印度在本国和国际论坛上设置议程之时，形成有远见的领导力。在现任总理莫迪的领导下，印度正做出一些尝试，极度活跃的大型活动推动了繁忙的出访，从而显然提升了近年来印度的知名度。

六　结论

如上所述，在互联网时代，公共外交的战略传播业已成为使外交政策行之有效最关键的工具。各国为应对这一趋势，纷纷加大了人力与物力的投入，但更多的是责任的重新分配。美国国务院已授权负责公共事务的副

---

① Cao Wei, “The Efficiency of China's Public Diplomacy,” *The Chinese Journal of International Politics*, 9, 4 (December 2016): 399.

② Sushant Sareen, “Why promoting people-to-people contact between India and Pakistan will not help,” *DailyO: Open to Opinion*, 22 December, 2017, https://www.dailyo.in/politics/india-pak-diplomacy-sushma-swaraj-army-kashmir/story/1/21303.html.

③ Smita Sharma, “India looks to better ‘strained’ ties with Maldives,” *The Tribune* (Chandigarh, India), January 9, 2018, http://www.tribuneindia.com/news/nation/india-looks-to-better-strained-ties-with-maldives/526248.html.

国务卿监管政策及计划资讯处（Office of Policy Planning and Resources）、公共事务局（Bureau of Public Affairs）（下辖美国国务院发言人办公室）、提供奖学金和促进教育与文化交流的教育与文化局（Bureau of Educational and Cultural Affairs）以及国际信息局（Bureau of International Information Programmes）。此外，该副国务卿与美国国际开发署（USAID）、美国之声（VOA）之间的联系更加紧密。同样地，作为印度政府遵循的治理模式，英国外交和联邦事务部（the Foreign and Commonwealth Office）将公共外交的事务纳入到与英国文化协会（British Council）保持密切合作的战略传播办公室进行管辖。除此之外，英国广播业仍然是他们最强有力的工具，并以其信用而著称。在印度，公共外交司于 2006 年设立，但其于 2014 年并入对外宣传司。在一些活动中，各方一直在独立运作与经营，印度迫切需要加强协调机制并在公共外交领域建立长远眼光。一位前高级外交官提出了一个更深层次的问题，他认为由于公共外交依赖于可信的外交政策，印度应当在最高决策层给予公共外交高级部门一席之地。[①] 在印度公共外交司最活跃的 2011 年，一名官员指出，印度尚任重而道远，而这位官员后来被任命为公共外交司的司长。其在 2011 年发表的文章中写道：

> 我们相信我们做出的这些创新与努力，仅仅是抓住了冰山的一角。我们绝大多数针对公共外交的努力都是直接针对“像我们一样的人”，而很少去有意识地接触年轻一代。对于数字外交的应用，我们尚处于十分初级的阶段。我们必须在涉及公共外交的诸组织和政府内外诸机构之间，建立相当程度上协同与凝聚力。我们不仅应当努力利用印度强大的软实力资源建构包容性的叙事体系，还应当讲好印度故事，以突出我们在发展伙伴关系方面所做的出色工作。我们还应当超越业已取得巨大成功的旅游宣传活动——“神奇的印度”（Incredible India），探索出一套国家品牌建设方案。我们也必须开始深度整合我们有生产力而独具特色的活动，并向聚焦资讯的战略传播转型。[②]

---

① Rajiv Bhatia, “Public diplomacy—the tasks ahead,” *The Hindu*, January 10, 2011, accessed on 11 January 2018, http: //www. thehindu. com/opinion/lead/Public-diplomacy-mdash-the-tasks-ahead/article15514526. ece.

② Navdeep Suri, “Public Diplomacy in India’s Foreign Policy,” *Strategic Analysis* (New Delhi), 35, 2 (2011): 297.

总而言之，印度设立独立的公共外交司是一次十分有益的尝试，这一部门也许会在未来的某个时间重新出现。而这一尝试也获得了来自大量支持者与批评者的回应。而一份关于这一尝试的评估中，这一尝试被视为“装饰性且毫无启发价值的”，因为它一开始“宣称接受专家的反馈”，最后却只是“简单地重申官方的想法，因此很少引起注意”。[①] 这意味着在我们固然十分需要恢复印度公共外交专业化的部门，但对上次尝试进行公正客观的评价同样重要。如果印度要实现其梦想并为人类的共同命运做出贡献，用资源匮乏去解释自己的局限性并不能令人信服，尽管数量在某种程度上就是质量本身。既然具有成为亚洲强国的野心和意志，那么印度必须要在外交，尤其是公共外交领域加大投入。随着印度不断攀升的经济增长率、不断扩大的税收以及对外投资，新德里无疑具备充实自身资源的实力。在这种情况下，印度能否把握住公共外交的正确方向以保证其计划行之有效，则是一个有待广泛讨论的问题。

① Madhavi Bhasin, “Public Diplomacy: Lessons for the Conduct of Indian Foreign Policy,” India & the World, #2522, 26 March 2008 (New Delhi: Institute for Peace and Conflict Studies), accessed on 11 December 2018, http://www.ipcs.org/article/india-the-world/public-diplomacy-lessons-for-the-conduct-of-indian-foreign-policy-2522.html.

美国对外文化事务机构变迁（1917~2010年）

董小川*

摘要： 美国政府对外文化事务机构的历史变迁随着历史形势需要而变化，反映了美国自身的历史变化过程及美国宪政制度的基本特征。而国际形势的变化，美国对外战略需求以及其自身不断强大和争霸世界的野心是影响美国政府对外文化事务机构变迁的重要因素。本文对美国政府对外文化事务机构的历史性变迁进行了回顾和分析，从不同视角探讨了美国政府各个对外文化事务机构之间存在的历史性关联。

关键词： 美国　对外文化事务机构　变迁

一　综述

美国政府对外文化事务机构变迁的研究可以从几个完全不同的视角进行：（1）从政府事务机构角度的研究，包括这些机构的体制性、内容结构、人员构成等方面的研究，这种研究主要是了解美国政府对外文化事务机构本身的一些特点；（2）对某一机构演变的专门研究，例如对新闻署、国务院教育与文化事务局等机构的研究，这种研究主要是分析某一机构的构成和运行等；（3）对一些机构的功能、作用和运行效果等方面的研究，这种研究主要是针对某些机构在美国对外政策、对外文化关系等方面发挥了怎样的作用、其效果怎样等；（4）本研究所做的对美国对外文化事务机构变迁过程的研究，这种研究的主要特点是对美国政府对外文化事务机构的历史性进行回顾和分析。

* 董小川，历史学博士，东北师范大学历史文化学院世界史系系主任，教授。

（一）美国政府对外文化事务机构变迁过程研究的基本要旨

（1）从美国第一个对外文化事务机构“公共信息委员会”在 1917 年建立到本文所论述的 2010 年战略反恐信息中心的建立，近百年的历史变迁过程显现了美国政府对外文化事务机构从无到有、从小到大、从混杂到规范、从被忽视到被重视、从不重要到重要、从边缘到中心、从民间到政府的一系列变化。在这种变化过程中，渗透着美国国会立法、政治制度、外交战略和政策等重要问题。

（2）美国政府对外文化事务机构首先是伴随着历史形势需要而变化，可谓与时俱进。这中间最为突出的事例是新闻署的建立与撤销。美国新闻署在 1953 年建立的时候主要是为艾森豪威尔总统的对苏冷战需要服务的，1999 年撤销主要是因为 1991 年苏联已经解体，冷战已经结束。另一个突出例证是 1948 年《信息与教育交流法》的不断修正过程，直到现在仍旧没有最后尘埃落定。第三个突出例证是对外文化事务机构的不断变更，既有更名和改建，又有新建与合并。所有变化均出自现实需要，这是美国现实主义和实用主义哲学的又一个表现。

（3）美国政府对外文化事务机构的历史变迁过程反映了美国自身的历史变化过程：在 19 世纪末以前，美国羽翼未丰，政府考虑的主要是在西进运动中在北美大陆的扩展，如果说考虑对外事务，也仅仅是夺取西班牙、英国和法国在北美的殖民地，还没有实力谋求其他领土。从 19 世纪末到一战时期，美国仍旧没有摆脱孤立主义外交原则，尽管威尔逊的理想主义外交思想已经开始取代孤立主义，但是在二战以前，美国还主要是维护其在美洲的利益，因此，美国在 1938 年以前的对外文化事务还主要是与拉丁美洲各国之间的交往。从二战结束和冷战开始以后，美国在国际上的主要对手是苏联，而且双方的对峙主要是冷战而非热战，文化外交从此开始成为美国对外行动的极为重要的内容。而到了后冷战时期，反恐则成为美国又一个新的战略目标。由此看来，美国对外文化事务及其机构的变迁是伴随着美国自身的变化和发展而进行的，或者说对外文化事务始终是为美国国家整体战略服务的。

（4）美国政府对外文化事务机构的变迁过程再现了美国宪政制度的基本特征。如果用一句话说明美国宪政制度，那就是在宪法原则基础上的公民自由，这种自由包括公民参与国家事务的权利。美国《宪法》规定的三权分立原则主要是行政、立法和司法的相互制约，从美国政府对外文化事务机构的历史变迁过程看，这种制约表现得淋漓尽致：从国会在对外文化事务机构问题上的多次立法到总统在对外文化事务上由不重视到重视的转变，从政府支持公民私人的对外文化活动到国家与非营利组织之间相互配合，都可以看出美国在宪法基础上公民行使权利的特征。

（二）影响美国政府对外文化事务机构变迁的因素

1. 国际形势的变化和美国对外战略需求

在一战之前，特别是二战以前，美国对外战略还是以孤立主义为主，或者说还主要在美洲发展。因此，1938 年以前，美国政府对外文化事务活动主要体现在与拉丁美洲国家的关系上，特别是泛美联盟和美洲国家组织的建立。这个时期的一个突出特点是美国基本上没有或者说少有对外事务机构，这既是美国政府不重视对外文化事务的表现，又是美国对外战略不在文化外交的证明。二战以后冷战时代的到来使得美国对外文化事务越来越重要，特别是针对以苏联为首的社会主义国家和共产主义意识形态的和平攻势在冷战时期成为美国文化外交的主流内容，对外文化事务机构则成为重要的执行部门和对外战略的需要，因此才发生了那些机构的新建、更名、改建、解体或者重建。

2. 美国自身的不断强大和争霸世界野心的扩大

美国对外活动是随着国家在政治和经济上不断强大而发展和变化的。美国对外扩张和争霸世界的野心也是随着其势力的不断扩大而发展的，其中包括美国文化的输出和传播。研究美国的人都知道，美国人有一种根深蒂固的思想，那就是美国主义（Americanism）。美国主义的核心是认为美利坚民族是世界上最优秀的民族，美国人的价值观是最合理的观念，美国方式是最可取的生活方式，美国人的信仰是最正确的选择。因此，从公民到总统，都把美国文化的输出看成天定命运的实践，美国对外扩张，包括对外文化输出和传播，是在执行上帝的使命。

（三）美国政府各个对外文化事务机构之间的历史性关联

1. 信息、教育与文化的关联与区别

在 20 世纪 70~80 年代以前，美国在对外信息、教育和文化活动方面一直没有进行必要的区别和认识，因此，按照《1948 年信息与教育交流法》

而建立的对外文化事务机构之间常常出现一些矛盾甚至冲突。在实践过程中，美国政府和国会逐渐发现和认识到信息与教育的区别、长期战略与短期效用的区分、传统外交与公共外交的不同，因此才出现了通过国会立法和总统行政命令将信息与教育和文化交流区别开来，例如，新闻署主要负责美国对外文化输出与扩张，国务院教育与文化交流局主要负责对外教育交流等活动。

2. 对外文化事务机构的混乱与调整

从对外文化事务机构看，美国政府有一个从混乱到调整的过程。例如，在新闻署和国务院教育与文化事务局都存在的时期，二者虽然有所分工，但还是有些事务混杂在一起。比如，新闻署和教育与文化事务局都有对外交流项目，政府其他部门，例如国防部和教育部，又都有自己的对外交流项目。在教育与文化事务局内部，主管各种不同对外交流事务的部门也多次调整。由此看来，美国对外文化事务机构的历史变迁既具有相互矛盾又具有相互关联的特点。

（四）从公共外交视角认识美国对外文化事务机构的变迁

由于美国政府对外文化事务机构的研究主要涉及美国公共外交，而公共外交的主要内容是文化外交，因此美国政府对外文化事务机构的研究主要是从外交视角对美国文化的研究。美国文化研究又有多种视角，其中主要是对美国文化的起源、特征、表现等，而在美国外交战略和政策方面，文化的作用自二战结束以来显得十分重要和突出，特别是美国政府利用文化手段对外扩张、从事文化输出、进行文化宣传、对苏文化冷战、对恐怖主义的文化攻击等。

美国文化从 WASP 文化到熔炉文化再到多元文化的发展过程中所体现出来的主要特点，是其政治上的民主与平等、生活上的自由与舒适、经济上的放任及垄断和反垄断、对外关系上的相互了解等。

1. 美国人民与其他国家人民之间的相互了解和理解

1948 年美国《史密斯·蒙特法》所规定的美国在战后和平时期的信息与教育交流活动原则是：“推动其他国家对美国的更好理解，并促进美国人民与其他国家人民之间的相互了解”（to enable the Government of the United States to promote a better understanding of the United States in other countries, and to increase mutual understanding between the people of the United States and the people of other countries）。[1] 该法规定的该原则成为后来美国政府各种对外文化事务机构行动的基本目标。所谓“美国人民与其他国家人民之间的相互了解”，其宗旨是使世界上其他国家人民了解美国政府政策、美国民主与自由、美国人的价值观，简单地说，就是了解美国文化。从本质和政策角度说，这正是在从事文化外交。

2. 文化外交中的“人民对人民”

艾森豪威尔政府期间曾实行所谓的“人民对人民项目”（People-to-People program）。该项目是在寻求使“每个人都成为大使”，在艾森豪威尔总统的支持下，许多美国公民参与到“草根外交”（grassroots diplomacy）中，邀请外国人到美国来、为国际捐赠而收集图书和杂志、建立“姊妹城市”等一系列推动赞同美国的行动。[2] 用中国人常用的一句话说，这叫作“走出去、请进来”，即把外国民众请进来，让他们到美国留学、访问和旅游，从而了解美国和理解美国文化；派美国人到其他国家去，让他们去向世界其他国家的人民传播美国文化。这种人民外交本质上是文化外交的一种手段。

3. 美国文化的传播与输出具有重大的国际影响

从1938年美国文化处建立以来，美国文化的对外传播与输出产生了重大的影响和十分明显的效果。或者说，美国的文化外交获得了巨大的成功。这一点从以下几个方面可以得到验证：一是二战以来，美国从一个世界各国人民很少了解的国家成为全世界几乎家喻户晓的国家；二是美国文化几乎遍及世界各地，从饮食文化（肯德基、麦当劳）到服装文化（牛仔裤、超短裙），从娱乐文化（好莱坞、迪士尼）到体育文化（NBA、橄榄球），从政治文化（民主、自由）到经济文化（放任、私有），在世界各地落地生根、开花结果。这种文化的传播与输出对其他原生文化产生了不可估量的影响和摧残，从而使以美国为首的西方文化成为当今世界最为通行的文化，这是美国文化外交的重大效果。

（五）从文化视角分析美国外交战略与政策

国内外有关美国外交战略与外交政策的研究不胜枚举，从文化视角的

① Kennon H. Nakamura, “U. S. Public Diplomacy Background and Current Issues,” http：//www.fas.org/sgp/crs/row/R40989.pdf.

② http：//search.proquest.com.ezproxy.lib.uh.edu/, p. 193.

研究近年来也不断涌现新成果。但是，从美国政府对外文化事务机构角度对美国外交战略与政策的研究还不多见。美国外交战略与政策的研究多半是研究其战略与政策的内容与特点、历史形成过程、现实作用和影响等。而美国政府对外文化事务机构应该说是执行其外交战略与政策的部门，本文也论述了美国政府对外文化事务机构在执行其外交战略与政策的过程中所发挥的作用，但更重要的是介绍和分析了那些对外文化事务机构所发挥的“第四层面”的作用，或者说用文化手段完成其外交战略与政策。

1. 文化外交在美国对外战略与政策中地位的不断提升

美国文化外交在其整体对外战略政策中的地位有一个不断提升的过程，美国对外文化事务机构的变迁过程中显示了这种文化外交历史地位的变化过程，即从不重视到比较重视再到十分重视，20 世纪 70～90 年代随着冷战形势的变化和结束，一度重新走向不重视，21 世纪以来，随着恐怖主义威胁的加剧，美国文化外交又有地位提升的趋势。

2. 美国政府对外文化事务机构在对外战略与政策执行中的作用

美国对外文化事务活动历来是“两条腿走路”：既有政府行为，又有公民私人活动，二者相互支持与配合。在美国政府第一个对外文化事务机构公共信息委员会建立（1917 年）以前，美国对外文化事务主要是公民私人活动，美国政府不断建立新的对外文化事务机构后，公民私人对外文化活动不但没有结束和减少，而且在政府对外文化事务机构的支持下更加活跃，并成为美国政府文化外交的重要砝码和工具。这样看来，美国政府对外文化事务机构不仅是政府对外政策的执行机构，而且是对外文化事务活动的领导者和组织者。

3. 如何认识美国文化输出与扩张

对于近百年来美国对外文化输出和扩张的认识与评价，西方和东方的看法历来不同，学界和政界也在认识上存在巨大分歧。众所周知，西方主流社会历来认为，西方（包括美国）对东方的侵略（包括文化输出与扩张）是在拯救东方社会，他们给东方带去的是福音。但亚非拉国家多数人则认为，西方的侵略给东方社会带来的是灾难，他们掠夺了那里的财产，蹂躏了那里的人民，导致东方只得从属于西方。学界人士一般从学理角度对美国文化输出和扩张进行认识，结论也比较客观；而政界的认识和说法则具有浓厚的外交色彩，从国家利益出发的看法更为突出。事实上，从 20 世纪 60 年代公共外交流行以来，利用文化作为外交手段早已经人所共知，但真正实现文化外交目的并不是一件容易的事情。笔者认为，美国是实现文化外交目的的国家之一。

从世界各国几乎都直接或者间接、主动或者被动、较多或者较少地接受了美国文化来看，不论接受的是政治文化、经济文化还是其他文化形式，都反映了美国对外文化输出和扩张的成功。

（六）从律法视角体察美国国会立法对政府事务及其机构的作用

众所周知，美国法律出自国会，国会与政府是分离的、相互之间不能干涉。或者说，法律一旦由国会通过并经总统批准，所有人都要遵守并由法院裁决。有史以来，美国国会对外交事务的立法是由政府的外交部门来执行的，因此，对外事务机构成为法律是否能够得到执行的关键。美国对外文化事务的第一个最重要的立法是《1948年信息与教育交流法》，该法既做出了美国对外文化事务的原则规定，又对对外文化事务机构做出了相应的授权与规范，从中足见国会立法在美国政府外交事务及其机构的某种决定性作用。

1. 国会立法对政府机构设置的作用和影响

在三权分立原则下，美国政府机构的建立一般不需要国会立法，只要行政首脑总统的行政命令即可。但是，前提是新建立的机构要执行法律认可的事务。美国对外文化事务的一些独立机构——例如新闻署——都是在执行《1948年教育与文化交流法》所确立的外交使命才得以建立的。这就是说，国会在1948年的《史密斯—蒙特法》成为新闻署等对外文化事务机构得以建立的基础。再从《史密斯—蒙特法》从1948年到2012年的多次修正案来看，并从新闻署从1953年建立到1999年解散来看，历届国会的立法都成为美国对外文化事务机构历史变迁的法律依据。

2. 国会相关立法的不断辩论、修正与改进

当代国际社会各种国家之间的一个最大区别是：是法治国家还是人治国家，一般把法治国家称为民主国家，把人治国家称为专制国家。因此，改革开放以来，中国一直在追求建立法治社会并取得了一定的成效。但是，在对外文化事务及其机构建立方面，中国还没有达到以国家立法推动对外文化事务的发展和对外文化事务机构的建立。例如，中国对外文化活动的最突出做法是在其他国家建立孔子学院，但在人大立法方面并没有对孔子学院有所支撑和推动，这对孔子学院的对外文化交流活动可能产生不利影响。

（七）从民众参与视角再现美国政治制度特征

美国政府对外文化事务机构是政府事宜，但美国民主确认了人民参政议政的原则。就对外文化事务及其机构而言，也少不得民众的参与。在当今世界，公民参与政府事务十分普遍，但参与的程度、方式、效果等却大相径庭。几乎所有国家政府都说自己是代表人民利益的，但真正的人民政府到底应该是什么样的政府，并没有一个人们普遍认可的标准。从美国对外文化事务机构历史变迁过程看，民众参与视角再现了美国政治制度特征。

1. 政府对外文化事务机构建立以前民间组织的作用

在 1917 年公共信息委员会建立以前，从美国教会指派的传教士到基金会的对外文化活动，基本属于民间组织行为而非政府行为。可以说，1917 年以前美国对外文化事务基本上少有政府参与。因此，民间组织或者说公民私人行为是 1917 年以前美国对外文化活动的主体，他们对美国文化的输出与传播发挥了重要作用，打下了一定的基础。尽管这些私人对外文化活动没有政府意志，却在客观上实现了美国政府对外文化政策目标，即让世界其他国家的人民了解和认识美国和美国文化。

2. 非营利组织与政府对外文化事务机构之间的合作

从 1917 年以后，特别是二战以后，美国的一些非营利组织在政府支持下大力从事对外文化活动，因此成为美国文化外交的重要补充和支持力量。这种相互支持成为美国文化外交“两条腿走路”的重要特点。政府与民间组织相互合作共同完成美国文化外交使命体现了公民参与的政治特征。这种公民参与的特征不仅表现在非营利组织的对外文化活动方面，还表现在政府对外文化事务机构的构成方面。例如，美国信息与教育咨询委员会和公共外交咨询委员会的成员中都有普通公民代表，他们是来自相关专门领域的专家而非政府官员。这一点充分反映了美国政治制度的特点。

3. 为了同一个目标的总统和人民

在美国对外文化事务机构的变迁过程中，总统在对外文化事务上的看法和行政命令具有决定性作用，这是不言而喻的；但普通民众通过各种方式的参与则具有潜在的价值和支撑作用，这也是不可否认的。因此可以说，在对外文化输出和扩张方面，美国总统和人民是在为了同一个目标而奋斗。

这倒不是说美国总统的行动都得到了人民的支持，也不是说美国人民都了解总统的意志，而是说在对外文化事务上，美国总统与普通民众的目标是一致的，都试图使世界上其他国家的人民了解和理解美国文化，其中的不同是总统是从美国对外政策出发，而普通民众是从人性出发。

二　美国早期对外文化事务机构（1867~1938年）

1.1917年以前的美国对外文化事务机构

在20世纪以前，美国政府对文化问题——特别是对外文化交流和文化扩张问题——考虑较少。美国政府在对外文化事务方面的工作首先是从国际教育问题开始的。就其历史而言，有记载说明，美国政府从19世纪开始着手国际教育交流活动，其中包括1847年开始有中国学生赴美留学，这些对外教育交流活动主要是对外传播美国文化、宣传美国生活方式和思维方式，而少有对外文化扩张色彩，因为当时美国即使在经济上和军事上也还谈不上最为强大，且美国仍旧奉行孤立主义外交政策，但那些国际教育交流活动是由政府哪个部门负责的不得而知。①

美国对外文化事务机构最早可以追溯到教育部所属的一个部门。1867年3月2日，安德鲁·约翰逊（Andrew Johnson）总统签署命令，建立教育部（Department of Education）。此后，该机构几次改变名称或者更换归属单位。最初，该机构为独立政府机构。从1869年至1939年间归属内政部，但仅仅作为新建立的联邦安全署中的一个小机构。教育办公室这个称呼第一次作为机构使用是在1868年7月2日的一个法令中。1870年，该机构更名为教育局（Bureau of Education），该名称一直使用到1929年恢复使用教育办公室，尽管国会多次有人提出重建教育部但始终没有做到。最初，教育办公室仅仅是一个研究和报告机构。最初的教育部曾经有一个所属机构叫作国际文化与教育关系局（the Bureau of International Cultural & Educational Relations，BICER）。②

美国政府内政部、商务部等部门都有国际事务办公室，但教育部的国际事务办公室与其他同名办公室不同，其他部的国际事务办公室都是用的Office of International Affairs，而教育部用的则是International Affairs Office。③

---

① Nicholas J. Cull, *The Cold War and the United States Information Agency*, *American Propaganda and Public Diplomacy*, *1945-1989*, New York: Cambridge University Press, 2008, p. 5.

② U. S. Congressional Serial Set, No. 12808-4, Session No. 4-4 90th Congress, 2nd Session H. Doc. 398 Title: Federal educational policies, programs, and proposals. A survey and handbook. Part Ⅰ. Background; issues; relevant considerations. Prepared in the Legislative Reference Service of the Library of Congress by Charles A. Quattlebaum, Specialist in Education. December 1968., pp. 49-50, http://infoweb.newsbank.com/.

③ http://www.ed.gov/edblogs/international/, p. 1.

2. 美国第一个对外文化事务机构——公共信息委员会（1917~1919 年）

1917 年 4 月 14 日，威尔逊总统签署第 2594 号行政命令，建立“公共信息委员会”（the Committee on Public Information，CPI）。[①] 该委员会作为美国官方第一个正式对外文化事务机构，具有引领的价值和作用。按照该委员会第一任主席乔治·克里尔的说法，公共信息委员会的目的就是要将全世界纳入“美国精神的福音”（The Gospel of Americanism）之中。克里尔曾经说：“来自美国的信息不是宣传，而是彻头彻尾的教育和知识。”[②]

但是，鉴于公共信息委员会建立在一战期间、主要为战时服务的特点，使得该机构寿命很短。1918 年 7 月 1 日以后，该机构的工作大为减少，1918 年 11 月 11 日，国内活动停止，1919 年 6 月 30 日，国外的活动停止。1919 年 8 月 21 日，威尔逊总统签署第 3514 号行政命令，按照该行政命令第 4 款有关 1920 年 6 月 30 日前该财年各种国内政府花费拨款的规定，公共信息委员会主席职责结束并移交给国防委员会，公共信息委员会使命结束。[③]

美国学者对公共信息委员会的评价有褒有贬，约翰·仑乔夫斯基认为，“公共信息委员会”是美国政府官方第一个对外信息政策的机构，[④] 艾米丽·罗斯伯格（Emily S. Rosenberg）认为，该委员会是美国官方第一个试图将世界转变为在美国引领之下的机构。[⑤] 理查德·T. 阿恩特认为，美国的“第一位宣传部长”就是公共信息委员会第一任主席乔治·克里尔。克里尔为美国新闻署领导人树立了一个形象，尽管他在 1953 年美国新闻署建立前就已经去世，而且在 1919 年就离开了官场，但他的形象对于后来美国新闻署的领导人具有重要的导向作用。1939 年，詹姆斯·莫克和塞德里克·拉尔森（James Mock and Cedric Larsen）作为学者对公共信息委员会进行了深入的调查，特别是对克里尔的著作《我们是怎样宣传美国的》（*How We Advertised America*）进行了研究。这两位学者在其著作《用语言赢得那场战

---

① National archives of USA, No. 63. Records of the Committee on Public Information, http://www.archives.gov/.

② Emily S. Rosenberg, *Spreading the American Dream*, *American Economic and Cultural Expansion 1890-1945*, New York: Hill and Wang, 1982, p. 79.

③ National archives of USA, No. 63. Records of the Committee on Public Information, http://www.archives.gov/.

④ John Lenczowski, *Full Spectrum Diplomacy and Grand Strategy*: *Reforming the Structure and Culture of U. S. Foreign Policy*, New York: Lexington Books, 2011, p. 27.

⑤ Emily S. Rosenberg, *Spreading the American Dream*, *American Economic and Cultural Expansion 1890-1945*, New York: Hill and Wang, 1982, p. 79.

争：公共信息委员会的故事》（*Words That Won the War*：*The Story of the Committee on Public Information*，*1917-1919*）中对公共信息委员会进行了评价。他们把公共信息委员会看成“一种好人的舆论”，那些为公共信息委员会工作的人把本职工作做得很好，使人信服，使人舒心。[①] 笔者认为，从美国学者定论的“该机构是美国政府对外文化事务的第一个官方机构”看，公共信息委员会本质上是美国对外文化活动的第一个尝试，并为后来多个文化事务机构树立了榜样。因此，该机构在美国对外文化事务机构变迁的历史上具有重要的地位和价值。

3. 美国海外主要文化事务机构——文化处（1917~　）

美国文化处最初的名称是“The United States Information Service”（USIS）。从1917年公共信息委员会建立开始，其文化处使用的就是USIS。在1999年新闻署解散以前，美国的那些从事对外文化事务的机构基本上不使用英文中“cultural affairs”这个词，而是使用“information”，该词既有信息搜集与发布、新闻广播与报道、政治宣传等含义，也有教育交流、艺术展览等文化活动等意味，因此，“information”这个词所含内容要比culture更广泛，正因为如此，在这里也不能把这个英文词翻译为新闻或者信息。但是，1938年建立的美国文化关系处（Division of Cultural Relations，DCR）则没有使用“information”这个英文词汇。在1953年美国新闻署（The United States Information Agency，USIA）建立以前，USIS在很长时间内一直作为美国在海外的官方对外文化事务机构，且归属并不确定，或者说，国务院以及其他政府部门都曾经设有文化处负责对外文化事务工作。1953年美国新闻署建立以后，国务院所属的驻海外的所有管理文化事务的部门仍旧称为USIS，因此，文化处成为美国在外国的新闻署代名词，这也成为多名美国国会议员多次主张将新闻署的英文名称“The United States Information Agency”改为“The United States Information Service”的原因，因为外国许多人无法区分USIA和USIS。又由于美国对外文化事务还有许多归属国务院，这种情况导致美国海外文化事务机构长期处于分散状态。1999年美国新闻署结束使命，对外文化事务全部归属国务院，美国驻外国使领馆的文化管理机构名称也发生了变化，一般称之为“Public Affairs Section”，就字面而言，该机构应该翻译为公共事务处，但在美国外交中，该机构一般也翻译为美国文化处。

---

① 转引自Richard T. Arndt，*The First Resort of Kings*：*American Cultural Diplomacy in the Twentieth Century*，pp. 27-28。

对“The United States Information Service”（USIS）的中文翻译一般为美国文化处，但也可以翻译为美国信息局、美国新闻局或者美国新闻处。美国对外文化事务主要包含三个内容：一是纯粹意义上的对外文化事务，即英文中的“foreign cultural affairs”，指的是美国政府对外文化活动，诸如对外文化交流、文化输出、文化扩张等；二是信息事务，即英文中的“information”，指的是美国政府对外信息活动，诸如信息搜集与发布、信息交流与互通、对外广播与电视演播、互联网信息等；三是教育活动，即英文中的“education”，指的是美国政府在教育领域的对外活动，诸如教育交流、图书馆和阅览室等项目、政府支持的大学间的往来等。但是，并非所有的美国对外文化事务机构中的“information”一词都可以翻译为文化。例如，“The Office of War Information”（OWI）一般翻译为战时信息处，“The United States Inform-ation Agency”（USIA）一般翻译为新闻署。1999 年新闻署解散以后，美国对外文化事务机构的英文名称使用“Public Affairs Section”是与现实国际关系中有一个十分普遍而又重要的说法直接相关的，即公共外交（public diplomacy），而在英国等国家，公共外交这个概念一般使用文化外交来表示，即英文中的“cultural diplomacy”。这样，公共外交与文化外交就成为同一个概念的两种不同说法。因此，“Public Affairs Section”一般翻译为文化处，也有人翻译为新闻处。

美国对外文化事务机构历来比较分散，例如，文化处从属于新闻署，但信息（information）以外的几乎所有对外文化事务却原则上归属国务院，国务院所属的教育与文化关系局（the Bureau of Educational and Cultural Relations，BECR）和教育与文化事务局（the Bureau of Educational and Cultural Affairs，BECA）实际上是美国对外文化事务的主管部门。

美国文化处早在 1917 年就存在，是为公共信息委员会下属的一个对外机构，领导人为公共事务官员（the Public Affairs officers，PAO）。[①] 这就是说，美国文化处是从 1917 年开始工作的，此后一直是美国负责海外文化、信息与教育交流活动的主要机构。但是，理查德·W. 斯蒂尔认为文化处建立于 1934 年 3 月，[②] 尼古拉斯·J. 库尔也认为美国文化处是 1934 年建立的。[③] 如果按

① Richard T. Arndt, *The First Resort of Kings*: *American Cultural Diplomacy in the Twentieth Century*, Washington, D. C.: Potomac Books, Inc., 2005, p. 30.

② Richard W. Steele, *Propaganda in an Open Society*: *The Rosevelt Administration and the Media*, *1933-1941*, Westport, C. T.: Greenwood, 1985, pp. 10-15.

③ Nicholas J. Cull, *The Cold War and the United States Information Agency*, *American Propaganda and Public Diplomacy*, *1945-1989*, New York: Cambridge University Press, 2008, p. 11.

后一种说法，美国文化处应该是从1934年开始工作的。

美国文化处自诞生之日起就是美国对外文化事务的主管部门，所谓文化事务既有教育与文化交流活动，也有信息情报活动。在美国新闻署驻外机构即美国文化处（USIS）中，设有专门负责各种文化事务的官员，其中包括公共事务官员（Public Affairs Officer）、信息官员（Information Officer）、文化事务官员（Cultural Affairs Officer）、外国雇员（Foreign Service Nationals），对内还有设在华盛顿的国民教育处（Civic Education）。上述对外文化事务官员通常是政府指派的，统称为外事官员（Foreign Service Officers），一般在美国驻各国使领馆或者代表团来执行其职责。①

4. 文化关系处（1938~1944年）

1938年7月27日，根据国务院第367号令，建立了国务院属下的文化关系处（Division of Cultural Relations）。最初，文化关系处仅仅是作为布宜诺斯艾利斯美洲国家会议（inter-American conference）的工具，或者说，该文化关系处主要从事美国在美洲的文化事务。鉴于该处人员短缺、预算资金少，该处对美国现有的几个机构依赖性很大，特别是“国际教育协会”（the Institute of International Education，IIE）、“美国教育理事会”（the American Council of Education，ACE）、“美国图书馆协会”（the American Library Association，ALA）以及“美国学术协会理事会”（the American Council of Learned Societies，ACLS）。

鉴于文化关系处从建立伊始就存在诸多问题，其中包括资金不足、人手不足、对其他机构严重依赖，还基本上依靠私人组织进行对外文化扩张活动、职能存在争议等，为了加强对外文化扩张工作并使这一机构发挥更大的作用，该处多次更名：1944年，该处被重新命名为科学、教育与艺术处（the Division of Science，Education，and Art），后又由一个新建的机构公共信息局（the Office of Public Information）取代。根据国务院第1301号命令，该机构被重新命名为公共事务局（the Office of Public Affairs，OPA）。也就是从这个时候开始，美国对外信息与教育和文化事务第一次由同一个机构来管理。根据国务院第1281号命令，该机构又被更名为文化合作局（the Division of Cultural Cooperation，DCC）。1945年，新建立的临时国际信息局（the Interim International Information Service，IIIS）取代了当时美国存在的各种战时信息、教育与文化机构。1946年1月1日，根据国务院第

① http：//dosfan. lib. uic. edu/.

1336 号命令，取代文化关系处的临时国际信息局更名为国际信息与文化事务局（the Office of International Information and Cultural Affairs，OIICA）。1947 年，国务院的国际信息与文化事务局更名为国际信息与教育交流局（the Office of International Information and Educational Exchange，OIIEE）。[①] 1959 年，国务院的国际文化关系局（the Bureau of International Cultural Relations，BIIR）取代了国际信息与教育交流局，1960 年 4 月 17 日，国际文化关系局更名为教育与文化事务局（the Bureau of Educational and Cultural Affairs，BECA）。1978 年，该局的工作归属新闻署。1999 年新闻署取消后该局重新归属国务院。[②]

学界许多人认为，1938 年建立的文化关系处是美国对外文化事务的第一个官方机构。但笔者认为，美国第一个对外文化事务机构应该是 1917 年建立的公共信息委员会，因为早在一战期间公共信息委员会就已经开始了美国的对外文化事务活动。

三　美国与拉美国家合作的文化事务机构（1936～1946 年）

美国之所以在两次世界大战之间重视与拉丁美洲国家的文化事务，其原因主要有两个：其一是美国自华盛顿告别演说以来奉行“美洲是美洲人的美洲”（America is American's America）的原则，这一原则后来发展成为著名的“孤立主义外交原则”；其二是在一战期间德国和意大利都表现出对美洲的野心，特别是对拉丁美洲国家进行全方位的宣传和渗透，美国不得不加强与拉丁美洲国家的文化交流与往来。

1. 1936 年布宜诺斯艾利斯会议及其决议

多年以来，美国各届政府就与拉丁美洲国家开会讨论共同利益问题，并希望各国政府和人民在外交事务中加强联系，这种情况在很多会议、决议、条约和美洲国家组织中都有所表现。在 1936 年布宜诺斯艾利斯维持和平会议和 1938 年利马美洲国家第八次国际会议上，21 个美洲国家正式宣布，希望加强相互之间在科学、技术、文化和教育知识与技术合作。美国

---

① Middlebrook，Geoffrey Cole，“The Bureau of Educational and Cultural Affairs and American Public Diplomacy During the Reagan Years：Purpose，Policy，Program，and Performance，” University of Hawai'i at Manoa，Ph. D.，1995，数据库：ProQuest Digital Dissertations，ISBN：9532610，pp. 42-45.

② http：//www. allgov. com/.

与拉美国家第一个官方教育与文化领域的项目是1936年12月23日签订的布宜诺斯艾利斯条约，该条约的一些条款规定了美国与其他签约国家之间每年进行的学生和访问学者交流。[①]

2. 1938年设立的美洲国家合作机构

1938年5月，美国政府设立了行政部门与独立机构委员会（the Committee of Executive Departments and Independent Agencies，CEDIA），负责处理与拉丁美洲国家在科学与文化交流等方面相互合作的问题，1938年10月，该组织更名为美洲国家合作委员会（the Committee on Cooperation with the American Republics，CCAR），后又更名为美洲国家跨部门合作委员会（the Interdepartmental Committee on Cooperation with the American Republics，ICCAR），1946年更名为跨部门科学与文化合作委员会（the Interdepartmental Committee on Scientific and Cultural Cooperation，ICSCC），1950年再次改为跨部门技术合作咨询委员会（the Interdepartmental Advisory Council on Technological Cooperation，IACTC）。1938~1953年间，该委员会负责美国与拉美国家间技术合作等一系列事宜，其中包括文化交流。该委员会在1944~1945年间设有信息委员会（information committees）、信息与会议委员会（intelligence committees and conferences）、安全与军事事务委员会（security and military affairs committees）、社会政策和文化事务委员会（social policy and cultural affairs committees）、运输与通讯委员会（transportation and communications committees）、全国信息调查委员会（the National Intelligence Survey Committees）等机构。[②]

3. 美洲国家事务局（1945~1946年）

1940年8月16日，按照美国国防委员会的命令，政府建立了美洲国家商务与文化关系协调局（the Office for Coordination of Commercial and Cultural Relations between the American Republics，OCCCRAR），该局在1941年7月更名为美洲国家事务协调局（the Office of the Coordinator of Inter-American Affairs，OCIAA），1945年3月又更名为美洲国家事务局（the Office of Inter-

---

① "History of the Educational Exchange Program," pp. 2-4，http：//libinfo. uark. edu/specialcollections/findingaids/cuaid/index. html，Box 308.

② http：//www. archives. gov/.

American Affairs，OIAA）。[①] 美洲国家事务协调局协调员纳尔逊·A. 洛克菲勒在任期间组建了5个公司，分别是1942年3月31日组建的美洲国家事务协会（theInstitute of Inter-American Affairs，IIAA）、1943年9月25日注册的美洲国家教育基金有限公司（the Inter-American Educational Foundation，Inc.）、1942年7月14日组建的美洲国家运输协会（the Inter-American Navigation Corporation）、1943年6月26日组建的美洲国家航海公司（the Institute of Inter-American Transportation）和1942年7月20日组建的普林辛拉迪奥公司（Prencinradio，Inc.）。依据国会赋予的权限，这5个公司可以在拉丁美洲实行其项目。根据1945年3月23日的总统第9532号行政命令，美洲国家事务局正式接替美洲国家事务协调局，并将这5家公司全部归属国务院。虽然这5个公司的总部都在华盛顿特区宾夕法尼亚大街499号，但其活动都在拉丁美洲，这5个公司都是非营利组织。

四　二战期间为战时服务并参与对外文化事务的机构（1941~1947年）

1. 信息协调局（1941~1942年）

1941年7月11日，罗斯福总统下令建立信息协调局（the Office of the Coordinator of Information，OCI），并任命以“疯狂的比尔”（Wild Bill）著称的威廉·约瑟夫·多诺万（William Joseph Donovan）为局长。该局从事文化和一些专门运作行动，并下设一个外国信息处（the Foreign Information Service，FIS）。外国信息处在纽约的总部由罗伯特·舍伍德（Robert Sherwood）任处长。舍伍德之所以被委以此任，源于他的中间偏左（left-of-center）和反法西斯的“人民阵线”（Popular Front）政治态度。[②] 外国信息处在全世界设有10个信息办公室，其名称都叫作美国文化处，这些文化机构负责外国信息处的对外宣传工作。信息协调局是美国历史上试图在现代战争中组织研究、信息、宣传、颠覆和突击行动的机构，是美国海、陆、

---

① Gisela Cramer and Ursula Prutsch，Nelson A. Rockefeller's Office of Inter-American Affairs（1940-1946）and Record Group 229，Hispanic American Historical Review，2006 - utm. utoronto. ca，pp. 788-789，http：//scholar. google. com. hk/.

② Allan M. Winkler，*The Politics of Propaganda*：*The Office of War Information*，*1942-1945*，New Haven，C. T.：Yale University Press，1978，p. 27.

空三军之外的“第四军”。①

2. 战时信息处（1942~1945 年）

1942 年 6 月 13 日，根据罗斯福总统第 9182 号行政命令建立了战时信息处（the Office of War Information，OWI）。该信息处合并了最初建立的突发事件管理局的信息处，并接管了原来属于信息处和突发事件管理局的事实和数据办公室的机构、政府报告办公室和信息协调局的外国信息工作，有关人员和功能全部归属新建立的战时信息处。② 战时信息处由两个部门组成，一个是国内运行部，另一个为国外运行部，此外，该处还有一个行政处，归处长办公室领导。该处管理的还有后来建立的美国之音和电影局（the Bureau of Motion Pictures）。

3. 文化合作局、公共信息局、公共事务局和临时国际信息局（1944~1945 年）

1944 年 1 月 15 日，根据国务院第 1218 号令，文化合作局（the Division of Cultural Cooperation，DCC）取代文化关系处，国务院对外文化行动由新建立的公共信息局（theOffice of Public Information，OPI）执行。根据国务院第 1301 号令，1944 年 11 月 20 日，公共信息局更名为公共事务局（the Office of Public Affairs，OPA）。1944 年 12 月 20 日，国务院建立助理国务卿负责的公共与文化事务处（Assistant Secretary of State in Charge of Public and Cultural Affairs），但信息和心理战活动仍旧由战时信息处负责。在战争行将结束时，1945 年 8 月 31 日，杜鲁门总统颁布第 9608 号行政命令，公共事务局执行的政府所有信息项目和国际文化关系项目最后统一归属新建立的国际信息与文化事务局（the Office of International Information and Cultural Affairs，OIICA），在负责公共事务的助理国务卿领导之下。③ 该行政命令同时停止战时信息处工作，其功能转交临时国际信息局（the Interim International Information Service，IIIS）。④

4. 中央新闻署、信息协调局、战略情报局、战略情报团和中央情报局

1941 年 7 月 11 日，罗斯福总统下令建立中央新闻署（the Central Office of

---

① Central Intelligence Agency，Home page，http：//www. cia. gov/.

② U. S. Congressional Serial Set No. 10695，Session No. 16，77th Congress，2nd Session，H. Doc. 862，Title：Supplemental Estimate of Appropriations，Office for Emergency Management，Office of War Information，October 1，1942，Referred to the Committee on Appropriations and ordered to be printed，pp. 2-3，http：//infoweb. newsbank. com/.

③ Office of International Information and Cultural Affairs，pp. 3-6，http：//libinfo. uark. edu/specialcollections/findingaids/cuaid/index. html，Box 308.

④ http：//www. google. com. hk/ .

Information，COI）和信息协调局（the Office of the Coordinator of Information，OCI），中央新闻署不但负责信息政策和宣传工作，而且从事间谍和信息活动，但该机构很快就结束使命，由 1942 年 6 月 13 日新建立的战时信息处取代其功能。1942 年 6 月 13 日该协调局更名为美国战略情报局（the Office of Strategic Service，OSS），多诺万成为该局负责人，并成为美国重要的对外宣传者，专门从事文化工作。1917 年以后，信息（information）这个词作为文化意义上的一个词正式进入美国对外文化事务中，尽管 USIA 被翻译为新闻署，按照美国中央情报局网站的说法，新闻署所从事的主要是对外文化事务，但这种说法不是很清楚，因为事实上美国对外文化事务主要有两个方面，而且由两个不同机构来执行：一个是国务院教育与文化事务局所从事的文化事务，主要是教育与文化交流等事务；另一个是新闻署所从事的文化事务，主要是信息事务。[①] 1945 年 9 月 20 日，杜鲁门总统颁布第 9621 号行政命令，从 10 月 1 日起战略情报局解体，其研究与分析处归属国务院，其他事宜归属陆军部。原战略情报局主要领导人组成了战略情报团（the Strategic Services Unit，SSU）。[②] 根据美国国家档案战略情报局档案，战略情报局的功能是获取公开的与隐蔽的信息以支持反对轴心国的战争，并分析原始信息和公布最新的信息以支持政府各个部门的军事行动。根据美国国家档案中央情报局档案，美国战略情报局在 1945 年 9 月 22 日解体，从 10 月 1 日起生效，取代该机构的是助理陆军部长属下的战略情报团［the Strategic Services Unit（SSU）of the Office of the Assistant Secretary of War］，一直到 1946 年。1946~1947 年，该机构的功能由国家情报局（the Central Intelligence Group of the National Intelligence Authority，NIA）的总情报组负责。1947 年 7 月 26 日，根据《国家安全法》，在国家安全委员会属下设立中央情报局，从 1947 年 9 月 18 日起生效。

五　冷战时期反共目标下的对外文化事务机构（1945~1999 年）

1. 战后初期的对外文化事务机构（1945~1948 年）

1946 年，国务院建立了国际信息与文化事务局（the Office of International

① Richard T. Arndt, *The First Resort of Kings: American Cultural Diplomacy in the Twentieth Century*, Washington, D. C.: Potomac Books, Inc., 2005, p. 28.

② Central Intelligence Agency, Home page, http://www.cia.gov/, p. 1.

Information and Cultural Affairs，OIC）和国际人员交流处（the Division of International Exchange of Persons，IEP，1946-1947），但这两个机构并没有太大的作为，其工作和行动在美国官方文献中也很少有记载。1947年，国务院的国际信息与文化事务局更名为国际信息与教育交流局（the Office of International Information and Educational Exchange，OIIEE）。[①] 该局在1948年并入国际信息局（theOffice of International Information，OII），但该局在美国对外信息与教育交流方面做了大量工作，主要是该局负责人们所说的“快速媒体”，如广播、新闻出版和电影等。当时与之并行存在的教育交流局（the Office of Educational Exchange，OEX）负责所谓“慢速媒体”，如人员交流、图书馆建设以及在世界上建立相关协会等。[②]

1952年，国务院重新建立了国际信息局（the Office of International Information，OII）、国际信息管理局（the International Information Administration，IIA）和国际教育交流处（the International Educational Exchange Service，IES 1952）（属于国际信息管理局5个处之一）。这些机构在职责分工、工作范围等许多问题上都比较混乱，1953年，国际信息管理局活动转归新建立的新闻署。[③]

2. 心理战略委员会（1951~1953年）

1951年4月4日，杜鲁门总统下达建立心理战略委员会（the Psychological Strategy Board，PSB）的秘密指令，其成员由国防部副部长、中央情报局局长和国务院副国务卿组成。该委员会的工作目标是“以规划和宣传作为各部门和机构心理战运作责任的导向，指导全国心理战和项目，以及全国心理战工作的合作与评估”。该委员会由75人组成。[④] 1951年6月20日，杜鲁门总统的指令到达国务院、国防部和中情局，心理战略委员会正式成立。

心理战略委员会继承了1944年建立的三部协调委员会（State-War-Navy Coordinating Committee，SWNCC）的职责与功能。所谓三部指的是国务院、陆军部和海军部。该委员会的基本功能是防止当时参与心理战的美国各个

---

① http：//eca. state. gov/.

② Nicholas J. Cull，*The Cold War and the United States Information Agency*，*American Propaganda and Public Diplomacy*，*1945-1989*，New York：Cambridge University Press，2008，p. 40.

③ Department of State Chronological Outline of the Orgnazation and Ranking Officers of CU，pp. 1-3，http：//libinfo. uark. edu/specialcollections/findingaids/cuaid/index. html，CU Box 308.

④ Nicholas J. Cull，*The Cold War and the United States Information Agency*，*American Propaganda and Public Diplomacy*，*1945-1989*，New York：Cambridge University Press，2008，p. 68.

部门之间的相互竞争。到了艾森豪威尔政府时期，该委员会成为一个纯粹的协调机构，杜鲁门总统时期的规划全部停止执行。根据 1953 年 9 月 3 日总统第 10483 号行政命令，心理战略委员会的所有功能转交行动协调委员会。[①]

3. 行动协调委员会（1952~1961 年）

1952 年 9 月 2 日，艾森豪威尔总统签署 10483 号行政命令，成立行动协调委员会（theOperations Coordinating Board，OCB）取代心理战略委员会。该行政命令第一部分（b）指出，该委员会由下列人员组成：副国务卿为主席，国防部副部长、对外行动管理局局长、中情局局长、总统为代表。同时决定 60 天内撤销心理战略委员会。行动协调委员会是国家安全委员会的附属组织。该委员会每周三下午在国务院召开例行会议，参加者有负责政治事务的副国务卿、国防部副部长、中情局局长、新闻署署长、国际信息署署长以及负责国家安全事务和安全运行协调工作的总统助理。该委员会全面负责美国国家安全工作的协调与执行事宜，直接对国家安全委员会负责。[②] 从其工作性质看，行动协调委员会主要是协调政府各重要部门之间涉及国家安全的问题；从国务院、新闻署、中情局和国际信息署负责人的参加看，行动协调委员会在美国对外文化事务方面具有重要作用。

4. 国际信息管理局（1952~1953 年）

1952 年 1 月 16 日，国务院发表第 4 号公告，在国务院内建立美国国际信息管理局（the United States International Information Administration，IIA）。同一天，威尔逊·康普顿（Wilson Compton）被任命为局长。从这次重组的基本目的看，负责公共事务的助理国务卿有 3 项工作：第一项是国务卿的最高政策建议者；第二项是实际从事信息与交流项目的人；第三项是通常所说的“第一线”办公室工作，包括向国会解释国务院掌握的项目工作。[③] 1953 年 8 月 1 日，国际信息管理局解体。

5. 对外行动管理局（1953~1955 年）

根据 1953 年 6 月 1 日第 7 号总统重组计划，对美国所有对外事务机构

---

① http：//www. trumanlibrary. org/hstpaper/physc. htm.

② http：//www. sourcewatch. org/index. php？ title = Operations _ Coordinating _ Board，p. 1. 访问时间：2012 年 7 月 31 日。

③ History of the Government's Educational Exchange and Cultural Relations Programs，Reorganization of the International Information，Educational Exchange and Cultural Programs，pp. 10 - 11，http：//libinfo. uark. edu/specialcollections/findingaids/cuaid/index. html，Box 308.

进行重组，美洲国家事务协会更名为对外行动管理局（the Foreign Operations Administration，KOA），1953年8月1日生效。该机构的主要任务是统筹、控制和引导美国所有对外援助和相关经济行动，并保证各部门间的相互协调和安全行动。以前归属共同安全局（the Mutual Security Agency）及其局长的权力，包括《共同防务援助控制法》（*the Mutual Defense Assistance Control Act*）下的功能，统统归属对外行动管理局。为了集中管理，其他一些权力也从国务卿转归对外行动管理局局长。1955年5月9日，根据总统第10610号行政命令，对外行动管理局被撤销，其功能归属国际合作管理局。[①]

6. 国际合作管理局（1955~1961年）

根据1955年5月9日的总统第10610号行政命令，1955年6月30日，国务院以第85号授权令（State Department Delegation of Authority）建立了国际合作管理局（the International Cooperation Administration，ICA），同时对外行动管理局被撤销。该局是一个从属于国务院的半独立性的机构，该局是管理对外教育技术援助项目的重要机构，这种技术援助很快为美国和国外数以千计的人提供各种训练。[②] 根据1961年9月4日颁布的1961年《对外援助法》（*the Foreign Assistance Act of 1961*），是为第87~195号公法，第3部分第621款（d）规定，撤销国际合作管理局，其功能归属新建立的国际开发署。[③]

六　美国最重要的对外文化事务机构新闻署（1953~1999年）

1953年8月1日，艾森豪威尔总统发布第8号重组计划和10477号行政命令，建立了新闻署（the United States Information Agency，USIA），其目的是将美国政府所有对外信息行动纳入一个部门统一管理，掌管着过去由国务院国际信息管理局（the International Information Administration，IIA）、技

① http：//www. archives. gov/research/guide-fed-records/groups/469. html.

② U. S. Congressional Serial Set No. 12808 - 4，Session No. 4 - 4 90th Congress，2nd Session H. Doc. 398 Title：Federal educational policies，programs，and proposals. A survey and handbook. Part I. Background；issues；relevant considerations. Prepared in the Legislative Reference Service of the Library of Congress by Charles A. Quattlebaum. Specialist in Education. December 1968，p. 35，http：//infoweb. newsbank. com.

③ http：//www. archives. gov/research/guide-fed-records/groups/469. html.

术合作管理局（the Technical Cooperation Administration，TCA）、共同安全署（the Mutual Security Agency，MSA）掌管的对外信息行动，同时，海外所有美国文化处都收归新闻署领导，这样，国务院原来国际信息管理局负责的海外人员交流项目仍旧归国务院以外，国务院对美国外交政策仅起导向作用。[①]

按照 1977 年 12 月 13 日卡特总统发布的第 2 号重组计划和 1978 年 3 月 27 日卡特总统发布的第 12048 号行政命令，新闻署与国务院教育与文化事务局合并，并从 1978 年 10 月开始更名为国际交流署（the International Communications Agency，ICA）。

1982 年 8 月 24 日，第九十七届国会第二次会议通过并经里根总统批准"1982～1983 财年国务院、国际交流署和国际广播委员会授权法"（An Act to Authorize Appropriations for Fiscal Years 1982 and 1983 for th Department of State，the International Communication Agency，and the Board for International Broadcasting，and for other Purposes），是为第 97～241 号公法，该法在第 3 部分"美国新闻署"大标题下、小标题"国际交流署恢复为美国新闻署"中第 302 款规定：根据 1977 年第 2 号重组计划建立的国际通讯署从此恢复叫作美国新闻署。[②]

根据 1998 年《外交事务机构合并法》（*the Foreign Affairs Agencies Consolidation Act of 1998*），1999 年新闻署解体，全部工作归属国务院的教育与文化交流局，从此确立了副国务卿主管公共外交事务的地位。最初，新闻署的信息项目局（the Bureau of Information Programs）和教育与文化事务局（the Bureau of Educational and Cultural Affairs）被合并到国务院新建的信息项目与国际交流局（the Bureau of Information Programs and International Exchanges）。该局负责教育与文化事务和信息项目产品以支持美国政府政策。原新闻署的那些运行的外国新闻中心的工作合并到国务院的公共事务局（the Bureau of Public Affairs，BPA），原新闻署的地理区域办公室（the Geographic Area Offices，GAO）成为国务院相关地区局的组成部分，原新闻署的研究室被合并到国务院的情报与研究局（the Bureau of Intelligence and Research），情报与研究局的主要使命是为美国外交掌管情报，借助于来自各个方面的情报，该局为国务院政策制定者提供对事件的有独特价值的独

① http：//www. archives. gov/research/foreign-policy/related-records/rg-306. html.

② http：//www. constitution. org/uslaw/sal/096_ statutes_ at_ large. pdf.

立分析。同时，该局还对地理和国际边境问题进行分析。实际上，情报与研究局是国务院与其他情报部门之间的一个协调机构，它负责将来自美国各个不同情报机构的情报进行整合和分析，以供国务院在制定美国外交政策的时候参考和使用。[①] 国务院的信息项目与国际交流局很快分成两个局，一个是国际信息项目局（the Bureau for International Information Programs, BIIP），另一个为教育与文化交流局（the Bureau for Educational and Cultural Exchanges, BECE）。

根据笔者2012年9月29日从新闻署网站（http://dosfan.lib.uic.edu/usia/usiahome/overview.pdf）下载的“美国新闻署：综述”的说法，美国新闻署的使命是：作为美国政府的一个外交政策执行机构，新闻署是华盛顿政府的行政事务和政府代表的顾问，同时是美国外交政策和对外项目在国外的确定解释者；作为一个信息机构，它要通过一切可行的交流媒体渠道向政府提供准确的信息；作为一个与国际共产主义相抗衡的宣传机构，它要反对和纠正共产党宣传中对美国外交政策和目标的谎言与歪曲；国务院在该领域中文化与教育的机构，它是文化与教育交流项目的执行者。

用一句话表示新闻署的职责，应该说它是一个主管美国对外信息事务的机构，其最终的工作目标是保持和发展美国在冷战背景下西方世界的领导地位。美国政府认为，新闻署需要继续努力推动和发展的目标是使外国人了解美国经济、欣赏美国文化、相信美国军事实力、对美国教育感兴趣、认可美国的和平努力、感谢美国的经济援助、敬重美国的科学进步、认识到美国的农业繁荣发展、公平地了解美国的种族问题及其进步、知道美国的空间成就。此外，新闻署还推动美国的对外贸易、吸引和鼓励外国游客到美国旅游、促进多边合作与进步等。[②]

但是，根据笔者2015年8月29日从同一网站下载的相同题目下的说法，则变成了美国新闻署的使命是：使外国公众理解、向外国公众发布和影响外国公众什么是美国国家利益，扩大美国人民与美国各级政府部门之间、海外对手之间的对话，新闻署的专门工作包括：1. 从对外文化角度解

① http://www.state.gov/s/inr/, http://www.state.gov/documents/organization/208961.pdf.

② U.S. Congressional Serial Set No. 12077, Session No. 6, 85th Congress, 2nd Session, H. Rpt. 2712, “Government programs in international education (a survey and handbook),” Forty-second report by the Committee on Government Operations. January 3, 1959. —Committed to the Committee of the Whole House on the State of the Union and ordered to be printed, p. 39, http://infoweb.newsbank.com/.

释和支持美国政策的可信度和含义；2.（向世界）提供有关美国官方政策以及在这些政策影响下的美国人民、美国价值观和美国制度的信息；3. 将国际活动的好处带给美国公民，并帮助他们建立一条与外国对手之间强大的长期的关系纽带；4. 向直接感受美国政策效力和面对外国对美国看法的总统和美国政府政策制定者提出建议。[①]

七　美国最重要的对外文化与教育交流机构教育与文化事务局（1959～　）

1959 年，从公共事务局分离出教育与文化关系局，专门负责教育与文化交流项目。1978 年，新闻署更名为美国国际交流署，该署吞并了教育与文化关系局（the Bureau of Educational and Cultural Relations，BECR）。[②] 但是，同样在 1959 年，国务院建立了国际文化关系局（the Bureau of International Cultural Relations，BICR），不久，国际文化关系局重组并命名教育与文化事务局（theBureau of Educational and Cultural Affairs，BECA）。从 1961 年起，第一助理国务卿负责教育与文化事务。[③]

教育与文化事务局的使命是通过国际教育与文化交流和训练项目增进美国与其他国家之间的相互了解以发展相互间友好、同情和和睦关系。该局要通过推动美国公民在国外的私人和组织以及在国外民众面前呈现美国历史、社会、艺术和文化，加强美国与其他国家之间人员、职业和系统之间的联系纽带。[④] 国务院所属的教育与文化事务局从事的国际教育交流项目是美国对外政策目标的组成部分，其目的是通过教育与文化交流加强美国人民与其他国家人民之间的相互了解，通过展现教育与文化利益、发展和美国与其他国家人民的成果来加强美国与其他国家的友谊，推动教育与文化发展的国际合作，帮助世界上与美国友好、同情、和平相处的国家的发展。教育与文化事务局的项目主要有：美国专家项目；国际访问者项目；文化展现项目；美国资助的海外学校项目；特殊教育与文化项目；与国际

① http：//dosfan. lib. uic. edu/usia/usiahome/overview. pdf.

② http：//eca. state. gov/ivlp/about-ivlp/program-history.

③ Department of States Bureau of Educatinal and Cultural Affairs（CU），"Landmarks in the History of the Cultural Relations Program of the U. S. Department of States，" pp. 1－22，http：//libinfo. uark. edu/specialcollections/findingaids/cuaid/index. html，CU Box 308.

④ http：//www. state. gov/documents/organization/84186. pdf.

组织之间相互关系项目；资助基金项目；接待中心项目；访问学者项目；志愿者项目。①

八 对外教育与文化交流的得力组织——和平队（1961~ ）

1961 年 3 月 1 日，肯尼迪总统签署行政命令建立和平队（The Peace Corps，PC）。根据该行政命令，和平队归属国务院，其使命是：负责美国援助其他国家和地区的新项目中的人员训练和服务，给予美国、联合国和其他国际组织现有经济援助项目以支持或者联系。②

进入 21 世纪以后，美国继续其双边、多边、体制途径与战略维持和发展自己的实力及影响，其中，最持久的双边关系途径之一是和平队。和平队网站认为，和平队的第二个目标是“帮助推动美国人对他们所服务的那些人的更好地相互了解”，一般人并不知道这种情况，这是公民外交的一个延伸的成果。所谓公民外交，还没有一个学界都认可的共识，现在的 3 种说法有公民的外交（citizen's diplomacy）、公民外交（citizen diplomacy）和公共外交（public diplomacy），按照小约瑟夫·奈（Joseph S. Nye）的概念，公共外交是作为一种“政府用来动员各种资源与其他国家公众交流或者吸引他们参加交流而不仅仅与其政府交流的工具”。奈认为，公共外交有两种：一是“文化外交的慢速媒体”（slow media o f cultural diplomacy），包括艺术、书籍和交流；另一个是“快速信息媒体”（fast information media），包括广播、电影和新闻汇集以及毫无疑问包括在内的现代交流方式。公民外交网站为公民外交下的定义是“推动国际理解和跨文化友谊”，美国国务院基本接受这些概念。③

---

① U. S. Congressional Serial Set No. 12808-4, Session No. 4-4 90th Congress, 2nd Session H. Doc. 398, “Title: Federal educational policies, programs, and proposals. A survey and handbook. Part Ⅰ. Background; issues; relevant considerations,” Prepared in the Legislative Reference Service of the Library of Congress by Charles A. Quattlebaum. Specialist in Education. December 1968. pp. 5-6, http://infoweb.newsbank.com/.

② http://media.nara.gov/, p. 1.

③ Stephen Macharia Magu, “Soft Power Strategies in US Foreign Policy: Assessing the Impact of Citizen Diplomacy on Foreign States' Behavior,” pp. 10-16, http://search.proquest.com.ezproxy.lib.uh.edu/dissertations/docview/1508332215/fulltextPDF/1B440F04D0CE47B0PQ/1?accountid=7107.

九　对外文化事务的辅助机构——国际开发署（1961～　）

1961 年 11 月 3 日，根据第 10973 号肯尼迪总统行政命令建立国际开发署（the Agency for International Development，AID），归属国务院。该组织是国际合作管理局的继承机构，[①] 负责美国对外援助中非军事项目，并依照 1961 年对外援助法统领和监管所有美国对外援助。国际开发署署长报告直接送交国务卿和总统。国际开发署负责发展拨款和技术合作（Development Grants and Technical Cooperation），其中包括有关国际教育事业的拨款。该署下设的国际培训处（the International Training Division）负责各个方面的人员培训，其中包括教育事业人员。[②]

国际开发署在教育方面的技术合作项目目标是帮助自由世界国家开发人力资源以发展经济与社会事业。从睦邻政策下建立的美洲国家事务协调局开始，在国际开发署中，教育历来具有重要的作用。2003 年，美国国务院与国际开发署共同建立了一个“新的国家—国际开发署联合政策理事会”（the new State-USAID Joint Policy Council）属下的“公共外交政策团”（Public Diplomacy Policy Group）。该理事会保证，只要在美国外交政策原则下，美国的任何对外援助都被认为是美国人民对外赠送的礼物，并保证，国际开发署的任何项目、工程和行动都明确地属于美国人民的资助。美国公共外交咨询委员会 2004 年的报告认为，国际开发署虽然不能解决一些人对美国的敌对情绪，但他们的工程将美国人民生动的人性面孔展现在外国民众、领导人、记者和受益者面前，美国公共外交咨询委员会建议国务院继续与国际开发署合作，共同将美国对国际社会的贡献更好地展现在世人面前。[③]

十　冷战时期的其他对外文化事务机构

1. 公共事务联合办公室（1965～1975 年）

出于越南战争的需要，1965 年 7 月 1 日，美国建立公共事务联合办公

---

① http：//history. state. gov/departmenthistory/people/principalofficers/director-intl-cooperation-administration.

② Bureau of Educational and Cultural Affairs，1963 Some U. S. Government agencies engaged in international activities，pp. 7－10，http：//primo-pmtna01. hosted. exlibrisgroup. com/.

③ *United States Advisory Commission on Public Diplomacy 2004 Report*，pp. 22－23，http：//www. state. gov/.

室（the Joint U. S. Public Affairs Office，JUSPAO）。该机构是美国心理行动“革命性的发展”的表现。公共事务联合办公室由约翰逊政府建立，驻越南西贡的前新闻署公共事务官员为指导，新闻署、国际开发署和美国驻越军队司令部的人员组成，雇佣人员达659名，每年费用1000万美元，正式雇员245名美国人，其中来自军方的116人，另有450名越南人在该机构中充当翻译、调查人员和现场支持人员，主要负责人是在西贡的前海军陆战队军人和《纽约时报》撰稿人佐西安（Barry Zorthian）。该机构的主要职责是向美国国内和世界上所有想了解越南情况的人提供越南战场的信息。①

2. 副国务卿公共外交与公共事务办公室（2011~）

1999年，克林顿政府建立了副国务卿公共外交与公共事务办公室（the Office of the Under Secretary of State for Public Diplomacy and Public Affairs，OUSSPDPA）。该办公室的工作在当年新闻署撤销时由国务院统一管理。②

十一　后冷战时期反恐背景下的文化事务机构（1999~2010年）

1. 对外广播宣传的基础——联邦通讯委员会（1934~　）

1934年6月4日，美国第七十三届国会第二次会议通过《1934年通讯法》（*the Communications Act of 1934*），经总统批准于6月19日成为法律，是为第416号公法，即美国各州之间、美国与外国之间通过无线电或者电台进行联系及其他目的的活动规则（To provide for the regulation of interstate and foreign communication by wire or radio，and for other purposes）。法律规定，建立联邦通讯委员会（the Federal Communications Commission，FCC）负责执行该法规定的各项条款。委员会由总统任命的7人组成，总部设在哥伦比亚特区，但如果有必要，该委员会可以在美国任何地方举行会议，每年向国会提交报告一次。该委员会有权批准或禁止无线电广播及电台活动体的活动。在《1934年通讯法》公布60天内，所有无线电团体、个人和官员都必须经该委员会核定批准，否则视为非法。按照1888年8月7日州际商务法（the Interstate Commerce Act）建立的州际商务委员会（the Interstate Commerce Commission，ICC）、建国以来就存在的邮政局长（the Postmaster General）和按照1927年2月23日《广播电台法》（*the Radio Act of 1927*）

---

① http：//search. proquest. com，pp. 2-25.

② http：//www. state. gov/.

成立的联邦广播电台委员会（the Federal Radio Commission，FRC）的权力全部归属联邦通讯委员会。[①] 1941 年 2 月 26 日，总统下令建立外国广播监听处（Foreign Broadcast Monitoring Service，FBMS），归属于联邦通讯委员会。监听处的各个台站负责对交战国、敌占区和中立国的新闻广播、相关信息或者政治宣传的监听、记录、编译和分析，并向有关机构报告。1942 年 7 月 28 日，联邦通讯委员会将外国广播监听处更名为联邦通讯委员会外国广播信息处（Federal Broadcast Intelligence Service，FBIS）。1945 年外国广播信息处归属美国陆军部，1945 年 12 月 30 日，根据美国陆军部长的命令，外国广播信息处归属陆军总参谋部军事信息处（the Military Intelligence Division，War Department General Staff，MID），1946 年 8 月 5 日，联邦通讯委员会和陆军部协商将其归属到全国信息局中央信息组。此后的变化是：1946 年 11 月至 12 月，继续从属于中央信息组并仍然叫作外国广播信息处，1947 年 1~9 月继续从属于中央信息组并更名为外国广播信息分部（Foreign Broadcast Information Branch，FBIB），1947 年开始归属中央情报局，仍然叫作外国广播信息处。[②]

2. 对外宣传喉舌的控制机构——广播管理委员会（1994~　）

1973 年 9 月 19 日，第九十三届国会第一次会议通过《1973 年国际广播法》（*the International Broadcasting Act of 1973*），经总统批准后于 10 月 19 日生效，是为第 93~129 号公法，该法规定，本法律为《1973 年国际广播委员会法》（*the Board for International Broadcasting Act of 1973*），该法第 2 款第 1 项规定：美国的政策是推动言论和表达自由权，包括“通过任何媒体并不论国界去寻求、接受和传播信息和思想”（to seek，receive，and impart information and ideas through any media and regardless of frontiers）的自由；第 4 款第 1 项规定：国会授权该委员会资助自由欧洲广播电台（Radio Free Europe）和自由广播电台（Radio Liberty）以执行该法第 2 款规定的针对苏联和东欧国家的宣传任务目标，评估这两家电台运行和使命执行情况，评估的内容包括质量、效果及其在美国广泛的外交政策框架中的特殊地位，鼓励这两家电台资源利用率达到最佳程度；第 5 款规定：该委员会应要求这

---

① http：//www.constitution.org/ uslaw/sal/048_ statutes_ at_ large.pdf，pp. 1062-1076，1101-1104. Communication act of 1934，http：//congressional.proquest.com.ezproxy.lib.uh.edu/congressional/result/pqpresultpage.gispdfhitspanel.pdflink/.

② http：//www.archives.gov/，p. 1；http：//nixon.archives.gov/，p. 1.

两家电台保留记录，并检查它们的所有书籍、文件、报纸和电台记录。[①]

1994 年 4 月 30 日，美国第一百〇三届国会第二次会议通过并经克林顿总统签署《1994 ~ 1995 财年对外关系授权法》（Foreign Relationship Authorization Act，Fiscal Years 1994 and 1995），是为第 103~236 法。该法决定在新闻署内建立国际广播局（the International Broadcasting Bureau，IBB），同时成立广播管理委员会（Broadcasting Board of Governors，BBG），对美国政府控制的所有非军事性广播进行监督，包括新闻署的国际广播局。广播管理委员会由 9 人组成，其中 8 个有投票权的人由总统任命。[②] 1994 年广播管理委员会建立以后，1973 年建立的国际广播委员会取消。广播管理委员会建立之初归属美国新闻署。[③]

1998 年 10 月 21 日，第一百〇五届国会第二次会议通过并经总统批准《1999 年综合加强和紧急追加拨款法》（*Omnibus Consolidated and Emergency Supplemental Appropriations Act*，*1999*），是为第 105~277 号公法。该法规定：废除美国新闻署，但不包括广播管理委员会和国际广播局。广播管理委员会作为政府的一个分支机构继续存在，成为一个独立机构，过去由新闻署主管的对外广播事务，包括美国之音、古巴广播电台等，一律归属广播管理委员会。[④]

1999 年 10 月 1 日，依据 1998 年《对外事务改革与调整法》，在新闻署撤销的情况下该组织成为独立机构。该组织负责美国对外非军事广播节目，用 56 种语言通过广播、电视和互联网对外提供节目，包括美国之音、古巴广播局、自由欧洲电台、自由亚洲电台和中东广播网。该组织的所有服务完全按照 1994 年《国际广播法》的标准和原则来进行，包括节目的可信性、准确性和新闻的全面性，对美国思想、制度和政策以及对其政策的研究的公平与广泛，关于世界的发展信息以及全世界各个国家的观点。[⑤]

3. 对外信息项目的管理机构——国际信息项目局（1999~　）

1999 年 10 月 1 日，国际信息项目局（theBureau of International Information

---

① http：//www. constitution. org/uslaw/sal/087_ statutes_ at_ large. pdf，pp. 457–459，the Board for International Broadcasting Act of 1973. http：//congressional. proquest. com. ezproxy. lib. uh. edu/congressional/result/pqpresultpage. gispdfhitspanel. pdflink/.

② http：//www. constitution. org/ pp. 434–436，437.

③ http：//www. google. com/.

④ Omnibus Consolidated and Emergency Supplemental Appropriations Act，1999http：//www. constitution. org/uslaw/sal/112_ statutes_ at_ large. pdf，pp. 2681–776，2681–777，2681–781.

⑤ http：//www. google. com.

Programs，BIIP）正式建立，是为国务院属下的公共外交交流局，引领国务院对美国驻外使领馆的公共外交活动，同时，该局还负责对国外受众的指导，即国际信息项目局负责对外国人宣传美国外交政策，向美国驻外使领馆相关人员提供资料以便使其胜任文化事务工作。① 该局下设战略通讯办公室（theOffice of Strategic Communication，OSC），专门从事对伊拉克战争中的战略规划、评估该局内各个部门间的合作事宜，同时负责进行反对错误信息和假信息的工作。②

国际信息项目局利用新技术工具（state-of-the-art technology tool），并致力于发展新的、有效的、该领域需要的数字化产品，公共事务局应该负责外国媒体中心的工作，并参与电视节目。国际信息项目局的作用是通过发言人项目和各种出版物向外国公众传播关于美国“政策、社会和价值观”，这些项目和出版物都被翻译成当地语言，可以最好地传播给当地公众。该机构还通过数字化延伸团队（the Digital Outreach Team）发展新信息工具——例如网站——传播信息。同时，该机构还访问波斯语、乌尔都语和阿拉伯语博客、聊天室和网站与访问者接触，运作美国政府发言人项目、美国人交流角和信息资料中心，书写各种出版物，训练信息资源办公室官员“向国际民众发送研究、训练和跨文化项目”。③

4. 以互联网为核心的通讯管理机构——全球通讯局（2003～　）

2003 年 1 月 21 日，布什总统发布第 13283 号行政命令，建立全球通讯局（the Office of Global Communications，OGC），从 1 月 24 日起开始执行。该行政命令第 1 款规定：全球通讯局直接隶属于白宫办公室，由总统国家安全助理负责；第 2 款规定：全球通讯局的使命是为总统、总统行政办公室相关负责人和相关行政部门和机构领导人提出政策建议，建议的内容包括推动增强美国全球利益、防止错误、支持美国与合作伙伴之间的关系和向国际社会民众提供信息。④ 其实，早在 2002 年 7 月，布什政府就决定建立全球通讯局。全球通讯局的一个重要职责是针对伊拉克进行反宣传和反假信息，而其前身联合信息中心则主要是针对阿富汗塔利班。⑤

---

① http：//www. state. gov/.

② http：//www. sourcewatch. org/.

③ http：//www. state. gov/，p. 15.

④ http：//nodis3. gsfc. nasa. gov/displayEO. cfm？ id = EO_ 13283_ .

⑤ http：//georgewbush-whitehouse. archives. gov/.

十二 其他文化事务机构（2001~2011 年）

1. 战略影响局（2001~ ）

2001 年 10 月 30 日，美国政府建立了战略影响局（the Office of Strategic Influence，OSI），该局归属国防部，由负责政策制定的国防部副部长直接监管。专门应对伊斯兰国家的恐怖主义。该局不仅从事对外媒体和网络工作，而且从事隐蔽战，这些对外文化活动主要是宣传，其中包括反对虚假信息的所谓“黑色活动”和公布新闻的所谓“白色公共事务”。该局在世界范围内的专家分析和民意测验基础上向国防部提交了一系列信息政策选择和项目规划，还首创了一些反对美国及其盟国的外国敌对宣传、虚假信息和错误信息的项目。可能是出于担心战略影响局会把一些虚假的或者错误的信息传递给美国相关部门，2002 年 2 月 26 日，该局被解散，仅仅留下一个很小的机构——“信息行动办公室”（the Office of Information Activities，OIA），由国防部部长助理负责从事一些海外军事信息工作。[①] 2003 年正式开展工作的全球通讯局接替了战略影响局的职责，全球通讯局又称信息意识局（Information Awareness Office，IAO）。[②]

2. 战略通讯政策协调委员会（2002~ ）

2002 年，美国国家安全委员会建立了战略通讯政策协调委员会（Strategic Communication Policy Coordinating Committee，SCPCC），归属国务院负责公共外交的副国务卿管辖。2006 年，战略通讯政策协调委员会更名为战略通讯和公共外交政策协调委员会（the Strategic Communication and Public Diplomacy Policy Coordinating Committee，SCPDPCC），同年，国防部建立了两个与战略通讯相关的办公室：联合通讯办公室（the Office of Joint Communication，OJC）和战略通讯合作组（the Strategic Communication Integration Group，SCIG）。[③]

3. 公共外交和战略通讯委员会（2006~ ）

2006 年 4 月，总统国家安全顾问斯蒂芬哈德利授权建立了一个新的机构，叫作公共外交和战略通讯政策协调委员会（Policy Coordinating Committee for Public Diplomacy and Strategic Communication，PCC），由负责公

① http：//www. carlisle. army. mil/，pp. 7-8.

② http：//www. sourcewatch. org/.

③ http：//www. sourcewatch. org/.

共外交和公共事务的副国务卿掌管，由负责战略通讯和全球拓展服务范围的代理国家安全顾问协助。该协调委员会成员由国务院、国防部、财政部、国家安全委员会、信息界和其他一些机构的代表组成，过去的由负责公共外交和公共事务的副国务卿掌管的全球战略约定中心成为该委员会的主要咨询机构。

4. 战略交战中心（2008～　）

2008年，战略交战中心（the Strategic Engagement Center，SEC）建立，不久更名为全球战略交战中心（the Global Strategic Engagement Center，GSEC），归属国务院。国务院负责公共外交和公共事务的副国务卿属下有三个局和两个办公室：教育与文化事务局，国际信息项目局，公共事务局；政策、规划和资源办公室（the Office of Police，Planning and Resources，OPPR），私有部门扩大办公室（the Office of Private Sector Outreach，OPSO）。

5. 战略反恐通讯中心（2010～　）

根据美国学者克里斯托弗·保罗（Christopher Paul）的说法，2010年9月，国务院建立了战略反恐通讯中心（the Center for Strategic Counterterrorism Communications，CSCC），也归属负责公共外交和公共事务的副国务卿。这样一来，国务院的对外文化事务越来越多，因此美国政府的拨款也不断增加：2008年，美国政府对国务院的拨款为10亿美元，其中5.1亿美元用于教育交流和文化事务项目；2009年，国务院用于公共外交的资金达11亿美元，所以，国务院请求2010年政府拨款为12.5亿万美元。①

根据反对极端主义组织网站的说法，战略反恐通讯中心建立于2010年，是一个国务院为基础的跨部门机构，以协调、定位和通告政府在国外的反对极端主义暴力的战略通讯行动。②

附录：美国政府对外文化事务机构及其变更表（1867～2010年）

说明：

1. 本表所说的美国对外文化事务包括信息（Information）、教育（Education）和文化（Culture）三个方面（或者说领域），但所列表格主要说明信息、教育与文化的交流、运作和管理机构。

2. 美国有史以来的对外文化事务机构十分庞杂与混乱，既有某一部门内新建、重建、

---

① Christopher Paul, *Strategic Communication: Origins, Concepts, and Current Debates (Contemporary Military, Strategic, and Security Issues)*, California, Santa Barbara: Praeger, 2011, pp. 72-86.

② https: //www. counterextremism. org/resources/details/id/404/center-for-strategic-counterterro rism-communications-cscc.

更名、解体、接替、合并等情况发生，又有不属于联邦政府任何部门的独立机构，笔者现在统计出来的、很可能有所遗漏的情况下已经有75个之多，这还不包括国务院下属机构中某些部门和再下级机构，以及国务院以外其他联邦政府这个级别部门内的下属机构，或许还有笔者没有统计到的机构，可见美国政府对外文化事务机构之多且复杂。

3. 美国对外文化事务机构及其历史变更的过程与现状的研究是美国研究、美国文化研究、美国公共外交研究、美国国际关系研究乃至美国社会史研究、文化史研究的基础之一，对这些对外文化事务机构及其变更的梳理不但可以厘清美国历史上对外文化事务机构的历史变迁过程，还可以梳理各种政府部门和机构之间的关系甚至变化过程。了解美国对外文化事务机构及其变更是美国研究的一个重要方面和内容。

4. 根据笔者的研究，美国政府第一个正式对外文化事务机构是1917年建立的“公共信息委员会”，但最早的对外文化事务机构应该是1867年建立的美国联邦教育局下设国际文化与教育关系局，这是本表所列表格从1867年开始的原因。根据笔者了解，2010年9月建立的战略反恐信息中心是最近的对外文化事务机构，这是本表所列表格到2010年为止的理由。

5. 本表所展示的表格只是笔者现有研究的一些成果，可以肯定地说还有一些美国对外文化事务机构被遗漏，也可以肯定这些表格中有些变更或隶属关系不准确乃至错误，这都将在以后的研究中予以发现和纠正。而2010年以后再建立的对外文化事务机构则不在本表研究之列。

6. 为了使读者在阅读本表的时候更加清楚地了解这些表格的基本背景和此种列表的道理，我们在每一个表格前面都加了一个尽量简短的介绍性说明，由于本表主要意图是厘清美国对外文化事务机构及其变化的情况——特别是一些机构的继承关系，因此对于某个机构的来龙去脉和如何评价没有详细阐述。

7. 鉴于本表所列数据，包括年限、机构名称等，来源于美国各种历史文献，包括美国国会文件、美国政府文件、DNSA文件、FRUS文件、总统图书馆文件，还有一些学者的著作和文章等，本表仅列出其中部分文献的出处。

表1　教育部属下对外文化事务机构
（U. S. Department of Education）

根据1959年1月30日美国第八十五届国会第二次会议印发的政府行动委员会（Committee on Government Operations）第四十二次报告，1840年美国国会图书馆开始与外国图书馆交流出版物，这应该是美国官方机构首次对外文化交流事务。① 但笔者认为，

① U. S. Congressional Serial Set No. 12077, Session No. 6 85th Congress, 2nd Session H. Rpt. 2712. Title: Government programs in international education (a survey and handbook). Forty-second report by the Committee on Government Operations. January 3, 1959. —Committed to the Committee of the Whole House on the State of the Union and ordered to be printed p. 25. http://infoweb.newsbank.com/.

国会图书馆还不能说是政府机构。应该说，美国对外文化事务机构最早是联邦教育部的国际文化与教育关系局，所以本表将此表列在第一个。但联邦教育部在19世纪基本没有对外文化活动，当时美国对外文化活动基本都是私人基金会或者公民的个人行为而很少有政府行为。有关教育部及其下属机构情况见：①

需要说明的是，美国许多文献中介绍了教育办公室，但一般没有细节。教育办公室这个称呼首次作为机构使用是1868年7月2日的一个法令中，并从1869年6月30日开始生效。1870年，该机构更名为教育局，这一名称一直使用到1929年恢复使用教育办公室，教育办公室的工作到1980年再次成立教育部。但最初的美国教育办公室仅仅是一个研究和报告机构，而且属于联邦卫生、教育、福利部的一个下属机构，并不具有现代理念中国家教育部的功能。②

• 1867年，美国联邦教育部（Department of Education，DE）下设国际文化与教育关系局（the Bureau of International Cultural & Educational Relations，BICER）；

• 1869~1980年教育办公室（Office of Education，OE）；

• 1980年5月4日，美国教育部下设有国际事务局（International Affairs Office，IA）。

表2　国家安全委员会属下对外文化事务机构
（U. S. National Security Council）

美国国家安全委员会在历史上基本不参与对外文化事务，但2001年“9·11”事件发生后，反恐战争成为美国对外关系中最重要任务，但反恐有两个方面的内容（或者叫任务）：一个是军事上的打击，即消灭恐怖分子；另一个是心理上的打击，即对恐怖分子的心理攻击，包括对恐怖分子集聚的阿拉伯国家或者穆斯林世界的思想、意识、价值观、文化、教育等方面的广播、电视、动画、图书等宣传活动。战略通讯政策协调委员会建立后所从事的正是这些活动，因此属于美国对外文化事务机构。③

• 2002年，战略通讯政策协调委员会（Strategic Communication Policy Coordinating Committee，SCPCC）。

---

① http://www.ed.gov/edblogs/international/ p. 1.

② http://www2.ed.gov/about/overview/focus/what.pdf, pp. 2-3. 另见，U. S. Congressional Serial Set No. 12808 - 4, Session No. 4 - 4 90th Congress, 2nd Session H. Doc. 398Title: Federal educational policies, programs, and proposals. A survey and handbook. Part I. Background; issues; relevant considerations. Prepared in the Legislative Reference Service of the Library of Congress by Charles A. Quattlebaum. Specialist in Education. December 1968., pp. 49 - 50, http://infoweb.newsbank.com/.

③ Christopher Paul, *Strategic Communication: Origins, Concepts, and Current Debates (Contemporary Military, Strategic, and Security Issues)*, California, Santa Barbara: Praeger, 2011, pp. 72-86.

表3 总统行政办公室突发事件管理处属下的对外文化事务机构下机构
(the Office for Emergency Management of the Executive Office of the President)

二战期间，美国在拉美的文化事务机构从一开始就归总统行政办公室突发事件管理处管理，这主要是因为当时德国和意大利都在大肆向拉美宣传，力图深入美洲，罗斯福政府将美国与拉美国家的文化事务纳入总统行政办公室突发事件管理处说明美国对于拉美国家的文化关系的重视。但随着战争结束和政府其他部门的不满，到1945年美洲国家事务局的权力逐渐转归国务院，其权力在该局1946年6月解散后全部归属国务院。

- 1940年8月16日，美洲国家间商务与文化关系协调局（The Office for Coordination of Commercial and Cultural Relations between the American Republics，OCCCRAR）；
- 1941年7月，美洲国家间事务协调局（The Office of the Coordinator of Inter-American Affairs，OCIAA）；
- 1942年6月13日，战时信息处（The Office of War Information，OWI）（参与对外文化事务的信息机构）；
- 1945年3月，美洲国家事务局（The Office of Inter-American Affairs，OIAA）。

表4 美国对外文化事务独立机构
(Independence agency)

由于美国没有文化部，美国历史上的对外文化事务一直没有统一的管理机构。尽管对外文化事务机构比较混乱，但还是有基本原则的，那就是主要对外文化事务机构要么是独立机构，要么属于国务院管辖，美国政府中许多别的部门也参与对外文化事务，例如国防部，但专门从事对外文化事务的机构很少，一般是临时性的，或者存在时间很短。

当然，即使独立的对外文化事务机构，也可能随时就不独立了，例如克林顿总统时期的美国之音；有些不是独立的机构，由于需要可能随时又独立了，比如广播管理委员会。

二战以后美国对外文化事务独立机构中最为突出的除了国务院属下的教育与文化事务局以外，就是新闻署，在新闻署存在的46年（1953~1999年）历史中，国务院过去管理的对外文化事务大都归属新闻署了。在新闻署并入国务院以后到2010年，国务院再次成为美国对外文化事务机构的主要负责部门。

从新闻广播角度讲，如果说美国之音仅仅在克林顿政府时期有短暂时间的独立，更多时间是由政府部门管辖的话，美国对外文化事务的独立机构中最为重要的就是1999年独立的广播管理委员会和2003年建立的全球通讯局，美国对外广播的最主要机构美国之音从国务院转到新闻署，又从新闻署转到国务院，再从国务院转到广播管理委员会，最后从广播管理委员会转到全球通讯局，足见美国之音的重要性，更说明其管理部门的重要性。另一个值得注意的机构是1952年建立的国际信息管理局，该机构是一个由国务院管辖但又有一定独立性的半独立机构。在对外信息传播、教育交流、人员交流等方面曾经发挥重大作用。由于美国政界许多人认为信息传播属于短期的政治性的宣传活动，而教育交流属于长期的文化目标，二者本来就不应该属于一个部门和机构管理，因此，这是国际信息管理局处境尴尬的主要原因。①

• 1917 年 4 月 14 日，公共信息委员会（the Committee on Public Information，CPI）；

• 1941 年 7 月 11 日，信息协调局（the Office of the Coordinator of Information，OCI）；

• 1941 年 7 月，对外信息局（the Foreign Information Service，FIS）（参与对外文化事务的信息机构）；

• 1941 年 7 月 11 日，中央新闻局（the Central Office of Information，COI）（参与对外文化事务的信息机构）；

• 1942 年 2 月 24 日，美国之音（the Voices of America，VOA）（克林顿政府时期为独立机构）；

• 1942 年 6 月 13 日，战略情报局（the Office of Strategic Service，OSS）（参与对外文化事务的信息机构）；

• 1947 年 9 月 18 日，中央情报局（the Central Intelligence Agency，CIA）（参与对外文化事务的信息机构）；

• 1953 年 9 月 2 日，行动协调委员会（Operations Coordinating Board，OCB）；

• 1953 年 1 月 24 日，总统国际信息行动委员会（President's Committee on International Information Activities，CIIA），又被称为杰克逊委员会（Jackson Committee）；

• 1953 年 6 月 1 日，新闻署（the United States Information Agency，USIA）；

• 1959 年 12 月 2 日、总统国外信息行动委员会（President's Committee on Information Activities Abroad，PCIAA），又被称为斯普瑞格委员会（Sprague Committee）；

• 1961 年 9 月 21 日，国际教育与文化事务咨询委员会（the Advisory Commission on International Educational and Cultural Affairs，ACIECA）；

• 1973 年 10 月 19 日，国际广播委员会（the Board for International Broadcasting，BIB）；

• 1977 年 12 月 12 日，国际交流、文化和教育事务咨询委员会（the Advisory Commission on International Communication，Cultural，and Educational Affairs，ACICCEA）；

• 1977 年，公共外交咨询委员会（the United States Advisory Commission on Public Diplomacy，ACPD）；

• 1978 年 3 月 27 日，国际交流署（International Communication Agency，ICA）；

• 1999 年 11 月 1 日，广播管理委员会（Broadcasting Board of Governors，BBG）

① U. S. Congressional Serial Set No. 11776，Session No. 12 83rd Congress，2nd Session H. Doc. 294Title：Tenth semiannual report on educational exchange activities. Letter from Chairman，the United States Advisory Commission on Educational exchange，Department of State transmitting a semiannual report of all programs and activities carried on under the authority of section 603 of Public Law 402，80th Congress. January 14，1954. —Referred to the Committee on Foreign Affairs and ordered to be printed，pp. 2-4，http：//infoweb. newsbank. com/.

（1994年成立属于新闻署）；

• 2003年1月21日，全球通讯局（the Office of Global Communications，OGC）。

表5　国务院属下机构
（Department of state）

在美国对外文化事务机构历史上，国务院是最重要的管理部门，根据笔者不完全统计，1938年以来前后建立或者更名的有37个之多。就程序来说，美国对外文化事务机构的建立、更名、职责、规章制度等等首先由国会议员在国会上提出法案（bill）。提出法案不一定能通过，但凡通过的就是立法（Act，当然要总统签字后生效）。由于美国没有文化部，对外文化事务的管理本应该由国务院负责，但在二战结束前，美国对外文化事务主要是与拉丁美洲国家的教育与文化交流，最初由总统行政办公室突发事件管理处主管，二战后美国对外教育与文化交流事务扩展到全世界，这项重要的工作也改由国务院进行。因此，从1948年《史密斯—蒙特法》颁布以后，国务卿在这方面的权力相当大。但在1953年新闻署建立以后，诸多教育与文化事务转到新闻署，虽然教育交流与文化项目仍旧归属国务院，① 但其实际工作也大为减少。1999年新闻署并入国务院以后，国务院在这方面的权力再次飙升。

从历史看，国务院下属的第一个对外文化事务机构是1938年建立的文化关系处，1942年美洲国家事务协会也归属国务院。此后，国务院所属的对外文化事务机构不断增加和变更，直到1960年4月17日教育与文化事务局的建立。

国务院中最重要的对外文化事务机构是教育与文化事务局。

国务院中另外两个比较重要的从事对外文化事务的机构是和平队和国际开发署。虽然这两个机构在建立时主要从事对外经济援助活动，但参与的教育与文化交流活动相当多。特别是和平队，应该说从建立的时候就负有对外文化传播和教育交流的使命。1961年9月22日美国第八十七届国会第一次会议通过的《和平队法》明确规定，和平队的根本目标是……有助于那里人民与美国人民之间的相互更好的理解。② 这句话正是1948年《史密斯—蒙特法》留给美国对外文化事务机构的座右铭。

国务院下属的从事对外文化事务的机构也多有变化，例如，1949年国务院建立国际信息与教育交流项目局，1948年建立的国际信息局和教育交流局成为该局的两个下属机构（应该叫处），实质上是将两个局合并了。③ 再比如，1959年建立了教育与文化关系局，1960年4月17日又开始称为教育与文化事务局。

此外，国务院所属的那些对外文化事务机构有的从事过很多活动并很有名气，例如

① http：//exchanges. state. gov/。

② http：//www. constitution. org/uslaw/sal/075_ statutes_ at_ large. pdf，pp. 612，513-617.

③ Nicholas J. Cull，*The Cold War and the United States Information Agency，American Propaganda and Public Diplomacy，1945-1989*，New York：Cambridge University Press，2008，p. 48.

教育与文化事务局；但有的我们只能从文献资料上找到它们的名字但基本没有找到它们的活动情况，例如1944年的公共信息局、公共事务局和文化合作局。当然，也有可能我们列出的机构属于国务院下属机构管理下的分支机构。

- 1938年7月27日，文化关系处（Division of Cultural Relations，DCR）；
- 1938年8月19日，国际通讯处（the Division of International Communications，DIC）；
- 1942年3月31日，美洲国家事务协会（the Institute of Inter-American Affairs，IIAA）；
- 1944年，科学、教育与艺术处（the Division of Science，Education，and Art，DSEA）；
- 1944年，公共信息局（the Office of Public Information，OPI）；
- 1944年，公共事务局（the Office of Public Affairs，OPA）；
- 1944年，文化合作局（the Division of Cultural Cooperation，DCC）；
- 1944年12月20日，助理国务卿公共与文化事务处（Assistant Secretary of State in Charge of Public and Cultural Affairs）；
- 1945年，临时国际信息局（the Division of Cultural Cooperation，IIIS）；
- 1945年8月31日，国际信息与文化事务局（Office of International Information and Cultural Affairs，OIICA）；
- 1946年，国际文化事务局（the Office of International Cultural Affairs，OICA）；
- 1946年，国际新闻出版处（the International Press and Publication Division，IPPD）；
- 1947年，国际信息与教育交流局 the（Office of International Information and Educational Exchange，OIIEE）；
- 1947年，国际教育交流理事会（the Council on International Educational Exchange，CIEE）；
- 1948年，教育交流局（the Office of Educational Exchange，OEE）；
- 1948年，国际信息局（the Office of International Information，OII）；
- 1948年，教育交流咨询委员会（the Advisory Commission on Educational Exchange，ACEE）；
- 1948年，美国信息咨询委员会（the United States Advisory Commission on Information，USACI）；
- 1949年，国际信息与教育交流项目局（the United States International Information and Educational Exchange Program，USIE）；
- 1951年4月4日，心理战略委员会（the Psychological Strategy Board，PSB）；
- 1952年，国际信息管理局（the International Information Administration，IIA）（半独立机构）；
- 1953年6月1日，国际文化关系局（the Bureau of International Cultural Relations，BICR）；
- 1955年，国际合作管理局（the International Cooperation Administration，ICA）；
- 1959年，教育与文化关系局（the Bureau of Educational and Cultural Relations，

BECR)；

• 1960年4月17日，教育与文化事务局（the Bureau of Educational and Cultural Affairs，BECA)；

• 1961年3月1日，和平队（the Peace Corps，PC)；

• 1961年6月1日，国际文化关系局（the Bureau of International Cultural Relations，BICR)；

• 1961年11月3日，国际开发署（the Agency for International Development，AID)；

• 1964年1月20日，国际教育与文化事务委员会（the Council on International Educational and Cultural Affairs，CIECA)；

• 1999年，信息项目与国际交流局（the Bureau of Information Programs and International Exchanges，BIPIE)；

• 1999年10月1日，国际信息项目局（the Bureau of International Information Programs，BIIP)；

• 1999年，教育与文化交流局（the Bureau for Educational and Cultural Exchanges，BECE)；

• 2002年，战略通讯政策协调委员会（the Strategic Communication Policy Coordinating Committee，SCPCC)；

• 2006年4月，战略通讯和公共外交政策协调委员会（the Strategic Communication and Public Diplomacy Policy Coordinating Committee，PCC)；

• 2008年，战略预案中心（the Strategic Engagement Center，SEC)；

• 2008年、全球战略预案中心（theGlobal Strategic Engagement Center，GSEC)；

• 2010年9月，战略反恐通讯中心（the Center for Strategic Counterterrorism Communications，CSCC)。

表6 美国与拉美国家文化事务机构更名表

从1940年开始建立的美国与拉美国家之间的文化事务机构实际上就是一个在不断地更换名称，表中所列这4个机构就是先后更名的。需要说明的是，美国与拉美国家的这些机构最初是归属总统行政办公室突发事件管理处的，从最后更名为美洲国家事务协会开始则归属国务院了。在归属国务院之前，该机构曾经在美国与拉美国家之间的信息、教育与文化交流方面做了大量工作，或者说发挥了重大的作用。① 但自从归属国务院以后，即1946年以后，由于美国对外文化事务的重心已经不在拉丁美洲而转向全世界，特别是冷战开始以后转向针对苏联为首的社会主义国家，美洲国家事务协会的作用也大为减小。

① Book Review，Monica Rankin，*Americans All*：*Good Neighbor Cultural Diplomacy in World War Ⅱ*，By Darlene J. Sadlier，Register of the Kentucky Historical Society，Vol. 112，No. 1，Winter 2014，pp. 145-147，http：//muse. jhu. edu. ezproxy. lib. uh. edu/.

美洲国家商务与文化关系协调局（1940 年 8 月 16 日）
（the Office for Coordination of Commercial and Cultural Relations between the American Republics，OCCCRAR）

↓

美洲国家事务协调局（1941 年 7 月 30 日）
（the Office of the Coordinator of Inter-American Affairs，OCIAA）

↓

美洲国家事务局（1945 年 3 月 23 日）
（the Office of Inter-American Affairs，OIAA）

↓

美洲国家事务协会（1942 年 3 月 31 日建立，1946 年 4 月 10 日美洲国家事务局撤销，该协会接受了其功能，协会归属国务院）
（the Institute of Inter-American Affairs，IIAA）

表 7　美国与拉美国家合作机构继承关系表

美国与拉美国家的合作早在 1938 年以前就开始了，这与美国外交史上的孤立主义原则和“美洲是美国人的美洲”思想分不开，或者说是美国不许欧洲人染指美国并试图独霸美洲的表现。在 1939 年二战爆发之前，美国以德国试图插手拉美事务为由，开始在拉美国家开展经济、文化和教育交流活动并与一些国家签订了协定，但那些协定仅仅是一种双边行动并没有重大意义。但 1938 年，即大战爆发之前，美国抓紧了在拉美国家的经济、商务、文化与教育交流活动。二战结束后，鉴于冷战的需要和拉美国家国际地位并不很重要的原因，美国与拉美国家的交流活动逐渐冷淡许多。

行政部门与独立机构委员会（1938 年 5 月）
（the Committee of Executive Departments and Independent Agencies，CEDIA）

↓

美洲国家合作委员会（1938 年 10 月）
（the Committee on Cooperation with the American Republics，CCAR）

↓

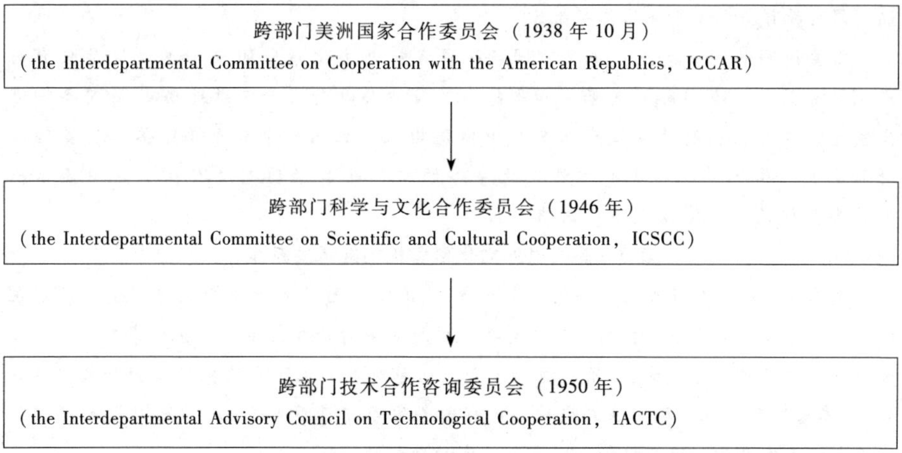

跨部门美洲国家合作委员会（1938年10月）
(the Interdepartmental Committee on Cooperation with the American Republics, ICCAR)

↓

跨部门科学与文化合作委员会（1946年）
(the Interdepartmental Committee on Scientific and Cultural Cooperation, ICSCC)

↓

跨部门技术合作咨询委员会（1950年）
(the Interdepartmental Advisory Council on Technological Cooperation, IACTC)

表8　美国对外信息、教育、文化事务机构活动继承关系表

本表是将美国从事对外文化、信息、教育事务活动的主要机构列在一起，或者说这些机构在对外文化事务活动的继承而不是说这些机构有组织上的继承，在组织上有继承关系的机构将在另外一个表中列出。

从某种程度或者角度说，1953年新闻署建立之前，美国对外文化事务的管理还不怎么完善，甚至可以说美国政府对这方面还不是很重视。二战期间，美国政府更多地从事信息和宣传活动，少有教育与文化交流活动。1945年国际信息与文化事务局建立以后，国务院开始比较多地注意从事这方面的活动，但是在信息、教育、文化三个方面究竟哪个为主？政治宣传、教育与文化交流究竟哪个更重要？这些问题一直无法可依，甚至无所适从。直到1946年《富布赖特法》和1948年《史密斯—蒙特法》颁布以后，这项工作才正式引起政府的重视并着手一系列相关活动，例如，对外人员和技术交流、各种教育交流项目的建立等。但是，在相关管理机构问题上并没有什么问题出现，因为有国务院在做这方面的工作并有政府其他部门和各种私人组织或基金会的参与。1953年新闻署建立以后则出现了管理上的问题，在绝大多数对外文化事务从国务院转到新闻署以后，国务院仅保留了对外教育和一些文化活动，特别是肯尼迪政府以后，和平队和国际开发署还是归属国务院，而这两个机构的对外文化事务仅次于国务院的教育与文化事务局和新闻署。在这种情况下，美国对外文化事务机构的管理、对外文化事务的进行等都出现比较混乱并引起争论的问题。

引起争论的原因不仅仅是管理和由哪个机构从事对外文化事务活动的问题，还有一个更为重要的问题是究竟对外文化事务活动在美国公共外交中是不是像有些人说的那么重要？在这种非政治的、长期目标的活动上花那么多钱是否值得？当这样的问题出现在决策人心目中的时候就会引起政策上的变化。这种变化终于在1978年卡特就任总统以后发生了，其突出表现就是将新闻署与国务院的教育与文化事务局合并为国际交流署。结果形成了人所共知的情况：1982年里根总统将新闻署恢复、1999年新闻署并入国务院，同时教育与文化事务局重新组建。①

需要说明的还有两点：第一，国务院负责对外文化事务的机构不仅仅是教育与文化事务局，还有国际开发署、和平队以及负责公共外交和公共事务的副国务卿办公室等，这些机构的活动没有在本表中体现出来，但同样十分重要；第二，美国政府其他部门属下的一些从事对外文化事务的机构及其活动也没有在本表中显示出来，那些机构及其活动也不可忽略。

表 9　美国对外文化事务机构继承关系表

美国政府从事对外文化事务的机构最早是 1917 年建立的公共信息委员会，此后相继建立了许多个文化事务机构，其中有些机构既从事对外文化事务，也从事对内文化事务（例如公共信息委员会），有些机构是专门从事对外文化事务的机构（例如文化关系处）。本表所列的机构既有独立机构，也有国务院等部门所属的机构，但从其所从事的对外文化事务来看，这些机构之间具有一定的功能继承性。

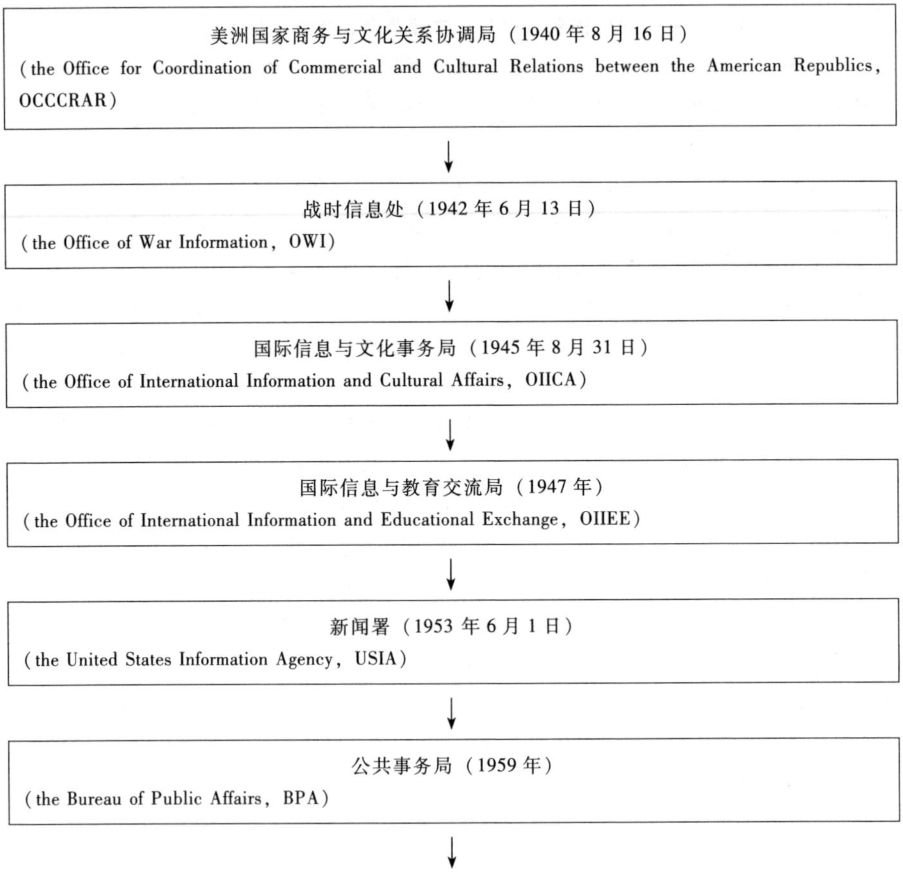

美洲国家商务与文化关系协调局（1940 年 8 月 16 日）
（the Office for Coordination of Commercial and Cultural Relations between the American Republics，OCCCRAR）

↓

战时信息处（1942 年 6 月 13 日）
（the Office of War Information，OWI）

↓

国际信息与文化事务局（1945 年 8 月 31 日）
（the Office of International Information and Cultural Affairs，OIICA）

↓

国际信息与教育交流局（1947 年）
（the Office of International Information and Educational Exchange，OIIEE）

↓

新闻署（1953 年 6 月 1 日）
（the United States Information Agency，USIA）

↓

公共事务局（1959 年）
（the Bureau of Public Affairs，BPA）

↓

① http：//www.constitution.org/uslaw/sal/092_ statutes_ at_ large.pdf，pp. 963，973.

教育与文化关系局（1959年）
（the Bureau of Educational and Cultural Relations，BECR）

↓

教育与文化事务局（1960年4月17日）
（the Bureau of Educational and Cultural Affairs，BECA）

↓

国际交流署（1978年）
（the International Communication Agency，ICA）

↓

新闻署（恢复）（1982年）
（the United States Information Agency，USIA）

↓

（新）教育与文化事务局（1999年）
（the Bureau of Educational and Cultural Affairs，BECA）

需要说明的是，20世纪以来美国的对外文化事务机构十分混乱而又庞杂，既有独立机构，又有某一部门所属的机构，而且相互之间活动内容没有分工，有时甚至相互矛盾。例如，新闻署和国务院的教育与文化事务局都从事对外文化事务活动。本表所要说明的是主要从事对外文化事务的机构，并没有包括新闻署等既从事对外文化事务又从事政府对外其他活动的机构。

公共信息委员会（1917年4月14日）
（the Committee on Public Information，CPI）

↓

国际教育协会（1919年，归属国务院但是半独立组织，被称为“非官方教育大使”）
（the Institute of International Education，IIE）

↓

文化关系处（1938年7月27日）
（Division of Cultural Relations，DCR）

↓

科学、教育与艺术处（1944年）
（the Division of Science，Education，and Art，DSEA）

↓

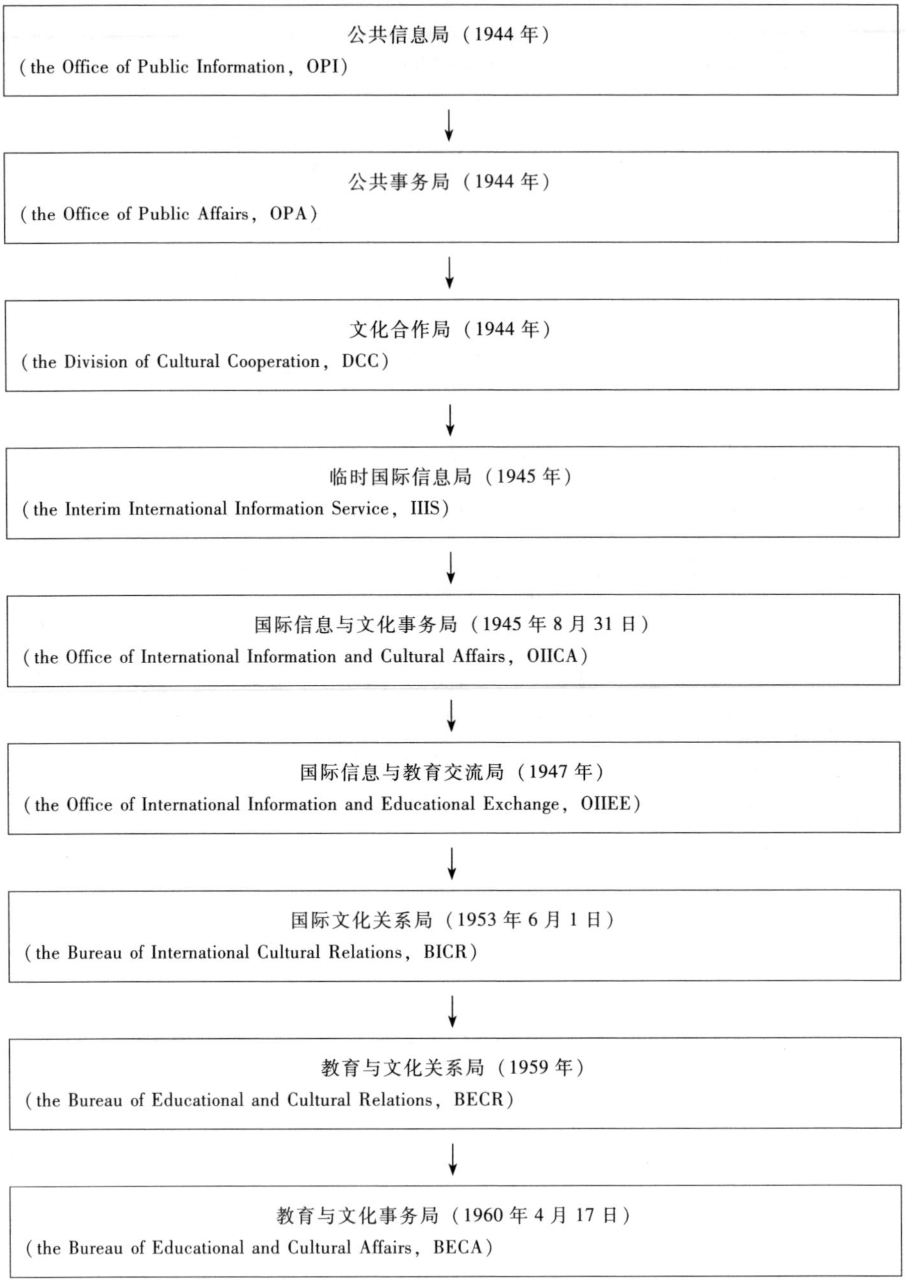

公共信息局（1944 年）
（the Office of Public Information，OPI）

↓

公共事务局（1944 年）
（the Office of Public Affairs，OPA）

↓

文化合作局（1944 年）
（the Division of Cultural Cooperation，DCC）

↓

临时国际信息局（1945 年）
（the Interim International Information Service，IIS）

↓

国际信息与文化事务局（1945 年 8 月 31 日）
（the Office of International Information and Cultural Affairs，OIICA）

↓

国际信息与教育交流局（1947 年）
（the Office of International Information and Educational Exchange，OIIEE）

↓

国际文化关系局（1953 年 6 月 1 日）
（the Bureau of International Cultural Relations，BICR）

↓

教育与文化关系局（1959 年）
（the Bureau of Educational and Cultural Relations，BECR）

↓

教育与文化事务局（1960 年 4 月 17 日）
（the Bureau of Educational and Cultural Affairs，BECA）

表 10　美国对外信息机构及其功能继承关系表

本表是根据 1968 年 12 月美国第九十届国会第二次会议提交参考建议“联邦教育政策、项目和建议—概要和手册”第二部分，联邦教育行动调查（Federal Educational

Policies，Programs and Proposals Part Ⅱ，Survey of Federal Educational Activities）所做的总结资料并根据笔者本人针对这些总结和对比其他资料整理出来的。①

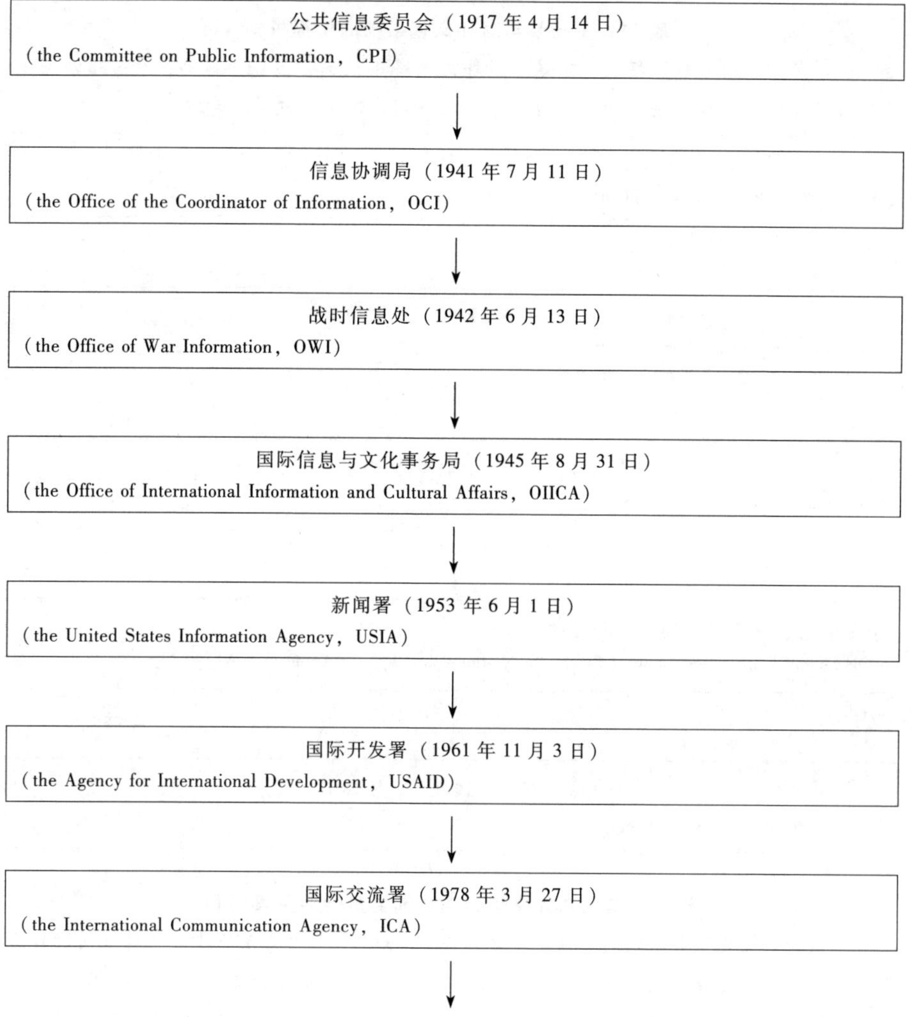

① U. S. Congressional Serial Set Vol. No. 12808-4，Session No. 4-4 90th Congress，2nd Session H. Doc. 398 Title：Federal educational policies，programs，and proposals. A survey and handbook. Part Ⅱ，Survey of Federal Educational Activities. Prepared in the Legislative Reference Service of the Library of Congress by Charles A. Quattlebaum. Specialist in Education. December 1968，p. 376，http：//infoweb. newsbank. com/iwsearch/we/Digital/? p_ product = SERIAL&p_ theme = sset2&p_ nbid = S76I5FNYMTM0MDk2MzYxNS42MTA4NjQ6MToxMzo2MS4xMzguMT c3LjE3&p_ action = doc&p_ queryname = 12&p_ docnum = 2&p_ docref = v2：0FD2A62D41CEB 699@ SERIAL-1279AC37D51840D8@ 2439871-@ 0.

新闻署（1982年恢复原新闻署） （the United States Information Agency，USIA）

表11　美国参与对外文化事务的情报机构

严格讲，美国对外情报机构不属于对外文化事务机构。但鉴于这些机构多多少少曾经参与对外文化事务活动，所以笔者将这些机构列在这里，仅供参考。

信息协调局（1941年7月11日） （the Office of the Coordinator of Information，OCI）

↓

战略情报局（1942年6月13日） （the Office of Strategic Service，OSS）

↓

战略情报团（1945年10月1日） （the Strategic Services Unit，SSU）

↓

中央情报组和全国情报局（1946~1947年） ［the Central Intelligence Group（CIG），the National Intelligence Authority（NIA）］

↓

中央情报局（1947年9月18日） （the Central Intelligence Agency，CIA）

表12　美国对外文化事务咨询委员会变更表（1）

美国对外文化事务机构的咨询委员会最早是1938年文化关系处建立的时候同时建立了一个总咨询委员会，该委员会随着文化关系处的解体而结束使命。后来根据1948年《信息与教育交流法》（即通常所说的《史密斯—蒙特法》或者叫第402号公法）建立的信息咨询委员会和教育交流咨询委员会。

根据《1961年教育与文化相互交流法》（即通常所说的《富布莱特—海斯法》或者叫第87~256号公法）建立的机构国际教育与文化事务咨询委员会（the U. S. Advisory Commission on International Educational and Cultural Affairs）取代了1948年建立的教育交流咨询委员会，但并没有撤销信息咨询委员会。①

① http：//www. constitution. org/.

按照1977年11月美国总统第2号重组计划第8款规定，1977年12月12日建立国际交流、文化和教育事务咨询委员会（the U. S. Advisory Commission on International Communication，Cultural，and Educational Affairs），同时撤销国际教育与文化事务咨询委员会和信息咨询委员会。该重组计划还规定建立国际交流署同时撤销新闻署。[①] 该重组计划在1977年12月11日得到国会批准并在1978年4月1日起生效。[②] 1979年4月3日美国第九十六届国会第一次会议收到国会外事委员会（the Committee on foreign affairs）委员法赛尔（Fascell）提交的法案，题目为"授权1980~1981财年为国务院、国际交流署和国际广播委员会拨款"，第203款（f）项将原来监管国际交流署的美国国际交流、文化和教育事务咨询委员会更名为美国公共外交咨询委员会（the U. S. Advisory Commission on Public Diplomacy）。[③]

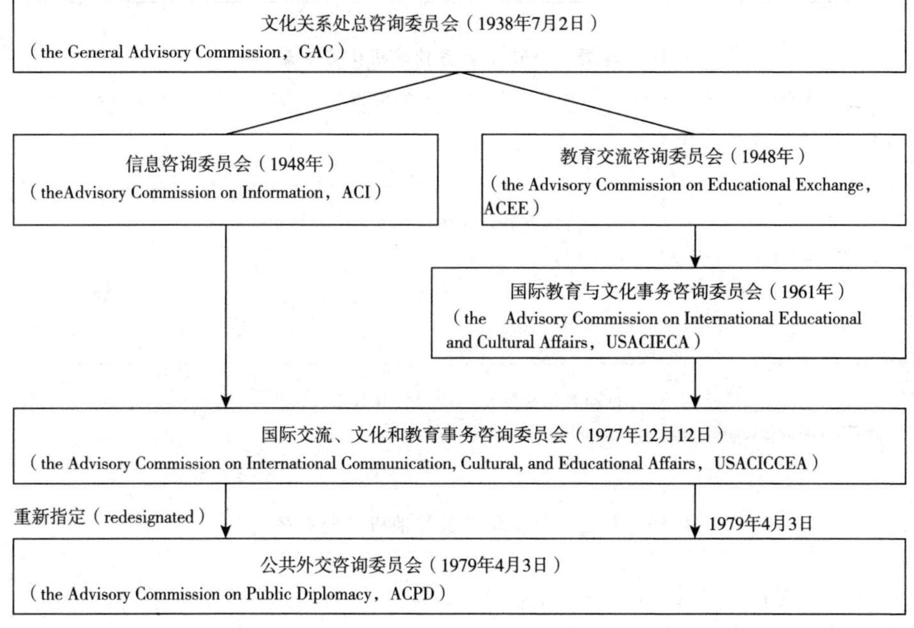

① http：//www. gpo. gov/，p. 139.

② The United States Advisory Commission on International Educational and Cultural Affairs，Washington，D. C.，20520，April 1，1978，http：//libinfo. uark. edu/specialcollections/findingaids/cuaid/index. html，Box 191，folder 5.

③ U. S. Congressional Serial Set No. 13289，Session No. 2 96th Congress，1st Session H. Rpt. 81Title：Authorizing appropriations for fiscal years 1980 and 1981 for the Department of State，the International Communication Agency，and the Board for International Broadcasting. April 3，1979. — Committed to the Committee of the Whole House on the State of the Union and ordered to be printed，pp. 17，26，http：//infoweb. newsbank. com/.

表 13　美国对外文化事务咨询委员会变更表（2）

除了上述对外文化事务咨询委员会以外，美国还有两个文化事务咨询委员会，负责对美国的国际教育与文化关系问题从事咨询工作。这两个委员会与上述委员会没有关联。

国际教育与文化事务咨询委员会（1961 年 9 月 21 日）
（the U. S. Advisory Commission on International Educational and Cultural Affairs，ACIECA）

↓

文化关系咨询委员会（2003 年 7 月）
（the Advisory Committee on Cultural Relations，ACCR）

表 14　美国对外文化事务其他机构变更表（1）

美国还有一些不是专门负责对外文化事务的机构但也参与对外文化事务活动，这些机构的继承关系也需要了解。

心理战略委员会（1951 年 4 月 4 日）
（the Psychological Strategy Board，PSB）

↓

行动协调委员会（1952 年 9 月 2 日）
（the Operations Coordinating Board，OCP）

表 15　美国对外文化事务其他机构变更表（2）

总统国际信息行动委员会（1953 年 1 月 24 日）
（President's Committee on International Information Activities，CIIA）
杰克逊委员会（Jackson Committee）

↓

总统国外信息行动委员会（1959 年 12 月 2 日）
（President's Committee on Information Activities Abroad，PCIAA）
（斯普瑞格委员会（Sprague Committee）

表 16　美国对外文化事务其他机构变更表（3）

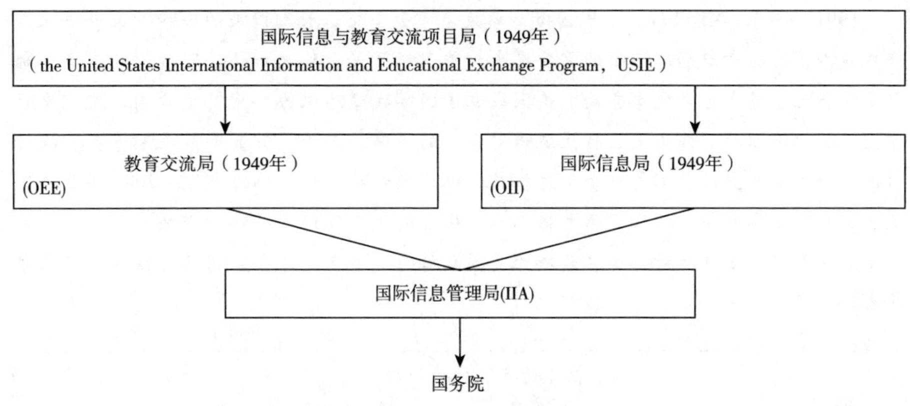

表 17　美国对外文化事务其他机构变更表（4）

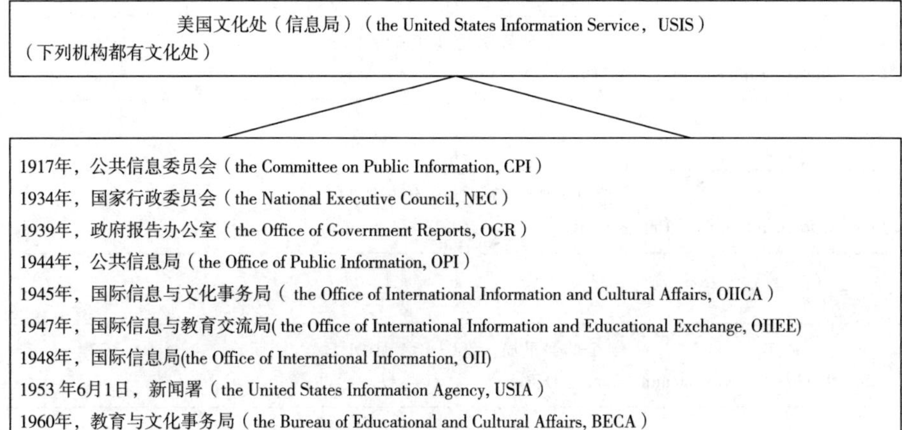

美国文化处（信息局）（the United States Information Service，USIS）
（下列机构都有文化处）

1917年，公共信息委员会（the Committee on Public Information, CPI）
1934年，国家行政委员会（the National Executive Council, NEC）
1939年，政府报告办公室（the Office of Government Reports, OGR）
1944年，公共信息局（the Office of Public Information, OPI）
1945年，国际信息与文化事务局（the Office of International Information and Cultural Affairs, OIICA）
1947年，国际信息与教育交流局(the Office of International Information and Educational Exchange, OIIEE)
1948年，国际信息局(the Office of International Information, OII)
1953 年6月1日，新闻署（the United States Information Agency, USIA）
1960年，教育与文化事务局（the Bureau of Educational and Cultural Affairs, BECA）

表 18　美国对外文化事务其他机构变更表（5）

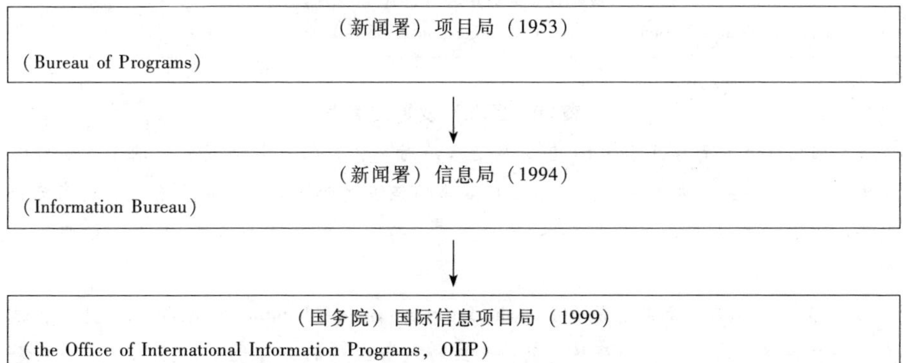

表 19　美国针对恐怖主义的宣传机构表

1991 年苏联解体以后，美国国际战略发生重大变化，长期以来的冷战结束并进入后冷战时期，反共意识形态斗争的需要结束，美国新闻署也随之解体，国际文化事务全部归属国务院的教育与文化事务局。美国成立了国际战略通讯办公室，负责国际文化交往事宜。但此时国际恐怖主义已将显现出对各国的威胁，美国也开始面临反恐事务，战略通讯办公室虽然当时还不是一个反恐机构，但已经开始了此方面的准备。2001 年恐怖主义袭击美国世界贸易大楼和五角大楼以后，反恐成为美国国际战略的重要内容之一，如何借助对外文化事务反对恐怖主义成为美国政府的一个重要任务，因此相继建立了从事反恐的宣传机构。

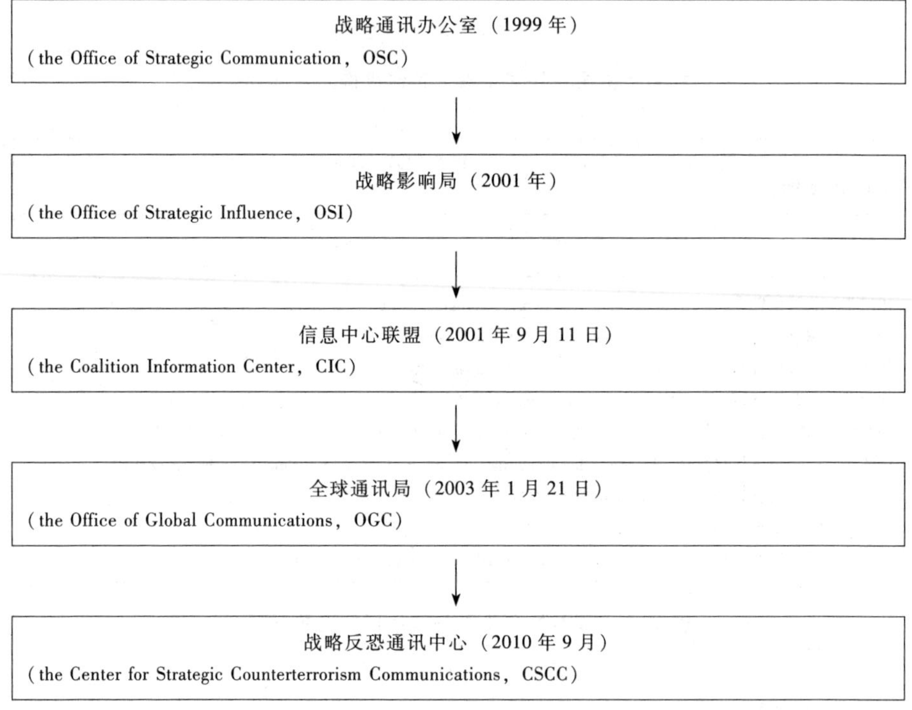

表 20　国际开发署沿革表

美国国际开发署建立于 1961 年肯尼迪政府时期，目的是帮助发展中国家发展经济和文化教育，一般人都知道国际开发署所从事的经济援助活动，但很少有人了解国际开发署从事的对外教育与文化事务不仅十分多，而且是美国国际文化事务的重要组成部分。

1943 年，美洲国家教育基金会（the Inter-American Education Foundation）建立，这是一个在美洲国家事务协调局属下的一个政府教育运行的合作机构。1946 年，该基金会解体并成为美洲国家事务协会教育处（the Education Division of the Institute of Inter-American Affairs），该机构仍旧是政府合作机构。1953 年，美洲国家事务协调局的所有运行处解体，结果美洲国家事务协会并成为对外行动管理局（the Foreign Operations Administration）。1955 年，该机构更名为国际合作管理局（the International Cooperation Administration）。1961 年，国际合作管理局被合并到开发贷款基金会（the Development Loan Fund），并更名为国际开发署（the Agency for International Development）。国际开发署设有东亚局、拉美局、近东南亚局和非洲局。该局所属的教育与人力资源开发处（the Education and Human Resources Service）负责相关事宜的协调、研究与政策导向。①

美洲国家教育基金会（1943 年）
（the Inter-American Education Foundation，IEF）

↓

美洲国家事务协会教育处（1946 年）
（the Education Division of the Institute of Inter-American Affairs，EDIIA）

↓

对外行动管理局（1953 年）
（the Foreign Operations Administration，FOA）

↓

国际合作管理局（1955 年）
（the International Cooperation Administration，ICA）

↓

开发贷款基金会（1961 年）
（the Development Loan Fund，DLF）

↓

国际开发署（1961 年）
（the Agency for International Development，AID）

---

① U. S. CongressionalSerial Set No. 12808－4，Session No. 4－4 90th Congress，2nd Session H. Doc. 398 Title：Federal educational policies，programs，and proposals. A survey and handbook. Part Ⅱ，Survey of Federal Educational Activities. Prepared in the Legislative Reference Service of the Library of Congress by Charles A. Quattlebaum. Specialist in Education. December 1968，p. 14，http：//infoweb. newsbank. com/.

表 21　美国之音归属表

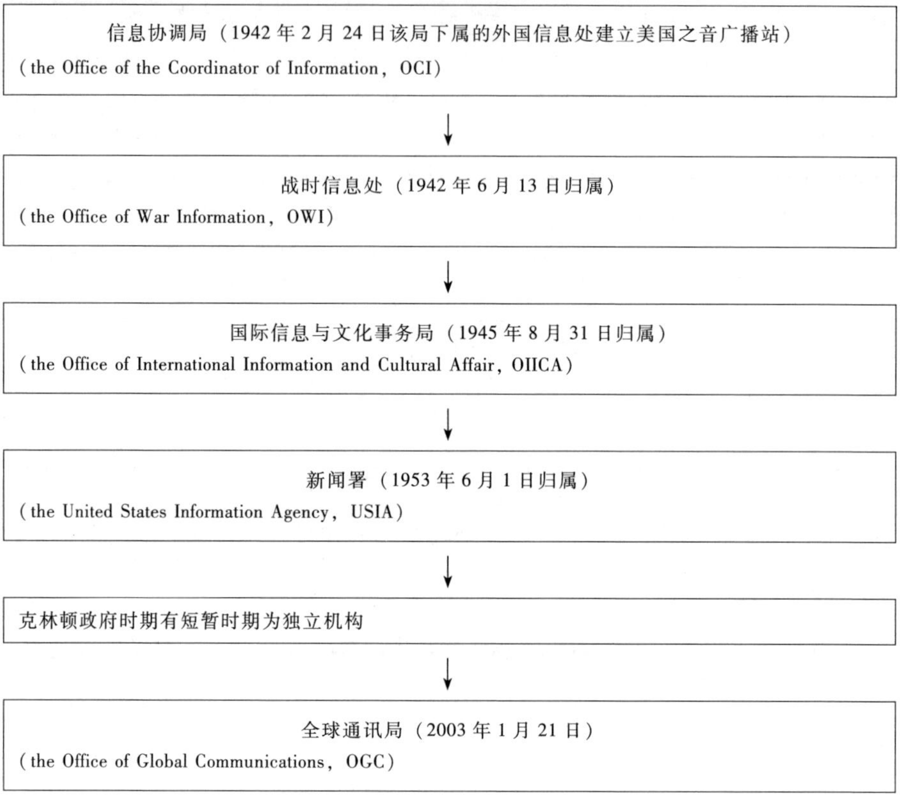

信息协调局（1942 年 2 月 24 日该局下属的外国信息处建立美国之音广播站） （the Office of the Coordinator of Information，OCI）
↓
战时信息处（1942 年 6 月 13 日归属） （the Office of War Information，OWI）
↓
国际信息与文化事务局（1945 年 8 月 31 日归属） （the Office of International Information and Cultural Affair，OIICA）
↓
新闻署（1953 年 6 月 1 日归属） （the United States Information Agency，USIA）
↓
克林顿政府时期有短暂时期为独立机构
↓
全球通讯局（2003 年 1 月 21 日） （the Office of Global Communications，OGC）

表 22　美国对外广播机构继承表

有关美国对外广播活动，人们都知道美国之音，并不了解美国其他对外广播机构。事实上美国早在 1934 年就开始了对外广播活动。1934 年 6 月 19 日，美国第七十三届国会第一次会议《1934 年通讯法》（*the Communications Act of 1934*），是为第 416 号公法，即美国各州之间、美国与外国之间通过无线电或者电台进行联系及其他目的的活动规则（To provide for the regulation of interstate and foreign communication by wire or radio，and for other purposes）。法律规定，建立联邦通讯委员会（the Federal Communications Commission，FCC）负责执行该法规定的各项款。委员会由总统任命的 7 人组成，总部设在哥伦比亚特区，但如果有必要该委员会可以在美国任何地方举行会议，每年向国会提交报告一次。该委员会有权批准或禁止无线电广播及电台活动体的活动。在本法公布 60 天内，所有无线电团体、个人和官员都必须经该委员会核定批准，否则视为非法。1934 年联邦通讯委员会建立以后，按照 1888 年 8 月 7 日州际间商务法（the Interstate Commerce Act）建立的州际间商务委员会（the Interstate Commerce Commission）、建国以来就存在的邮政局长（the Postmaster General）和按照 1927 年 2 月 23 日《广播电台法》（*the*

Radio Act of 1927）成立的联邦广播电台委员会（the Federal Radio Commission）的权力全部归属联邦通讯委员会。① 1941年2月26日，总统下令建立外国广播监听处（Foreign Broadcast Monitoring Service，FBMS），归属与联邦通讯委员会。监听处的各个台站负责对交战国、敌占区和中立国的新闻广播、相关信息或者政治宣传的监听、记录、编译和分析，并向有关机构报告。1942年7月28日，联邦通讯委员会将外国广播监听处更名为联邦通讯委员会外国广播情报处（Federal Broadcast Intelligence Service，FBIS）。1945年外国广播情报处归属美国陆军部（the War Department），1945年12月30日，根据美国陆军部长（the Secretary of War）的命令，外国广播情报处归属陆军总参谋部军事情报处（the Military Intelligence Division，War Department General Staff），1946年8月5日，联邦通讯委员会和陆军部协商将其归属到全国信息局中央情报组［the Central Intelligence Group（CIG），National Intelligence Authority］。此后的变化是：1946年11月1日至12月，继续从属于中央情报组并仍然叫作外国广播情报处，1947年1~9月继续从属于中央情报组并更名为外国广播信息分部（Foreign Broadcast Information Branch），1947年开始归属中央情报局，仍然叫作外国广播情报处。

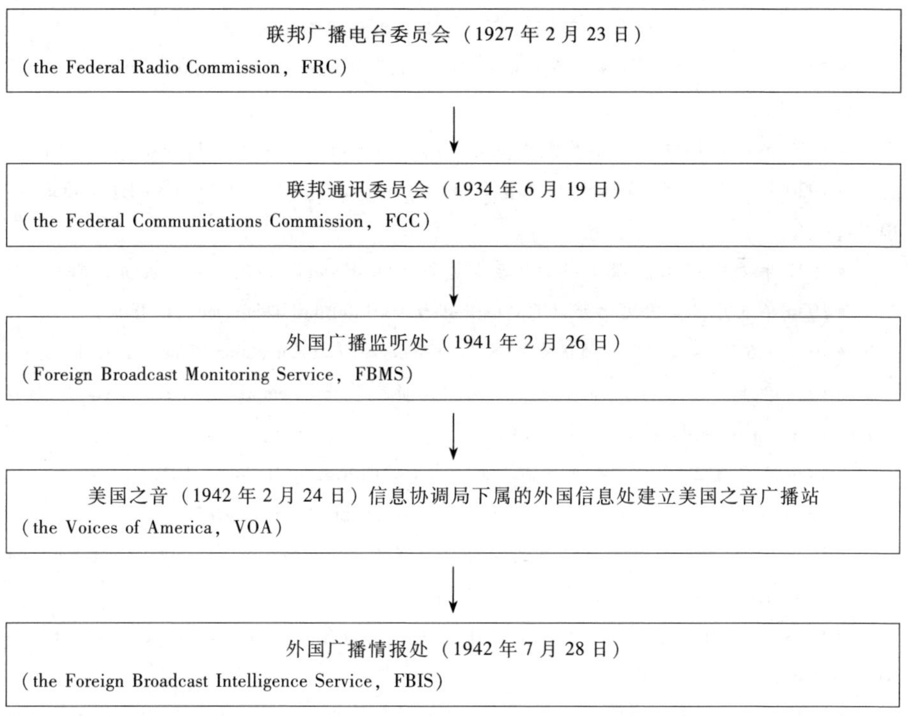

① http：//www.constitution.org/uslaw/sal/048_ itax.pdf.

外国广播信息分部（1947 年 1~9 月） (Foreign Broadcast Information Branch, FBIB)

↓

国际广播委员会（1973 年 10 月 19 日） (the Board for International Broadcasting, BIB)

↓

广播管理委员会（1994 年 11 月 1 日） (the Broadcasting Board of Governors, BBG)

↓

全球通讯局（2003 年 1 月 21 日） (Office of Global Communications, OGC)

表 23　美国政府对外文化事务机构总表

- 1867 年，国际文化与教育关系局（the Bureau of International Cultural & Educational Relations, BICER）；
- 1917 年 4 月 14 日，公共信息委员会（the Committee on Public Information, CPI）；
- 1920 年，比利时—美国教育基金会（the Belgian-American Educational Foundation, BEF）；
- 1927 年 2 月 23 日，联邦广播电台委员会（the Federal Radio Commission, FRC）；
- 1934 年 3 月，美国文化处（The United States Information Service, USIS）；
- 1934 年 6 月 19 日，联邦通讯委员会（the Federal Communications Commission, FCC）；
- 1938 年 5 月，各行政部门与独立机构委员会（the Committee of Executive Departments and Independent Agencies, CEDIA）；
- 1938 年 7 月 27 日，文化关系处（Division of Cultural Relations, DCR）；
- 1938 年 8 月，国际通讯处（Division of International Communication, DIC）；
- 1938 年 10 月，部门间与拉美国家合作委员会（the Interdepartmental Committee on Cooperation with the American Republics, ICCAR）；
- 1938 年 10 月，美国与拉美国家合作委员会（the Committee on Cooperation with the American Republics, CCAR）；
- 1940 年 8 月 16 日，美洲国家商务与文化关系协调局（the Office for Coordination of Commercial and Cultural Relations between the American Republics, OCCCRAR）；
- 1941 年 2 月 26 日，外国广播监听处（Foreign Broadcast Monitoring Service, FBMS）；
- 1941 年 7 月 11 日，信息协调局（the Office of the Coordinator of Information, OCI）；

- 1941年7月，美洲国家事务协调局（The Office of the Coordinator of Inter-American Affairs，OCIAA）；
- 1942年2月24日，美国之音（the Voices of America，VOA）；
- 1942年3月31日，美洲国家事务协会（the Institute of Inter-American Affairs，IIAA）；
- 1942年6月13日，战略情报局（the Office of Strategic Service，OSS，是参与对外文化事务的信息机构）；
- 1942年6月13日，战时信息处（the Office of War Information，OWI）；
- 1942年7月28日，外国广播情报处（Federal Broadcast Intelligence Service，FBIS）；
- 1944年，科学、教育与艺术处（Division of Science，Education，and Art，DSEA）；
- 1944年1月15日，公共信息局（the Office of Public Information，OPI）；
- 1944年1月15日，文化合作局（Division of Cultural Cooperation，DCC）；
- 1944年11月20日，公共事务局（the Office of Public Affairs，OPA）；
- 1944年12月20日，助理国务卿公共与文化事务处（Assistant Secretary of State in Charge of Public and Cultural Affairs）；
- 1945年3月23日，美洲国家事务局（the Office of Inter-American Affairs，OIAA）；
- 1945年8月31日，临时国际信息局（the Interim International Information Service，IIIS）；
- 1945年8月31日，国际信息与文化事务局（Office of International Information and Cultural Affairs，OIICA）；
- 1946年，国际文化事务局（the Office of International Cultural Affairs，OICA）；
- 1946年，国际新闻出版处（the International Press and Publication Division，IPPD）；
- 1946年，部门间科学与文化合作委员会（the Interdepartmental Committee for Scientific and Cultural Cooperation，SCC）；
- 1946年4月10日，美洲国家事务协会（the Institute of Inter-American Affairs，IIAA）；
- 1946年8月5日、中央情报组［the Central Intelligence Group（CIG）of National Intelligence Authority，NIA］；
- 1947年9月18日，中央情报局（the Central Intelligence Agency CIA，是参与对外文化事务的信息机构）
- 1947年，国际信息与教育交流局（Office of International Information and Educational Exchange，OIIEE）；
- 1947年，国际教育交流理事会（the Council on International Educational Exchange，CIEE）；
- 1947年1~9月，外国广播信息分部（Foreign Broadcast Information Branch，FBIB）；
- 1948年，教育交流局（the Office of Educational Exchange，OEE）；
- 1948年，国际信息局（the Office of International Information，OII）；
- 1948年1月27日，教育交流咨询委员会（the Advisory Commission on Educational

Exchange，ACEE）；

• 1948 年 1 月 27 日，信息咨询委员会（the Advisory Commission on Information，USACI）；

• 1949 年，国际信息与教育交流项目局（the International Information and Educational Exchange Program，IIEEP）；

• 1950 年，部门间技术合作咨询委员会（the Interdepartmental Advisory Council on Technological Cooperation，IACTC）；

• 1951 年 4 月 4 日，心理战略委员会（the Psychological Strategy Board，PSB）；

• 1952 年，国际信息管理局（the International Information Administration，IIA）；

• 1952 年 9 月 2 日，行动协调委员会（Operations Coordinating Board，OCB）；

• 1953 年 1 月 24 日，总统国际信息行动委员会（President's Committee on International Information Activities，CIIA）杰克逊委员会（Jackson Committee）；

• 1953 年 6 月 1 日，新闻署（The United States Information Agency，USIA）；

• 1955 年 5 月 9 日，国际合作管理局（the International Cooperation Administration，ICA）；

• 1959 年，教育与文化关系局（the Bureau of Educational and Cultural Relations，BECR）；

• 1959 年 12 月 2 日、总统国外信息行动委员会（President's Committee on Information Activities Abroad，PCIAA），（斯普瑞格委员会（Sprague Committee）；

• 1960 年 4 月 17 日，教育与文化事务局（the Bureau of Educational and Cultural Affairs，BECA）；

• 1961 年 3 月 1 日，和平队（the Peace Corps，PC）；

• 1961 年 6 月 1 日，国际文化关系局（the Bureau of International Cultural Relations，BICR）；

• 1961 年 9 月 21 日，国际教育与文化事务咨询委员会（the United States Advisory Commission on International Educational and Cultural Affairs，ACIECA）；

• 1961 年 11 月 3 日，国际开发署（the Agency for International Development，AID）；

• 1965 年 7 月 1 日，公共事务联合办公室（the Joint U. S. Public Affairs Office，JUSPAO）；

• 1973 年 10 月 19 日，国际广播委员会（the Board for International Broadcasting，BIB）；

• 1977 年 12 月 12 日，国际交流、文化和教育事务咨询委员会（the Advisory Commission on International Communication，Cultural，and Educational Affairs，ACICCEA）；

• 1978 年 3 月 27 日，国际交流署（the International Communication Agency，ICA）；

• 1979 年 4 月 3 日，公共外交咨询委员会（the Advisory Commission on Public Diplomacy，ACPD）；

• 1980 年 5 月 4 日，国际事务局（the International Affairs Office，IAO）；

• 1994 年 11 月 1 日，广播管理委员会（Broadcasting Board of Governors，BBG）；

• 1999 年 10 月 1 日，国际信息项目局（the Bureau of International Information Programs，BIIP）；

• 1999年，战略通讯办公室（the Office of Strategic Communication，OSC）；

• 1999年10月1日，副国务卿公共外交与公共事务办公室（the Office of the Under Secretary of State for Public Diplomacy and Public Affairs，PDPA）；

• 1999年8月，国际公共信息团［the International Public Information（IPI）Group］；

• 2001年10月30日，战略影响局（the Office of Strategic Influence，OSI）；

• 2001年9月11日，信息中心联盟（the Coalition Information Center，CIC）；

• 2002年，战略通讯政策协调委员会（the Strategic Communication Policy Coordinating Committee，SCPCC）；

• 2003年1月21日，全球通讯局（the Office of Global Communi-cations，OGC）；

• 2006年，公共外交和战略通讯政策协调委员会（Policy Coordinating Committee for Public Diplomacy and Strategic Communication，PCC）；

• 2008年，战略预案中心（the Strategic Engagement Center，SEC）；

• 2008年、全球战略预案中心（the Global Strategic Engagement Center，GSEC）；

• 2010年9月，战略反恐通讯中心（the Center for Strategic Counterterrorism Communications，CSCC）。

韩国对华公共外交的战略与实施

〔韩〕白宇烈*

摘要：进入21世纪，东亚国家围绕公共外交的竞争与合作正在加强。由于公共外交在东亚国际政治中的重要性与日俱增，本文将作为对韩中公共外交相互作用研究的一部分，首先对韩国对华公共外交的战略与实施进行基础性和综合性的分析。本文以对两国之间公共外交交流协议与发展的核心政策口号“人文交流”的分析为基础，以四个案例分析作为实证研究，即作为“一般”公共外交：(1) 韩国对华公共外交的核心——驻华使领馆的公共外交活动；(2) 作为韩中双向公共外交框架的地方政府之间的交流；(3) 在华韩国企业社会责任的公共外交；以及 (4) 具有具体“战略”对象的半岛统一公共外交。综合以上分析可以得出，韩国的对华公共外交还处在初始阶段，尤其是由中央政府主导或协调的公共外交战略还处于探索和尝试的阶段，即促进中国精英与普通公民对韩国国家利益持有积极态度的阶段。

关键词：公共外交　软实力　韩国—中国关系　企业社会责任　朝鲜半岛统一

一　东亚的公共外交：韩国与中国

进入21世纪，东亚国家围绕公共外交（public diplomacy）的竞争与合作正在加强。公共外交与传统外交不同，正成为国际关系中的新范式，虽然公共外交的定义层出不穷，但学界与政界具有以下共识：公共外交不依赖于被称为硬实力（hard power）的“政治军事强制力与威胁或经济上的引诱与补偿”，而是使用软实力，即包括“将自己意愿变成对方意愿的魅力”这样一种

* 〔韩〕白宇烈，韩国延世大学社会科学学院政治外交系教授。

新的关系的力量。这种外交行为的具体方式包括通过独白（monologue）、对话（dialogue）、合作（collaboration）的过程全方位地理解其他国家及其社会和公民，并传达和说明与本国相关的信息与政策，对其施加影响力，旨在为本国的国家利益服务。

公共外交在本质上是贯彻国家利益的手段，所以与传统外交相同，是国际政治中另外一个竞争与合作的空间。这意味着公共外交是一种通过软实力中具体外交政策领域的中短期战略，以国家形象与价值的强化、公共财产的创造，实现最大化中长期国家利益的外交手段。作为一个较新的外交政策领域，包括韩国在内的一些中等强国（middle power），需要在政治军事安全与经济两个层面上应对美国与中国之间复杂的国际权力关系，对于这些中等强国来说，公共外交的重要性在不断增加。此外，公共外交还可以获得大国及地区内中等强国以及弱小国家的理解与支持，正逐渐成为在重要的国际政治热点问题中贯彻国家利益的重要外交手段。与日本、中国这些东亚强国相比，韩国开始公共外交的时间较晚，但是以"公共外交元年"——2010 年为起点，韩国将公共外交与既有的政治外交、经济外交规定为三大外交领域，为加强公共外交的力量与效果，正不断增加着政治经济上的资源投资。

中国以持续高速的经济增长为基础，发展成为政治军事强国，还挑战着以冷战后唯一的超级大国美国及其同盟国为主的国际政治秩序，公共外交的重要性与这种形势也是密切相关的。因此，硬实力与软实力之间复杂的相互作用也发生着变化，一种新的国际环境也正在孕育之中，这要求包括韩国在内的许多东亚国家做出应对。在这样的变化中，中国积极加强公共外交。中国共产党认为美国曾打着"民主"与"市场经济"的旗号开展"公共外交"，而这种"公共外交"恰恰是美国在冷战中取得胜利的决定性因素之一，所以现在中国在外交政策上更加重视加强和利用软实力的外交政策。

尽管公共外交在东亚区域政治中越来越重要，但目前学界和政界都非常缺少对于韩中两国公共外交相互作用的基础理论性、实证性、政策性分析。现有研究中，主要是对韩国与中国各自公共外交体系的建立及实施战略的政策性分析，但对于两国间与日俱增的公共外交行为如何相互作用的研究却少之又少。本文将以此问题为基础，综合分析韩国对华公共外交，这也是韩中公共外交相互作用研究中的一部分。[①]

首先，第二部分将会简要分析韩国公共外交的性质与发展，以及对华

---

① 有关与中国对韩国公共外交的比较及相互作用，后续还将进一步研究。

公共外交的背景。2013年后，两国公共外交的交流协议与发展的核心政策口号为“人文交流”，所以对“人文交流”的基础性分析也非常重要。第三部分将会建构基础理论框架，并对四个案例进行实证研究。前三个案例为“一般”的公共外交：韩国对华公共外交的核心——驻华使领馆的公共外交活动（2014年）；韩国与中国地方政府之间的交流；在华韩国企业的社会责任公共外交。这种多层次的分析有助于综合理解以中央政府、地方政府，以及企业为中心的公共外交。第四个案例将分析公共外交的具体“战略对象”——半岛统一公共外交。第四部分结论将会提出理论、政策含义。

二　韩国对华公共外交的背景与发展

（一）韩国公共外交现状

韩国政府将公共外交定义为：“通过与国外民众的直接沟通来增进他们对韩国历史、传统、文化、艺术、价值、政策、前景等方面的认同感，树立相互信任，以此来提升我国国家形象与国家价值，提高在国际社会上影响力的外交活动”。[①] 换句话说，这与一般意义上以硬实力为基础的国家政府间沟通与协商的外交活动不同，韩国的公共外交旨在通过利用文化、援助、知识、语言、宣传等多种多样的软实力方式直接增进对方国民的好感和认同感，塑造正面的形象，以此发展双边或多边的外交关系。韩国的公共外交近年来也开始受到关注。

韩国外交部将2010年指定为“韩国公共外交元年”，并将公共外交提升至与政治外交、经济外交相并列，此后将政策远景规划迅速具体化，并开始了积极的推行。其实韩国与其他国家一样，在推行正式的公共外交之前就已经开展了各种形式的公共外交。公共外交之所以成为外交政策的核心，是因为以软实力为核心的公共外交如同以硬实力为中心的传统外交一样，也成为各国之间合作与竞争的对象，顺应了东亚的发展大势。[②]

韩国公共外交的主要对象可以分为两个基本类型：“一般”公共外交与

---

① 韩国外交部对公共外交的官方定义：公共外交不依赖于政治军事的强制力或经济上的优势，而是使用包括软实力在内的新的关系力量，通过双向的开放的沟通过程，从多个角度理解其他的国家及其社会、公众，并传递有关本国的信息，向对方国家施加影响力，旨在提高国家利益的外交行为。

② 韩国外交部公共外交政策相关核心人士也指出，韩国外交部持有相似的观点。

“战略性”公共外交。“一般”公共外交以全世界所有国家为对象，旨在提高国家形象，并通过国家形象的提升追求中长期国家利益。虽然这种类型的公共外交也重视可以直接左右韩国国际政治利益的周边强国，此外还以东亚及全世界国家的国民为对象，但韩国特别将东亚强国和中等强国设定为其“战略性”公共外交的主要对象（韩国与这些国家在传统外交中竞争激烈），作为其设立具体战略目标、追求中短期国家利益的重要对象，从这一点来看，韩国与其他国家不同。中国是韩国积极开展以上两种公共外交的强国。

（二）韩国与中国的公共外交：人文交流？

2013年6月27日，韩国总统朴槿惠与中国国家主席习近平在《中韩面向未来联合声明》中提出了“人文交流”，[①] 从此“人文交流”正式成为两国相互公共外交的象征性、现实性符号。在这一声明中，两国领导人不仅强调了在政治安全上的战略沟通与经济社会领域上的合作，还提出了充实“战略合作伙伴关系”的第三个方案，即“人文交流”。“促进两国国民间多种形式交流，积极推进加强两国人文纽带活动。为此，积极推进两国学术、青少年、地方、传统艺术等多种人文领域的交流合作。进一步促进两国公共外交领域的合作和各种形式的文化交流。由此，增进两国国民间的相互理解和信任，夯实两国关系长期稳定发展的基础。”[②] 此外，还设立了政府间机构“韩中人文交流共同委员会”，协调韩中人文交流事业，由两国外交部副部长担任首席代表。

但是，“人文交流”作为两国相互公共外交的基本概念，也引起了政府、学界、政策界对其内涵的讨论。首先，韩国与中国对人文交流的理解非常相似，但仍然存在细微差别。[③] 中国认为，人文是指包括人文领域，以及人与人之间形成的所有交流活动。而韩国则认为，人文交流是指以共同

---

① 《韩中面向未来共同声明》，http：//www. mofa. go. kr/webmodule/htsboard/template/read/korboardread. jsp？typeID = 24&boardid = 11661&seqno = 6975。此外，韩国政府主要使用“人文交流”这一说法，而中国政府还使用“人文纽带”这一说法，因此也产生一些概念上的混淆。

② 《韩中面向未来共同声明》，http：//www. mofa. go. kr/webmodule/htsboard/template/read/korboardread. jsp？typeID = 24&boardid = 11661&seqno = 6975。

③ 不过，有关这种人文交流，人文学学者认为韩国会隶属于中国文化之中，尤其韩国在历史上深受中国的影响，中国现在也仍然是文化大国，所以也要考虑到韩中两国在文化领域的交流中出现不对称，被中国吸收的可能性（백영서，2013）。此外，还有一些人文学的专家指出，“为什么要搞人文纽带？韩国分明会被中国文化吞噬”，提出应该摒弃以传统和历史为中心的或偏重汉字和儒家文化等文化遗产的交流，而应该以韩国具有比较优势的“韩流”等现代文化产品为方向。

的文化遗产与传统纽带感为基础，通过利用公共外交的交流方式深化两国国民之间的相互理解与支持的合作手段。

中国通过人文交流而开展的公共外交已经非常具体化了。如上所述，中国通常将外交关系区分为政治安全、经济、人文等几个领域，在与韩国进行人文交流之前，已经与美国、欧洲、俄罗斯等国家和地区进行了类似性质的交流。中国共产党中央政治局委员、负责文化与教育领域事务的国务院副总理刘延东曾在中国与欧盟的高级别人文交流第二次会议（2012 年 4 月）中提出，“人文交流是中欧关系三大支柱之一”，并且中美两国之间也保持着高级别人文交流。[①] 2014 年 7 月 4 日，习近平主席在首尔大学的演讲中也体现了这种通过人文交流而开展的公共外交的含义，即“如果说政治、经济、安全合作是推动国家关系发展的刚力，那么人文交流则是民众加强感情、沟通心灵的柔力。只有使两种力量交汇融通，才能更好推动各国以诚相待、相即相容……中韩人缘相亲、文缘相通，开展人文交往具有得天独厚的优势。我们两国已经成立了中韩人文交流共同委员会，为扩大人文合作、增进人民感情提供了良好平台”。[②]

虽然中韩两国对“人文交流”的定义非常模糊，但作为公共外交的一种方式，其应用的政策领域是相对明确的。上述《中韩面向未来共同声明》中提到“人文交流”的核心内容为“加强教育、旅游、文化、艺术、体育等领域的多种交流”，其具体的行动计划是“扩大青少年交流、互换留学生奖学金、扩大大学之间的合作、扩大地方在人员交流及文化交流上的交流合作、举办韩中公共外交论坛”[③] 等。不过，这种“人文交流”并没有脱离学界与政策界曾使用的公共外交的范围。

三　韩国对华公共外交的具体政策

（一）韩国驻华使领馆的公共外交活动

在国际政治中，对于韩国软实力的评价褒贬不一。公共外交专家乃至普

① 引用韩国外交部内部资料。

② 《习主席访谈：惟心相交，成其久远》，http：//news. xinhuanet. com/mrdx/2014 - 07/08/c_133467982. htm。

③ http：//www. mofa. go. kr/webmodule/htsboard/template/read/korboardread. jsp？ typeID = 24&boardid = 11661&seqno = 6975.

通国民都经常谈论他国对韩国文化的认识，即所谓的以“汉江奇迹”为象征的经济增长与民主化的政治经济价值，以及最近开始以韩国的大众文化——“韩流”为中心的文化商品。具体说来，这意味着国家价值或国家形象，即他国国民对本国及其社会和国民的认识、想法、印象的集合体，并通过政治、外交、经济、社会、文化、艺术、体育等各种领域的信息综合形成。如果形成正面的国家形象，则会有助于引导他国国民积极理解、支持本国政策。

韩国对华人文纽带公共外交的其中一个支柱为“韩流”。[①] 中国人对韩国的电视节目、电影、歌曲、时尚、韩国饮食有着非常普遍的了解。换句话说，了解韩国国家形象与诸多信息的渠道主要为网络、电视节目以及最近几年迅速增长的韩国旅游。此外，由于韩国在文化艺术领域获得了高度评价，中国人对韩国的国家形象好感度非常高，达到 66.1%，而厌恶度为 9%，这在接受调查的 19 个国家中分别排在第 5 位与第 10 位。[②] 据分析，韩国正面形象的形成主要以时尚和泡菜两个词为中心。时尚与韩国经济发展（先进技术、发达国家）、韩国商品（三星、高品质）等词语形成一个集群，泡菜与韩国的观光、文化商品形成一个集群，从而构建韩国正面的国家形象。与此同时，韩流过度的商业主义、以过度整容为代表的外貌至上主义、好炫耀和自私的国民性这些关键词正构筑着令人厌恶的韩国国家形象。此外，对于作为公共外交核心机制的软实力的其他两个因素——政治价值与外交政策的好感度非常低。

旨在提高国家形象的公共外交需要多种形式，还应该根据各国的特点因地制宜。在韩国外交部全面的政策协调之下，179 个驻外使馆与当地侨民共同举办了关于韩国的研讨会、展览、公演等活动，并努力通过这些活动提升韩国在对方国家的国民、非政府组织、大学、媒体眼中的形象，其中中国是核心对象国家。韩国外交部于 2014 年正式推进的对华公共外交事业主要分为以

① 韩国外交部的下属机构韩国国际交流财团作为韩国公共外交的核心，在 2014 年对 101 个国家进行了调查。据调查，其中 79 个国家共成立了 1248 个韩流俱乐部，总会员数达到 2100 万人左右（截至 2014 年 12 月）。与 2013 年相比，2014 年亚洲、大洋洲地区增加了 33 个社区，会员数增加 1100 万人，保持了快速的增长趋势。尤其，中国增加了超过 1000 万人。2014 年，“韩流”在包括中国在内的中华地区得到迅速的发展，体现为《来自星星的你》的爆红。这部电视剧没有在公有电视台播放，而是在提供网络视频服务的网站爱奇艺上播出，2014 年末的点击量是 38 亿，就连中国共产党中央政治局常务委员王岐山都提及这部电视剧，可见其文化影响力，同时也成为公共外交的重要资产。《2014 地球村韩流现状》，http：//www. kf. or. kr/？ menuno = 476&pageIndex = 1&path = 0/537&tab = 2&eqindex = 0&lang = 0。

② 引用韩国外交部内部资料。

下六个类别："介绍魅力韩国"、"打造亲善外国人基础"、"Quiz on Korea"、"Global Taste of Korea Contest"、"K-POP World Festival"、"体育公共外交合作"。[①] 从媒体报道与参加人数可以发现，这些活动取得了非常积极的效果。

表 1　2014 年韩国外交部对华公共外交活动

<table>
<tr><td></td><td></td><td></td><td>中国企业总数</td><td>企业总数</td><td>比例（%）</td></tr>
<tr><td rowspan="10">1</td><td rowspan="10">介绍魅力韩国</td><td>驻中国大使馆</td><td>4</td><td></td><td></td></tr>
<tr><td>驻广州总领事馆</td><td>1</td><td></td><td></td></tr>
<tr><td>驻上海总领事馆</td><td>3</td><td></td><td></td></tr>
<tr><td>驻沈阳总领事馆</td><td>2</td><td></td><td></td></tr>
<tr><td>驻西安总领事馆</td><td>2</td><td></td><td></td></tr>
<tr><td>驻武汉总领事馆</td><td>1</td><td></td><td></td></tr>
<tr><td>驻成都总领事馆</td><td>2</td><td></td><td></td></tr>
<tr><td>驻青岛总领事馆</td><td>2</td><td></td><td></td></tr>
<tr><td>驻大连总领事馆</td><td>3</td><td></td><td></td></tr>
<tr><td>合计</td><td>20</td><td>211</td><td>9.4</td></tr>
<tr><td rowspan="3">2</td><td rowspan="3">打造亲善外国人基础</td><td>驻中国大使馆</td><td>1</td><td></td><td></td></tr>
<tr><td>驻成都总领事馆</td><td>1</td><td></td><td></td></tr>
<tr><td>合计</td><td>2</td><td>75</td><td>2.6</td></tr>
<tr><td rowspan="2">3</td><td rowspan="2">Quiz on Korea</td><td>驻沈阳总领事馆</td><td>1</td><td></td><td></td></tr>
<tr><td>合计</td><td>1</td><td>24</td><td>4.1</td></tr>
<tr><td rowspan="2">4</td><td rowspan="2">Global Taste of Korea Contest</td><td>驻沈阳总领事馆</td><td>1</td><td></td><td></td></tr>
<tr><td>合计</td><td>1</td><td>15</td><td>6.6</td></tr>
<tr><td rowspan="2">5</td><td rowspan="2">K-POP World Festival</td><td>驻沈阳总领事馆</td><td>1</td><td></td><td></td></tr>
<tr><td>合计</td><td>1</td><td>69</td><td>1.4</td></tr>
<tr><td rowspan="2">6</td><td rowspan="2">体育公共外交合作</td><td>驻成都总领事馆</td><td>1</td><td></td><td></td></tr>
<tr><td>合计</td><td>1</td><td>57</td><td>1.8</td></tr>
<tr><td></td><td>总计</td><td></td><td>25</td><td>451</td><td>5.5</td></tr>
</table>

数据来源：韩国外交部，2015c；2015d。

以下为几个具体案例。

（1）韩国驻华大使馆举办的"介绍魅力韩国"邀请了中国有影响力的

① 除了 6 个核心项目，韩国外交部还在中国以外的国家举办了"Korea Corner"、"提高外国教科书中的韩国发展面貌"、"公共外交亲善使节"、"建立其他联络网"等活动。

博主访韩，在八天七夜的日程里体验了首尔市、世宗市、釜山市等地的文化。虽然只有11位参与者，但共向7400万网民（转发量达1.2万次，评论达9000个）传播了有关消息，中国环球网和搜狐网等媒体共有18篇文章报道了这一活动。

（2）韩国观光摄影大赛的参赛者及参观者达5500人，《三秦都市报》、《西安日报》、《咸阳日报》等中国当地媒体对此进行了详细报道。

（3）由韩国驻华大使馆举办的“Global Taste of Korea Contest”共有10位参赛者，此外还有17位中国新闻工作者、7位韩中友好守护天使以及40位观众，还邀请了北京的主要媒体（中央电视台、新华社、《人民日报》、环球网、中国国际广播电台、《京华时报》、《中国经济导报》、《外交官杂志》等）参与了活动。

（4）韩国驻西安总领事馆举办的“K-POP World Festival”共有74位参加者和600余名观众，西安电视台、西安网、凤凰网等中国当地媒体进行了报道。

（5）成都学习跆拳道的人数达30万，韩国驻成都总领事馆举办了跆拳道比赛，这一活动中共有1100名参与者，四川省体育局副局长、成都市跆拳道协会主席等人出席了比赛，新华社、《四川日报》、四川文化网等媒体对该活动进行了详细的报道。

虽然韩国驻华使领馆官方的公共外交活动对于庞大的中国全域来说其影响力是微乎其微的，但可以把这些活动视为试点项目，以考察哪个项目的效果最为显著。

（二）韩国与中国地方政府间的公共外交

如上所述，除了韩国驻华使领馆的公共外交，韩国地方政府与中国地方政府间的公共外交也发挥着重要的作用。1992年韩中建交后，截止到2013年，韩国的特别市、广域市、道、区、郡地方自治团体与中国友好地方（省、自治区、直辖市）结成的友好城市达198个，友好城市达334个。韩国地方政府中首尔市与京畿道与中国结成的友好城市最多，分别占30个和32个，所有的广域市与道及其下属地方自治团体的市、区、郡都与中国的地方政府结成了友好城市关系。中国有31个省份的所属城市与韩国的城市结成了友好城市关系，特别是山东省、江苏省、辽宁省和北京市。[①] 这种

① 友好城市的交流程度比友好地方低，这种友好关系共缔结了334个，分布情况与友好地方相似。

地方政府之间的交流虽然以双方的经济发展为主要目标，但其中也不乏文化交流，也是重要的公共外交活动。

表 2　1992~2013 年韩国与中国结成的友好城市（特别市、广域市、道、区、郡）数量

编号	特别市	数量	广域市	数量	道	数量
1	首尔特别市	1	釜山广域市	1	京畿道	4
	区	29	区	13	市	28
	合计	30	合计	14	合计	32
2			大邱广域市	2	江原道	1
			区	3	市	10
			合计	5	合计	11
3			仁川广域市	2	忠清北道	2
			区	4	市	2
					郡	3
			合计	6	合计	7
4			光州广域市	1	忠清南道	1
			区	3	市	5
					郡	6
			合计	4	合计	12
5			大田广域市	1	全罗北道	1
			区	5	市	6
					郡	4
			合计	6	合计	11
6			蔚山广域市	2	全罗南道	2
			区	1	市	5
					郡	9
			合计	3	合计	16
					庆尚北道	1
					市	10
					郡	4
					合计	15

续表

编号	特别市	数量	广域市	数量	道	数量
					庆尚南道	1
					市	6
					郡	11
					合计	18
					济州道	1
					市	7
					合计	8
总计		30		38		130

表 3　2013 年中国与韩国结成的友好城市（省、自治区、直辖市）数量

	市	数量（个）	省	数量（个）	自治区	数量
	北京市	16	浙江省	14	内蒙古	1
	上海市	7	河北省	7	新疆维吾尔	1
	重庆市	2	辽宁省	24	广西壮族	4
	天津市	5	吉林省	14		
			山东省	34		
			江苏省	24		
			安徽省	6		
			广东省	7		
			青海省	1		
			黑龙江省	5		
			河南省	6		
			江西省	5		
			四川省	3		
			湖北省	2		
			福建省	1		
			山西省	3		
			湖南省	3		
			甘肃省	1		
			海南省	2		
总计		30		162		6

数据来源：韩国外交部，2014 年，第 84~101 页。

韩国地方政府的公共外交与中央政府的公共外交相比具有较高的自主性。在面临各种国际争端的时候，中央政府面向对象国家的外交空间就会变得很小，但地方政府在这种情况下已然可以进行持续的交流与公共外交。而且，地方政府不能直接使用政治军事力量，所以利用软实力的公共外交更适合。除此之外，在全球化时代，信息、资本、人力资源不仅在国家层面上有很多来往，在地方也进行着活跃的交流，这也是地方政府突出公共外交的一个重要背景。

在这样的背景之下，韩国与中国地方政府友好城市或友好城市之间除了经济合作，还进行着活跃的学术、文化、体育等交流。虽然由地方政府主导，却是由各地方市民直接参加，各地方传统艺术团互相交流演出，或举办民俗庆典，还交替展览各种艺术作品等。公共外交可以通过这些交流，实现增进双方国民对彼此文化与艺术的理解，提高国家形象的基本目标。例如，仁川广域市与天津市、重庆市建立了友好城市关系，并与山东省、大连市、青岛市、烟台市、丹东市、哈尔滨市建立了友好城市关系，下属地方自治团体中也有 20 个区级和 2 个郡级团体建立了友好城市。在广域市的国际合作办公室下设置了中国小组，用于进行各种交流事业，通过国际交流中心系统地实施各种文化团体之间的交流。

（三）在华韩国企业的公共外交

韩国驻华使领馆与地方政府公共外交在韩国对华公共外交中发挥着核心作用，但有关韩国的经济发展、企业及商品的公共外交尚未形成体系。考虑到在华韩国人与韩国企业的现状，在华韩国企业的社会责任活动非常重要。随着进驻中国的韩国企业从以中小企业为主转变为以大企业为主，并且只有少数企业才能幸存的现状下，企业社会责任活动的重要性越来越高。即使在中国宏观、微观经济政策的变化之下也能够生存下来的韩国企业的共同点之一，就是与当地政府、社会、社区的密切合作与共生关系。这些企业在社会责任这一用语兴起之前就已经在地方进行合法经营，并积极回报地区社会和通过与地区社会的合作实现本土化。这不是简单的韩国雇主与中国雇员的关系，或韩国承租人与中国租赁人的关系，而是同一个共同体成员共存的逻辑。在有这样的韩国企业的地区，韩国的形象非常正面，随之，人们对与此相关的其他韩国企业与韩国人的好感度也有提升。

2000 年下半年以来，在华的韩国企业中，大企业比重不断上升，而这些大企业开展了活跃的社会责任活动。随着中国的迅速发展，大企业的社会责任也不断变化发展，不再是简单的扶贫，开始对不断增加的劳工权、环境保护、产品安全、公益服务等方面的要求做出积极的回应。以下三个企业的案例可以很好地体现这种公共外交活动。①

（1）大企业 A 社的社会责任活动将重点放在了中国青少年的教育质量、环境保护和灾害救援。在青少年教育方面，A 社 2003 年在贫困地区小学开设视听教育科，为孩子们捐赠电脑，还建立了视听教室与配套设备，帮助改善学校环境，提高了教育水平与教育质量。从 2011 年开始向四川、湘鄂、云南、新疆、东北等地的 29 所贫困学校提供 1000 余台电脑，并开设 18 个视听教室，捐赠总额达 1500 万元（约 2.7 亿韩元）。在环境保护方面，该企业通过绿色计划项目向内蒙古投资了 1500 万元防沙化资金，并在中国具有代表性的沙尘暴发源地——内蒙古自治区察汗淖尔持续开展植树活动，种植面积达 5000 万平方米；在灾害救援方面，截至 2013 年，在北京“非典”、南方暴雪、汶川地震、玉树地震中共捐献了 2200 万元。此外，在体育、艺术领域还分别赞助了 2 亿元与 2620 万元。

（2）大企业 B 社积极参与治理中国的沙漠化现象与沙尘暴，将太阳能发电作为其社会责任的一部分，如 2012 年在中国宁夏回族自治区的灵武市毛乌素地区建设了每小时发电 80 千瓦的太阳能发电站，为培育树苗的苗圃供应电力，种植了 20 万棵树木；2013 年，通过中国青少年发展基金为青海省的小学捐赠了太阳能设备。与此相似，C 社也向 140 所希望小学、10 所高中和 27 所大学的 6000 名学生提供了奖学金；通过智能学校进行 IT 体验教育。

韩国企业通过履行社会责任进行的公共外交活动离不开韩国外交部的积极支持。韩国外交部从 2011 年开始支援进军海外的韩国企业的社会责任活动，2013 年通过韩国驻 19 个国家的 25 个使领馆实施了该计划。② 该计划主要针对的国家包括韩国企业较多的国家，以及因劳动、环境问题、非正常撤离等原因对韩国企业或韩国存在负面认识的国家，而中国就是核心对象国家。具体的做法包括以当地韩国企业为对象进行提高社会责任意识的活动（研讨会、座谈会等），以及以驻在国政府、媒体等为对象进行韩国企业社会责任活动的宣传，再者通过韩国企业与当地政府、企业、非政府组

① 以下案例是对各企业资料与媒体报道重新整理而成。

② 2013 年韩国外交部支援进驻海外企业开展社会责任活动的主要业绩，参见 http://www.mofa.go.kr/news/pressinformation/index.jsp?mofat=001&menu=m_20_30&sp=/webmodule/htsboard/template/read/korboardread.jsp%3FtypeID=6%26boardid=235%26tableName=TYPE_DATABOARD%26seqno=348804。

织等共同举办的企业社会责任活动等开展一系列的公共外交活动。比如，韩国驻沈阳总领事馆于 2013 年 12 月 27 日在沈阳举办了“韩国—东北三省公共外交论坛”，还举办了中韩社会责任商品义卖会，尝试了由中韩政府主导、企业参与的公共外交。但是这种以企业社会责任为中心的企业公共外交仍然是不够的。韩国的经济增长与企业、商品的形象是国家形象最重要的组成部分，所以不仅需要企业自主的公共外交行为，还需要政府对此进行积极参与和协调。

（四）半岛统一公共外交

半岛统一公共外交与上述三种公共外交形式不同，这一类型的公共外交是为了在中长期范围内提高国家形象与价值，超越“一般”公共外交，具体设定“战略”对象的公共外交。韩国的半岛统一外交始于 1992 年中韩建交时发表的联合公报，即“中华人民共和国政府尊重朝鲜民族早日实现朝鲜半岛和平统一的愿望，并支持由朝鲜民族自己来实现朝鲜半岛的和平统一”。[①] 韩国需要开展多形式的半岛统一公共外交政策，加强中国对由韩国主导的半岛统一的支持。

根据统一研究院在 2013 年的调查，中国公民对朝鲜半岛统一持不太友好的立场，其中只有 26.7%支持朝鲜半岛统一，持反对意见的为 10.9%，既不支持也不反对立场的人过半（50.5%），[②] 改善这一现状是很有必要的，韩国可以使用的方法包括文化艺术、经济以及知识资产。中国人了解韩国的渠道主要为商品、电视剧、大众音乐、韩国旅游，所以对于这些人来说，韩国的形象是正面的，所以应以这种公共外交资产为媒介，将中国民众对韩国的友好认识延伸到对朝鲜半岛统一的友好态度。当然，这是理想的中长期政策。

所以，半岛统一公共外交的核心是以精英为对象的知识外交，像朝鲜半岛统一公共外交这种被视为比较敏感的公共外交，只能对中国政府进行。也就是说，与其他国内政策领域不同，包括朝鲜半岛统一、朝核问题及东北亚安全机制等有关中国国家安全的政策领域，个别公民的关心、了解程度以及影响力相对来说都是非常有限的。韩国在政府层面上的支持大部分为 1.5~2 轨战略对话，以及相关的学术交流，由政府、公共机构、媒体、国策研究所、学界、民间团体等组成（见表 4）。而且，公共外交的主要议

---

① 《中韩建交联合公报》，http：//guoqing. china. com. cn/2012-08/24/content_ 26327441. htm。

② 전병곤, 이기현 외.,『한국의 대중국 통일공공외교 실태』, 서울: 통일연구원, 2013, p. 146.

题为引导中国在“朝核或朝鲜半岛核问题”的解决或朝鲜问题上与韩国的合作，而非直接讨论朝鲜半岛统一。所以，半岛统一公共外交主要是以政府、官方团体、学者、智库政策专家、官方或民间的媒体人（影响力博主）等为舆论主导层。

表 4 半岛统一外交主体

领域	主体	
1 轨（政府—行政部门、立法部门）	政府	统一部、外交部（韩国驻华大使馆）、民主和平统一咨询会议、统一准备委员会
	国会	韩中议员外交协议会、个别国会议员
1.5 轨（国策研究所、国营媒体）	公共机构	国际交流财团（韩中未来论坛、韩中公共外交论坛）、韩中专家共同研究委员会、东北亚时代委员会、统一研究院、国立外交院、国防研究院、国家安全战略研究所
	媒体	国际广播电视台、英文版报纸（阿里郎 TV、KBS World 等）
2 轨（学界、企业、民间交流团体、个人）	学界	朝鲜大学院大学、成均馆大学成均中国研究所、首尔大学统一和平研究所、汉阳大学中国问题研究所、亚洲大学中国外交政策研究所、庆南大学远东问题研究所、峨山政策研究院等
	企业	进驻中国的韩国企业、SK 韩国高等教育财团
	民间交流团体	21 世纪韩中交流协会、韩中亲善协会、韩中文化协会、韩中友好协会、韩中交流协会等
	个人	韩国公民、在中国居住的韩国人、中国侨胞（朝鲜族）

资料来源：以전병곤、이기현等与作者进行的相关采访为基础制成（2013 年，第 39~40 页）。

四 结语

在当今的国际社会中，包括韩国的一些中等强国（middle power），经常需要在政治军事安全与经济两个层面上应对美国与中国之间复杂的国际权力关系，对于这些中等强国来说，外交政策领域的公共外交正变得越来越重要。此外，公共外交还可以使东亚地区内外的中等强国获得弱小国家的理解与支持，正逐渐成为在国际政治热点问题中贯彻国家利益的重要外交手段。也就是说，进入 21 世纪，东亚国家围绕公共外交的竞争与合作正在加强。由于公共外交在东亚国际政治中的重要性与日俱增，作为韩中公共外交相互作用研究的一部分，本文首先综合分析了韩国对华公共外交的战略与实施，以此作为这一研究的基础资料。

2010 年，韩国政府正式将以软实力为主的公共外交、以硬实力为主的政治外交和经济外交规定为三大外交领域，又为韩中两国的公共外交设立了“人文交流”这一框架。人文交流是两国政府为增进国民之间的纽带感与友好感情，战略性地选择和推行的双向交流事业，旨在巩固两国面向未来的发展基础和使国家利益最大化，这一概念大体上没有超出学界与政策界共同认可的公共外交范畴。值得注意的是，在人文交流领域中起核心作用的是“高速经济增长与先进的企业与商品”及“韩流”。

以此为基础，本文具体分析了作为一般形式公共外交的韩国对华公共外交的核心——驻华使领馆的公共外交活动（2014 年）、作为韩中双向公共外交框架的地方政府之间的交流，以及在华韩国企业的社会责任具体案例，并具体探讨了其意义。虽然收获了初期成果，也证明了这种公共外交的效果，但在规模和深度上仍显不足。如果今后能够与对各种民间主体的公共外交研究相结合，那么还可以对对华公共外交进行更为综合的理论性、实证性和政策性理解。半岛统一公共外交与这一类公共外交有所区别，设定了具体“战略”对象，但是统一公共外交很难以中国全体国民为对象，主要针对精英开展知识外交。韩国政府层面以支持 1.5～2 轨战略对话、有关学术会议及团体交流为主，此外还有各种政府下属机构、公共机构、媒体、国策及民间研究所、学界、民间团体主导着这一外交。

目前，韩国对中国的公共外交尚处于初始阶段，尤其是中央政府主导或协调这种形式的公共外交战略还处于探索和尝试的阶段。地方政府与中央政府不同，已经与中国地方政府进行着自主灵活的公共外交，但仍需要中央政府在方向上进行协调。虽然政府需要对以企业社会责任为中心的各种公共外交活动给予关注与奖励，但考虑到企业的属性，应该同时加强获得经济利益的政策援助。所以，韩国对华公共外交在追求韩国当前的经济、政治和文化上的国家利益的同时，还应着眼于中长期，说服和引导中国对韩国与朝鲜半岛持正面态度，至少不会在朝鲜半岛统一中发挥消极的作用。

韩国官方开发援助发展历史与现状探析

王　圆*

摘要： 官方开发援助（Official Development Assistance，ODA）政策作为韩国外交政策的一个重要组成部分，始终贯穿并服务于其国家战略。2009年加入经济合作与发展组织（Organization for Economic Corperation and Development，OECD）发展援助委员会（Development Assistance Committee，DAC）标志着韩国最终完成了从受援国向支援国的转变，但是实质上根据相关数据，1996年开始韩国已经变成了净支援国。自1963年韩国与美国合作推行第一个ODA项目以来，韩国ODA的政策法律基础、管理体系以及评价机制不断完善，ODA规模持续扩大，开发项目日趋多元化。然而通过对韩国ODA状况的纵向比较，及与其他DAC成员国间ODA数据横向比较分析后发现，韩国作为一个ODA支援国，在拥有丰富援助经验的同时也面临诸多的问题。

关键词： 韩国　官方开发援助

一　韩国官方开放援助政策发展历史

经过一年多的谈判，韩国于1996年加入了经济合作与发展组织。时隔十三年，2009年11月26日韩国外交通商部宣布加入OECD下属机构——发展援助委员会①，成为该委员会第24个成员，也是亚洲继日本之

* 王圆，吉林省社会科学院朝鲜·韩国研究所助理研究员，韩国成均馆大学政治外交专业博士研究生。

① 经济合作与发展组织，简称经合组织，成立于1961年，目前成员总数35个，总部设在巴黎，是由35个市场经济国家组成的政府间国际经济组织，旨在共同应对全球化带来的经济、社会和政府治理等方面的挑战，并把握全球化带来的机遇。发展援助委员会，是经济合作与发展组织属下的委员会之一。该委员会负责协调向发展中国家提供官方发展援助，是国际社会援助发展中国家的核心机构。经济合作与发展组织官网，http：//www.oecdchina.org/about/index.html。

后的第二个加盟国。[①] 在过去的50年间，韩国作为曾经的受援国收到国际社会超过100亿美元的援助。[②] 随着经济的发展，特别是以加入DAC为标志，韩国完成了由“受援国”到向发展中国家提供援助的“援助国”的角色转变。实际上韩国的ODA[③] 历史可以追溯至20世纪60年代，从接受支援规模来看，早在1996年韩国就已经迈入净支援国的行列了。[④] 而1996年OECD和2009年DAC的加入，标志着韩国支援国的身份得到了国际社会的广泛认可。另外韩国ODA也因纳入DAC体系中而得到进一步的发展。

1961年OECD及其下属机构发展援助委员会相继成立，以促进受援国发展为目的的官方开发援助相关项目得到了不断的推进和发展。经历了50~60年代萌芽期、70~80年代的发展期、90年代的调整期，DAC国际官方开发援助的内容从满足人类生存的基本需要（1977年）开始不断拓展至女性生存与发展（1983年）、环境保护（1986年）、人权保护（1992年）、消除贫困（1996年）等各个领域。[⑤] 2000年9月各国领导人在联合国千年首脑会议上提出涵盖八大内容的千年发展目标（Millennium Development Goals，MDGS）[⑥] 也成为新时期官方开发援助的重要内容与奋斗目标。无论是韩国的ODA受援史还是韩国的ODA发展史都与上述过程有着密不可分的关系。

---

① 《韩国加入援助先进国俱乐部》，《MBC新闻》，2009年11月26日，韩国MBC新闻，http：//imnews. imbc. com/replay/2009/nwtoday/article/2506581_ 18879. html。

② 《韩国加入DAC，向援助国转换》，《日本经济新闻》，2009年11月30日，中华人民共和国商务部网站，http：//www. mofcom. gov. cn/aarticle/i/jyjl/j/200911/20091106644171. html。

③ 官方开发援助，是指发达国家官方机构为促进发展中国家的经济发展水平以及福利水平的提高而向发展中国家或多边机构提供的赠款，或赠与成分不低于25%的优惠贷款。经济合作与发展组织官网，https：//data. oecd. org/oda/net-oda. htm。下文中将“韩国官方开发援助（ODA）”简称为“韩国ODA”使用。

④ 〔韩〕李泰珠（音译）：《韩国对外援助政策的人类学研究：发达国家诞生和发展》，《比较文化研究》2003年第9卷第1号，第139~174页。

⑤ 〔韩〕具正宇（音译）：《发展合作的历史》，〔韩〕李淑重（音译）编著《国际开发合作治理与韩国》，首尔EAI出版社，2012，第67~93页。

⑥ 联合国千年发展目标：2000年9月，在联合国首脑会议上，世界各国领导人就消除贫穷、饥饿、疾病、文盲、环境恶化和对妇女的歧视，商定了一套有时限的目标和指标，即消灭极端贫穷和饥饿；普及小学教育；促进男女平等并赋予妇女权利；降低儿童死亡率；改善产妇保健；与艾滋病毒/艾滋病、疟疾和其他疾病做斗争；确保环境的可持续能力；全球合作促进发展。经济合作与发展组织官网，http：//www. oecd. org/about/secretary-general/millenniumdevelopmentgoalsajobwelldone. htm。

20世纪60年代开始韩国就已经不是单纯的受援国了，1963年韩国接受了美国USAID资金支持对来自发展中国家的研修生进行了培训。[①] 虽然此次援助活动资金并非韩国政府自主筹措，但是研修生培训项目成为韩国推行的第一个ODA项目。1965年韩国政府自筹资金持续推行该项目的运行。此后韩国逐步开始运行包括向发展中国家援派专家（1967年）、医疗团体（1968年）、推行技术合作（1969年）等多种形式的ODA项目。然而囿于韩国自身经济发展水平的限制，截止到70年代中期，作为受援国的韩国虽然自主推行了一些ODA项目，但是大部分的ODA项目是依托与联合国以及其他国际组织间的合作来实现的。[②] 该时期韩国ODA推行机构主要是外交部和科技处，援助区域相对集中于非洲地区。

为了改善与社会主义国家关系，构建良好的周边环境，70年代初期韩国积极推进了ODA相关政策。1962年至1979年期间，韩国经济实现了年均8.7%的持续增长，[③] 实现了韩国新兴工业国的崛起。经济的增长为韩国ODA发展注入了活力，韩国于1977年开始了无偿援助项目的实施。[④] 这一时期韩国ODA项目执行机构集中在外交部、农业部和科技处。

为了更好地推进多领域、多形态ODA项目的进行，韩国在1986年设立了韩国对外经济合作基金（Economic Development Cooperation Fund，EDCF）。80年代以后韩国ODA项目的援助规模和援助领域不断扩大。代表性的项目有发展中国家官员培训项目（1982年）、无偿建设技术劳务项目（1984年）、韩国青少年志愿者项目（1989年）等。1987年政府通过韩国进出口银行向发展中国家提供了3000亿元韩币的援助款，标志着韩国ODA有偿援助项目的开始。[⑤] 80年代韩国ODA项目参与部门已经广泛涉及建设部、财政部、外交部、科技处、进出口银行、经济企划院等多个机构。另外时任韩国总统卢武铉（1988～1992年）曾经公开表示

① 〔韩〕林馨佰（音译）：《韩国ODA的展开和课题》，《韩国政策研究》第14卷第1号，2014年3月，第73～102页。

② 《韩国国际合作团报告书2008》，韩国国际合作团网站，http：//www.koica.go.kr/。

③ 韩国进出口银行网页数据，韩国进出口银行网站，ttps：//www.koreaexim.go.kr/site/main/index001。

④ 《韩国国际合作团报告书2008》，韩国国际合作团网站，http：//www.koica.go.kr/。

⑤ 〔韩〕李溪宇（音译）：《有无偿援助在韩国经济开发中的作用》，《海外经济》2011年第6期。

ODA 作为一种外交手段要为国家利益服务。[①] 可见此时保有受援国与支援国双重身份的韩国已经开始将 ODA 政策纳入国家发展战略的大框架之中了。

1991 年随着韩国国际合作团（Korea International Cooperation Agency，KOICA）的设立，原来相对分散在各政府职能部门的技术交流援助、人员交流援助等项目开始被统一归置于国际交流团管理体制之下，韩国的 ODA 管理体系逐步建立。1995 年韩国开启了对国际非政府组织（NGO）的援助。1996 年韩国对外经济合作基金的年支出额度超过了 1 亿美元，至此韩国完成了受援国向支援国的事实性转变，成为非 DAC 成员 ODA 净援助国。在此期间韩国提出了实现世界化的国家目标，并认为 ODA 政策是实现这一目标的重要手段之一。2005 年韩国制定了《改善对外援助综合政策》，2008 年李明博政府提出“贡献给予世界，收获信任外交”的外交目标，要求积极推进 ODA 政策。[②] 2009 年加入 DAC 以后李明博政府制定出台了《国际开发合作基本法》，[③] 进一步建立健全韩国 ODA 管理体制与法律体系。

二 韩国 ODA 的法律基础及管理评价体系

1. 韩国 ODA 的法律基础及管理体系

根据 1986 年 12 月 26 日发布的第 3868 号法律——《对外经济合作基金法》的相关规定，政府将在韩国企划财政部下设对外经济合作基金运营委员会，该委员会将依据相关法律设立并运营对外经济合作基金（EDCF）。该法律与 1991 年韩国国际合作团设立的相关法令——《国际合作团法》共同构建了韩国 ODA 政策的法律基础。然而《对外经济合作基金法》和《国际合作团法》主要是针对基金和机构建立而制定的法案，法案中主要对组建、运营上述基金和机构的相关事项做出了规定，虽然规范了韩国向发展中国家提供的贷款和对外无偿援助的内容，但是双方各自为政，互补性差，

---

① 〔韩〕李泰珠（音译）：《韩国对外援助政策的人类学研究：发达国家诞生和发展》，《比较文化研究》2003 年第 9 卷第一号，第 139～174 页。

② 〔韩〕林馨佰（音译）：《韩国 ODA 的展开和课题》，《韩国政策研究》第 14 卷第 1 号，2014 年 3 月，第 73～102 页。

③ 《国际开发合作基本法（2010）》，国际开发合作团网站，http：//www.odakorea.go.kr/ODAPage_2012/T02/L01_S02.jsp。

容易造成执行困难。加入 DAC 后，为了实现与 OECD 国际规范接轨并促进 ODA 政策的有效推行，韩国政府在 2010 年 1 月 25 日发布了《国际开发合作基本法》，并于同年 7 月 26 日生效。该基本法共 20 条，对韩国 ODA 政策的目的、定义、基本精神、基本原则、推行体制等基本问题做出了明确的规定[①]。以此法案为基础，2010 年 10 月国际开发合作委员会第七次会议审议并通过了《国际开发合作先进化方案》，并在此基础上进一步提出了国家促进 ODA 发展战略——《国家合作战略》（Country Partnership Strategy，CPS）。

韩国 ODA 管理体系可以划分为调节机构、主管机构、执行机构三个层级。调节机构是国际开发合作委员会，由时任国务总理担任委员长，委员会下设开发合作政策官负责相关工作，委员会主要承担韩国 ODA 政策的总体规划、系统协调等宏观工作。外交通商部和企划财政部分别是无偿援助和有偿援助的主管机构，主要负责制定相关援助政策五年规划和年度计划。而韩国国际合作团和进出口银行分别是外交通商部和企划财政部的下属执行机构，主要承担着无偿援助和有偿援助相关项目的具体执行工作。另外，除韩国国际合作团之外，其他 30 余个政府下属部门和各地方政治团体也承担了一部分无偿援助的具体实施工作（见图 1）。

2. 韩国 ODA 的评价体系

为了保证国家开发合作委员会制定的相关 ODA 政策能够有效施行，韩国建立了较为完善的 ODA 评价体系。评价包括 ODA 具体执行机构的自评，以及专门设立的评价小组和协调机构进行的外部评价。其中作为协调机构的企划财政部主要负责协调和评价双边合作中的有偿援助，以及多边合作中与国际金融机构相关项目；而外交部则承担了对双边合作中无偿援助，以及多边合作中与其他国际组织之间相关合作项目的管控和评价。在每个 ODA 项目从制定（每年 1 月末）到执行（每年 6 月），以及推进的每个自然年周期（每年 6 月至次年 6 月）内，评价小组、协调机构以及项目执行机构将分别对相关项目进行 3 次、2 次和 4 次的评价。[②] 具体来说，在项目确

① 《国际开发合作基本法（2010）》，国际开发合作团网站，http：//www.odakorea.go.kr/ODAPage_2012/T02/L01_S02.jsp。

② 企划财政部：《国际合作评价报告》，国际开发合作团网站，http：//www.odakorea.go.kr/ODAPage_2012/T02/L01_S02.jsp。

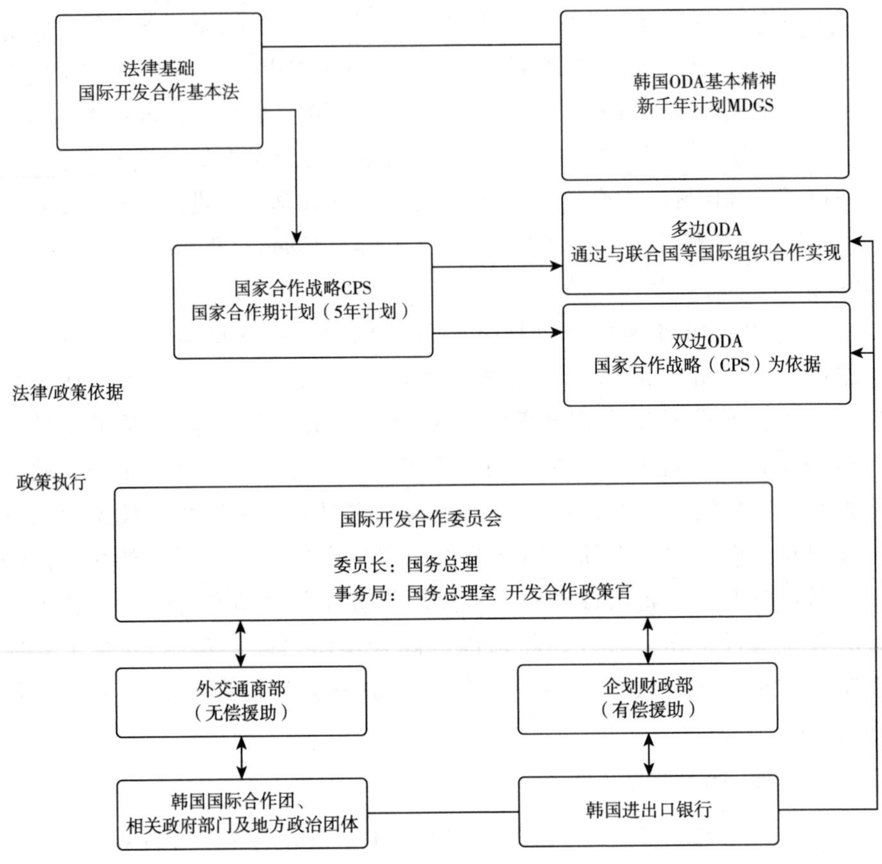

图 1　韩国 ODA 法律、管理体系表（2016）

资料来源：《韩国 ODA 推进体系》，韩国国际合作团网站，http://www.odakorea.go.kr/ODAPage_2012/T02/L02_S01.jsp。

立阶段，项目执行机构确立项目内容及评价计划（1 月末），协助机构对此计划做出协调性评价（2 月中），评价小组最终确立相关项目计划和评价计划（2 月末），三方综合评价结束项目推行（年中）。在项目执行阶段，协调机构收集、评价项目执行机构结合计划和执行现实而完成的评价报告书（次年 1 月末），评价小组对报告书内容进行审议和评价（次年 2 月末），三方统合发布项目推行状况反馈计划（次年 3 月中旬），评价小组对反馈计划进行进一步核实确认（次年 3 月末），项目执行机构接收评价结果并再次对相关项目进行自查、自评及调整（次年 6 月）。

韩国对 ODA 政策的评价是对一定时间区间内正在进行或已完成的

所有项目的执行过程和成果进行的评估。该评价体系使用的评价标准是经济合作与发展组织发展援助委员会发布的“ODA 评价五大标准”。这五大标准包括[①]：妥当性（Relevance），即该项目是否符合 OECD 官方开发援助精神，是否将受援国实际需要与韩国政府优势进行了有机结合；效率性（Efficiency），即对该项目投资规模与实际成效之间投入与产出比进行的经济性评价；效果性（Effectiveness），即该项目是否实现了实际结果与预期目的、预定计划的一致；影响力（Impact），即该项目是否对受援国社会、经济、环境等方面造成了积极或消极的效果；持续可能性（Sustainability），即该项目结束后其影响是否具有一定的深远度及可持续性。

除了上述五大基本标准，评价机构在实际评价过程中还采用了内部评价和外部评价，对项目的事前评价、中期评价与结项评价，执行过程评价和影响力评价，政策战略性评价，国别分类评价，领域分类评价，项目形式分类评价等多种形式的分类评价方法。

三　韩国 ODA 的发展现状

1. 韩国 ODA 的规模

2014 年 1 月 13 日举行的第 17 次韩国国际开发合作委员会会议审议通过了《2014 年韩国 ODA 综合推行计划》，计划中提出要增加韩国 ODA 的援助预算，扩大援助规模。从韩国 ODA 规模来看，2006 年韩国援助总额为 4.55 亿美元，2016 年这一数值增加到了约 19.65 亿美元[②]，增幅约 4.3 倍。2009 年韩国 ODA 总额约为 8.16 亿美元，随着 DAC 的加入，2010 年韩国 ODA 的援助总额首次超过 10 亿美元，达到了 11.7379 亿美元。随后这一数值保持了相对平稳的增长，2011 年为 13.2459 亿美元，2012 年为 15.7945 亿，2013 年为 17.5538 亿美元，2014 年以后韩国 ODA 资金投入增速放缓，2014 年为 18.5673 美元，2015 年为 19.1539 亿美元，2016 年为 19.6495 亿美元，2015 年开始韩国 ODA 规模增速明显下降（见表 1）。

---

① 韩国国会预算处事业评价局：《官方发展援助 ODA 事业评价》，韩国国会预算政策处，2010。

② 韩国 Korea ODA 数据统计网站相关数据，Korea ODA，https：//211.171.208.92/index.html。

表 1　韩国 ODA 规模变化表（2008~2016）

单位：百万美元

类别	2008	2009	2010	2011	2012	2013	2014	2015	2016
总额（A+B）	802.34	816.04	1173.79	1324.59	1597.45	1755.38	1856.73	1915.39	1964.95
双边援助（A）	539.22 （67.2%）	581.1 （71.2%）	900.63 （76.7%）	989.57 （74.7%）	1183.17 （74.1%）	1309.58 （74.6%）	1395.77 （75.2%）	1468.79 （76.7%）	1537.74 —
无偿援助	368.67 （68.4%）	366.97 （63.2%）	573.89 （63.7%）	575.02 （58.1%）	714.88 （60.4%）	809 （61.8%）	883.65 （63.3%）	906.42 （61.7%）	975.32 —
有偿援助	170.55 （31.6%）	214.13 （36.8%）	326.74 （36.3%）	414.55 （41.9%）	468.29 （39.6%）	500.58 （38.2%）	512.12 （36.7%）	562.37 （38.3%）	562.42 —
多边援助（B）	263.12 （32.8%）	234.94 （28.8%）	273.15 （23.3%）	335.02 （25.3%）	414.28 （25.9%）	445.8 （25.4%）	460.96 （24.8%）	446.6 （23.3%）	427.21 —
ODA/GNI（%）	0.09	0.1	0.12	0.12	0.14	0.13	0.13	0.14	0.14

资料来源：根据韩国国际合作团数据系统资料整理，净支出数值标准。韩国国际合作团网站，http：//www. odakorea. go. kr/ODAPage_2012/T02/L03_S01_01. jsp。

韩国 ODA 呈现出双边合作援助为主、多边合作援助为辅的特征。2000 年以后，双边合作援助份额出现明显下降，2006 年为 82.6%，2007 年为 70.5%，2008 年这一份额达到低谷（67.2%），其后一直保持在 75%左右。相反多边合作援助虽然从 2006 年的 17.4%发展到 2016 年的 23.3%，但仅在 2008 年一年达到 32.8%外，其余年份一直保持在 25%左右。另外无偿援助份额高于有偿援助份额也是韩国 ODA 的一大特点。除了在 2011 年出现短暂波动外，韩国 ODA 有偿援助与无偿援助资金投入保持了一个相对稳定的比例。

2. 韩国 ODA 的领域分布

鉴于受援对象国的实际需要，韩国 ODA 政策项目主要集中于教育、保健医疗、公共行政、农林水产、产业能源、法律问题（环境/人权/女性）等八大领域。如表 2 所示，韩国政府在制定 ODA 预算时，将上述八大领域重新划分至社会、经济、产业及其他若干领域。其中社会设施及服务主要包括教育、保健、人口政策及生育保健、饮用水卫生、市民社会建设等；经济设施及服务囊括了交通物流、通信、能源、金融及财政服务、商业服务等；生产部门包括农林渔生产、工业建筑、通商政策协调、旅游设施建设等；其他领域包括债务服务、物资援助、人道主义援助、援助国行政办公费用等。

表 2　韩国 ODA 领域发展现状（2010～2015）

单位：百万美元

领域	2010	2011	2012	2013	2014	2015	主要支出项目
总计		1623.63	1752.99		2378.33	2311.67	
社会设施及服务	905.81（50.1%）	696.03（42.9%）	768.32（43.8%）	1313.95（58.7%）	967.08（40.7%）	1119.07（48.4%）	教育/医疗
经济设施及服务	610.36（33.7%）	597.45（36.8%）	488.26（27.9%）	563.27（25.2%）	812.93（34.2%）	760.22（32.9%）	交通/通信
生产部门	100.43（5.5%）	159.01（9.8%）	291.15（16.6%）	142.23（6.4%）	256（10.8%）	141.01（6.1%）	农林渔业/工业
其他	—	—	—	—	—	—	其他领域及行政费用

资料来源：根据韩国国际合作团网页数据系统资料整理，预算数值标准，2016 年数据未公布。韩国国际合作团网站，http：//www. odakorea. go. kr/ODAPage_ 2012/T02/L03_ S01_ 02. jsp。

在根据预算划分的四大领域中，社会设施及服务消耗了韩国 ODA 预算近一半的资金，其中教育和保健支出各占社会设施服务领域支出的 10%左右，教育保健综合占比 2013 年为 28.6%，2014 年为 21.9%，2015 年为 23.1%。其他占比重比较大的项目分别是饮用水卫生项目、公共行政及市民社会项目，分别约占社会设施及服务总支出的 10%和 8%。经济设施和服务领域资金走向比较集中，主要集中于交通物流、通信以及能源三大板块，每年预算浮动较大。如近年来交通物流预算分别为 13.9%（2013 年）、32.4%（2014 年）、26%（2015 年）。① 而生产部门资金主要投向农林渔业。由此可见，韩国 ODA 预算主要倾向于教育、保健、交通物流、通信以及农林渔基础农业等领域。

---

① 韩国国际合作团网页数据，韩国国际合作团网站，http：//www. odakorea. go. kr/ODAPage_ 2012/T02/L03_ S01_ 02. jsp。

3. 韩国 ODA 的区域分布

韩国 ODA 主要集中在亚洲、非洲、美洲、大洋洲等区域。根据 2015 年韩国政府相关部门公布的数据来看，韩国 ODA 资金的 57.8%流向亚洲，18.7%流向非洲，美洲占比 7.8%，其他区域占比 14.8%。[①] 从近五年韩国对各区域援助趋势来看，对亚洲援助开始减弱，2016 年亚洲占比减少到 52.7%，相反对非洲援助出现增长，2016 年增加到 24.4%。[②] 对亚洲及非洲的援助都以双边合作援助方式为主。

由图 2 可知，亚洲在韩国 ODA 发展中占据了重要地位，特别是进入 2000 年以后，韩国 ODA 投资区域开始高度集中于亚洲地区。除了对欧洲援助出现了下滑，其他区域的援助以 2009 年为分界线都呈现出了明显的上升趋势，这种增长势头在亚洲表现最为明显，其次是非洲。非洲虽然仅位居亚洲之后，但是无论从受援额度还是增长速度都远远落后于亚洲。受到区域特征影响，韩国针对欧洲和大洋洲地区进行的 ODA 并没有过大的增减和变化。未来韩国 ODA 的重点地区还将集中在亚洲、非洲及美洲三大区域。

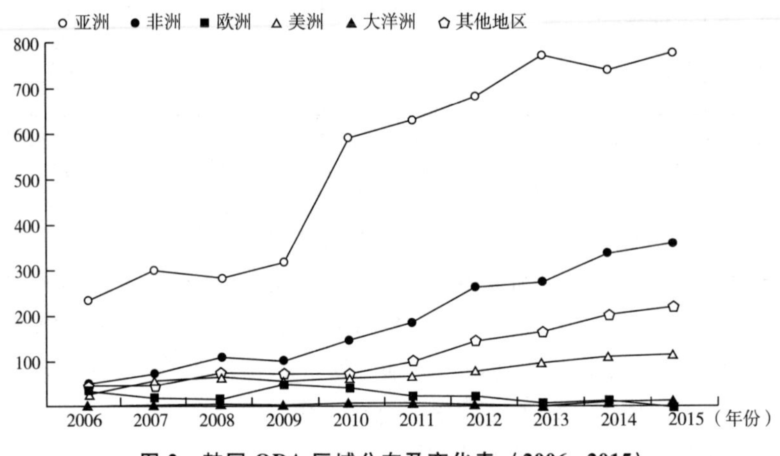

图 2　韩国 ODA 区域分布及变化表（2006~2015）

资料来源：韩国国际合作团及韩国进出口银行网页相关数据整理，韩国国际合作团网站，http：//www.odakorea.go.kr/ODAPage_2012/T02/L03_S01_02.jsp，韩国进出口银行网站，ttps：//www.koreaexim.go.kr/site/main/index001。

① 《从数字看 ODA（2016）》，韩国进出口银行网站，https：//www.edcfkorea.go.kr/site/program/board/basicboard/list? boardtypeid=314&menuid=004002001007。

② 韩国 Korea ODA 数据统计网站相关数据，Korea ODA，https：//211.171.208.92/index.html。

四 韩国 ODA 的评价

虽然韩国在 2009 年才真正完成了从受援国到支援国的角色转型，但始于 1963 年的韩国 ODA 基本追随了经济合作与发展组织发展援助委员会官方开发援助的发展步伐。可以说韩国是一个 ODA 历史较长、经验较丰富的国家。但在韩国 ODA 推进过程中仍然存在一些结构性问题。

首先，韩国 ODA 管理、评价体系效率性有待提高。如表 1 所示，国际开发合作委员会是韩国 ODA 政策推进的“总指挥官”。但自 2006 年设立后的 5 年间该机构却只召开了 7 次委员会议，未到场或由其他人代替到场的委员超过了 30%。[①] 此后委员会每年举行两次例行会议，委员以听取报告的形式处理韩国 ODA 相关问题。[②] 本应该从国家战略角度考量，制定韩国 ODA 中长期计划的机构实际上并没有按照设立宗旨进行运行。除此之外，韩国 ODA 评价体系直接援引了世界经济合作发展组织发展援助委员会（OECD DAC）提出的五大国际标准，虽然这有利于韩国 ODA 与 DAC 其他成员国及国际组织实现接轨，但也在一定程度上忽视了韩国的自身情况。这将导致韩国 ODA 评价结果真实性及客观性的降低。

其次，韩国 ODA 规模需要进一步扩大。2016 年韩国 ODA 对外援助总额为 19.8 亿美元，援助金额在 36 个 DAC 成员国中位列第 16 位，而 2016 年 DAC 成员国对外援助总金额为 1433.3 亿美元，[③] 韩国 ODA 援助金额仅占比 1.38%。另外，韩国政府加入 DAC 之前，韩国的对外开发援助（ODA）规模占国民总收入（GNI）的 0.09%（2008 年），[④] 加入 DAC 后韩国一度表示至 2015 年欲将此系数提升至 0.25%。但 2015 年因缺乏预算，韩国将此前承诺下调为 0.2%，但实际数值仅达到了 0.14%，2016 年这一数值也并未得到改善，仍然保持在 0.14%。而 2016 年 DAC 成员国 ODA 规模占国民总收入（GNI）的平均数值为 0.32%，高于韩国 2.3 倍有余。2016 年 DAC 成员

---

① 〔韩〕林馨佰（音译）:《韩国 ODA 的展开和课题》,《韩国政策研究》第 14 卷第 1 号，2014 年 3 月，第 73~102 页。

② 〔韩〕洪城杰（音译）:《ODA 报告》，首尔图书出版社，2011，第 16~24 页。

③ 〔韩〕张德熙（音译）等:《韩国 ODA 与 DAC 成员国 ODA 比较》,《GIR 研究论丛》第 17 卷第 1 号，2015，第 157~184 页。

④ 韩国 Korea ODA 数据统计网站相关数据，Korea ODA，https://211.171.208.92/index.html。

国中超过平均数值 0.32% 的国家有 14 个，[①] 韩国在 ODA 规模占国民总收入（GNI）排名中位列第 25 位，位列第一位的挪威该数值为 1.11%，两国相差近 1 个百分点。不可否认，从投资数额变化来看，韩国 ODA 规模总体确呈现扩大之势。但与其他 DAC 成员国比较发现，韩国 ODA 规模占国民总收入（GNI）比值一直保持在一个较低的水平。可见，相较之下韩国 ODA 水平并不高，ODA 规模也需要进一步提高。

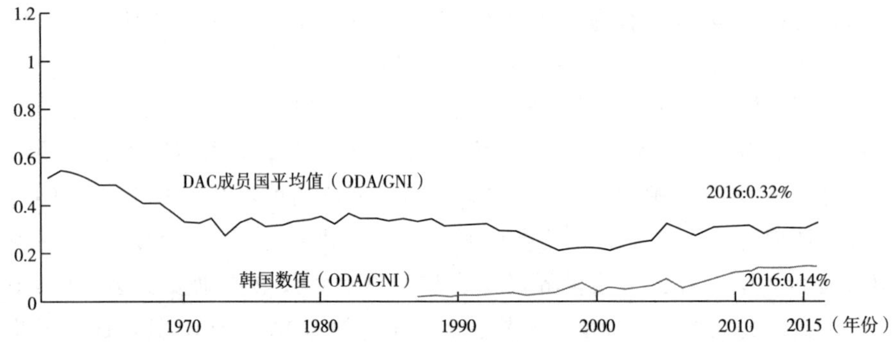

图 3　韩国于 DAC 成员国 ODA 规模占国民总收入（GNI）比较（2016）

资料来源：经济与合作与发展组织（OECD）网页数据，OECD：http：//www2.compareyourcountry.org/oda？cr=20001&cr1=oecd&lg=en&page=0。

再次，无偿援助与有偿援助比例有待调整。国际社会并没有对 ODA 支援国有偿援助和无偿援助比例做出硬性规定，但是国际组织及 DAC 成员国都在不断上调各自 ODA 无偿援助比例。[②] 近 10 年来韩国无偿援助与有偿援助比一直保持在 6∶4，居高不下。而 1990 年开始 DAC 成员国无偿援助额度占 ODA 总额的平均比重已经超过了 90%，美国、加拿大、新西兰、爱尔兰等国家早在 2008 年就实现了官方开发援助无偿化。[③] 在无偿援助比例问题上，韩国与高水平 ODA 支援国之间还存在一定差距。

现阶段，虽然韩国在 ODA 方面已经积累了一些经验，取得了一些成绩。但是要步入 DAC 先进支援国家的行列，韩国还应该在提高 ODA 管理、评价

---

① 经济与合作与发展组织（OECD）网页数据，OECD，http：//www2.compareyourcountry.org/oda？cr=20001&cr1=oecd&lg=en&page=0。

② 〔韩〕李溪宇（音译）：《有无偿援助在韩国经济开发中的作用》，《海外经济》2011 年第 6 期。

③ 韩国国会预算处事业评价局：《官方发展援助 ODA 事业评价》，韩国国会预算政策处，2010，第 33 页。

体系效率、扩大 ODA 资金投入规模、调整有偿援助与无常援助比例等方面做出改善。另外作为 DAC 成员国中唯一具有受·支援国身份转变经历的国家，在 ODA 项目推进中，韩国向受援国提供了发展援助的同时也提供了一种发展模式与经验。韩国根据自身发展经验发掘的援助项目取得了一定的成果，这是韩国 ODA 的一大特征。与此同时，官方开发援助不仅需要国家综合实力的支撑，也能够折射出国家利益的诉求。韩国 ODA 在改善双边关系、营造周边环境、塑造国家形象、扩大国际影响力等方面发挥了重要的作用，是韩国重要的外交手段之一。

21世纪的日本公共外交

——以安倍执政后的公共外交政策为中心

任　慕*

摘要：日本在多年的公共外交实践中积累了丰富的经验。21世纪以来的公共外交汲取了传统公共外交的经验，在政策层面强调公共外交所发挥的作用，在实践层面积极利用日本的文化资源优势在海外树立良好的国家形象。安倍晋三首相奠定了自民党政权重视公共外交的基调，而其再度执政之后，更是将公共外交提升到国家安全战略层面。为了向海外民众推广日本的流行文化和传统文化，强化日本向海外传达信息的能力，安倍政府出台并实施了多项新的公共外交政策。在国际社会上，中日的公共外交呈现竞争状态。中国应针对日本的公共外交举措采取相应措施，以应对日本的挑战和竞争。

关键词：日本　安倍政府　公共外交　安全战略

进入21世纪以来，公共外交逐渐进入政治家、学者以及公众的视野。多个国家越来越重视公共外交在处理对外关系中所发挥的重要作用，认为其能够实现国家的外交目标，提升国家的软实力。日本也不例外，日本人深谙其国家的政治外交实力以及在国际社会中的地位与世界第三大经济体的经济实力并不相符，因此也意识到公共外交对实现日本“正常国家”目标的价值，并采取一系列的政策措施实现公共外交的顺利开展。公共外交的概念出现在日本外交政策话语中虽不过十余年，然而其在外交事务上的运作已有较长的历史。二战结束后，日本就开始注重国家形象的构建，力图摆脱战败国形象，转变在其他国家民众心目中日本等于军国主义的印象。随着国际和地区环境的变化以及国家间政治经济力量对比的改变，日本公共外交的目标，以及实现目标的资源、手段与途径也得到相应的调整。

---

* 任慕，国际关系学博士，吉林大学公共外交学院讲师。

本文聚焦 21 世纪日本的公共外交，即新时期的公共外交，集中讨论安倍晋三首相再度执政后的公共外交。本文试图解决的问题集中于：新时期日本的公共外交是如何确立和发展的？安倍再度执政后的日本公共外交是否存在变化，其具体运作路径如何？最后，在梳理安倍执政时期的公共外交的基础上，简要指出其对我国的启示和我国的应对办法。

一　新时期日本的公共外交概况

日本政府一向重视公共外交的实践，通过对外宣传和文化交流逐步形成了以国际文化交流为特色的公共外交路径。然而“公共外交”的概念是在进入 21 世纪后才逐渐被关注，2004 年日本外交蓝皮书中首次正式使用“公共外交”（Public Diplomacy）一词，在日文语境中被称为“广报文化外交”。2004 年 8 月的外务省机构改革中，“广报文化交流部”成立，将原本分别负责对外宣传和文化交流的两个部门重新配置组合，统一负责日本对外文化战略的制定和实施。其机构内部设立综合企划课、文化交流课、国际文化合作室、人员交流室。[①] 各个课室同驻外使领馆、日本文化交流基金会、其他非营利组织以及地方政府相关部门密切联系与合作，形成了由政府主导、民间机构实施的公共外交网络。除此之外，日本政府内部的其他机构也配合广报文化交流部承担推动公共外交的工作，如进行对外宣传的外务报道官组织、推进国际学术交流和人员交流活动的文部科学省等。由此，在组织形式层面上标志着新时期日本公共外交的确立。

新时期日本的公共外交以提升日本的国际形象为目标，延续了以往以文化为重心的特色，同时拓宽了文化交流的面向。根据日本外务省网站的相关信息，公共外交主要有三个功能：向国外公众介绍日本的国情以及内政外交，以助顺利地实施对外政策；促进日本与国际文化组织的合作；向海外传播日本文化，促进日本与其他国家间的文化交流。[②] 从政策构想上来看，日本的文化交流不仅限于自身文化的传播，而是注重双向交流的模式，吸收不同的文化和价值，搭建起多元文化与价值的桥梁。外务省将公共外

---

① 〔日〕金子将史：《日本的公共外交》，〔日〕金子将史、〔日〕北野充主编《公共外交：“舆论时代”的外交战略》，《公共外交》翻译组译，外语教学与研究出版社，2010，第 126 页。

② MOFA, “About the Ministry,” http://www.mofa.go.jp/about/hq/org.html, February 25, 2014.

交工作分为六大种类，包括海外传播、文化交流、人员交流、与国际组织的合作、文化相关的资金援助以及其他的公共外交促进活动。[①] 除此之外，外务省编制的《外交》月刊发表了一系列关于公共外交和软实力的文章，以彰显公共外交的重要性。

公共外交是由日本自民党发起并开展的，2004 年小泉纯一郎首相设立了“推进文化外交恳谈会”，以推进日本的国际文化交流和合作的深度与广度。而将自民党的公共外交政策由文化政策提升到战略层面的是安倍晋三首相，在安倍首次执政之际，他就强调向海外宣传日本的重要性。在 2006 年的国会施政演说中，安倍首相呼吁向全世界展示“美丽的国家——日本”，他在演说结尾说道：“从今往后，对日本而言，向世界展示面向未来的新的日本的‘国家认同’（カントリー・アイデンティティー）、我国的理念以及实现目标的方向是极其重要的。要集合国家的智慧，从战略的高度实施国家的对外传播。”[②] 安倍政府采取了多项措施推动公共外交，包括增加传播途径，如设置名为“官邸对谈直播”（ライブ・トーク官邸）的网络电视，采取了与国民直接对话的形式，不需要传统媒体的介入；推动文化产业的发展，在“亚洲—通路构想”（アジア・ゲートウェイ構想）中突出了促进文化产业的具体政策，发表了《加强日本传达信息能力的 5 个提议》（日本の発信力強化のための5つの提言）。[③] 麻生太郎任首相期间，提议设立“国际漫画奖”以及推动动漫文化大使活动。新时期的日本公共外交通过传播日本流行文化推动公共外交，打造“酷日本”（Cool Japan）品牌，确立了将日本流行文化产业作为其软实力的主要资源。

从政策层面而言，日本公共外交在民主党上台后式微。虽然民主党执政期间日本并未终止公共外交的实践，但是避免在外交文件中提及“公共外交”一词。在 2004 年至今的日本外交蓝皮书中，只有 2010~2012 年民主党执政期间的三部蓝皮书未出现“公共外交”和“文化外交”这两个关键词。东日本大地震使民主党认识到公共外交的紧迫性，在野田佳彦首相执政末期外务省再次改组，“广报文化交流部”被废止，新设“广报文化外交战略课”，其隶属于官房大臣下属的“外务报道官”（外務報道官），该部门

---

① 日本外务省：《広報文化外交》，http://www.mofa.go.jp/mofaj/gaiko/culture/index.html。

② 安倍晋三：《第 165 回国会における安倍内閣総理大臣所信表明演説》，日本外务省网站，http://www.kantei.go.jp/jp/abespeech/2006/09/29syosin.html。

③ 日本外务省：《日本の発信力強化のための5つの提言》，http://www.mofa.go.jp/mofaj/annai/shingikai/koryu/h18_teigen_k.html。

负责向国内外新闻机构发布信息、进行国内外舆论调查的公共外交活动以及承担文化交流的相关工作。与自民党的公共外交政策相比，民主党以强化信息发布能力为政策的着力点。

二　安倍再度执政后的日本公共外交

2012 年末，自民党和公民党联合从民主党手中夺回执政党的地位，身为自民党党魁的安倍晋三再度执政。目前来看，日本政权比较稳定，2015 年底，自民党和公明党的支持率稳居榜首，总计达到 30%。[①] 3 年间安倍内阁支持率虽然呈下滑趋势，但是 2015 年底有所回升，超过了不支持率，达到了 41.2%。[②] 安倍再度上台之际，日本还没有摆脱东日本大地震和福岛核泄漏所带来的负面影响，除此之外，其面临的地区环境和国际环境也并不乐观。

（一）背景

日本经济进入停滞期后，不仅经济实力没有增长，小泉纯一郎首相之后政权不稳定的国家形象深入人心。2011 年的东日本大地震使日本的政治、经济等方面遭遇了巨大的危机。为了震区的复兴，日本通过增税的方式增加财政支出，使国内经济更加恶化。而福岛第一核电站泄漏事件使日本拥有高技术水平的形象大为削弱，加上国内外民众对放射性污染的担忧，日本的观光产业和农业更是遭受了打击。在这个背景下，日本政府重新认真地讨论公共外交。除此之外，日本政府对日本在亚洲的侵略战争的历史态度和认识也受到诸多批判。因此，日本力求通过公共外交争取国际支持。除此之外，韩日之间的领土争端也不断重复出现，当时的韩国总统李明博登陆独岛（竹岛）的事件更是加剧了两国之间的摩擦。

（二）目的和政策

鉴于所面临的问题以及日本国内外环境的变化，安倍首相上台后将公共外交置于日本外交和安全保障上的战略性位置。安倍延续了其首次执政期间的公共外交政策，对公共外交极为重视，并对其所发挥的作用十分期

---

① 《政党支持率の推移（最新）》，時事ドットコム，2016 年 1 月 15 日，http：//www. jiji. com/jc/graphics？ p=ve_ pol_ politics-support-pgraph。

② 《内閣支持、3カ月連続の微増=ダブル選は反対 45%-時事世論調査》，時事ドットコム，2016 年 1 月 15 日，http：//www. jiji. com/jc/graphics？ p=ve_ pol_ cabinet-support-cgraph。

待。安倍在 Twitter 上直接面对国内外公众，发布英日双语的信息，包括他的日常生活以及政治理念和构想。日本外务省也积极地利用官方网站和社交网站，通过制作电视动画、印刷物派送以及人员派遣等多种手段和多样媒体向日本国内外的公众提供日本的相关信息。特别是利用新兴媒体促进国外民众对日本的了解，如利用 Facebook 发布日本的信息、驻各国大使馆制作电子宣传册介绍日本的风土人情等。对于传统的外国媒体，日本政府主要利用其传达日本对国际问题的立场和政策。安倍首相还接受外国记者的采访，对其执政纲领和执政理念直言不讳，甚至频繁提到一些敏感问题，如参拜靖国神社、钓鱼岛问题等。[①] 虽然有些观点颇为荒谬，特别是涉及中日关系的问题，但是他直接地向国外民众表达了日本政府的态度和政策。

除此之外，安倍政府积极地在海外树立日本富有活力的形象，强化向海外传达信息的能力。2012 年，安倍以“日本回来了”（Japan is Back）为竞选标语并获得压倒性的胜利，并在 2013 年制定了名为“日本的回归”（日本の複活）的战略。同年 2 月，安倍在访问美国时表示：“日本不是二流国家，今后也不会变成二流国家。这是我来到这里所要传达的核心信息。就像我回归政坛一样，日本也是要回归的。”[②] 除了推出所谓“安倍经济学”的经济政策和金融政策促进本国经济发展外，为了实现“日本的回归”战略，安倍政府不仅利用其掌握的资源，而且与工商业合作，为日本企业在海外市场的经济活动提供支援。增强日本向海外传达信息的能力是安倍再度执政后公共外交政策的施政重点；积极利用民间的力量实现国家的安全和发展战略，是其公共外交政策的主要目的。

1. 日本安全战略的组成部分

向海外传达信息的首要目的是服务于日本的安全战略。日本外相岸田文雄在 2013 年 2 月发表的日本外交方针的演说中明确表达了公共外交的重要性和主要目标：“强化外交政策在国内外的信息传达，将保护我国领土完整的立场有效地传达给国内外民众。”[③] 同年 4 月，安倍政府将野田执政时

---

① 譬如，安倍接受路透社记者 Bazuki Muhammad 的采访，该采访内容发表在《外交》（*Foreign Affairs*）杂志上。详见 Bazuki Muhammad，“Japan is Back: A Conversation with Shinzo Abe”，*Foreign Affairs*，May 16，2013。

② Shinzo Abe，Japan is Back，delivered at CSIS，February 22，2013，http://csis.org/files/attachments/130222_ speech_ abe. pdf.

③ 岸田文雄：《第 183 回国会における岸田外務大臣の外交演説》，2013 年 2 月 28 日，http://www.mofa.go.jp/mofaj/press/enzetsu/25/eksd_ 0228. html。

期讨论公共外交的政府内部会议“国际广报联络会议”更名为“国际广报强化联络会议”，表明其对公共外交的重视程度。2013 年外务省广报文化战略课在 2014 预算报告中明确指出塑造日本国家形象的重要性，同时表明公共外交的重点课题包括安全保障、历史认识和保护领土完整。具体实施政策包括发布正确的信息，找准诉求对象和合适的信息传递者，在合适的时间综合利用公共外交的手段，如资料的搜集、人员的邀请和派遣、灵活利用智库，从而开展战略性的公共外交政策。[①] 安倍再度执政后日本的公共外交政策是战略层次的策略性作为，而非仅仅是技术性的政策规划而已。

与历届日本政府有所区别的是，安倍政府在面对中韩两国在国际社会上对日本的批判时，态度十分明确，同时做出了相对强烈的反击，在国际社会上开展针对中韩两国的舆论战。2014 年 2 月，日本发布面向韩国的“日本海”的相关视频资料，韩国认为将日本、俄罗斯以及朝鲜半岛所包围的海域称为“日本海”是帝国主义的表现形式，因而对此展开批判，日本继而予以回击，同年 2~6 月，日本共发布了四部相关的视频资料。

除此之外，日本驻各国大使馆领事馆也响应本国政府的要求，积极开展公共外交，特别是针对中国展开舆论战。在 2013 年末安倍参拜靖国神社后，中国各大驻外使领馆纷纷表示反对安倍政府的行为，批判日本右翼政治势力。对此，日本予以了回击。在美国“战场”上，2014 年 1 月 10 日，崔天凯大使在《华盛顿邮报》上发表了对安倍参拜靖国神社的评论后，日本驻美国大使佐佐江贤一郎在 1 月 17 日发表了《中国反日宣传战》（China's Propaganda Campaign Against Japan）的文章对崔天凯的评论进行反击。另外，中国驻英国大使刘晓明和日本驻英国大使林景一的交锋以及中国驻德国大使史明德与日本驻慕尼黑总领事水谷章的正面交锋也颇为引人瞩目。[②]

2. 日本文化的海外推广和交流

提高向海外传达信息能力的一个重要途径是向海外民众介绍日本的文化，提升日本的吸引力。2013 年日本外务省广报文化战略课所列出的公共外交的重点课题，除了上文所提到的安全保障外，还包括重视双向的文化交流、专门知识领域和人的交流以及日本语的普及。具体措施包括向海外

---

① 《広報文化外交：平成 26 年度予算概算要求》，外務省広報文化外交戦略課，2013 年 9 月，http：//www. bunka. go. jp/seisaku/bunkashingikai/seisaku/11/03/pdf/shiryo_ 3. pdf 。

② 陈涛：《中国对日国际舆论战》，赵启正、雷蔚真主编《中国公共外交发展报告（2015）》，社会科学文献出版社，2015，第 53~54 页。

介绍日本文化、促进海外的日本研究、加强对智库的支援、促进青少年的交流、完善海外日语教育、与国际文化组织的合作以及为世界文化的发展做贡献等。[①] 这些具体措施既包括日本公共外交的传统项目，如利用独立法人机构日本基金会的平台开展海外的日语教育和学习以及促进文化交流、通过日本国际协力机构（Japan International Cooperation Agency）向一些发展中国家展开援助活动等，还因时制宜地推出了一些新项目和加大对一些重点项目的支持力度。

安倍政府希望利用 2020 年东京奥运会的机会，向全世界推广日本的热情好客与和食，提高日本在世界的认知度，消弭东日本大地震以及核泄漏事件所造成的消极影响。2013 年 12 月，日本外相岸田文雄表示，日本要向世界证明其从地震的灾难中恢复过来的强大力量，日本举国上下为了 2020 年东京奥林匹克运动会的成功举办进行全力支援。2014 年岸田文雄在国会的外交演说中表示，要提高日本在国际社会的存在感，让国际社会更加理解日本是值得信赖的国家，除了要对外表达日本的立场和战略思路，还要通过包含和食在内的文化宣传、年轻人的交流以及日本语的促进等手段，实现提高国家软实力的目的。[②] 至 2020 年东京奥林匹克运动会召开，日本的公共外交将和食和其他传统日本文化作为主打品牌，配合多种公共外交手段，在国际上树立日本良好的形象。

2015 年初，日本政府拨款 5 亿美元用于开展公共外交，促进战略对话，体现出日本更加重视形象塑造和面向海外的信息传达。这一举措通常被视为反击和对抗中韩两国在国际上就有关领土纠纷和历史问题的政策表达。日本采取了通过民间组织向美国知识界“投资”的战略，资助美国著名的日本研究学者进行科研活动和学术交流活动，培养知日派。如日本为包括华盛顿大学和麻省理工学院在内的 9 所美国著名大学的日本史研究项目提供超过了 1500 万美元的资助。除此之外，日本政府还利用驻美国领事人员参与不同的社会团体和接触美国民众，譬如日本支持美国政府的科学技术工程数学（STEM）计划，特别资助了贫困地区中学以及在日企工作的工人家庭成员的培训项目。通过这些活动日本加大力度培养海外的亲日派和知日派，为日本安全战略的实现、扩大日本的影响力奠定海外的民众基础。

---

① 《広報文化外交：平成 26 年度予算概算要求》，外務省広報文化外交戦略課，2013 年 9 月。

② 岸田文雄：《第 186 回国会にをおける岸田外務大臣の外交演説》，2014 年 1 月 24 日，http：//www. mofa. go. jp/mofaj/fp/pp/page18_ 000183. html。

除此之外，2014 年末，日本政府宣布了在海外开设宣传日本文化的设施“日本屋”（ジャパ・ンハウス，暂定名）的计划，“日本屋”将设立在伦敦、洛杉矶、圣保罗、香港、雅加达以及伊斯坦布尔 6 个城市，该设施在 2015 年动工，2016 年正式开放。该设施的建立、设计以及经营等相关事业由日本政府决定，而运营则是由日本政府和民间团体合作，包括日本驻外领使馆、与日本有关系的民间组织以及当地受过高等教育的相关人士。当地受过高等教育的相关人士包括媒体从业人员，企业代表和美术馆工作人员等，这样的计划安排主要目标是最大限度地获得当地的新闻和信息。在“日本屋”的事务所里主要设置研讨室、展示区、咖啡厅及饭店、多媒体室、土特产经销店以及为去日本留学、观光、工作的国外民众提供信息的服务室等设施。日本政府鼓励民间企业积极参与到日本屋的建设和运营中。因此，“日本屋”运营的主体包括相关的政府部门、事业单位（独立行政法人）、地方自治团体、文化相关的部门和人士以及个别的相关企业，如和食、日本酒、高科技、传统手工艺、大众文化等。

“日本屋”的设置自 2014 年 6 月开始筹划，当时所设定的粗略计划是要将该设施打造成为传达日本真实的样子和展示日本多种多样的魅力的公共外交的据点。2015 年 3 月，外务省制订了详尽的计划，明确指出“日本屋”的建立是一项“战略性对外信息传达强化”的策略，除了宣传日本以外，还包括培养海外的亲日派和知日派。该计划明确指出了“日本屋”设置的 5 个主要目的：利用民间的活力、打造日本品牌（传统与革新，各个领域的先端技术）、展示各个地方的魅力、介绍日本的政策和对国际社会的贡献以及加强（海外民众）对日本理解的基础。“日本屋”的设计要因地制宜，结合当地的特征定制有特色的公共外交实施场所。例如，伦敦的“日本屋”要将当地的知识分子和从事经济活动的人士吸收进来，向国际社会传达信息；圣保罗的“日本屋”主要是与当地的日企和日裔人士合作，以扩大日本的经济和文化在当地的影响力。[①] “日本屋”计划是日本公共外交最新的主打项目，旨在提高日本文化的海外影响力。

“日本屋”计划试图利用日本的流行文化优势，鼓励多元主体参与，采取多样手段，增强日本的软实力以及在国际上的话语权。而其作为日本外交战略的一部分，不仅向海外传达日本的信息，同时也有与中韩两国对外宣传对抗的意味。外务省广报文化战略课的很多报告中提及了中韩两国公

① 参见日本外务省网站，http：//www. mofa. go. jp/mofaj/p_ pd/pds/page24_ 000421. html。

共外交政策的具体措施以及日本与中韩两国在公共外交方面取得的成绩的对比。2015 年末，安倍政府确定在印度新德里的尼赫鲁大学设立日本研究中心也是一个典型的例子，日本政府要将日本研究中心建成日本教育和日本研究的据点。这一计划被认为是针对中国的孔子学院所设立的文化机构，是提高日本在国际上存在感的重要手段之一。①

从政策目标和实现途径来看，安倍再次执政后的公共外交延续了自民党的传统，并在一定程度上在民主党的政策基础上加以强化。这段时期的公共外交政策基于安倍政府对公共外交的认识和期待，在面对国内外所发生的传统与非传统安全问题的背景下，进一步提升了其在日本整体外交中的作用，是实现日本外交和安全保障战略的重要组成部分。

三 结论

日本政府在多年的公共外交实践中积累了丰富的经验，建立了一个由政府主导、多元性主体参与、流行文化为主打品牌、综合利用多样手段来提高日本软实力、向海外推销日本的公共外交模式。21 世纪日本的公共外交汲取了传统公共外交的经验，在政策层面强化公共外交所发挥的作用，在实践层面积极利用日本的文化资源优势在海外树立日本的良好形象。安倍晋三两度执政都极为重视公共外交，他也奠定了自民党公共外交的基调，而其再度执政之后，更是将公共外交提升到国家安全战略层面。在很大程度上，公共外交地位的上升是安倍政府应对国内外不利环境所做出的策略调整。

对于中国而言，一方面，日本的公共外交经验值得借鉴。日本政府善于利用自身优势，打造国家品牌，在海外推广日本流行文化和促进日语的学习。日本的流行文化在其他国家接受度相对较高，日本政府抓住了海外民众的心理，推广“有魅力的和食文化”。中国在实施公共外交政策方面可以借鉴日本的经验，找出国外民众对中国感兴趣的方面加以发展，同时，国内的文化建设也要继续完善，使其成为公共外交的有力后援。

另一方面，日本公共外交的部分政策目的明显针对中国，在中日传统外交关系不甚乐观的背景下，双方在公共外交领域也展开了竞争。对于中

① 《インドに日本センター設置へ中国の「孔子学院」に対抗》，日本产经新闻，2015 年 12 月 13 日，http：//www. sankei. com/world/news/151213/wor1512130024-n1. html。

日之间存在的领土纠纷和历史问题，安倍政府会继续在国际上造势，试图影响国外民众对相关问题的认知。针对这一情况，中国要以更加快速准确的方式，用外国民众所熟悉和能接受的语言解释中国的立场，传达中国的声音。中国可以对我国历史、文化等资源加以利用，可利用我经济能力的优势为有才干的能讲好中国故事的人提供与国外民众面对面交流的机会，也向研究中国和对中国有兴趣的国外公众创造了解中国和研究中国的机会，培养海外的亲中派，加大双向的交流将有助于海外的普通民众切实了解中国，让中国在与日本的公共外交竞争中处于不败之地。

法国的文化外交与软实力建设

王政钧*

摘要：法国作为一个传统的文化强国，其公共外交的重心放在文化外交上。在文化理念上，法国从“文化例外”论发展到了“文化多样性”论，以便为自己的文化外交拓展更为广阔的局面；在文化外交的负责机构上，法国政府因时因势而动，调整与明晰各部门的职能定位；在具体的举措上，法国政府充分挖掘自身的软实力资源，将多种文化因素综合利用，以便达到最佳的文化外交效果，提升法国的软实力建设。

关键词：法国　文化外交　文化多样性　法语　软实力

一　法国公共外交的文化定位

面对来自以美国为首的英语文化的冲击，法国一直致力于反对任何形式的“文化霸权主义”。法国学界提出了以“影响力外交”取代“老式外交”的思路，将文化资源定性为一种具有长期效益、间接性、隐蔽性的资源，并将其提升到国家发展战略的高度，寻求通过“滴水穿石”的方式让法国凭借文化资源达到维持其大国地位、确保法国在发展中国家的利益以及复兴和弘扬法语文化的目的。“影响力外交”就是公共外交，但在实践公共外交上，法国根据自身的资源与特色，将公共外交的核心放置在了文化外交上。

法国政府一直主张出台文化保护政策来保护国内文化市场和民族文化产业，并将文化保护置于国家发展的核心地位。为保护文化产业，法国曾先后出台《古籍保护法》《建筑法》《著作权法》等多项法律，并在文化事业相关领域做出了保护性的规定，例如电视台播放法语影视作品的比例。为了对抗英语文化的强势入侵，法国议会于 1994 年通过了《关于法语使用的法案》，规定禁止在法国国内公众场合使用外语，也禁止在广播、电视等

* 王政钧，吉林大学文学院世界史专业硕士研究生。

传媒平台上使用外语，国内出版的所有著作必须有法文摘要等。为了抵御美国大众文化，法国以“文化例外”为由，反对文化市场的贸易自由化，在1993年有关WTO的开放市场的谈判中，法国反对将文化产品等同于其他类别的商品进行自由贸易。

法国的文化保护主义虽一以贯之，却在二战后的半个多世纪根据时代的变化不断赋予其新的措辞和解释。从一开始“唯法国独尊”的“法国例外”，到1982年联合国教科文组织召开的世界文化大会上法国文化部部长贾克·朗呼吁各国抵御文化帝国主义，首先提出“文化例外”强调所有形式文化的自身价值，再到1999年法国推动联合国成员变“文化例外”为“文化多样性”，并于2001年在第三十一届联合国教科文组织大会上通过“文化多元性声明”。“文化多样性是作为新自由主义全球化的对立物而出现的。”① 这种修辞上的改变体现出法国为适应全球新的形势发展做出的软实力战略调整，这种调整的核心目的在于促进自身文化政策与美国文化和谐共处，同时借鉴其他国家文化，相互借重。

法国文化部在2013年发布的工作报告《新时代的文化部：文化与媒体2020》中指出，语言、文化遗产、旅游是扩大法国文化影响力的基石，其中语言受到的重视更大。语言是一种重要的宣传一国文化的工具，法语曾经在欧洲有过辉煌的历史，是法兰西民族的骄傲。因此，推广、普及与复兴法语，是法国历届政府一直不遗余力的软实力政策。20世纪50年代，法国文化部对外文化司司长雅克·比塞就声称，就算牺牲其他任何文化活动，也要在全球范围内不惜一切代价地推广法语。法国前总统希拉克多次强调，法国是否能重新跻身世界强国之列，取决于法语的国际地位；萨科齐也多次声称将推广法语置于对外文化活动的核心地位。法语联盟、法语文化学院、法语国家组织……从官方到半官方再到民间，在强势的英语文化面前，法国正在将法语这一文化资源的价值发挥到最大程度。

二　法国文化外交的主要机构与职能

在公共外交方面，在法国“以政府为主导、以非政府机构为主体”的公共外交运作理念指导下，法国建立了较为完善的公共外交管理机构，各

---

① 庄向阳：《法国例外·文化例外·文化多样性——“多样性修辞”辨析》，《中国图书评论》2014年第7期，第46页。

司其职、分工明确。目前，发挥主要作用的有法国国际合作与发展总司、法国海外教育署与世界传媒等，其中前两者主要负责法国公共外交活动中的国际教育文化交流事宜，而世界传媒则主要负责法国公共外交中的对外信息传播，这些内容基本上集中在文化外交领域。

法国国际合作与发展总司隶属于法国外交部，最初为文化和技术事务总司，之后更名为文化和科技关系总司，最终发展为国际合作与发展总司。其几次更名的过程也代表着这一机构对自身职能定位日益明晰与完善的过程，由最初的负责国外的文化和科技事务逐步扩展到今天的明确法国在国际上有关各国际组织及政府间组织在经济领域、社会领域的行为并负责其推广实施，负责外交部有关国际公众利益的政策制定，参与法国文化文化外交政策的实施，支持法国企业在海外的发展，支持法国与他国的校际与科技合作交流，鼓励海外留学生来法学习，推广海外艺术与文化活动并包括法语海外教学，所涉领域涵盖文化、艺术、科教、社科、视听、经济等诸多领域。总司下设四个专业司，分别为国际经济与企业司，国际公众利益与发展司，文化合作、大学与研究司，网络与规划司，各机构各司其职又通力合作，管理法国在海外的各项公共外交事务。

法国海外教育署成立于 1998 年。该部门最初的职能为向外国留学生颁发奖学金，并提供在法国留学的相关接待服务，后来逐步扩展为一个庞大的海外教学网，该部门主要由法国外交部与高等教育部扶持，为其提供资金预算，法国外交部通过法国海外教育署对这些学校进行管理监督。

世界传媒由萨科齐提出创办，最初名为法国高等视听委员会，2013 年改为世界传媒，主要负责监督并推进法国广播电视事业的发展，核心职责为推进法国广播电视事业在海外的传播，2009 年，法国政府颁布法案将法国高等视听委员会职责列入法律范围之内。法国三大主流国际传媒机构——法国国际广播电台、法国 24 小时及蒙特卡洛国际广播电台——均由该机构统一管理，法国政府每年为该机构提供高额财政支持，该机构根据法国政府总的文化与外交纲领，制定其名下传媒机构的传播目标与传播理念，使这些机构不仅仅是“法国之音”，更是“法国价值之音”。

法国议会同样是法国公共外交的重要管理机构，主要为法国公共外交政策的展开提供一些法律与政策支持并负责监管公共外交运营主体的活动展开与效果的后期监管工作。如法国著名的《关于法语使用的法案》、关于建设海外法国文化学院的第 2010—873 号法令及规范法国广播电视事业行为的第 2009—258 号法案等均是由法国议会提出并通过实施的。此外，法国财政部每年均会划拨专项资金投入法国海外的文化外交建设事业当中，而法国参议院则会就政府当年的海外财政支出出具专门报告，并对其中涉及文化支出内容做出专项说明。

为了保障公共外交活动的顺利开展，法国政府制定颁布了诸多相关法律法规来提供政策扶持。1959 年，戴高乐政府制定的《关于在国外扩张和恢复法国文化活动的第一个五年计划（1959 ~ 1963）》可以看作法国近代较早的官方文化外交计划，这一计划将文化外交作为整个法国外交的重要内容，纳入法国大国外交的战略框架。同样，出于对法国文化外交主打内容“语言”与“文化”的扶持，1994 年 8 月 4 日，法国议会通过著名的《关于法语使用的法案》。2010 年，法国政府出台第 2010—873 号法令将建设海外法国文化学院以官方条文形式正式纳入法国政府职责中，并将之前的文化学院与文化中心统称为法国文化学院，将法国文化学院作为法国政府海外文化教育与推广的核心平台。“截至 2014 年，法国已在 96 个国家设立了 150 余座法国文化学院，成功地构建起自己的文化外交网络。”①

在对外信息传播方面，法国政府亦于 2009 年颁布第 2009—258 号法案，将法国高等视听委员会职责列入法律范围之内。

此外，法国政府还为法国各项公共外交活动开展提供充足的人力、物力支持，政府每年均会派驻大量法国各行业专家学者到各海外文化学院参与教学或举办展览，各法国驻外大使、政府官员也常以普通民众身份参与其中。法国政府每年均会划拨专项资金用于法国海外公共外交活动的开展：2012 年，法国文化学院的预算资金高达 6550 万欧元，2013 年为 6570 万欧元；在截至 2007 年已建立的 812 家法语联盟中，有 486 家直接接受法国外交部的资金支持；法语国家组织每年有着多达 2 亿欧元的预算，这其中 2/3 来自法国政府。在当前法国经济略显低迷的情况下，法国政府能保持它在公共外交活动上的高预算，足见法国政府对其海外文化外交的重视。

三　法国文化外交的路径与举措

（一）法语联盟与文化学院的文化外交

法国的对外文化推广网络，主要由两大部分组成：第一是法语网络，

---

① 教莹：《法国政府力促文化外交与时俱进》，《中国文化报》2015 年 9 月 21 日。

第二是法国文化宣传网络。前者以成立于1883年的法语联盟为主，是海外法语推广和教学的重要机构。在法国政府的资助下，目前在140多个国家设立了1000余所学校。法国文化宣传网络主要由法国文化中心和法国文化学院组成，2010年后二者统称法国文化学院。目前，法国文化宣传网络已遍布世界100多个国家，建有近300所分支机构。法国文化中心和文化学院为全世界提供关于法国的最新咨询以及举办各种文化活动的平台，是法国国家形象的“橱窗”。

法国文化学院与法语联盟是法国“官民合作”式文化外交渠道的最佳代表，相比法国其他文化外交传播机构，这两者可以说在法国海外活动中规模最大、涉及人数最多，也位居法国公共外交领域中知名度最高、影响力最大的活动之列。2010年，法国政府出台第2010—873号法令，将建设海外法国文化学院以官方条文形式正式纳入法国政府职责中，每年为文化学院划拨专项资金。无论是法国文化学院还是法语联盟，都有专门的自设机构负责管理运营。

与纯官方公共外交机构相比，这种不带有明显官方性质的文化外交传播机构往往更为灵活，内容更为多样，开展方式也更为多元，同时其对外表现出的明显“民间”属性也使其信息“可信度”较官方渠道更高，更易于深入到各国民众之中，拉近与国外民众的距离，于潜移默化之中传递法国的文化与价值观，塑造更好的法国形象并最终服务于法国的战略利益实现。

（二）文化交流活动中的文化外交

法国官方主导下的文化交流活动，主要分为以下几个方面：文化季或文化年活动；翻译、出版资助计划；科技援助与合作；等等。

在传播法国文化的过程中，法国政府探索并建立了许多成功的文化推广模式，如文化季、文化年模式，既宣传法国文化，又对当地文化加以探索融合，使法国的对外文化机构不只是展示法国文化的“橱窗”，更是文化交流的平台。“外国文化季/年活动是法国倡导文化对话、平衡美国文化霸权、促进文化多样性的重要手段。在法国举办过或者将要举办文化季/年的国家，不是传统上亲法的法语国家/地区、冷战后独立的中东欧国家，就是民族性、文化性异常突出的非英语国家。简言之，都是法国在同英语文化的抗争中可以团结的力量。”① 例如1985年的印度文化年，以及1994～1995

① 彭姝祎：《试论法国的文化外交》，《欧洲研究》2009年第4期，第119页。

年的突尼斯文化季。2014 年“中法文化之春”是中法合作在华举办的纪念两国建交 50 周年庆祝活动，既构成了中法双边外交的重要内容，又成为法国向中国民众推介本国文化的有效途径。通过文化季/年活动，法国旨在团结同英语文化抗争中可以团结的力量。

鼓励不同国家翻译法语著作，是弘扬法国文化的重要途径。为此，法国外交部建立了一套系统的出版资助计划。该计划从资助译者逐渐转变为资助出版社，同时注重培养翻译人才，定期选拔优秀青年译者赴法国培训。计划涉及 70 多个国家，在每个国家有不同的名称，如俄罗斯的“普希金计划”、西班牙的“塞万提斯计划”等。针对中国的“傅雷书院计划”，合作方主要包括中国新闻出版总署、中国国家图书馆、北京大学图书馆、清华大学图书馆、三联书店等在中国与巨大影响力的机构、图书馆和书店。围绕傅雷出版资助计划、傅雷译者小站、傅雷文学讲座、译者培训计划、傅雷翻译出版奖等五项主要工作，傅雷书院计划成功地将法国文化带到了中国，在中国各界产生了较大反响。

科技援助与合作是法国针对非洲地区法语国家，为延续法国在非洲传统影响力实施的文化政策。援助方式主要有两种：第一，提供资金和人力，帮助目标国改善基础设施建设；第二，为目标国培养行政管理或专业人才。这两种途径不仅完成了对目标国的援助，同时法语授课也传播了法语。

（三）大众传媒的文化外交

在推进文化外交的过程中，法国充分运用了广播、电视等传统信息传播媒介，并在此之上，借助现代化的新媒体传播技术，构建多种网络交流平台不断提升法国公共外交的信息传播效果。

广播电视方面，法国以法国 24 小时、法国国际广播电台、蒙特卡洛国际电台及 TV5 国际台为代表，构筑了完整的对外传媒网，让世界听到法国声音，了解法国的立场，这在法国政府抢夺国际话语权方面起到了重大作用。例如，“阿拉伯之春”爆发后，蒙特卡洛国际电台对叙利亚、埃及、利比亚等国家持续关注，设立多个节目进行跟踪报道，不断践行其“沟通法国及阿拉伯世界的桥梁”的目标，其报道吸引了一批稳定的阿拉伯受众。

以网络为载体的新媒体传播方式同样是近年来法国开展信息交流的重要手段。法国外交部积极建设各驻外使馆官网，并将其打造成外国民众了解法国的实用百科全书，网罗法国各驻当地机构的介绍与网络链接，将各机构涉及法国文化推广与国家形象建设的活动专门列出，并积极参与其中；各广播电台也均设有官方网站并开发有独立的手机 APP 方便用户随时随地获取最新信息。此外，诸如 Facebook、Twitter 等主流社交平台也成为法国政府开展公共外交活动的新阵地，包括法国政府高级官员、法国政府各驻阿使馆、蒙特卡洛国际电台、法国 24 小时等机构均在 Facebook、Twitter 上开设主页，及时发布最新资讯，与阿拉伯民众保持交流和信息沟通，使更多的阿拉伯人能够听见法国的声音，了解法国的立场，有利于提升法国在阿拉伯国家文化外交活动的传播效果。

（四）国际组织的文化外交

国际组织是法国在文化外交开展中借助的一个重要平台，欧盟、法语国家组织和地中海联盟等国际组织均是由法国推广公共外交的重要官方渠道构成。

以"凝聚和壮大法语世界的力量、弘扬法语文化、维护法语的世界地位"为宗旨、成立于 1980 年的法语国家组织一直是法国通过施加文化影响来实现政治影响力的重要平台。成立初期的法语国家组织重点关注法语教学与推广，从 20 世纪 70 年代起，在法国总统密特朗的倡议下，开始由教育组织向多功能组织转变，致力于巩固并提升法语国家的国际地位。法语国家组织每两年都会召开"法语国家峰会"，议题逐渐由法语教学拓展到科技、经济、和平、人权、就业、可持续发展等世界焦点领域，以争取法语国家在国际上的发言权。"2010 年的峰会则强调法语国家应巩固自身国际地位，在国际社会中争取更多话语权，为法语国家作为一个整体在全球政治与外交中的角色定下了基调与目标。"①

由于法语国家组织成员大都为贫穷或发展中国家，国力整体不强，因而法语国家组织事实上绝大部分是在维护与提高法国的国际地位，像法国在国际社会的一个发言人。此外，虽然该组织是一个国际组织，各成员对其管理运营都有参与，但法国政府作为该组织的最早发起者，在其管理中起到了相对的主导地位，将这一组织成功打造成了提升法国国际地位的平台。2008 年成立的地中海联盟则是法国谋求扩大法国世界影响力的另一尝试。法国以建设主导者、欧盟与地中海地区间合作桥梁及地中海地区国家间内部调停者的身份积极促成了地中海联盟的构建。虽然后来受到英、德

① 卢暄：《法语国家组织的对外交往》，《公共外交季刊》2014 年第 4 期，第 58 页。

等国的排挤与财力、物力的制约，法国单独主导欧盟地中海合作的设想落空，未能成为地中海联盟中的最大获益者，但该组织的设立特别是法国为促成其成立而付出的前期努力却一度为法国赢得了来自地中海沿岸大多数国家——特别是西亚北非阿拉伯国家——的赞赏。法国建立这一组织的初衷有两个，一是加强政府间的协调与合作，二是加强各国人民间的沟通与了解，特别是第二点，证明了法国希望通过地中海联盟增加法国在地中海沿岸国家的公共外交影响力的决心与努力。

（五）高等教育的文化外交

在教育方面，尽管在人数和规模上，赴法留学生难以同赴美留学的情况相抗衡，但法国政府仍然加大对这方面的资金投入，积极鼓励外国学生赴法留学。在法国看来，通过吸引外国留学生的方式，培养他们对法国的认同感，这种方式所产生的影响比其他方式更深入持久。

法国外交部与教育部共同建立了法国教育国际协作署，在 49 个国家设立 80 个办事处与法国留学中心，承担法国高等教育在全球范围的推广、咨询和文化交流活动。[①] 国际教育署的目标是在短期内将外国学生的比例提升至占全法学生总数的 25%～30%。法国政府还通过合作办学与联合培养等方式与外国开展高等教育合作。另外，法国国家行政学院、国际公共管理学院等高等院校每年都从世界各国选拔青年行政、司法骨干进行培训，目的是希望这些未来的政府官员能为他们各自国家带去更多知法、亲法的声音，扩大法国的政治影响。在近十年内，中国在法留学生增长了十多倍，目前在法国各大专院校注册学习的中国学生已超过 3 万人，成为法国第二大外国学生群体。

四　结语

法国历届政府十分重视法国文化的传承与发展，扶植国内文化发展为基础与拓展法国文化海外影响力并重，文化外交更成为法国公共外交的核心部分。奥朗德于 2012 年就任总统后，在文化建设上推出了一系列举措，如政府降低图书增值税，创设特殊担保基金机制以避免独立书店被大型连

① 杨娜：《法国的文化外交及其启示》，《南开学报》（哲学社会科学版）2014 年第 4 期，第 24 页。

锁店竞争淘汰；电视台采取严格的份额制度，保证至少40%的法国本土自制节目；通过《文化例外2号法》协调行动政策建议报告，保障创作者的利益和自主创作，打击网络非法下载和盈利性盗版行为等。[①]“从传播地域不断扩张的现实来看，法国对外文化传播策略有很明显的‘扩张性’。这种扩张性的文化政策，主要由外交部及围绕法国大使馆建立的一系列机构来推行，旨在向全世界传播法语语言和文化。”[②]在文化外交的实践中，法国承认文化传播中各种文化相互依赖和补充的关系，虽有意推广法国文化，却也注重文化的交互作用，从而减少法国开展文化外交的障碍。法国在其文化外交开展过程中，还建立了一套较为完善的监管评估体系，监管各文化外交机构活动展开与运营，并委托专门机构通过投入产出对比及民调等多种方式对各文化外交机构活动效果进行评估，优化各机构结构设置，评估结果的好坏往往直接影响该机构的后期资金来源甚至存亡。

法国议会每年年底均会出台《政府海外活动：文化与影响力外交》报告，对法国当年的各公共外交活动进行归纳总结并评估其运行效果。法国文化学院与法语联盟均是该报告的重点评估对象。此外，该报告还会确定政府下年度划拨给各主要文化外交开展主体的财政预算，各机构当年运行效果的好坏往往会直接与其下年度所能获得的财政预算挂钩。对于法国24小时、蒙特卡洛国际电台、法国国际广播电台等针对阿拉伯国家的主流对外传播机构，法国外交部每年也会出具评估报告，在对其播出概况及收视率进行统计的基础上，肯定发展与成就，指出问题与不足，并提出相关对策。法国众多与政府关系密切的智库如法国国际关系研究所、法国国际和战略关系研究所等也是法国文化外交的主要评估与监管者。这些智库往往会受政府或议会委托出具报告评估法国各公共外交参与主体的运作效率或检验其运作是否达到实际目标，并提出改进建议与方案。

总体而言，法国公共外交的开展，在综合衡量与评估自身的软实力资源、与其他国家对比的优劣势之后，将公共外交的核心定位在了文化外交上，并通过多部门、多渠道、多举措地开展文化外交，通过文化外交加强软实力建设，对于我国公共外交的开展具有一定的参考意义。

---

① 黎文宇：《法国将“文化例外”坚持到底》，《环球时报》2013年7月13日。

② 邓文君、李凤亮：《数字时代法国对外文化传播策略研究》，《天津师范大学学报》（社会科学版）2015年第3期，第46页。

德国公共外交：机制与启示

颜　震*

摘要：战后德国的国家形象经历了巨大转变和改善，并得到国际社会的肯定。在这当中，公共外交的作用不可忽视。本文旨在探析德国公共外交在联邦政府、州政府以及非官方文化机构三个层次的分工与配合，并展示了德国对美国、法国、波兰，以及中东阿拉伯公共外交的典型案例，揭示了德国公共外交官民分离、平等对话、注重品质的重要特质，对我国公共外交的问题与发展提供了某些有益的启示。

关键词：德国　公共外交　官民分离　官民配合

德国长期以来展示给国际社会跌宕起伏但又相对可靠的国家形象。起伏指的是德国在近现代史中数次崛起与衰落所造成的集权与民主、多元与单一、强大与虚弱的混合面貌；而可靠则指的是德国所体现的个人素质、社会秩序、产业品质与国际信誉等长期所积累的有关德国国家与社会的总体声誉。2016 年 1 月 20 日，由《美国新闻与世界报道》、BAV 顾问公司和宾夕法尼亚大学沃顿商学院联合展开的“最佳国家”民意调查结果显示，德国在 60 个国家中位列第一，[①] 成为德国国家形象得到全世界普遍认可的有力佐证。德国凭借出色的公共外交，能够在多变的国际局势中维持并提升自身的形象，从而推进国家利益。本文讨论了德国公共外交制定与执行的机制，以及官方、非官方机构的角色与定位，进而揭示德国公共外交的一些特点与有益的启示。

---

* 颜震，历史学博士，吉林大学公共外交学院讲师。

① Best Countries, *U. S. News & World Report*, Jan. 20, 2016, http: //www. usnews. com/news/best-countries/germany.

一　德国公共外交的理念与原则

作为二战战败国，德国非常重视以文化作为缓和并促进与其他国家关系的突破口。德国政府在20世纪60年代就将公共外交正式定性为德国外交政策的“第三支柱”。在整个冷战以及后冷战时代初期，德国的公共外交目标主要在于摆脱纳粹德国的负面形象，加强德国与邻国和世界的信任。步入21世纪，德国的公共外交理念与原则更加成熟且明确。

就国家品牌的建设理念来说，德国的公共外交即要把德国打造为现代欧洲的文化大国与“理念之国”，即一组丰富的积极理念：德国的科技与文化将造就诗人与思想家以及“德国制造”的创新产品之地。[①] 就方法来说，德国重视对话原则，重视与对象国民众的相互沟通与理解。因此，德国并不遮掩自身的缺陷，而是强调自身的优势与特色，同时以平等开放的态度面对其他文化。

在施罗德政府时期，德国制定了《2000年对外文化政策纲要》，成为21世纪德国公共外交的指导性文件，就德国开展公共外交的思想和原则进行了明确的阐释。该文件继续将文化（公共）外交确定为对外关系的“第三支柱”，确定自身文化政策的欧洲属性和定位，敏锐地指出文化对话的对内对外双重角色，并明晰了外交部、联邦发展与对外经济政策部等联邦和地方机构的职责以及与民间文化机构的分工。该文件总揽全局，提出公共外交应以协调互动的方式进行开展，标志着德国公共外交进入了整合发展的新时期。

二　德国公共外交机构及其职能划分

德国政府与民间机构秉持事权分离原则，有着明确的职责划分。在公共外交的政策方针大方向上，总理具有决策权。而外交部和其他多个部门也参与到决策中来，同时辅以智库和研究机构的政策研究与咨询。在公共外交具体运作和管理方面，联邦机构和地方政府各司其职，其中外交部负责文化外交工作的总体规划和境内外的统筹协调，联邦教育科研部主管对

---

① Oliver Zöllner, “German Public Diplomacy-The Dialogue of Cultures,” in Nancy Snow ed., *Routledge Handbook of Public Diplomacy*, New York: Routledge, 2009, p. 263.

外科研交流合作，联邦和州政府联合管理境外德国学校，高校间的国际合作以及对外媒体宣传则分别隶属各联邦州文化部部长及文化和媒体总署负责。在具体操作和执行层面，各种官方、半官方、非政府组织及民间文化中介机构大行其道，但同时通过相关的协议，借助政策规定和控制基金、拨款等手段，来规划各执行机构负责的任务范畴和具体项目，从而保证执行机构认真贯彻以国家利益为基准的外交政策理念和原则，充分体现国家在外交政策方面的统一意志。在资金来源方面，联邦政府、各州政府和相关非官方性的文化机构相互侧重与协调，建立起有效的协作关系。在监督方面，联邦议会依据议会内阁制，通过要求政府递交年度工作报告和规划书以及举办听证会、大会辩论和质询等手段行使监督权，并通过财政预算拨款实行调控管理。

总的说来，德国公共外交机制的运行离不开联邦主要部门、各联邦州以及社会文化机构等三大板块的分工与协调，同时服从明确的法律法规限定。

1. 就联邦机构层次，主要涉及的主体包括联邦议会、外交部和其他部门

首先，联邦议会承担了监督、倡议和协调的职能。联邦议会为德国最高立法机构，并不直接参与公共外交政策的设计、决策和实施，而更多体现为政策建议和就原则性问题监督把关的作用。同时，联邦议会也会就文化外交战略的重大决策及其所需财政支持的预算和决算上起到决定性作用。

其次，外交部是德国公共外交的主要推动者。其下设的传播、公共外交和媒体司致力于德国外交政策等政府政策的对外、对内宣传。① 外交部的领导作用，一是通过广泛的协商、咨询和建议，最终决定公共外交政策的制定，二是通过法律赋予的文化外交财政拨付权对政策实施必要的调控和引导。

再次，外交部在负责对外文化政策的同时，也与其他联邦部门相互协调，共同推进德国的公共外交事业。其他各部认同外交部的主导角色，同时与其密切配合，形成平行不悖的协同合作模式。联邦政府层面的主要部门包括教育与研究部、文化与媒体部、司法部、经济合作与发展部，以及家庭、老年、妇女与青年部，等等。

---

① 〔日〕金子将史、〔日〕北野充主编《公共外交："舆论时代"的外交战略》，《公共外交》翻译组译，外语教学与研究出版社，2010，第 51 页。

2. 根据德国《基本法》，联邦政府与各州政府在外交与文化政策领域实行相互分工与配合的模式

德国的文化艺术及教育的管理权归州政府所有，联邦政府原则上不能干预。[①] 在文化领域，联邦州也享有部分的对外交往权利，如代表联邦州利益的联邦参议院和德国文化与媒体部各派出一名代表，参加欧盟文化部部长理事会的工作，在欧盟理事会中联邦州和联邦各派两名代表参加。事实上，德国大多数对外文化与交流项目是在州一级层面展开与实施的。联邦州拥有德国绝大多数的文化教育机构和基础设施，几乎所有的高等院校、研究机构、公共图书馆、博物馆以及初级、中级的教育机构都归属联邦州的管辖范围。

3. 德国公共外交总体来说呈现出“官民分离”与“官民配合”的双重景象

具体来说，文化机构接受政府文化政策的指导，体现出自身并非位于公共外交实际操作的中心地位；而文化机构在接受政府提供的财力资助的同时，也接受政府对其资金使用情况的严格监督。在与政府签订对外文化交流的政策目标协议、社会文化机构将自身与政府的关系置于法律的保护之下，同时能够巧妙结合外交政策理念与自身灵活性和自主性，从而有创造力地参与德国公共外交活动。

德国从事公共外交与文化交流的民间机构主要分为对外教育与培训机构、各类基金会和非政府组织对外文化机构三大类。[②]

第一，对外教育与培训机构。在这一类机构中，成立于 1951 年的歌德学院无疑享有较高的世界知名度，在德国文化外交战略布局中享有核心的位置，主要工作是促进国外的德语语言教学并从事国际文化合作，以推广德国文化，建构德国良好的国际形象。歌德学院还是一个德国信息的传播基地，向外界提供有关德国政治、经济、文化、社会生活等方方面面的信息。[③] 歌德学院是一个完全意义上的社会公益性非营利组织，拥有相当程度上的独立性，但也在评估、拨款和公共外交政策上受到政府——尤其是外交部的影响。

从歌德学院的自身建设来看，呈现出网络化的特征：歌德学院位于核心位置，分支则是语言中心等机构，基本上做到每个国家有一到两所歌德

---

① 〔日〕金子将史、〔日〕北野充主编《公共外交：“舆论时代”的外交战略》，《公共外交》翻译组译，外语教学与研究出版社，2010，第 52 页。

② 郭原奇：《德国对外文化政策研究》，山东大学博士学位论文，2012，第 100~101 页。

③ 邢新宇等著《世界大国（地区）文化外交·德国卷》，世界知识出版社，2014，第 142 页。

学院以及多家具备学院部分功能的语言中心、歌德中心和考试认证中心等，做到少而精、质与量兼重。总的来说，歌德学院已经成为德国公共外交的主打品牌和主要认可产品，在全世界享有较高的声誉。

除歌德学院之外，海外学校管理局也在对外教育和培训中扮演着重要的角色。海外学校管理局是德国联邦政府内部较为独立的一个部门，隶属于内政部，主要职责在于制订教育政策，同时肩负在联邦和州政府之间进行协调的职责。在公共外交领域，海外学校管理局为德国的海外学校提供资金、人力和智力支持，促进体育交流和文化交流。

第二，各类基金会。德国的基金会是公共外交民间层面的另一类重要构成，主要分为政治类基金会、学术类基金会以及企业与经济界基金会等。人们耳熟能详的阿登纳基金会、艾伯特基金会等，与德国各大政党有着密切的联系，活跃于德国文化外交与对外交流的前沿地带，体现出一定的政治倾向性；包括洪堡基金会、德国学术交流中心（DAAD）、联邦文化基金会等在内的学术教育类基金会在高等教育领域有着独特的影响力，其项目领域主要围绕德国高等教育的国际交流活动；而包括德国博世公司（Bosch）的博世基金会、克虏伯公司的克虏伯基金会、大众集团的大众汽车基金会等企业类基金会在规模和质量上并不逊色于政治类与学术类基金会，客观上为德国产品与德国企业文化的传播和研究提供了雄厚的支持，为德国公共外交与文化交流做出了独特的贡献。

第三，非政府组织对外文化机构：这一类机构源自德国战后兴起的公民社会，代表着民间利益群体或国际社会协同的声音，是公共外交的重要推动者和参与者，包括推动欧洲一体化、支持发展文化援助以及推动德国与其他国家友好关系的机构。

三　德国对主要国家和地区的公共外交

由于国际政治经济环境、历史文化传统以及价值观念的差异，德国对不同的国家与地区有着不同的议题倾向性和政策侧重性。以跨大西洋联盟为主导的西方集团利益和价值观共同体决定了德国在公共外交行为的侧重性；德国对法、波两国的历史恩怨与文化联系导致了更多的情感投资和民心工程；德国对文化背景迥异的中东阿拉伯地区公共外交则侧重宽领域的文化对话和交流。

（一）对美国的公共外交

历经几十年的军事占领与民主化改造，德美关系发展使两国在价值观层面已经不存在原则性分歧。因此，德国对美公共外交的主要任务在于如何进一步维系并巩固这种可持续性的对话。而这一对话的主要形式依旧是传统的文学、音乐、绘画、表演等艺术交流以及语言教学合作。在这一领域，德国驻美使领馆发挥了积极和专业性的作用。德国驻美使馆的德国信息中心定期发布《德国一周》在线订阅简报，并发布驻纽约、芝加哥、亚特兰大、波士顿、休斯敦、旧金山、洛杉矶和迈阿密等地总领馆的文化活动信息。[①]

近年来尽管受到经费制约，德国外交部与相关文化机构收缩了在美国大城市的机构及人员数量，但并没有忽略美国的文化市场，而是代之以更多有效率的专业联络处、图书馆和信息中心，注重提升总体质量和创新。例如，2005 年“德美友谊巴士”风靡美国：一辆承载德国文化产品与演示的大型巴士出现在华盛顿的公路上，车体上用美国和德国的代表色环绕着拥抱着的人们，以此来代表两国之间的友谊，并在途经的地方和美国当地人进行积极的互动。[②]

由于高等教育、大中型企业研发、创新创业领域，德国既与美国大致处于同一高水平层次，又在诸多领域存在着滞后与不足，因此合作和借鉴的空间很大。21 世纪以来，德国无论在机制运作还是在资金投入上，都向科技与教育交流合作项目倾斜。从 2005 年起，德国政府用重点财政资金扶持了三大民间文化机构的对美科技教育工作。德国国际交流中心、德国富布莱特基金会、洪堡基金会、德国研究协会等文化教育机构加大了对德美互派留学生与高科技联合研发领域进行了巨额的投入。

（二）对法国的公共外交

战后德国无论是为了解决历史积怨还是推动欧洲联合，法国都成为其公共外交的主要对象。因此，德国对法国的公共外交开展较早，成效也更为显著。经过两国领导层与政府的不懈努力，1963 年签署的《爱丽舍条约》正式达成了两国间的和解。在纠缠两国已久的历史问题上，德法两国也进

---

① German Information Center USA, Jan. 22, 2016, http: //www. germany. info/Vertretung/usa/en/02_ _ GIC/GIC/00/_ _ Home. html.

② Daniel Ostrowski, *Die Public Diplomacy der deutschen Auslandsvertretungen weltweit: Theorie und Praxis der deutschen Auslandsöffentlichkeitsarbeit*, VS Verlag für Sozialwissenschaften, 2010, p. 44.

行了勇敢的探索，在两国关系恢复之初就启动了包括法德教科书委员会、格奥格·埃克特国际教科书研究院（1953年）、巴黎的德国历史研究所（1964年）以及和平行动和解与服务组织（1958年）等项目。自20世纪80年代起，法德领导人在历史问题领域的分歧已经得到了相当程度的弥合，并定期举行公开活动。继2004年施罗德总理首次参加在法国举行的诺曼底登陆纪念活动之后，默克尔总理代表德国政府于2014年再次参与诺曼底登陆70周年纪念活动，称这一天应成为欧洲更加团结努力的动力。

德法两国在文化与教育交流领域的紧密联系即便在欧洲也极为显著。两国先后于1988年和2003年共同成立两国文化合作理事会和部长理事会，定期协调两国文化教育等多方面的合作交流，其中德法文化合作理事会是协调两国文化合作的最重要的机构。无论从高等教育、中等教育还是文化教育来看，德法两国在双语教学、共同历史研究以及文化活动等领域的活动不设禁区、积极鼓励，已经达到较为成熟的层次。而这一切的达成可以说归功于德国长期以来实行的对战后责任的承担与反省、积极推进欧洲联合理念以及对欧洲共同体意识的精心培植。

（三）对波兰的公共外交

自冷战结束伊始，面对正经历社会转型的东欧国家，德国把文化外交看作帮助这些新伙伴尽快融入西方制度体系和构建欧洲认同的重要平台，推动当地公民社会培育、民主进程巩固和人权维护。在项目与交流主题的设计中，德国偏重于共同回顾学习欧洲以往战争与冲突历史的黑暗面，探讨欧洲联合的光明前景，旨在培养构建合作伙伴面向未来欧洲联合的信心与互信。

波兰在二战中深受纳粹罪行的伤害，加之冷战期间的隔阂，两国的信任度较低。为了将真诚的反省态度落到实处，2005年，德国、波兰、捷克和匈牙利四国外交部协商，决定启动“回忆与团结”工程，重在揭露和再现纳粹德国时期欧洲战乱与种族主义迫害的悲惨历史，对其进行系统的学术梳理，并持续公之于众。[①] 此外，在共同历史教育领域，德国外长于2006年提议两国共同撰写历史教科书，并在第二年得到波兰政府的正式肯定答复。2008年，德波共同撰写历史教科书委员会正式成立。在专家学者讨论与专门作者的集中写作模式下，第一卷共同历史教科书已于2013年正式出

① 邢新宇等著《世界大国（地区）文化外交·德国卷》，世界知识出版社，2014，第196页。

版，剩余两卷于 2016 年和 2018 年陆续出版。与之相配合的还有德波编年史，由德国文化与媒体部和波兰教育部于 2010 年正式发起，结合两国优秀历史学者共同撰写，于 2012 年完成并以德波双语同时出版。

除了对历史的反思之外，德波两国就推动文化交流也保有同样的期许。1991 年两国签署《邻邦协议》，1997 年签订《共同文化协定》，构成两国文化交流的法律框架。在此框架之下，德国开展了对波兰的一系列的文化合作，如德国开展寻找和归还文物遗产的活动，归还给波兰可观的纳粹劫掠的珍贵文物；两国政府也鼓励并组织各种形式的文化演出和展览等交流活动，并在 2006 年举办德国—波兰文化年活动；21 世纪初以来，德国科研与教育部资助德国中学与波兰学校建立合作网络，两国学校均加入了这个合作项目，目的是促进两国学生之间直接接触和交流。

（四）对中东阿拉伯世界公共外交

如果说欧洲邻国的分歧属于同质文明的家族纠纷，那么与异质文化代表的中东阿拉伯地区的差异则面临更为坚实的壁垒。“9·11”事件之后，德国知识界意识到了文明对话的重要性与紧迫性，对文化例外主义和欧洲中心主义进行了深刻的批判与反思，对“文明的冲突”保持了较高的警觉。因此，德国从社会稳定、国家安全和文明互信的高度出发，提倡文明对话、求同存异、增进理解，以达成求和平的功能性目的。在此精神的指导下，德国对阿公共外交更为重视平等基础上的对话，以及信息流通与合作内容的对等性，与美国单向输出为代表的“霸权”文化模式形成了鲜明的对比，体现出平和中庸的宽容度和理解力。

德国非常关注对欠发达的中东国家和地区提供教育援助。除了与土耳其和埃及等中东大国建立更为深入的合作高等教育机构之外，德国也在伊拉克、也门、阿富汗、巴勒斯坦等其他伊斯兰国家签署文化教育合作协议，共同发展中等教育和职业教育体系。以伊拉克为例，德国在伊拉克战争之前拒绝以武力介入配合美国的攻势，但在战争结束后参与了伊拉克社会民事、教育、科研和体育等领域的合作事项，重在帮助伊拉克的国家重建，集中培训国家管理人员、教师、工程技术人员等人力资源的恢复。歌德学院除了巴格达分部以外，于 2009 年在北部库尔德人聚居的爱比尔（Erbil）另建一座分院，以维持和发展德国同当地少数族裔的沟通和交流。①

---

① 郭原奇：《德国对外文化政策研究》，山东大学博士学位论文，2012，第 134 页。

此外，德国还重视对阿拉伯文化的倾听和引介，以体现文化交往的相互尊重和对等原则。德国外交部专门设立了针对阿拉伯地区公民与社会网络读者跨文化网站，内容涉及德国与穆斯林世界文化交流活动中最新的新闻、合作内容及其进展情况报告、读者来信、文化论坛以及跨文化对话专题学术研究等栏目，服务于包括德国境内穆斯林少数族裔在内的伊斯兰世界的受众。在近期的欧洲难民危机议题上，德国依旧展示了相当的领导力和责任感，即使面临包括难民与当地德国居民暴力冲突等突发状况时，仍旧保证对难民的公正待遇。

综合以上典型案例所述，德国针对不同文化背景、历史关系和价值观层级的国家与地区，采取了低姿态、不张扬、重实效的公共外交策略，体现出德国公共外交机制的灵活性和包容性。

四　德国公共外交机制的特点及启示

受惠于战后的制度建设与民主化改造，德国这种“官民分离”与“官民配合”特色在公共外交领域得到了集中的体现，而且极大地促进了德国公共外交与文化交流的效率和效果。德国的公共外交机制既不同于国家集中调控干预，也不等于完全的自由放任，而是体现出兼顾原则性与灵活性、鼓励创造性与主动性、平衡情感性与平等性的特点。

（一）原则性与灵活性

现代德国坚守欧洲一体化与自由民主的理念，在对外文化传播和交流的价值观层面上与其西方盟国相距不大，但同时又吸纳历史上大国沙文主义和现实世界超级大国文化霸权主义的教训，在坚持其西方“普世价值”的同时，结合了文化多元主义的原则，在政策制定上较为务实，努力加深国内政府与社会对外国文化的理解与包容，以平常心对待异质文化。同时也会根据目标国地区的国情现实，在相关政策引导与财政支持下，放手非政府机构组织灵活发挥自身特长，树立有德国特色的文化交流品牌项目，打造真诚、对话、可持续性的公共关系。

（二）创造性与主动性

德国相关政府部门除了在大的政策方向、资金支持与必要的监督领域对公共外交活动介入之外，更多扮演了“董事长”的角色，而将具体的人事、财务和项目运作权力交给专业的委员会和地方文化机构等“经理”角色手中，体现了抓大权和放小权的结合，不干涉具体的文化项目实施，从而保证了非政府社会文化机构的积极性和创造性，使之充分调动社会智力，主动挖掘社会传统文化与现代产业文明创新的财富和积累，为德国文化的传播蹚出一条多样性的宽路。

（三）情感性与平等性

鉴于德国历史形象的负面资产与营造德国新形象的迫切需求，德国面对尤其是欧洲邻国的情感诉求尤为强烈。在这一点上，德国公共外交坦诚面对曾经的恶劣形象，并不避讳所应承担的责任，把邻国对历史记忆的怨气成功消解在更加宏大的欧洲联合与欧洲认同的框架之下，体现了负责任大国的形象。同时在与超级大国和包括阿拉伯文明的交往中，也能够保持互惠互利的精神，主动承担责任，以平等的姿态赢得对方的尊重，树立德国宽厚、包容和具有生机的平等合作伙伴形象。

从德国的公共外交制度建设和所体现的特色之中，我们或许可以得出以下若干启示，从而对我国的公共外交制度文化构建有所助益。

首先，在理念与价值领域，要充分考虑对象国公众的差异性特征和公共外交产品的输出方式。由于公共外交以文化传播和文化对话为主，因此必须加强对多元主义的尊重和理解。我国当前公共外交的实践重在“输出”，而输出仅仅为了传播的单个方向。国家形象的树立不仅仅在于他国民众对本国文化和项目质量的评价，也在于关注本国如何接受对方文化与价值。德国公共外交在这一方面深刻吸取了纳粹德国时代的教训，以文化多元主义促进开放理念的培育和延续，不摆高姿态，展现出充分的文化自信和相互尊重。

其次，切实摆正政府与非政府的角色划分。德国的“官民分离”与“官民配合”机制有赖于强有力的法律法规约束和公民社会的自觉共识，从而维持了政府与民间良好的合作关系。在大政方针上，德国政府总揽全局，制定宏观政策，但不参与具体公共外交项目的运作。这与我国公共外交中不时出现的政府大包大揽的现象有很大不同。一般说来，政府干预在短时间内会提高效率，但从长时段来看容易造成与民间文化产业相脱离，投入与产出不平衡，造成揠苗助长的反效果。

再次，彼此认同与命运共同体的建构应成为公共外交的长远目标。公共外交与文化交流在重塑和维护国家形象的使命之外，更服务于缔造互信互惠，与邻为善，共同发展的国家战略大格局。

最后，公共外交应该权衡具体项目的投入与产出，做出最具性价比的产品。尽管德国是欧洲第一经济强国，但并没有特别大手笔公共外交项目，反而精打细算，谨慎花钱，以涓涓细流的形式打造精品项目，注重长期时效与可持续性。德国政府往往通过法律和协议保障文化项目中所涉各方的权利和义务，把有限的资金投入少数几个有代表性的稳定项目中。如歌德学院在中国仅有北京和上海两所分院，但充分利用和发掘当地的人力与社会资源，重视工作人员的分工和个人以及团队能力，并非盲目扩张数量。这对我国孔子学院短时间内铺开面过快所造成的某些负面后果具有重要的参考价值。

印度软实力资源的投射及其启示

孙兴杰*

摘要： 印度自认为拥有丰富的软实力资源，多元文化、民主制度、英语、全方位的大国外交等都构成了印度推进公共外交的基础。印度传统外交部门的规模非常小，印度外交部的规模与新西兰、新加坡等国差不多，与印度的大国雄心严重不相称。印度政府模仿英国文化委员会设立了类似的机构。随着总理莫迪的上台，印度的公共外交成为软实力投射的平台，以丰富多样的公共外交的手段，将印度的软实力资源转化为现实的影响力，提升印度在国际舞台上的知名度和美誉度。印度的媒体外交、侨务外交以及瑜伽外交等公共外交形态比较具有特色，尤其是瑜伽外交已经变成印度政府和总理个人进行公共外交的重点。总理莫迪上台之后，在联合国大会上提出了设立国际瑜伽日的倡议，每年的6月21日成为国际瑜伽日，印度的传统文化资源有效地转化为现实的外交形式。

关键词： 印度　软实力资源　公共外交

一　印度的软实力资源

（一）印度佛教

印度是佛教的发源地。佛教是世界三大宗教之一，在东亚地区有广泛的影响力。2006年印度出资在中国河南洛阳白马寺修建了一座佛教寺庙，以彰显印度与中国佛教的紧密关系，此外印度还提出了“复兴阿兰陀罗计划”，众所周知，阿兰陀是古代印度佛教的遗址，也是一座伟大的佛教大学，中国高僧玄奘、义净都曾在此研修。

---

* 孙兴杰，历史学博士，吉林大学公共外交学院副教授。

（二）宝莱坞电影

印度的宝莱坞已经成为全球最大的电影生产基地之一，其电影发行量仅次于好莱坞，居世界第二位。印度电影不但成功地将好莱坞电影“赶出”印度，而且已经成为印度软实力向外投射非常重要的平台。宝莱坞每年生产电影达到上千部，印度电影已经走向国际市场，在南亚、中东、东亚地区有着广泛影响，尤其是在阿富汗，印度电影大举进入。印度的电影将舞蹈、音乐与剧情结合在一起，将印度的传统文化与世俗的价值观以“润物无声”的方式传递给观众。

（三）“季风计划”

2014 年 6 月 21 日，印度政府正式颁布了“季风：海上航线与文化景观”的计划（简称“季风计划”），这一计划的主要目标是加强印度与印度洋地区国家的文化交流，复苏印度在印度洋地区的影响力。“季风计划”的历史渊源在于古代印度洋地区的人民利用印度洋季风而进行航海、贸易、移民、宗教传播的活动，从而形成了一个跨印度洋的文化交流网络。“季风计划”也是印度主动文化外交的重要举措，印度计划与印度洋沿岸国家携手进行历史和考古的研究，发掘古代印度洋世界的多样文化，重现古代印度洋世界的“文化景观”，最终建立起旅游等文化产业。①

“季风计划”从根本来说，将历史文化遗产以公共外交的形式呈现出来，服务于印度在印度洋地区的外交战略目标。自印度建国以来，一直将印度洋视为安全保障的“后院”，但是囿于印度的国力，这一愿景一直没有实现。莫迪上任之后访问了斯里兰卡、马尔代夫、塞舌尔等印度洋国家，而“季风计划”则是印度的印度洋外交的整体框架，以文化交流为先导，在印度的主导之下加强与联合国教科文组织的合作，以打消周边国家对印度的疑虑，此外，与联合国教科文组织的合作也强化了“季风计划”的文化色彩。冷战结束之后，尤其是印度在 21 世纪以来的发展，也推动了印度洋地区的多极化趋势。“季风计划”在某种程度上带有复苏印度文明圈的意味，印度教、佛教在印度洋周边地区传播，印度国内穆斯林人口众多，多元文明共存，使印度成为各种文明的纽带。

---

① 陶亮：《“季风计划”、印度海洋战略与“21 世纪海上丝绸之路”》，《南亚研究》2015 年第 3 期。

（四）殖民遗产

英语、民主制度以及大国意识都是印度软权力的重要内容，这些殖民遗产也构成了印度作为现代国家的组成部分，同时也是印度开展公共外交时重要条件，为印度与世界的沟通提供了更便捷的通道。

英语是国际通用语言，也是印度的官方语言，受过高等教育的精英阶层可以说流利的英语。印度掌握英语的科技人员的总数仅次于美国，印度能够成为全球最重要的软件外包基地，也与此相关。同时，这也使印度的领导人很容易与西方国家领导人进行直接交流，如莫迪的 Facebook 账号上交互使用印地语和英语发表观点，从跟帖中可以看出，两种语言都得到了印度网友的回应。

印度自称为世界上最大的民主国家，这一身份也被西方国家所接受，成为印度国际身份的重要组成部分。印度的选民数量和投票率都居世界前列，在建国以来的近 70 年中，印度的民主制度相对比较稳定，除了英迪拉·甘地时期曾有短期的“紧急状态”，民主制度一直在运行之中。国大党和印度人民党之间顺利实现轮换后，美国迅速改变了对大选获胜者莫迪的态度，莫迪也顺利实现了对美国的访问。美国对莫迪这样一位印度教民族主义者虽有不满，但是尊重印度民主选举的结果。

用“软权力之父”约瑟夫·奈的话说，外交政策也是软权力的重要资源，[①] 而印度自立国以来自主的外交政策为其赢得了国际声誉。尼赫鲁时期，印度是不结盟运动的重要领袖，也是万隆会议的重要参与者，与中国共同倡导“和平共处五项原则”。莫迪上任之后，也有了印度版的“地球仪外交”，不但印度洋周边国家是印度关照的对象，中亚、中东、蒙古国、韩国都留下了莫迪的足迹，而世界外交舞台上的“莫迪旋风”无疑给印度带来了国际声誉和关注度。

二　社交媒体的广泛应用

莫迪上任之后，印度政府包括他本人在社交媒体上下了非常大的功夫，也取得了很好的效果。2015 年 9 月，莫迪在硅谷掀起了“莫迪旋风”，与美国主要的技术公司巨头会面，包括“谷歌”、Facebook 等，已经离开中国市

① 〔美〕约瑟夫·奈：《软力量：世界政坛成功之道》，吴晓辉、钱程译，东方出版社，2005，第 11 页。

场的谷歌愿意为印度400个火车站提供免费WiFi服务，预计每天有1000万人受惠。在与Facebook的创始人扎克伯格见面时，莫迪说：你是肩负着把全世界人民连接起来的人，我希望你能激发全世界的印度人的灵感和抱负。莫迪本人在Facebook上有3000多万粉丝，已经成为莫迪与印度民众以及互联网世界联系的纽带。

在2010年前后，社交媒体得到广泛应用，也改变了人与人之间沟通与联系的方式，尤其是跨国之间的交流成本几乎下降为零。社交媒体也在重新塑造者外交的形态，不仅政府可以开设社交媒体账号，公众个体也可以在一个平等交流的舞台上，彼此竞争的是注意力。社交媒体时代，信息不再稀缺，而注意力是稀缺的，通过“粉丝”的聚拢，形成舆论场。在社交媒体时代，人数就是优势，因此，印度也是各个互联网公司竞相争夺的对象。印度现在有3.5亿网民，这也意味着印度是一个有待开发的巨大的市场，莫迪硅谷发表演说时就提出：印度有8亿年轻人！手指在电脑和键盘上创造的奇迹给予了印度以全新的身份。印度的人口红利不仅体现在未来经济发展可以获得足够多的劳动力，也意味着互联网时代，印度会形成巨大的规模优势，这也是印度吸引世界高新技术巨头的重要原因。

第一，莫迪本人是社交媒体上的印度名片。莫迪在Facebook、Twitter、新浪微博等知名社交媒体都开设了账户。2015年7月，印度外交部开发了一个智能手机的APP，其中包含领事服务、印度外交政策信息等内容，更重要的还有一个“跟随你的总理”的栏目，使用者可以全程跟踪莫迪的外访活动，这一设计力图弥补印度传统外交的不足，使印度总理可以与全球范围内的政治精英（包括各国的政要）以及公众进行直接的交流与互动。而莫迪本人也在自己的Facebook上推销这一款APP，此外，莫迪还经常转发印度政府、外交部的新闻链接。以莫迪的社交媒体为核心，印度的政府网站、政府官员的账户连为一体，形成了更加完整与可信的信息发布平台。

难能可贵的是，莫迪的这几个社交媒体账号一直在不断更新，尤其是Facebook几乎达到了实时更新的程度。莫迪的“勤奋”和诚意也得到了极大的回馈：Facebook上莫迪有近3100万粉丝，twitter上有1700万粉丝，新浪有18万粉丝。莫迪上任一年半以来，Facebook的粉丝涨了近2000万，成为世界上涨粉最快的国家领导人。

第二，莫迪并不是“玩”社交媒体，而是深刻理解了社交媒体的内涵，并且有比较完整的社交媒体的计划。2015年5月访华之前，莫迪提出要在中国开设账户，经过一番调研之后，最终选择了在新浪微博开设账户，受到了中国网民的热情回应。另外，在 Facebook 账户上也进行了同步的更新，同时配上了访华的视频。莫迪在大选期间就很好地利用了社交媒体，胜选之后，多国领导人在社交媒体上向莫迪发出了祝贺。

莫迪在 2015 年底对巴基斯坦的“过境访问”也通过社交媒体得以放大。莫迪直接联系巴基斯坦总理谢里夫，希望从阿富汗到新德里的途中在巴基斯坦稍作停留，而谢里夫也非常大方地接受了莫迪的建议。巴基斯坦的外交官员直到莫迪落地的时候还在赶去接机的路上。莫迪最先在社交媒体上发布了自己访问巴基斯坦的消息，他在 Twitter 账户上有 1700 多万粉丝，仅次于奥巴马。通过社交媒体，莫迪在巴基斯坦的两个小时的访问就变成了世界新闻，也引起了轰动效应。没有社交媒体的参与，莫迪访问巴基斯坦的效果就难以释放出来。莫迪上任一年多来，访问了几十个国家——尤其是周边国家，以政府首脑的外交打破外交官僚机构的繁文缛节，借助社交媒体放大突袭的效果，虽然在巴基斯坦只是与谢里夫握了下手，但释放了莫迪要改善与巴基斯坦的意愿，更重要的是，当这一握手之交被放置于传播力极强的社交媒体平台的时候，这种意愿就被制造为“事实”，从而对印巴两国的外交人员带来不小的冲击，缓解双方半个多世纪以来累积的敌视与仇恨。

第三，在社交媒体时代，一个国家的国际形象在很大程度上取决于这个国家的治理水平和发展水平，莫迪在社交媒体上展示的不仅有对外活动，更多的是国内政策的传播，这也为莫迪打破官僚制度的层级，直接面向普通民众提供了一种机会。莫迪在 2016 年着力推进的是一项新的倡议“start-up India”，鼓励年轻人和妇女创业，这一倡议也是莫迪推进“印度制造”的重要组成部分，不仅在国际舞台上宣扬印度的政策，也在社交媒体展示莫迪与韩国企业的 CEO 的会谈照片，展示印度政府亲商的做法。

三　侨务外交，有声有色

侨务外交是印度公共外交的一大亮点，尤其在莫迪上任之后，在海外的 2500 万印度人成为印度外交的“延伸”部分。此前，印度政府也比较关注海外侨民，总理出访的时候，驻外使领馆也会组织侨民举办活动，尤其是欢迎仪式，同时也与当地比较知名的印度侨民保持比较好的关系。莫迪上台之后，放大了侨务外交的范围，所有的海外印度人都是侨务外交的对象，新政府认为这么一个仅次于海外华侨的群体将会发挥类似犹太人在美国外交政策中的作用。

第一，莫迪上任之后对侨务外交的调整，是印度外交政策的重大调整。莫迪所在的人民党被认为是印度教民族主义政党，他在担任古吉拉特邦首席部长期间，曾经因为没有有效地处理教派冲突而遭到美国的拒签，彼时不少海外印度人一直为莫迪辩护，并且帮助莫迪改善国际形象，也是从海外侨民中获益良多，莫迪对侨务外交更是青睐有加。在首次访美期间便在纽约对着2.2万名在美国的印度侨民发表演说，肯定侨民们在印度外交方面扮演的重要作用："你们不仅在美国，也在全世界帮助印度塑造正面形象。"莫迪打破此前关于收入、阶层的限制，让每一位侨民都成为莫迪眼中的印度（文明）的大使。莫迪寄望这些侨民能够加入印度的经济建设中来。对于莫迪侨务外交的热情，美国前总统奥巴马造访新德里期间也给了莫迪一个"大礼包"：向印度提出了一个"公—私伙伴关系"的倡议，让在美印度侨民更好地与印度的公共部门进行合作。印度外交部的发言人就认为，印度的软权力已经超越了书籍、文化和电影，我们现在有希望直接开掘在海外的印度侨民的潜力。换言之，印度将侨务外交视为印度软权力向海外投射的最佳渠道。

第二，加强海外印度人与母国之间的联系纽带，为海外印度人提供便捷的往返的渠道。政府已经决定为海外印度人提供单独的身份证使之能够与母国更好的联系，同时提供长期有效的签证，免除在印度旅行期间受到当地警察的查问，此外，莫迪政府还在推动最高法院允许生活在海外的印度公民可以参与印度的各类选举。莫迪政府的一系列政策也让一些海外印度人重新感受到了与母国的联系，当然也有人质疑莫迪如此重视海外印度人是不是能够收到预期的效果，因为很难量化和评估这些外交举措的收益。事实上，莫迪的政策也延续了其所在政党（印度人民党）一贯的政治理念，即将海外印度人视为印度文明在全球的足迹，在2003年的时候，执政的印度人民党提出了"海外印度人节"的计划，每年都要举办一次活动，2015年共有9000名生活在世界各地的印度人前往古吉拉特邦参加这个活动。

第三，对于侨务外交的制度性建设，莫迪政府试图让海外印度人加入印度的经济建设中来，帮助印度改善国际形象。2004年印度设立了海外印度人事务部，专门服务于海外侨民，侨汇带来的收入相当于印度GDP的4%，同时也是印度急需的外汇储备的重要来源。为了配合侨务外交的开展，莫迪政府重视地方政府的重要作用。莫迪提出"印度制造"的口号，需要各个地方政府的配合，发挥各个邦和城市的积极性，使印度侨胞的技术、资金得以落实。莫迪总理的政策调整，赋予了地方政府进行外交活动的空间，这在之前是不可想象的。各个地方政府可以根据各自的优势发展侨务外交，比如印度的海得拉巴依靠硅谷的人才、技术发展出了全球瞩目的 IT 产业中心，微软等企业在这个城市设立了第二发展中心，Facebook 也在这个城市设立了分支机构。孟买、钦奈和艾哈迈德巴德等城市从来自英国、美国、加拿大、海湾国家的印度侨民的侨汇和直接投资，这些资源带动了这些城市的发展，钦奈已经成为印度的汽车生产中心，这也得益于分布在东南亚的侨胞的帮助。

第四，侨务外交顺应了全球化的潮流，尤其是海外移民众多的国家以此作为软实力投射的重要渠道。海外印度人不仅提供了大量的侨汇和资本，也帮助印度改善了与所在国之间的关系，印度裔在美国的政治舞台上扮演了越来越重要的角色，1998 年印度核试验之后，在美印度人推动小布什政府缓和了对印度的制裁，并且促成了美印之间的合作。然而，侨务外交也有内在的限度，侨民的作用无须质疑，但是侨务外交的资源有限，除了那些有钱有影响力的侨民之外，还需要关注广大的普通侨民。除此之外，侨务外交最终会涉及公民权（国籍）的问题，需要区分印度裔（Person of Indian Origin，PIO）和海外印度公民（Overseas Citizenship of India，OCI），否则，侨务外交难免会引起印度与侨民所在国之间的关系。在斐济的印度裔拥有很强大的政治影响力。如何保持侨务外交的边界而不涉及所在国的内政，也需要做好平衡。

四　瑜伽外交：印度特色

莫迪上任之后试图改变印度外交比较沉闷的状态，上任三个月之后，他在联合国大会呼吁设立国际瑜伽日，将每年的 6 月 21 日被设定为国际瑜伽日。为了配合瑜伽的国际推广，莫迪更是不遗余力，在内阁设立了瑜伽部。“瑜伽外交”这一概念也广泛地被提起，可以说，瑜伽外交成为莫迪拓展公共外交的最重要的领域。当然，将一项文化活动列入政府活动，甚至变成外交活动，是否合适，也存在着一些争议。

第一，瑜伽已经成为莫迪政府推进公共外交的重要支点，瑜伽的国际化是印度政府的重要目标。从呼吁联合国设立“国际瑜伽日”到在世界卫生组织推动瑜伽列入健康推广计划中，印度政府在推广瑜伽方面可以说不遗余力。印度自1948年成为世界卫生组织成员国以来就不断推广瑜伽，以此作为印度与各成员国之间的纽带。印度卫生部部长认为，瑜伽能够被广泛接受，主要原因在于，它能够防止甚至治愈某些疾病。世界卫生组织也在与印度知名瑜伽培训中心合作，制作标准的瑜伽动作，将其列入国际公共医疗健康项目之中。显然，莫迪政府已经成为推动瑜伽国际化的最大推手。

第二，莫迪政府对瑜伽采取了全方位的推广计划，瑜伽已经成为印度的一张国家名片。莫迪不仅设立了瑜伽部长的职位，还要求国内的公务员及其家属练习瑜伽，在2014年首个“国际瑜伽日”上，印度创造了世界纪录，超过35000人在印度的“国王大道”练习瑜伽，莫迪也参与其中，此外，全球许多城市也举行了类似的活动，莫迪说：现在世界上没有什么地方看不到瑜伽。瑜伽已经存在于人们的日常生活之中。借着“国际瑜伽日”，印度掀起了一场“瑜伽风暴”。

第三，瑜伽契合了现代生活的节奏，而印度则力推瑜伽向现代的转化，让古老的传统变成了现代时尚。瑜伽有5000年的历史，追求一种“梵我合一”的境界，强调冥思，现代人的生活处于一种疏离的状态之中，瑜伽提供了一种静思的方式。全球有超过2亿人在练习瑜伽，而与瑜伽相关的培训市场价值超过800亿美元，20世纪20年代，瑜伽进入美国，现在市场价值超过280亿美元，包括乔布斯等人都是瑜伽的爱好者。瑜伽和宝莱坞已经成为印度传统文化现代化的典范，尤其是瑜伽，可以说异军突起，作为一种国际性的休闲和健身活动赢得了越来越多的中产阶级的欢迎，而瑜伽则打上了印度的烙印。

第四，莫迪政府在瑜伽推广上可能存在过于政治化和行政化的问题，也引起了一些人的质疑和反对。公共外交应该追求“润物无声”的效果，但是莫迪政府显然将瑜伽变成了印度外交的重要手段，成为政府外交的组成部分。反对党议员批评这是印度人民党民族主义思维的体现，也质疑通过政府的力量推动文化推广是否合适，此外，印度的传统文化是非常多元的，过于突出瑜伽，可能带来一种困境：瑜伽成功国际化了，但是其他的印度优秀文化成果被埋没了。

五 启示

第一，印度的公共外交发挥了后发优势，相比于其他国家，印度的公共外交起步比较晚，基础也比较薄弱，莫迪上台之后，有后来居上的态势。印度外交部的规模比较小，投入也比较小，而社交媒体时代的来临使印度有了弯道超车的机会，可以以比较低的成本进行更具成效的宣传，尤其是莫迪本人的社交媒体外交已经做到细致入微，成为印度的一张名片。互联网为公共外交提供了一个全新的空间，中国需要加强在这方面的关注和投入，从国家元首、政府首脑到外交部门需要在社交媒体空间有一席之地。

第二，印度有丰富的软实力资源，但是软实力资源未必能够转化为软实力的资源，公共外交的开展为软实力提供了非常可行的投射方式，将软实力资源嵌入外交的过程与细节之中。印度的英语资源、民主制度、多元文化资源为印度与西方世界交流提供了便利条件，而印度也以此来确定自身的国家身份。

第三，公共外交类似于政治营销方式，打破了外交与公共政策之间的界限，国内政治和外交活动、国家形象是紧密联系在一起的。印度拥有人口的规模优势，从莫迪在社交媒体的回帖就可以看出，多数回帖来自印度国内，获得国内民众的支持与改善对外形象是公共外交的一体两面。当然，印度国内的社会问题，比如强奸、农民自杀等社会问题也会成为国际焦点，让印度的形象大打折扣。

第四，公共外交不能过于行政化，印度的瑜伽外交就带有比较强烈的行政干预的色彩，也被反对党批评为印度教民族主义的做法，与此同时，瑜伽外交带有莫迪个人的色彩，如果下任总理易人，瑜伽外交是否能持续下去，也未可知。在公共外交时代，政府的治理能力本身也是外交活动的一部分，莫迪政府之所以有很广泛的影响力，在于国际社会对莫迪的治国能力抱有期待，但是上任一年多来，莫迪政府在基本的经济制度改革上并没有迈出重大步伐，比如土地制度、劳工法等，印度通往制造业强国之路依然漫长。通过修改 GDP 计算方式而大大上调增速的做法，也引起了不小的质疑，让外界对莫迪的期待有所下降。

俄罗斯文化视野下的中国形象

魏梦莹*

摘要： 近年，中国在国际舞台的地位日渐显著，中国形象也逐渐受到国内外学术界重视。俄罗斯文化视野下的中国形象并不是一成不变的，从18世纪俄罗斯贵族的理想之国与执政者心中的潜在敌国、19世纪中叶作为“同貌者”的外邦、20世纪守旧的东方蛮族，再到21世纪俄罗斯中国形象多元化发展趋势，我们发现，俄罗斯对中国形象的关注总是与其未来出路的探讨紧密相连的。“一带一路”的建设工作应考虑俄罗斯民族思想中的中国形象的生成条件及背景，以促进中俄两国合作进程。

关键词： 中国形象　俄罗斯　文化　一带一路

中国在当今世界舞台的地位日渐突显，我们在体会这份民族自豪感的同时，也不可避免地感受到他国媒体所带来的困扰。以冷静、理性、客观的态度反思历史，解读他国眼中中国形象的生成机制、发展过程及其对他国制定对华政策所产生的影响，于我国重塑大国形象、制定与沿线国家文化交流合作的政策具有重要现实意义。俄罗斯是“一带一路”倡议构想中的重要一环，俄罗斯的中国形象是世界中国形象的重要组成部分。透过俄罗斯文化之镜梳理中国形象在这一民族视野中的演变过程，有助于理解这一形象所产生的文化根源，从历史的角度分析俄罗斯塑造中国形象的特点与功用，从而为中国“一带一路”的建设提供一定的借鉴意义。

一　19世纪前俄罗斯文化视野中的中国

尽管中俄两国历史悠久，但直至17世纪，两国间的正式接触才被载入

* 魏梦莹，黑龙江大学博士研究生，俄语专业，主要从事俄罗斯文学方向研究。

史册，沙皇派往中国的第一批耶稣教会使团，成为其获得中国信息的首要来源。他们对中国的描述往往是客观的，回国后上交报告的“主要目的是向国家领导报告情况”①，并未掺杂国家的功利性思虑。这往往是由于俄罗斯使节在中国的停留较为短暂，并未使其具有充足时间来研究中国风俗文化与社会体系特点，他们的报告往往更像一些游记，夹杂着对这个“新大陆”的惊叹之情。

18 世纪俄罗斯的中国形象发生了很大变化，这主要是由于其受启蒙主义影响，迅速实现西方化的原因。18 世纪后半叶，法语成为俄罗斯受教育群体的语言和上流社会的身份标志，俄罗斯思想界也受法国伏尔泰等思想家的深刻影响，将东方的典型代表——中国提高到空前重要的地位。不过，他们完全是以实用主义的态度对待东方的，吸引他们的并不是中国本身，而是为影射国内统治阶级所塑造出的一个以圣人之道治国的理想之邦形象。例如，专制制度的批评家诺维科夫（Н. И. Новиков）在其主办的杂志《雄峰》（《Трутень》）中发表的《中国哲学家程子向国君的建议》，以及同年发表的另一篇文章《中国汗王雍正给儿子的遗诏》就是一次将专制俄罗斯与德治的中国进行对比的尝试，以此来讽刺叶卡捷琳娜二世（Екатерина Ⅱ）的暴政。

这一时期，对俄罗斯的中国形象研究最充分的著作是芭芭拉·马格斯（Barbara W. Maggs）的《俄罗斯和“中国梦想”：18 世纪俄罗斯文献中的中国》。② 这部专著记录了大量文献，包括散文、诗歌、游记等，此外，还探讨了中国对俄罗斯建筑学和艺术的影响。他非常广泛地研究了 18 世纪俄罗斯文献中的中国形象，并且总结出几个公式化的形象：睿智的孔子、善良的中国皇帝、公正的普通人和聪明的学者。这些形象都是饱含称赞、积极正面的人物，正是由于俄罗斯对这些形象的接受，才形成了思想界对中国作为理想之邦的虚幻构建。

此外，马格斯还对俄罗斯几位重要文学家：康杰米尔（А. Д. Кантемир）、苏马罗科夫（А. П. Сумароков）、罗蒙诺索夫（М. В. Ломоносов）、杰尔查文（Г. Р. Державин）、拉季舍夫（А. Н. Радищев）等人作品中的中国主题进行分析。然而，通过阅读上述作家作品，我们发现这一时期的俄罗斯作家对中国的态度并不单纯是推崇的态度。罗蒙诺索夫虽然在其长诗《谈玻璃优点的一封信》

① Лукин，А. В.，Медведьнаблюдаетзадраконом，ОбразКитаявРоссиивXVII-XXвеках，Москва：Восток-Запад：АСТ，2007. стр. 37.

② Maggs，Barbara W.，*Russia and "Le Reve Chinois"：China in Eighteenth Century Russian Literature*，Oxford：The Voltaire Foundation，1984.

中称赞了中国人的创造性，但同时也在《彼得·费多罗维奇皇帝礼赞》中表达了征服中国的野心，“使汗王、印度人和日本人，都接受你的统治”。[①] 拉季舍夫则在《谈中国贸易的一封信》中，提出同中国发展贸易关系的重要性以及其对西伯利亚经济的影响。学者别尔金（Д. И. Белкин）将这篇文章定义为“为俄罗斯文学作品对东方的世界的描写，添加了现实主义成分”。[②]

叶卡捷琳娜二世虽然表面十分推崇中国统治者形象，但我们可以从她的私人文件中看出，这一行为是她为堵住反对者的嘴而进行的一场政治秀。杰尔查文曾记录的一段对话充分证明这位女皇对中国的双重态度：“不把土耳其从欧洲赶出去，不把中国的狂妄压下去，不开创和印度的贸易，我就死不瞑目。”[③]

由此我们可以得出以下结论：18 世纪俄罗斯的中国形象并不是单一的，这既是由于欧洲启蒙主义将中国看作理想之国的影响，同时也取决于俄罗斯潜在的帝国主义扩张意识在面对邻国时所抱有的警惕之心，正是俄罗斯的这种双重性决定了俄罗斯对中国形象的诠释具有双面性。

二　19 世纪俄罗斯文化视野中的中国

19 世纪，俄罗斯渐渐了解中国这个巨大邻邦，由于与 18 世纪的理想之国形象形成偌大反差，俄罗斯人对中国产生更强烈的抵触情绪。这一时期，俄罗斯知识分子开始探讨祖国未来走向问题。作为东方的主要代表，中国形象在俄罗斯不同派别的争论中具有典型意义。随后，“黄祸论”的兴起更加激化了这一争论，并受到不同群体（即历史学家、社会活动家、思想家、东方学者和政治评论家）的关注。他们对中国问题的争论十分激烈，如果忽略这些因素，我们就很难理解俄罗斯思想、了解俄罗斯人、了解俄罗斯对待东西方的态度。

19 世纪 40 年代初，关于国家走向问题的讨论异常激烈，形成斯拉夫派与西欧派两大派别，这一时期的中国形象，恰是这两派俄罗斯知识分子争论的产物。

---

① Ломоносов, М. В. Ода. , Императору ПетруФеодоровичу, Ломоносов М. В. Полное собрание сочинений , Т. 8. М-Л. : Издательство АН СССР, 1959. стр. 757.

② Белкин, Д. И.《Письмо о китайском торге》А. Н. Радищева, Проблемы Дадьнего востока, 1987. №. 2. стр. 107.

③ Державин, Г. Р. , Сочинения, Л. : Художественная литература, 1987. стр. 362.

对于西欧派来说，中国是作为西方的对立面存在的，是实行专制的国家，是腐朽僵化的社会。文学评论家安东诺维奇（М. А. Антонович）在贬低中国时甚至说过："既然我们在中国人面前都没什么值得夸耀的东西，我们还配与其他人比吗?"[①] 别林斯基也是这一派别的代表，他在其文学批评中，多次提到汉学家比丘林（雅金福的俗名）在其关于中国的著作中美化了中国形象。尤其是他在1848年发表的《中国的公民方面和道德方面神甫雅金福的著作》中，对比丘林的批评更加尖刻，这位在19世纪俄罗斯思想界占有重要地位的批评家甚至认为只有欧洲人的占领才能使亚洲人走向文明。

对于别林斯基这种刻薄的文学批评，俄罗斯学者扎波约夫（Т. Ю. Запоев）另有看法。他曾对别林斯基创作中象征性的中国形象做了一番解释，并认为别林斯基的行为是一种利用中国形象来影射沙俄的做法，他批判的矛头并不旨在指向天朝，而在于对其祖国的痛心疾首。[②] 但我们认为，扎波约夫的设想并不能令人信服。从别林斯基其他著作来看，虽然他的确对当时俄罗斯制度不满，且在论述俄罗斯社会问题时常常以中国为参照，但这种参照却是以僵化落后的中国形象为前提的，这就是他所认为的真实的中国。

在西欧派中，宗教哲学家索洛维约夫（В. С. Соловьев）可算得上最关注中国的哲学家。他认为，导致中国长期落后的原因在于其宗教观的落后，而只有西方的基督教文明才是最先进的。后来，他将对中国问题的思考汇集在《中国与欧洲》（《Китай и Европа》）这本著作中，前言中有这样一段话："我的任务不是描述中国人以前和现在是怎样生活的，而是要解释他们以什么为生，为什么而活，换言之，就是解释中国人的理想。"[③] 在这里，索洛维约夫由于受其宗教属性的影响，使其对中国文化和中国人的认识十分片面。

尽管斯托尔波夫斯卡娅（А. Столповская）在《就弗·索洛维约夫先生的〈中国和欧洲〉一文谈几句》一文中否定了索洛维约夫的观点，认为中国无疑是具有进步性的，但同时否定了代表华夏民族精神的儒家学说。谢尔比年科（В. В. Сербиненко）从宗教角度分析了索洛维约夫否定中国文明

① Антонович，М. А.，Рецензия на роман Циттера《Лиц-Пайо или рассказ о китайской жизни》，Современник. СПБ.，1861. №. 2. стр. 311.

② Запоев Т. Ю. Символический образ Китая в творчестве Белинского В. Г.，Дальний Восток и Центральная Азия，1985. стр . 148－155.

③ Соловьев，В. С.，《Избранные произведение》Ростов-На-Дону：феникс. 1998. стр. 339.

的原因：索洛维约夫在自己的文章中首先剖析了格尔季耶夫斯基的研究，还有国外汉学研究成果和翻译成果，试图找到中国文化的本质，这证明其研究的充分性，但同时，索洛维约夫也公开了自己研究的片面性，指出自己的立场是站在基督教思想者的角度，基督教的真理是绝对的，所有文化现象都与其有关。在这位俄罗斯哲学家看来，中国文化不像欧洲基督教传统文化，没有任何深度可言。[①] 由此可见，索洛维约夫否定的是一切非基督教文明，这是其出发点决定的。因此，“黄祸论”在某种程度上也可以说是与俄罗斯以基督教文明的宗教优越感与排他感联系在一起的。正因如此，俄罗斯圣彼得堡国立大学东方系副教授尼·萨莫伊拉夫（И. А. Самойнов）才认为“实际上，索洛维约夫为黄祸论在神学哲学的概念更新上开拓了一条路”[②]。

梅列日科夫斯基（Д. С. Мережковский）继承了索洛维约夫的观点，在《未来的卑鄙小人》中，他认为，欧洲正在逐渐变成中国，其实质在于“市民习气”，这是“构成欧洲文化最后界限的实证主义的统治”[③]，而这种实证主义精神的基础，就是孔子和老子。

斯拉夫主义者为了否定西欧派，试图以中国证明世界文明的多样性。霍米亚科夫（А. С. Хомяков）就认为，中国文明的力量表现了强大的国家制度，并预言中国政府终将赶走外国侵略者。丹尼列夫斯基（Н. Я. Данилевский）发挥了霍米亚科夫的思想，并在此基础上提出历史多向发展的系统理论，反对将中西方相对立的观点。

扎瓦茨卡娅（Е. В. Завадская）认为，哲学家费奥多罗夫（Н. Ф. Федоров）对中国文化、儒家学说的实证主义有独特的理解，他的解读和当时通行的解读大相径庭。他在批判中国复活先人的祭祀传统是实证主义的变种的同时，又肯定了中国文化的某些方面，特别是书法。他认为西方文明对东方及其各种学说的利用，实际上是背离了真正的宗教。[④]

此外，也有少数如托尔斯泰（Л. Толстой）、奥达耶夫斯基（В. Ф.

---

① Сербиненко, В. В., Дальневосточная тема в русской философии XIX в, Сб. Евразийская идея и совремменность, 2003.

② Самойнов, Н. А., Россия и Китай: исторические вехи и особенности взаимовосприятия, http: //pandia. ru /text/77/444/3532. php. 2016-04018.

③ Мережковский, Д. С., 《Полное собрание сочинений》, М.: 1914. Т. 14. стр. 7.

④ Завадская Е. В. Китайские аллюзии в сочинениях Н. Ф. Федорова, 20 научная конференция 《Общество и государство в Китае》, Моства: Наука, 1989. ч. 1. стр. 198.

Одоевский）等思想家推崇中国文化，批评欧洲技术成就。在《俄罗斯思想家论中国（索洛维约夫与费多托夫）》中，谢德尼茨基（Н. А. Сетницкий）分析了索洛维约夫晚期的末世论思想，以及其对中国文化守旧的阐释。他认为，费多托夫（Н. Ф. Федоров）对中国文化具有深刻见解，并在其作品中表现出，俄罗斯不仅不应该与这个农业大国成为敌对方，反而应该搞好关系，并随后使其走向基督教。费多托夫的观点与索洛维约夫相悖，倾向于与中国同盟，展现了19世纪末的西欧主义的汉学观。[①]

尽管如此，大多数知识分子怀着陀思妥耶夫斯基（Ф. М. Достоевский）对这问题的类似看法，即俄罗斯虽然“在欧洲是寄人篱下的奴隶；而在亚洲却能当老爷”。[②] 克拉斯诺娃（Г. А. Краснова）对陀思妥耶夫斯基这一问题进行了深入研究。她认为，从《死屋手记》（《Записки из мертвогодома》）开始，陀思妥耶夫斯基的小说中就夹杂着纷繁的中国文化元素：中国式的花瓶、屏风、灯笼、长衫、长靴等，这些事物经常出现在主人公的周围。从陀思妥耶夫斯基的手稿中我们还可以看出，他对中国的道家学说、哲学思想等问题很感兴趣。在陀思妥耶夫斯基的艺术宇宙中，中国是一个独特的国家。它与欧洲国家有很大的不同。但在某种意义上，可以说它是俄罗斯的同貌者。它能够折射出俄罗斯社会生活中的一些特点。在他的小说中，中国式的幸福理想往往是与俄罗斯的现实不相容的，读者看到的往往是这一梦想的破碎。[③]

由此，我们可以得出结论，19世纪俄罗斯的中国形象成为西欧派与斯拉夫派争论的焦点，在于其相对于先进西方的落后身份，俄罗斯东正教的排他性为当时流行的“黄祸论”开辟了宗教领域的借口，为俄罗斯侵占中国的野心提供借口。

三 20世纪俄罗斯文化视野中的中国——守旧的东方

20世纪初的俄罗斯文学界，并未对中国主题失去兴趣，同时赋予了其

① Сетницкий, Н. А.,《Русские мыслители о Китае》(В. С. Соловьев и Федотов), Харбин, 1926.

② Достоевский, Ф. М., Дневник писателя. 1881, Достоевский Ф. М. Полное собрание сочинений: в 30 т. Л.: Наука, 1984. Т. 27. стр. 36-37.

③ Краснова, Г. А., Мозаика. Достоевский и Китай,《Вопросы литературы》, 1999. №. 001. стр. 375.

新的含义。中国主题与俄罗斯的东西方问题紧密相连。它已不是让人陌生的遥远的国度，而是远东一个现实中的国家，它的命运与俄罗斯紧密相连。杜撰的或现实的中国形象，已不被看作“黄祸”的象征，而是作为不同民族或者文化代表之间互相不理解的文化悲剧的象征。越来越多的俄罗斯作家得以见识这个历史悠久的国家，他们并不仅仅想要将邻国的日常生活介绍给国内读者，而且想要拉近与这个国家的距离，试图对其进行解释，扩大俄罗斯社会对中国及其人民日常生活的认知。

在他们的作品中，中国与中国人形象始终与革命后俄罗斯的现状相连的。这体现在安·别雷（А. Белый）的《彼得堡》（《Петербург》）、皮里尼亚克（Б. А. Бильняк）的《荒年》（《Голый год》）、布尔加科夫（М. А. Булгаков）的《中国的故事》（《История Китая》）、普拉东诺夫（А. П. Платонов）的《切文古尔镇》（《Чевенгур》）等作品中。

乌留平（И. С. Урюпин）较为深刻地分析了布尔加科夫创作中的中国主题。他认为，1920 年，从东方刮来的异域风格进入俄罗斯艺术领域，这股风潮与欧洲文明对立的“野蛮”世界相连。中国作为匈奴人、西徐亚人、萨尔马特阿兰人、罗克索拉尼人的发源地，在斯拉夫人的神话诗学观里，象征着东方。非理性的中国，及其数不胜数的无产阶级民众成了欧洲资产阶级文明的现实威胁。1917 年后，中国移民浪潮的出现引起了布尔加科夫的注意，并将其体现在《中国故事》当中。在布尔加科夫的故事中，充满革命激进主义的红军，展现了中国人民特别的世界观。最后，乌留平总结道：“20 世纪前 30 年，东方与其非理性的世界观、自发性的激情吸引着俄罗斯作家，这与俄罗斯生活中所表现出的东方身份、亚洲草原的灵魂相关。布尔加科夫为响应欧洲思潮，刻画出广博的东方，并且与俄罗斯历史命运紧密相连，其目的在于挖掘异国文化的内核，赋予其道德倾向。”①

俄罗斯戏剧舞台艺术对中国主题也有丰富表现。它们往往从对俄罗斯舞台戏剧艺术中的中国文化视觉元素分析、作为更新俄罗斯与欧洲舞台艺术的东方文化戏剧元素这两方面入手，将中国形象首先设置为一种与观众对话的艺术隐喻和哲学箴言。然而，20 世纪的俄罗斯舞台上所运用的衣着元素和舞台布景与实际的中国风格并不相符，中国象征符号的意义常常遭

---

① Урюпин，И. С.，《Китайская》тема в творчестве М. А. Булгакова：к вопросуобинокультурной стихи в русской литературе 1920－х гг，Известия волгоградского государственного педагогического университета，2011，№ 5.，том 59.，стр. 132－135.

到歪曲，许多戏剧并不遵守中国颜色的固有象征含义。尽管中国主题的剧目类型多样，但其神话隐喻作用与真正的中国艺术形象相差很远，而哲学的寓喻功能又与中国传统的生与死、善与恶、荣誉与耻辱等相关。实际上，俄罗斯戏剧艺术中的中国形象，是戏剧家意识和幻想中的中国描写，是某种神圣的人类居所。

20 世纪末，索尔仁尼琴对中国的危机感十分强烈。他曾断言："在最近半个世纪，我们唯一真正的军事需要，是预防中国，而完全不与中国打仗更好……除此之外，在地球上谁也不会威胁我们，谁也不会进攻我们。"①他十分关注远东问题，曾在 1998 年出版的《崩溃中的俄罗斯》中再一次将中国的威胁强调出来，这一言论预示着"中国威胁论"的再一次兴起。

20 世纪俄罗斯的中国形象成为守旧的东方代表，俄知识分子对它的关注仍与当下社会问题紧密相连。当作家想要借神奇的异域之邦寄托明天的美好哲思时，中国就成为某种神秘居所；当作家反思革命现状及其弊端时，中国形象便被塑造为一种野蛮的非理性的东方，这仍然与俄罗斯的实用主义精神相关。

四 后苏联时期俄罗斯文化视野中的中国——多元形象并存

1991 年 12 月 25 日，东欧剧变。这一阵痛波及俄罗斯生活的方方面面，从政治经济范畴的改革到精神文化生活的重塑。苏联解体后，俄罗斯人民感受到空前的焦虑与困惑，俄罗斯该何去何从再一次成为时代焦点。精神上的"侨居"感与不安，同对自我身份认同的迫切要求与期待，共同充斥着这一时期的文化生态，从而产生了大批探讨祖国出路的作品。

（一）"中国扩张论"的复燃

索罗金是当今俄罗斯文坛的一员重将，在其作品中饱含着许多意义深刻的中国形象，如《特辖军的一天》、《甜糖城堡》、《蓝幽脂》、《暴风雪》等。

哈比布琳娜（М. Н. Хабибуллина）认为，索罗金的创作实际是在进行某种思想上的尝试。尽管他看到俄罗斯的未来与中国紧密联系，但使其感兴趣的是中国的强大，以及中俄联合，它们共同塑造了俄罗斯讽刺性的未

① Солженицын，А. И.，Публицистика в трех томах，Ярославль：Верхне-Волжское книжное издательство，1995. Т. 1. Стачьи и речи. стр. 169.

来，其主要特点在于：绝对的孤立。小说《特辖军的一天》中所建立的“俄罗斯的长城”，以及多处充满“中国化”的现实：中国的房屋、中国习俗、中国话，都体现了这一思想。归根到底，索罗金小说中出现的问题仍与俄罗斯未来道路问题相关，即走向东方还是西方。索罗金对于这种未来的疑问——介于两种文明之间的俄罗斯的出路，不仅没有和缓，反而由于两种文明间对话的改变而变得更加尖锐。如果在索罗金的早期作品中，中国是一个危险的他者，那么在这部作品中，中国则成了同盟者。如果在《特辖军的一天》与《甜糖城堡》中，索罗金主要展现的是作为中国的殖民属性，那么在《暴风雪》中，中国则摆脱了宗主国的形象。索罗金对中国主题的关注，往往随着中俄政治与经济的拉近而变化。他的主要目的是通过他者了解自己，借助中国形象来评价俄罗斯的改变。①

《蓝幽脂》是另一部充满中国元素的作品。在语言方面，这一原则体现为艺术结构的革新——“新俄罗斯语”。在索罗金的设计中，未来世界并存新旧两种俄语，东西伯利亚人讲掺杂汉语的旧俄语，而主人公自己则讲着一口流利的新俄语，是多种语言的综合体。马鲁先科夫认为，在小说中存在的众多随机词和新词，以及掺杂着汉语的外来词中，汉语占首要位置，而它的作用在于使发音具有不确定性，晦涩难懂，语音在这里要重于语义。②

未来是研究乌托邦的重要客体。建设未来的乌托邦，总是以过去为基础，并时常会由此衍生出乌托邦的反面——反乌托邦。索罗金的历史总是将自己禁锢在自身当中，并重复着过去的戏码。“俄罗斯绝不是一个超级大国，而是中国的跟班，这可以在索罗金的《特辖军的一天》中看出，而这种思想的顶峰则体现在《甜糖城堡》中。关于未来是否存在出路问题，没有人给出答案。”③

---

① Хабибуллина, М. Н. ,《Очарованность Китаем》: образ транскультурного будущего в творчестве В. Сорокина,《Уральский филологический вестник. Серия: Русская литература ⅩⅩ-ⅩⅪ веков: направления и течения》, 2014. № 4. стр. 68-76.

② Марусенков, М. П. , Заумный язык в романе Владимира Сорониа《голубое сало》как средство отражения социокультурной ситуации в России 1990-х годов,《Российская и зарубежная филология. Вестник пермского университета. Вып》, 1 (17), 2012, стр. 222-226.

③ Григоровская, А. В. , Феномен цикличности истории в российской антиутопин 2000-х,《Вестник Ленинградского государственного университетамА. С. Пушкина》, 2011. № 3. Т. 1. стр. 63-70.

索比扬内克（К. Собиянэк）在其文章中谈到了索罗金作品中的“或然历史”（Альтернативная история）问题。他认为，正是在这种“或然历史”之下，索罗金小说中的人物才能够坐中国汽车，吃中国面包，用中国马桶，并使读者感受到与中国的合作是多么“富有成效”。在小说中，中国在西伯利亚的人口已达到3800万。[①]

（二）欧亚主义思想之源

这一时期，克鲁萨诺夫的长篇小说《天使的蜇伤》与霍利姆·王·扎伊奇克（Хольм ван Зайчик）系列长篇小说《欧亚交响曲》（《Евразийская симфония》）同样引人注意。

在这种特殊的历史下，《欧亚交响曲》中的俄罗斯分解为东、西两部分，与俄罗斯过去的罗曼诺夫王朝和苏联十分相似。中国形象在小说中十分重要，它是俄罗斯联合进攻西方的对象。在第二部小说中，俄罗斯成为东方各民族融合的帝国的一员，他们同样一起对抗西方。《天使的蜇伤》与其十分相似，在第一部小说中，俄罗斯帝国的武器是亚洲的仓库，而第二部小说宣扬的则是东方孔子思想、伊斯兰文化以及其他民族思想的睿智，在那里，真正的蛮夷转变为西方。

帕霍莫娃（С. С. Пахомова）认为，《天使的蜇伤》仍旧探讨了俄罗斯未来出路的问题。在这部小说中，俄罗斯一直在探索着自己独特的道路，不同于东方与西方，这点在主人公的名字“Не-Китаев”（不是中国人）中已得到含蓄的暗示。克鲁萨诺夫认为现在的俄罗斯并非得益于以上两个传统，他主要目的在于塑造某种新的神话，而这在很大程度上与索洛维约夫的解释相契合。[②]

在名为《俄罗斯欧亚主义小说与中国儒家思想》的文章中，作者分析了系列长篇小说《欧亚交响乐》中鲜明的欧亚主义色彩，得出结论，认为这类小说反映了当前一些俄罗斯社会精英对中国传统文化和现实的思考以及借鉴中国改革经验的思考。中国主题则通过小说主要人物的名字与出生史展现出来的。小说主人公伊万和尼基塔姐弟是中国人与俄罗斯人结合的

---

① Собиянэк К. Прогнозирование будущего России в романе-антиутопии《день опричника》, В. Г. Сорокина,《Политическая лингвистика》, 2009. №30. стр. 133-137.

② Пахомова, С. С., Мифологизация художественного пространства в романе Павла Крусанова《Укус ангела》,《Современная филология: материалы междунар. науч. конф》(г. Уфа, апрель 2011 г.), 2011. стр. 112-114.

后代，巴边科认为，这暗示着俄罗斯与中国之间的联合可以是和谐的、高尚的（例如老一辈尼基塔夫妇的爱情结合）。[①]

（三）作为文化他者的中国

中俄的这种关系还体现在佩列文的作品中。《变形者圣书》讲述了中国狐狸与俄罗斯狼人之间的爱情故事。然而这一次，中俄式的爱情并未结出美好的果实，它使俄罗斯狼人变成了恶魔犬，使中国狐狸消失于虚空之中。小说主人公"阿狐狸"的宗教实践几乎与中国的教规、儒释道思想混为一体，同时"阿狐狸"的爱情也暗含着中国的道教思想。但小说所提出的最终问题在于，等待着俄罗斯的是什么，它指向的是俄罗斯未来的出路问题。

切博年科（О. С. Чебоненко）探讨了东方宗教哲学——禅宗、道教对佩列文《夏伯阳与虚空》的影响。20世纪中期，佛教在俄罗斯盛行（尤其是禅宗），同时，以庄周梦蝶为其经典典故的道家思想也广为人知。佩列文被禅宗、道家思想所吸引，在其作品中，似乎总在有意将两种不同的世界拉近。切博年科认为，佩列文笔下的东方宗教思想总是与因果报应、万物统一、圆寂范畴相连的。借助于东方的宗教思想，作家试图使读者看到另一种精神文化，并对万物的本质进行思考。[②]

另一部小说《40年的Чанчжоэ》也充满对中国形象的探讨。作者从"Чанчжоэ"这一不合时宜的、具有中国特色的城市名入手分析，并认为这是重要的语义线索，是解开所有谜团的钥匙。这个戴着中国"面具"的地理专业名词在小说中代表着自身的东方力量。作家在空间设置中，将俄罗斯与中国融合在一起。而在这个城市中，俄罗斯元素远没有中国元素多。作者试图以此展示俄罗斯所面临的威胁不仅是显在的，更存在于内部。

在布依达的小说《中国》中，中国是作为俄罗斯的想象物而产生的。这一王国的空间极富想象力。作品中的中国既是栖息着不被人所知的珍贵野兽的世外仙境，同时也是现实存在的国家。巴边科认为，在这样一个充满中国神话元素的空间中，时空已经达成统一，因此现实中的中国在文中

① 陈训明：《俄罗斯欧亚主义小说与中国儒家思想》，《外国文学研究》2006年第5期，第143~149页。

② Чебоненко, О. С., Литературные интерпретации жизненных смыслов дзэн-буддийского Востока в произведениях XX в. （на примере романа В. О. Пелевина《Чапаев и Пустота》），《Вестник бурятского государственного университета. Улан-Удэ: Бурятский государственный университет》, 2011. № 10. стр. 164-170.

就并不那么重要了。

在俄罗斯的社会哲学发展史中，始终存在东方—西方、欧洲—亚洲这样的象征范畴，俄罗斯的文明是特殊的，它既包含了西方的先进元素，又含有东方传统的保守性。其中，东方的保守性又与以儒教为代表的中华文明相关。这种西方的创新性与东方传统性的对抗十分尖锐。

五　结论

从整体来看，俄罗斯文化视野下的中国形象总是与俄罗斯未来出路问题紧密相连的。从早期驻华使团对中国的模糊记录到18世纪俄罗斯贵族对中国的双重态度，再到21世纪俄罗斯中国形象多元化发展趋势，中国始终是一个文化他者，以坐标物的身份衡量俄罗斯的前进之路。无论是沙皇俄国、苏联还是俄罗斯，它们从未对中国失去警惕之心，俄罗斯文学中的中国形象也多从这一忧患意识出发，或借“天朝”制度暗示俄罗斯的专制，或以神奇美好的东方幻想反衬当下逐渐物质化的俄罗斯，或通过中国哲学思想思考俄罗斯未来出路问题。无论怎样，可以确定的是，俄罗斯思想家、政论家、东方学专家以及一些政治家关于中国和中国人的争论始终没有停歇，他们始终是把中国形象置于俄罗斯“东方”与“西方”二元性之下去考量的，它是俄罗斯社会思想中的永恒主题。而这一主题可以为中国“一带一路”倡议的构建提供些许参考意见。

首先，“一带一路”的建设应当有效应对俄罗斯民族思想中部分存在的“中国威胁论”及其引起的排外心理。恐华、防华心理是在“黄祸论”、“中国威胁论”、“中国扩张论”等心理模式下衍生出来的社会情绪，主要包括“中国移民侵占远东和西伯利亚”、“中国商品侵占俄罗斯市场”、“俄罗斯沦为中国原料附属国”等说辞，这一心理有其悠久的历史根基。俄罗斯是一个信奉东正教的民族，自公元988年罗斯受洗至1917年十月革命，东正教始终在俄罗斯民族的信仰中占据统治地位。15世纪以来，俄罗斯人将“莫斯科”称为“第三罗马”，并努力将其营造成新的东正教中心。这使俄罗斯民族心理产生了一种自己才是上帝选民的观念，这一观念使他们具有了一种担负拯救世界使命的弥赛亚意识。这种强烈的意识推动了俄罗斯向外扩张的思想基础，使其对周边强国时刻充满警惕之心。

中国作为东亚大国和俄罗斯最大的邻国，一直备受俄罗斯当权者重视，俄罗斯文化视野下中国形象的演变像一面镜子，折射出不同时期俄罗斯对中国的态度：从 19 世纪西欧派对中国庞大人口的担忧与中国“停滞”论的盛行，到 20 世纪中国“非理性”的特征，再到 21 世纪，部分俄罗斯作家对中国未来扩张野心的担忧与中俄联合可能性的怀疑，一些俄罗斯人始终带着第三罗马帝国继承者身份与弥赛亚宗教意识，将中国视为俄罗斯未来出路的否命题看待的。这一问题的本质是俄罗斯内部矛盾激化的外在显现。每当俄罗斯政局动荡，对前方走向摇摆不定时，这一置于“东西”二元论框架之下的中国形象就会显现。随着俄罗斯经济稳定与国家实力的增长，在中俄两国互利互惠的前提下，这一问题将会得到缓解。

其次，应弱化中国作为俄罗斯民族意识中潜在的“外族敌人形象”。“自我”与“他者”是俄罗斯民族东正教意识中比较重要的一对概念。俄罗斯对“他者”空间的想象往往是建立在对“自我”与“他者”这一对概念区分的缺失之上的。在俄罗斯东正教思想中，俄罗斯与中国之间的关系就是一对矛盾体，它使得俄罗斯对中国及中国人形象的接受出现正面与负面不同的观点。负面观点主要表现在对中国扩张的担心，而正面的评价主要源于与中国人在皈依基督教方面的联合上。“在对抗和仇视的过程中异己变成敌人。敌人形象是‘我们’与‘他们’的对立面走向极端的结果。在这种情况下，‘异己’形象被涂上黑色，引起人的厌恶、反感和排斥情绪。”① 外族敌人形象是俄罗斯民众在遇到危机所引发的恐惧心理时所发泄的对象。

目前，俄罗斯在当前的国际局势中并非一帆风顺，美国重返亚太战略将使中俄之间的联系更加紧密，但这种紧密关系总是以“中国威胁论”的存在为前提的。利用当下局势，重塑中国当今大国地位与俄罗斯稳定的友好合作关系，从而弱化中国在俄罗斯民族意识中的“外族敌人形象”，降低俄罗斯对我国的忧患意识，更有利于促进两国经济往来。

当今世界已不是一个国家或一种文化独占鳌头的时代，任何一种文化都具有其特殊的价值与意义，中国传统文化同样如此。现代世界所面临的危机不是某一种思想或某一个文明就能独自解答的。多元化的时代要求各个文化和而共生。积极传播中国普世性价值观，营造新的“东学西渐”热潮，可以向世界传达中国声音，让俄罗斯感到中国并不是“威胁”，而是互利共赢、引领世界走向多极化的合作伙伴。

近年来，俄罗斯文学界正逐渐融入越来越多的中国元素，这既包括汉

① Солдатова, Г. У., Психологические Механизмы Ксенофобии,《Психологический Журнал》, 2006, (6).

学家介绍中国文化经典的功劳，也是俄罗斯当代作家关注中国发展、探索未来出路的结果。中国古代先哲的智慧正渐渐融入俄罗斯广阔的市场空间，从充满中国风的电影《中国老太》，到俄罗斯流行的针灸治疗，再到充满禅宗思想的俄罗斯哲理小说，俄罗斯人民正渐渐通过中国传播出的新型价值观重新审视中国。中国的道教与儒教都追寻天人合一的境界，这里所讲的既是人与人之间的和谐，也是人与自然之间的和谐，这种思想的传播有利于促进中俄两国乃至世界人民间的相互宽容、相互借鉴，有利于“一带一路”的建设工作，即不仅以经济实力证明中国的强国地位，还要借助中国古代经典价值观的输出重新塑造文化大国形象，从而打造中俄两国平等合作与交流的平台。

俄罗斯公共外交：构想、机制与挑战

乔 蕊*

摘要： 普京总统执政时期，俄罗斯加快运用软实力手段实现国家利益，公共外交在俄对外战略中得到强化。目前，俄罗斯形成了政府职能部门、非政府组织、公民力量多方参与的公共外交运行机制。在实践方面，注重对传统文化资源的保护与推广、积极构建媒体网络和话语平台是俄罗斯公共外交的特点，而战略规划不清晰、缺乏专门的协调机构和评估机制、国内非政府组织发展水平低、不利的国际环境等也是其面临的挑战。考察俄罗斯公共外交的优势和问题，可以为我国公共外交发展提供有益的借鉴：应当深入挖掘公共外交资源，提升软实力；拓宽公共外交渠道，在教育和信息领域发挥更大影响力；重视公共外交领域的人才培养。

关键词： 俄罗斯　公共外交　软实力

在普京总统第三任期，俄罗斯公共外交进入快速发展阶段。借助现有资源，俄罗斯政府加强了对公共外交的投入和政策支持。2013 年，新版《俄罗斯联邦对外政策构想》明确了公共外交在俄罗斯对外政策中的地位和作用。乌克兰危机之后，面对欧美国家的制裁和不利的经济状况，公共外交成为俄罗斯拓展外交空间、寻求国际支持的有效途径。俄罗斯拥有丰富的软实力资源，在公共外交实践方面取得了一定的成绩，但也面临诸多问题。本文试图从政策、组织机构、资源、实践、制约因素等方面考察俄罗斯公共外交发展现状，为我国公共外交发展提供借鉴。

一　俄罗斯大力推进公共外交的背景

俄罗斯有着深厚的历史文化底蕴和丰富的外交资源，为促进文化资源

---

* 乔蕊，国际关系学博士，吉林大学公共外交学院讲师。

转化为软实力，政府和民间机构通过多种方式开展实践，公共外交从国家事务的相对边缘走向公众视野，但公共外交在俄罗斯对外战略中的地位，以及其作为实现国家政策的重要手段应发挥怎样的作用，直到最近几年才在立法层面得以明确。

2012 年是俄罗斯公共外交发展的关键一年。普京第三次当选俄罗斯总统，就职当天即签署联邦法令，提出通过一系列措施和手段提升俄罗斯的软实力，塑造真实良好的俄罗斯国家形象，有效利用公共外交资源，吸引民间组织参与外交过程，提高俄罗斯外交政策的有效性。[①] 普京在 2012 年的驻外使节代表大会上首次引入“软实力”的概念，2013 年，“软实力”、“公共外交”正式写入政策文件。[②]

这一时期，公共外交在俄罗斯国内引起广泛关注，普遍认为需要发挥公共外交的作用，但对于公共外交是什么，公共外交的目标与任务等问题，俄罗斯学界还没有清晰的界定。[③] 学者们纷纷撰文就此展开讨论，[④] 俄罗斯国际合作署与戈尔恰科夫公共外交援助基金会也举行圆桌会议讨论俄罗斯公共外交的可能性、问题和前景。[⑤]

2013 年《俄罗斯联邦对外政策构想》的出台标志着公共外交在俄罗斯

---

① Подписан Указ о мерах по реализации внешнеполитического курса，http：//www. kremlin. ru/acts/15256.

② 2013 年《俄罗斯联邦对外政策构想》提出“通过建设性的平等的国际对话，……对世界人权状况进行监督，推动俄罗斯公民社会的各种组织（如俄罗斯联邦社会院、外交方面的非政府组织）参与解决这方面的问题，促使它们广泛参与国际上的专家研讨会，参与国际人文合作；”“应当塑造俄罗斯的正面形象，这一形象要符合其文化、教育、科学、体育方面的威望，符合公民社会发展水平，符合其对发展中国家援助计划的参与水平，要采取措施影响世界对我国认知，完善运用“软实力”的体系，通过借鉴国际经验，根据国家特点，立足于与公民社会和专家的互动机制来寻找最佳工作方式，继续制定这一领域的规则。”见《Концепция внешней политики Российской Федерации》，2013 年 2 月 18 日，http：//archive. mid. ru//brp_ 4. nsf/0/6D84DDEDEDBF7DA644257B160051BF7F。

③ Лукин. А. В，Публичная дипломатия，https：//interaffairs. ru/jauthor/material/831.

④ 相关文章 Татьяна Зонова，Публичная дипломатия и ее акторы，http：//russiancouncil. ru/analytics-and-comments/analytics/publichnaya-diplomatiya-i-ee-aktory/；Вадим Смирнов，Российская《мягкая сила》в странах Балтии，http：//russiancouncil. ru/analytics-and-comments/analytics/rossiyskaya-myagkaya-sila-v-stranakh-baltii/？sphrase_id = 2640169；Константин Косачев，России нужны новые подходы к“мягкой силе” http：//russiancouncil. ru/analytics-and-comments/comments/rossii-nuzhny-novye-podkhody-k-myagkoy-sile/？sphrase_id = 2644247 等。

⑤ http：//russiancouncil. ru/news/kruglyy-stol-po-voprosam-obshchestvennoy-diplomatii/？sphrase_id = 2640545.

外交战略中得到强化，俄罗斯政府加大对公共外交的投入，整合俄新社和俄罗斯之声，成立“今日俄罗斯”国际通讯社，针对西方世界和独联体国家实施差异化的公共外交策略，开展面向独联体国家的公共外交是俄罗斯外交战略的优先方向，而同西方世界的信息舆论战是俄罗斯提升国际形象的主要方式之一。

从新千年以来，俄罗斯政府意识到需要借助公共外交手段提升外交政策的有效性，组建相应机构，明确公共外交的目标和优先方向，软实力在俄罗斯语境下落地生根，俄罗斯公共外交经历了由自由发展向有规划发展，由被动应对国际挑战向主动塑造国家形象的转变。

促成这种转变的原因有三：第一，俄罗斯国家复兴的内在需求。2012 年，俄罗斯结束长达 18 年的谈判，成为世界贸易组织成员，实现了在经济上融入国际社会的目标，而俄罗斯的国际地位、国际声望并没有达到预期，如何提升软实力，塑造良好的国际形象是俄罗斯政府面临的新问题。第二，应对外部挑战和威胁的需要。新版对外政策构想对俄罗斯面临的国际形势持悲观的态度，传统外交手段在解决国际冲突方面效果不佳，公共外交同官方外交相比，成本低，在内容、形式方面更加多样和灵活，并且兼顾社会文化条件和传统的差异。① 公共外交是应对全球挑战、重建国际秩序、推动政治发展的重要手段。特别是在乌克兰危机之后，俄罗斯面临的国际外交环境不容乐观，公共外交不失为争取国际舆论的手段和策略。第三，西方国家长期主导国际舆论，俄罗斯迫切需要发出自己的声音，争取话语权，拓展国际信息空间。此外，近年来新兴国家重视发展公共外交，这也促使俄罗斯采取更多措施塑造国际形象，提升软实力。

二　俄罗斯公共外交的运行机制

目前，俄罗斯政府职能部门、非政府组织是开展公共外交的主体机构，散居在海外的俄侨被视为最重要的公共外交资源，俄罗斯政府有意发挥侨胞的联结纽带作用，扩大俄语和俄罗斯文化的影响力。俄罗斯政府对参与

---

① Владимир Хомерики, Общественная дипломатия как важный фактор мироустройства, 2015 年 4 月 15 日, http: //ruskline. ru/special_ opinion/2015/04/obwestvennaya_ diplomatiya_ kak_ vazhnyj_ faktor_ miroustrojstva/.

公共外交机构提供政策和资金支持，对非政府组织开展活动进行监督和约束，同时吸纳民间力量参与公共外交。鉴于公民参与公共外交的程度和影响有限，而非政府组织又在政策、资金等方面受政府制约，俄罗斯公共外交还是带有鲜明的官方色彩。

（一）政府职能部门

俄罗斯外交部是政府推动公共外交的主要部门，其主要工作是开展交流、协调和落实联邦纲要中有关文化方面的政策文件等，通过外交途径保护俄罗斯文化的境外存在，具体工作由外交部下设的各司和国际合作处负责。2008 年 9 月，在外交部系统成立了俄罗斯独联体事务、海外侨民及国际人文合作署（简称国际合作署），目前国际合作署是俄罗斯对外语言文化推广的最重要机构，依托海外俄罗斯科学文化中心开展工作。

俄罗斯教育科学部在教育科研、科技创新等领域开展工作，国际教育合作和支持青年一代发展是其工作重点。俄罗斯教育科学部实施"5 进 100 计划"，计划到 2020 年确保俄罗斯有 5 所大学进入世界大学前 100 名，以此提高俄罗斯高等学校的水平和影响力，吸引留学生到俄罗斯留学。

俄罗斯文化部。俄罗斯公共外交的一个重要方面就是打造俄罗斯的文化软实力，苏东剧变后很长一段时间内政府无暇顾及国际文化交流，相关机构处于停滞状态，直到 2008 年，俄罗斯联邦文化与大众通信部更名为俄罗斯联邦文化部，大众媒体的业务由联邦通信与大众传媒部接管，俄罗斯文化部负责文化、艺术、电影、历史遗产保护等方面的工作，同时开展国际合作。在俄罗斯国内，2014 年被确认为俄罗斯文化年；在海外，根据国家间文化交流协议，文化部通过开展文化年、文化季、文化节等大型活动向海外民众介绍当前俄罗斯文化艺术领域的成就，2017 年俄罗斯在日本举行大规模的国际文化项目"俄罗斯季"，20 多个俄罗斯文化机构赴日本巡演，俄罗斯的芭蕾舞和戏剧作品、交响音乐会、歌剧等走进日本，使日本民众感受原汁原味的俄罗斯文化和艺术。

（二）非政府组织

目前，俄罗斯国际合作署、戈尔恰科夫公共外交援助基金会、俄罗斯国际事务理事会、"俄罗斯世界"基金会等是开展公共外交的主要机构，这些机构大多是倡议型和运作型相结合，一方面向其他非政府组织提供资金支持，一方面开展常规项目。非政府组织同国外同行密切沟通，共同举办会议研讨会等，向俄罗斯政府和社会介绍国际形势，评估俄罗斯的国际形象。

俄罗斯国际合作署成立于2008年，隶属于俄罗斯联邦外交部。国际合作署的工作旨在开展海外人文合作实现俄罗斯外交政策，促进传播俄罗斯在海外的客观形象。目前合作署在81个国家有96个代表机构，包括在62个国家建立了72个俄罗斯科技文化中心，在22个国家建立了24个文化代表处。[①] 当前，独联体国家和青年是俄罗斯国际合作署的优先方向。独联体国家是海外俄罗斯族人的主要聚居地[②]，保护俄语和海外俄侨的利益是国际合作署最重要的工作之一，俄罗斯国际合作署在这些国家设立科技文化中心，开展人文项目受惠于海外俄侨，实施俄罗斯联邦专项计划《俄语2016-2020》，对外国人进行俄语培训，发放俄语水平国家证书，为俄语教育创造条件；针对青年群体开展的公共外交包括留学教育、短期赴俄罗斯考察项目等。

2007年，根据俄罗斯总统普京的指示，成立了“俄罗斯世界”基金会，旨在推广俄罗斯瑰宝和俄罗斯文化与世界文化的重要组成部分——俄语，支持俄罗斯联邦境内及海外民众的俄语学习。同俄罗斯国际合作署一样，“俄罗斯世界”基金会在海外建立俄语中心[③]和分支机构，出版《俄罗斯世界》期刊，依托这些机构在海外推广俄语和俄罗斯文化。基金会的主要工作之一是为国外教育机构提供资金支持。

戈尔恰科夫公共外交援助基金会成立于2010年，旨在为俄罗斯从事公共外交的非政府组织提供资金、技术、人员培训等方面的支持，同时在青年人中开展对话交流。“对话未来”、“波罗的海地区对话”“高加索地区对话”“巴尔干地区对话”等项目是基金会的常规项目。通过开展这些项目，为独联体国家和波罗的海国家创造一个相互交流沟通的平台，在一些关键的问题上对俄罗斯的立场进行解释，让这些国家对俄罗斯有一个相对客观的理解。

“创意外交”组织成立于2010年，2012年并入俄罗斯国际合作与公共外交委员会。“创意外交”在交流合作、学术研究、信息支持方面促进俄罗

---

① http：//rs. gov. ru/%20.

② 全世界有近3亿人口说俄语，其中俄罗斯境内1.46亿，海外有1.27亿人说俄语，分布在独联体国家和波罗的海国家，最大的海外人群在乌克兰，约有3680万人说俄语，见http：//rs. gov. ru/%20/activities/9。

③ 目前，俄罗斯世界基金会在全世界50个国家建立了100多个俄语中心、办公室和分支机构，合作项目最多的是乌克兰，其次是美国，在中国、日本等国也有不少合作项目。中国大陆和港澳地区建立了包括台湾政治大学、澳门大学在内的8个俄语中心。见https：//www. russkiymir. ru/rucenter/catalogue. php。

斯公共外交的发展：同独联体国家和东欧地区国家的非政府组织和青年组织发展联系，通过与外国组织、媒体以及个人开展合作，为俄罗斯青年创造机会同其他国家同龄人交流，进行国际关系和俄罗斯外交政策方面的研究，帮助外国记者、专家和学者获得有关俄罗斯的第一手资料。该组织举办的独联体国家青年外交官论坛是独联体国家、阿布哈兹和南奥塞梯地区青年外交官非正式对话平台。[①] 2014 年和 2015 年已经成功举办了两届论坛，有利于促进参会成员相互理解和信任，建立长期的互利合作关系。

（三）公民力量

近年来，俄罗斯政府在促进公民群体参与公共外交方面做了有益的尝试。

首先，注重团结海外侨民，发挥这一特殊群体的作用。俄罗斯认为，在海外的数百万俄侨是重要的公共外交资源，应当充分保护并加以利用。海外侨民是俄罗斯文化在世界各地的使者，可以身体力行地传播俄罗斯文化、俄式生活方式，而在独联体国家和波罗的海国家，这里是斯拉夫文明的发源地，俄罗斯的文化根基所在，俄罗斯需要在这一地区恢复和重塑影响力，俄侨是同这些国家开展文化交流的重要纽带。

其次，促进民众间直接交流，加深对俄罗斯的了解。在海外塑造客观真实的国际形象是俄罗斯政府公共外交的目标之一，民众对俄罗斯的直接接触无疑是重要而有效的，为此俄罗斯政府采取了多种形式：积极进行旅游推介，同其他国家签订相关协议促进国际旅游。如 2012～2013 年举办的中俄旅游年使得两国互访游客大幅增加；在青年友好交流年框架下开展丰富的活动；促进教育合作和吸引留学生赴俄罗斯留学等。

再次，对商业精英与意见领袖施加影响，通过他们间接影响普通民众，其主要方式是媒体和国际论坛。媒体是大众获取信息的最重要来源，人们对一个国家的认知往往来自媒体的塑造，为此，“今日俄罗斯”国际通讯社、俄罗斯卫星网等在国际信息领域开展舆论战，同西方媒体争夺信息空间，旨在影响和建构大众头脑中的俄罗斯形象；俄罗斯政府在国内打造大型国际论坛构建对话平台形成聚媒效应，著名的有圣彼得堡经济论坛、瓦尔代辩论俱乐部，近年来俄罗斯东方经济论坛、开放创新论坛等国际论坛

---

① Константин Колпаков, Иван Кравченко, Второй форум молодых дипломатов стран СНГ, Абхазии и Южной Осетии, https：//interaffairs. ru/jauthor/material/1316.

也备受瞩目，自2012年起，开放创新论坛每年举行一次，是俄罗斯最重要的政商活动之一，2017年10月举办的第六届开放创新论坛有来自世界90多个国家的上万人参加。

三 软实力资源与公共外交实践

文化是俄罗斯软实力的重要组成部分，俄罗斯一直致力于挖掘东正教文明、俄语、高等教育等传统文化资源的潜力，提升国家软实力水平。而在打造话语权和信息空间方面，“RT”电视台、瓦尔代国际辩论俱乐部在国际上享有声誉，是发出俄罗斯声音，塑造俄罗斯形象的重要窗口和平台，普京的个人魅力和国际影响力也是强有力的软实力武器。① 俄罗斯的公共外交一方面注重对传统文化资源的保护与推广，另一方面积极构建媒体网络和话语平台，相比对国际社会的回应，俄罗斯更注重主动设置议题，塑造国家形象。

（一）传统资源与常规项目

俄语依然发挥影响力。目前，俄语是世界第六大语言，第八大流行语以及第二大互联网语言，俄语也是翻译成书最多的语言之一。俄语在白俄罗斯、哈萨克斯坦是官方语言，中亚地区很多国家使用俄语作为工作语言，俄语也是联合国、上海合作组织、集体安全条约组织等机构的工作语言。其影响力表现为：第一，俄语在独联体国家仍有广泛的社会基础。很多独联体国家的政要和精英都接受过俄语教育；作为重要的信息载体，俄语广泛应用于信息技术、航天技术、能源等领域的学术交流，俄语媒体、报纸书籍、俄语电视节目等是独联体国家居民获取信息的重要途径。第二，俄语是主要的互联网语言。截至2013年，全世界网站有5.9%使用俄语，俄语成为仅次于英语（54.7%）的第二大互联网语言。而在独联体地区很多国家，俄语是第一大互联网语言：包括乌克兰（79.0%）、白俄罗

① 俄罗斯学者认为，俄罗斯的软实力包括东正教会、俄语、俄罗斯古典文学、音乐和芭蕾、“RT”电视台在美国、英国及全世界有线电视及网络市场上的巨大成功。此外，从反对美国在中东及世界其他地区战略的角度来看，甚至是普京对美国一贯的强硬态度，以及一向遵守联合国章程中主权和不干涉原则的做法，都将被证明是一件有力的软实力武器。见Mark Sleboda：What Joseph Nye doesn't get about soft power，https：//sputniknews. com/voiceof-russia/2013_ 05_ 27/What-Joseph-Nye-doesn-t-get-about-soft-power/。

斯（86.9%）、哈萨克斯坦（84.0%）、乌兹别克斯坦（79.6%）、吉尔吉斯斯坦（75.9%）和塔吉克斯坦（81.8%）。① 这是巨大的优势资源，如果俄语媒体和网络能成为独联体地区重要的信息源和传播工具，将提升俄罗斯在这一地区的影响力。俄语的保护和俄罗斯文化推广由俄罗斯国际合作署和“俄罗斯世界”基金会及其在海外开设的科学文化中心、俄语中心进行。

东正教是开展公共外交的重要载体和资源。俄罗斯文化深受东正教影响，东正教也有参与国家政治生活的历史传统。苏联时期实行政教分离，东正教作为主流的意识形态暂时淡出，苏联解体后，东正教在俄罗斯社会复苏，普京执政后也有意复兴东正教，发挥其作用。普京曾在多个场合表示支持东正教，认为东正教是俄罗斯民族的精神支柱，肯定东正教在俄历史及现实生活中的“独特作用”。第一，俄罗斯东正教会是世界上规模最大的东正教会自主教会，原苏联加盟共和国的正教会多由俄罗斯东正教会的莫斯科牧首治理，有信徒一亿六千万人，利用宗教联系，俄罗斯可以同这些国家加深沟通对话、扩大影响力；第二，俄罗斯东正教会积极参与国际事务，开展人道主义援助，利用宗教的天然渗透性和亲和力，软化俄罗斯对外强硬的国际形象。在中东和叙利亚地区，俄罗斯东正教会保护生活在中东地区的基督徒利益，为叙利亚难民提供食品、药品、医疗器械、日用品等援助。第三，东正教公共外交可以在两国关系紧张或政府外交受阻之时拓展外交空间。2012 年 3 月，在俄美关系紧张时期，俄罗斯东正教会牧首同美国官员会谈，开启对话缓和关系；2013 年 5 月，莫斯科和全俄罗斯牧首基里尔访华，成为第一位受到中国国家主席接见的外国宗教领袖，东正教并不是中国“五大宗教”之列，在中国尚未取得合法地位，基里尔的访问不同寻常，其政治意义大于宗教意义，凸显了中俄两国的友好关系；2016 年 2 月 12 日，罗马天主教教宗方济各与俄罗斯东正教会大牧首基里尔在古巴首都哈瓦纳国际机场会面，俄罗斯媒体将这一会晤视为历史性会晤加以全方位报道。在双方签署的联合宣言中，教皇在根本上承认了俄罗斯东正教会是一个独立机构，而不是普京政府的分支，也不是普京说他正在俄罗斯加强的“保守”政体的支柱。② 这一事件的意义不仅在于面对西方不

---

① Георгий Бовт. Мягкая сила русского слова，http：//russiancouncil. ru/inner/？id_ 4 = 2422# top-content.

② 外媒：天主教东正教领袖会面是普京的外交胜利，观察者网，http：//www. guancha. cn/ Neighbors/2016_ 02_ 15_ 351109_ s. shtml。

断对俄罗斯表现敌意，俄罗斯在宗教世界内部找到了有力的道义支持，也凸显了俄罗斯外交在展现强硬形象的同时善于利用宗教的柔性增加外交弹性，拓展回旋空间。

俄罗斯教育具有竞争力。从俄罗斯的教育水平和国民素质来看，俄罗斯继承了苏联时期建立起来的学科门类齐全、水平较高的国民教育体系，教育潜力是俄罗斯国家发展最重要的资源之一。[①] 首先，整合国内教育资源，加快教育改革步伐，2007~2009 年，俄罗斯通过组建高校联合体的方式建立了 7 所“联邦大学”，2009~2010 年通过竞争选拔的形式确立了 31 所高校的“国家研究型大学”地位。[②] 俄罗斯在南方、西伯利亚、乌拉尔和远东联邦区等区域创建联邦大学，直接归俄罗斯教育和科学部管辖，31 所国家研究性大学能获得较多的国家教育投入和资源，确保俄罗斯在科学和教育领域的世界竞争力，其中包括莫斯科大学和圣彼得堡大学；其次，俄罗斯教育部实施“5~100 计划”，希望在 2020 年前有 5 所大学进入世界大学前 100 名。2017 年，QS 世界大学排名，莫斯科大学位列第 95 位，圣彼得堡大学、新西伯利亚大学等高校也进入世界 500 强大学；再次，借助教育资源，俄罗斯政府积极同其他国家开展教育交流合作，2017 年 9 月，中俄合作开设的深圳北理莫斯科大学开学，采用三种语言进行教学，这是俄罗斯公共外交在教育领域的新的尝试。

（二）新兴资源与特色活动

领袖形象是一国国家形象的重要组成部分，俄罗斯的国际形象很大一部分来自总统普京的个人魅力。普京形象是俄罗斯公共外交的特色名片。从国家元首到最具影响力人物，普京凭借他的传奇经历、公关公司的包装、利用智库平台和新媒体向大众展示了全能普京、思想普京的形象，一定程度上，柔情硬汉的领袖形象也是俄罗斯希望向外界展示的国家形象。俄罗斯在处理国际问题方面善于运用传统的能源、军事手段，而对文化等软实力的运用不足，导致俄罗斯的国际形象不佳，这也是俄罗斯近年来大力推动公共外交的原因所在。

---

① Образование как инструмент 《мягкой силы》 во внешней политике России, http：//russiancouncil. ru/inner/？ id_ 4 = 1467#top-content.

② 王森：《俄罗斯联邦大学和国家研究型大学建设管窥》，载《高教探索》2015 年第 4 期，第 3 页。

“今日俄罗斯”国际通讯社（Rossiya Segodnya）[①] 是俄罗斯公共外交的最大亮点。2013 年，普京总统签署《关于改善国有媒体运行效率的若干举措》的总统令，撤销俄新社和俄罗斯之声广播公司，成立“今日俄罗斯”国际通讯社[②]，保留俄新社网站作为发布网络新闻的平台。作为俄罗斯官方对外媒体宣传机构，国际通讯社的任务是向海外报道俄罗斯国家政策和社会生活方面的信息。回想 2012 年普京在两年一度的驻外使节代表大会上提出“不得不承认，俄罗斯的国际形象并不是我们自己打造的，因此它经常被歪曲，既不能反映我国的真实情况，也不能反映我国对世界文明、对科学和文化所作出的贡献，目前我国在国际事务中的地位也与实际情况不符。那些动辄主张用导弹说话的人广受赞扬，而那些一直坚持必须进行克制对话的人却似乎是有过错的。我们的错在于我们不太会解释自己的立场，这才是我们的错误所在。”[③]，“今日俄罗斯”国际通讯社的意义就在于整合资源，提高对外宣传的效率，向国外发出俄罗斯声音。国际通讯社成立初期的宣传任务就是宣传报道 2014 年俄罗斯索契冬奥会。

打造大型国际论坛发挥俄罗斯影响力。其中瓦尔代国际辩论俱乐部和圣彼得堡经济论坛是较有影响力的俄罗斯国际论坛。瓦尔代辩论俱乐部成立于 2004 年，由俄罗斯国际新闻社、俄罗斯对外政策和国防政策委员会、《莫斯科新闻报》英文版以及《全球化政策中的俄罗斯》和《Russia Profile》杂志联合组办，成立初期，俄罗斯政府希望利用这个国际平台加深世界对俄罗斯的了解，议题多聚焦在俄罗斯本国事务。随着影响力的提升，瓦尔代辩论俱乐部逐渐被打造成对全球事务发挥影响力的对话平台，每年，俄罗斯总统普京都会出席瓦尔代俱乐部发表主题演讲并同与会者对话，瓦尔代俱乐部因此吸引全球媒体的目光。2017 年第十四届瓦尔代俱乐部年会的主题是“创造性破坏：一个新的世界秩序将从现有冲突中产生?”，来自 33 个国家的 130 多位知名人士参会，议题设计涉及世界地缘政治观冲突、

---

① 区别于“今日俄罗斯”电视台（Russia Today），“今日俄罗斯”电视台成立于 2005 年，于 2009 年启用”RT”名称，是俄罗斯政府着力打造的全英文国际电视台，同英国广播公司、德国之音等展开竞争，旨在打破盎格鲁撒克逊的媒体垄断。2013 年 12 月 31 日，玛格丽特·西蒙尼扬被任命为”今日俄罗斯”国际通讯社（Rossiya Segodnya）的总编辑，她也是 RT 的新闻频道主编。

② Putin orders overhaul of top state news agency，https：//www. rt. com/news/ria-novosti-overhaul-putin-960/.

③ Выступление Президента РФ В. В. Путина на совещании в МИД России послов и постоянных представителей˘ РФ за рубежом，9 июля 2012 г，http：//kremlin. ru/transcripts/15902.

贫富冲突、人与自然的冲突、多样性与独特性冲突、社会进步与人道主义的冲突。中国成为瓦尔代俱乐部的重要话题，阿里巴巴总裁马云受邀出席瓦尔代俱乐部并发表演讲，2017 年 7 月，俄罗斯将数字经济列为国家发展战略，马云此行也被认为俄罗斯方面希望借鉴阿里巴巴的经验为俄罗斯数字经济和全球化战略助力。马云的名人效应同样带动瓦尔代俱乐部在中国国内形成一定的媒体效应，国内媒体对瓦尔代俱乐部的报道颇多。

四　俄罗斯公共外交面临的挑战

（一）战略规划不清晰

尽管《俄罗斯联邦对外政策构想》奠定了俄罗斯公共外交发展的政策基础，但该文本的法律地位低于法案但高于其他法律文件，如政府决议，议会法案等。而且俄罗斯宪法规定俄罗斯总统是外交领域的一把手，“决定国家外交政策的方向”，并“管理外交政策”，也就是说，必要时俄罗斯联邦总统可以单方面改变公共外交的发展方向，这在一定程度上导致政策的不稳定性和不连贯性，影响公共外交政策的落实。目前，俄罗斯政府在公共外交领域还没有明确的政府规划和清晰的发展路线图。

（二）缺乏专门的协调机构和有效的评估机制

俄罗斯国内参与公共外交的机构众多，除了政府部门还有非政府组织、教育机构、高等院校、媒体等，这些机构承担怎样的角色，发挥何种作用？各机构之间的关系如何？是否存在竞争和互补？在政府层面，俄罗斯缺少专门的机构统筹规划公共外交和公共事务管理，这限制了公共外交的系统化发展，导致资源浪费和效率低下。正如俄罗斯学者所言，俄罗斯公共外交发展的首要问题就是参与这一过程的部门、组织和个人之间的工作缺乏连贯性和统筹协调。①

评估公共外交效果方面，虽然俄罗斯政府部门和非政府组织开展了大量的相关活动，在语言推广和文化外交方面取得了成效，在抢占国际话语权方面也成功打造了不同于西方视角的国际媒体，但其短期效果和长期效果还有待进一步考察，需要建立公共外交的传播路径、效果评估

---

① Бурлинова Н.，《Публичная дипломатия России：практика и проблемы становления》，Вестник аналитики，2014，№3：29.

和反馈渠道。

（三）国内非政府组织发展水平低

在非政府组织层面，参与公共外交的非政府组织数量少、专业水平低、资金有限。2010 年，当俄罗斯政府首次考虑对公共外交领域的非政府组织进行系统的财力扶持时，数得上的非政府组织不超过十个，真正以公共外交和外交政策为主的非政府组织很少。大量的伪非政府组织和冒牌非政府组织骗取国家资助。[①] 同西方国家相比，俄罗斯政府对民间组织的管理和接受境外资助有立法限制，政府对非政府组织注资较少[②]，不利于其发展。

此外，还有一些从事政治活动、得到外国资助的非政府组织混迹其中，为此俄罗斯政府出台法律，加强对非政府组织的约束和管控，将接受国外资助并从事政治活动的俄非政府组织认定为“外国代理人”，限制其在俄罗斯开展活动。

（四）不利的国际环境

2014 年，美国和欧盟对俄罗斯占领并吞并克里米亚的行为进行了一系列联合制裁，日本、澳大利亚等国相继实施对俄制裁，制裁主要是打击俄罗斯的经济，目标是俄罗斯国有银行和大企业；2016 年以来，美国一直指责俄罗斯干预美国大选并对美国外交官施加压力，为此美国对俄罗斯实施新一轮制裁，2017 年制裁升级，RT 电视台在美国被认为是“外国代理人”机构，作为回应，俄罗斯也对美国在俄非政府组织进行制裁。几年来，俄罗斯一直受到来自外部的制裁，其范围不断扩大，负面的国际形象如影随形，俄罗斯政府致力于打造的舆论喉舌也受到牵连。虽然俄方认为，西方国家对俄罗斯媒体的制裁反衬出俄媒的国际影响力，但是长期的制裁与反制裁会加强俄罗斯运用能源、经济等传统手段开展外交，削弱公共外交努力塑造和维护的国际形象。

---

① Бурлинова Н.，《Публичная дипломатия России：практика и проблемы становления》，Вестник аналитики，2014，№3：32.

② 据报道，俄罗斯非政府组织从政府方面获得的资金支持不超过其预算总额的 10%，而西方国家对非政府组织的注资平均超过 40%，见 Татьяна Зонова，《Публичная дипломатия и ее акторы》，http：//russiancouncil. ru/inner/？ id_ 4＝681#top-content。

五　结语

俄罗斯公共外交经过近年的发展，形成了基本的结构框架和发展模式，但在资源利用和项目开发方面还可以继续挖掘潜力。从发展时间、发展阶段看，中国同俄罗斯在这一领域的发展有相近之处，俄罗斯公共外交的优势和问题值得我们思考。

第一，应当深入挖掘软实力资源。俄罗斯公共外交的一大特色是对俄侨的重视，依托语言教学推广俄罗斯文化。散居在世界各地的华人华侨也应当成为未来开展公共外交的重要群体，尤其是了解当地文化，有一定知名度和影响力的华人群体，可以成为传播中华文明、沟通不同文化的使者。此外，俄罗斯东正教会参与公共外交的成功案例值得借鉴，宗教的柔性和亲和力运用得当可以产生良好的公共外交效果。中国拥有丰富的宗教资源并且也已成为全球宗教产品的主要输出国，但我国在宗教领域的国际贡献远远没有得到国际社会的充分认可①，丰富的宗教资源难以转化为外交资源，在宗教领域的软实力明显不足，同世界宗教的对话能力薄弱，常常在一些问题上陷入被动。需要思考如何运用宗教资源开展公共外交，提升软实力。

第二，拓宽公共外交渠道。大力发展教育，提升俄罗斯高等院校的国际吸引力，尤其是对独联体国家青年的吸引力是俄罗斯公共外交在这一地区的工作重点。中国是世界上最大的留学输出国，2015 年成为第三大留学输入国，数据显示赴中国留学生规模不断扩大，但留学生结构不合理，接受短期教育多，学历教育少，教学质量和竞争力还有待提升。随着“双一流”建设的推进，教育交流与合作将成为面向年轻人最有效的公共外交渠道。在国际信息领域，西方媒体长期占据主流支配地位，美联社、路透社、法新社等通讯社几乎垄断了全球新闻的报道，俄罗斯 RT 电视台经过十几年的发展，成为同 BBC、CNN 相抗衡的国际通讯社，为俄罗斯赢得了话语权，相比之下，中国媒体在国际重大事件上的传播力和影响力还非常有限。此外，通过举办国际赛事、开展文化交流活动展示国家形象的方式已经不能适应新时期公共外交的发展需要，活跃在公共外交领域的文化名人、商业精英以及实现梦想的普通人将发挥更大的影响力。

---

① 林影潭等：《宗教文化的国际交流与传播》，载《公共外交季刊》2013 年第 13 期，第 84 页。

第三，重视公共外交领域的人才培养。首先是在国内加大对公共外交人才培养的政策、资金支持，加强理论研究，开设相关专业或实践课程，培养从事公共外交研究和实践的专业人才；其次，建立相应的公共外交培训机构，培育公民组织，提升青年一代的公共外交素养；再次，向国际组织输送人才。中国已经成为有影响力的世界大国，积极开展大国外交和多边外交，参与国际竞争，中国参与众多国际组织，并是很多国际组织的最大缴费国，但是，在国际组织任职的中国人比例很低，担任领导职务的人才更是凤毛麟角，直接影响中国在国际组织发挥作用，更难参与国际规则的制定和修改。这一状况亟待解决，可以借鉴瑞士、日本等国向国际组织输送人才的经验，扩大我国在国际组织的影响力。

第四部分

公共外交与国际前沿问题

“一带一路”倡议的国际舆情动向探析

王秋彬　崔庭赫*

摘要：“一带一路”倡议是新时期中国提出的互利共赢、面向未来的国际战略，自提出以来，受到了国际社会的高度关注。西方国家和“一带一路”沿线国家主流媒体从各自角度出发，对此进行了多元解读，其中不乏各种猜忌、曲解和误读。因此，我们有必要对“一带一路”倡议的国际舆情动向进行跟踪分析，从中了解他者的认知与态度，为我国构建“一带一路”国际话语权提供对策建议与决策参考。

关键词：“一带一路”倡议　国际舆情　国际话语权

作为一项中国倡导的国际合作倡议，“一带一路”自提出以来，就受到了国际社会的高度关注，各国媒体更是不惜笔墨，对其进行广泛报道。随着《推动共建“一带一路”的愿景与行动》文件的发布、亚洲基础设施投资银行（简称“亚投行”或AIIB）的筹建以及同“一带一路”沿线国家框架协议的签订，国际媒体对“一带一路”的关注度更是与日俱增。环球舆情调查中心监测结果显示，2013年9月至2014年4月，国际媒体对“一带一路”的关注度并不算高，月均报道量不足30篇；2014年5月，月报道量首次突破百篇，达到118篇；2015年5月，月报道量则达到了1678篇。①“亚投行”、“丝绸之路”、“一带一路”已然成为国际媒体报道中的热门词语，但其中的各种误读和曲解也屡见不鲜。因此，我们有必要对“一带一路”的国际舆情动向进行跟踪分析。本文选取西方国家和“一带一路”沿线国家的部分主流英文媒体关于“一带一路”的报道倾向作为研究范本，探讨国际舆情动向。这也许不能反映所有媒体的观点和立场，但至少代表

---

* 王秋彬，华侨大学国际关系学院教授，察哈尔学会研究员；崔庭赫，吉林大学文学院世界史专业硕士研究生。

① 王盼盼：《外媒对“一带一路”发展规划关注热度连跳三级》，http：//world. huanqiu. com/exclusive/2015-06/6752772. html。

了国际社会相当一部分人的声音，使我们可以知己知彼，最终构建起关于“一带一路”倡议的国际话语权。

一　国际媒体对“一带一路”的多元解读

受意识形态、国家利益、信息获取等多重因素的影响或限制，不同国家的媒体在对“一带一路”的解读报道中表现出了不同的特点和倾向。目前关注“一带一路”的媒体主要有两种类型：一类是以美国为首的西方主流媒体，这些媒体掌握着世界的话语霸权，不仅影响着本国的舆论动向，也能对其他国家舆论产生重大影响，往往是戴着有色眼镜来看待中国；另一类即“一带一路”沿线国家媒体，这类媒体虽然没有西方媒体那样的世界性影响力，却是本国重要的舆论发声者，对“一带一路”倡议的心态比较复杂，既想搭上中国经济发展的便车，又对中国的到来心存芥蒂。

（一）西方媒体关于“一带一路”的报道倾向

西方媒体对“一带一路”倡议的报道主要集中于解读目的与动机方面，对倡议内容与影响鲜有关注。基于长期以来对中国根深蒂固的偏见，西方媒体对“一带一路”的解读也带有强烈的阴谋论色彩，其观点主要体现在以下几个方面。

1.“一带一路”是服务于中国政治外交的经济工具

近年来，随着国家实力的增强，中国外交也发生了深刻的变化和调整，在国际事务中更加奋发有为，“一带一路”倡议便是新时期中国推动区域与全球经济发展的重要战略规划。但这也唤起了西方人“国强必霸”的政治逻辑，伴随而来的是对中国这一宏大计划的政治动机的质疑声。一些西方媒体将“一带一路”同美国的“马歇尔计划”相提并论，认为这是“中国版的马歇尔计划”，因为两者都是在大国崛起过程中提出的经济援助计划，都有其政治意图，更有甚者将“一带一路”与东亚历史上的朝贡制度相提并论，认为“一带一路”是中国古代朝贡制度的翻版。《华尔街日报》在一篇题为《中国的马歇尔计划》的文章中指出：“这种‘新模式’表明，中国领导人想要复兴各国通过宣誓效忠来换取贸易的帝国朝贡体系……各亚洲国家有理由怀疑一个一心想恢复过去的辉煌而无视国际准则和法律的威权政府（指中国）。"[①]《北京要用现代手段实现帝国时代的高压政治》一文更是臆测中国要否定当代国际民主社会，重建古代东亚秩序。[②] 这些媒体关于"一带一路"的认识主要是基于疑惧中国的惯性逻辑，并没有就该倡议本身进行深入分析和解读，反而对中国在南海维护主权的行为妄加演绎，断章取义，以此来曲解中国的意图。还有一些文章则大肆渲染"一带一路"的政治性，指出"一带一路"将美国等与中国存在竞争关系的大国排除在外，并成为威胁小国的工具。如《中国提议的丝绸之路绕过马尼拉》一文指出，菲律宾因在南海问题上与中国针锋相对而被排除在"21 世纪海上丝绸之路"之外。[③]

2. "一带一路"是地缘战略博弈的产物

根据地缘政治学家麦金德的"心脏地带"理论：谁控制了东欧谁就控制了心脏地带；谁控制了心脏地带谁就控制了世界岛；谁控制了世界岛谁就控制了世界。"丝绸之路"经济带大致与"世界岛"重合，这便使西方媒体自然而然地关注"一带一路"的地缘因素，许多媒体认为它是地缘战略博弈的产物。对"一带一路"的战略动因，西方媒体大致持"被动应对"和"主动设计"两种观点。被动应对说即"一带一路"是中国为了应对美国重返亚太对中国的战略围堵所提出的一个应对战略；主动设计说则主张"一带一路"是中国为了提升自身实力和影响力而进行的战略设计；还有一些报道则杂糅了这两种观点。《金融时报》曾刊文指出，"这一举动（指丝绸之路经济带）被许多人视为是对美国和日本建立自己的太平洋贸易集团——跨太平洋伙伴关系协定的回应。"[④]《华尔街日报》的《北京重启丝绸之路以绕过海上风险》一文认为，"一带一路"是"不安全感"（insecurity）的产物，向太平洋扩张充满同美国对抗的风险，使中国将目光投向了西部。[⑤] 当然，很多西方媒体也认为中国有自己的战略设计，有学者就认为"一带一路"是中国提高内陆尤其是西部地区同欧洲的联系，辐射

---

① Anonymous, "China's 'Marshall Plan'," *Wall Street Journal*, November 12, 2014.

② Browne Andrew, "China's World: Beijing Takes Modern Approach to Imperial-Era Power Play," *Wall Street Journal*, November 19, 2014.

③ Browne Andrew, "China Bypasses Manila In Proposed 'Silk Road'," *Wall Street Journal Asia*, November 11, 2014.

④ Donnan Shawn, "Economic promise is tied to Silk Road," *Financial Times*, March 12, 2015.

⑤ Browne Andrew, "Beijing Revives Silk Road to Skirt Sea Perils," *Wall Street Journal*, March 4, 2015.

中国影响力的产物。[①] 在西方媒体关于“一带一路”的报道中，野心（ambition）、复兴（revival）、引人注目（eye-catching）等词语频见报端。

3. “一带一路”是中国发展本国经济、输出过剩产能的需要

近年来，中国经济面临下行压力，经济结构亟待转型，这是“一带一路”倡议出台的总体背景之一。因此强调“一带一路”倡议的经济动因，成为西方媒体报道的主要话题，但西方媒体对“一带一路”的解读往往基于“零和思维”，竭力渲染中国在“一带一路”中谋取私利，攫取沿线国家的资源能源，输出过剩产能。这就扭曲了“一带一路”互利共赢、共建共享的基本初衷。如《金融时报》刊文指出，“（在沿线国家建设基础设施）将创造大量对中国工业的出口需求，这将改善国内的产能过剩现状……额外的基础设施融资会帮助维系中国疲软的经济，而大部分外国工程项目也极有可能由中国公司运作，增加外汇贷款，也将增加中国外汇储备的回报率”。[②] 文章大谈“一带一路”对中国的经济回报，却只字不提对沿线国家的经济好处。合作共享、共同参与本是“一带一路”的重要基石，但在西方媒体的语境下，却变成了受中国主导和控制的“利益专营工具”。

基于这样的认知，西方媒体对“一带一路”的影响预测和行为倾向描述便可想而知。西方媒体——尤其是美国媒体——十分担忧该倡议将提高中国的影响力而削弱美国的影响力，根本不关心“一带一路”所产生的积极作用。《华尔街日报》刊文提出，“担忧一大批中国发展资金的涌入会破坏现有贷款机构的管理水平”[③]，对“一带一路”基本持抵制态度。欧洲媒体（以《金融时报》为例）虽然乐见“一带一路”所带来的巨大经济利益，但对其也持谨慎态度，对中国能否合理公正地利用“一带一路”而不是借机攫取利益表示了怀疑和担忧。比如《中国必须证明其丝绸之路计划不只是哗众取宠》一文认为，如果中国新金融外交的目的是，在不从根本上改变政治和经济逻辑的前提下扩大和加深其全球足迹，那么结果可能是整个亚洲面临更大的全球风险。[④]

---

① Donnan Shawn, “Geopolitics risks derailing new Silk Road: Trade: Beijing’s ambitions,” *Financial Times*, October 18, 2014.

② Donnan Shawn & Wildau Gabriel, “‘New Silk Road’ plans win $ 62bn capital pledge,” *Financial Times*, April 21, 2015.

③ Page Jeremy, “Soft Power: On Beijing’s New Asian Map, All Roads Lead to China,” *Wall Street Journal*, November 10, 2014.

④ Magnus George, “China must prove its Silk Road plan is more than mere grandstanding,” *Financial Times*, May 5, 2015.

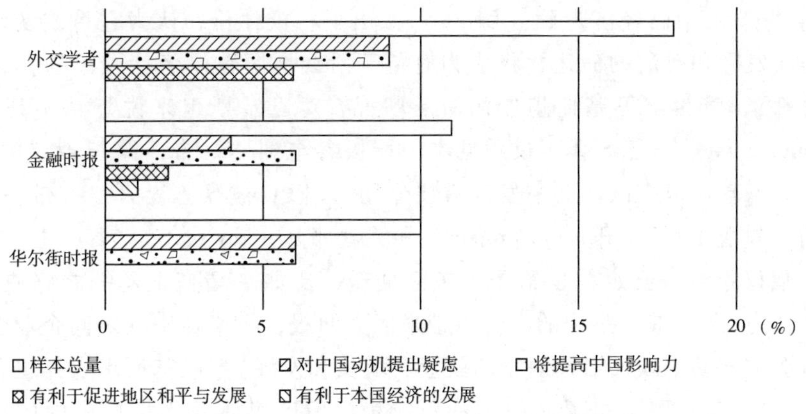

图 1　部分西方媒体对"一带一路"报道的倾向统计

注：统计数据为 2013 年 9 月至 2015 年 12 月的报道（下同），其中《华尔街日报》（*Wall Street Journal*）报道篇数包括《华尔街日报亚洲版》，《金融时报》对"一带一路"持正面立场的报道中包括一篇中国驻英大使刘晓明发表的署名文章"Take the New Silk Road as an Opportunity not a Threat"。

（二）沿线国家媒体对"一带一路"的报道倾向

相比大多数西方媒体主要关注"一带一路"的目的与动机，沿线国家媒体更看重"一带一路"给本国或本地区带来的利益得失以及因应之策。基于各国的国家利益考量，沿线国家媒体对"一带一路"报道的态度大致可以分为三种类型：积极、消极和保留态度，分别以巴基斯坦、印度和俄罗斯三国为代表。

1. 认为"一带一路"倡议将有利于本地区和本国经济的发展，应积极参与对接

这一观点以巴基斯坦媒体最为典型。巴基斯坦是"一带一路"沿线的重要国家之一，也是同中国有着传统友好关系的国家。在各国对"一带一路"的回应中，巴基斯坦最为积极，其国内舆论对"一带一路"也十分推崇。以《黎明报》（*Dawn*）① 为例，在 14 篇涉及"一带一路"的报道中，有 13 篇对倡议做出了较积极的评价，巴官方积极参与"一带一路"的做法

① 巴基斯坦最早、传播最广的英语报纸，三大国有英文日报之一。它是黎明报业集团的旗舰报刊，在巴基斯坦的影响力巨大。

也得到了媒体的认可，如《中国的新丝绸之路：对于巴基斯坦意味着什么?》一文对中巴经济走廊（CEPC）做出了积极评价，认为它将改变地区贸易、发展和政治的命运，将成为有益于沿线地区数以亿计人民的“世纪纪念碑”，将缓解巴基斯坦能源匮乏状况，对巴基斯坦来说是“不朽的”(monumental)。[①] 巴媒体不仅乐见本国积极参与到“一带一路”倡议中来，也认为巴基斯坦应该在其中发挥重要作用，CEPC 被媒体视为“一带一路”中的“旗舰工程”(flagship project）和关键部分（key part)。对于“一带一路”倡议本身，巴媒体也给予了较高期望，比如《请搭上丝绸之路快车》一文认为，“一带一路”的合作将带来巨大回报，将增加中欧之间企业合作的机会，推动中欧及沿线国家的就业、增长和发展。[②] 巴基斯坦媒体也普遍认为，“一带一路”将提高中国的影响力，但巴媒体并不抗拒中国的影响力，相反认为这将给巴基斯坦这样不太富裕的国家多一个选择——在中美(或中日）两大国间谋取利益。[③]

2. 担忧“一带一路”倡议将提升中国影响力，损害自身利益，应采取反制措施

印度媒体是这类观点的典型代表。长期以来，印度将中国视为潜在的竞争对手和战略假想敌，“21 世纪海上丝绸之路”途经被印度视为“自家后院”的印度洋，引发印度的高度警觉。出于对中国在印度洋地区辐射影响力的担忧，印度官方对“一带一路”倡议基本上采取的是消极回应的策略，为此，印度还提出了“棉花之路”、“香料之路”、“季风计划”予以应对。印度的媒体也大致如此，着重报道“海上丝绸之路”带来的威胁以及印度应该如何应对。印度《经济时报》（*The Economic Times*)[④] 刊文指出：“即使中国主要目的是确保其不断增长的能源海上航线安全，但（海上丝绸之路）也确实相当于对印度的战略围堵，而中国过去一年里在印度洋地区常规或核潜艇的不断侵扰更是坐实了这一担忧”[⑤]，显然军事上的冲突与威胁成了印度反对“一带一路”倡议的主要借口。但实际上，更令印度担忧

---

① Zofeen T. Ebrahim, “China’s New Silk Road: What’s in it for Pakistan?” *Dawn*, April 20, 2015.

② Shada Islam, “All Aboard the Silk Road Express,” *Dawn*, June 27, 2015.

③ David Plling, “China’s Most Powerful Weapon Is Trade,” *Dawn*, November 30, 2015.

④ 印度最大的英文报纸，也是世界阅读量第二大英文商业报纸，拥有超过 80 万的读者，仅次于《华尔街日报》。

⑤ Pandit Rajat, “India Reclaims Spice Route to Counter China’s Silk Route,” *The Economic Times*, November 26, 2015.

的是，“一带一路”会削弱印度洋沿岸国家对其的依赖，挑战其地区霸权。这也是印度消极对待该倡议的根本原因。因而，印度媒体也广泛报道印度官方对“一带一路”的应对反制措施，《印度计划用古代海上棉花之路反击中国的海上野心》一文提出，要用“历史上与丝绸之路地位相等”的“棉花之路”平衡中国的野心，尤其是阻止那些不利于印度防卫的工程的实施。①

3. 既对“一带一路”倡议持保留态度，也积极参与合作与对接

除了以上两种态度倾向外，更多沿线国家对“一带一路”倡议持保留态度，以俄罗斯媒体为典型代表。在防止中国影响力增长方面，俄罗斯同印度有着相同的担忧，其国内几乎所有涉及“一带一路”的报道都关注中国影响力在中亚的增长问题。但随着乌克兰危机的爆发，西方加紧围堵与制裁俄罗斯，使之对中国的战略需要剧增，再加上“一带一路”倡议同俄罗斯倡导的欧亚经济联盟可以对接，中国也表明了尊重俄罗斯在相关地区权益的立场，俄罗斯逐渐放弃顾虑，转为积极参与到“一带一路”倡议中来。《莫斯科时报》（*The Moscow Time*）② 认为加入“一带一路”将有利于俄罗斯复苏脆弱的经济，该倡议所带来的资金也有利于欧亚经济联盟的发展，项目对接有利于中俄双方，但“一带一路”倡议终究还是会削弱俄罗斯在多边组织中的地位，这是俄罗斯需要付出的代价。③ 这一观点充分体现了俄罗斯在“一带一路”倡议中的无奈选择。

二　“一带一路”倡议的国际舆情特征

国际媒体关于“一带一路”的报道呈现出了多元化和深入化的特点。一国媒体对“一带一路”的报道常有不同甚至是对立的声音，除了大量消息事实类的报道外，报道还引发了大量的意见评论，涉及领域也从最开始的经济方面，深入了地缘政治、大国关系等方面，关注“一带一路”对全球政治经济格局的影响。具体而言，国际媒体在报道和解读“一带一路”方面具有以下特点。

---

① Dipanjan Roy Chaudhury, “India Plans Cotton, Ancient Maritime Routes to Counter China's Maritime Ambitions,” *The Economic Times*, April 18, 2015.

② 俄罗斯英文报纸，在莫斯科出版的周报。在莫斯科附近地区和英语国家俄罗斯群裔中广泛传播。

③ Sarah Lain, “Russia Faces Facts on China,” *The Moscow Time*, August 2, 2015.

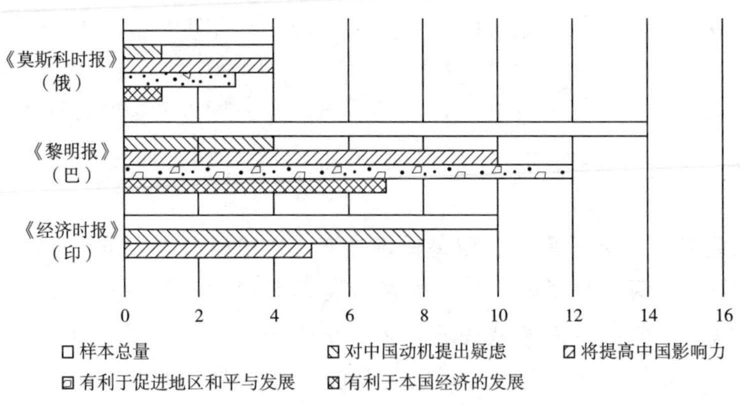

图 2 沿线各国英文媒体对于“一带一路”报道的倾向统计

（一）对“一带一路”的报道议题较单一，偏重经济和政治方面，忽视文化交流与互动的内容

无可置疑，经济是“一带一路”倡议的重要课题，但它绝非仅限于经济，而是要打造一个政治互信、经济融合、文化包容的利益共同体、命运共同体和责任共同体。① 在各国媒体眼中，“一带一路”要么是“经济快车”，要么是“中国版的马歇尔计划”。沿线国家关心“一带一路”所带来的经济利益，而西方国家想要深度挖掘倡议背后的政治、战略意图。在笔者统计的相关国家媒体关于“一带一路”的报道样本中，竟没有涉及文化交流的内容（见图 3）。在历史上，丝绸之路一直就不只是一条经济贸易、互通有无的路线，更是东西方文明相互交融与碰撞的桥梁。中国倡导的“一带一路”囊括五大合作领域：政策沟通、设施联通、贸易畅通、资金融通、民心相通，其中“民心相通”不可或缺。以“一带一路”为载体的人员往来，人文交流，信息流通正不断地开展。而相较文化交流活动的频繁与意义的重要，媒体的关注度却不足，政经热、文化冷，官方热、民间冷成为国际媒体对“一带一路”报道的显著特征。这固然同各国媒体的取材倾向相关，也与我国相关部门对国际传播的重视程度和话语表达缺位有关。

---

① 《推动共建“一带一路”的愿景与行动》，新华网，http://news.xinhuanet.com/gangao/2015-06/08/c_127890670.htm。

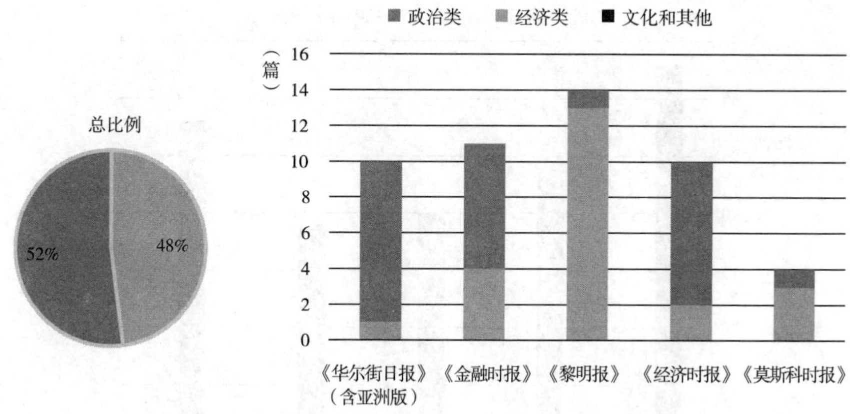

图3　有关媒体对“一带一路”报道的话题类型分布

（二）关注“一带一路”的具体措施而非抽象宏大的宣传

虽然国际媒体都对“一带一路”倡议表达出了高度关注，但应该注意到，媒体在报道“一带一路”的话题选择上还是更加倾向于亚投行（AIIB）、中巴经济走廊等这些具体运作的项目或机构，并不看重“一带一路”整体倡议的解读。在国际媒体的诸多报道中，我们很难找到几篇对《推动共建“一带一路”的愿景与行动》文件的解读，而对设立“亚投行”的跟踪报道却比比皆是，其报道数量甚至远超关于“一带一路”的报道。与之相比，从发布“一带一路”倡议至今，中国国内媒体对“一带一路”的宣传报道数量却远大于亚投行。“一带一路”的出台时间虽然比亚投行更长，但亚投行却后来居上，赢得媒体的普遍关注，这与英、法、德等发达国家加入亚投行所带来的媒体效应不无关系，但更重要的是，国际媒体受众更喜欢具体的、“接地气”的、对现实生活有直接影响的、“有形的”报道题材。相比之下，我们投入巨大精力、财力开展的“一带一路”舆论造势，反而容易被国际受众理解为政治宣传，从而产生对这类报道的排斥心理。

（三）各国媒体对“一带一路”的解读基本上以各自国家利益为圭臬

各国媒体对“一带一路”的解读语境，从来就没有脱离自身的国家利益与政策立场。美国媒体看重自身的霸权利益，往往将“一带一路”的解读引申到战略高度，因此，“中国版马歇尔计划”、“朝贡翻版论”充斥于美

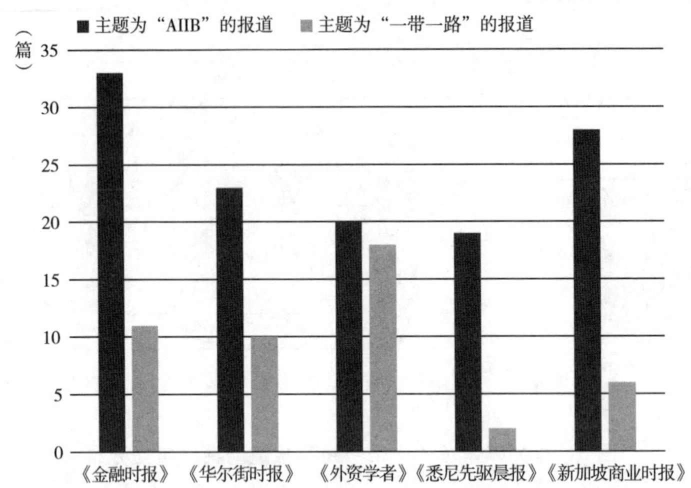

图4 世界各国主要媒体对于"一带一路"和亚投行主题的报道数量分布

注：主题为"AIIB"报道的统计数据为2014年4月至2015年7月的报道，主题为"一带一路"报道的统计数据为2013年9月至2015年12月报道。

国媒体对"一带一路"倡议的报道中；欧洲则看重经济利益，因此主要是从经济视角来解读"一带一路"，对亚投行也颇为关注；巴基斯坦媒体主要聚焦"中巴经济走廊"；印度出于安全考量，主要关注"一带一路"所可能导致的安全威胁与挑战，以及政府提出的各种应对计划。为此，从各自利益角度出发，各国媒体对"一带一路"的报道是各取所需，或多或少地曲解了"一带一路"的初衷。美国和印度在"一带一路"中得到的是"中国威胁论"的又一力证，而巴基斯坦、俄罗斯则从中看到了解决自身经济困难的"万能良方"。诚然，任何信息在传播过程中都不可避免地存在流失甚至是扭曲的可能，但这也提醒我们，要重视"一带一路"的国际话语权构建，对国际社会所关注的问题进行合理解释与回应，以消除各种误读与猜忌。

三 加强构建"一带一路"国际话语权

话语权，既是一种权利（rights），更是一种权力（power），在生活中，人人都有说话的权利，但并非所有的话语都能产生巨大的影响力，从而展现出权力。在国际社会中，话语权从来就不是平等的，以美国为首的西方国家一直掌握着国际传播的话语霸权。从信息获取到内容表达，西方媒体一直主导着世界舆论格局。传播于世界各地的新闻中，90%以上为西方所垄断，这种传播格局也深刻地影响着"一带一路"倡议传播的国际舆情现状。

事实上，《中国日报》、新华社等中国主流英文媒体对"一带一路"和"AIIB"进行了广泛报道，报道数量远远超过国际媒体。通过对中国日报网站进行的检索结果显示，截止到 2016 年 1 月 16 日，国内这两家主流英文媒体对"一带一路"的报道量超过 7500 多篇，对 AIIB 的报道量为 2800 多篇，二者加起来有 1 万多篇（见图 5 和图 6）。[①] 但值得反思的是，中国媒体的海量报道是否取得了应有的效果？国外受众特别是精英阶层是否接触到了中国媒体传递的相关信息？调查显示，当代国际受众对中国的了解主要是借助西方媒体，信息获取率高达 68%，仅有 22%的受众从中国媒体了解中国。[②] 这其中既有国际传播格局不平衡的因素，也有中国媒体自身的因素。当前，"一带一路"倡议的推进为中国获得了"自塑"国家形象的重要契机，中国应该抓住机遇，加强"一带一路"的话语权建构，用中国声音来引导国际舆论走向。为此，我们可以从以下几个方面着手：

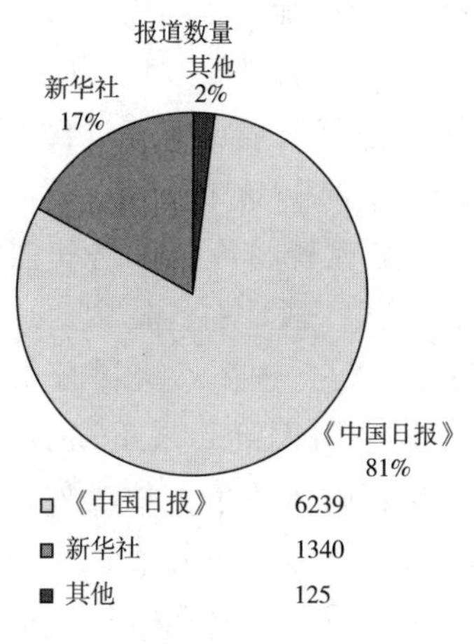

图 5　中国英文媒体对"一带一路"的报道情况

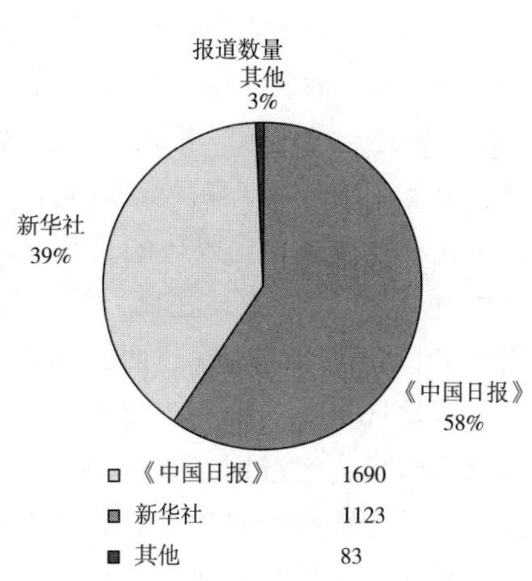

图 6　中国英文媒体对 AIIB 的报道情况

---

① http：//searchen. chinadaily. com. cn/search？ sortBy = - publishtime&view = allsitesppublished&classify = en&navigation = &drillDown = &drillUp = &offset = &query = one + belt + one + road；http：//searchen. chinadaily. com. cn/search？ sortBy = - publishtime&view = allsitesppublished&classify = en&navigation = &drillDown = &drillUp = &offset = &query = AIIB.

② 孟威：《改进对外传播，构建"中国话语体系"》，《新闻战线》2014 年第 7 期。

首先，应推进旨在增强“一带一路”逻辑性和说服力的理论研究。当前国际舆论对“一带一路”的各种误读，一方面是由于对中国的固有偏见使然，但更重要的是相关理论的解释力不足。当今世界主流国际话语及其概念，例如“历史终结论”、“文明冲突论”、“民主和平论”、“软实力”、“巧实力”等理论观点，都是西方学者提出来的。即使是那些与中国相关的概念，诸如“利益攸关方”、“金砖国家”、“G2”等，其原创者也都不是中国大陆的学者或媒体工作者。针对“一带一路”的动机，西方媒体用“陆权论”、“海权论”加以解释，而中国却没有一套广受认可的理论予以回应。鉴于此，我们需要围绕“一带一路”倡议的实施，建构“一带一路”理论阐释体系，以增加该战略的逻辑性和说服力。

其次，应换位思考，理解并回应相关国家的利益关切。我们始终认为，“一带一路”倡议是个互利双赢的战略，既然对大家都有利，他国就没理由反对、质疑。但从前面的分析可以看出，任何一个国家特别是大国都有自身的利益考量，在局势未明朗之前，都不会轻易表态，而是采取谨慎与观望的态度。而且由于社会制度和国家利益的差异，各国有不同意见和声音是很正常的。我们国内媒体对美国提出的 TPP 战略不也有不少质疑声音的吗？己所不欲，勿施于人。因此，中国在向国际传播“一带一路”倡议的过程中应当理解并主动回应相关国家，特别是地区大国在“一带一路”倡议实施过程中的关切与担忧，要有主动释疑解惑的勇气与担当，以减少别人的猜忌和担忧。

再次，要改进中国媒体的传播内容和方式，实现新闻传播风格和内容的“本地化”。国内媒体往往习惯了传统的新闻叙述手段，在传播中，片面追求外宣目标，单向灌输、回避问题、高唱赞歌，行文中要么充满外交辞令，不接地气，要么采用气势恢宏的排比句，让外国人听起来不知所云。在新媒体时代，大量网络媒体和自媒体应运而生，媒体竞争更加激烈，我们需要突破传统的外宣思维，将单向的信息传输转变为双向的信息互动与交流，了解各国新闻传播的方式和叙事风格，变空洞的口号式宣传为形象生动的故事化描述。同时，我们既要对“一带一路”沿线国家实施具体项目所带来的实际效益进行宣传，也要敢于直面问题，塑造公信力，打造传播品牌，争取更多的国际受众。

最后，还应该学会利用国际媒体平台传播中国声音。国际媒体关于“一带一路”的报道中，立场观点最接近中国媒体的就是新加坡的《联合早报》，一个重要的原因是有很多国内学者和媒体人在《联合早报》上发表文章，阐发中国立场和观点。再如前述的刘晓明大使针对欧洲媒体对“一带一路"的疑问，在英国《金融时报》上发表文章[①]进行解答，也收到了良好的效果。但总的来说国际媒体关于"一带一路"的报道文章，基本都出自外国人之手，中国学者缺席国际媒体讨论中国问题的情况十分普遍，我们应当主动出击，改变被人缺席审判的境地，充分利用国际舆论阵地传播中国声音，引导国际社会对中国以及"一带一路"的舆论走向。

总的说来，"一带一路"倡议的提出，是中国对国际社会的重要话语贡献，是新时期中国主导议题设置的重要成就。但目前对该倡议的曲解、误读乃至猜忌仍然充斥许多国际主流媒体。为了将长期以来中国形象的"他塑"变为"自塑"，国内媒体——特别是英文媒体应该主动出击，充分利用"一带一路"的报道素材，更新传播方式与叙事方法，在构建国际话语权中发挥更大作用。

① Liu, Xiaoming, "Take the New Silk Road as an Opportunity not a Threat," *Financial Times*, May 25, 2015.

新媒体技术助力下的公共外交

——以美国为案例

陈　曦*

摘要： 进入21世纪以来，全球化浪潮持续席卷全球，大数据、云计算、移动互联设备等各类互联网信息技术不断发展普及、推陈出新，在此基础上出现的新媒体技术以其较之传统媒体所具备的互动性、开放性、即时性等特点迅速崛起，成为各国阐明外交立场、传播价值理念、增进跨国互动的重要方式，为各国公共外交事业的发展提供了全新的理解视角与实践工具。美国政府充分重视和强调通过运用新媒体技术推进公共外交活动，且取得了积极的成效，同时积累了大量的有益经验，成为学术界一项新的研究热点。

关键词： 新媒体　公共外交　美国

进入21世纪以来，随着全球化进程的进一步深化，公民意识的不断觉醒以及网络信息技术的持续发展，以数字技术为基础、互联网为平台的各类新媒体形态凭借其较之传统媒体在交互性、即时性和开放性等方面的独特优势，不仅在数量上呈现出了爆炸式发展的态势，同时在更深层次上不断地改变着人们的思考方式与理解视角，也深刻地影响着各国政府的行政变革与公共外交战略。在这一背景下，各国政府纷纷搭乘数字媒体快车，希望将新媒体作为助力公共外交事业发展的重要手段，借助博客、微博、视频网站以及各类社交网站等丰富多样的新媒体形式，通过充分关注和强调为公众参与及反馈提供更为广泛、平等和畅通的平台，更好地实现阐述对外政策主张、传递外交核心理念、输出文化价值追求、加强他国理解认同、提升本国国际形象的目的，进而实现国家利益。对于各国政府而言，通过新媒体助力公共外交事业发展不仅是理念构想，更是在各类公共外交实践活动中不断研究和探索的有效工具。

* 陈曦，管理学博士，吉林大学公共外交学院讲师。

一 新媒体的概念及特点

1967年，美国哥伦比亚广播电视网（CES）研究专家高德马克（P. Goldmark）在一份关于电子录像设备的计划书中首次提出了“新媒体”这一概念。而后，美国传播政策总统特委会主席罗斯托（E. Rostow）在其提交的著名的“罗斯托报告”中多次提及该概念。自此，“新媒体”这一新名词被广泛使用，成为一个全球化的新名词。[①] 然而，随着时间的推移，新媒体的内涵也发生了巨大的改变。

（一）新媒体的概念及内涵

新媒体是一个相对性的概念，其参照对象是包含报纸、广播、电视在内，定期或不定期向公众发布其所需要的社会信息、新闻报道的传统媒体形式。媒体自诞生起，共经历了以精英媒体为代表的传播农业时代、以大众媒体为代表的传播工业时代和以个人媒体为代表的传播信息时代三个发展阶段。1993年美国总统克林顿倡议并主导建立“信息高速公路”是标志着信息时代正式迈入全球化阶段的一个里程碑事件，自此以互联网信息技术为代表的电子网络发展日臻完善。1998年，联合国新闻委员会正式将互联网信息高速公路称为继报纸、广播、电视三类传统媒体之后的“第四媒体”。而后，尤其是进入21世纪以来，各类依托互联网技术进行信息传输的网络新闻网站、视频网站、博客、社交媒体等新媒体形式出现了爆炸式发展态势，渐渐成为主流传媒形式。

由新媒体的历史发展脉络我们不难看出，以数字技术、互联网技术为代表的技术之“新”，是新媒体区别于传统媒体的技术差异，联合国教科文组织甚至直接将新媒体定义为网络媒体。基于此，有许多学者从“互联网论”或“数字论”的角度来理解新媒体，认为新媒体即“以数字技术为基础，以网络为载体进行信息传播的媒介”，[②] 或是指在计算机信息处理技术基础上延伸出的网络、无限移动和其他媒体形态，[③] 还有人认为，凡是基于数字技术在传媒领域运用而产生的新媒体形态都是新媒体。[④]

---

① 廖祥忠：《何为新媒体?》，《现代传播》2008年第5期，第121~125页。

② 陶丹、张浩达：《新媒体与网络传播》，科学出版社，2001，第3页。

③ 熊澄宇：《媒介史纲》，清华大学出版社，2011，第8页。

④ 胡颖、周忱：《传统媒体与新媒体依存度分析》，《新闻传播》2007年第5期，第4~7页。

尽管新媒体较之传统媒体是在数字技术、互联网技术不断成熟基础上出现的全新产物，但如此说来，今日的新媒体在未来新技术不断推陈出新之时是否也会成为传统媒体呢？从更深层次来讲，新媒体所带来的视角与思维转换则是新媒体之“新”的本质与灵魂。美国著名杂志《连线》将新媒体描述为“由所有人对所有人进行传播的媒体”（communications for all, by all）。也就是说，新媒体再不像传统媒体那样将传播者和受众者明确地划分开来，打破了仅由权威传播机构垄断新闻供给的局面，任何组织和个人只要与互联网连接，并将行为置于法律允许的范围之内，无论其使用何种信息化工具，通过何种新媒体平台，以及何时何地，都能够无差异地进入开放化的海量信息空间，从而“成为信息传播者甚至制造者”[①]。因此，新媒体所带来的强调互动性的全新理念，不仅提高了公众对于媒体信息的参与热情，使得信息来源更加多元化、更加丰富，同时也由于其兼具大众传播与人际传播两种特性，因此具有更大的影响力和更好的传播效果。因此有学者认为，不能简单地将技术变革中所有数字化的传播形式都视为新媒体，而应将是否具有互动性视为最核心的评价标准，两者缺一不可。因此车载电视、户外传媒等虽然也建立在数字化基础之上，但由于缺乏互动性，不可列入新媒体范畴。[②]

综上所述，本文所探讨的新媒体是指区别于传统媒体，依托数字技术、互联网技术等技术基础，向用户提供互动性信息和服务的复合式媒体形态。具体形式包括网络新闻社区、博客、视频网站、社交网站和网络论坛等。

（二）新媒体较之传统媒体的主要特征

第一，交互性。这种交互性包括两个方面。其一，新媒体的信息传播方式不再是单向度的线性传播，而是在信息传播方和接受方之间进行着双向流动，真正实现了所有群体与个人之间的交流与沟通。任何符合条件的组织或个人都可以通过评论或转载等方式发表自己的意见与看法，并进行传播，也可以提供自己原创性的信息或影像资料，成为信息的源头。其二，再没有所谓的权威的信息仲裁者或“把关者”，新媒体的交互性赋予了信息浏览者同样可以提供信息的能力与权限，允许网络中更多组织和个人参与信息的提供与完善，甚至可以对有误的信息进行披露与纠正，因此也保证

① 田智辉：《新媒体环境下的国际传播》，中国传媒大学出版社，2010，第 14 页。

② 匡文波：《新媒体概念辨析》，《网络传播研究》2008 年第 6 期。

了网络信息的完善性。如“维基百科”中的词条内容也可以由具有相关理论或实践经验的用户予以完善。

第二，开放性。“政治对个体的保护程度取决于公民对政治的参与程度，当所有公民都能自由、平等、直接地参与政治时，政治的公共性也最高。”[①] 有学者认为，新媒体之所以能够迅速崛起，更为深刻的原因是公众对于传统媒体环境下的新闻垄断局面的抵触与不平衡，新媒体被视为消除传统媒体弊病的解药。[②] 在新媒体环境下，不同国家、阶层、职业和领域的个人都可以平等地参与到意见表达和讨论当中，能够最大程度地还原事件的真实性和展现理解视角的广泛性。同时，新媒体依托信息技术基础将不同媒介整合交互在一起，呈现出多媒体化和个性化的特点。

第三，即时性。新媒体由于依托数字技术和互联网技术得以实现，在信息基础设施一次性建设完成后，每次信息传输和接收成本都明显低于其他传统媒体。同时光纤传递数字信号的速度为30万公里/秒，可以实现瞬间超越地域限制的全球同步共享，突破了传统传媒中信息的发出以及接收存在先后顺序的限制，在很多情况下新媒体传播的信息甚至恰恰产生于事件发生过程当中，成为突发事件第一现场的对外传播媒介，甚至会成为记录重要资料和还原现场状况的唯一依据。同时，由于所传播信息未进行带有其他意图的转述或二次加工，因此更能真实、客观地还原事件本身，便于公众的准确了解与实时参与。较之传统媒体，新媒体通常有特定的出版或播出周期与时限的特点，能够表现出明显的即时性优势。

二　新媒体助力公共外交的可行性分析

事实上，媒体与外交事务两者直到20世纪中叶之前还处于分离的状态，通过媒体开展外交活动的无论从合法性还是实践成效方面都始终备受怀疑，1948年的《史密斯—蒙特法案》（*Smith-Mundt Act*）中明令禁止在国内传播专门针对国外公众的节目。而后，伴随全球化浪潮的涌进，国际交流日益频繁，尤其是在公共外交这一概念出现之后，媒体力量成为公共外交事务开展的有力工具。

---

① 〔英〕德里克·希特：《何谓公民身份》，郭忠华译，吉林出版集团公司，2007，第1页。

② 《全球每秒一个新的博客出现，记者想当就能?》，中国新闻出版网，2007年7月16日，http://www.chinaxwcb.com/2007-07/16/content_ 62131.htm。

"公共外交"（Public Diplomacy）这一概念由美国塔夫茨大学弗莱彻法律与外交学院院长埃德蒙德·古里恩（Edmund A. Gullion）于 1965 年首次提出，认为公共外交"旨在通过引导公众的态度来对政府外交政策的制定与实施施加影响，它包括了超越传统外交的诸多国际关系领域"。[①] 随着之后公共外交理论与实践的不断拓展，公共外交的概念也不断得以完善和深化。有学者认为，公共外交是指为了提高本国的知名度、美誉度和认同度，而由其政府或其授权的有关机构通过对外信息传播和国际文化交流等形式与外国公众进行双向交流的过程，以澄清信息、传播知识、塑造价值观，进而更好地服务于国家利益的实现。[②] 具体形式包括新闻报道、电视、广播、电影、录像、光盘等媒介，出版发行文化交流期刊、外文图书、互派留学生、学者、艺术或体育代表团等。[③] 有学者指出，公共外交的兴起是外交公开化的必然结果。[④] 这表明，外交活动已经揭下了曾经秘密化与个人化的神秘面纱，开始同各国民众的日常生活息息相关，这就要求各国政府在制定外交政策、实施外交手段、开展外交活动时，充分利用各种工具和方法研究自身行为对他国民众的影响，以及在他国公众心中的认同度与美誉度，而新媒体在这一过程中所发挥的作用和蕴含的潜力是巨大的。

（一）新媒体技术为公共外交发展提供了前提基础

第一，从技术基础来看，公共外交的发展需要有大量的信息交换为支撑，各类公共外交政策的制定也需要基于大量关于目标国政治、经济、社会、文化等诸多方面的指导性数据，同时还要对目标国民众对本国政府所持有的普遍态度以及关注热点有准确的把握。而新媒体技术由于信息传输速度快、来源广泛等，极大地加快了各行为体之间沟通交流的频率，使各类信息收集、归纳、分析活动进行得更加全面、准确且及时。不仅如此，反过来讲，新媒体还能使政府的内政外交行为迅速传播扩展，放大其影响，并引起来自世界各处的广泛讨论，使得在新媒体技术促进下的外交活动能够以更加开放、透明的姿态接纳更多公众参与其中，将受众建议及反馈作为改善公共外交手段、推进公共外交进程的依据。

第二，从社会基础来看，公共外交需要更加多元化的外交主体采用更

---

① "What is Public Diplomacy?" November 11, 2009, http://fletcher.tufts.edu/Murrow/Diplomacy.

② 赵可金：《公共外交的理论与实践》，上海辞书出版社，2007，第 15~16 页。

③ 杨闯主编《外交学》，世界知识出版社，2010，第 184 页。

④ 赵可金：《公共外交的理论与实践》，上海辞书出版社，2007，第 13 页。

加多元化的外交方式展开，而这需要来自社会各个阶层、各个领域的人士对外交事务关注度与参与度的不断提升。传统外交时代，外交是专属于各国政府官员、专业外交人员的具有高专业性、高涉密性的专门性事务，普通公众由于难以获得最真实、客观的信息，从而也很难产生参与热情，形成参与习惯。如前所述，新媒体的出现提供了全新的、交互式的信息传播模式，将各类外交事务不断对大众公开，因此公众不仅对外交事务表现出越来越高的关注度与参与度，同时外交专业人士更是基于此、有意识地利用新媒体形式尽可能多地公开外交信息，实现公共外交目标，为公共外交的发展创造了有利的社会基础。

第三，从政治基础来看，国际政治实体之间相互依赖、相互依存的程度大大提高，各实体之间在政治、经济、文化上相互影响，交织在一起，从未有任何一个历史阶段像今天这样彼此相互依赖而存在着，这样的一种全新的国家间关系也在深刻地影响着公共外交行动。从公共外交视角来看，借助新媒体技术，外交主体能够使目标国家所有能够接入互联网的民众都成为其潜在受众，在一定外交事件的催化下能够通过新媒体这条纽带结成一致性的“政治同盟”，产生聚合力量和高度的互联性，从而对外交行动产生影响。例如 2009 年伊朗大选之际，美国关注到伊朗反对派在网络社交新媒体平台所释放出的力量，从而意识到新媒体这种崭新的媒介在外交事件中可能扮演的重要角色，因此美国全力保障新媒体平台的畅通，以便为伊朗境内与境外反对派人士相互联络沟通提供便利条件，以实现自身的政治目的。一时间，以 Twitter 为代表的新媒体在国际性事件中的功能地位引起了社会各界的广泛关注。尽管这种因特定事件而产生的同盟容易随着热点的消失而解体，但这种以相互依赖性为特征的政治基础持续存在，任何政治热点爆发时都可以通过新媒体形式重新集结，并发挥作用。

（二）新媒体技术符合公共外交的发展趋势

在公共外交领域的不断探索方面，不仅在西方发达国家有所成就，同时中国、印度等发展中国家也积极融入，采取各种旨在提升国家形象、寻求国际认同与支持，最终实现国家利益的各类公共外交行动。从全球范围来看，公共外交事业的发展呈现出多种发展趋势，新媒体作为技术媒介在这些趋势中也发挥了重要的推进作用。

首先，公共外交的网络化趋势。在这里，所谓的公共外交网络化不是狭义的“互联网化”的含义，而是指公共外交行为已经不再是以往的某国政府对某目标国政府的“点对点”的单一交往模式，而是逐步形成了政府、各类组织、企业乃至个人等实际状况迥异的个体，在互联网平台上共同组成复杂的“多对多”的传播网络，政府不再是信息的唯一源头。这些主体通过设立各类官方或非官方网站、建立社交媒体主页、上传视频新闻等形式，在不同程度上承载着对外宣传国家政策、推广先进文化、塑造国家形象的责任。而且，如前所述，新媒体的发展使得不同国家及其公众前所未有地紧密联系起来，这也就决定了某国政府的某项公共外交活动所影响的范围，不会再被严格限定在目标国及其内部公众，而是通过互联网平台以网状形式蔓延并放大到其他国家，因此也会相应地影响到在其他非目标国对该国外交政策、方针及措施的评价。因此，新媒体的发展在公共外交网络化的发展趋势下能够带来更多可利用的手段和实现形式，不仅如此，通过对两者契合之处的有效发掘和利用，还能够在纷繁复杂的国际化网络中带来积极的外部性，在影响目标国的同时在其他非目标国树立起正面、积极的形象。

其次，公共外交的扁平化趋势。这和上面所说的网络化趋势看似矛盾，实则有着深刻的内在一致性。在以往的传统外交活动中，以国家的对外政策传播为例，其运行机制包括两个层级。其一，一国政府将经过审查的包括政府声明、政策性文件等通过国际媒体等方式进行对外发布。其二，在媒体收到政府信息后依据特定政治立场进行分析和解读，进行二次加工与过滤后再传播给国外的公众，通过二级传播的方式能够有效保障形象塑造和舆论导向的效果及作用。而公共外交在不断发展的过程中，愈加重视公民这一社会的基本构成要素在外交活动中的地位和话语权，民众的广泛参与成为公共外交的重要特征及单一的政府外交的重要补充。公共外交中信息传播扁平化趋势则是在这一逻辑下的必然选择。新媒体技术有效地改变了传统外交的二级传播模式，所有在新媒体平台上发布的信息都将直接传递给国内外民众，一次性地完成信息传播行为。这不仅能够保证公众获得最为准确、客观、真实的第一手信息，而不受传统媒体这一中介在信息加工过滤过程中所施加的其他影响，同时政府通过在该平台国外民众的评价及反馈可以成为政府下一步行动的方向标，便于审时度势地策划进行下一步的信息传播、形象塑造和舆论引导行动。

（三）新媒体技术符合公共外交的内在要求

首先，新媒体技术极大地丰富和拓展了外交手段与方式。毋庸置疑，新媒体为外交活动提供了更多更富有开放性、互动性、个性化、便捷性与灵活性的方式和手段，各国政府或政要所建立的政务微博、个人主页受到了越来越多的关注与追捧，各国还在不断探索更富有创造性的信息双向输出模式来进行外交活动理论与实践的拓展与深化。例如，2009 年奥巴马访问中国前，美国驻华使馆就充分利用新媒体平台，邀请了多名中国公知与中美关系学者对此次访问可能产生的积极意义与影响进行交流。在此过程中，被邀请人可以通过随身携带的各类通信工具，通过各类平台渠道对会议情况、交流进展等内容进行网络直播。通过这种方式，奥巴马总统访华的消息和各类评论性文章随处可见，这种更加含蓄且灵活的信息传播方式在不知不觉中赢得了更多受众的关注，也为奥巴马访华做足了前期的舆论铺垫。[①]

其次，新媒体技术能够极大地节约公共外交成本。传统外交活动从调查、策划、实施到反馈各个环节都需要有诸多专门机构进行协同工作，往往伴随着人力、物资的大量投入及消耗，并且完成周期较长。新媒体技术则能够在去除公民信息获取和意见反馈中面临诸多障碍的同时，使信息传播范围和效果都得到大幅度提升。如前所述，新媒体平台一经建成，之后无论是信息的提供方还是获取方都可以在平台上实现更加方便与快捷的交流，在极短的时间内即可实现信息的大范围传播，并得到实时的一手反馈，这使公共外交主体的宣传和活动成本以及公民参与公共事务的成本大大降低。

再次，新媒体技术有助于国家软实力的提升。二战后，和平与发展成为时代主题，国家之间软实力较量在国际竞争中日益凸显，公共外交旨在将本国的政治理念、文化价值观等在世界范围内予以表现，获得外国公众的理解与认识，甚至是形成价值认同与趋同心理。新媒体的出现有力地推进了全球公民社会的发育成熟，越来越多的非政府组织、跨国公司和个人在公共外交活动中发挥了积极的作用，成为政府权威之外的重要力量。不同的半官方或非官方的组织和个人的发声能够为国外公众展现一国政治环境的公开、透明、公平程度，多元化地展示一国在各个层面上的真实情况，可以获得来自外国公众的对该国文化与价值观更为广泛的理解，能够有效提升本国的软实力。

最后，新媒体技术有助于国家形象的塑造。国家形象是国内或国外公众对某一国家政治、经济、文化等各方面表现所给予的综合评价。国家形象不仅能够体现一国的综合国力，也能够展现出该国是否具有优良的文化

---

① 陈功榕：《新媒体时代公共话语权探析》，《东南传播》2012 年第 10 期。

传统和独特的民族精神，是影响国家间关系及外交活动开展的重要因素，反过来说，塑造良好的国家形象也是各国公共外交活动的重要目的。新媒体技术以其独特的优势成为各国塑造国家形象的最佳工具手段和实现途径。其主要表现在如下三个方面。

其一，新媒体技术有利于塑造领导人亲和与开明的形象。由于其本身特有的互动传播方式，新媒体有助于将领导人同他国政府和民众交流进行时所体现的亲切、友好、真诚等形象呈现出来。例如美国国务院网站设置了“给国务卿发短消息”一栏，供网友自由、便捷地通过网络或手机等各种设备向国务卿希拉里提出所关心的问题。从 2013 年 6 月至今，美国总统奥巴马在 Twitter 上的私人主页共发文 204 条，关注者达到了 590 万，每周至少有 4 天进行更新，其内容主要围绕与网友互动，同时分享个人生活感悟及感想。[①] 这些行动成功地塑造了一个亲切、开明的领导人形象。其二，新媒体技术的应用能够反映出一国的实力形象。对信息空间、信息资源甚至信息霸权的争夺成为各国日趋关注的新方向，能否充分运用新媒体技术不仅能够体现一国发掘信息资源的潜力、发展网络技术的能力以及创造网络影响力的魄力，也是一国综合实力形象的有效体现。其三，新媒体技术能够在特殊事件当中塑造负责任的国家形象。例如，2010 年 1 月，海地爆发地震两小时内，美国 Mobile Accord 公司就同国务院合作启动了“短信海地”（Text Haiti）项目，以 10 美元/次的募捐形式为红十字会筹集了 4000 万美元的捐款，获得了国内及国际社会的高度评价。各国的政治主张、政治理念通过新媒体形式更容易得到公众的接受、理解和认同，有利于塑造一个负责任的国家形象。

鉴于以上的分析，我们可以看出，新媒体技术不仅为公共外交发展提供了前提基础，并且符合公共外交的发展趋势和内在要求。作为服务于公共外交的发展与深化的有力工具，新媒体技术有进一步开发和研究的潜力与空间。

三　新媒体助力下的美国公共外交实践

美国借助新媒体发展公共外交有着深刻的历史根源。由于小布什政府时期漠视他国利益而强硬地奉行单边主义，肆意干涉他国内政，强行推广

---

① 参见奥巴马 Twitter 个人主页，https://twitter.com/search?src=typd&q=obama，统计数据截至 2016 年 1 月 16 日。

美国价值观，因而遭遇了来自世界各国人民空前的反美情绪。同时发动阿富汗战争和伊拉克战争不仅造成了大量战争伤亡，同时使美国军费支出高居不下，财政赤字加剧，美国在全球的政治地位已经下降到了深谷，这导致奥巴马在 2008 年上台伊始就面临着严峻的国内外形势。

在这样的背景下，奥巴马政府上台后就赋予公共外交前所未有的重要地位，旨在扭转美国一落千丈的国家形象，维护美国的根本利益。奥巴马政府大力提倡通过新媒体技术推动公共外交发展，将其作为支撑“巧实力”外交战略的重要支柱。进入 21 世纪以来，美国运用新媒体开展公共外交的实践越来越丰富且深入，在传递外交信息、设置外交议程、传播价值观念、宣传对外政策等公共外交行动的开展上发挥了重要作用并积累了大量经验。2010 年 1 月，美国国务院在名为《公共外交：加强美国与世界的交流》的报告中制定了 21 世纪“公共外交全球战略框架”。该框架明确指出，要有效利用各种最先进的手段和策略加强美国的对外沟通影响能力，更加积极地树立美国国家形象；通过已有的公共外交项目和平台与各国民众建立互信、互重，发挥个人层面的作用。

（一）美国借助新媒体推进公共外交的优势分析

根据世界互联网统计网的统计结果表明，截至 2015 年 11 月 30 日，全球互联网用户约为 34 亿，占全球总人口的 46.4%，较之 2000 年的网民增长率为 832.5%。其中北美洲为互联网接入率最高的地区，仅占全球 4.9% 的人口却达到了 87.9% 的接入率[①]（如表 1 所示）。美国作为互联网同时也几乎是所有新媒体的发源地，是新媒体覆盖面最广、使用率最高的国家。美国借助新媒体推进公共外交的优势主要包括如下方面。

表 1　世界互联网使用以及人口数据（更新至 2015 年 11 月 30 日）

地区	人口数（2015 年统计数据）	占世界人口百分比（%）	互联网用户	互联网接入率（%）	2000~2015 增长率（%）
非洲	1158355663	16.0	330965359	28.6	7231.3
亚洲	4032466882	55.5	1622084293	40.2	1319.1
欧洲	821555904	11.3	604147280	73.5	474.9

① 参见世界互联网统计网，http://www.internetworldstats.com/stats.htm，统计数据截至 2015 年 11 月 30 日。

续表

地区	人口数（2015年统计数据）	占世界人口百分比（%）	互联网用户	互联网接入率（%）	2000~2015增长率（%）
中东地区	236137235	3.3	123172132	52.2	3649.8
北美	357178284	4.9	313867363	87.9	190.4
拉丁美洲/加勒比海地区	617049712	8.5	344824199	55.9	1808.4
大洋洲/澳大利亚	37158563	0.5	27200530	73.2	256.9
世界总数	7259902243	100.0	3366261156	46.4	832.5

首先，美国对于新媒体具有得天独厚的语言优势。基于19世纪、20世纪英国和美国在政治、经济、文化、军事、科学等领域在世界上的领先地位，英语成为一种国际通用语言，大部分国家和绝大多数国际组织（例如联合国、北约、欧盟等）将英语作为官方语言，因此许多国际公共外交场合都使用英语作为主流沟通语言。同时由于美国是计算机的发源地，因此大多数编程语言与英语密切相关。随着互联网在全球范围内普遍应用，英文的使用更普及，在新媒体平台上亦是如此。据统计显示，网络信息内容统计，超过3/4的互联网信息用英语发布，100%的软件源代码是英语格式。[①] 因此，美国可以凭借其得天独厚的语言优势对新媒体进行最为深刻的开发及使用，并对新媒体所搜集整理的信息进行最为透彻的分析与解读。

其次，美国对于新媒体具有无可比拟的技术优势。一直以来，美国都充分占领着新媒体技术的制高点，无论是计算机技术、互联网技术还是当前盛行的3G、4G等移动通信设备，都是美国不断运用各类新技术的优势平台。因为第一代互联网发源于美国，因此美国拥有优先分配网络资源的权限，全世界所有的根服务器均由美国政府授权的互联网域名与号码分配机构（ICANN）统一管理，负责全球互联网域名根服务器、域名体系和IP地址等内容的管理。这不仅意味着全球都要为使用互联网服务而向美国支付宽带费用，也意味着美国可以通过所设置的根服务器获得各国互联网DNS解析的大量数据，可以轻松地“窥视”来自世界各地的互联网信息及电子邮件，由此可以获得更为广泛的指导公共外交政策制定及实施的

① 张丽：《英语的全球化及其影响》，《外语研究》2007年第13期，第23页。

数据信息。

此外，美国对于新媒体具有成熟强大的平台优势。美国不仅在网络技术设施架构及硬件开发等方面占尽先机，同时大量知名跨国科技企业以及提供互联网服务的精英互联网公司都源自美国，为全世界提供着各类服务。例如，截至2013年9月，美国跨国科技企业Google（谷歌）在全球超过40个国家设立了70个办事处，[①] 所提供的100余种应用服务已经遍布世界120多个国家，成为集电视、广播、互联网、社交媒体于一体的全媒体帝国，以技术手段对全球的政治、经济和文化产生深远影响，其搜索引擎不仅可以记录不同政府、组织或个人的用户信息和搜索数据（用户的搜索内容、IP地址以及CookieID等信息都会被记录并保存至少18个月），以此进行大数据处理，分析各国的社会热点和思想动态，同时搜索引擎中看似随机推荐的信息能够潜移默化地影响和引导用户的价值判断。Facebook是世界排名领先的照片分享站点及社交网络服务网站，其首席执行官马克·扎克伯格（Mark Zuckerberg）于2015年8月28日在其个人账号上发布消息称Facebook本周一的单日用户数已突破10亿；Twitter是全球互联网上访问量最大的网站之一，允许用户将自己的最新动态进行实时发布。截至2014年，Twitter已经能够支持33种语言版本，用户数量超过5亿。这些跨越国界、种族、意识形态等限制的信息发布和传播的新平台都成为美国社交世界的主要工具。一旦美国主导的新媒体与政府达成合作的共识，便能够成为美国政府开展全方位公共外交活动的得力助手。[②]

（二）新媒体助力美国公共外交的表现形式

美国在具备借助新媒体推进公共外交的诸多优势，不断更新互联网硬件设施、完善相关互联网软件技术的同时，奥巴马政府还逐步将新媒体纳入美国外交的整体规划中，日益注重发展和拓深新媒体在助力公共外交方面可能的潜力。综观美国政府的公共外交实践可以看出，新媒体助力下的美国公共外交主要体现为下述几个方面。

第一，新媒体助力公共外交信息公开。奥巴马政府为了向国内外民众全面展示美国的外交信息，尤其希望将新政府各项外交政策方针同前任政府相

---

① "Google Locations," Google Company, Google, Inc., September 2013, https://en.wikipedia.org/wiki/Google#cite_ note-92; https://en.wikipedia.org/wiki/Google#cite_ note-92.

②《Facebook创历史纪录：单日用户数突破10亿》，创业邦，2015年8月28日，http://www.cyzone.cn/a/20150828/279537.html。

区别，开辟了诸多网络新媒体平台，作为阐述和宣传美国外交信息的窗口。其主要表现包括：首先，美国政府对国务院门户网站进行了升级改版，除传统的政务信息外，还将国务院的博客、Twitter、Instagram、Facebook、Google地图等新媒体信息设置在首页的明显位置，便于各国公众随时接入并获取信息，同时国务院Twitter上发布的最新内容，更是在网页上实时进行滚动发布。各个新媒体平台对美国政府高级官员的出访报道、最新战略构想、公共外交解读等内容都有广泛且深入的涉及，并以文字、照片、视频或统计报告等多种方式进行公开，有效地丰富了信息公开形式。

另外，美国政府还专门建立了data. gov网站，便于国际社会及时了解美国社会各领域的最新政策及外交立场。通过该网站，世界各地的用户不需要任何身份、国别、域名的验证就可以便捷地获取美国政府所公开的数据。截止到2016年1月17日，data. gov囊括了191818个包含美国各类政府信息的数据库，不仅提供了"数据关键词搜索"、"工具搜索"以及"地理数据分类搜索"三种信息检索方式，还将各类数据信息按照农业、商业、气候、消费者、生态系统、教育、能源、金融、医疗、地方政府、制造业、海洋、公共安全、科学研究等多个领域进行分类。这些不断丰富并更新的数据库，包含了美国政府的大量外交信息，能够在彰显其美国政府信息公开决心的同时，为其他国家策划开展同美国的公共外交活动提供有利指导。美国政治与科技网（Tech President. com）创始人安德鲁·罗塞杰（Andrew Rasiej）指出，"奥巴马正在充分运用互联网这一开放平台，确保信息全面而不受删减地传达给国外民众。各国的外交相关人士可以通过互联网相互交流，各国的普通公民也可以相互交流，并就共同的问题和目标展开讨论"。①

第二，新媒体助力公共外交资源收集。奥巴马政府依据公共外交需求，经常在网站上有针对性地发布不同国家、不同职业等公众所关注的热点信息，通过统计网页的点击率、留言或转发数量级具体评论及时把握国内外公众对政府在某一特定事件或某一特定阶段中所持的看法及评价，进而能够从中分析、梳理出对其下一步开展公共外交行动有指导价值的数据资源，为美国外交决策提供参考依据。

美国不仅充分利用本国的新媒体平台进行资源搜集整合，同时更能够

---

① "Obama launches 'YouTube diplomacy'," March 20, 2009, http://www.financialexpress.com/news/obama-launches-youtube-diplomacy/437511/.

因地制宜、就地取材地通过公共外交目标国的新媒体进行有效的信息收集活动。2009 年 7 月，奥巴马计划出访非洲前一周，美国驻南非大使馆通过同非洲当地新媒体平台开展合作，通过互联网迅速收集了来自非洲地区关于美国政府和奥巴马总统的近 20 万条提问。同时美国国务院还专门建立了一个针对非洲地区的短信服务系统，邀请非洲民众用英语或法语给美国总统发短信。最终美国通过这一途径收集了约 16000 条短信。[①] 通过分析与解读这些信息，美国获取了诸多便于在未来制定更加符合非洲实际和更具针对性的外交政策的有价值的外交信息。由于新媒体成功地实现了公共外交信息资源收集的效果，同年 11 月，在奥巴马访华前夕，美国国务院临时增设了 CO. NX 门户网站，发出公告邀请中国网民将拟提问题发送到该网页。不仅如此，美国驻华使领馆还在腾讯网开设了博客（usembassy. qzone. qq. com），美国驻华使馆文化处也在开心网上增设了链接（www. kaixin001. com/embassyusa），美国驻广州总领事馆新闻文化处设立了微博账号@GZPAS 进行信息收集，便于了解中国民众对奥巴马访华、中美关系的态度与思想动向，以适时调整公共外交战略。

第三，新媒体助力价值观念传播。美国历届政府都将在全球范围内传播美国价值观作为公共外交工作中的关键内容。在所尝试的多种方式和手段中，运用新媒体平台推广美国价值观，相对来讲不仅成本更低、范围更广，而且带来了更好的效果，因此得到了奥巴马政府的特别重视。例如，“9·11 事件”之后，伊斯兰国家一直都是美国传播价值观的重点对象，因此美国务院数字外联小组特别招募了精通阿拉伯语、波斯语、乌尔都语的专门人员，渗透和进入伊斯兰世界各类新媒体平台，通过聊天讨论或留言等方式隐性传播美国的价值观念。2009 年 6 月，奥巴马在埃及开罗大学发表演讲时表示，美国与伊斯兰世界“都拥有公正、进步、包容、尊严等人类共有的普世价值原则……因此可以共同寻求一种以共同利益和相互尊重为基点的相互关系的新开端”。[②] 美国务院随即将奥巴马的演讲全文翻译成 13 种语言，并通过各大有影响力的新媒体平台进行网络全程直播，同时发布演讲文本，避免受到伊斯兰国家电视台的限制，以各种形式力图缓解伊

---

① Sunlen Miller, “Obama's Global Reach via Movie Theaters, Bikes Messengers, Text and Mobile Networks,” http://blogs. abcnews. com/politicalpunch/2009/07/obamas-global-reach-via-movie-theaters-bikes-messengers-text-and-mobile-networks. html.

② Barack Obama, “Remarks by the President at Cairo University,” June 4, 2009, http://www. whitehouse. gov/the_ press_ office/remarks-by-the-president-at-cairo-university-6-04-09.

斯兰世界民众对美国的不满与抵触情绪，为美国推广其价值观减小阻力。同时在演讲中奥巴马还表示：“美国将会投资互联网在线学习项目，创造一个全新的在线网络，能够使一个远在堪萨斯州的孩子能和身处开罗的同龄人即时通讯。”① 这看起来是在表达促进两国友好、密切的民间交流的意愿，但其本质是极为隐晦地通过互联网对全球公众特别是青年人灌输美国“自由、开放、民主”等价值观。

美国对影响国内外公众价值观的新媒体运作模式早已是轻车熟路，通常通过各类社交网络、视频网站播放奥巴马极具国家优越感的、激情澎湃的演讲，从而通过这种自豪感表现美国的强大与繁荣。例如 2016 年 1 月 12 日，作为已经连任两届的美国总统，奥巴马在美国国会发表了任内最后一份国情咨文。美国白宫的 Facebook 账号上传了该视频，同时附以文字：“总统奥巴马：这就是我所知的美国。这就是我们所爱的国家。炯炯目光，胸怀宽广，不畏艰辛。我相信毫不虚伪的事实和毫无条件的爱必将主导这个世界。这就是让我对未来充满信心的原因。我从不畏惧变化，因为我相信你们——美国人民。这也是为什么我一如既往地充满自信地站在这里的原因，因为我们的国家很强大。”在 Facebook 这一平台上，该视频仅在播放 4 天后就达到了 91 万次的播放量并得到 1.5 万余次分享。

第四，新媒体助力国家间公共外交互动。经前文对新媒体技术的特征的介绍我们已经了解，在新媒体平台上，公共外交目标国及其公众不再仅仅是外交政策及外交活动的被动接受者，他们也会成为外交政策的建议者以及外交信息的制造者与传播者。2009 年 5 月 1 日，奥巴马宣布白宫将在 Twitter、Myspace 和 Facebook 等多个新媒体平台上开设主页，标志着“白宫跃进到 Web 2.0 时代”。② 根据不完全统计，美国政府有 30 多个部门开设了 Facebook 主页，近 30 家美国官方机构在 YouTube 上开设了自己的视频频道。美国国务卿希拉里率先垂范，经常在新媒体平台下与网友进行互动，塑造了亲切、平和、睿智的公众形象。越来越多的美国政要及外交官员参与其中，新媒体已成为“美国巨大的战略资产”。③《纽约时报》

---

① Barack Obama, “Remarks by the President at Cairo University,” June 4, 2009, http://www.whitehouse.gov/the_press_office/remarks-by-the-president-at-cairo-university-6-04-09.

② “Obama's White House creates profiles on Facebook, Twitter, MySpace,” Los Angeles Times, May 1, 2009, http://latimesblogs.latimes.com/washington/2009/05/white-house-myspace.html.

③ Michelle Levi, “Gates Calls Twitter A Huge Strategic Asset,” CBS News, June 18, 2009, http://oaktree.cbsnews.com/blogs/2009/06/18/politics/politicalhotsheet/entry5096183.shtml.

更是将新媒体时代与新媒体技术视为“外交箭袋中的一支新箭”,[①] 如表 2 所示。

表 2 美国政府重要部门及政要 Twitter 平台发文统计
（统计数据截至 2016 年 1 月 17 日）

	推文数目及开始时间	关注者	更新频率	主要内容
国务院	4.12 万（2007 年 10 月至 2016 年 1 月 17 日）	207 万	每天 20 条左右	主要内容是即时发布美国外资方面在做的工作，如国务院官员出访、与其他国家的外资关系变化、国际性事件相关评论等
白宫	2.31 万（2009 年 4 月至 2016 年 1 月 17 日）	868 万	平均每小时更新一次	美国政治、社会信息，政府主要施政方向、施政纲领以及奥巴马及其政治团队的最新消息
第一夫人办公室	3008（2013 年 1 月至 2016 年 1 月 17 日）	349 万	每周基本每天更新 3～5 条不等	教育、公益、白宫事务等，辅助奥巴马塑形象（和家族生活有关的推文转发量多）
奥巴马（官方账号）	204（2013 年 6 月至 2016 年 1 月 17 日）	590 万	每周基本 4 天更新多条	与网友互动，分享个人生活及政治主张，塑造个人形象，展现个人魅力
希拉里·克林顿	3446（2013 年 4 月至今）	513 万	每天 8～20 条	参加的政治文化活动的相关情况或其对国内相关大事的评论或态度。近期内容主要为其参加总统大选造势，与其他总统候选人竞选团队与网友进行的互动
现任国务卿克里	1669（2008 年 6 月）	105 万	每天 2～5 条	美国外交官方声明及政策解读，日常工作等
现任副总统拜登	3348（2011 年 6 月素食）	94.7 万	每天 2～5 条	辅助总统工作

① Mark Landler, “Washington Taps Into a Potent New Force in Diplomacy,” *The New York Times*, June 16, 2009, http://www.nytimes.com/2009/06/17/world/middleeast/17media.html?_r=1.

在这一日益深化的借助新媒体平台开展网络的互动过程中，美国对伊朗的外交行动成了颇具代表性的案例。2009 年 3 月 20 日，为了打破美伊关系僵局，奥巴马主动借助新媒体平台向伊朗发起“YouTube 外交”，并录制了名为“新年新开始”的视频，在伊朗的传统新年诺鲁孜节（Nowruz）通过 YouTube 发布，并附有波斯文字幕。奥巴马表示，尽管美伊两国关系在过去将近 30 年的时间里一直紧张，但“共同的人性”将两国人民紧紧连在一起。奥巴马表示，未来美国政府将致力于用和平的方式来解决美伊问题，向两国的友好关系迈进。该视频在 YouTube 上发布后，仅 18 小时就有近 15 万人参与浏览，在伊朗得到了极大反响。又如，自 2015 年 4 月起，布隆迪反对派针对总统恩库伦齐扎谋求第三个总统任期发动了多次冲突，已经造成数百人死亡，两万多人逃离家园。[①] 2015 年 12 月 11 日，布隆迪首都布琼布拉三处军营同时遭到叛乱分子的冲击，共 87 人在这场冲突中身亡，其中包括 79 名叛乱分子、8 名士兵和警察。冲突发生后，美国国务卿克里在其 Twitter 主页中表示了高度关注，并呼吁布隆迪中不同政党应当停止暴力冲突，重启对话，获得了大量的转发与好评。同日，克里还连续发表多篇文章，表示对利比亚动荡的国内政治局势和人民利益的关切，这对未来两国关系的深入发展同样具有重要意义。

四　结语

不难看出，新媒体技术以其所具备的开放性、交互性、即时性等特点，已经使政府外交再难以隔绝于社会而独立展开，成为全新公共外交时代的主要推动力量。这在一定程度上既改变了传统意义上公共外交活动的开展方式和手段，使得公共外交以更为广泛、迅捷的方式表现出来，也将各国的公共外交活动越来越被置于一个透明的国际环境当中，对信息时代公共外交活动的质量提出了更高的要求。同时，从这个意义上来看，我们可以说新媒体技术是全新公共外交时代的重要的推动力量。

美国不仅将依托新媒体技术发展公共外交事业上升到国家的战略高度，同时国务院高管还频繁接触硅谷巨头，寻求新媒体技术与国家发展战略及公共外交目标更深的结合方式。从外交管理上看，新媒体技术不仅大幅度

---

① 王政淇、崔东：《布隆迪首都冲突致 87 人死亡》，人民网，2015 年 12 月 13 日，http://world.people.com.cn/n1/2015/1213/c1002-27920849.html。

提升了公共外交和涉外工作的效率及成效，还在外交机构内部及相关外交部门之间建立起了一个相互配合、相互补充的整合的、虚拟的、扁平式的工作平台，大量减少了重复工作并且扩充了信息的来源，提高了外交决策科学化。从外交手段上来看，美国通过新媒体平台使得各项公共外交行动更加灵活多样，不仅通过新媒体更好地实现公共外交目标，更是将其作为一个重要载体，以在全球范围内传递美国自由、民主、平等的核心精神。

但同时，我们也应当充分意识到，美国借助新媒体工具所展开的公共外交行动确有值得效仿的成功经验，但在公共外交事务日益呈现出复杂化、多元化特点的今天也同样有过失败的教训。例如，震惊世界的“维基解密”事件对于美国国际形象所带来的消极影响；新媒体工具在中东地区未能对青年穆斯林群体展开成功的公共外交行动，反倒被极端主义势力利用，为传播极端主义意识形态创造了有利的技术条件；等等。实际上，从世界范围来看，借助新媒体技术工具推进公共外交的时代才刚刚起步，随着信息技术的进步，不同语言之间沟通的障碍正在被逐渐地克服，由技术工具支撑的语言机器即时翻译的时代也即将来临，一个全球不同种族、宗教和国家之间即时互动的时代也将随之到来。在未来相当长的历史时期中，新媒体技术对各国的政治、经济、社会、文化等诸多方面仍将持续发力，这对传统外交和公共外交的持续发展都是一场新的革命。探索新媒体助力公共外交的潜力、深刻挖掘新媒体技术助力公共外交发展的作用机制，以及如何规避新媒体技术在公共外交行动中的消极因素都将继续成为公共外交学者理论及实践探索的热点领域。

欧美民粹主义的崛起及其影响

王文奇*

摘要：民粹主义近来成为欧美政治中的重要问题。2008年的美国金融危机和2010年的欧洲主权债务危机造成的欧美经济疲软、长期化严重化的贫富差距，是造成民粹主义泛滥的重要经济根源。难民危机的生成与大量难民的涌入，进一步对既有的状况产生了负面影响，在这一点上欧洲尤甚，也因此难民问题对欧美的民粹主义产生了推波助澜的作用，甚至民粹主义的主要表现就成为对难民的排斥，对边界的重新强调。民粹主义一旦被诱发，短期内将难以退却。尽管目前欧洲并未出现民粹主义政党集体掌权的状况，但民粹主义的影响将是持久而重要的。民粹主义引发的排外情绪、造成的族群冲突，以及与民族分离主义的嵌套以及民粹主义者持有的批判性而非建设性的思维，都会对欧美、对区域甚至对全球产生长远影响，需要我们持续不断的关注和分析。

关键词：民粹主义　难民危机　排外　族群冲突

最近几年，民粹主义在全球范围内正呈现逐渐上升势头。美国负责中长期战略思考的美国国家情报委员会于2017年1月发布的报告《全球趋势：进步的悖论》（Global Trends：Paradox of Progress）中用了大量篇幅分析和预警民粹主义，称未来20年民粹主义将极大地影响全球政治，不管是左翼还是右翼，民粹主义都呈现上升趋势，欧美国家是受影响最重的地区。① 因而，分析思考民粹主义的诱因与影响，对于认清当下的政治局势具有一定的借鉴意义。

---

* 王文奇，历史学博士，吉林大学公共外交学院副教授。

① "Global Trends：Paradox of Progress," *A Publication of the National Intelligence Council*, www. dni. gov/nic/globaltrends.

一　经济衰颓与民粹主义的生发

民粹主义从概念上来讲莫衷一是，“1967 年，吉塔・艾尼斯丘和欧内斯特・盖尔纳合编了一本论文集，希望能够解释清楚民粹主义的定义。最后发现，民粹主义并非一个统一的现象。塔格特说，民粹主义实际上是一个支离破碎的概念”①。但从事实和行动上来讲民粹主义主要是反建制、反精英、倡导中下层的呼声。

现下的语境中，民粹主义仿佛一个负面的词语，其实公允地扩展开来，民粹主义跟民主思潮是紧密关联在一起的。正是认为国家已经沦为了精英政治，中下层民众没有良好的议政渠道和表达呼声的可能，民粹主义才能够由无数的个体集合成强大的力量。从这种视角出发，中东北非地区从 2010 年底开始的所谓“阿拉伯之春”运动，同样可以被看成民粹主义的表现。在中东北非，民粹主义力量被认为是积极进步的，因为这股力量将政治强人拉下马，让威权政体垮塌。在美国和欧洲，人们为什么惧怕民粹主义力量，因为如今其似乎正是要塑造政治强人甚至威权政体。

那为什么之前民粹主义力量没有蔚然成风，如今却显出山雨欲来之势？其实，民粹主义从来没有在国际政治中消失过，只是没在美国、欧洲这样的舞台中央区域展现，也没有以美国大选这样锣鼓喧天的大戏方式展现，大家有所忽略而已。“从 20 世纪后半叶至今，拉丁美洲出现了多名具有民粹主义倾向的国家领导人。当平民与精英在社会和经济地位上的不平等日益加剧时，民粹主义就开始在脆弱的民主基础上发挥作用，试图以人数众多来制衡精英的诉求。那些激进的民粹主义者和具有超凡魅力的领导人，比如委内瑞拉的胡果・查韦斯和玻利维亚的埃沃・莫拉莱斯，常常以其激进的政策主张赢得选票。”②

民粹主义的生发是多元因素诱导的。当前新一轮的民粹主义主要表现在美国和欧洲，这一轮的民粹主义从经济角度来讲，最大的诱因是经济疲软与贫富差距。2008 年美国爆发了金融危机，美国整体经济疲软，并且美国的贫富差距也日益明显。“1979 年，1%的美国人获得 7%的总税后收入，而到了

---

① 史志钦、刘力达：《民粹主义的蔓延与欧洲的未来》，《红旗文稿》2017 年第 8 期。

② 佟德志、朱炳坤：《当代西方民粹主义的兴起及原因分析》，《天津社会科学》2017 年第 2 期。

2016年，这1%的美国人却获得17%的总税后收入，这表明分配正义和社会平等问题的确非常突出。而主张分配正义和社会地位与权利的公平，正是民粹主义的基本诉求，也是其坚守的伦理价值，这一点无疑是应该肯定的。”①

当美国作家托马斯·弗里德曼（Thomas L. Friedman）的《世界是平的》风靡一时，成为畅销书时，人们面对全球经济的进步发出的是惊叹。但看过英国作家保罗·科利尔（Paul Collier）的《最底层的10亿人》后，人们对全球经济造成的贫富分化应是悲叹。保罗·科利尔的书重点关照的是最底层的人口，可在美国即便所谓的中产阶层也没有大部分影视中展现的那样乐观，谁又会为他们的生活境况著书立说呢？

特朗普和奥巴马的重要分歧之一，是奥巴马任内出台的长达2700页的医改法案。美国的CNN曾做过一项调查举例，一个四口之家（父亲、母亲、两个儿子）之前只有三口人（母亲和两个儿子）享有医保，每月总计约215美元，该家庭全年自费约5000美元。医改后，父亲也被纳入医保行列，全家四口每月享有医保费用约1315美元，较215美元提升数倍，但与此同时，一年全家自费部分高涨至13100美元。如此高额的自费部分，让很多家庭难以支付，这部分家庭在投票中支持特朗普也就在情理之中了。在精英们看似光鲜亮丽、体贴民生的政策之下，却衍生成中下层的艰难挣扎，这是美国民粹主义生成的直接源头之一。

在欧洲，2010年后多个主权国家陷入了主权债务危机，其中以“欧猪五国”（PIIGS）尤甚，这五国包括葡萄牙、意大利、爱尔兰、希腊、西班牙。为了帮助陷入主权债务危机的国家减缓债务压力，欧盟各国在减免债务、共享对策上付出了巨大努力，同时也要求陷入主权债务危机的国家一定程度上采取财政紧缩措施。这些方案虽然对于缓解欧债危机有良性作用，但却加剧了成员国与欧盟之间的紧张关系。一方面，没有陷入主权债务危机国家的民众对于要为别国的财政问题埋单甚或利益受损心生不满；另一方面，陷入主权债务危机国家的民众又对欧盟开出的财政紧缩要求心生不满。希腊、西班牙、意大利的民粹主义都是在这样的背景下迅速发酵的。

二　难民危机与民粹主义的高涨

欧洲因主权债务危机造成的福利下滑、失业率上升等问题没有解决之

① 蔡拓：《被误解的全球化与异军突起的民粹主义》，《国际政治研究》2017年第1期。

时，“伊斯兰国”的壮大，难民的输入又进一步加剧了民粹主义力量的抬升，甚至难民危机成为当下最重要、最直观的欧洲民粹主义诱因。

2014年初，作为难民首选目的国，意大利曾经推出过地中海难民救援项目，尽管救援了为数不少的难民，但每月耗费高达900多万欧元，遭到了国内一些民众的强烈指责。2014年11月意大利政府只好停止了该项目。在2015年4月地中海海难发生之后，虽然地中海周边各国再度实施了一系列救援计划，但各国国内的责难之声一直存在。责难的主要问题是，为什么要大量消耗本国纳税人的钱用于救援非本国民众？从情感来看，此问题似乎有违人道主义，但从理论上来看，该问题是十分正当的。这个问题是直接触及现代国家合法性的核心问题，人们为什么要一个政府？欧洲一系列思想家的著述，诸如洛克的《政府论》、卢梭的《社会契约论》、孟德斯鸠的《论法的精神》共同阐释了一个主题，即现代国家的政府是民众在自由、平等的基础上共同让渡部分个人权利组建而成的，政府是社会的服务机构，维护民众的生命权、财产权等基本权利，是公民为了个人和社会福祉所纳的税负支撑起了政府的运转。因而当政府把本国纳税人的钱消耗于与本国的安全与发展关联不甚紧密的难民救援行动时，这样的诘问是无可厚非的。同时这一诘问也让各国政府在如何平衡国际人道主义和国内情理间成骑虎之势。

2015年后难民危机的规模化和持续化，在整个欧洲范围内激化了欧洲各国反移民、反伊斯兰甚至是反欧盟的情绪。据美国皮尤研究中心2015年4月24日公布的调查数据，在其所调查的欧盟10国中，有60%的民众对本国政府处理移民的政策和举措不满，在西班牙这一比例是77%，在希腊这一比例是75%，在英国这一比例是73%。更有51%的希腊人、48%的德国人、45%的意大利人认为移民的增加恶化了当地的治安状况。由此可见，在欧盟内部，民众在情感上已经相当普遍地对难民涌入存在不满。而各国政府在救援、救济难民过程中，高昂的财政支出更成为激发各国民众不满的重要因素。恐怖分子以难民身份进入欧洲从事恐怖活动造成的社会恐慌进一步加剧了民众的不满。

从整个欧盟范围来看，难民问题的日益加剧使欧盟内部的地区主义倾向更加明显，许多国家开始重新强调边界的重要性。英国著名学者安东尼·吉登斯认为，难民问题有可能撕裂欧盟的南部和北部、东部和西部。事实上，这种地区主义、国家中心主义导向的确在各国应对难民危机的具体举措中体现了出来。在欧盟共同应对难民问题上，各国也龃龉频出。2013

年，为了缓解当时难民涌入的巨大压力，意大利政府为了促进难民尽早离开意大利，曾出台措施鼓励难民前往德国，凡是自愿前往德国的难民将每人获得500欧元的资助。此举引起了德国的强烈抗议。2015年10月16日，面对难民涌入的压力，匈牙利关闭了与克罗地亚的边界。2015年10月24日，保加利亚、罗马尼亚和塞尔维亚三国举行会议。会后保加利亚总理告诉记者，如果德国、奥地利和其他国家关闭边界，该三国也做好准备，不再继续做缓冲区，将随时准备关闭边界。

从单个国家内部来看，就连在难民问题上一向得到国际社会称许的德国，也将原定于2015年11月1日生效的新《难民法》在10月23日提前颁布。新《难民法》减少了难民申请者的现金补助，尤其是要加大力度遣返不符合资格的难民，并将阿尔巴尼亚、黑山和科索沃等国列入可以遣送难民回国的“安全国家”。虽然德国并没有对难民关闭边界，但显然是要减少德国对难民的吸引力。而在德国内部，尽管联邦政府对难民的进入持有相对积极的态度，但一些州的地区主义已经显现。如德国南部与奥地利比邻的巴伐利亚州反对联邦政府接纳过多难民，要求联邦政府设定该州接纳难民的上限，甚至威胁要在宪法法庭与联邦政府打官司。

与这种情况相对应的是，代表民粹主义的政党在德国的影响力越来越大。2013年才成立的德国另类选择党异军突起。德国另类选择党的创建者不是大学教授就是媒体或工商界领袖，包括前IBM欧洲区首席执行官兼德国工业联盟前主席汉克尔。根据民调机构TNS Emnid调查结果显示，有26%的德国选民支持德国另类选择党反对欧元的政策。其中40~49岁选民比例最高。[①] 到2016年3月13日，德国地方选举结果显示，难民政策使默克尔领导的基督教民主联盟受到重创，由此失去了在巴登—符腾堡州和莱茵兰—普法尔茨州的主导权。德国另类选择党在获胜的同时，自身也逐渐放弃成立之初较为温和的政治意识形态，变得更为强硬。[②] 除了德国的另类选择党，法国的国民阵线、意大利的五星运动党、奥地利自由党，以及波兰新右派国会党、匈牙利约比克党、丹麦人民党、荷兰自由党、芬兰“真芬兰人党”、瑞典民主党等都是有民粹主义色彩的政党，这些政党有的被看

---

① 《“德国另类选择”党对欧元说“不”》，《光明日报》2013年4月17日。

② 杨云珍：《危机阴影下的欧洲民粹主义探析——以德国为例》，《国际关系研究》2017年第1期。

成左翼政党，有的被看成右翼政党，“左”、“右”之中都存有民粹主义倾向，这恰合美国国家情报委员会2017年1月所发布报告的判断。

三　民粹主义的持续多元影响

2016年美国大选胜出、2017年1月就任美国总统的特朗普，被认为是民粹主义胜利的典型人物。而2017年又是欧洲的大选年，人们曾担忧欧洲是否会出现民粹主义政党掌权和欧盟分崩离析状况的出现。3月21日，荷兰公布议会二院（众议院）选举最终计票结果，现任首相马克·吕特领导的荷兰中右翼政党自由民主人民党（自民党）赢得33个议席，继续保持第一大党地位。选前呼声甚高的极右翼政党自由党获得20个议席，未能夺取组阁权。舆论普遍认为，这个结果对于遏制在欧洲蔓延的民粹主义浪潮具有重要意义。① 但从现实来看，民粹主义政党没有能够掌握国家政权，并不代表着民粹主义已经虚弱，民粹主义作为思潮和运动将应然是持久有利的，并且影响是多方面的。

其一，民粹主义会加剧欧美社会的排外情绪。在欧洲，根据奥地利媒体统计，2015年夏至2016年5月，只有860万人口的奥地利总共接纳了约10万名难民，当地民众排外情绪高涨。根据2016年9月16日皮尤中心报告“European opinions of the refugee crisis in 5 charts”分析，民粹主义思潮将恐怖主义与难民输入直接关联在一起，排外情绪的比重日益提升，根据对匈牙利、波兰、德国、挪威、意大利等10国调查问卷显示，有59%的人对恐怖主义的前景表示担忧，其中匈牙利76%，波兰71%，德国61%，挪威61%，意大利60%。②

在美国，被认为是被民粹主义推上台的美国总统特朗普，其一系列限制移民政令的迅即出台，尤其是2017年1月27日签署行政令无限期禁止叙利亚难民入境，暂停向伊朗、苏丹、叙利亚、利比亚、索马里、也门和伊拉克7国公民发放签证之举，造成全球舆论哗然。之后虽然这一政策引起了美国内部各部门之间的博弈，但美国的排外情绪短期内也将难以消解。恰如分析者指出的，“无论特朗普政府是否已有系统周密的治国方案，也无论

① 《荷兰大选：民意选择了稳定》，《人民日报》2017年3月23日。

② http://www.pewresearch.org/fact-tank/2016/09/16/european-opinions-of-the-refugee-crisis-in-5-charts/.

国内政治斗争如何纷繁凌乱，特朗普的当选很可能意味着此前几十年美国一直遵循的治国理念将出现重大转变，即从强调‘国际主义’向强调‘国家主义’方向倾斜，而这又是民粹力量全力推动的结果。”①

其二，民粹主义正在加速欧美的族群裂解。欧洲的族群裂解，包括最为重要的中东地区难民涌入与当地土著人口的冲突，也包括南欧人口向西欧、北欧移动引发的族群冲突，还包括民粹主义思潮中持不同立场与观点的族群冲突。以难民造成的族群冲突为例，据德国媒体公布的德国内政部统计结果显示，在 2015 年 7~9 月，德国各地共爆发 285 起针对难民收容所的袭击事件，其中 2/3 的攻击行为是由没有任何犯罪前科的德国人做出的。

在美国，《时代周刊》评选出 2016 年度人物，美国当选总统特朗普获选，《时代周刊》将特朗普印在其杂志封面，并配以文字“美利坚分裂国总统”（PRESIDENT OF THE DIVIDED STATES OF AMERICA）。特朗普赢得大选之后所引起的大规模的抗议活动和游行示威也是美国政治中非常罕见的现象。甚至有论者称美国的社会依然割裂。美国的问题不是土著与移民之间的冲突，而是本土族群之间的冲突，这又折射出了民粹主义本身的多元性与歧义性。民粹主义的诱发在个人那里可能单一也可能多元，可能因为医保法案，可能因为移民问题，或者多种诉求兼而有之。但在迎合民粹主义的政治家们那里，他们要有迎合多种民粹诉求的主张，比如特朗普在反对奥巴马的医改法案、限制移民的同时也反对堕胎。在反对堕胎这一项上，显然以特朗普为代表的反对堕胎者会与支持堕胎者不可避免地产生冲突，并且这种非此即彼的冲突是难以调和的。这也是民粹主义本身的痼疾。民粹主义从产生之初就不是普世主义的和全民主义的，民粹主义就是要在群体中划分边界的，以反对他者成就自我。尽管美国之前的总统选举竞争中也不可避免地存在总统候选人之间的各执己见、互相攻击，但少有的现象是，特朗普甫一获胜游行示威就此起彼伏了。现在因为特朗普新近出台的限制移民政策，又引发了游行示威，并且刚刚卸任总统的奥巴马还发声支援游行示威行动。在将来，特朗普也还会面对各种游行和示威，这是可以预见的，因为这是内涵于民粹主义的。

其三，民族分离主义正借力民粹主义。欧洲的民族分离主义力量多元，如英国的苏格兰、西班牙的巴斯克和加泰罗尼亚、法国的科西嘉、比利时

① 王鸿刚：《民粹主义思潮与美国的新一轮国家转型》，《人民论坛》2017 年第 6 期。

的弗拉芒等。在当前民粹主义思潮汹涌澎湃、欧盟各国重新强调国家边界、联邦制国家重新强调州边界的情况下，民族分离主义力量正利用民粹主义对政府、对精英的批判，意欲进一步推动自身的独立运动，英国的苏格兰、西班牙的加泰罗尼亚正在积极操作，之前已经相对平稳的德国巴利亚州也因对德国的难民政策不满重燃分离主义倾向。美国虽然没有呈现出明显的民族分离主义，但是美国加利福尼亚州从民众的调侃式呼吁集合签名脱离美国独立，发展到州政府官方表态允许在 2017 年 7 月 25 日前征集 60 万签名可以启动第一轮公投程序，已经开始预警。

其四，作为一种思潮，民粹主义重点在于批判性而不是建设性。民粹主义的呼声导致欧洲诸多政治家为了自身的政治地位，一定程度上需要迎合民众的民粹主义情绪。当地区主义与民粹主义的力量上升，从政客的角度来讲，犬儒主义势必会成为很多人的从政选择。他们将只是执着于个人权位与私利，由此扩大化之后也只是执着于地区与国家利益，而与之前欧盟一直倡导的欧盟一体、废除边界的宏愿将渐行渐远。德国著名思想家尤尔根·哈贝马斯在法国的《世界报》上发文讨论移民危机时就指出，欧盟的理想正在被无能的政客和市场的力量所摧毁，如果放弃维持欧洲的理想，难民危机之后就是整个欧洲的政治危机。但现实的状况是，欧洲的确在民粹主义的动向下对于维持欧盟出现了诸多异化的声音。

综上所述，欧美的民粹主义仍将长期持续，不仅对欧美国家也将对区域乃至全球构成长期而重要的影响。这种影响波及国家的社会结构、族群关系，也波及区域联盟与国际关系，需要我们长期关注和深入分析。

中美俄战略三角关系的重建

孙兴杰*

摘要： 中美苏战略三角关系曾经改变了冷战时期的国际关系结构，打破了冷战以来形成的阵营对垒的格局，让亚洲冷战在20世纪70年代就出现了重大的缺口。中美关系正常化之后，冷战的阵营逻辑让位于灵活的三角关系，从而让亚太地区进入复杂的互动阶段。冷战结束之后，美国一超独霸，三角互动关系被挤压甚至搁置，美国在20世纪最后十年享受了冷战的和平红利，同时也是美国霸权不断扩张的过程。霸权是一种等级性的秩序，外交互动的空间就相应地减少，进入21世纪之后，美国经历了两场旷日持久的反恐战争，加上2008年金融危机，美国的单极霸权受到极大挑战，奥巴马政府的"亚太再平衡"战略让美国从中东的泥潭中跋涉出来。特朗普上台之后提出"美国优先"的施政原则，可以视为美国的战略收缩。美国霸权的退潮，大国政治、大国协调重新回潮，中美俄战略三角关系正在重建，当然，在新的外交环境下，战略三角关系有了新的内涵，也是世界秩序协同演化的结构性存在。

关键词： 中美俄战略三角关系　霸权

特朗普上任之后，会不会重启美俄关系？在上任之初的确如此，但是，因为总统国家安全事务助理迈克尔·弗林有"通俄"之嫌，上任24天就被辞退了。不能不说美俄关系很难因特朗普对普京有好感而得到根本的改变。上任之后，特朗普就与普京通了电话，确认双方在中东反恐的战略性合作，然而与中国的互动却比较少。美俄关系的好转随着美国政府——尤其是国会对俄罗斯介入美国大选的嫌疑耿耿于怀，"通俄"的嫌疑一直是特朗普团队的禁忌，尤其是新政府上台前与俄罗斯有过联系的官员，都可能会刻意与俄罗斯保持距离。相比之下，中美关系在特朗普"承认"一个中国原则之后快速回

* 孙兴杰，历史学博士，吉林大学公共外交学院副教授。

暖，尤其是4月初在海湖庄园举行的中美元首会晤，从“政治决断”和“历史担当”的高度重新认知和谋划了未来中美关系的图景。从全球战略来看，中美俄三大国是具有决定性的力量，或者说从地缘政治结构来说，现在世界正在进入G3的时代。从20世纪70年代，亨利·基辛格秘密访华打开中国大门之后，构建了影响全球格局的中美苏战略三角关系。冷战结束快三十年了，中美俄三角关系在特朗普上台之后出现了新的转折点。美国单极霸权的退潮，无疑会再次激活中美俄战略三角关系。三角关系在国际关系史上并不罕见，它也是多极格局中，外交策略和艺术的使用，在保持充分的灵活性的同时，也实现了整体上的战略稳定。在战略三角关系之中，任何一方都需要避免非白即黑的二元论，不能在多极格局中玩两极的游戏，三角关系之中没有绝对的朋友和敌人的区分，只是需要在不同的“势”采取不同的策略和手法。当然，三角关系的维系并不容易，至少需要三方都有比较宏大的战略视野，一旦走向结盟，三角关系也就随之终结，进入对抗性的两极格局。20世纪70年代被认为是中美苏战略三角关系的黄金时刻，除了国际形势的变迁之外，很重要的一个因素就是中美两国卓越的战略家是以全球棋局来玩转三角关系，不仅改变了当时的国际关系格局，也奠定了之后几十年国际关系的发展方向，甚至说，当代国际秩序的根基源于20世纪70年代。

一　战略三角关系的黄金时代

何谓三角关系？简单来说就是三个行为体，主要是主权国家，尤其是大国之间形成了比较密切的互动，三个大国之间有诸多的利益会合点和冲突点，任何两方的互动都会对第三方带来影响，进而形成一个不断反馈的循环。三角关系并不罕见，毋宁说，三角关系代表了国际关系中的常态，甚至国际体系的“结构性”存在。如同杰维斯所言，“尽管国际体系中始终存在三个以上的国家，但在很多情况下，居于核心的就是三个行为体。”①

三角关系的要义在于任何两方都不是同盟，更不是以第三方作为对手的结盟，同时，也没有一方强大到可以压倒另外两方的联盟。从结构上说，三角关系是流动性的，正是这种流动性带来了整体上的稳定性。三角关系打破了阵营对立的僵硬，为外交活动创造了更广阔的空间。从三角关系的

---

① 〔美〕罗伯特·杰维斯：《系统效应：政治与社会生活中的复杂性》，李少军、杨少华、官志雄译，上海世纪出版集团，2008，第212页。

过程来看，随势而动才是常态，因“事件”而出现不同的情势，面对不同的情势，形成临时性的“同盟”。美国要结束越南战争需要中国的支持，当然，也对苏联在亚太的存在是一种挑战；在进行军控方面的谈判上，美苏还是主角，中国只是边缘性的角色。三角关系中，分不清谁是敌谁是友，亦敌亦友，敌意也就在不同情势的转换中被逐渐抵消，避免了敌意升级，导致对峙甚至对抗。

稍微回顾一下中国外交的历程就可以看出，在中华人民共和国成立之后，外交政策的抉择基本是在美苏两国之间选择。当然，这主要是来源于美苏冷战所塑造的国际背景，不仅是中国，多数国家也面临着这样的选择。从理论上说，中国有四种选择：与苏结盟；与美结盟；与美苏都友好；与美苏博弈。在近半个世纪的历史中，中国外交政策几乎尝试了这四种模式和可能性。既往的历史至少证明，外交政策的选择并非命定的，同时外交政策的抉择也关系到内政的方略。到 60 年代末，中国外交政策也酝酿着巨大的调整。

20 世纪 70 年代，美国在越南泥潭上难以自拔，霸权消退，外交空间也随之扩大。尼克松和基辛格共同的判断是，“如果能够同苏联和中国都发展关系，这种三角关系将为我们维护和平提供巨大的战略机会”。[①] 基辛格秘密访华以及尼克松与毛泽东的握手开启了一个新的时代。中美关系正常化，由此带来了经典的战略三角关系，在某种程度上说冷战在 70 年代就结束了。冷战的含义在于形成了两个对立的地缘政治和意识形态的阵营，中美和解，僵硬的阵营也就瓦解了。阵营对立意味着，阵营内的国家并没有太多的外交选择，甚至说，阵营其实是一个等级性的关系，中小国家并没有外交的选择权和空间。中美关系正常化则赋予了两个国家更多的选择和想象，同时也“解放”了阵营内的其他国家。因此，战略三角关系意味着使用外交的手段和谋略实现国家利益变成了可行的做法，而不是在冷战时期所流行的威慑战略。

20 世纪 70 年代的战略三角关系，最重要的一点是打破了中国在外交上的孤立状态，与苏联的结盟已经破产，尤其是 1969 年的珍宝岛冲突，显现出中苏关系在意识形态纽带之下的地缘政治的博弈，苏联在当时成为中国面临的最严重的地缘政治的威胁，以中国一己之力无法对抗苏联以及其背

① 〔美〕亨利·基辛格：《白宫岁月——基辛格回忆录（一）》，陈瑶华等译，世界知识出版社，1980，第 217 页。

后的军事集团。只有结束与美国的敌对状态，才能分解来自苏联沉重的威胁和压力。当然，美国也面临着苏联扩张以及越南战争带来的沉重的负担，对于尼克松来说，通往莫斯科之路要经过北京。中美关系破冰，从而中美苏三角关系得以形成。自朝鲜战争之后，中美对抗了 20 余年，也就谈不上三角关系。

三角关系转动起来之后，中国外交就有了更大的转圜空间，当然，在这一三角关系中，美国占据非常优越的地位，与中国和苏联两个国家同时保持关系，可以说处于三角关系的顶端。毛泽东主席不止一次地对基辛格表达担心，“不要站在北京的肩膀上与莫斯科接近”。在三角关系中，中国的实力最弱，但并不等于中国没有发言权，因为中国之于美国的价值在于中美关系正常化抵消了苏联的战略优势，让美国重新获得了优势地位。为此，无论尼克松还是基辛格都保证不会“背叛”。

中美苏三角关系之所以是经典，在于中美苏三国都是大国，都没有实质的结盟关系，《中苏友好同盟条约》虽然没有到期，但是已经名存实亡。每个国家都有自己比较明确的战略利益，且这些利益并不是完全重合，因此，并没有明确的敌友关系。三角关系之中既有有限度的博弈和对抗，也有宏观层面的自信和信任，换句话说，每一方都相信其他两方不会结盟，或者终结这一游戏。

自中美苏三角关系确立之后，中美、美苏、中苏关系的“边长”不断调整和变化，但是，始终没有出现因其中两国距离接近，以至结盟，最终“消灭”三角关系的状态。20 世纪 80 年代，中国确立了独立自主的和平外交政策，其实也就放弃了结盟的可能性。到冷战结束前夕，中苏关系正常化，也是中国在战略三角关系中地位的抬升。战略三角关系至少实现了中国两大核心利益：一是化解了来自苏联的地缘政治的威胁，从地理来看，两个相邻的强国要处好关系殊为不易；二是中国改革开放的国策获得了比较宽松有利的国际环境，中国市场经济的发展就是融入以美国为主导的国际经济体系之中。

从根本来说，在冷战期间，中美苏三角关系的建立是中国外交战略和思维的重大调整和革新，也奠定了中国经济持续发展，国力持续提升的战略基础。冷战之后，世界开始走向多极化，尤其是俄罗斯国力的衰退以及苏联解体带来的混乱，中美俄三角关系在国际格局中的地位和意义大打折扣，冷战结束之后的二十年，美国“单极霸权”时刻，尤其是小布什政府对外交看得比较淡，两场战争打下来，加上金融危机，“美国衰落论”又一度流行。奥巴马执政八年其实也是对冷战后美国“霸道”外交的修正，至少任内没有开辟新战场，反倒是和不少“冤家”缓和了关系。

二　战略三角关系的重建

冷战结束之后，中美俄战略三角关系其实也就被“搁置”起来了。单极世界中，三角关系失去了各国旗鼓相当的环境，单极世界其实就是等级性的世界。在单极世界之下，中俄之间的合作也就具有了战略性的意味，尤其是面对美国在地缘政治方面的挤压。进入21世纪，美国的反恐战争以及“亚太再平衡”其实打乱了欧亚大陆既有的格局，美国对欧亚大陆介入得太深了，帝国“过度扩张”带来了巨大的战略包袱和经济包袱。美国在东欧和东亚都加紧部署反导系统，打破了冷战以来大国均衡的战略基础，那就是核威慑的平衡，中俄之间关于战略稳定的声明其实是被动的防御，“抱团取暖”之举。

苏联解体之后，中俄关系发展比较顺利，尤其在最近两三年，中俄关系已经取得了战略性含义。原因在于，中俄关系的发展是在一个正在重建的三角关系的框架之中，美国已经从超级霸权国降格为三角关系中的强势一国。从实力和地位而言，美国依然具有优势，但是它不能不“照顾”到中国和俄罗斯的合作，“除非一个国家强大到足以与两个联合起来的敌国作战，否则它与一国交恶的时候，将不得不去安抚另一个国家”①。在当下的三角关系之中，美国失去了上一轮战略三角关系中所获得“关键位置”。相形之下，中国则取得了更加舒适的位置，中俄、中美关系都是关键性的双边关系，中国未必会采取等距离外交，但是保持中美俄战略三角关系的稳定才能延续和巩固中国的两大核心利益，即安全和发展。

美俄关系在小布什和奥巴马两任总统几乎都是“高开低走”，特朗普也可能会开启这样的模式，但是因大选和黑客的问题，美俄关系的重启非常不顺，尤其是在特朗普下令空袭叙利亚之后，两国关系一度处于冰冻状态。因国务卿蒂勒森访俄以及特朗普和普京“迟到”的通话，让美俄关系的氛围逐步改善。美俄关系的“适度”发展才能使中美俄三角关系保持稳定性和灵活性。

小布什总统上任不久即遭遇“9·11”事件，普京第一时间打电话，并

① 〔美〕罗伯特·杰维斯：《系统效应：政治与社会生活中的复杂性》，李少军、杨少华、官志雄译，上海世纪出版集团，2008，第214页。

成为美国在阿富汗反恐的亲密伙伴，但是到了小布什卸任的时候，美俄关系处于冰冻状态，格鲁吉亚战争让美俄关系在黑海沿岸处于尖锐对立的状态。等到奥巴马上台，希望可以“重启”美俄关系，结果呢？美俄关系差不多跌到了冷战结束以来的最低点，焦点在哪儿呢？乌克兰问题，不过从黑海的东岸转移到北岸而已。这说明，美俄之间在黑海沿岸地区难以化解战略性对抗，最近十多年，北约和欧盟的双重东扩与一个日渐复苏的俄罗斯在黑海地区形成了尖锐的对撞。美国政府对俄罗斯实施了非常严厉的制裁，这种地缘和经济的双重挤压是俄罗斯所难以承受的，普京在欧亚大陆东、西两端所展开的外交活动，都是以此为背景的。

当下的中美俄三角关系与20世纪的中美苏三角关系最大的不同就在于，这是在多极时代的三角互动，中俄之间的实力和地位已经易位，因此，思维也需要进行革新，否则会产生各种不适应。尤其是中俄关系，需要更加冷静和审慎的分析。

中俄关系在政治和战略上非常有温度，但是经贸合作如同冬日暖阳，看上去虽然很耀眼，但是温度有限。俄罗斯是一个跨欧亚大陆的巨型国家，广阔的幅员赋予了俄罗斯充分的战略和外交的回旋空间，在黑海遭遇了美欧的空前压力，俄罗斯需要稳定远东，更需要中国这个世界第二大经济体的支撑。而奥巴马的“亚太再平衡”战略使中美之间的G2不再是可能。中俄在欧亚大陆东、西两端都遭到了美国的战略挤压，这也是中俄发表关于全球战略稳定联合声明的根本原因所在。是美国的进攻性的战略让中俄之间的距离缩短了，中俄之间是战略上的相互支撑，在叙利亚以及乌克兰问题上俄罗斯需要中国；在南海、钓鱼岛问题上，中国需要俄罗斯。犹如当年中美在抵抗苏联霸权上是有共同的利益的，不过，彼时的中美关系和当下的中俄关系的不同之处在于：中美关系具有内生性，除了战略性的诉求之外，还与中国的改革开放、富民强国的诉求是联系在一起的。

奥巴马把俄罗斯逼得太紧，所以中俄也走近了。比如在乌克兰问题、欧俄关系的问题上，中国需要保持自己的立场和原则。而在朝核问题上，俄罗斯也并非“全力以赴”。事实上，中美俄三角关系已经形成，最直观的政局就在于任何双边关系的发展都受到第三方的影响。特朗普上台之后，如果两个总统成了“闺蜜”，那中俄关系会不会发生逆转呢？这一问题的提出至少说明两点。第一点，中美俄战略三角关系已经存在，中俄关系发展始终受到美国因素的影响，美俄关系的发展也势必会影响到中国；反过来，中美关系也会影响到俄罗斯。第二点，既然三角关系已然存在，就会保持其内在的稳定性，而其稳定性来自灵活性，三角关系是一种结构，而三条边怎么互动那是外交的艺术和策略。

三角关系不会因为特朗普上台而消失，相反美俄、中俄关系的性质决定了俄罗斯在三角关系中处于相对弱势的地位。美俄之间延续了冷战以来的地缘政治的博弈，虽然算不上“新冷战”，但是在黑海一带的军事较量不会停歇，欧盟也延长对俄罗斯的制裁，也是对特朗普的约束，除非美国放弃对欧洲的安全承诺，也就是放弃北约，否则，美俄关系不会有实质性的改变。唯一的破局可能是在中东反恐，两国领导人通话也强调了这一点，其实也是普京在战术上进行迂回的结果，寻找美俄合作的新空间。即便如此，也没有改变美俄关系的性质以及未来的前景。俄罗斯的讨价还价的能力源于其军事能力以及普京的战略意志，但三角关系中的“地位”来自不可替代的价值以及迫在眉睫的威胁，这两点，俄罗斯都没有。美俄关系的回暖，在客观上有利于中俄关系的回调，中俄两国都拒绝“同盟”的标签，也给彼此增加了空间。就当前来看，特朗普没有足够的资源和筹码在中俄之间打入楔子，俄罗斯也不会把宝押在特朗普身上。就此而言，特朗普对中俄关系的冲击有限，三角关系会朝着“等边”的方向发展。

美俄之间是战略性对抗，而中俄之间是战略性合作，中美之间的压舱是经贸合作。在这个三角关系之中，中国处于战略和经济的“复合”地位，可以跟美国谈谈经济，跟俄罗斯一起维护战略稳定。相比之下，美国和俄罗斯要更“单纯”一些，从这个角度说，中国处于“关键位置”，获得了三角关系的结构性优势。如果外交政策得当，可以在美俄之间扮演中间人的角色，当然也肩负维持战略三角关系稳定的重任。从外交的目标而言，中俄关系的稳定可以抵消美国的战略压力，而中美关系的发展关乎中国的现代化，中国实现“两个一百年”的复兴之梦的关键是实现经济结构的优化，实力的提升，使中国成为世界经济增长的发动机。三十多年来中国经济崛起，要实现独立自主的发展，需要从美国体系向中美俄三角关系的置换，“一带一路”就具有了这样的战略价值和未来的图景，当然，要实现这一蓝图，也需要将其置于中美俄战略三角关系的框架之内进行审视和谋划。

韩国公共外交新局面

——《第一轮公共外交基本规划（2017—2021）》论析

〔韩〕郭奎焕　〔韩〕金裕汉*

摘要： 2017 年 8 月 10 日，韩国外交部首次发布了公共外交中长期综合规划，即《第一轮公共外交基本规划（2017—2021）》（以下简称为《第一轮基本规划》），这一规划是以韩国公共外交成果及局限性为基础，扩大成果，弥补局限性的新规划。《第一轮基本规划》反映了韩国政府想以更为丰富的主题进行沟通进而提高新公共外交层次的意愿。以往韩国的公共外交由政府各部门推进，但是《第一轮基本规划》开始尝试发挥政府、企业、民间的相互作用，以提升国家形象和提高相关工作的效率。这一规划还包含着韩国作为中等国家应采取的战略措施，即韩国不是主导国际秩序的国家，也不是国际社会中的弱势国家，韩国欲以符合中等国家国力的公共外交战略来保障国家利益。《第一轮基本规划》并不是一次性的规划，韩国政府决定以《第一轮基本规划》为开端，每五年发布一次新公共外交中长期战略。这一规划是对应以往韩国公共外交被指责缺乏外交目标、缺失推进体系和公共外交持续性等问题的举措。

关键词： 韩国　新公共外交　中等国家

2017 年 8 月 10 日，韩国外长康京和主持召开了泛政府层面公共外交整合调整机构——公共外交委员会第一次会议。在会议中确立了为韩国政府公共外交活动起到方针指导作用的《第一轮公共外交基本规划（2017—2021）》，并指定韩国国际交流财团（Korea Foundation）作为公共外交的推进机构。会议的主要提案有加强中央部门与地方政府间合作、动员民间公共外交力量、提高国民对于公共外交认知及社会共识等。同时，还强调了不能因忽视其他

* 〔韩〕郭奎焕（Kwag Kyuhwan），吉林大学公共外交学院国际关系专业博士研究生；〔韩〕金裕汉（Kim Yoohan），吉林大学公共外交学院国际关系专业博士研究生。

文化圈和宗教界，导致公共外交成果缩水。康京和长官评价此次会议是“为了推进泛政府层面的整体性、系统性公共外交的重要出发点”。[①]

本文分析了《第一轮基本规划》[②] 作为韩国公共外交史上首个中长期规划，在开启了韩国公共外交新局面这一点上具有的重要意义。[③]《第一轮基本规划》全面评价了自 2010 年开始实施的韩国公共外交政策，强化了优点并改善了缺点，制定了韩国公共外交中长期的目标、推进方式、相关内容等。2016 年，韩国政府为了提高韩国公共外交的稳定性和持续性，决定每五年发布一次新的基本规划。[④] 这意味着韩国把公共外交纳入国家主要外交战略。由此看来分析《第一轮基本规划》是观察现有的韩国公共外交政策、展望未来发展趋势的基础。

当前最重要的是《第一轮基本规划》代表的韩国公共外交的目标和外交的结构性条件。韩国公共外交是通过相关主体的多样化及沟通的常态化推进 21 世纪公共外交（新公共外交），《第一轮基本规划》就是根据这种趋势制定的，并且根据国家的外交力量决定结构性条件。韩国处于既非强国也非弱国的中等国家地位，据此确定了外交的目标和战略，而《第一轮基本规划》正反映了这一点。

因此，本文简要地研究了韩国公共外交的两个核心——新公共外交和中等国家理论，简略地说明了现行实施的韩国公共外交政策，分析了《第一轮基本规划》的目标、推进战略、推进体系、推进项目和课题等。通过这些分析，尝试理解韩国公共外交的目标、条件、现行内容及韩国未来的发展方向等。

一　韩国公共外交的两个核心：趋向新公共外交和中等国家条件

（一）新公共外交与韩国

“外交”根据国际政治学术语的使用者和使用情况，具有很多可使

---

① 《公共外交委员会召开第一次会议——综合的公共外交研究》，http：//news. naver. com/main/read. nhn？ mode = LSD&mid = sec&sid1 = 100&oid = 421&aid = 0002885622，2017 年 8 月 10 日。

② http：//www. mofa. go. kr/webmodule/htsboard/template/read/korboardread. jsp？ typeID = 6&boardid = 234&seqno = 366226.

③ 2017 年 9 月，在中国学术界与韩国公共外交相关的研究中没有关于《第一个韩国公共外交基本规划（2017—2021）》的内容。因此，本文首次阐述了《第一轮公共外交基本规划（2017—2021）》的内容和意义，具有先行性的研究意义。

④ 《公共外交法》第六条，法律第 13951 号，2016 年 2 月 3 日制定，2016 年 8 月 4 日实施。

用的概念意义。牛津词典中“外交”被定义为国家或代表国家的人管理国际关系的能力、活动或职务。[①] 主权国家的外交政策是为解决国家间问题的国家行为总和，即“外交”是国家（外交的主体）的行为。传统的外交将作为核心的国家或代表国家的外交官视作行为主体，因此传统外交重视国家和国际的行动及对象国政府。冷战时期的外交正是传统的外交。这种传统的外交通常以国家军事安全为重点，处理经济上的援助和问题。

但是1990年开始的后冷战时代和全球化发展使外交的性质发生了改变。在多元化的社会下，文化、环境、人权、资源等多样的话题在外交领域开始探讨，同时外交行为主体的多元化、主题的公共性、方法的多样化等内容与外交结合在一起。在这种背景下，认识到硬实力（Hard Power）局限性的约瑟夫·奈（Joseph S. Nye）提出了软实力（Soft Power）和公共外交（Public Policy）概念。软实力是现有外交行为主体在物理层面上凸显军事和经济的方法，就是一种利用吸引（attraction）而不是强迫（coercion）或补偿（payment）的外交方法。2004年初，前联合国代表苏珊尼·诺瑟（Suzanne Nossel）在一篇题为《巧实力》（*Smart Power*）的文章中提出了“巧实力”这种既强调软实力也要和硬实力相结合的概念。巧实力是一种“以软件为中心的软实力和硬实力相结合”的战略。在这种背景下，公共外交的重要性愈发凸显。[②] 公共外交的定义在国家和学者眼中不相同，[③] 各个国家间互相非对称，由于各自国力不同，外交的目标也不尽相同，[④] 所以本文只对公共外交定义中和传统外交形成鲜明对比的重点做出解释。传统外交以另一个国家政府为对象，而公共外交根本上是对别国民众的对民外交。传统外交是国家代表或政府官员之间的关联，公共外交包含着与别国个人及普通民众以及特定社会团体（机构）的关联，[⑤] 体

---

① http：//www. oxforddictionaries. com/definition/english/diplomacy.

② 截止到2000年，在宣传中被视为相同概念的公共外交在2001年9月11日恐怖袭击后受到关注。

③ “一个国家（政府）对他国民众的外交”被称为广义层面的公共外交，这个用语在1965年由美国 Edmund Gullion，Fletcher School of Law and Diplomacy 的校长提出，http：//fletcher. tufts. edu/Murrow/Diplomacy。公共外交（Public diplomacy）用语起源可以追溯到19世纪中叶，直到1972年才出现在某些学术著作中。

④ 韩方明主编《公共外交概论》，北京大学出版社，2012，第249~250页。

⑤ Nye，Joseph S，*Governance in a Globalizing World*，Visions of Governance for the 21st Century，2010，p. 36.

现着以通过多样形式的行为者间协调的外交关系来提高国家形象的目标。①

大部分国家推进公共外交时，注重塑造国家品牌（Nation Branding）或者提高国家形象等方面。根据美国政治学家布丁（Boulding，K. E.）的观点，形象还可分为自己（self）视角和他人（other）视角中的形象。②公共外交主要考虑的是他人视角中的国家形象。以往的公共外交忽略了一个国家的对外形象（他人视角中的形象）与每个消费和接受个体的文化水平与直接、间接经验不同而有偏差的事实，难以反映不同主体的不同认识。

这种公共外交通过外交主体和对象在民间的交流不断增加，产生了一种强调双方相互沟通方式的“新公共外交”概念。③ 现有的公共外交是政府作为公共外交的行为主体将对象不断扩展到民间。与此不同，新公共外交认为外交行为主体不止是政府，还包括国际机构、非政府组织（NGO）、企业、个人等各种各样的对象。并且以前的公共外交是以政府主导的自上而下的垂直运作为基础，新公共外交则通过互联网等科技手段，以在主体和对象间形成双向水平的交流合作为中心，不是单方面的信息传递，而是以在他国民众中构筑起多样的网络为目标。④

表 1 比较了传统外交、20 世纪公共外交和 21 世纪公共外交（新公共外交），展示了主体和对象及其关系中的差异。方式方法中传统外交依靠硬实力而公共外交利用软实力，关系类型中强调主体和对象的相互沟通，是传统外交和 21 世纪公共外交的主要不同点。最近韩国有意在推进 21 世纪公共外交（新公共外交）。因为韩国公共外交的目标指向就是新公共外交，因此要以新公共外交为基准分析韩国公共外交。

---

① Jan Mellissen, *The New Public Diplomacy: Soft Power in International Relations*, Palgrave Macmillan, 2005, pp. 36-37.

② NamSuksang, *A Study on the Efficiency of the Public Diplomacy based on the Hub-Network-Platform Model*, Sungyunkwan University, Department of Political Science& Diplomacy, Doctoral Degree Thesis, 2016, pp. 51-53.

③ 新公共外交论者区分 20 世纪公共外交和 21 世纪公共外交，以新公共外交定义 21 世纪公共外交。

④ 约瑟夫·奈认为，公共外交交流方式不再是政府和政府之间的直接交流，而是转变为政府和民众、社会、NGO 全部参与的形式。Nye, Joseph S, *The Future of Power*, Perseus Press, 2011, pp. 101-102。

表 1　传统外交，20 世纪公共外交，21 世纪公共外交

区别	传统外交	20 世纪公共外交	21 世纪公共外交（新公共外交）
主体	政府	政府	民间的多样化主体
对象	政府	民间，政府	民间，政府
方式方法（资源和资产）	硬实力	软实力	软实力
媒介	传统的政府间协商对话	PR，活动	数码等多样化媒介
关系类型	横向的（政府间关联）	横向的，单向的	横向的、双向的交流和对话

资料来源：〔韩〕金泰焕：《21 世纪新公共外交以及论坛外交》，《JPI 政策论坛》2011 年第 3 期，第 3 页。

韩国公共外交始于 2010 年。初期，韩国公共外交由韩国政府各部门分别进行，因此公共外交的核心意图不明显，以政府主导进行的一次性项目为主，而且大多仅限于以传播韩国文化为主的文化领域中单向的宣传，因此未得到好评。韩国政府虽然把新公共外交的优点纳入外交政策中，但并未付诸实践。《第一轮基本规划》打破了这种现象，有意要推进 21 世纪公共外交（新公共外交）。虽然还是以政府为主导，但是有意与企业及民间合作，力求把公共外交的效果最大化。在《第一轮基本规划》中还运用各种媒体和新型媒介，不再进行单向的宣传，而是与对方国家的人民进行对话和沟通。新公共外交的代表性特点就是与对方进行双向沟通以及运用各种媒体手段。

（二）中等国家（middle power）——韩国

许多公共外交理论主要以对大国的思考分析为基础。韩国不属于大国而属于中等国家，因此这要求在了解韩国的政策意图及目标时需要从中等国家的立场考虑。中等国家的定义中包含国家实力（capability）、外交形态等各种基准。

以国力为基准，对地理、军事、经济、人口、技术等物理属性进行量化时，处于中等位置的国家就是中等国家。15 世纪由意大利米兰市的市长 Giovanni Botero 首次定义了中等国家这个概念，把国家形态分为三个类别，后发展成国际政治理论。他把国家分类为帝国（empires）、中等国家、弱小国，并把中等国家定义为有充分的力量和权限，不需要其他国家的帮助，

有自主能力的国家。[①] 这一理论现在以奥根斯基（A. F. K. Organski）[②] 和马丁·怀特（Martin Wight）为代表学者，马丁·怀特把中等国家定义为“具有一定的军事力量，具有战略和资源性的位置，和平时希望获得大国们的支持，战争时比起被大国攻击的境况，失去的可能更多的国家”。[③] 从外交形态分类来说，对法案进行提议仲裁或寻求多边主义及调和的行为，即重视中等国家意识（middle powermanship），[④] 以友好国际公民（good international citizen）身份参与行动的国家被定义为中等国家。[⑤] 据此，中等国家要充分利用处于大国和小国之间的位置（position）条件，参与国际组织，影响建立国际秩序，结成联盟并且侧重妥协的外交行为。伊万斯和格兰特主张中等国家应致力于在特定领域下进行汇集资源的边缘外交（niche diplomacy）。[⑥] 综上所述，现代国际政治理论中以功能性（functional）、行为性（behavioral）以及等级（hierarchical）的观点定义中等国家。[⑦] 从功能性观点来看，中等国家一个国家在特定国家和国际政治中的一个功能上可行使影响力。从行为性观点来看，中等国家是自认为是中等国家。从等级观点来看，中等国家以国家力量为标准，适用国际排序和分类。与国家的力量相关的标准有国土的规模、国内生产总值（GDP）、贸易和外汇储备规模、人口及兵力规模等。[⑧] 韩国 2017 年 GDP 为 14981 亿万元韩币（1 조 4981 억달러），排世界第 12 名，[⑨] 外汇储备为 3838 亿美元，[⑩] 排在世界第 9 位。据英国国际战略问题研究所（International Institute for Strategic Studies: IISS）调查，2015 年韩国国防预算为 304 亿美元，占国内生产总值的 2.4%（美国为 3.8%、日本为 0.99%、中国为 1.22%），兵力规模为 64.5 万名，

① Wight, Martin, *Power Politics*, New York: Homes & Meier, 1978, p. 298.

② A. F. K. Organski, *World Politics*, New York: Alfred A. Knopf, 1959.

③ Martin Wight, *Power Politics*, London: Royal Institute of International Affairs, 1978, p. 5.

④ Mattew Stephan, "The Concept and Role of Middle Powers during Global Rebalancing," *Seaton Hall Journal of Diplomacy and International Relations*, Summer/Fall, 2013, p. 38.

⑤ Robert W. Cox, "Middlepowermanship Japan and Future World Order," *International Journal*, 44-4 (1989): 823-862.

⑥ Evans, Gareth and Bruce Grant, *Australia's Foreign Relations in the World of the* 1990*s*. Carlton, Australia: Melbourne University Press, 1991.

⑦ Chapnick, Adam, "*The Middle power*," *Canadian Foreign Policy*, 7, 2 (1999): 73-82.

⑧ Kim, Chi-wook, "Middle Power as a Unit of Analysis of International Relations: Its Conceptualization and Implications," *Korean Journal of International Studies*, 49, 1 (2009): 7-36.

⑨ http://www.imf.org/external/pubs/ft/weo/2017/01/weodata/index.aspx，访问日期：2017 年 9 月 17 日。

⑩ 韩国银行，https://ecos.bok.or.kr，访问日期：2017 年 9 月 17 日。

排在世界第4名。[①] 因此，从这个标准看来韩国可被列为中等国家，布鲁斯和安得烈（2014）也认为韩国应属于中等国家。

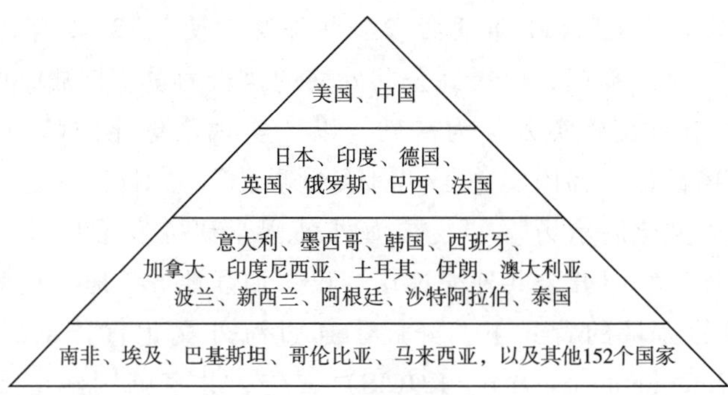

图1　中等国家的层级

资料来源：Bruce Gilley and Andrew O'Nell（ed），*Middle Powers and the Rise of China*，Washington DC：Georgetown Univ. Press，2014，p. 5。

按照上述等级（hierarchical）的观点来说韩国已经到达中等国家的水平。目前的韩国在这些基础上推进国家公共外交。韩国不能推进与美国相似的硬实力公共外交。但是韩国一直努力推进韩国型公共外交。其中，最具代表性的是韩国的知识外交把自己的政治经济成功经验转播到发展中国家。预计《第一轮基本规划》更能代表中等国家特性外交。

二　韩国公共外交的发展[②]以及《第一轮公共外交基本规划（2017—2021）》制定

（一）韩国公共外交的发展过程（2010~2016年）

韩国将2010年定为"公共外交元年"并在同年5月为更专业地研究和在社会中更好地宣传，与韩国国际交流财团共同举办"公共外交论坛"。公共外交政策的核心是：在现有文化外交的基础上，扩大公共外交

① www. iiss. org/en/IISS-ASIA，访问日期：2017年9月15日。

② 以下的内容是参考〔韩〕《韩国公共外交推进体系研究》，《外交通商部研究课题报告书》，首尔：外交通商部，2012；〔韩〕金泰焕：《韩国的中等强国公共外交》，《成均中国观察》2013年第2期。

的议题范围并提出全面的外交政策。在这一背景下，2010 年制定了“利用先进的文化外交提升国家品牌价值”的政策方向。通过进行双向的文化交流项目及东北亚文化合作文化加强国家间的沟通，通过海外公演等提升韩国文化知名度。在 2011 年任命“公共外交大使”，2012 年增设“公共外交政策课”这一部门，以提高公共外交的执行力量。该战略的核心是以“提升国家公共外交软实力”为基础，以“实现全球化的韩国”为目标。为了实现上述目标，韩国实施了“韩食世界化”、“体育外交”、“将驻外使馆当作对外文化展示场”、“支援海外韩国学研究和推广韩国语”等措施。此外，在持续召开公共外交论坛会议，加强地方政府、民间法人和团体等各领域的力量的背景下，开展了通过海外文化宣传部（the Korean Culture and Information Service，KOCIS）宣传、共享韩国经济发展经验及为韩国语教育而建立世宗学堂等多种形式的公共外交。特别是根据汉江奇迹和 1997 年经济危机的经验，韩国的软实力在经济飞速发展的经验中显现出来，政府主导的知识共享项目正在快马加鞭地进行。“像韩国一样创造未来经济发展（Shaping the Future with Korea）”成为发展中国家在经济政策制定过程中用于指导公职人员进行培训和实习的目标。在文化领域，截止到 2011 年末在 12 个国家的 72 所大学中设立了 108 个教授职位，2016 年向 56 个国家派遣客座教授、学者，[①] 并且从 2011 年开始，通过 KF Global e-School 项目大大提高了民众在海外接触到韩国学课程的可能性。不仅在经济和文化领域，教育领域中也有着广泛的与世界各国人才的交流，为了在韩国构筑起友好的国际网络，教育部以美国富布赖特奖学金和日本文部省留学生项目为标杆，运营对外国人的政府奖学金（Global Korea Scholarship，GKS）项目，邀请世界各国人才来韩交流学习，以此提升韩国文化形象。

表 2 主要整理了自 2010 年开始的韩国公共外交主要实施项目，如建立了公共外交相关机构，增加了公共外交执行部门。但是主要项目集中在语言、饮食、服饰、传统、历史等文化领域。这是为了塑造品牌国家和提升国家形象。因为当时公共外交的中心目标就是要拥有符合中等国家国力的海外认知度。韩国的公共外交事业主要采取符合 20 世纪公共外交理论的由政府主导宣传国家的项目。

---

① 韩国国际交流集团主页，http：//www. kf. or. kr，访问日期：2017 年 9 月 10 日。

表 2 根据执行机构和政策方向划分的韩国公共外交事例

年份	执行机构	政策方向
2009	国家品牌委员会	形成韩国友好的形象和品牌 Dynamic Korea（统一品牌）
	内容	• 政府部门下的各项目形成统一的品牌，发布国家品牌一轮计划 • 邀请海外知名人士 • 为国际社会做贡献，发扬国际公民意识 • 派遣海外志愿团 World Friends Korea
2010	外交部	宣布公共外交元年 通过先进文化外交提升国家品牌形象
	内容	• 韩国国际交流集团 • 韩国公共外交论坛 • 韩国文化世界化
2011	文化观光部，外交部	打造文化观光中心，提升韩国知名度
	内容	• 任命公共外交大使 • 韩国语推广，文化的传承和发展 • 建立海外韩国相关博物馆，保护海外主要图书馆的韩语资料
2012	有关部门	推动韩国文化资产世界化，设立大文化项目
	内容	• 发布国家品牌二轮计划 • 细分韩流和文化旅游观光资源 • 旅游观光活性化
2017	农林水产食品部，文化体育观光部，国土海洋部，企划财政部，韩国国际交流集团等	韩国风格培养和人员交流项目 韩国经济发展知识共享项目（Knowledge Sharing Program）
	内容	• 韩文，韩食，韩服，韩屋，韩纸，韩国音乐产业化 • 国际交流，知识共享及增进友好
2017	外交部	发布《第一轮公共外交基本规划（2017—2021）》

（二）《第一轮公共外交基本规划（2017—2021）》的制定

如上所述，韩国公共外交在近几年有了质与量的飞跃，包括外交部在内的文化体育部、教育部等政府部门和韩国国际交流财团、国立国际教育院等政府所属机构及其下属机构，地方政府、民间团体等各种国内部门和机构开展了公共外交活动。中央部门在国际交流层面进行工作，地方政府在与国际力量强化及搞活经济（引进外国投资和游客）层面开展工作。民间部门自主进行着文化交流中心的公共外交活动，或与中央部门及地方政府合作开展。和过去相比，所有部门和机构的国际交流工作增加，活动领域扩大，具有公共外交性质的活动也得以增加。

但是在这个过程中出现了一些问题。首先，中央部门—地方政府—民间之间的公共外交活动相互不协调导致出现相似的、重复的、偏颇的、遗漏的问题，由于缺乏泛政府层面公共外交的总结和协调体系，导致公共外交效率低下。其次，由于国内对于“公共外交”这一概念的认知不足，相关活动和项目所带来的效果无法连续放大。再有，有评价说民间无法全面考虑对象国家的状况或国民的特点，单方面推进无法对韩国产生积极的、肯定的认知和好感，会造成无法持续的境况。

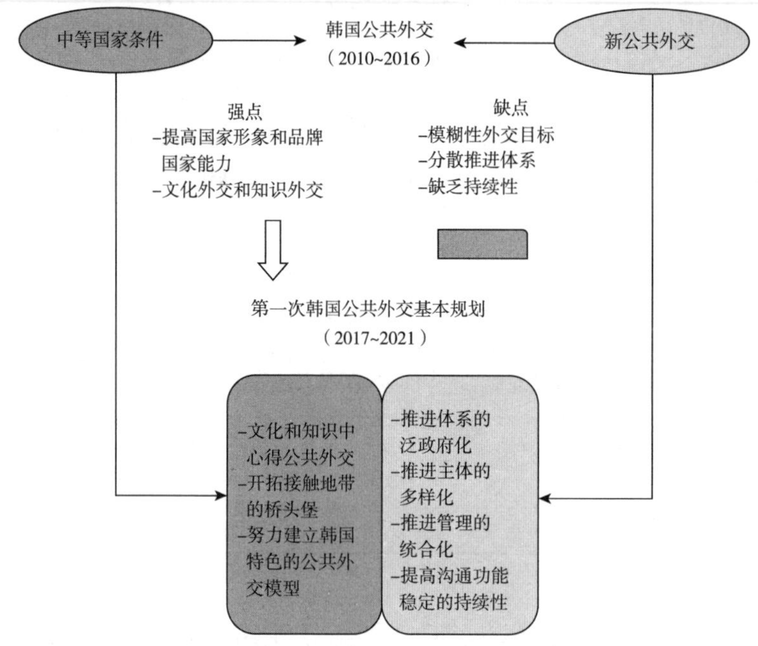

图 2　现有公共外交和《第一轮公共外交基本规划（2017—2021）》的关系图

因此为了解决这些问题、提高公共外交水平，韩国在2017年制定了《第一轮公共外交基本规划（2017—2021）》。《第一轮基本规划》是在2016年“公共外交法”制定和生效[①]后，为了制定公共外交基本规划，经过研究调研（2016年8月~2017年5月），收集相关中央行政机构和地方政府的意见（2017年4月~7月）等，经由公共外交委员会提案并批准，于2017年8月10日通过的最重大的公共外交综合规划。

三 《第一轮公共外交基本规划（2017—2021）》的结构及内容

（一）《第一轮公共外交基本规划（2017—2021）》的目标及推进战略[②]

《第一轮基本规划》将“和国民一起打造与世界沟通的魅力韩国”视为核心。目标是：（1）利用丰富的文化资产提高国格，强化国家形象；（2）传播对韩国正确的认知和理解；（3）为韩国政策建设友好的战略环境；（4）强化公共外交主体力量和广泛认同协作体系。为了实现这四个目标，在推进战略中有三个主要方向。首先是推动“文化公共外交”，其战略是：作为一个文化国家，传播魅力；利用丰富的文化资产增强好感度；通过双向交流加强沟通。其次是传播“知识公共外交”，包含提高对韩国历史、传统、发展状况等的理解，振兴韩国学，推广韩国语。接下来是宣传“政策公共外交”，以主要国家为对象，加强对于韩国政策的理解，扩大公共外交政策的外延，增加对国内外国人的公共外交活动。通过这三种战略推进方式，确定“和国民共同的公共外交”，通过国民参与型公共外交体系，以及民众与政府的合作，强化国民公共外交，包括建立中央部门—地方政府—民间相互合作协调的体系，加强公共外交国际网络，建立良性循环的考核评价体系，为了信息共享和交流生成线上系统，为了制定公共外交政策设置基础调查，等等。

在推进战略中，韩国展现了公共外交基础设施对“新公共外交”层面的指向，这些战略包含了各种主体间的协同合作，利用科学技术共享信息，强

---

① 《韩国公共外交法以及施行令》，韩国法务部法制处国家法令信息中心网站，http：//www. law. go. kr/lsInfoP. do? lsiSeq = 180836#0000（公共外交法），http：//www. law. go. kr/lsInfoP. do? lsiSeq = 195529#0000（公共外交法施行令）。

② 《第一个韩国公共外交基本规划（2017-2021）》，韩国外交部，2017，第11页。

化交流。此外，三种核心公共外交领域（即文化、知识、政策）意味着韩国实行中等国家外交战略，从对本国的理解出发而非从对象国的状态变化上出发，在整体上推进战略的布置安排，这就是典型的中等国家外交行动。

（二）《第一轮公共外交基本规划（2017—2021）》的推进体系①

期间，在扩展抽象的公共外交行为主体和建立单位间公式化的合作体系上具有重大意义。各单位的作用大致如下：

公共外交核心部门是外交部，外交部与中央行政机构和地方政府协议建立五年公共外交基本规划及年度综合实施计划（至每年的 12 月末）。外交部部长作为公共外交委员会委员长（公共外交大使）参与召开“公共外交事务委员会”，并审议基本规划，调整部门间相似、重复、冲突的项目，把握各部门公共外交推进现状，建立公共外交综合信息系统，开展公共外交调查，制定考核评价模式等，在全球其他驻外使馆开展适合当地的文化、知识、政策公共外交。

此外，相关的中央行政机构制定五年基本规划时，根据外交部提出的基本规划，向外交部提交年度施行计划（每年 11 月末为止），各个行政机构根据原有的工作特点进行合适的公共外交工作并提交活动方案。另外，参与公共外交委员会的部门间也要协调合作。

各地方政府也要与外交部协议制定五年基本规划，根据基本规划向外交部提出年度施行计划（11 月末为止），实施地方政府层面的公共外交活动并且提交活动方案。民间参与中央行政机构和地方政府的公共外交工作（国民参与型公共外交、委托民间的公共外交项目），通过和国外的交流，进行独立的文化、艺术、体育、学术等各领域活动。驻外使馆根据基本规划和综合实施计划，向外交部长官提交活动计划（1 月末为止），举办公共外交活动并提交活动方案。

根据上述《第一轮基本规划》的推进体系，韩国公共外交业务流程如图 3 所示。

《第一轮基本规划》推进体系明确展示了韩国推进“新公共外交”的事实。韩国新公共外交推进体系包含新公共外交理论上的特点，② 即：（1）民间主体多样化；（2）扩展政策对象（民间和政府）；（3）软实力（文化）资产核心；（4）使用数码等多媒体；（5）强调横向—双向的交流与对话；

---

① 《第一个韩国公共外交基本规划（2017-2021）》，韩国外交部，2017，第 19 页。

② 〔韩〕金泰焕：《21 世纪新公共外交以及论坛外交》，《JPI 政策论坛》2011 年第 3 期，第 3 页。

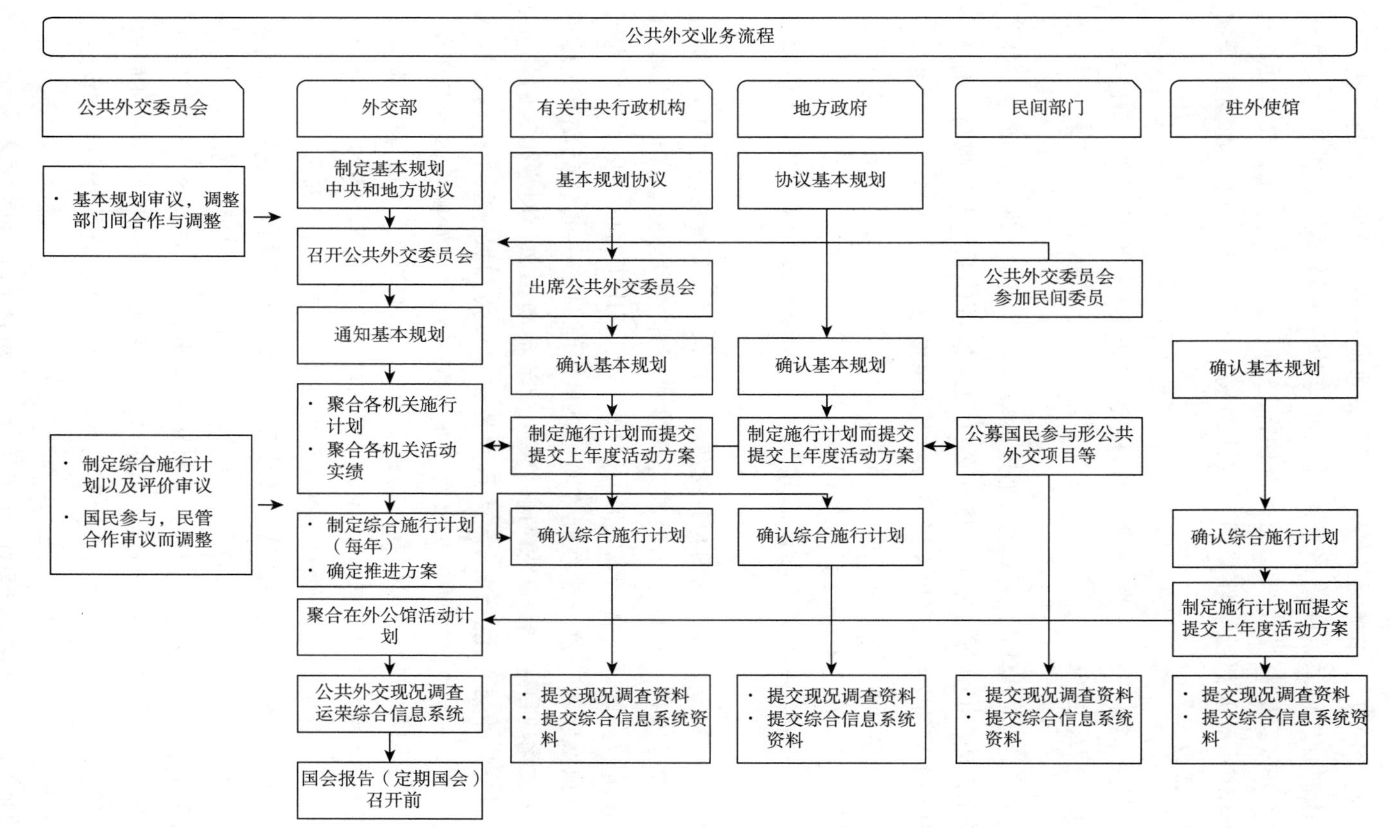

图 3　韩国公共外交业务流程图

资料来源：韩国外交部：《第一个韩国公共外交基本规划（2017-2021）》，2017，第 20 页。

等等。特别是政府和民间单一合作体系中的现有公共外交体系，如：(1) 政府内各部门合作制度化；(2) 中央政府—地方政府—民间—驻外使馆各主体间合作体系制度化；(3) 想要定期协作和调整的强烈意愿。这反映了新公共外交的特性——“泛政府性推进体系”和“作用手段”，但是，按照原先中央政府部门（外交部）设计的核心工作流程，这些愿望能否实现还是未知数。

（三）《第一轮公共外交基本规划（2017—2021）》推进项目以及课题的概括①

《第一轮基本规划》根据课题推进战略，构成了 6 个项目、15 个具体战略、49 个课题。6 个项目如下：确立公共外交推进体系（1 个战略，3 个课题）；利用丰富的文化资产提高国格，增强国家形象（3 个战略，12 个课题）；传播对韩国正确的认知与理解（2 个战略，10 个课题）；建设对韩国政策友好的战略环境（3 个战略，8 个课题）；与国民共同进行公共外交（2 个战略，7 个课题）；加强公共外交基础设施建设（4 个战略，9 个课题）。具体项目如下。

表 3 是《第一轮基本规划》推进项目和相关内容的整理。项目 1“确立公共外交推进体系”反映了为公共外交推进主体的多样化、推进方法的体系化、推进效果的统合化而做的努力。项目 2“利用丰富的文化资产提高国格，增强国家形象”中，致力于“文化领域”的现有公共外交政策变得更加细化。文化项目中关注的是双向的文化交流活动和文化网络构筑的部分。现有韩国公共外交文化方面的政策重心是在“宣传和教育”中按制度嵌入沟通和交流。项目 1 和 2 中新公共外交的典型特征是能发掘主体的多样化，增强交流及沟通。项目 3“传播对韩国正确的认知与理解”中，将与韩国接触空间的扩大视为主要目标。尝试从韩国和韩国之外地区接触空间的扩大，以及从语言（韩国语）到学问（韩国学）的层面来增强对韩国的认知。项目 4“建设对韩国政策友好的战略环境”完整地反映了韩国作为中等国家的特性。不只是确保对于韩国政策友好的认知，还包含为了拓宽政策公共外交范围所做的努力、强化与国内居住外国人的沟通等。项目 5“与国民共同进行公共外交”是为了公共外交力量最大化的准备。韩国国民和海外同胞、政府和企业及民间，要为了合作而努力。项目 6“加强公共外交基础设施建

① 《第一轮韩国公共外交基本规划（2017—2021）》，韩国外交部，2017，概括，整理。

设”中，不是像包含国际性的公共外交协议体一样的战略主导，而是通过构建模型，使中等国家发挥在国际社会中的影响力。此外，公共外交领域中的强化自生力的尝试也是令人印象深刻的。公共外交希望通过系统化的自身评价体系和综合网站等方式，不只是作为国家宣传工具，而是成为扩大自身发展体系的基础事业。

表 3　《第一轮公共外交基本规划（2017—2021）》的战略以及课题

1. 确立公共外交推进体系	
推进战略 1-1. 确立中央部门—地方政府—民间的合作协调体系	
整合韩国公共外交机构，确立“公共外交委员会”地位	外交部
建立中央部门和地方政府间的合作体系	外交部、行政安全部、教育部、地方政府
指定公共外交推进机构，提高韩国国际交流集团的作用	外交部
2. 利用丰富的文化资产提高国格，增强国家形象	
推进战略 2-1. 传播作为先进文化国家的魅力	
利用外交纪念及重要外交活动机会的战略性	外交部、文化体育部、教育部、地方政府
驻外使馆现场有针对性的宣传	外交部、文化体育部、农食品部、地方政府
利用驻外使馆和文化院作为韩国艺术介绍的场地	外交部、文化体育部
推进战略 2-2. 利用丰富的文化资产，提升好感度	
传播韩流（大众文化）的战略	外交部、文化体育部
传播传统的、现代的韩国文化体系	文化体育部、外交部
利用国际体育活动的影响	文化体育部、外交部
发掘概念型文化内容并加强传播	文化体育部
加强韩食宣传	农林食品部、外交部、文化体育部
提高韩国旅游观光知名度、欢迎度	文化体育部、外交部
推进战略 2-3. 通过双向的文化交流加强沟通	
搞活双向文化交流	外交部、文化体育部、地方政府
构筑文化网络	外交部、文化体育部、地方政府
为全球文化艺术做贡献	外交部、文化体育部、地方政府
3. 传播对韩国正确的认知与理解	
推进战略 3-1. 提高对韩国历史、传统、发展状况等的理解	
纠正海外关于韩国的错误认知及描述	外交部、教育部、文化体育部、海洋水产部
创造在海外能够接触韩国的机会空间	外交部、教育部、文化体育部

续表

开发及共享韩国宣传内容	外交部、文化体育部、女性家族部
提高国内外国人对韩国的理解度	法务部、地方政府
召开外国人参与的演讲比赛	外交部、文化体育部
通过教育合作加强新一代网络	外交部、教育部女性家族部
3. 传播对韩国正确的认知与理解	
推进战略 3-2. 振兴韩国学、推广韩国语	
加强在海外对韩国学的支持	外交部、教育部、文化体育部
培养新一代韩国学专家	外交部、教育部
为振兴海外韩国语教育加大支援力度	外交部、教育部、文化体育部
加强与海外韩国学及韩国语教育有关机构的合作	外交部、教育部、文化体育部
4. 建设对韩国政策友好的战略环境	
推进战略 4-1. 提高主要国家对韩国政策的理解度	
加强综合的、体系的政策公共外交	外交部
推进以主要国家为对象的政策公共外交	外交部
为了朝鲜半岛的和平统一获得国际社会的支持	外交部、统一部
推进战略 4-2. 扩大政策公共外交外缘（对象、主体、方式、内容）	
扩大政策公共外交区域和对象	外交部
政策公共外交执行主体和方式多边化	外交部
发掘政策公共外交内容	外交部、统一部
推进战略 4-3. 加强以国内外国人为对象的政策公共外交活动	
加强与国内外国人及留学生的交流	外交部
提高驻韩外国媒体及外交团的政策理解度	外交部、文化体育部
5. 与国民共同进行公共外交	
推进战略 5-1. 国民参与型文化外交体系化	
推进新一代国民公共外交	外交部
与多元文化家庭共同的公共外交	外交部、女性家族部、教育部、地方政府
支持海外侨胞的公共外交活动	外交部、教育部
提高韩国国民的公共外交能力	外交部

续表

推进战略 5-2. 通过人民与政府的合作加强国民公共外交	
构成人民与政府合作的“公共外交支援网络”	外交部
扩大民间公共外交基数	外交部
支持进军海外企业有责任感的社会活动（CRS）	外交部
6. 加强公共外交基础设施建设	
推进战略 6-1. 加强公共外交的国际网络	
成立国际公共外交协议体，加强合作基础	外交部、文化体育部、教育部、地方政府
加强驻外使馆公共外交能力，强化网络	外交部、教育部
推进战略 6-2. 建立良性的公共外交考核评价体系	
开发公共外交评价模型	外交部
发掘成功案例，实行奖励制度	外交部
充实公共外交活动	外交部
推进战略 6-3. 为了信息共享和沟通建立线上系统	
建立和使用公共外交综合信息系统	外交部
开发公共外交门户功能	外交部
推进战略 6-4. 为了建立公共外交政策进行基础调查	
公共外交实况调查定期化	外交部
海外韩国形象调查	文化体育部，外交部

资料来源：外交部，《第一个韩国公共外交基本规划（2017-2021）》，2017，第 53~55 页。

（四）《第一轮公共外交基本规划（2017-2021）》中主要对象国的公共外交

在可能敏感的“主要对象国外交战略”方面，[①] 明确根据各个国家外交目标、双边关系、对象国舆论环境等战略方向有针对性地推进。因此，在将美国作为对象时，需巩固韩美同盟，合作对朝鲜政策，增进对外交安全政策的理解，组织形成一个重点支持的项目。以中国为对象国时，要形成制度化的机制稳定地处理韩中关系；在朝鲜核问题、导弹问题的解决方法上，以取得中长期的共识为目标，主要加强各领域的相关网络，如韩中建交纪念以及为加强传统人文纽带而进行的文化交流等。以日本为对象国时，

① 《第一轮公共外交基本规划（2017—2021）》，韩国外交部，2017，第 36~37 页。

强调在各领域是共有利害关系的伙伴（言论、学界、议会等），形成政策交流的核心项目。对于俄罗斯，则要确保共同处理朝鲜核问题等核心外交事件，以提高俄罗斯国内专家及民众对于韩国的兴趣及认识为目标，增进媒体间的协作，共同研究韩国—俄罗斯共同利益及俄罗斯热门议题（北极航线、远东开发、经济合作），并召开研讨会等。

美国、中国、日本、俄罗斯在韩国一般外交领域中，时而紧密合作时而相互对立，特别是美国、中国、日本、俄罗斯之间也反复出现协同合作与矛盾对立。然而《第一轮基本规划》将矛盾要素最小化、合作范围扩大化作为战略课题，这是不能主导外交环境的中等国家的局限。同时，在国际环境中不能单方面地附属依赖，中等国家也可以谋求局势和能力的改善[①]。因此，《第一轮基本规划》的主要对象国外交战略是矛盾的。这是因为它没有反映主导紧张局势的本质，而是反映了在紧张局势下韩国作为中等国家不愿被牵连的特点。因此具体的事业项目具有新公共外交的特点。相比于中坚国家单方面的宣传及说服，除了能重点进行相互理解和沟通、扩大网络之外，没有其他的办法。最终，韩国的中等国家条件让韩国的公共外交更加指向软性的新公共外交。这是在韩国的公共外交战略推进课题（《第一轮基本规划》）与其他国家相关的大部分项目中存在的问题。

四　结语：中等国家韩国的趋向——新公共外交

《第一轮公共外交基本规划（2017—2021）》从侧面证明了韩国公共外交水平（普通公共外交中新公共外交的推进目标）的提高，同时也是体现韩国中等国家外交目标和特点的最初、最重要的综合战略，包含着韩国公共外交的成就与局限、韩国外交的结构性条件及韩国公共外交的未来。

首先，《第一轮基本规划》表现了韩国公共外交想要更积极地利用中等国家这一条件的事实。中等国家相对于主导世界，为了提高在国际社会中自信的地位，通过努力获得外交上的益处。这种努力包括强调国际准则，扩大和别国的交流及沟通，建立自身榜样，等等。现在，对于公共外

---

① 参照 Robert W. Cox, "Middlepowermanship Japan and Future World Order," *International Journal*, 4, 4 (1989)。

交明确的定义和模型，以及国际性的实行办法，众说纷纭。因此，包括韩国在内的中等国家效仿重视美国、中国等强国的公共外交概念和协商手段，或从以硬实力为中心的公共外交中提出问题，采取简单的概念宣传的方法。《第一轮基本规划》则以这些问题认识为基础，表明中等国家的意志及集中于公共外交的韩国外交的努力。韩国以国家经验为基础，根据知识外交、增长的国力以及意志，更强有力地促进文化外交，提高国家魅力。并且，《第一轮基本规划》的主要对象国公共外交战略完整地包含无法主导或忽视的中等国家的外交特征。相比于强有力的说服别国或单方向地宣传本国，该规划致力于创造可以与对象国多样化的主体互相交流的特点。

其次，《第一轮基本规划》指向新公共外交。以中等国家自居的韩国想要通过有吸引力的方法转换公共外交本身的性质。《第一轮基本规划》的推进体系表明了中央政府、地方政府、专家组织、企业、民间的韩国型的制度化的相互合作过程。此外，泛政府性推进体系的制度化能够提高公共外交的稳定性和多样性。《第一轮基本规划》确保公共外交相关主体能够保留相互合作的制度空间，在这个空间中，各个主体的特性相比于过去的公共外交，能够自由地提供制度规则。这也是《第一轮基本规划》指向新公共外交特性的地方。

再次，《第一轮基本规划》代表了中长期外交战略的发展。对中等国家来说，只有通过公共外交提升国家魅力的外交战略核心。但是，现有韩国公共外交根据各个政府部门间、中央政府和地方政府间、企业和民间中间、立场和余力的差异而分散地进行，出现了重复、遗漏、低效率、可信性降低等问题。公共外交的思想不论对内还是对外，由于还没被传达到，导致个别企业无法服务于公共外交的最终目标，存在公共外交的稳定性和持久性不足的问题。《第一轮基本规划》表明了韩国公共外交的目标、推进体系和内容、持续规划等。按照新的基本规划，以每五年为最小期限制定中期战略，在这个过程中，推进体系包含的所有主体参与其中，韩国公共外交确保最低限度的稳定性和持久性。

本文从新公共外交和中等国家理论的视角分析《第一轮基本规划》。通过这些分析可以认识到，首先，韩国追求的新公共外交的方向包含政府和民间、中央和地方、部门和部门等主体（推进体系）的多样化，交流性的提高，等等。其次，公共外交的主要目标不是强有力的说服，而是扩大以文化为核心的传播区域，扩大对于韩国的理解。对于主要对象国，公共外交战略根据各国的状况试图减少矛盾，相互理解，针对这一点，研究表明韩国的外交条件属于中等国家外交。在此，基于外交部核心的推进体系系统这一点，公共外交课题中存在着缺乏能够克服物理外交条件的创新精神的问题。韩国致力于高层次的公共外交，开始进行能将中等国家利益最大化的规划。这个规划的成功与否取决于韩国如何克服公共外交和外交所具有的根本局限和制约。

图书在版编目(CIP)数据

公共外交研究. 第一辑 / 刘德斌主编. -- 北京 :
社会科学文献出版社, 2018.4
ISBN 978-7-5201-2301-3

Ⅰ. ①公… Ⅱ. ①刘… Ⅲ. ①中外关系-研究 Ⅳ.
①D822

中国版本图书馆 CIP 数据核字(2018)第 033763 号

公共外交研究(第一辑)

主　　编 / 刘德斌

出 版 人 / 谢寿光
项目统筹 / 王玉敏
责任编辑 / 赵怀英　张文静

出　　版 / 社会科学文献出版社 · 独立编辑工作室 (010) 59367153
地址: 北京市北三环中路甲 29 号院华龙大厦　邮编: 100029
网址: www.ssap.com.cn
发　　行 / 市场营销中心 (010) 59367081　59367018
印　　装 / 三河市尚艺印装有限公司

规　　格 / 开 本: 787mm×1092mm 1/16
印 张: 29.75　字 数: 508 千字
版　　次 / 2018 年 4 月第 1 版　2018 年 4 月第 1 次印刷
书　　号 / ISBN 978-7-5201-2301-3
定　　价 / 129.00 元

本书如有印装质量问题, 请与读者服务中心 (010-59367028) 联系